빈곤의 종말

THE END OF POVERTY: Economic Possibilities for Our Time by Jeffrey D. Sachs
Copyright ⓒ 2005 Jeffrey D. Sachs
All Rights Reserved.

Korean Translation Copyright ⓒ 2006 by BOOK21 Publishing Group
Korean translation rights arranged with The Wylie Agency (UK) Ltd. through Eric Yang Agency.

이 책의 한국어판 저작권은 에릭양 에이전시를 통한 The Wylie Agency (UK) Ltd.사와의 독점계약으로 (주)북이십일이 소유합니다. 저작권법에 의하여 한국 내에서 보호받는 저작물이므로 무단전재와 복제를 금합니다.

Nous 01

빈곤의 종말

1판 1쇄 발행 2006년 7월 1일
1판 25쇄 발행 2025년 7월 21일

지은이 제프리 D. 삭스
옮긴이 김현구
펴낸이 김영곤
펴낸곳 (주)북이십일 21세기북스

정보개발팀장 이리현 **정보개발팀** 이수정 김민혜 김설아 양지원
출판마케팅팀 남정한 나은경 한경화
영업팀 변유경 한충희 장철용 강경남 황성진
해외기획실 최연순 소은선 홍희정
제작팀 이영민 권경민

출판등록 2000년 5월 6일 제10-1965호
주소 (우 10881) 경기도 파주시 회동길 201 (문발동)
대표전화 031-955-2100 **팩스** 031-955-2151 **이메일** book21@book21.co.kr

(주)북이십일 경계를 허무는 콘텐츠 리더
21세기북스 채널에서 도서 정보와 다양한 영상자료, 이벤트를 만나세요!
페이스북 facebook.com/jiinpill21 **포스트** post.naver.com/21c_editors
인스타그램 instagram.com/jiinpill21 **홈페이지** www.book21.com
유튜브 www.youtube.com/book21pub

서울대 가지 않아도 들을 수 있는 명강의!〈서가명강〉
유튜브, 네이버, 팟캐스트에서 '서가명강'을 검색해보세요!

값은 뒤표지에 있습니다.
ISBN 978-89-509-0873-7 03320
KI신서 805

이 책 내용의 일부 또는 전부를 재사용하려면 반드시 (주)북이십일의 동의를 얻어야 합니다.
잘못 만들어진 책은 구입하신 서점에서 교환해 드립니다.

빈곤의 종말

제프리 D. 삭스 지음
김현구 옮김

21세기북스

추천의 글

천둥을 품은 구름 위에 떠서 아프리카로 가는 비행기 속에서 여독에 지친 두 남자가 서로에게 비스듬히 기대어 있다. 한 사람은 말끔하게 면도를 했지만 그 주변에는 종이들이 흩어져 있다. 칙칙한 검은 양복을 입은 그 사람은 잠이 부족해 약간 멍해진 눈을 하고 자신의 큰 머리로도 감당하기 어려운 큰일을 생각하고 있다.

다른 한 사람은 차림새가 보헤미안식으로 좀 너저분하다. 이 남자는 며칠 동안 면도도 하지 않았고 머리는 제멋대로 헝클어져 있다. 동안(童顔)의 얼굴만이 그의 나이를 어렴풋이 짐작하게 만들 뿐이다. 마치 오랜 여행이 건강을 해칠 수 있다며 조심하라는 캠페인성 광고를 보는 것 같다. 그가 몸을 뒤척이며 정신을 차린 듯하자 항공기 여승무원이 그에게 기념 사인을 해 달라고 요청한다. 그는 약간 우스꽝스러운 표정을 지으며 서류들 사이에 누워 있는 검은 양복 차림의 괴짜를 가리킨다.

보헤미안 차림새를 하고 있는 남자가 바로 나다. 잠시 내 소개를 하면 이름은 보노이고, 록 스타이며 학생이다. 나와 함께 있는 사람은 제프리 삭스라는 위대한 경제학자인데, 내가 몇 년 동안 가르침을 받은 교수다. 머지않아 틀림없이 이 사람의 사인이 내 것보다 훨씬 더 가치 있을 것이다.

이제 우리가 어떻게 이 여행을 시작하게 되었는가를 밝힐 차례다. 이야기는 제프리 삭스(동료나 친지들은 보통 제프라고 부른다)가 지구연구소 소장이 되기 이전이자, 제프가 뉴욕으로 와 코피 아난 유엔 사무총장의 특별 자문관이 되기 이전으로, 또한 제프가 매사추세츠 케임브리지에 있는 하버드 대학교의 케네디국제개발대학원에서 나를 심하게 채찍질하기 이전으로 거슬러 올라간다. 나는 밀레니엄 기념 행사의 일환으로 LDC(Least Developed Countries: 최저개발국들)가 OECD 부국들에게 지고 있는 부채를 탕감해 주자는 주빌리 2000을 로비하러 의회에 갈 작정이었다. 그런데 내 친구인 바비 슈라이버가 내게 의회에 가기 전에 먼저 제프를 찾아가 보라고 충고해 주었다. 즉 제프의 도움을 받아 내 주장을 좀더 정확하게 가다듬으라는 것이었다. 그 일이 계기가 되어 나는 다양한 국제 기구들을 요령껏 다룰 줄 아는 한 남자의 도움을 받아 국제 기구들이 포진한 세계에 발을 들여놓게 되었다. 막강한 힘을 지닌 국제 기구들은 당신이 먹고 싶어 하는 수프이자 만약 적당히 나누어 먹는다면 더 많은 사람들이 먹을 수 있는 수프를 만드는 일을 하고 있었다.

극단적 빈곤이 의미하는 기아와 질병 그리고 생명의 낭비는 한마디로 전 인류에 대한 모욕이다. 이 문제가 제프에게는 어렵지만 해결할 수 있는 방정식이다. 인적 자본과 금융 자본을 교차시킴으로써, 그리고 부유한 세계의 전략적 목표와 가난한 세계의 새로운 계획을 적절하게 교차시킴으로써 필요한 답을 구할 수 있는 방정식이다.

나는 멜로디를 듣고 그것을 감정이 실린 목소리로 표현할 줄 아는 가수다. 위대한 사상은 멜로디와 공통점이 많다. 명확하고 불가피하며 기억할 만한 것들은 오랫동안 당신의 머릿속에서 떠날 줄 모르고 귀에서 윙윙거린다. 이 책에 담긴 사상들은 멜로디가 아니지만, 당신이 결코 잊을 수 없는 감동적인 음표들을 가지고 있다. 그것은 이제 그만 우리가 사는 세상의 극단적 빈곤을 끝내자는, 우리가 결코 무시할 수 없는 의미 있는 도전이다.

제프는 다른 사람들에게 강한 영향을 끼친다. 내가 기회 있을 때마다 하는 연설에는 제프의 영향이 짙게 배어 있다(몽키스가 비틀스를 따라했던 것과 마찬가지다). 이 사람의 목소리는 어느 전자 기타보다 더 크고 어느 헤비메탈보다 더 격렬한 울림을 전한다. 제프는 오페라 총감독 같은 열정을 품고 있고, 어디서나 뚜렷한 존재감을 드러내며, 생기가 넘친다. 제프가 말하는 방법은 좀 직설적이고 거칠지만, 논리는 분명하다. 제프는 천부적으로 확성기 같은 목소리를 가진 듯하지만, 그 목소리는 인류 발전을 위해 꼭 필요한 일을 해내자고 주장하는 데 꼭 필요하다.

그러나 제프가 언제나 활기 넘치는 것은 아니다. 때로 잔뜩 화가 나 있기도 한다. 세계 곳곳의 발전도상국이 직면한 많은 위기들이 조금만 노력하면 피할 수 있다는 것을 알기 때문이다. 말라위 리옹베 근교의 병원에서 세 명이-두 명은 병상 위에서 한 명은 병상 아래서- 죽어 가는 모습을 본 적이 있다. 충분히 피할 수 있는 죽음이라는 걸 알면서 속수무책으로 바라본다는 것은 무척 힘든 일이었다. 그때 나는 말할 수 없이 큰 충격을 받았다.

제프는 창조적이다. 제프는 통계 수치들에 생명을 불어넣을 수 있는 경제학자다. 제프는 숫자들을 보던 눈을 들어 스프레드시트(경리나 회계에서 사용하던 일정한 형식의 계산용지, 혹은 그런 형식의 계산 프로그램을 말한다-옮긴이) 너머로 도움을 요청하는 얼굴들을 볼 수 있다. 머나먼 세계 끝까지 힘든 여행을 함께 하는 제프의 가족과 똑같은 모습을 한 가족의 얼굴들이다. 제프는 말도 안 된다고 여겨지는 일들이 실제로는 무엇을 의미하는지 알게 해 준다. 즉 제프는 우리가 병원(부유한 세계의)에만 가면 쉽게 구할 수 있는 약이 없어 예방할 수 있고 치료할 수도 있는 질병들-AIDS · 결핵 · 말라리아-로 날마다 1만5천 명의 아프리카 사람들이 죽어가는, 어쩌면 말도 안 되는 현실의 의미를 명확하게 알게 해 준다. 이 통계 하나만으로도 우리 가운데 많은 사람이 확고하게 인식하고 있는 사상, 즉 인류는 모두 평등하다는 사상이 웃음거리가 된다.

오늘날 아프리카에서 일어나고 있는 일은 우리가 생명에 대해 품고 있는 경건함을 조롱하게 만든다. 또한 인류 역사가 낳은 위대한 사상을 존중하고 따르며 지키겠다고 약속한 점에 대하여 의문을 낳게 한다. 그 이유는 우리가 정말로 정직하다면 그런 무고한 죽음이 세계 어느 곳에서도 날마다 일어나도록 그냥 내버려 둘 수 없기 때문이다. 북아메리카나 유럽 또는 일본이라면 결코 그 지경이 되도록 방치하지는 않을 것이다. 그러나 화염에 휩싸인 아프리카 대륙은 어떠한가? 아프리카인의 생명이 우리가 소중하게 여기는 우리와 똑같은 생명이라는 것을 마음 속 깊이 받아들인다면, 우리 모두 아프리카 대륙 전체로 번져 나가는 불을 끄기 위해 하루빨리 더 많은 일을 해야만 한다. 이 점은 선뜻 받아들이기 어렵더라도 분명한 진실이다.

이 책은 귀중한 생명을 구할 수 있는 대안을 이야기하고 있다. 즉 평등을 향한 여정에서 취해야 할 다음 조치를 제시하고 있는 것이다. 평등이란 무척 큰 사상이고 자유와 연관되어 있다. 그러나 그 사상은 아무런 대가를 치르지 않고는 얻을 수 없다. 우리가 생명을 구하는 일을 진지하게 생각한다면 마땅한 대가를 지불할 의사가 있어야 한다. 일부 사람들은 우리에게 그럴 여유가 없다고 말할 것이다. 나도 동의한다. 나는 우리가 적당한 핑계거리를 만들어 그 일을 미룰 만큼 여유롭지 않다고 생각한다. 거리 개념으로는 더 이상 이웃의 범위를 정의할 수 없는 세계에서 인류 평등, 즉 생명에 대한 평등한 가치를 실현시키는 데 필요한 대가를 지불하는 것은 감성적 행위가 아니라 이성적 계산에 의한 영리한 행위다. 오늘날 '가진 자들'의 운명은 '아무것도 갖지 않은 자들'의 운명과 불가피하게 연결되어 있다. 예전에는 미처 이 점을 몰랐다고 하더라도 2001년 9월 11일 이후로 너무나 명확해졌다. 9·11 사건을 일으킨 범인들이 부유한 사우디아라비아인이었을 수도 있겠지만, 그들이 원군과 도피처를 발견한 곳은 정치와 사회가 붕괴되고 빈곤에 찌든 아프가니스탄 국가였다. 아프리카는 테러와의 전쟁에서 최전선은 아니지만 곧 그렇게 될 수밖에 없다.

"테러와의 전쟁은 빈곤과의 전쟁과 단단히 결부되어 있다." 누가 이 말을 했던가? 나는 물론 아니고 비트족 평화그룹도 아니다. 바로 미국의 콜린 파월 국무부 장관이 한 말이다. 그런데 우리는 군인이 그런 말을 하기 시작할 때는 경청해야 한다. 긴박하고 흥분된 상황에서는 잠재적 적군에 맞서 방어하기보다는 그 적군을 친구로 만드는 것이 비용이 더 적게 들고 더 영리한 행동이 아닐까?

우리는 '사태가 이런 식으로 흘러오지 않았으면 좋았을 텐데…' 라고 생각할 수도 있다. 그러나 이런 희망이 여기서는 결코 도움이 되지 않을 뿐만 아니라 아주 위험하다. 제프가 그려내는 설계도에는 빈곤을 절반으로 줄인다는 2015 밀레니엄발전목표-세계의 모든 정부가 서명한 목표-를 달성하기 위한 최단 경로에 대한 구상만 들어 있는 게 아니다. 그 설계도는 우리가 그 일을 어떻게 완수할 수 있는가를 친절하게 가르쳐 주는 길잡이이기도 하다. 즉 어린아이들이 풍요의 세계에서 기아 때문에 죽어 가고, 단돈 20센트의 예방접종 비용으로 방지할 수 있는 질병 때문에 죽어 가는 현실에서, 우리가 절대적이고 바보 같은 빈곤을 추방할 수 있는 첫 세대로서 과연 어떤 역할을 해야 하는가를 안내하는 길잡이인 것이다. 그렇다. 우리는 그렇게 할 수 있는 여력이 있는 첫 세대다. 잘못된 무역과 악성 부채 그리고 복잡하게 뒤엉킨 불운한 실타래를 풀 수 있는 첫 세대다. 또한 너무나 오랫동안 너무나 잘못되어 온, 세계의 힘 있는 곳과 힘없는 곳 사이의 뒤틀린 관계를 바로잡을 수 있는 첫 세대인 것이다.

우리 목에 걸린 기회의 맷돌은 제프의 손에서는 가슴 설레는 모험이 된다. 온 힘을 기울일 만하고 이룰 수 있는 무엇인가가 된다. 제프의 주장은 명확하다. 우리는 서로 다른 출발점에서 시작하여, 즉 제프는 시장에서, 나는 플래카드에서 시작하여 한 곳에서 만난다. 다행스럽게도 우리는 여러분이 두 가지 모두를 필요로 할 것이라는 데 동의한다. 그러나 이 책의 탁월한 설득력에도 불구하고 여러분은 가장 중요한 질문에 대한 해답을 발견하지는 못할 것이다. 해답은 방정식이나 실지조사 같은 것에서 발견할 수 있는 게 아니다. 그것은 바로 우리 어깨에 달려 있다. 우리는 위도의 고저가 아이들의 삶과 죽음을 결정하는 것을 더 이상 용인하지 않는 세대가 될 수 있다. 그러나 우리는 과연 그런 세대가 될 의지를 가지고 있는가? 서구에 사는 우리는 잠재력을 인식할 것인가, 아니면 우리 귀에 부드럽게 속삭이는 무관심과 냉담함으로 날마다 풍요로움 속에서 안락하게 잠드는 것에 만족할 것인가? 날마다 1만5천 명의 사람들이 AIDS와 결핵, 말라리아로 무고하게 죽어 가고 있다. 어머니·아버지·교사·농부·간호사·기계수리공·어린아이들 등 모든 부류의 사람들이 죽어가고 있다. 이것이 아프리카의 현실이며 위기다. 이것은 야간 뉴스에는 나오지 않는다. 서구는 아프리카가 당면한 위기를 별로 위급한 일로 다루지 않는다. 바로 이것이 우리가 처한 다급한 위기다.

 미래 세대들이 이 책을 읽다보면 우리가 핵심적 질문에 대답했는가를 알게 될 것이다. 증거는 미래 세대들의 눈에 보이는 세계일 것이다. 역사가 우리를 심판하겠지만, 역사에 기록될 내용은 우리에게 달려 있다. 우리는 누구이고, 누구였으며, 무엇으로 기억되길 원하는가? 우리는 우리 세대가 과연 무엇을 해야 할지 몰랐다고 말할 수 없다. 또한 우리 세대가 그것을 할 여유가 없었다고 말할 수 없다. 더욱이 우리 세대가 그것을 해야 할 이유는 없었다고 말할 수 없다. 그것은 이제 우리에게 달려 있다. 우리는 책임을 전가하는 길을 선택할 수도 있다. 그러나 제프리 삭스가 이 책에서 여러 차례 힘주어 제안하듯이 우리 세대가 힘을 모아 인류 역사의 패러다임을 바꾸어 나갈 수도 있다.

2004년, U2의 보컬 보노

한국어판 서문

나는 한국 독자들이 이 책을 읽게 되어 무척 기쁘다. 이 책으로 인해 더 많은 사람들이 세상 한편에 퍼져 있는 가난을 몰아내는 데 참여할 수 있게 된다면 저자로서 큰 영광이 될 것이다. 지난 한두 세대 동안 경제기적을 일구어 낸 한국의 독자들은 이 책에 담긴 분석과 제안들을 잘 이해할 수 있으며 또 적극적으로 공감하리라 생각한다. 최근 몇십 년간 한국이 경제발전을 이루며 얻은 경험들은 오늘날 빈국들이 가난의 굴레에서 벗어나 현 세대에 극심한 빈곤을 근절시킬 수 있는 영감을 제시하고 있다.

한국의 놀라운 경제성장은 경제도약의 시작단계에서 원조가 큰 효과를 낸다는 사실을 보여 준다. 원조를 통해 농업 및 산업 발전의 틀이 형성되고, 이를 통한 경제발전이 모든 사람을 가난에서 구하고 급속한 발전의 순환고리를 만들어 낼 수 있었다. 한국의 1인당 소득은 1960년 1,100달러에서 1980년 3,200달러로 20년 만에 3배로 늘었다(2000년도 미국 달러 기준). 이후 2004년에는 12,750달러(2000년도 미국 달러 기준)에 달했으며 GDP 성장률은 연 8퍼센트를 넘었다. 이러한 성장의 씨앗은 적어도 부분적으로는 1950대와 1960년대 초의 해외원조에 의해 뿌려졌다고 볼 수 있다. 인프라·보건·교육의 핵심기반을 구축하는 데 해외원조는 도움이 되었다.

더 일반적으로 말해, 한국은 공공 및 민간투자와 정부 리더십이 결합되어 경제를 대규모로 변모시킬 수 있는 방법을 보여 주는 귀감이 되고 있다. 이 책에서 나는 경제도약의 선행요소로 농업 생산성 향상의 중요성을 강조했다. 또한 제조업과 서비스업의 수출주도형 성장과 수출경쟁력 강화를 위한 교육 및 과학부문 투자의 중요성을 강조했다. 이는 부분적으로 한국의 놀라운 경험에서 배운 교훈이기도 하다. 한국은 목표산업을 설정하고 이를 인프라, 교육훈련, 연구개발에 대한 투자로 지원해 진흥시키는 훌륭한 개념을 만드는 데 일조했다. 한국은 수출자유지역(Export Processing Zones)을 시행한 선구자였는데, 이는 산업화 초기에 저기술 노동집약적 경제에서 고도기술 상품 및 제품 디자인 생산 경제로 나아가기 위한 새롭고 성공적인 전략이었다. 이 책에서도 저술했지만, 밀레니엄발전목표를 달성하기 위해서는 오늘날 빈국들에게도 이러한 전략이 필요하다.

한국의 경제발전은 지속되고 있는데, 나는 이 책에 소개된 견해가 한국의 도전에 조금이나마 도움이 되기를 희망한다. 한국은 환경, 보건, 교육, 과학의 측면에서 여전히 존재하는 문제들을 계속 풀고 있다. 또한 한국은 경제발전의 선두국가인 동시에, 아직도 극심한 가난에 빠져 있는 다른 나라들에게 자신의 성공경험을 나누어 줄 수 있는 나라이기도 하다. 이 두 과제를 실행하는 과정에서 이 책이 가치를 발휘하기를 바란다.

제프리 D. 삭스

서문

이 책은 우리 시대에 전 세계의 빈곤을 끝내는 일에 대해 논의하고 있다. 이 논의는 단지 예측에 머무는 것이 아니다. 다시 말해 이 책에서 나는 앞으로 무슨 일이 일어날지 예측하는 것이 아니라 앞으로 반드시 일어나야 하는 일을 설명하고 있다. 현재 전 세계적으로 해마다 8백만 명 이상의 사람들이 빈곤 때문에 죽어 가고 있다. 우리 세대는 2025년에 이와 같은 극단적 빈곤을 끝내는 데 필요한 일들을 선택할 수 있다.

우리는 아침마다 신문에서 '어제 2만 명 이상의 사람이 극단적 빈곤으로 발생한 기아와 질병으로 죽었다'는 기사를 보게 될 것이다. 이 기사에는 다음과 같은 황량한 수치들이 나타날 것이다. 8,000명 이상의 어린이가 말라리아로, 5,000명의 부모가 결핵으로, 7,500명의 청소년이 AIDS로 죽었다. 그 밖에도 수많은 사람들이 설사와 호흡기 질환 그리고 기타 치명적인 질병을 앓다가 죽었다. 즉 만성적 기아로 약해진 신체가 질병의 공격 대상이 된 것이다. 가난한 사람들은 약도 없는 병실에서, 말라리아 모기를 막을 모기장도 없는 마을에서, 안전한 식수도 없는 집에서 죽는다. 이 사람들은 이름 없이 죽어 가며, 안타깝게도 이들의 죽음에 대해 어느 누구 한 사람도 말하거나 기록하지 않는다. 대부분의 사람들은 전 세계적으로 어마어마하게 많은 수의 가난한 사람들이 날마다 생존을 위한 싸움에서 실패해 힘없이 스러져 가고 있다는 것을 알지 못한다.

2001년 9월 11일 이후 미국은 테러에 대한 전쟁을 시작했다. 그러나 세계 시민들을 불안하게 만드는 근본적인 원인에 대해서는 무시해 왔다. 2005년 미국은 4,500억 달러를 군비에 지출했으나 이 돈으로 평화를 얻지는 못했다. 왜냐하면 극단적 빈곤으로 사회가 불안정해짐에 따라 불안과 폭력 그리고 심지어 세계 평화를 뒤흔드는 테러리즘의 온상이 되고 있는 최빈국들의 곤경을 다루는 데 미국이 지출하는 돈이 고작 150억 달러에 불과하기 때문이다. 즉 거대한 군비 지출액의 30분의 1에 지나지 않는다.

150억 달러는 미국의 소득 가운데 아주 작은 비율일 뿐이다. 즉 미국의 국민 총생산(GNP) 100달러당 15센트에 지나지 않는다. 또한 이것은 그동안 제공하겠다고 여러 차례 약속했으나 아직까지 이행하지 않은 금액 가운데 아주 미미한 부분에 지나지 않는다. 150억 달러라는 돈은 극단적 빈곤의 위기를 해결하는 한편, 미국의 국가안보를 확보하기 위해 미국이 마땅히 써야 할 금액에 턱없이 모자란다. 그리고 미국이 GNP에서 가난한 사람들을 돕는 데 할애하는 몫은 지난 몇십 년 동안 계속해서 낮아졌다. 그러므로 이 책은 올바른 선택이 무엇인가를 알아보는 문제를 다루고 있다. 즉 인간의 생명을 진정으로 존중하는 일에 기반을 둔, 훨씬 더 안전한 세계를 창조할 수 있는 선택을 말한다고 할 수 있다.

나는 지난 20년 동안 전 세계 10여 개국의 국가수반, 재무부 장관과 보건부 장관, 마을 주민들과 함께 일해 왔다. 세계 인구의 90퍼센트 이상이

사는 100개 이상의 나라를 방문하고 발전을 위한 프로젝트를 진행했다. 여러 관점에서 세계를 바라보면서 축적된 경험은 나로 하여금 우리 지구가 직면한 실제 상황–빈곤의 원인, 부국 정책의 역할, 미래를 위한 가능성–을 평가하는 데 큰 도움을 주었다. 나는 이런 문제들의 올바른 해결 방법을 마련하기 위해 지난 20년 동안 분투해 왔다. 그동안 나의 학문적인 연구활동과 정치 참여에서 이보다 더 가치 있는 일은 없었다.

나는 문제를 관찰함으로써 해결 방법을 찾는 데 기여할 수 있는 행운을 얻었다. 또한 몇몇 경우에는 눈에 띄는 성공을 거두기도 했다. 초인플레이션의 중단, 새로운 안정적 국가 통화의 도입, 상환 불가능한 부채의 탕감, 정체된 공산 경제에서 역동적인 시장기반 경제로 전환, AIDS · 결핵 · 말라리아 퇴치기금 출범 · HIV에 감염된 빈민들에 대한 현대 의약 치료 등이 그것들이었다. 나는 부국이 가난한 사람들을 돕고 있다고 주장하는 것과 실제로 하는 일 사이의 차이가 점점 더 커지고 있다는 것을 더욱더 분명하게 확인해 왔다. 또한 나는 학문적 연구와 현장의 자문활동을 통해 극단적 빈곤이 불러오는 큰 고통을 끝내고 우리의 삶을 좀더 안전하게 만들 수 있는 엄청난 힘이 우리 세대의 손에 달려 있다는 것도 깨달았다.

이 책에서 나는 볼리비아 · 폴란드 · 러시아 · 중국 · 인도 · 케냐 등지의 사회에서 목격하고 배운 것을 설명하려고 한다. 독자들은 대부분의 세계가 전 세계적 과학 · 기술 · 시장에 기반한 유례없는 번영의 시대에 참여할 기회를 얻었다는 사실을 알게 될 것이다. 또한, 세계의 어떤 나라는 빈곤과 기아 그리고 질병의 악순환에 사로잡혀 있다는 사실도 확인할 수 있을 것이다. 죽어 가는 사람에게 건강하게 살려고 노력했어야 한다고 충고해 봤자 아무 소용 없는 일이다. 그것보다는 이들이 발전의 사다리에 오를 수 있도록 도와주는 것이 우리의 임무다. 최소한 사다리 아래쪽 계단에 발판을 놓아 스스로 올라갈 수 있는 구체적인 방법을 알려 주어야 한다.

나는 낙관주의자인가? 그런데 낙관주의냐, 비관주의냐를 구분하는 것은 그리 중요하지 않다. 더욱더 중요한 일은 무엇이 일어날지를 예측하는 것이 아니라 발전된 미래를 만들어 나가는 일을 돕는 것이다. 이 과제는 집단적인 것이다. 즉 나뿐만 아니라 여러분에게도 주어진 과제다. 경제학 개설서들은 개인주의와 분권적 시장을 역설하고 있다. 그러나 그에 못지않게 우리의 안전과 번영은 질병과 싸우고 좀더 앞선 과학을 발전시키며, 교육을 확산시키고 핵심 인프라를 공급하기 위해 결정을 합의하고 극빈자들을 돕기 위해 행동을 일치시키는 것에도 달려 있다. 기초 인프라(도로·동력·항구)와 인적 자본(보건과 교육)이라는 전제조건이 갖추어지면 시장은 발전을 위한 강력한 엔진이 된다. 이런 전제조건이 없을 경우 시장은 세계의 많은 곳을 무심하게 지나치며, 빈곤과 끊임없는 고통 속에 방치한다. 보건·교육·인프라 등에 대한 정부의 효과적인 공급과, 필요할 경우 해외 기부원조를 통해 발전을 위한 집단 행동의 틀을 마련하는 것이 경제적 성공을 이루는 바탕이 된다.

85년 전에 영국의 위대한 경제학자 존 메이너드 케인스는 대공황의 끔찍한 상황에 대해 깊이 생각했다. 케인스는 1930년에 자기 주변에서 모습을 드러내기 시작한 절망의 구렁텅이를 보면서 『우리 손자 세대의 경제적 가능성』에 대해 썼다. 강압과 고통의 시기에 케인스는 손자 세대, 즉 20세기 말쯤에 영국을 비롯한 공업국에서 빈곤이 끝날 것이라고 예상했다. 케인스는 과학과 기술의 극적인 진전과 기술진보가 지속적인 경제성장을 뒷받침할 것이라고 강조했다. 즉 이 같은 진보는 충분한 식량뿐 아니라 여러 기본적 욕구를 충족시키는 데 필요한 넉넉한 소득을 확보한다는 오랜 '경제적 문제'를 실질적으로 해결할 수 있는 높은 성장을 보장할 것이라고 예견했다. 케인스의 예측은 정확했다. 오늘날 부국에 극단적 빈곤은 더 이상 존재하지 않으며, 세계의 많은 중소득국에서도 사라지고 있다.

오늘날, 우리는 같은 논리를 빌어 극단적 빈곤이 우리 손자 세대가 아니라 바로 우리 세대에 없어질 수 있다고 선언할 수 있다. 부국들의 부, 오늘날 거대한 지식 창고에 축적된 힘, 가난에서 벗어나기 위해 도움을 필요로 하는 곳들이 줄어들고 있는 상황 등으로 미루어 볼 때 2025년에는 빈곤의 종말이 현실적으로 가능할 것이다. 케인스는 그의 손자 세대가 하루하루 생존에 필요한 투쟁을 함으로써 얻은 부와 유례없는 자유를 어떻게 사용할 것인가에 대한 의문을 제기했다. 바로 이것이 오늘날 우리 자신에게 던지는 질문이 되었다. 우리는 우리의 부를 현명하게, 즉 분열된 세계를 치유하고 여전히 빈곤에 사로잡혀 있는 사람들의 고통을 끝내며, 문화와 종교의 차이를 넘어 인류 공통의 유대와 안전뿐만 아니라 공동의 목표를 만

들어내는 데 사용할 만큼 훌륭한 판단력을 갖게 될 것인가?

이 책은 앞에서 제기한 질문에 답하지는 않을 것이다. 그 대신 이 책은 평화와 번영에 이르는 길을 보여 줄 것이다. 이를 위해 세계 경제가 어떻게 오늘날의 모습에 도달했는가, 세계 곳곳에 남아 있는 극단적 빈곤을 제거하기 위해 우리 세대가 향후 20년 동안 어떤 역량을 동원할 수 있는가를 조목조목 따져 볼 것이다. 내가 그 유망한 길의 윤곽을 보여 준다면, 우리가 그런 방법을 선택할 가능성이 더 높아지지 않을까 감히 희망해 본다.

그러나 지금은 내가 이 세계에 대해 그리고 우리 세대의 경제적 가능성에 대해 이해한 것을 많은 사람들과 함께 나눌 수 있게 된 사실에 감사할 따름이다.

차례

추천의 글 _ 4
한국어판 서문 _ 12
서문 _ 14

제1장   빈곤은 어디에 있는가 · 23
제2장   경제적 번영의 확산 · 53
제3장   왜 일부 나라는 번영에 실패하는가 · 86
제4장   의학과 경제학의 유사성 · 116
제5장   볼리비아의 초인플레이션 · 137
제6장   유럽으로 복귀: 폴란드의 경제개혁 · 166
제7장   정상의 회복: 러시아의 투쟁 · 198
제8장   500년 만의 따라잡기: 중국의 재도약 · 223
제9장   긴 시간에 걸친 희망의 승리: 인도의 시장개혁 · 254
제10장 소리 없는 죽음: 아프리카의 질병 · 295
제11장 이라크 전쟁이냐, 빈곤의 퇴치냐 · 327
제12장 빈곤 종말을 위한 현장 해결책 · 349

제13장 빈곤에서 자본축적으로 가는 선순환 · 375

제14장 빈곤 극복을 위한 전 지구적 협정 · 404

제15장 세상을 가치 있게 만드는 계산법 · 435

제16장 자유주의 시장경제의 그릇된 처방 · 464

제17장 초일류국가 미국의 편견 · 492

제18장 우리 시대의 도전 · 517

감사의 글_548

인용문헌_557

추가 참고문헌_561

주_565

출처_574

제1장
빈곤은 어디에 있는가

말라위: 완벽한 폭풍

우리가 말라위의 수도 리옹그웨에서 약 한 시간 거리에 위치한 작은 마을 은탄디르에 도착했을 때는 여전히 오전이었다. 우리는 진창길을 걸어오며 여자와 어린아이들이 지나가는 것을 자주 보았다. 그들은 맨발에 물동이와 땔감나무를 비롯해 무거운 짐을 잔뜩 지고 있었다. 오전인데도 날씨는 찌는 듯 무더웠다. 남부 아프리카의 가난한 내륙국에 속한 이 작은 마을의 사람들은 무자비할 정도로 황량한 땅뙈기에서 옥수수 농사를 지으며 근근이 생계를 이어가고 있었다. 그런데 올해는 비가 적게 내려 다른 해보다 특히 더 어려웠다. 비가 적게 내린 것은 아마 엘리뇨 현상 때문인 듯한데, 그 원인이 무엇이든지 간에 밭에 심은 작물의 잎은 힘없이 시들어 있었다.

마을에 일할 능력이 있는 남자들이 있어 지붕과 밭에 작은 집수장치를 마련해 빗물을 조금이나마 저장할 수 있었다면 사태가 이처럼 끔찍하지는 않았을 것이다. 그러나 우리가 마을에 도착했을 때 일할 능력이 있는 젊은 남자는 전혀 찾아볼 수 없었다. 몇 명의 늙은 여자와 열 명 남짓한 어린아이들이 우리를 맞이했을 뿐 한창 일할 수 있는 사람들은 남자든 여자든 눈에 띄지 않았다. 젊은 사람들은 밭에 가서 안 보이는 것이냐고 물어보자, 우리를 마을까지 안내한 원조요원이 슬픈 표정으로 머리를 가로저으며 아니라고 말했다. 일할 수 있는 사람들은 거의 죽었다는 것이다. 그 마을은 지금까지 수년 동안 말라위를 휩쓴 AIDS로 참화를 겪었다고 한다. 마을에는 20~40세 사이의 남자가 다섯 명밖에 남지 않았다. 이 남자들은 모두 그저께 AIDS로 죽은 마을 사람의 장례식에 참석하느라 마을에 없었다.

최근 몇 년 동안 은탄디르에서 죽음은 저항할 수 없는 현실이 되었다. 우리가 만난 할머니들은 고아가 된 손자와 손녀들을 책임지고 있었다. 할머니들은 죽은 자식들 대신 다섯 살이나 열 살 또는 열다섯 살의 손자, 손녀들을 돌보게 된 사연이 저마다 있었다. 이 할머니들은 좀더 잘 사는 곳에 태어나 일생을 보냈다면, 열심히 일한 대가로 얻은 편안한 노년을 즐기며 존경받는 가모(家母)가 되었을 나이였다. 그러나 이 마을 할머니들은 잠시도 쉴 틈조차 없는 말년을 보내고 있었다. 이 마을을 비롯해 비슷한 처지의 수많은 할머니들은 자신들이 잠시라도 일손을 놓으면 어린아이들이 굶어 죽게 된다는 사실을 잘 알기 때문이다.

생존 가능성은 아주 희박하다. 때때로 이 작은 가능성마저 티끌처럼 사라진다. 진흙 오두막 앞에서 만난 한 할머니는 〈사진 1〉에서 보이듯이 고아가 된 15명의 손자, 손녀들과 함께 살고 있었다. 할머니는 우리에게 자신의 처지를 설명하면서 오두막 옆 밭에서 말라 죽은 작물을 가리켰다. 모두 합해 0.5헥타르 정도 되는 이 밭은 비가 풍족하게 내렸더라도 가족을 부양하기에는 너무 작았다. 작은 농지 규모와 심한 가뭄의 문제뿐 아니라 상황을 한층 악화시키는 또 하나의 문제가 있다. 말라위의 이 지역 토양은 양분이 너무 심각하게 고갈되어, 강수량이 풍부한 경우에도 옥수수 수확량이 1헥타르당 약 1톤에 지나지 않는다. 1헥타르당 3톤을 수확할 수 있는 건강한 토양의 경우와 너무나 확연히 대조된다.

0.5헥타르의 밭에서 수확되는 0.5톤의 곡물은 생명을 유지하는 데 적절한 영양을 제공하기에 충분하지 않을 뿐만 아니라, 현금 수입원으로도 지극히 빈약하다. 물론 시장에 내다 팔 것도 없겠지만 말이다. 더욱이 올해는 극심한 가뭄 때문에 거의 아무것도 수확하지 못할 게 틀림없다. 할머니는 앞치마에 몇 알 붙어 있는 수수 알갱이를 떼어냈다. 벌레가 먹어 반쯤 썩은 수수 알갱이들은 그날 저녁 식사가 될 죽의 재료였을 것이다. 그리고 15명의 아이들이 그날 먹는 유일한 식사일 것이다.

나는 아이들의 건강이 어떤지 물었다. 할머니는 네 살쯤 되어 보이는 여자 아이를 가리키며, 그 작은 아이가 지난 주에 말라리아에 걸렸다고 말했다. 할머니는 손녀를 등에 업고 10여 킬로미터나 되는 길을 걸어 그 지방의 진료소에 찾아갔다. 할머니와 손녀가 진료소에 도착했을 때, 그날 마침 말라리아 치료제인 키니네가 떨어지고 없었다. 손녀는 열이 펄펄 끓었지만, 진료소 측은 할머니와 손녀를 집으로 돌려보내며 다음 날에 다시 오라고 했다.

작은 기적이 일어났다. 다음 날 다시 10킬로미터를 걸어 진료소에 도착하니 키니네가 와 있었다. 손녀는 키니네 치료에 반응을 보여 살아났다. 천만다행이었다. 손녀는 치료받지 않은 채 하루나 이틀만 더 지냈더라면 말라리아가 뇌성말라리아로 진행되어 곧 혼수상태에 빠졌다가 죽었을 것이다. 해마다 100만 명 이상 — 아마 300만 명은 족히 될 것이다 — 의 아프리카 어린이가 말라리아로 사망한다. 이 질병은 어느 정도는 예방과 완치가 모두 가능하지만 그럼에도 이런 끔찍한 재난이 발생한다. 모기장을 비롯한 몇 가지 환경통제 조치 덕분에 말라리아를 어느 정도 예방할 수 있지만, 말라위의 그 가난한 마을과 아프리카 대부분 지역에는 이런 작은 수단들조차 제공되지 않는 형편이다. 이 질병이 해마다 수백만 명의 소중한 목숨을 앗아가도록 내버려 둔다는 것은 어떤 핑계로도 정당화될 수 없다.

우리를 은탄디르로 안내한 원조요원은 기독교인으로서 현지 NGO에서 일하는 헌신적이고 인정 많은 말라위 사람이다. 이 사람을 포함해 그의 동료들은 모든 어려움을 무릅쓰고 마을 사람들을 헌신적으로 돕는다. 그러나 NGO는 쓸 수 있는 재원을 거의 가지지 못하고 있으며 얼마 안되는 기부금에 의지해 존립하고 있다. NGO는 마을에서 오두막의 지붕을 덮을 플라스틱 방수 시트를 공급하는 일에 많은 노력을 기울인다. 방수 시트는 어린아이들이 뜨거운 태양에 무방비 상태로 노출되는 것을 방지하고, 비가 내릴 경우에 지붕 아래서 잠자고 있는 아이들이 빗물에 젖지 않도록 할 것이다. 가구당 몇 센트밖에 들지 않는 이런 기여가 그나마 원조단체들이 끌어 모을 수 있는 전부다.

마을을 지나가는 동안 다른 할머니들에게서도 비슷한 사연을 들을 수 있었다. 그들은 한결같이 한창 일할 나이의 아들과 딸을 잃었고, 남아 있는 사람들은 하루하루 생존을 위해 힘겹게 싸우고 있다. 마을에는 가난한 사람들밖에 없다. 근처에 진료소도 없다. 안전한 식수원도 없고, 밭에는 작물도 자라지 않는다. 그리고 더욱 중요한 점은 아무런 원조도 없다는 것이다.

나는 몸을 굽혀 어린 여자 아이 한 명에게 이름과 나이를 물었다. 여자 아이는 일곱 살이나 여덟 살쯤 되어 보였지만 실제로는 열두 살이었다. 오랜 영양 부족으로 발육이 정지된 것이다. 나는 그 여자 아이에게 커서 뭐가 되고 싶냐고 물어보았다. 여자 아이는 교사가 되고 싶고, 그러기 위해 열심히 공부하고 일할 것이라고 대답했다. 하지만 현재 상황에서는 그 여자 아이가 중등학교와 교육대학에 진학할 수 있을 때까지 생존하기란 무척 어려울 것이다. 그 아이는 지금 학교에 정상적으로 출석하기조차 힘들다. 아이들은 질병 때문에 학교에 빠지기 일쑤다. 아이들의 학교 출석은 그 아이들이 집에서 땔감과 식수를 구하거나 형제들을 돌보는 일에 얼마나 필요한 존재인지, 부모들이 그 아이들에게 학용품과 교복을 사 주고 수업료를 낼 능력이 있는지, 또는 수킬로미터에 달하는 통학 거리를 아이들이 안전하게 걸어다닐 수 있는지에 달려 있다.

  우리는 그날 늦게까지 마을에 머물다가 비행기로 말라위의 두 번째 도시인 블란티르로 이동했다. 블란티르에서는 말라위 최대 병원인 엘리자베스센트럴 병원을 방문했다. 이 병원에서 그날의 두 번째 충격을 경험했다. 이 병원에서는 HIV 바이러스에 감염되었으나 치료를 받지 못해 AIDS로 죽어 가는 약 90만 명의 사람들을 위해 말라위 정부가 마련한 치료 프로그램을 시작하려고 애쓰고 있었다. 그 병원은 날마다 항레트로바이러스 복합 치료 비용을 댈 능력이 있는 사람들을 위한 비예약 진료소를 세웠다. 이 치료 프로그램은 인도의 복제약품 제조회사 시플라(Cipla)와 말라위 정부 사이의 협정에 따라 시작되었다. 시플라는 빈국들에게 저가 항레트로바이러스제를 선구적으로 공급해 왔다. 정부는 재정이 너무나 빈약해 치료가 필요한 모든 사람들을 위해 하루 1달러의 비용을 댈 능력이 없었다. 따라서 이 프로그램은 스스로 비용을 댈 수 있는 소수의 말라위 사람들을 위해 시작되었다. 우리가 방문했을 때 이 진료소는 경제적 능력이 있는 약 400명의 사람들에게 날마다 항 AIDS 약품을 제공하고 있었다. 90만 명이 감염되었는데 고작 400명이 치료받고 있는 것이다. 나머지 감염자들은 실질적으로 항 AIDS 약품을 전혀 접할 수 없는 실정이다.

우리는 외래 환자의 진료와 내과병동을 담당하고 있는 의사와 함께 회의실로 들어갔다. 의사는 항 AIDS 약품 치료를 받는 환자에게서 일어난 작은 기적을 설명해 주었다. 약품에 대한 반응은 극적이었다. 성공률이 거의 100퍼센트였던 것이다. 말라위 사람들은 이전에 약이라는 걸 접해 본 적이 없기 때문에 HIV 균주들이 약에 대한 내성을 보이지 않는다. 또 의사는 환자들이 하루 두 번 먹는 투약 규칙을 아주 잘 지켜 왔다고 말했다. 환자들의 생존 의지는 충만했다. 간단히 말해 의사는 결과에 대단히 만족스러워했다.

이와 같은 간단한 보고에 고무된 우리는 의사의 제안에 따라 회의실 반대편에 있는 병실을 방문했다. 말이 '병실'이지 눈앞에 보이는 환경은 그야말로 충격적이었다. 한마디로 병실이라고 할 수 없는 곳이었다. 그곳은 AIDS에 걸린 말라위 사람들이 죽으러 들어오는 장소였다. 병실에 약이라고는 전혀 없었다. 그 방의 공식 병상 이용률은 150개로 되어 있었지만 450명의 환자가 북적댔다. 병상 1개당 세 명 내외씩 150개의 병상을 빼곡히 채우고 있었다. 극단적인 경우에는 두 사람이 서로 발끝을 바라보며 반대 방향으로 누워 있었다. 낯선 사람들이 죽음의 병상을 나눠 쓰고 있었다. 병상 옆이나 아래 바닥에도 사람이 있었다. 그들은 맨바닥에 눕거나 골판지 한 장만 깔고 누운 채 서서히 죽어 가고 있었다.

신음소리로 가득 찬 이 방에는 환자의 4분의 3 이상이 현재 말기 AIDS 증세를 겪으며 아무런 약도 없이 죽음을 기다리고 있었다. 환자 가족은 병상 옆에 앉아 혓바닥으로 마른 입술을 축이며 죽어 가는 환자를 지켜보고 있었다. 홀 건너편에서 환자들을 치료하던 바로 그 의사가 이 병실의 진료도 담당하고 있었다. 이 의사는 무슨 일을 할 수 있는지 알고 있었다. 즉 그는 이 환자들이 하루 1달러만 있으면 죽음의 병상에서 일어날 수 있다는 걸 알고 있었다. 또한 현재 상황이 인프라나 물자 공급 또는 처방 준수의 문제가 아니라는 걸 알고 있었다. 그는 수백 명의 가난한 말라위 사람들이 바로 그 가난 때문에 지금 죽어 가고 있을 때도 전 세계가 이것을 모른 척한다는 점이 진짜 문제라는 것을 알고 있었다.

몇 차례 방문 이후에 나는 말라위가 비교적 형편이 나은 경우에 속한다는 것을 알게 되었다. 몇 년 전에 나는 말라위의 부통령 저스틴 물라웨시와 만난 적이 있다. 물라웨시는 모든 정치적 어려움에도 불구하고 유지되는 다당제 민주주의에서 인기를 모으고 있는 인물로, 웅변가의 위엄을 갖춘 훌륭한 사람이었다. 1인당 하루 소득이 50센트, 1인당 연간 소득이 180달러에 불과할 뿐만 아니라 대량 질병과 기근, 기상이변 등에서 비롯된 긴장이 팽배해 있는 빈국에서는 민주주의가 취약할 수밖에 없다. 따라서 민주주의를 달성하기란 매우 어렵다. 그러나 놀랍게도 말라위 사람들은 이 일을 해냈고, 국제사회는 이 모든 고통스러운 과정을 알고 있으면서도 수수방관자의 입장을 취했다.

물라웨시 부통령 자신도 AIDS로 여러 명의 가족을 잃었다. 우리가 처음으로 AIDS에 대해 논의했을 때 물라웨시는 슬픔에 잠긴 눈으로 국가AIDS 위원회 위원장으로서 자신의 새로운 임무에 대하여 설명했다. 물라웨시는 이 무서운 도전에 비로소 맞설 수 있는 국가 AIDS 전략을 수립할 전문가 팀을 이끌어 왔다. 이 팀은 전 세계-하버드 대학교와 존스홉킨스 대학교, 리버풀, 런던위생·열대의술학교, 세계보건기구-를 여행하며 AIDS에 대한 투쟁을 진전시킬 아이디어를 논의했다.

실제로 말라위는 죽어 가는 국민들에게 치료를 제공할 수 있는 가장 선진적이고 훌륭한 전략을 제일 먼저 수립했다. 또한 말라위는 약품 전달 시스템 관리 · 환자 상담 · 교육 · 마을 방문 진료 · 재정 흐름–이런 전략은 의사에 대한 훈련 과정을 수반한다– 등의 문제에 매우 사려 깊은 대응을 해 왔다. 이를 기반으로 말라위는 HIV 바이러스 감염 인구 가운데 약 3분의 1(약 30만 명)에게 5년 간 단계적으로 항AIDS 약물 치료를 확대하려는 계획을 수립하고 이를 지원해 달라고 국제사회에 요청했다.

그러나 국제사회의 반응은 냉정했다. 미국과 유럽의 정부들을 포함한 기부국 정부들은 말라위에게 계획의 규모를 줄이라고 요구했다. 말라위 정부의 계획이 '너무 거창하고 비용이 아주 많이 든다' 는 것이었다. 그 다음에 작성된 계획은 5개년 계획 중 단지 10만 명을 치료하는 것으로 축소되었다. 하지만 이것 역시 너무 과도한 수치라는 지적이 있었다. 5일간의 팽팽한 협상 과정에서 기부국들은 말라위에게 다시 계획을 60퍼센트 감축하여 4만 명을 치료 대상으로 하라고 설득했다. 이 위축된 계획안이 세계AIDS위원회에 제출되었다. 도저히 믿을 수 없는 일이지만 이 기금을 운영하는 기부국들이 다시 그 계획을 감축하기로 했다. 오랜 싸움을 거쳐 말라위는 5개년 계획 기간에 단지 2만5천 명을 구제할 수 있는 기금만을 받았다. 이것은 국제사회가 이 나라 국민들에게 보낸 사형 집행 영장이었다.

유니세프의 캐럴 벨라미는 말라위가 처한 곤경을 '완벽한 폭풍' 이라고 적절하게 기술했다. 즉 그것은 기상재해 · 빈곤 · AIDS 창궐 · 말라리아와 주혈흡충병 같은 오랜 부담을 모두 합친 폭풍이었다. 이 끔찍한 대혼란에 직면한 국제사회는 지금까지 걱정하는 태도를 약간 취하거나 세련된 수사적 언급만 내뱉었을 뿐, 실제로 필요한 행동은 거의 하지 않았다.

방글라데시: 발전의 사다리에서

완벽한 폭풍에서 수천 마일 떨어진 곳에 빈곤의 또 다른 현장이 존재한다. 그나마 여기에서는 빈곤이 서서히 물러가고 있다. 여전히 끔찍한 위험과 충족되지 않은 결핍이 거대하게 존재하지만 생존을 위한 투쟁이 서서히 승리해 가고 있다. 이와 같은 투쟁이 벌어지고 있는 현장은 바로 세계에서 인구밀도가 가장 높은 곳 가운데 하나인 방글라데시다. 약 1억 4천만 명의 인구가 방글라데시를 거쳐 인도양으로 흘러드는 두 개의 큰 강, 브라마푸트라와 갠지스 강의 델타 범람원에 살고 있다.

방글라데시는 1971년 파키스탄과 독립전쟁을 치른 뒤에 탄생했다. 그해에 방굴라데시는 대규모 기근과 혼란을 겪었다. 이 때문에 헨리 키신저 국무부 장관 재임 시에 미 국무부의 한 관리는 방글라데시를 '국제적 폐인'으로 규정하는 유명한 말을 했다. 그러나 오늘날의 방글라데시는 폐인과는 거리가 한참 멀다. 독립 이후에 1인당 국민소득이 약 2배 늘어났다. 기대 수명도 44세에서 62세로 상승했다. 유아 사망률(신생아 1,000명당 첫돌 이전에 사망하는 신생아 수)은 1970년의 145명에서 2002년에는 48명으로 줄어들었다. 방글라데시는 희망이 전혀 없어 보이는 상황에서도 올바른 전략을 수립하고 적절히 조합된 투자를 제공한다면 앞길이 분명히 존재한다는 것을 보여 준다.

그러나 방글라데시는 여전히 극단적 빈곤의 손아귀에서 벗어나지 못했다. 비록 방글라데시가 과거 세대에 기근과 질병에서 비롯된 최악의 참화에서 벗어나기는 했지만, 오늘날에도 몇 가지 심각한 도전에 직면해 있다. 말라위를 방문한 지 몇 달이 지난 어느 날 새벽, 잠에서 깬 나는 방글라데시 다카에서 놀라운 광경을 목격했다. 다카 교외와 인근의 극빈지역에서 나온 수천 명의 사람들이 길게 줄을 지어 걸어가고 있었다. 사람들이 일을 하러 가는 길이었다. 좀더 자세히 살펴보니 대부분의 노동자들이 18~25세 사이쯤 되어 보이는 젊은 여성들이었다. 다카에서 갑자기 성장한 의류업에 종사하는 노동자들이었다. 이들은 매달 미국과 유럽으로 선적되는 수백만 점의 의복을 재단·재봉·포장하는 일을 한다.

여러 해에 걸쳐 나는 세계 여러 곳에 흩어져 있는 발전도상국의 의류 공장들을 방문했다. 수백 명의 젊은 여성들이 재봉틀 앞에 앉아 있고 남자들은 재단 테이블에 서 있는, 동굴 같은 공장들이 내게는 익숙한 풍경이 되었다. 이 공장들에서는 직물들이 생산 라인을 따라 움직이고, 생산의 마지막 단계에 도달한 옷들은 갭·폴로·이브생로랑·월마트·J. C. 페니 등 친숙한 상표를 붙이고 있었다.

이 작업은 결코 매력적인 일이 아니다. 공장에서 일하는 여자들은 매일 아침마다 소리 없이 긴 열을 지어 두 시간이나 걸어 일하러 간다. 오전 7시나 7시 30분쯤 일터에 도착한 여자들은 12시간 동안 쭉 자기 자리에 앉아 일할 것이다. 이들은 휴식시간도 거의 없이 일하거나 점심시간이 되어서야 잠깐 일을 멈출 것이다. 화장실에 갈 시간도 별로 없을 것이다. 작업반장이 심술궂은 눈초리로 여자 노동자들 쪽으로 몸을 기울이며 성희롱에 가까운 자세를 취하기도 한다. 어렵고 힘든 긴 하루가 지나면 젊은 여성들은 다시 터벅터벅 걸어 집으로 향한다. 이 여성들은 집에 와서도 때때로 신체적 폭력의 위협을 받는다.

노동착취적 일자리는 선진국들에서는 대중들이 힘을 모아 항의하기에 알맞은 표적이다. 이런 항의는 노동 조건의 질과 안전을 개선시키는 데 기여해 왔다. 그러나 부국의 항의자들은 노동 조건이 더 안전해져야 한다는 전제를 단 채 그런 일자리들이 더욱 늘어날 수 있도록 지원해야 한다. 즉 방글라데시 같은 나라들의 의복 수출을 제한하는 자국의 보호 무역주의에 항의해야 한다. 공장에서 일하는 젊은 여성들은 이미 현대 경제에 올라설 발판을 마련한 셈이고, 이런 점에서 말라위 마을 사람들에 비해서는 결정적이고 괄목할 만한 진전을 이룬 셈이다(그 발판은 여성들에게 더욱 중요하다. 발판이 그들 대다수가 태어난 방글라데시의 가난한 마을에서 벗어날 수 있는 기회이기 때문이다). 이 노동착취적 공장들은 극단적 빈곤에서 벗어나기 위한 사다리의 첫 계단이다. 이 공장들은 방글라데시가 극단적 빈곤에서 결코 벗어날 수 없을 것이라는 예측이 틀렸다는 사실을 입증해 준다.

언젠가 방글라데시를 방문했을 때 나는 영자 조간신문을 본 적이 있다. 이 신문은 큰 지면을 할애하여 의류부문에서 일하는 젊은 여성들의 인터뷰 기사를 실어 놓았다. 이 인터뷰는 내 눈을 번쩍 뜨게 만드는 감동적이고 흥미진진한 내용이었다. 그 여성들은 한 명씩 차례대로 힘든 노동 시간·노동권의 부재·성희롱 등을 자세히 설명하고 있었다. 그런데 가장 놀랍고 예기치 못한 것은 그 일이 여성들에게 이전에는 결코 상상할 수 없었던 커다란 기회를 준다는 점과 그들의 삶을 훨씬 더 낫게 변화시켰다는 점을 여러 번 단언하는 대목이었다.

인터뷰에 응한 거의 모든 여성들은 시골의 독재적이고 가부장적인 사회에서 만성적인 배고픔과 곤궁에 노출된 절대적인 빈곤 계층이었다. 학교도 다닐 수 없고 글자도 깨우치지 못했다. 이 여성들(과 1970~1980년대 그들의 선배들)이 마을에 그대로 머물렀다면, 아버지가 정해 주는 짝과 강제로 결혼하여 17~18세에 아이를 가져야 했을 것이다. 일자리를 얻기 위해 도시로 가는 힘든 여정이 젊은 여성들에게 유례를 찾아볼 수 없는 개인적 삶의 해방 가능성과 기회를 열어 주었다.

인터뷰에 응한 방글라데시 여성들은 일자리를 통해 이루어진 자신들의 변화된 삶에 대해 이야기했다. 그 여성들은 얼마 안되는 급료를 떼어 저축함으로써 자신들의 소득을 관리할 수 있었고, 자신들만의 방을 가질 수 있게 되었다. 그리고 언제 누구와 데이트하고 결혼할지와, 스스로 적절하다고 판단하는 시점에 아이를 갖는 것을 선택할 수 있었으며, 저축을 활용하여 자신들의 생활조건을 개선할 수 있었다. 특히 학교에 입학하여 글자를 깨우치거나 직업적 기능을 향상시킬 수 있었다. 힘들긴 하지만 이와 같은 삶은 몇 세대 전의 시골에서는 생각할 수조차 없던 경제적 기회를 얻을 수 있는 귀중한 첫발자국이다.

부국의 일부 항의자들은 다카의 의류 기업들이 임금을 인상하거나 아니면 문을 닫아야 한다고 주장해 왔다. 하지만 노동생산성 이상으로 임금을 강제 인상한 결과 기업들이 문을 닫게 된다면, 이것은 여성들에게 시골의 비참한 삶으로 복귀하도록 만드는 승차권을 나누어 주는 결과만 낳을 뿐이다. 이 공장들은 여성들에게 개인적·경제적 자유를 위한 기회를 줄 뿐만 아니라, 아이들 세대의 기능과 소득을 향상시키기 위한 사다리의 첫 계단이기도 하다. 발전에 성공한 사실상의 모든 발전도상국이 이 같은 공업화의 첫 단계를 거쳤다. 방글라데시 여성들의 경험은 오래 전에 뉴욕 시의 의류 지구로 이주해 온 많은 세대들의 경험과 비슷하다. 또한 수많은 다른 곳에서도 의류 공장의 힘든 노동을 위한 이주가 이후 세대의 도시적 풍요로 가는 첫발자국이었다.

의류부문은 최근 몇 년 동안 연간 5퍼센트 이상 성장해 온 방글라데시 경제를 촉진하고 있다. 뿐만 아니라 오랫동안 여성들의 경제활동에 철저히 차별적이었던 사회에서 여성의 의식과 힘을 높여 주기도 한다. 이것은 방글라데시 전역에서 일어나는 좀더 전반적이고 극적인 변화 과정의 일부다. 또한, 이것은 여타 분야의 많은 변화와 함께 방글라데시가 향후 몇 년 안에 장기적 경제성장의 탄탄대로로 들어설 기회를 제공한다. 여성 노동자들이 떠나 온 시골 지역들도 급속히 변화하고 있다. 그 이유는 한편으로는 여성들이 고향으로 보내는 돈과 사고방식 때문이다. 또 한편으로는 가족들이 경제적 기반을 시골의 농업, 도시의 제조업·서비스업 등으로 다각화하여 도시와 농촌지역 간의 여행과 이주를 증가시키기 때문이다.

2003년에 컬럼비아 대학교의 동료들과 함께 다카 인근의 어떤 마을을 방문하게 되었다. 방글라데시 농촌진흥위원회(BRAC)라는 활기찬 비정부 조직의 리더 한 명이 우리와 동행했다. 그 마을에서 우리는 BRAC의 도움을 받아 조직된 마을 협의회 대표를 만났다. 도심에서 약 한 시간 걸리는 곳에 사는 여성들이 마을 안을 비롯해 그 마을과 다카 사이의 도로에서 소규모 상업 활동-식품 가공과 매매-을 하고 있었다. 이 여성들은 급성장하는 의류부문의 변화와 모든 면에서 견줄 수 있을 만큼 극적인 변화상을 연출했다.

아름다운 사리(sari: 인도의 여성용 겉옷)를 입은 여성들이 한 줄에 여섯 명씩 여섯 줄로 땅바닥에 앉아 우리 일행의 질문에 답해 주었다. 각각의 줄은 지방 '소액 금융(microfinance)' 단위의 하위 그룹이었다. 앞줄에 앉은 여성은 뒤에 앉은 여성들 전체의 차입을 책임졌다. 각 줄의 성원들은 각 개인이 얻은 부채의 상환에 공동으로 책임을 졌다. BRAC와 유명한 파트너인 그래민 은행은 이런 종류의 집단대출 분야를 개척했고, 이 시스템을 통해 가난한 수혜자들(대개는 여성)은 소규모 사업(microbusiness)을 위한 운전 자금으로 몇백 달러에 달하는 소액 대출을 받을 수 있었다. 이런 여성들은 오랫동안 은행과 거래할 수 없다고 생각해 왔다. 그 이유는 단순히 대출을 받는 데 필요한 거래 비용을 감당할 만큼 신용이 없었기 때문이다. 집단대출은 상환 메커니즘을 변화시켰다. 채무 불이행률이 극적으로 낮아지고, BRAC와 그래민 은행은 다른 거래 비용도 최소화할 수 있는 방법을 알게 되었다.

소액 금융이 소규모 사업을 어떻게 촉진시켰는지에 대한 이야기보다 더 놀라운 것은 아이 양육에 대한 여성들의 태도였다. 콜롬비아 대학교의 공중보건대학원 학장이자 생식보건(reproductive health) 분야의 세계적 권위자인 앨런 로젠필드 박사가 이 여성들에게 아이가 다섯 명인 사람은 몇 명인지 물어보았을 때, 아무도 손을 들지 않았다. 그러면 네 명? 역시 아무도 손을 들지 않았다. 그렇다면 세 명? 그러자 단 한 명이 주위 사람들의 눈치를 보며 손을 들었다. 그리고 약 40퍼센트의 여성이 두 명이라고 대답했다. 약 25퍼센트의 여성은 자녀가 한 명이라고 했다. 나머지 여성들은 자녀가 없었다. 즉 이 그룹의 평균 자녀 수는 한두 명이었다.

그런 다음 로젠필드는 모두 몇 명의 자녀를 원하는지 물었다. 로젠필드는 다시 다섯 명에서 시작했지만, 아무도 손을 들지 않았다. 네 명? 역시 아무도 없었다. 세 명? 아무도 손을 들지 않았다. 두 명? 거의 전부가 손을 들었다. 이러한 사회적 규범은 완전히 새로운 것이었고, 관점과 가능성의 극적인 변화를 보여 주는 것이었다. 이 때문에 나머지 일정 내내 로젠필드는 깊은 생각에 빠져 있었다. 로젠필드는 1960년대 이래 방글라데시를 비롯하여 아시아의 여러 곳을 방문했는데, 방글라데시의 농촌 여성들이 일반적으로 예닐곱 명의 자녀를 두고 있었던 때를 선명하게 기억했다.

도시와 농촌의 농외 소기업(off-farm microenterprises)에서 일어난 여성들을 위한 일자리, 여성들의 권리와 독립, 자립에 대한 새로운 정신, 극적으로 줄어든 유아 사망률, 소녀와 젊은 여성들의 문해율 향상, 결정적으로는 가족계획과 피임수단의 가용성 등이 여성들을 완전히 변화시켰다. 희망 출산율의 극적인, 또한 실로 역사적인 감소는 한 가지 요인으로는 설명할 수 없다. 새로운 사상, 유아와 산모들에 대한 공중보건의 개선, 여성들의 경제적 기회 개선 등이 복합적으로 작용한 결과였다. 이처럼 감소된 출산율은 다시 방글라데시의 소득 증대를 촉진할 것이다. 가난한 가계는 자녀 수가 적을수록 각 자녀의 건강과 교육에 더 많이 투자할 수 있다. 그 결과 다음 세대에 건강과 영양, 교육 환경을 갖추어 줄 것이다. 더 나아가 방글라데시의 미래 생활수준까지 향상시킬 것이다.

방글라데시는 가까스로 발전을 위한 사다리의 첫 계단에 발을 올려놓을 수 있었고, 경제성장과 함께 보건과 교육의 질을 향상시킬 수 있었다. 이는 한편으로는 방글라데시의 끊임없는 노력의 결과이자 BRAC와 그래민 은행 같은 비정부 조직의 창의성 덕택이다. 또 한편으로는 방글라데시를 폐인이 아니라 관심을 기울일 만하고 개발원조를 제공할 만한 나라로 평가한 다양한 기부국 정부들의 투자-이런 투자는 때로는 상당한 규모로 이루어졌다-에 의한 결과이기도 하다.

인도: 수출용 서비스 혁명의 중심

방글라데시가 발전의 사다리에 첫발을 올려놓았다면, 인도는 이미 여러 계단을 올라간 상태다. 내가 첸나이의 정보기술센터에서 본 컴퓨터 스크린 작업자는 젊은 여성이었는데, 그녀는 새롭게 발전하는 인도에서 피고용자의 표본이라 할 수 있다. 스물다섯 살 된 이 여성은 고등학교 졸업 이후 2년제 지방 교육대학에서 학위를 취득했다. 지금 이 여성은 남부의 타밀나두라는 주의 주도(州都)에 근거지를 둔 새로운 인도 정보기술(IT) 회사에서 데이터를 입력하는 일을 하고 있다. 첸나이는 인도의 IT 혁명의 중심지다. 이 혁명은 수억 명이 사는 방대한 나라에서 유례없는 경제성장을 자극하기 시작하고 있다. IT 혁명이 새롭게 창출하고 있는 일자리는 말라위에는 알려지지 않은 것이고 방글라데시에서도 대개는 생각하기 어려운 것이지만, 인도에서는 교육받은 젊은 여성들에게 표준적인 일자리가 되고 있다.

이 회사는 미국 시카고의 어떤 병원과 특이한 계약을 맺었는데, 의사들이 업무 마감 시간에 차트를 구술한 내용을 음성 파일로 저장하여 위성을 통해 인도로 전송한다. 시카고와 인도 사이에 10시간 30분의 시간 차이가 있으므로 시카고의 업무 마감 시간은 첸나이의 업무 시작 시간이다. 음성 파일이 도착하면 의료 데이터 입력과 관련한 특수 교육을 받은 10여 명의 젊은 여성들이 헤드폰이 설치된 컴퓨터 스크린 앞에 앉아 거의 1만 마일이나 떨어진 환자의 의료 차트를 신속하게 입력한다. 나는 잠깐 동안 입력하는 소리에 귀를 기울였다. 그곳의 노동자들은 집중적인 훈련과 경험 덕분에 의료 전문용어를 나보다 훨씬 더 잘 안다. 이 노동자들은 경력 수준에 따라 매달 약 250~500달러를 버는데, 미국에서 의료 데이터 입력자가 버는 금액과 비교해서 10분의 1에서 3분의 1 수준이다. 하지만 이 노동자들의 소득은 인도에서 저급 기능 노동자들이 버는 소득의 2배가 넘고, 농업 노동자 소득의 약 8배에 달할 것이다.

이 사업을 시작한 기업가는 미국에 가까운 친척이 있는데, 이 친척이 미국 쪽 사업을 주선했다. 나날이 번창하는 이 사업은 데이터 입력에서 금융기록 보관으로, 더 나아가 미국 기업들에 대한 금융 컨설팅과 자문으로, 지원업무 처리업 또는 글로벌 경제의 새로운 전문용어로 말하자면 BPO(Business Process Outsourcing: 업무처리 아웃소싱)로 이동할 것이다. 이 회사의 피고용자들은 광대역 인터넷 시설과 위성 접속단자, 미국 쪽 상대자들과 얼굴을 맞대고 접촉해야 하는 업무 책임자들을 위해 화상회의 시설을 갖춘 번쩍이는 건물들에서 일한다. 그들은 위생시설을 이용할 수 있다. 이 여성들의 어머니들은 일반적인 경우라면 가족 가운데 글자를 깨우치고 도시 경제에 첫발을 내디딘(아마 노동착취 공장의 재봉사로서) 첫 사람이었을 것이다. 그리고 할머니들은 거의 확실히 두 세대 이전의 완연한 촌락 경제에서 농업에 종사하는 노동자였을 것이다.

인도는 방대하다. 인도의 많은 지역, 특히 북부는 방글라데시의 일부와 말라위를 단단히 움켜쥔 것과 똑같은, 등골 빠지는 농촌 특유의 빈곤에 여전히 발목이 잡혀 있다. 인도의 많은 도시가 다카를 닮았다. 단지 몇 개의 선도적 '성장거점'만이 IT 동력으로 발전하는 첸나이와 비슷한 첨단적 분위기를 띠고 있다. 인도 북부의 갠지스 유역은 인도에서 가장 거대한 범람원을 형성하고 있으며, 약 2억 명의 인도인이 살고 있다. 이 유역에서는 IT 혁명이 출현했다 하더라도 그 속도가 너무나 느렸을 것이다.

그러나 IT뿐만 아니라 직물·의류·전자·제약·자동차부품 등 여러 부분에서 새로운 추세가 너무나 강력하게 나타나고 있기 때문에 인도의 전반적인 경제성장이 이제 확실히 연간 약 6퍼센트를 기록하고 있다. 인도는 중국의 성장률을 따라가기 시작하고 있고, 전 세계 투자자들이 빠르게 성장하는 인도 경제 ─ IT부터 제조와 연구개발에 이르기까지 ─ 에서 사업체를 세우려는 생각을 키워 나가고 있다.

세계는 진보를 달성하는 과정에 있는 인도를 위험한 존재로 인식할 수밖에 없다. 인도와 중국이 최근에 거둔 성공의 아이러니는 미국인들에게 이 성공이 미국을 희생시킨 대가로 이루어졌다는, 즉 미국을 집어삼킬지도 모른다는 공포를 유발한 것이라 할 수 있다. 이런 공포는 근본적으로 틀린 것이고, 더 나쁘게는 위험한 것이다. 왜냐하면 세계는 한 나라가 얼으면 다른 나라는 잃기 마련인 제로 게임이 아니라, 기술과 기능의 개선으로 인해 전 세계 생활수준을 향상시킬 수 있는 상생의 게임이기 때문이다. 인도의 IT 노동자들은 미국의 소비자들에게 양질의 제품과 서비스를 제공할 뿐만 아니라 마이크로소프트와 SAP의 소프트웨어, 그리고 시크소의 라우터를 사용하며 델 컴퓨터의 단말기 앞에 앉아 있다. 뿐만 아니라 노동자들은 선진국들에서 수입된 다수의 사용자 강화 기술을 사용한다. 인도 경제가 성장함에 따라 인도의 소비자들은 그들의 가정과 사업을 위해 미국과 유럽의 더욱더 많은 제품과 서비스를 선택한다.

중국: 풍요의 출현

나는 인도를 방문한 뒤에 중국의 북경으로 향했다. 중국에서는 경제성장이 전속력으로 진행되고 있다. 북경은 전 세계 발전도상국의 중심지일 뿐만 아니라 전 세계 경제 중심지의 하나가 되고 있다. 인구 천백만 명의 북경은 지금 성장의 가속도에 몸을 맡기고 있다. 1인당 연간 소득이 4,000달러를 넘어섰고, 중국 경제는 계속해서 연간 8퍼센트의 성장률로 발전하고 있다.

어느 날 밤, 나는 젊은 부부의 초청을 받았다. 전문 직업인인 그들은 나를 그 도시의 최신 유행 나이트클럽에 데려갔다. 나는 그들이 나누는 대화에 귀를 기울이면서, 건너편 무대 위에서 벌어지는 2인극을 보았다. 그것은 실내를 가득 메운 말쑥한 차림의 기업 경영자들을 위해 마오쩌둥 시대의 혁명 가극을 보여 주는 복고적이면서도 현대적인 공연이었다. 모든 테이블에 적어도 1~6개의 휴대폰이 놓여 있었고, 젊고 유능한 사업가들은 고객이나 사무실에서 걸려 온 전화를 받고 있었다. 내가 곁눈질로 오페라를 관람하고 있을 때, 두 부부는 구입한 지 얼마 안된 휴대폰을 내게 보여 주었다. 디지털카메라도 되는 것이었다. 두 부부는 내 사진을 찍어 한쪽 휴대폰에서 다른 쪽 휴대폰으로 전송하는 성능을 보여 주었다. 이것은 내가 미국에서도 보지 못했던 신기한 기능이었다.

내가 런던이나 뉴욕, 또는 파리나 도쿄에 있었다면 그렇게까지 놀라지 않았을 것이다. 그러나 나는 20년 전만 하더라도 문화대혁명의 혼돈과 몇 십 년에 걸친 마오쩌둥 치하의 소란에서 아직 완전히 벗어나지 못한 나라에 있었다. 불과 한 세대 만에 중국은 세계에서 가장 중요한 경제와 무역 강국이 되었다.

젊은 중국인들에게는 엄청난 풍요를 달성하고 전 세계를 여행할 수 있을 뿐만 아니라 높은 생활수준의 여러 가지 혜택을 누릴 수 있는 기회가 주어졌다. 지난 25년 동안 이루어진 중국의 위대한 전진은 폐쇄된 사회와 경제에서 세계의 거대 수출 강국으로 전환했다는 사실을 단적으로 반영한다. 중국의 수출을 자극한 것은 외국인 투자와 기술의 방대한 유입이었다. 이 투자를 통해 들어온 자금으로 현대적인 공장이 세워지고 그와 더불어 기계류와 운영기법들이 들어왔다. 그리고 바로 이것이 모든 종류의 기능에 점점 더 능숙해진 중국인 노동력과 결합되었는데, 이 노동력은 또한 상대적으로 저렴하다는 장점이 있었다. 그 결과 이 산업에서 저 산업으로 꼬리를 물고 경쟁력 있는 기업들이 출현했고, 1980년의 약 200억 달러에서 2004년에는 약 4,000억 달러로 중국의 수출을 증가시켰다.

경제발전의 사다리 올라가기

서로 상당히 다른 네 나라의 이미지는 우리에게 무엇을 보여 주는가? 우리 눈에 보이는 것은 세계의 가장 부유한 곳과 가장 빈곤한 곳 사이의 거의 상상할 수 없는 차이와, 그 사이에 존재하는 모든 빈부 스펙트럼이다. 발전 과정에서 과학과 기술이 담당하는 결정적인 역할도 언뜻 눈에 들어온다. 그리고 생계형 농업에서 경공업화와 도시화, 고도기술 서비스로 나아가는 발전 경로도 감지된다. 말라위에서는 인구의 84퍼센트가 농촌지역에 살고,[1] 방글라데시에서는 76퍼센트가, 인도에서는 72퍼센트가, 그리고 중국에서는 61퍼센트가 농촌에 산다. 발전 스펙트럼의 반대편 꼭대기에 있는 미국에서는 인구의 20퍼센트만이 농촌에 산다. 말라위에서는 서비스 부문이 고용의 25퍼센트도 안되지만, 미국에서는 75퍼센트를 차지한다.

경제발전이 사다리이고 사다리의 높은 단계가 경제적 복지로 올라가는 상승을 나타낸다면, 인류의 6분의 1인 약 10억 명이 말라위 사람들처럼 살아가고 있다. 이들은 너무나 가난하고 몸이 아프며 배가 고파 경제발전 사다리의 첫 계단에 한 발조차 올려놓을 수 없다. 이 사람들은 전 세계에서 '가장 빈곤한 사람들'이고 '절대적으로 빈곤한 사람들'이다. 이들 모두 발전도상국에 살고 있다(빈곤은 부국에도 존재하지만, 그곳의 빈곤은 절대적인 빈곤이 아니다). 물론 10억 명 모두가 지금 당장 죽지는 않지만, 날마다 생존을 위해 몸부림치며 투쟁하고 있다. 만약 이들에게 오랜 가뭄이나 홍수 또는 질병이 닥친다면, 그리고 이들이 내다 파는 현금 작물의 세계 시장 가격이 붕괴한다면 어떻게 될까? 그 결과는 극단적인 고통이나 심지어 죽음으로 이어질 가능성이 높다. 하루의 현금 수입이 그야말로 몇 푼에 지나지 않는다.

경제발전 사다리의 몇 계단 더 높은 곳은 저소득국 가운데 상층부에 해당한다. 이 세계에서 약 15억 명의 사람들이 방글라데시의 젊은 여성들과 똑같은 문제에 직면해 있다. 이 사람들은 '빈곤한 사람들'이다. 이들은 최저생계 수준보다는 높은 생활을 한다. 하루하루의 생존은 비교적 보장되어 있지만, 도시와 농촌에서 근근이 살아가기 위해 분투해야 한다. 죽음이 문 앞에 있지는 않지만, 안전한 식수와 제대로 된 화장실 같은 기초적 편의시설이 없으며 만성적인 재정적 곤궁이 일상화되어 있다. 절대적으로 빈곤한 사람들(약 10억 명)과 빈곤한 사람들(약 15억 명)은 모두 합해 인류의 약 40퍼센트를 차지한다.

인도의 IT 노동자들을 포함한 또 다른 25억 명의 사람들은 사다리의 몇 계단 더 높은 곳, 즉 중소득 세계에 속한다. 이들은 중소득 가계들이지만, 부국들의 기준에서 보면 결코 중산층으로 인정되지 않을 것이다. 이들은 연간 수천 달러의 소득을 얻고, 대다수가 도시에 살며, 집 안에 몇몇 편의시설을 확보할 수 있고, 하수 시스템도 갖추고 있을 것이다. 스쿠터를 마련한 뒤 언젠가는 자동차도 살 수 있다. 또한 필요한 만큼 충분한 옷을 갖추어 입을 수 있고, 아이들을 학교에 보낸다. 그들의 영양은 충분하며 일부는 부국에서 유행하지만 건강에는 좋지 않은 패스트푸드 신드롬에도 빠진다.

사다리의 약간 더 높은 곳에 세계 인구의 약 6분의 1에 해당하는 10억 명이 존재하는데 이들은 고소득 계층에 속한다. 이 풍요로운 가계들에는 부국들에 사는 10억 명이 포함되지만, 중소득국들에서 증가하고 있는 부자들도 포함된다. 즉 상하이·상파울로·멕시코시티 같은 도시에 사는 수천만 명의 고소득을 올리는 개인들이 그런 사람들이다. 북경의 젊은 전문직업인은 21세기의 풍요를 누리는, 세계의 운 좋은 6분의 1에 속한다.

그나마 다행스러운 소식은 세계 인구 절반 이상의 사정이 방글라데시의 의류 공장 노동자들보다 더 나아지고 있고, 대체로 경제적 진보를 경험하고 있다는 점이다. 이들은 발전의 사다리에 발을 올려놓았을 뿐만 아니라 실제로 그 사다리를 하나씩 올라가고 있다. 이들의 경제적 상승은 개인 소득의 증가와 함께 휴대폰·TV 세트·스쿠터 같은 상품들을 구입하는 데서 확연히 드러난다. 또한 기대 수명 상승·유아 사망률 하락·학력 상승·급수 및 위생시설 보급률 상승 등과 같은 결정적인 경제 복지 척도들에서도 발전하고 있다는 사실을 뚜렷하게 알 수 있다.

우리 세대의 가장 큰 비극은 인류의 6분의 1에 해당하는 사람들이 발전의 사다리에 아직 발도 올려놓지 못하고 있다는 점이다. 극단적으로 빈곤한 사람 가운데 상당수가 빈곤 함정에 붙잡혀 있어서 자기 힘만으로는 절대적인 물질적 박탈 상태에서 벗어날 수 없다. 이들은 질병, 지리적 고립, 나쁜 기후 조건, 환경 악화, 극단적인 빈곤 그 자체에 사로잡혀 있다. 그들의 생존 기회를 높일 수 있는 구명책들은 새로운 영농 기법의 형태, 필수 치료약, 말라리아 전염을 제한할 수 있는 모기장의 형태 등으로 존재한다. 그러나 이 가계들과 정부들은 구명책에 필요한 투자를 할 수 있는 재정적 수단을 갖고 있지 않다.

세계의 빈곤한 사람들도 발전의 사다리에 대해 알고는 있다. 이들은 세계의 반대편에 존재하는 풍요의 이미지를 감질나게 쳐다보고 있다. 그러나 그들은 사다리에 첫발조차 올려놓을 수 없고, 따라서 빈곤에서 벗어나기 위한 노력을 시작조차 할 수 없는 안타까운 형편이다.

빈곤한 사람의 정의와 분포 지역

빈곤한 사람들의 정확한 수와 지리적 분포, 시간의 경과에 따른 그들의 수와 경제 상태의 변화에 대해서는 여러 가지 정의가 있다. 그리고 이를 둘러싼 논쟁도 격렬하게 진행되어 왔다. 그렇다면 일반적으로 인정되는 주장부터 살펴본 다음에 몇몇 논쟁적 영역을 언급하는 편이 좋겠다.

빈곤의 정의와 관련해서는 다음과 같이 세 가지의 빈곤 정도를 구분해 설명하는 게 유용하다. 극단적(또는 절대적) 빈곤, 중위의 빈곤, 상대적 빈곤이 그것이다.

극단적 빈곤이란 가계들이 생존을 위한 기본적 필요를 충족시키지 못한다는 것을 의미한다. 이 가계들은 만성적 기아 상태에 있고, 의료시설을 이용할 수 없으며, 집 안에 안전한 식수나 위생에 필요한 편의시설을 갖추고 있지 않고, 자녀 가운데 일부나 전부를 교육시킬 능력이 없으며, 기본적 피난처-비가 새는 것을 방지할 지붕과 조리대의 연기를 배출할 굴뚝-와 신발 같은 기본적 의복도 언제나 결핍되어 있다. 중위의 빈곤이나 상대적 빈곤과는 달리 극단적 빈곤은 발전도상국에서만 일어난다. 중위의 빈곤이란 일반적으로 기본적 필요는 충족시키지만, 단지 가까스로 충족시킬 뿐인 생활조건을 가리킨다. 상대적 빈곤이란 일반적으로 평균적 국민소득보다 낮은 소득 수준의 가계를 가리키는 것으로 해석된다. 고소득국들에서 상대적으로 빈곤한 사람들은 문화상품·오락·레크리에이션·양질의 의료 서비스와 교육을 접할 수 없으며, 사회적 상승 이동을 위한 기타 특권을 갖고 있지 못하다.

세계은행은 오랫동안 복잡한 통계적 기준, 즉 구매력 평가로 측정하여 1인당 하루 1달러의 소득을 기준으로 전 세계에서 극단적 빈곤의 인구 수를 정해 왔다. 세계은행의 또 다른 범주, 즉 하루에 1~2달러의 소득은 중위의 빈곤을 측정하는 데 사용될 수 있다. 이 척도는 공공정책 입안자들이 특히 자주 사용하는데, 최근에는 세계은행의 이코노미스트인 샤오후아 첸과 마틴 래벌리언이 그것을 측정했다.[2] 두 사람의 추산에 따르면 극단적 빈곤의 인구가 1981년에는 약 15억 명에서 2001년에는 11억 명으로 줄어들었다. 〈그림 1〉은 전 세계 극단적 빈곤 인구의 지역적 분포를 보여 준다. 각각의 막대는 지역별 빈곤의 인구 수를 나타내는데 왼쪽 막대는 1981년 수치를, 오른쪽 막대는 2001년 수치를 각각 가리킨다. 세계의 극단적 빈곤의 인구 중 압도적 비율―2001년도 93퍼센트―이 동아시아 · 남아시아 · 사하라 이남 아프리카 세 지역에 살고 있다. 1981년 이래 극단적 빈곤의 인구는 사하라 이남 아프리카에서는 증가한 반면, 동아시아와 남아시아에서는 감소했다.

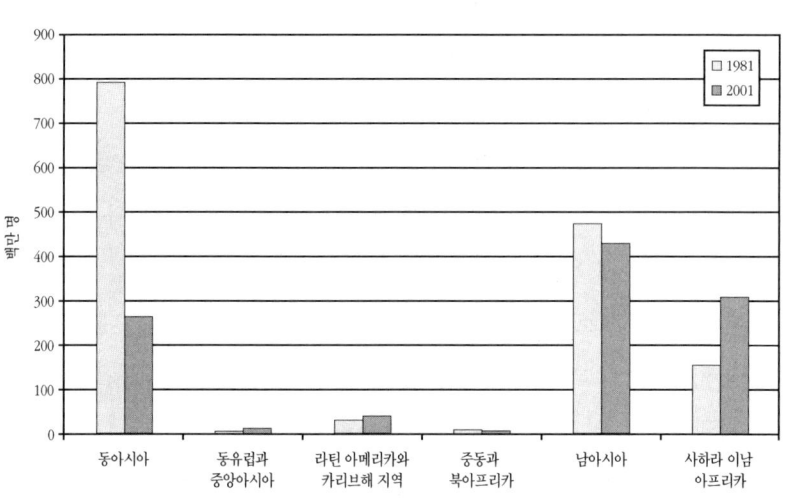

〈그림 1〉 절대적 빈곤의 인구 수

출처: Chen and Ravallion(2004).

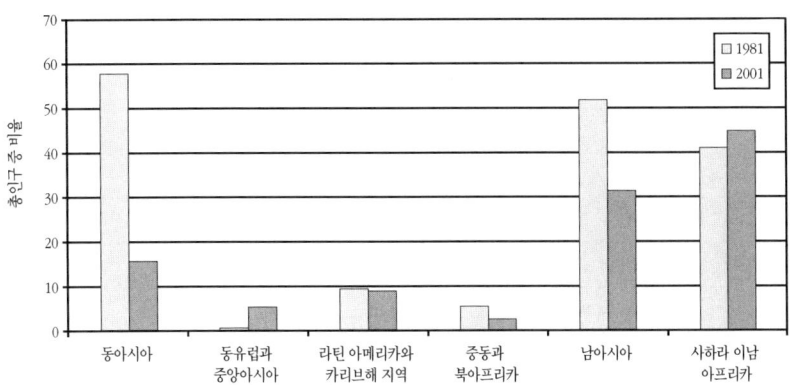

〈그림 2〉 절대적 빈곤의 인구 비율

출처: Chen and Ravallion(2004).

〈그림 2〉는 똑같은 측정 결과를 반복하면서도 극단적 빈곤 인구의 절대 수치가 아니라 특정 지역의 극단적 빈곤의 인구 비율을 보여 준다. 아프리카 인구 중 거의 절반이 극단적 빈곤에 처해 있는데, 이 비율은 해당 기간에 약간 상승했다. 동아시아에서는 극단적 빈곤의 인구 비율이 1981년의 58퍼센트에서 2001년의 15퍼센트로 놀라울 정도로 하락했다. 남아시아에서도 진전이 이루어졌지만, 52퍼센트에서 31퍼센트로 [동아시아보다는] 약간 덜 극적으로 하락했다. 라틴 아메리카의 극단적 빈곤의 비율은 약 10퍼센트대로 비교적 고착되어 있다. 동유럽의 경우는 1981년에는 무시할 만한 수준에서 2001년에는 약 4퍼센트로 상승했다. 공산주의 붕괴와 시장 경제로 이행이라는 격변의 결과인 것으로 보인다.

〈그림 3〉과 〈그림 4〉는 하루 1~2달러로 살아가는 중위의 빈곤의 인구에 대한 계산을 보여 준다. 동아시아·남아시아·사하라 이남 아프리카가 세계의 총중위 빈곤 인구 16억 명 중 87퍼센트를 차지하며, 그림에서도 가장 두드러진 모습을 보인다. 동아시아와 남아시아에서 중위의 빈곤

<그림 3> 중위의 빈곤의 인구 수

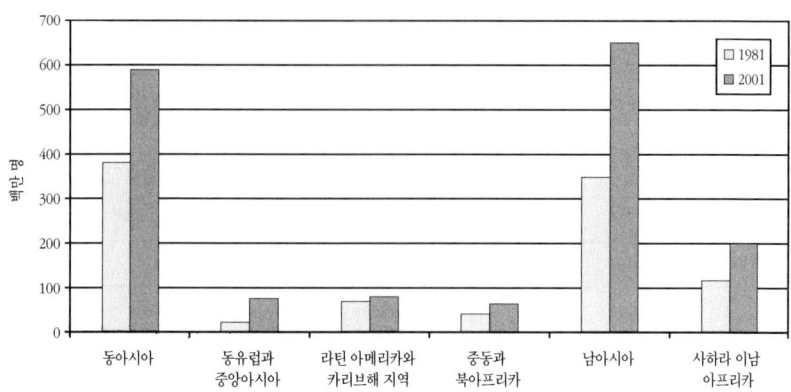

출처: Chen and Ravallion(2004).

<그림 4> 중위의 빈곤의 인구 비율

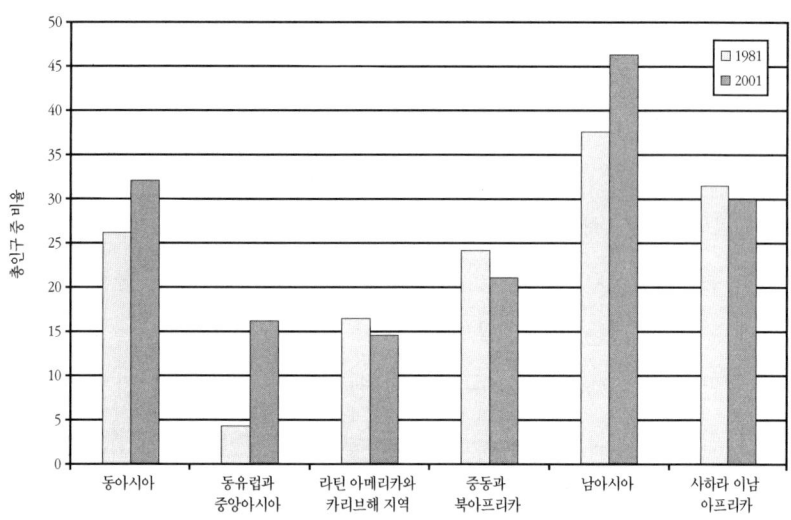

출처: Chen and Ravallion(2004).

의 인구 수는 실제로 증가했는데, 이는 가장 빈곤한 가계들이 극단적 빈곤에서 중위의 빈곤으로 상태가 나아졌기 때문이다. 라틴 아메리카 인구의 약 15퍼센트가 중위의 빈곤 선상에서 사는데, 이 비율은 1981년 이래 비교적 변함이 없었다.

〈지도 1〉은 이 데이터를 다른 관점에서, 즉 나라별로 보여 준다. 극단적 빈곤 및 중위의 빈곤 상태에서 사는 인구 비율에 따라 각국은 음영으로 칠해져 있다. 극단적 빈곤의 인구 비율이 총인구의 최소한 25퍼센트일 경우에 그 나라는 극단적 빈곤의 고통을 겪고 있는 것으로 간주된다. 가계의 최소한 25퍼센트가 극단적 빈곤이나 중위의 빈곤 상태에 있을 경우, 즉 하루 2달러의 소득으로 살아갈 경우에는 그 나라는 극단적 빈곤은 아니라 하더라도 중위의 빈곤으로 고통을 겪고 있는 것으로 간주된다. 남아시아의 나라들과 마찬가지로 사하라 이남 아프리카의 대다수 나라가 극단적 빈곤에 처해 있다(현재는 신뢰할 만한 데이터가 부족해 [정확한 측정이 어렵지만], 실제로는 더 많은 나라가 이 범주에 속할 것이다). 동아시아와 라틴 아메리카에는 중위의 빈곤에 속하는 많은 나라가 있지만, 최근 몇십 년 동안 중위의 빈곤에서 벗어난 나라도 많다.

가열된 논쟁 과정에서 세계은행 수치의 정확성에 대한 의문이 제기되었다. 세계은행은 가계 조사에 근거를 둔 데 반해 다른 연구자들은 국민소득 계정을 사용했는데, 이것은 아시아에서 빈곤이 더 빠르게 감소했음을 보여 주는 경향이 있다.

여기에서 더 자세한 사항을 언급할 여유는 없다. 그러나 한 가지만 언급하자면 일반적인 사항은 어느 경우든 타당하다는 점이다. 즉 극단적 빈곤은 동아시아·남아시아·사하라 이남 아프리카에 집중되어 있다. 극단적 빈곤의 인구는 아프리카에서는 절대 수치로는 물론 총인구 중 비율 면에서도 증가하고 있는 반면, 아시아 지역에서는 절대 수치나 총인구 중 비율 면에서도 하락하고 있다.

우리는 여러 곳에서 극단적 빈곤이라는 특수 상황에 대해 언급할 기회가 있을 것이다. 극단적 빈곤의 인구는 주로 농촌에 살고 있지만 도시에서도 그 비율이 증가하고 있다. 이 인구는 부국에는 거의 알려지지 않은 문제에 직면해 있다. 말라리아, 오랜 가뭄, 도로와 동력 차량의 부재, 지역 및 세계 시장에서의 고립, 전기와 현대적인 조리 연료의 결핍 등이 그런 문제들이다. 이 문제들은 쳐다보기만 해도 골치가 아프다. 하지만 다시 생각해보면 빈곤한 사람들 역시 스스로 실제적 해결책을 찾는 데 최선을 다해 노력하고 있으므로 완전히 낙담할 일만은 아니다.

우리 세대의 도전

경제발전의 가장 어려운 부분은 사다리에 첫발을 올려놓는 일이다. 세계의 소득 분포에서 가장 아래, 즉 극단적 빈곤 상태에 있는 가계와 나라들은 고착되기 쉽다. 방글라데시와 인도처럼 발전의 사다리에 이미 올라탄 나라들이 때로는 균형을 잡지 못하고 때로는 고통스러울 정도로 느릴지라도 대부분 진보를 이루고 있다. 우리 세대의 도전은 가장 빈곤한 사람들이 극단적 빈곤이라는 비참한 현실에서 벗어나 스스로 경제발전의 사다리를 오르기 시작할 수 있도록 힘껏 도와주는 것이다. 이런 의미에서 빈곤의 종말은 극단적 고통의 종말일 뿐만 아니라 경제적 진보의 시작이자 경제발전을 수반하는 희망과 안전의 첫걸음이기도 하다.

그러므로 나는 '빈곤의 종말'을 언급할 때면 다음과 같이 밀접하게 관련된 두 가지 목표를 언급할 것이다.

첫째, 극단적 빈곤 속에서 살며 날마다 생존을 위해 투쟁하는 6분의 1의 세계 인구가 처한 곤경을 끝내는 일이다. 세계의 모든 사람들은 기본적인 수준의 영양과 건강, 안전한 상하수시설, 피난처, 기타 최저 수준의 생존과 복지, 사회 참여를 위한 필수적 요소들을 누려야 하고 또 그럴 수 있다.

둘째, 중위의 빈곤을 포함하여 세계의 모든 빈곤한 사람들이 발전의 사다리에 오를 기회를 가질 수 있도록 하는 일이다. 하나의 지구촌에서 살아가는 우리는 경제 관리의 국제적 규칙이 의식적으로든 무의식적으로든 사다리의 낮은 계단 쪽에 함정을 놓아 저소득국이 발전의 사다리를 올라갈 수 없도록 만들지 않도록 해야 한다. 그런 함정들이란 불충분한 개발원조, 보호 무역주의적 장벽, 안정을 해치는 국제 금융 행태, 부실한 지적 재산권 규칙 등이다.

극단적 빈곤의 종말은 우리 세대에 이룰 수 있을 정도로 임박해 있지만 이것은 우리가 앞에 놓여 있는 역사적 기회를 붙잡을 경우에만 가능할 것이다. 과녁을 향해 절반쯤 날아간 대담한 공약들이 이미 존재한다. 2002년에 191개의 모든 유엔 회원국이 유엔밀레니엄선언에 서명함으로써 동의한 8개조 목표인 밀레니엄발전목표(MDG)가 그것이다. 이 8개조 목표는 1990년을 기준년도로 하여 2015년에 빈곤을 절반으로 줄인다는 내용을 담고 있다. 이 목표는 대담하기는 하지만 실현할 수 있다. 물론 10여 개 국이 아직 그것을 달성하기 위한 실행 과정에 착수하지는 않았지만 말이다. 8개조 목표는 2025년에 극단적 빈곤을 끝내기 위한 경로에서 중대한 중간 지점이다. 그리고 부국들은 개발원조를 늘리고 국제적 게임의 규칙을 개선함으로써 빈국들이 8개조 목표를 달성할 수 있도록 돕겠다고 반복해서 약속했다.

따라서 우리 세대가 이룰 수 있는 경제적 가능성의 예는 다음과 같다.

- 2015년에 밀레니엄발전목표를 달성한다.
- 2025년에 극단적 빈곤을 끝낸다.
- 2025년보다 훨씬 이전에 세계의 모든 빈국들이 경제발전의 사다리 위로 확실히 올라갈 수 있도록 한다.
- 부국들의 적절한 재정지원을 통해 이 모든 목표를 달성한다. 부국들의 재정지원은 현재 제공되고 있는 것보다는 많아야 하겠지만 그들이 오랫동안 약속했던 것의 범위를 벗어나지는 않을 것이다.

이런 도전에 응하기 위해 우리는 먼저 현재 지점에 어떻게 도달하게 되었는지를 이해해야 한다. 이와 같은 이해를 통해서 앞으로 힘차게 나아갈 길도 찾을 수 있기 때문이다.

제2장

경제적 번영의 확산

보편적 빈곤에서 다양한 번영으로의 이행은 인류 역사의 어느 짧은 기간에 급속하게 일어났다. 200년 전에는 극단적 빈곤을 끝낼 수 있으리라고는 상상조차 하기 어려웠을 것이다.

거의 모든 사람들이 똑같이 가난했고, 극소수 통치자와 대토지 소유주만이 예외였다. 인도나 중국에서처럼 유럽의 많은 곳에서도 삶은 똑같이 어려웠다. 우리의 고조부모들은 몇몇을 제외하고는 틀림없이 가난했고 농사를 지으며 살았을 것이다. 지도적 경제사가인 앵거스 매디슨은 1820년에 서유럽의 1인당 평균 소득이 오늘날 아프리카 평균 소득의 약 90퍼센트 수준이었을 것이라고 추정하고 있다. 1800년에 서유럽과 일본의 기대수명은 약 40세였다.[1]

몇 세기 전에는 부와 빈곤이 전 세계적으로 거대하게 분할되는 현상이 나타나지 않았다. 유럽인들이 아시아·아프리카·아메리카로 가는 항로를 발견했을 당시에는 중국·인도·유럽·일본이 모두 비슷한 소득 수준을 이루고 있었다. 마르코 폴로는 중국의 풍경이 빈곤하기는커녕 사치스럽고도 진기하다는 사실에 놀랐다. 코르테즈와 그의 정복자들은 아즈텍인들의 수도인 테노츠티틀란의 부에 놀라움을 나타냈다. 초기 포르투갈 탐험가들은 서아프리카의 잘 정돈된 마을들에서 깊은 인상을 받았다.

현대적 경제성장의 새로움

오늘날에 부자와 빈자 사이의 거대한 간극이 존재하는 이유를 이해하려면 이 분할이 출현한, 인류 역사의 아주 최근 시기로 돌아가야 한다. 1800년경 이후로 지난 2세기는 경제사에서 독특한 시대였다. 이 시대를 위대한 경제사가인 사이먼 쿠츠네츠는 '현대적 경제성장의 시기'라고 명명했다. 그 이전에는 수천 년 동안 세계의 지속적인 경제성장이 사실상 존재하지

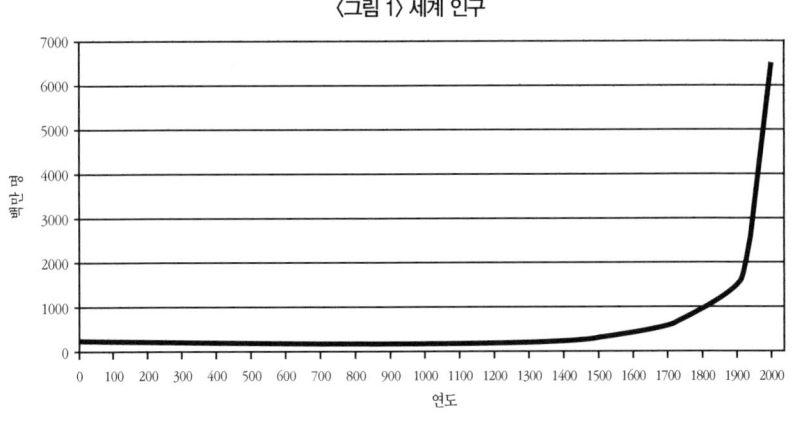

〈그림 1〉 세계 인구

출처: Maddison(2001).

않았고, 인구도 아주 조금씩 증가했을 뿐이다. 세계 인구는 첫 밀레니엄의 시작인 서기 1년에는 약 2억3,000만 명에서 서기 1000년에는 약 2억7,000만 명, 서기 1800년에는 9억 명으로 점진적으로 증가했다. 실질적인 생활수준은 훨씬 더 느리게 변화했다. 매디슨은 첫 밀레니엄 동안에는 전 세계적 수준에서 눈에 띌 만한 생활수준의 상승이 전혀 없었고, 서기 1000년~서기 1800년인 800년 동안에 1인당 소득은 약 50퍼센트 증가했을 것으로 추정했다.

그러나 현대적 경제성장의 시기에는 인구는 물론 1인당 소득도 정체 상태에서 풀려나서 이전에는 결코 상상할 수 없을 정도의 속도로 상승했다. 〈그림 1〉에서 살펴볼 수 있듯이 세계 인구는 단 2세기 만에 6배 이상 증가하여 세 번째 밀레니엄이 시작되는 시점에 이르자 61억 명이라는 놀라운 수치에 도달했다. 게다가 앞으로도 인구가 계속 급속하게 증가할 가능성이 충분히 남아 있다. 세계의 1인당 평균 소득은 더욱 빨리 상승했다. 즉 〈그림 2〉에서 살펴볼 수 있듯이 1820년과 2000년 사이에 평균 소득은 약 9배 증가했다.

〈그림 2〉 세계의 1인당 평균 소득

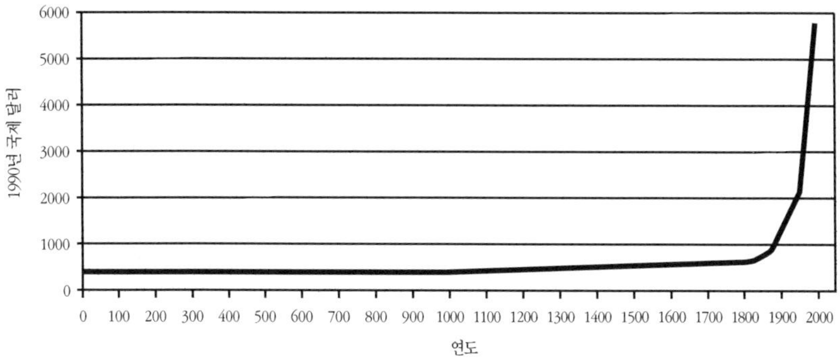

출처: Maddison(2001).

오늘날 부국들이 이룬 경제성장은 더욱더 놀라웠다. 이 기간에 미국의 1인당 소득은 거의 25배 증가했고, 서유럽의 경우는 15배 증가했다. 전 세계의 식량 생산은 급증하는 세계 인구를 따라잡는 수준 이상으로 증가했다(물론 오늘날까지도 만성적 기아 인구가 많이 남아 있지만). 기술진보의 기반 위에서 농장의 수확률이 획기적으로 향상되었다. 세계 인구의 증가와 세계 1인당 산출량의 증가를 합쳐서 살펴보면 세계의 총경제활동(세계 총생산 또는 GWP)이 과거 180년 동안 놀랍게도 49배 증가했다는 것을 알 수 있다.

그러므로 오늘날에 존재하는 '부국과 빈국의 간극'은 새로운 현상이다. 즉 현대적 경제성장의 시기에 크게 벌어진 간극이다. 1820년 당시에 최대 간극─특히 그 당시 세계 경제의 선두에 있던 영국과 세계에서 가장 빈곤한 지역인 아프리카 사이의 간극─은 1인당 소득에서 4대 1이었다(구매력 차이를 고려하여 조정한 경우에도). 그러나 1998년에는 가장 부유한 경제를 자랑하는 미국과 가장 빈곤한 지역인 아프리카 사이의 간극은 20대 1로 더 넓어졌다. 1820년에는 세계의 모든 부분이 대략 비슷한 지점에서 출발했기 때문에(현재의 기준으로 보면 모두 매우 빈곤했다) 오늘날의 거대한 불균형은 세계의 어떤 나라는 현대적인 경제성장을 달성했고 다른 나라는 그렇지 못했다는 사실을 반영한다. 오늘날의 거대한 소득 불균형은 지난 2세기 동안 경제성장이 무척 불균등한 형태로 이루어졌다는 것을 한눈에 보여 준다.

이 불균형은 〈그림 3〉에서 명확히 나타난다. 매디슨의 추정에 근거하여 만들어진 이 그래프에서 어두운 색 막대의 높이는 1820년의 1인당 소득 수준을 가리키고, 옅은 색 막대의 높이는 1998년의 것을 가리킨다. 두 번째 막대의 꼭대기에 있는 괄호 안 숫자는 1820년~1998년의 해당 지역 연평균 성장률이다. 이것을 살펴보면 세 가지 주요한 점이 부각된다.

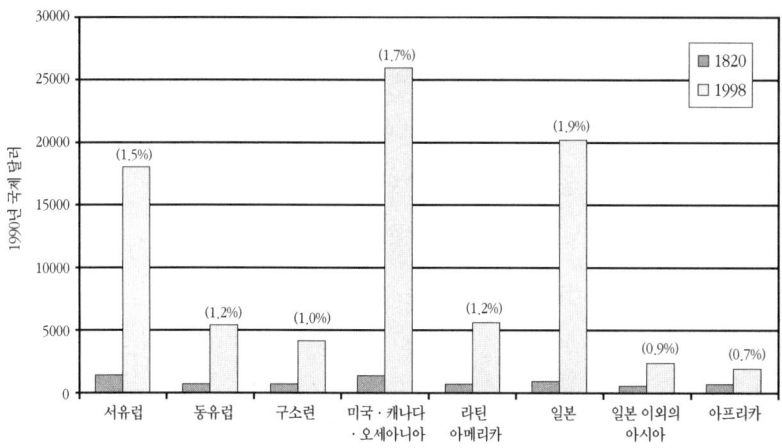

〈그림 3〉 1820년~1998년의 지역별 1인당 GDP

출처: Maddison(2001), 괄호 안은 연평균 성장률.

- 1820년에는 모든 지역이 가난했다.
- 모든 지역이 경제적 진보를 경험했다.
- 오늘날의 부유한 지역들은 다른 지역에 비해 훨씬 더 큰 경제적 진보를 경험했다.

1820년~1998년에 일어난, 지역별로 '아주 불균등한' 경제성장이란 무슨 뜻인가? 연간 경제성장률의 아주 작은 차이도 수십 년 또는 수세기 동안 지속되면 결국 경제적 복지 수준(여기서는 한 사회의 1인당 평균 소득으로 측정)에서 거대한 차이를 낳는다. 예를 들어 미국의 1인당 국민 총생산은 1820~1998년 동안 약 1.7퍼센트 비율로 성장했다. 그 결과 1820년에 약 1,200달러였던 1인당 소득이 오늘날에는 약 3만 달러로 성장하여(1990년 달러 가치로), 생활수준이 25배 증가했다. 미국이 세계에서 가장 부유한 주요 경제가 된 원인의 열쇠는 최근 중국이 달성하고 있는 연간 8퍼센트 성장률 같은 극적으로 빠른 성장이 아니라, 연간 1.7퍼센트라는 그다지 높지 않은 비율을 유지하는 견고한 성장이었다. 성공의 열쇠는 일관성이었다. 즉 미국이 소득 성장률을 거의 2세기 동안 지속했다는 사실이다.

이와는 대조적으로 아프리카의 경제들은 연평균 0.7퍼센트의 비율로 성장했다. 이 차이는 미국의 연간 1.7퍼센트와 비교하여 그리 커 보이지 않을지도 모른다. 그러나 180년이라는 기간에 걸쳐 이루어진 연간 성장률의 작은 차이는 소득 수준의 큰 차이를 낳는다. 연평균 0.7퍼센트의 비율로 성장했다면 아프리카의 처음 소득(1인당 약 400달러)은 1998년에 약 1,300달러로 3배가 조금 넘게 증가하는 데 그칠 것이다. 이에 비해 미국에서는 거의 25배나 증가할 것이다. 그러므로 오늘날 미국과 아프리카 사이의 20배의 소득 격차는 1820년 당시의 3배 격차가 미국의 연평균 1.7퍼센트 성장률과 아프리카의 0.7퍼센트 성장률의 차이에 의해 7배 증폭된 결과다.

그러므로 오늘날의 거대한 불균형을 이해하기 위한 수수께끼의 열쇠는 세계의 지역별 격차가 현대적 경제성장의 시기에 상이한 비율로 증폭된 이유를 이해하는 데 있다. 모든 지역은 극단적 빈곤 상태에서 시작했다. 세계 인구의 6분의 1만이 지속적인 경제성장을 통해 높은 소득 수준을 달성했다. 세계 인구의 3분의 2는 높지는 않지만 일정한 비율의 경제성장을 통해 중위의 소득 수준에 도달했다. 인류의 나머지 6분의 1은 전 시기에 아주 낮은 경제성장에 그쳐 절대적인 빈곤에 사로잡혀 있다. 우리는 먼저 오랜 시기에 걸쳐 성장률이 다른 이유를 이해함으로써 오늘날 후진 지역들에서 경제성장을 높일 수 있는 핵심 방법을 찾아야 한다.

그 방법을 찾기 전에 먼저 한 가지 문제를 짚고 넘어 가자. 많은 사람들은 가난한 사람들이 더 가난해졌기 때문에 부자들이 더욱 부유해진 것이라고 생각한다. 다시 말해 사람들은 유럽과 미국이 식민지 시대와 그 이후에 군사력과 정치적 힘을 이용하여 빈곤한 지역들에서 부를 착취함으로써 부유해졌다고 생각한다. 세계 총생산이 대체로 변하지 않은 채, 힘이 센 지역으로 귀속되는 몫은 상승하고 약한 지역으로 귀속되는 몫은 하락했다고 한다면, 그와 같은 해석도 제법 그럴듯하다. 그러나 실제로 일어난 일은 결코 그렇지 않았다. 세계 총생산이 거의 50배 증가한 것이다. 세계의 모든 지역이 일정한 경제성장을 경험했지만(경제의 전반적 크기 측면뿐만 아니라 1인당으로 측정했을 경우에도), 일부 지역은 다른 일부 지역에 비해 더 높은 성장을 경험했다. 이러한 현대의 현상은 부가적인 힘이나 기타 수단들에 의해 부가 한 지역에서 다른 지역으로 이전한 것이 아니라 세계 소득이 전반적으로 늘어나는 가운데 성장률이 지역별로 달랐기 때문에 나타났다.

부자들이 가난한 자들을 착취한 책임이 없다고 말하는 것은 아니다. 부자들은 확실히 가난한 자들을 착취했고, 가난한 나라들은 정치적 불안정이라는 만성적 문제를 포함하여 수많은 요인들의 결과 때문에 계속 고통받고 있다. 그러나 현대적 경제성장의 진짜 이야기는 일부 지역이 총생산을 세계적으로 그 유례를 찾아볼 수 없을 만큼 장기적으로 증가시킬 수 있었던 반면, 다른 지역은 상대적으로라도 정체되었다는 점이다. 착취가 아니라 앞선 기술이 부유한 세계의 소득을 장기적으로 증가시킨 주된 배후 요인이었다. 이것은 오늘날의 낙후된 지역들을 포함하여 모든 세계가 기술진보의 편익을 취할 합리적인 희망이 있다는 것을 시사한다는 점에서 매우 좋은 소식이다. 경제발전이란 어느 일부의 승리가 다른 일부의 패배를 대가로 하여 이루어질 수밖에 없는 제로섬 게임이 아니다. 참된 경제발전이란 모든 사람이 이길 수 있는 게임이다.

| **이륙의 전야** | 1700년대 중반까지 세계는 오늘날의 기준으로 보면 놀라울 정도로 가난했다. 기대 수명이 절대적으로 낮았다. 빈국들뿐만 아니라 부국들에서도 헤아릴 수 없을 만큼 많은 어린아이들이 사망했다. 유럽의 흑사병부터 천연두와 홍역에 이르기까지 질병과 유행병의 수많은 파도가 정기적으로 사회를 휩쓸어 수많은 사람들을 죽음으로 내몰았다. 기아·기상 이변·기후변화 등이 거의 모든 나라를 휩쓸고 지나갔다. 20세기의 저명한 역사가인 아놀드 토인비가 보기에, 로마 제국의 출현·몰락은 그 이전과 이후의 다른 모든 문명의 출현·몰락과 아주 비슷했다. 오랫동안 경제사는 지속적인 경제적 진보라기보다는 성장과 쇠퇴가 연이어 일어난, 부침의 역사였다.

존 메이너드 케인스는 1930년도 에세이 『우리 손자 세대의 경제적 가능성』에서 [과거에] 인간의 경제적 진보가 사실상 정체했다는 사실을 다음과 같이 지적했다.

> 인간이 역사를 기록해 온 아주 이른 시기부터, 즉 기원전 2000년부터 18세기 초에 이르기까지 지구상의 문명화된 중심지에서 살아가는 평균적 인간의 생활수준은 실질적으로 크게 변화하지 않았다. 많은 부침들을 포함한 역병과 기근, 전쟁이 내습하는가 하면 황금의 휴지기도 있었다. 하지만 여러 해를 두고 계속되는 격렬한 변화는 일어나지 않았다. 어떤 시기들은 다른 시기들에 비해 50퍼센트 정도 더 나아졌을 수도 있다. 그런데 좀더 나아졌다고 해도 서기 1700년까지 과거 4,000년 동안 기껏해야 100퍼센트 더 나아졌을 뿐이다.

또한 케인스는 이 장기적 정체 상태의 원인으로 기술을 정확히 지적했다.

선사시대부터 비교적 근대에 이르기까지 중요한 기술 혁신들이 없었다는 것은 정말로 놀라운 일이다. 근대가 시작된 시점에 세계가 갖고 있던 거의 모든 기술은 역사의 시초에 이미 사람들이 알고 있던 중요한 기술과 그다지 다르지 않았다. 언어와 불 그리고 우리가 오늘날 가지고 있는 것과 똑같은 가축들, 밀·보리·포도·올리브·쟁기·바퀴·노·돛·가죽·린넨·직물·벽돌·금과 은·구리·주석·납, 그리고 기원전 1,000년 전에 목록에 추가된 철, 또한 은행업·정치술·천문학·종교 등 모든 것이 그렇다. 우리가 이것들을 언제 갖게 되었는지의 기록은 존재하지 않는다.[2]

산업혁명의 시작과 더불어 변화가 일어났다. 산업혁명의 바탕이 된 것은 북서유럽에서 일어난 농업생산성의 상승이었다. 개량된 윤작을 통한 토양 양분 관리를 포함하여 영농 기술이 체계적으로 개량되면서 식량 수확량이 증가했다. 극적인 도약은 1750년경 영국에서 일어났다. 이때 영국의 신생 산업이 새로운 형태의 에너지를 대규모 생산에 최초로 동원했는데, 그 규모는 이전에는 상상조차 할 수 없는 정도였다. 증기 엔진이 근대 역사의 결정적인 전환점이 되었다. 증기 엔진은 화석연료라는 1차 에너지를 방대하게 동원했다. 이 덕분에 재화와 서비스를 산업혁명 이전 시대에는 꿈도 꾸지 못했을 규모로 대량 생산할 수 있게 되었다. 현대적 에너지가 모든 측면에서 경제적 이륙을 자극했다. 화석연료 에너지가 화학비료를 생산하는 데 사용됨으로써 식량 생산이 급증했다. 철·수송장비·화학·제약·직물·의류 등의 근대적 제조부문에 방대한 양의 화석연료 에너지가 투입되었다. 이에 비례하여 그 부문들의 생산력도 방대하게 증대함으로써 공업생산성도 급증했다. 20세기 초에 현대적 정보·통신기술을 포함한 서비스 산업은 화석연료 시대의 결정적 발명품인 전기 동력에 기반하여 발전했다.

  석탄이 산업을 자극한 것처럼, 이번에는 산업이 정치적 힘을 자극했다. 대영 제국은 산업혁명의 전 세계적인 정치적 표현이 되었다. 19세기 초에 당시의 세계에서는 독특한 현상이었던 영국의 산업적 도약은 거대한 군사적·재정적 우위를 낳았다. 이 덕분에 영국은 빅토리아 시대에 제국의 정점에서 인류의 6분의 1에게로 지배력을 확대할 수 있었다.

  영국이 왜 먼저였을까? 서기 500년~서기 1500년의 약 1,000년 동안 세계의 기술적 선두주자였던 중국이 왜 먼저가 아니었을까? 다른 유럽 대륙이나 아시아의 중심지가 왜 먼저가 아니었을까? 경제사가들 사이에서 이 질문은 수많은 토론의 대상이지만, 적절한 해답은 여전히 나타나지 않고 있다. 다만, 이런 질문들은 산업혁명이 영국에서 일어난 이유에 대한 몇 가지 실마리를 제공해 준다.

  첫째, 영국 사회는 상대적으로 개방적이었다. 세계의 다른 사회들보다 개인적 결정과 사회적 이동의 여지가 더 넓었다. 봉건시대의 고정된 사회적 질서가 1500년에는 상당히 약화되거나 거의 완전히 사라졌다. 이와는 대조적으로 유럽의 다수 지역에서는 농노제가 일반적 규칙으로 남아 있었다. 세계의 다른 곳들에서는 인도의 카스트 제도같이 훨씬 더 엄격한 사회적 위계가 일반적이었다.

  둘째, 영국은 정치적 자유의 제도가 훨씬 더 강력했다. 영국의 의회와 언론 자유 및 공개 토론의 전통은 새로운 사상을 흡수하는 데 중요한 요인이었다. 이 같은 전통들 덕분에 사적 재산권이 점점 더 강력하게 보호되었고, 이 재산권은 다시 개인적 의사 결정권의 기초가 되었다.

  셋째, 가장 중요한 측면이라 할 수 있는데 영국은 유럽 과학혁명의 주도적 중심지가 되었다. 유럽은 오랜 세기 동안 아시아에서 과학 사상을 주로 수입하는 입장에 있었지만, 르네상스를 기점으로 유럽의 과학이 결정적인 진보를 이루었다. 코페르니쿠스·브라헤·케플러·갈릴레오의 천문학적 발견들에서 근대 물리학이 출현했다. 영국의 정치적 개방성 덕분에 사변적인 과학적 사유가 번성할 기회를 얻었고, 대륙에서 일어난 과학적 진보가 영국에서 과학적 발견의 폭발을 자극했다. 1687년에 출간되어 역사상 가장 중요한 저서 가운데 하나로 꼽히는 아이작 뉴턴의 『자연철학의 수학적 원리』로 결정적인 도약이 이루어졌다. 뉴턴은 물리적 현상이 수학적 법칙으로 기술될 수 있다는 것을 보여 주었다. 그리고 이런 법칙을 발견하기 위한 계산 도구를 제공함으로써 수백 년간 과학과 발견을 위한, 그리고 과학혁명에 뒤이어 일어날 산업혁명의 무대를 마련해 놓았다.

넷째, 영국은 여러 가지 중요한 지리적 이점을 갖고 있었다. 무엇보다 영국은 유럽 대륙과 가까운 섬 경제로 유럽의 모든 곳과 저렴한 비용으로 해양무역을 할 수 있었다. 또한 영국은 국내 상업 활동을 위해 항행 가능한 긴 하천과 농업에 매우 유리한 환경을 가지고 있었다. 즉 강수량이 풍부했고, 생육 기간이 충분했으며, 토양이 비옥했다. 더욱이 결정적으로 중요한 또 하나의 지리적 이점은 북아메리카와 가까이 있다는 점이었다. 북아메리카에서의 새로운 정착을 통해 식량 생산을 위한 방대한 새로운 영토와 영국의 산업을 위한 면화 같은 원재료를 얻을 수 있었다. 또한 북아메리카는 영국의 농촌에서 몰락한 사람들의 탈출을 촉진하는 안전 밸브 역할을 담당했다. 영국 자체의 농업생산성 증대에 따라 더 적은 수의 사람들로 더 많은 식량을 생산하게 되자, 토지가 없는 수백만 명의 농촌 빈민들이 북아메리카로 떠났다.

애덤 스미스는 1776년에 쓴 미완의 저작인 『국부론』에서 영국의 자연적

이점을 다음과 같이 언급했다.

> 영국은 토양의 자연적 비옥도가 높고, 전 국토의 면적에 비해 해안선이 매우 길며, 전국의 내륙 깊숙한 곳까지 수상 운송의 편의를 제공하는 항행 가능한 강이 많다. 때문에 국제무역과 원거리 판매를 위한 제조를 비롯해 이것들이 유발할 수 있는 모든 개량의 중심지라고 할 수 있으며, 유럽의 어떤 대국에 못지않게 자연적으로 적합한 곳이라 할 수 있다.[3]

다섯째, 영국은 주권을 유지했고 이웃 나라들보다 외침의 위험이 훨씬 더 적었다. 지리적으로 섬이라는 것이 아주 큰 도움이 되었는데, 이는 일본이 지리적 고립성 덕분에 아시아 대륙이 수차례 시도한 침입을 피할 수 있었던 것과 똑같았다. 실제로 1세기 후에 일본은 현대적 경제성장을 향한 아시아의 도약을 주도함으로써 유라시아 대륙의 반대쪽에서 영국과 비슷한 역할을 하게 되었다.

여섯째, 영국은 석탄이 풍부했다. 증기 엔진의 발명으로 석탄은 전 인류사에서 경제적 생산의 규모를 제한했던 에너지 제약에서 사회를 해방시켰다. 석탄이 사용되기 이전의 경제적 생산은 에너지 투입에 의해 제약을 받았다. 인간과 가축을 위한 식량, 난방과 특정한 공업활동을 위한 땔나무 등 거의 모든 생산이 생물자원(biomass)의 생산에 의존했다. 바다 운송을 위해 풍력이 이용될 수 있었고, 몇몇 공업활동을 위해서도 수력과 풍력이 이용될 수 있었다. 그러나 이런 에너지원의 어떤 것도 석탄이 한 것처럼 대량 생산을 위한 원동력으로 작용할 수 없었다.

요컨대 영국의 이점은 사회적 · 정치적 · 지리적 요인들이 결합되어 나타난 것이었다. 영국 사회는 비교적 자유로웠고 정치적으로 안정되어 있었다. 과학적 사고가 역동적이었다. 지리적 여건 덕분에 영국은 무역, 생산적 농업, 방대한 양의 석탄 형태를 띤 에너지 자원이라는 이점을 충분히 누릴 수 있었다. 세계의 다른 곳들은 이런 여러 가지 이점의 합류라는 행운을 누릴 수 없었다. 따라서 현대적 경제성장에 진입하는 것도 지연되었다. 환경적으로 가장 불리한 지역들의 경우는 오늘날까지도 현대적 경제성장이 여전히 늦어지고 있다.

| **거대한 전환** | 새로운 공업기술, 석탄 동력, 시장의 힘이 결합하여 산업혁명을 창출했다. 산업혁명은 1만 년 전에 농업이 시작된 이후로 인류 역사상 가장 혁명적인 경제적 사건을 다시 일으켰다. 경제가 갑자기 식량과 목재 생산의 생물학적 제약에서 벗어나 오랫동안 길들여져 온 한계를 뛰어넘어 성장할 수 있었다. 공업생산성이 급속히 높아졌고, 경제성장의 힘이 브리튼 섬의 경계를 넘어 세계의 모든 곳으로 확산되었다. 전 세계의 사회들이 근본적으로 변화했다. 물론 이 과정은 때때로 대단히 소란스러웠다.

산업혁명과 그에 이은 현대적 경제성장은 사람들의 생활방식을 근본적으로 변화시켰다. 사람들이 어디에서 어떻게 살고, 어떤 종류의 일이나 경제활동에 종사하는지는 물론이고 심지어 가족을 구성하는 방식까지도 변화시켰다. 영국을 선두로 한 많은 곳에서도 공업화란 사람들이 농업적인 활동에서 공업적인 활동으로 옮겨 간다는 것을 뜻했다. 이 과정에서 도시화, 사회 이동, 새로운 성 역할 및 가족 역할, 인구학적 이행, 노동의 전문화가 일어났다.

현대적 경제성장에서 무엇보다도 가장 먼저 수반되는 것은 도시화다. 즉 도시지역에 거주하는 인구 비중이 높아지는 것이다. 경제성장과 도시화가 나란히 일어나는 데는 두 가지 근본적인 이유가 있다.

첫째, 농업생산성의 증대 때문이다. 농부 1인당 식량 생산이 증대하면서 경제에서는 전체 인구를 먹여 살리는 데 필요한 농부의 수가 점점 줄어든다. 농부 1인당 식량 생산이 증가하고 식품 가격이 하락함에 따라 농부들, 특히 농부의 자녀들이 비농업활동에서 고용 기회를 찾을 수 있는 요인이 증대한다.

둘째, 고밀도 도시 생활이 대다수 비농업 경제활동에 유리하다. 특히 상업과 기타 서비스 부문처럼 소비자들을 마주 대하고 펼치는 활동의 필요성에 유리하다는 점이다. 가계들이 농업생산을 위해 큰 구획의 땅을 필요로 할 때는 듬성듬성 거주하는 농촌지역이 경제적으로 합리적이었다. 그러나 사람들이 주로 제조·금융·상업 등과 같은 활동에 종사할 때는 농촌 사회의 분산성은 적합하지 않다. 더 이상 식량 생산이 노동력의 주된 고용처로 작용할 수 없게 되자 많은 인구가 더 높은 임금에 이끌려 도시로 이주하는 것은 당연한 일이라 할 수 있다. 고임금은 다시 인구가 밀집해 거주하는 도시지역에서 행해지는 노동의 더 높은 생산성을 반영한다.

또한 현대의 경제성장은 사회 계급들 사이의 이동에도 혁명을 낳았다. 시장에 기반을 둔 경제성장의 힘 아래에서 계급 간 질서가 모두 해체된다. 즉 소농과 젠트리의 구조, 또는 인도의 카스트 제도 안에 존재하거나, 귀족·사제·상인·농부로 이루어진 사회 질서-전통 아시아 사회의 특징인-에 존재하는 고정된 위계적 분할이 해체된다. 고정된 사회 질서는 한 세대에서 다음 세대로 이동하는 동안에도 생활수준이나 기술이 별로 변하지 않는, 정체되고 대체로 농업적인 경제적 배경에 기반을 두고 있다. 이같은 질서는 현대적 경제성장을 이루는 동안에 일어나는 기술 변화의 갑작스럽고 극적인 폭발을 견딜 수 없다. 이런 폭발적 변화 속에서 직업과 사회적 역할은 아버지에게서 아들에게로, 어머니에게서 딸에게로 전승되기보다는 세대간에 극적으로 변화한다.

변화하는 사회적 이동성의 한 측면에 특히 주목할 필요가 있는데, 그것은 성 역할의 변화다. 전통적 사회들은 성 역할에서 강한 차별성을 나타내는 경향이 있다. 즉, 여성이 거의 언제나 불리한 조건에 처하게 된다. 총출산율-여성 1인당 평균 자녀 수-이 일반적으로 다섯 명이거나 때로는 그보다 훨씬 더 많은 상황에서 여성들은 아이들을 기르는 일에 성인 생활의 대부분을 할애하게 된다. 전통적으로 활동 범위가 가정에 제한되는 여성들은 등을 휘게 만드는 농장의 노동과 물을 긷고 땔나무를 구하는 끝없는 보행, 아이 양육 등으로 일생을 보낸다. 그러나 현대적 경제성장과 더불어 이 메커니즘이 변화한다. 여성들은 다카의 의류 공장에서 일하는 젊은 여성들의 경우처럼 도시에 있는 고용 기회를 찾을 수 있고, 이를 통해 궁극적으로 사회적·정치적 권한을 획득하게 된다.

생활조건과 경제활동에서 일어나는 변화는 가족 구조에서도 새로운 현실을 낳는다. 결혼 연령이 일반적으로 늦추어지고, 성 관계가 변화하며, 자녀 양육으로 직접 연결되지 않는 성적 자유가 확대된다. 한지붕 아래 사는 세대 수가 줄어든다. 그리고 결정적인 것은 가족들이 농촌에서 도시로 이주함에 따라 새로운 환경에서 원하는 자녀 수도 극적으로 변화한다는 사실이다. 농촌 사회에서는 언제나 대가족이 표준이었다. 도시 사회에서는 좀더 적은 수의 자녀를 선택한다. 이것이 현대적 경제성장을 이루는 동안에 일어나는 모든 사회적 변화 중에서 가장 근본적인 변화인 인구학적 이행의 핵심이다.

깊숙한 사회적 변화와 더불어 결정적인 요소가 하나 더 발생한다. 사람들의 기능이 점점 더 전문화되자 분업이 증대한다. 오늘날의 가난한 아프리카 농부들이나 애덤 스미스 시기의 스코틀랜드 농부들의 재능은 그야말로 놀랍다. 이 농부들은 일반적으로 집 짓는 법, 먹거리를 기르고 요리하는 법, 가축을 보살피고 옷을 만드는 법까지 안다. 그러므로 그들은 건설 노동자이자 수의사이며, 농학자이자 의류 제조업자다. 그 모든 것을 척척 해내는 그들의 능력이야말로 인상적이다.

그러나 동시에 그 농부들은 아주 비효율적이다. 애덤 스미스는 각자가 한 가지 기능만 배우는 전문화가 만인의 복지를 전반적으로 상승시킨다고 지적했다. 이 생각은 간단하지만 강력한 설득력이 있다. 단 한 가지 활동-식량 재배, 옷 생산, 또는 주택 건설-에 전문화함으로써 각각의 노동자는 특정한 활동에 숙련된다. 그러나 전문화는 전문가들이 자신의 생산물을 나중에 다른 계통의 전문가들의 생산물과 교역할 수 있을 경우에만 합리적이다. 잉여 식량을 의복이나 주택 같은 것들과 교역할 수 있는 시장 판로가 존재하지 않을 경우에는 가계의 필요보다 더 많이 생산하는 것은 합리적인 일이 아니다. 동시에 시장에서 식량을 살 수 없을 경우, 주택 건설자나 의류 제조업자로서 전문화할 수 없을 것이다. 그럴 경우에는 생존을 위해 스스로 농사를 지어야 하기 때문이다. 바로 이런 이유에서 스미스는 분업이 시장의 크기(즉 교역 능력)에 제한되는 반면, 시장의 범위는 전문화(생산성)의 정도에 의해 결정된다고 인식했던 것이다.

현대적 경제성장의 확산

현대적 경제성장은 유리한 조건들이 모두 모인 영국에서 먼저 출현했다. 그러나 이런 조건들은 영국에만 국한된 것이 아니었다. 일단 산업혁명이 진행되자 영국에서와 똑같은 현대적 기술과 사회 조직의 결합이 세계의 다른 곳들로 확산되었다. 북서유럽의 한구석에서 시작된 것이 결국 전 세계에 영향을 끼쳤다. 그 과정에서 현대적 경제성장의 힘들이 추동력이 되어 전 세계적 생산은 전반적으로 유례없는 수준까지 증대했다.

이론적으로는 현대적 경제성장으로의 이행이 세계에 부정할 수 없는 혜택을 준 것처럼 비추어질 수도 있다. 궁극적으로는 사회가 새로운 기술에 기반하여 에너지와 사상들을 활용함으로써 이전에는 상상할 수 없는 수준으로 노동생산성(1인당 경제적 산출량)을 증대시킬 수 있었다. 이런 생산성이 생활수준을 이전과는 비교할 수 없는 차원으로 상승시켰다. 그러나 이 이행은 엄청나게 소란스러운 과정이었고, 그 과정에서 거대한 사회적 투쟁이나 전쟁이 일어났다. 역사에 기록된 구체적인 사건을 찾아보기 이전에 많은 곳에서 그와 같은 이행이 왜 그렇게 힘들었는가에 대해서 잠시 생각해 보는 것이 좋겠다.

가장 중요한 점은 현대적 경제성장이 '더 많이'(1인당 산출량)의 문제일 뿐만 아니라 '변화'의 문제이기도 했다는 것이다. 현대적 경제성장으로 이행하는 과정에서 도시화, 성 역할의 변화, 사회적 이동성의 증대, 가족 구조의 변화, 전문화 증대 등이 더불어 일어났다. 이것들은 사회 조직과 문화적 신념의 많은 격변을 수반한 힘든 변화들이었다. 게다가 새롭게 등장한 부국과 여전히 어려운 빈국들 사이의 체계적이고 반복된 대립도 현대적 경제성장의 확산 과정에 깊은 흔적을 남겼다. 현대적 경제성장은 서로 다른 장소들에서 매우 다른 속도로 일어났기 때문에 전 세계적으로 부와 힘의 상당한 불균형을 창출했다. 이것은 인류사에서 독특한 현상이었다.

영국은 공업화를 주도한 결과 얻은 산업적 지배력 덕분에 유일한 군사적 우위도 확보하게 되었고, 이 군사적 우위는 다시 제국으로 전환되었다. 좀더 일반적으로는 19세기 유럽에서 일어난 이른 공업화는 유럽 제국을 아시아 · 아프리카 · 아메리카 전역으로 방대하게 확산시키는 결과를 초래했다.

마지막으로 힘의 거대한 차이는 이런 차이를 잘못 해석한 사회이론의 바탕이 되었는데, 이 사회이론은 오늘날까지 우리에게 남아 있다. 어떤 사회가 경제적으로 지배적일 때 구성원들은 그런 지배가 우연한 시기나 지리적 여건 때문이 아니라 종교적 · 인종적 · 유전적 · 문화적 · 제도적 등 여러 면에서 더 뿌리 깊은 우월성을 반영한다고 생각하기 쉽다. 19세기에는 유럽에 유리한 방향으로 나타난 힘과 경제적 여건의 불균형에 수반하여 새로운 형태의 인종주의와 '문화주의'가 확산되었다. 이런 주의들이 이미 벌어진 거대한 불균형을 과학적으로 정당화시켜 주었다. 이와 같은 이론은 다시 식민지 지배를 통해 가난한 자들을 야만적으로 착취하는 형태, 가난한 자들의 토지와 재산을 박탈하는 부자들의 행동, 더 나아가 노예화까지도 정당화했다.

그러나 이런 차이들에도 불구하고 산업혁명의 뿌리가 되는 기본적 힘은 다른 곳에서도 복제될 수 있었고 실제로 그러했다. 그 힘들이 복제됨에 따라 여러 장소에서 공업화와 함께 경제성장이 확립되었다. 연쇄반응처럼 더 많은 장소들이 이런 변화를 겪을수록 각 장소들은 더욱 긴밀히 상호 작용했으며, 더 많은 혁신과 경제성장과 기술적 활동을 위한 기반들을 창출했다. 영국의 공업화는 여러 가지 방식으로 다른 시장들에 확산되었다. 즉 이와 같은 확산은 영국의 무역 상대국들의 수출 수요를 자극하고, 무역 상대국들에게 인프라(가령 항구와 철도) 투자를 위한 영국 자본을 공급할 뿐만 아니라 영국에서 먼저 개발된 기술을 전파함으로써 이루어졌다.

현대적 경제성장의 확산은 세 가지 주요 형태를 띠고 일어났다.

첫째, 영국 산업혁명의 좀더 직접적인 확산은 영국의 북미·오스트레일리아·뉴질랜드 식민지들로 퍼져 나갔다. 이 세 지역 모두 온대지역에 위치하여 영농을 비롯한 여러 경제활동 조건이 영국과 비슷했다. 그러므로 영국의 기술과 식량 작물, 심지어 법률 제도까지 이 새로운 무대에 옮겨 놓는 일은 비교적 수월한 일이었다. 현대적 경제성장이 이식된 새로운 장소들은 말 그대로 '새로운 영국(New England)'이었다. 북아메리카의 해안지대와, 앵거스 매디슨의 표현대로 '서부 분지(分枝)'의 경우는 특히 그러했다. 제국주의 열강과 식민지주의자들은 북아메리카와 오세아니아에 원주민들이 존재했음에도 불구하고 그곳을 빈 땅으로 간주했는데, 이것은 매우 이데올로기적인 관점이었다. 이 원주민들을 살육하고 궁지로 몰아넣거나 그들의 땅에서 쫓아냄으로써 영국의 새로운 식민지주의자들은 북아메리카와 오세아니아의 거대한 인구 팽창과 그에 따른 경제성장을 자극했다.

둘째, 현대적 경제성장이 유럽 안에서 자체적으로 확산되었다. 즉 그것은 대체로 19세기에 서유럽에서 동유럽으로, 북유럽에서 남유럽으로 진행된 과정 속에서 일어났다. 북서유럽은 동유럽과 남유럽에 대해 일정한 우위를 가지고 출발했다. 먼저 북서유럽은 대륙의 대서양 쪽에 위치해 있었고, 따라서 아메리카 및 아시아와의 폭발적으로 확대된 해양 무역에서 동유럽보다 훨씬 더 큰 이득을 거두었다. 더욱이 일반적으로 북서유럽은 석탄·목재·강(수력 공장)·강우량 등을 포함하여 훨씬 더 양호한 자연자원을 가지고 있었다.

또한 북서유럽은 일반적으로 질병과 관련한 환경에서 더 유리했다. 즉 말라리아 같은 열대나 아열대 질병에 훨씬 덜 취약했다. 농노제가 17세기에 북서유럽의 많은 부분에서는 사실상 사라진 반면, 남유럽과 동유럽에서는 농노제를 비롯한 사회적 경직성이 여전히 남아 있었다. 독일과 이탈리아는 산업혁명이 시작된 시점에는 국민 국가도 아니었고, 서로 경쟁하는 공국들 사이에 극도로 높은 교역 장벽이 존재했다.

산업혁명이 시작되었을 때, 그리고 특히 나폴레옹이 전쟁을 일으킨 이후로 산업혁명이 확산되기 시작했을 때, 남유럽과 동유럽에서는 발전에 대한 장애물들이 사라지기 시작했다. 전 유럽에서 농노제가 급작스럽게, 때로는 폭력적으로 철폐되었다. 입헌적 통치제도가 도입되었다. 유럽의 지역들을 연결하는 철도가 놓였다. 사상과 기술들이 유례없이 거대한 금융자본의 지원을 받으면서 유례없이 빠른 속도로 확산되었다. 19세기 말에 이르자 유럽의 모든 곳에서 공업화가 모습을 드러냈다.

셋째, 유럽에서 라틴 아메리카·아프리카·아시아로 현대적 경제성장이 퍼져 나갔다. 이 과정은 모든 곳에서 소란스럽게 일어났다. 즉 점점 더 산업화하고 부유해지는 유럽이, 비산업화하고 대개는 농촌적이며 군사적으로 허약한 비유럽 사회들과 대립하게 되었다. 일부는 중국이나 일본처럼 장대한 전통을 지닌 고대 문명국들이었고, 일부는 적도 아프리카의 많은 곳처럼 인구가 희박한 지역들이었다. 그러나 거의 모든 곳에서 뒤이어 일어난 거대한 드라마는 이런 상이한 사회·경제·문화 사이의 대립에서 비롯된 혼란이었다. 현대적 경제성장은 비록 생활수준을 높였음에도 불구하고 사회 조직에 근본적인 변화를 불러일으켰고, 좀더 힘센 유럽인들과의 고통스러운 충돌을 발생시켰다.

부자와 빈자 사이의 대립은 아주 강렬했다. 부의 격차란 힘의 격차를 의미했고, 힘은 착취를 위해 사용될 수 있었기 때문이다. 유럽의 우월한 힘은 약한 사회들로 하여금 더 부유한 제국의 지배자들에게 봉사하도록 강요하는 데 반복적으로 사용되었다. 유럽의 제국주의 열강은 아프리카인들에게 자신들이 선택한 현금 작물을 기르도록 강요했다. 또한 인두세를 부과했고, 아프리카인들에게 광산과 플랜테이션에서 일하도록 강요했으며, 종종 가족이나 집에서 수백 마일 떨어진 곳에서 일하게 했다. 유럽의 투자자들과 정부들은 아프리카와 아시아의 광물자원과 방대한 삼림지를 포함한 천연자원을 탈취했다. 유럽의 민간 회사들은 식민지인들을 자신들이 정한 '법률'에 확실히 복종시키기 위해 사병을 유지했다. 이 회사들은 극단적인 경우에는 자국 정부가 군사력으로 자신들을 지원할 것이라는 점을 잘 알고 있었다.

| **기술 변화의 폭포** | 식민지 통치를 받은 곳들에서 일어난 이 모든 잔혹 행위와 고통에도 불구하고 세계의 많은 곳에서 생활수준이 점차 상승하기 시작했다. 심지어 식민지 지배자들이 늘어난 경제적 산출물의 상당 부분을 가로챈 곳에서도 생활수준이 높아지기 시작했다. 극단적 빈곤의 탈출은 매우 점진적으로 이루어졌고, 종종 전쟁과 기근의 방해를 받으며 중단되기도 했다. 때때로 급속히 일어나는 경우도 있었는데, 19세기의 마지막 4분기에 일본에서 일어난 공업화와 경제적 이륙이 그런 경우였다.

나는 번영이 지속적으로 확산되는 가장 중요한 이유는 번영의 근저에 있는 기술과 사상의 전파 때문이라고 믿는다. 석탄 같은 특정한 지하자원을 갖는 것보다 훨씬 더 중요한 것은 현대적인 과학 사상을 활용하여 생산을 조직할 능력이다. 훌륭한 사상은 소진되지 않고 몇 번이고 반복하여 사용할 수 있기 때문이다. 한 사람이 어떤 사상을 사용했기 때문에 다른 사람이 그 사상을 사용할 수 없게 되는 것은 아니라는 점에서 경제학자들은 사상을 비경합재라고 부른다. 우리가 모든 사람이 번영을 달성하는 세계를 그릴 수 있는 것은 바로 이런 이유 때문이다. 제1차 산업혁명의 정수는 석탄이 아니라, 석탄을 활용하는 방법이었다. 좀더 일반적으로 말하자면

새로운 형태의 에너지를 사용하는 방법에 대한 것이었다. 석탄의 교훈은 결국 수력과 석유·가스·핵 전력 등에서부터 전기로 전환되는 풍력이나 태양력처럼 새로운 형태의 재생 가능한 에너지에 이르기까지 여러 가지 에너지 시스템을 위한 기초가 되었다. 이런 교훈은 단지 그것을 최초로 발견한 개인들뿐만 아니라 전 인류가 사용할 수 있다는 점이다.

산업혁명의 첫 번째 파도는 증기 엔진 및 관련 기술-대규모 공장제 생산의 조직, 의류와 직물부문의 새로운 기계들, 새로운 철 생산 기법을 포함한-의 개발이었다. 기술적 도약의 두 번째 파도는 19세기 중반에 철도, 좀더 두드러지게는 전신과 더불어 나타났다. 전신은 전 세계에 최초로 순간 통신을 제공했으며, 정보를 대규모로 확산시키는 능력의 놀라운 도약이었다.

그런데 두 번째 기술적 파도의 일환으로 대양 증기선과 세계적 차원의 교역이 출현했다. 수에즈 운하와 파나마 운하라는 2개의 거대 인프라 프로젝트도 두 번째 파도의 한 갈래였다. 1869년에 완성된 수에즈 운하는 유럽과 아시아 사이의 교역 시간을 상당히 단축시켰고, 1914년에 완공된 파나마 운하는 미국의 동해안 지방에서부터 미국 서부, 라틴 아메리카의 상당 부분, 동아시아로 가는 교역 시간을 극적으로 단축시켰다. 수천 명의 노동자들을 죽인 말라리아와 황열병 같은 전염병 때문에 1880년대에 파나마 운하를 건설하려는 첫 시도가 지연되었다. 일단 과학자들이 모기가 죽음의 질병을 옮기고 있다는 사실을 이해하자 운하 건설자들은 건설 현장 주변에서 모기 번식을 통제하기 위한 전면적인 노력을 기울였다. 그 결과 1914년에 그 프로젝트를 완성할 수 있었다.

기술진보의 세 번째 파도는 19세기 말에 일어난 산업과 도시 사회의 전화(電化)였다. 에디슨이 백열전구를 비롯한 여러 가지 전기기기를 발명한 것도 이런 흐름에 속한다. 에디슨과 웨스팅하우스를 비롯한 많은 사람들은 전선을 통해 가정과 사무용 건물, 공장들로 전기를 공급할 수 있는 대규모 발전소를 주창했다. 이것은 20세기 초를 대표할 만한 새롭고도 결정적인 인프라였다. 내연기관의 발전도 중대한 이슈였다. 이에 못지않게 화학산업에서도 아주 중요한 진보가 일어났다. 주로 독일에서 일어난 이 화학산업의 진보를 통해 대기 중 질소를 포착하여 비료를 위한 암모니아로 전환시키는 새로운 공정(하버-보쉬 공정)이 개발되었다. 이처럼 질소 기반의 비료를 창출하는 데 화석연료 에너지를 사용함으로써 20세기에는 식량 생산도 비약적으로 증대했다. 이를 통해 아직 인류 전부는 아니지만 상당수가 그동안 항구적으로 괴롭힘을 당해 온 만성적 기근과 기아의 위험에서 벗어날 수 있었다.

　기술진보의 이런 파도가 무역과 해외 투자의 확산을 통해 전 세계로 널리 퍼져 나갔다. 이와 더불어 경제적 번영이 세계의 다른 곳들로 확산되었지만 동시에 유럽의 정치적 지배 시스템도 전 세계적으로 확산되었다. 유럽의 정치적 지배가 확산된 것은 유럽과 여타 세계 사이에 창출된, 힘의 거대한 불균형 때문이었다. 그리고 힘의 불균형은 유럽이 정치·지리·부존자원의 유익한 합류에 바탕을 두고 공업화에 먼저 착수한 결과였다.

　20세기 초에는 유럽이 대체로 세계를 지배했다. 유럽의 제국들은 아프리카 전역과 아시아의 많은 부분을 통제했고, 라틴 아메리카의 교역 조직과 이를 위한 재원 조달에서도 주요한 역할을 담당했다. 이것이 지구화의 첫 시대였다. 즉 세계적 교역의 시대, 전신 선을 통한 세계적 통신의 시대, 대량 생산과 공업화의 시대였다. 간단히 말해 불가피한 진보의 시대였다고 할 수 있다. 그리고 이것은 유럽의 지배 아래에서 일어난 지구화였다. 이것은 경제적으로 멈출 수 없는 과정으로 보였을 뿐만 아니라 사물의 자연적 질서처럼 여겨졌다. 이와 같이 상상이 개입된 자연적 질서를 매개로 하여 저 악명 높은 '백인의 책임론' 이 출현했다. 이 책임이란 유럽인과 유럽계 백인 후손들이 세계의 다른 곳에 사는 사람들의 삶을 지배할 의무와 권리가 있다는 것이었다. 따라서 범유럽인들은 천진함과 동정심 그리고 잔혹함이 모순적으로 결합된 태도로 무분별하게 그 책무를 다했다.

| **거대한 분열** | 20세기 초에 지구화는 아주 불가피한 것으로 여겨졌다. 따라서 전쟁 자체는 확실히 낡은 것이고 너무나 불합리한 것으로 판단되었다. 유럽에서는 올바른 가치관을 가지고 있는 지도자라면 자기 나라를 결코 전쟁에 끌어들이지 않을 것이라고 생각했다. 1910년 영국의 지도적 지식인인 노먼 앵겔은 『거대한 환상』이라는 책에서 국민 경제들이 서로 너무나 깊게 의존하게 되고 전 세계적 분업으로 긴밀하게 연계되었으므로 경제적 주도국들 간의 전쟁은 상상할 수 없을 정도로 파괴적인 일이 되었다고 주장했다. 또한 전쟁은 국제무역 네트워크의 기반을 너무 심각하게 침식할 것이므로, 유럽의 어떤 강국이 또 다른 강국을 상대로 군사적 모험을 벌이는 것은 공격자에게 경제적 이득을 줄 수 없다고 경고했다. 앵겔은 전쟁의 비용과 편익이 명확히 이해되는 한 전쟁 자체가 존재할 수 없을 것이라고 추측했다.

그러나 앵겔은 아무리 이치에 맞지 않는다고 해도 파멸적인 결과를 초래할 사회적 과정과 비합리성을 터무니없이 과소평가했다. 따라서 앵겔의 주장은 반쯤 맞은 셈이었다. 즉 전쟁은 경제적 이득을 얻기 위한 방편으로는 너무나 위험한 것이 되어 버렸다. 그렇다고 해서 전쟁이 일어나지 않은 것은 결코 아니었다. 1914년은 20세기의 거대한 분열의 시작을 알리는 해였고, 이 분열은 결과적으로 제2차 세계대전보다 훨씬 더 극적이었다.

그렇다면 어떤 이유에서 제1차 세계대전이 그렇게 극적이고 충격적인 사건이었을까? 그것은 유럽이 주도하는 지구화를 끝장냈다. 그 전쟁은 어마어마한 수의 사망자를 냈고, 20세기가 끝나도록 긴 그림자를 드리운 여러 가지 결정적인 사건을 몰고 왔다. 그 전쟁으로 러시아의 차르 체제가 불안정해졌으며, 여파로 볼셰비키 혁명이 일어났다. 이것이 제1차 세계대전의 첫 번째 부산물이었다. 유럽에서 농노제가 마지막으로 소멸된 나라이자 비교적 후진국이었던 러시아가 전쟁의 인적·재정적 부담으로 혼란에 빠졌다. 블라디미르 레닌과 소규모의 음모가 집단이 대중의 지지가 미약한 가운데서도 권력을 장악하여 혁명의 교의를 제도화할 수 있었다. 이 때문에 러시아는 엄청난 잔혹 행위와 경제적 낭비라는 70년간의 긴 우회로를 걸어야 했다. 레닌과 스탈린이 러시아에 확립한 공산주의 교리는 그 절정기에 세계 인구의 약 3분의 1을 지배했다. 구소련·중국·구소련의 지배를 받는 동유럽·쿠바·북한·소련과 동맹을 맺은 기타 독자적 유형의 혁명 국가들이 그 우산 아래 있었다.

제1차 세계대전이 파생시킨 또 하나의 중대한 결과는 전후 유럽에서 창출된 기나긴 금융적 불안정이었다. 이 전쟁은 복잡하게 뒤얽힌 금융적·경제적 문제들을 불러일으켰다. 교전국들이 지게 된 산더미 같은 부채, 오스만 제국과 합스부르크 제국의 파괴 및 해체와 작고 불안정하며 서로 경쟁하는 계승 국가들로의 교체, 연합국들이 주장한 독일의 배상 책임 등이 그와 같은 문제들이었다. 특히 독일의 배상 문제는 히틀러의 권력 장악으로 이어진 원인 가운데 하나였다.

존 메이너드 케인스는 이전에 자신이 알았던 세계가 제1차 세계대전으로 종말을 고했다고 주장했다. 케인스는 『평화의 경제적 귀결』이라는 유명한 에세이에서 잃어버린 모든 것을 탁월하게 포착했다.

1914년 8월에 종말을 고한 시대는 인간의 경제적 진보에서 얼마나 특별한 사건이었는가! 확실히 대다수 인구는 힘들게 노동하고 낮은 수준의 안락함 속에서 살았지만 어느 면에서 살펴보더라도 이 운명에 대체로 만족했다. 그러나 평균 이상의 능력과 성격을 지닌 자라면 누구나 그 운명에서 벗어나 중류나 상류 계급으로 올라갈 수 있었다. 삶은 이들에게 과거의 가장 부유하고 힘 있는 군주들도 접할 수 없었던 편의와 안락과 쾌락을 최소한의 수고와 낮은 비용으로 제공했다. 런던의 주민들은 침대에서 모닝 차를 마시며 전화로 지구상의 다양한 산물을 스스로 적당하다고 생각하는 양만큼 주문할 수 있고, 이 물건들을 자기 집 문 앞까지 신속하게 배달시키는 것도 당연히 기대할 수 있다. 그는 자신의 부를 세계 모든 곳의 자연자원과 새로운 사업들에 투자하며, 아무런 노력이나 걱정 없이 장래의 과실이나 이득을 자기 몫만큼 거둘 수 있다. 또한 그는 자기 마음에 들거나 정보에 따라 적절하다고 판단되는 어떤 대륙에서든 믿을 만한 자치제를 가진 도시민들의 선의에 자기 재산의 안전을 맡기는 결정을 할 수도 있다. 그는 원하는 즉시 여권이나 기타 다른 형식적 절차도 없이 어떤 나라나 어떤 기후의 땅으로도 여행할 수 있는 저렴하고 안락한 수단을 확보할 수 있고, 자기 하인을 가까운 은행에 보내 쓰기 편한 귀금속을 받아 오게 할 수 있다. 그런 다음 하인에게 주화 형태의 부를 휴대케 하고(목적지의) 종교나 언어조차 알지 못한 채 외국으로 나갈 수 있다. 그리고 그는 조금만 간섭을 받아도 심하게 권리를 침해당했다고 생각하며 매우 놀라운 감정을 느낄 것이다. 그러나 무엇보다도 가장 중요한 것은 그가 이런 사태를 정상적이고 명확하며 항구적인 것으로 간주하고, 더 나아지는 쪽으로 개선되지 않는 모든 것을 비정상적이고 수치스러우며 피할 수 있는 일로 간주한다는 점이다.[4]

우리 세대에게 주는 메시지에서 케인스가 강조했듯이 이 시대의 종말은 상상조차 할 수 없었다.

> 군국주의와 제국주의 · 인종적 적대 · 독점 · 제한 · 배제 등 모든 시도와 정략은 이 낙원에서 뱀과 같은 역할을 할 수도 있겠지만, 실제로는 일간지의 오락 면을 채우는 정도에 불과하다. 그리고 거의 완전히 국제화된 사회생활의 일상적 경로에는 아무런 영향도 끼치지 못하는 것으로 보인다.[5]

제1차 세계대전 이후의 경제적 불안정은 1930년대의 대공황과 제2차 세계대전으로 이어졌다. 세부적인 면에서 연계성이 명확하지 않은 점이 있고, 그에 대한 논쟁도 있지만, 기본적 사실에는 의심의 여지가 없다. 내리누르는 악성 부채, 유럽 내 교역의 위축, 유럽 열강의 과잉팽창 예산 등에 대한 반동으로 인플레이션 · 통화 안정화 · 긴축이 1920년대 내내 시대의 질서가 되었다. 당연히 유럽의 여러 나라들은 차례대로 금 본위제로 복귀했고, 금 본위제는 당시에 장기적인 금융안정을 보증하는 것으로 보였다. 그러나 금 본위제로의 복귀는 1920년대를 지배했던 상황을 악화시키는 데 기여했을 뿐이다. 가장 중요한 점은 금 본위제와 이것의 통화 관리 '규칙' 때문에 세계 주요 경제들이 1930년대 초의 깊숙한 불황의 늪에서 빠져 나오는 일이 불가능하지는 않더라도 더욱 힘들었다는 것이다.[6] 대공황은 다시 보호 무역주의의 불행한 확산과 독일에서의 나치즘과 일본에서의 군사 통치의 출현을 부추겼다.

제2차 세계대전이 종결된 시점에는 1914년 이전의 전 세계 시스템이 산산이 부서졌다. 국제무역이 빈사 상태에 빠졌다. 각국 통화들은 서로 교환될 수 없었고, 따라서 국제무역을 위한 기본적 결제 메커니즘도 붕괴했다.

다행스럽게도 유럽 제국주의가 종말을 고하고 있었는데, 결정적으로 소멸하기까지는 수십 년이 더 걸렸고 많은 경우에는 전쟁도 일어났다. 그러나 제2차 세계대전의 폐허 위에서 세계 시장-세계적 차원의 분업, 기술의 평화적 확산, 열린 국제무역-의 편익은 사라진 지 오래되었다. 마치 두 차례의 세계대전과 대공황의 잔해 아래서 흔적도 없이 묻힌 것처럼 보였다.

세계 경제의 재구축

1945년 제2차 세계대전의 종결에서 1991년 소련의 붕괴 사이에는 새로운 세계 경제 시스템의 재건을 위해 많은 일이 이루어졌다. 당장에 벌여야 할 고투는 물리적 재건이었다. 즉 각국의 경제적 생산과 국제무역의 바탕이 되는 도로 · 교량 · 발전소 · 항구의 수리와 재건 등이었다. 또한 세계 경제의 '도관'들도 재건될 필요가 있었다. 즉 통화체제, 재화와 용역의 시장과 같은 기반의 흐름을 가능하게 하고, 새로운 세계적 분업에서부터 출현할 생산성 이득을 가능하게 할 국제무역 규칙 등이 그와 같은 것들이었다. 이런 재건 노력은 제1세계 · 제2세계 · 제3세계에서 각각 진행되었다.

제1세계, 즉 1945년 당시에 이미 공업화되어 있던 나라들-유럽 · 미국 · 일본-은 미국의 정치적 지도력 아래서 새로운 국제무역 시스템을 재건했다. 이 나라들은 단계적으로 국제무역을 위한 지급 시스템을 창출하기 위해 통화 태환성(사업체와 개인들이 시장 환율로 외환을 사고팔 수 있는)을 다시 확립했다. 유럽의 통화들은 1958년에 태환성을 회복하고 엔(円)은 1964년에 회복했다. 동시에 이 나라들은 대공황의 혼돈 속에서 도입했던 높은 관세와 할당제를 포함한 무역 장벽을 낮추는 데 동의했다. 관세와 무역에 관한 일반 협정(GATT)의 틀 안에서 이루어진 몇 차례의 국제무역 협상을 통해 무역 장벽들이 낮아졌다. GATT는 오늘날 세계무역기구(WTO)의 전신에 해당하는 일련의 규칙이다. 곧 제1세계로 불리게 된 부유한 세계는 기반 무역 시스템인 시장을 재건하는 데 성공했다. 그와 더불어 급속한 경제성장이 폭발적으로 일어났는데 이는 수십 연간의 전쟁, 봉쇄된 무역, 금융적 불안정 이후의 강력한 회복이었다.

제1세계에서 무역이 복원되었지만 이것으로 전 세계 경제가 복원된 것은 아니었다. 1945년 이후에 나타난 세계 경제의 분단은 통화 불태환성 및 무역 장벽보다 훨씬 더 뿌리 깊은 것이었다. 제2차 세계대전이 종결된 시점에 세계는 경제적 파열 위에서 정치적으로도 심하게 분열되었다. 이런 분열은 이후 수십 년 동안 지속되었고 오늘날에야 비로소 치유되고 있다.

제2세계는 사회주의 세계로서, 제1차 세계대전의 여파 속에서 레닌과 스탈린이 최초로 만들어낸 세계였다. 제2세계는 1989년 베를린 장벽의 붕괴와 1991년 소련의 종말에 이르기까지 제1세계와 경제적으로 분리되어 있었다. 제2세계는 절정기에 약 30개 나라와 세계 인구의 약 3분의 1을 포함했다. 제2세계의 압도적인 특징은 생산 수단의 국가 소유, 생산의 중앙 집권적 계획화, 공산당에 의한 1당제 통치, 제1세계와 단절된 경제적 고립과 그것에 결부된 사회주의 세계 내에서의 경제적 통합(물물교역을 통한)이었다.

제3세계는 그 수가 급증한 탈식민지 나라들로 이루어져 있었다. 오늘날 우리는 제3세계라는 용어를 단순히 가난한 나라를 의미하는 것으로 사용한다. 그러나 일찍이 제3세계는 자본주의적 제1세계는 물론 사회주의적 제2세계에도 가담하길 거부하는, 제국주의 지배에서 벗어난 신생독립국 집단을 가리키는 명확한 속뜻을 가지고 있었다. 이런 나라들은 진정으로 제3의 길을 걷는 나라들이었다. 제3세계의 핵심에 있는 사상은 다음과 같다.

우리는 우리 스스로 발전할 것이다. 우리는 때로는 국가 소유를 통해, 때로는 민간 기업들에게 보조금이나 보호조치를 제공함으로써 산업을 육성하겠지만, 외국의 다국적 기업은 이 과정에 참여시키지 않을 것이다. 또한 우리는 개방된 국제무역에 참여하지 않고 산업을 육성할 것이다. 우리는 외부 세계를 믿지 않는다. 우리는 비동맹으로 남기를 원한다. 제1세계 나라들은 우리의 본보기가 아니다. 그 나라들은 이전에 우리를 지배한 식민지 강국들이었다. 우리는 제2세계의 지도자들도 믿지 않는다. 우리는 소련이 우리를 집어삼키길 원하지 않는다. 그러므로 우리는 정치적으로는 비동맹이고 경제적으로는 자급자족이다.

이처럼 제2차 세계대전 이후에 세계는 세 가지 경로로 진화했다. 그러나 근본적인 문제는 제2세계와 제3세계의 접근방식이 경제적으로 타당하지 않았고, 양자 모두 막대한 대외 부채 아래서 붕괴했다는 점이었다. 제2세계의 중앙 집권적 계획화는 물론, 제3세계의 자급자족 경제(autarky)도 애덤 스미스가 설명한 이유 때문에 잘못된 생각이었다. 제2세계와 제3세계 나라들 모두 자신들의 경제에 빗장을 지름으로써 전 세계적인 경제적·기술적 진보에서 차단되었다. 이 나라들은 고비용 국지적 산업들을 창출했지만 국제적으로는 경쟁할 수 없었다. 물론 경쟁하려고 하지도 않았지만 말이다. 국내 사업체들을 경쟁에서 보호하는 이 사회들의 폐쇄성은 거대한 부패의 온상이 되었다. 제3세계의 비동맹국들은 단지 제1세계를 믿지 않았기 때문에 제1세계의 기술진보에 참여할 기회를 잃었다. 이 나라들이 어렵게 얻은 주권을 지키려 한 것은 이해할 만한 일이었지만, 그들은 주권이 위험에 처하지 않는 경우에도 여전히 그렇게 함으로써 발전할 수 있는 기회를 상실했다.

경제학자로서 내 자신의 일을 본격적으로 시작한 것은 제2세계와 제3세계 경제들이 이미 경제적으로 빈사 상태에 들어가 더욱 깊숙한 경제적 혼돈의 나락으로 빠져들고 있을 때였다. 위기의 초기 징후는 대외 부채와 인플레이션율의 상승이었다. 나의 초기 연구는 거시경제적 안정화, 즉 초인플레이션 현상의 종결이 중심이었다. 이 연구를 통해 나는 제1세계의 시장과 기술진보에서 고립된 나라들과 접하게 되었다. 이 연구는 전문적인 화폐 경제학과 관련된 것이었다. 그런데 나는 이를 통해 각 나라들이 더 넓은 세계와 경제적으로 어떻게 관련을 맺을 것인가에 대한 기본적이고 근본적인 선택과 마주하게 되었다.

1990년대 초에 제2세계와 제3세계의 대다수 나라들이 다음과 같이 말하고 있었다. "우리는 다시 한 번 세계 경제에 참여할 필요가 있다. 우리는 우리의 주권을 원한다. 우리는 자결을 원한다. 하지만 레닌주의와 스탈린주의적인 중앙 집권적 계획화는 폐기할 것이다. 그것은 더 이상 작동하지 않기 때문이다. 그리고 우리는 강제적 자급자족의 사상도 폐기할 것이다. 경제적 고립이란 한 개인에게서와 마찬가지로 한 나라에게도 이치에 닿는 일이 아니기 때문이다."

본질적으로 1980년대 중반 이래 줄곧 내가 맡은 역할 가운데 하나는 각 나라들이 새로운 국제 시스템에서 주권을 갖춘 구성원들이 되도록 도와주는 것이었다. 나는 세 가지 큰 질문을 여러 번 반복하여 다루었다. 국제무역에 복귀할 최상의 방법은 무엇인가? 악성 채무와 비효율적 산업이라는 질곡에서 어떻게 벗어날 것인가? 새롭게 출현하는 세계 경제가 가장 부유하고 힘센 나라들만이 아니라 세계 모든 나라의 필요에 진정으로 부응하도록 새로운 게임의 규칙을 어떻게 타협해 만들어낼 것인가?

200년 동안의 현대적 경제성장

　지금까지 나는 변화·소란·충돌·이데올로기로 가득 찬 지난 200년 동안의 현대적 경제성장을 비교적 가볍고 간략하게 다루었다. 현대적 경제성장을 이룬 이 시대는 전 세계에 무엇을 초래했는가? 생활수준이 200년 전에는 결코 상상할 수 없었을 정도로 높아졌고, 현대적 기술이 전 세계 곳곳으로 확산되었으며, 과학기술 혁명은 여전히 힘을 더해 가고 있다. 생활수준은 거의 모든 곳에서 그 과정이 시작되었을 때보다 훨씬 더 높아졌다. 단지 예외라 할 수 있는 곳은 질병으로 황폐해진 아프리카의 일부다.
　현대적 경제성장은 가장 부유한 자와 가장 가난한 자의 거대한 간극도 창출했다. 이것은 모든 세계가 빈곤에 사로잡혀 있을 때는 결코 있을 수 없었던 간극이다. 〈지도 2〉에서 살펴볼 수 있듯이 현대적 경제성장의 시대는 우리에게 세계 경제의 이질적 성장 분포를 남겨 주었다. 〈지도 2〉에는 2002년 현재 1인당 GDP(구매력 조정 가격으로 측정)에 따라 각국의 위상이 표시되어 있다. 고소득국들(1인당 소득 2만 달러 이상)은 녹색으로 표시되어 있는데, 미국·캐나다·서유럽·일본·오스트레일리아·뉴질랜드가 여기에 포함된다. 중소득국들(4,000~2만 달러 사이)은 황색으로 표시되어 있는데 동아시아의 대다수(한국과 싱가폴 같은) 나라를 포함해 중부 유럽과 구소련과 라틴 아메리카가 여기에 포함된다. 저소득국 가운데 상위에 속하는 나라들(2,000~4,000달러 사이)에는 남아메리카와 남아시아와 동아시아의 일부가 포함된다. 최빈국들(2,000달러 이하)은 사하라 이남 아프리카와 남아시아에 집중되어 있다. 물론 1인당 평균 GNP를 나타내는 이 지도와 빈곤 가계 비율을 보여 주는 〈지도 1〉 사이에는 놀라운 유사성이 존재한다. 두드러진 점은 저소득국들은 중위의 빈곤과 극단적 빈곤의 비율이 매우 높은 나라들이라는 사실이다.

　오늘날 최부국들에 속해 있는 인류의 6분의 1과, 생존을 겨우 유지할 수 있을 뿐인 6분의 1이 거대한 간극으로 분할되는 이유는 무엇인가? 최부국들은 2세기 동안 현대적 경제성장을 달성할 수 있었다. 한편, 최빈국들은 최근 몇십 년 전까지 경제성장에 착수할 수도 없었고, 때로는 거대한 장벽에 가로막혀 있었다. 몇몇 나라들은 지배적인 식민지 강국들의 가혹한 착취에 직면했다. 그 나라들은 영국과 미국처럼 공업화에 일찍 착수한 나라들에는 존재하지 않았던 지리적 장벽(기후·식량 생산·질병·에너지 자원·지형·세계 시장과의 근접성 등)에도 직면했다. 그리고 그들은 국가정책과 관련해서도 최악의 선택을 했다. 심지어 지난 1990년대까지도 이런 일이 종종 일어났다. 이 모든 것들 때문에 그 나라들은 2세기 동안의 급속한 경제성장이라는 행운을 누리지 못했고, 기껏해야 짧은 몇 년 동안의 산발적인 성장을 경험했을 뿐이다.

　이 나라들이 깨달아야 할 결정적인 면은 그들이 직면한 거의 모든 문제에 실제적인 해답이 존재한다는 것이다. 과거의 나쁜 정책은 정정될 수 있다. 식민지 시대는 정말로 종결되었다. 지리적 장벽도 새로운 기술들로 극복될 수 있다. 예를 들면 말라리아를 통제하고, 사막에서 대규모 농작물 생산을 가능하게 하는 기술들 말이다. 그러나 세계의 특정한 지역들이 여전히 빈곤한 이유가 한 가지만 있는 게 아니듯이 처방도 다양할 수밖에 없다. 뒤에서 반복하여 지적하겠지만 뛰어난 행동 계획은 한 나라의 경제 상태를 규정한 특정한 요인들을 제대로 감별 진단하는 데서 시작한다.

제3장
왜 일부 나라는 번영에 실패하는가

 63억 명의 세계 인구 가운데 약 50억 명이 경제발전으로 가는 첫 단계에 도달했다. 세계 인구의 6분의 5는 극단적 빈곤보다 최소 한 단계 위에 있다. 게다가 1980~2000년 사이에 대략 49억 명의 인구를 포괄하는 나라들에서 평균 소득-1인당 GDP로 측정-이 증가했다. 더 많은 수의 사람들, 즉 57억여 명의 인구를 포괄하는 나라들에서 기대 수명이 증가했다. 경제는 실제로 광범위하게 발전되고 있다. 극단적 빈곤의 정도는 절대 수에서는 물론 세계 인구의 비율 면에서도 줄어들고 있다. 바로 이런 사실들에 근거하여 그리 멀지 않은 2025년에는 극단적 빈곤이 없는 세계가 도래할 것이라고 예상할 수 있다.
 경제발전이 세계의 많은 곳에서 작동할 수 있고 또 작동한다는 이유 때문에 경제발전이 작동하고 있지 않은 곳들과, 아직 발전의 사다리에 오르지 않았거나 낮은 계단에 머물러 있는 곳들의 문제를 이해하고 해결하는 것이 더욱 중요하다. 경제성장이 성공하거나 실패하는 이유를 이해하기 위해서는 먼저 1인당 GDP의 시간적 변화를 설명할 개념적 틀이 필요하다. 장기적 발전을 촉진하는 몇 가지 요인을 이미 논의한 적이 있지만, 이 장에서는 그것들을 좀더 체계적으로 다룰 것이다. 이와 관련하여 많은 곳, 특히 가장 가난한 곳들에서 경제발전 과정이 중단되는 이유를 논의하려고 한다. 아주 구체적인 경우, 즉 농업에 종사하는 단일 가계를 예로 들어 시작하는 것이 가장 명확할 것이다.

가계 소득의 성장

남편과 부인 그리고 네 명의 아이(두 명의 딸과 두 명의 아들)가 2헥타르의 농장을 일구며 사는 어떤 가계를 생각해 보자. 이 가계는 옥수수를 재배하고, 스스로 흙집을 지어 산다. 이 가족은 절대적으로 가난하기 때문에 대부분의 시간을 바쳐 자신들이 수확한 옥수수를 소비할 뿐이고 다른 소득원은 전혀 기대할 수 없다. 아이들은 조리에 필요한 땔나무를 농장 부근에서 주워 오고, 가까운 샘에서 마실 물을 길어 온다.

올해 그 가계는 1헥타르당 2톤, 그러니까 총 4톤의 옥수수를 수확한다. 여섯 식구들은 자신들이 수확한 옥수수를 먹겠지만, 정부에서는 이 옥수수의 시장 가치 만큼을 가계의 소득으로 계산할 것이다. 옥수수가 현지 시장에서 1톤당 150달러로 팔린다고 가정하자. 그 가계의 귀속 소득(imputed income: 자기 농장에서 생산하여 자가 소비하는 식료품이나, 소유자가 집세를 물지 않고 거주하는 가옥처럼 화폐의 형태를 띠지 않는 소득－옮긴이)은 600달러(150달러×4톤) 또는 1인당 100달러(600달러분의 6명)일 것이다. 정부는 이 수치에 다른 가계들의 소득을 더해 국민 총생산을 계산할 것이다.

　이 가계의 1인당 소득은 이듬해에 적어도 네 가지 방식으로 증가할 수 있다.

| **저축** |　　가계는 4톤의 옥수수 중에서 3톤만 소비하기로 하고 1톤은 시장으로 가져간다. 가계는 옥수수 1톤을 팔아 얻은 150달러로 가축(닭이나 양 또는 황소나 젖소)에 투자한다. 가축은 새로운 소득 흐름을 창출한다. 즉 황소에게서 거름과 농사짓는 데 필요한 힘을 얻음으로써 식량 생산량을 늘리거나, 또는 암소에서 판매용 우유를 얻거나 기타 동물들에게서 고기·달걀·가죽을 얻는다. 경제학 전문용어로 말하자면 저축은 자본축적(가축의 형태로)을 낳고, 자본축적은 다시 가계 생산성을 높인다.

| **교역** |　　시나리오를 달리하여 이야기해 보자. 그 가계는 이웃 농부에게서 그곳의 기후와 토양이 바닐라 열매 생산에 더 적합하고 이를 통해 더 높은 소득을 올릴 수 있다는 점을 배운다. 그 가계는 며칠 고민한 후에 바닐라라는 현금 작물을 심기로 결정한다. 다음 해 가계는 바닐라로 800달러를 벌고, 이 가운데 600달러를 사용하여 4톤의 식량 작물을 매입한다. 그 지역에 더 많은 바닐라 농부들이 출현함에 따라 바닐라와 식량 그리고 다른 농작물의 수송과 보관을 전문으로 하는 새로운 회사들이 형성된다.

　이런 패턴은 전문화→시장 확대→전문화 증대라는 2단 연계성에 대한 애덤 스미스의 통찰을 실례로 보여 준다. 그 가계는 드디어 고소득 바닐라 경작을 전문화하는데, 이는 바닐라 나무에 유리한 생태적 조건 속에서 살기 때문이다. 그 가계는 식량 생산을 전문화한 다른 가계들과 교역하기 위해 시장에 의존한다. 소득이 증가하고, 스미스의 표현대로 '시장의 범위'

가 확대됨에 따라 전문화를 위한 여지가 더 커진다. 이 경우에는 수송 서비스의 영역이 전문화한다고 할 수 있다. 그 이후로 경제활동은 주택 건설·옷 제조·도로 유지보수·배관·전기·상하수 시스템 등에 전문화한 기업들로 더욱더 분화될 것이다.

| 기술 |　앞의 시나리오와는 달리 농촌 지도사들이 농장 가계에 새롭고 개선된 방식으로 토양의 영양을 관리하는 방법과 개량된 종자를 사용함으로써 수익을 배가시키는 방법을 가르친다. 토양의 영양을 관리하는 새로운 기법이란 토양에 반드시 필요한 질소 영양을 보충하는 질소 고정 나무를 심는 것이다. 질소 고정 나무를 심으면 새로운 곡물 변종들은 빨리 자라고 해충에 대한 저항력도 높아진다. 이 종들은 다시 보충된 토양 영양으로 무성하게 자란다. 결과적으로 1년 만에 작물의 생산량이 1헥타르당 옥수수 3톤으로 증가하여 총 6톤을 수확하게 된다. 따라서 1인당 소득도 150달러로 상승한다(톤당 150달러 × 1헥타르당 3톤 × 2헥타르 ÷ 6명).

| 자원 붐 |　정부가 아프리카 회선사상충증을 퍼뜨리는 흑파리 번식을 통제하는 데 성공한 이후 농가 가계는 훨씬 더 크고 비옥한 농장으로 옮겨 갈 수 있게 된다. 갑자기 수천 헥타르의 새로운 농장이 생겨나고 그 결과 생산 능력이 상당히 확대된다. 새롭게 열린 지역에서 각 가계가 식량 생산량을 이전보다 3배로 증가시킬 수 있게 되면서 소득이 상승하고 기아가 감소한다.

더 높은 소득에 이르는 이 네 가지 경로는 경제가 성장하는 주된 방식이다. 물론 실제로는 방금 소개한 내용보다 훨씬 더 복잡한 상황이 전개될

것이다. 실물경제에서 1인당 국내 총생산(GDP)의 상승은 일반적으로 이 모든 또는 대부분의 과정이 동시에 작동한 결과 일어난다. 저축, 자본 축적, 전문화와 교역 증대, 기술 진보(그 결과로 일어나는 특정한 양의 투입물에 대한 생산량의 증가), 1인당 천연자원 양의 증가(그 결과 1인당 생산량의 증가)가 그와 같은 과정이다.

지금까지 소득 상승에 이르는 경로를 개별적인 가계 수준에서 예시했다. 하지만 사실 이런 각각의 과정은 시장 상황과 연계되고 공공정책 및 투자를 통한 집단적 행동과 영향을 주고받는 수천 또는 수백만 가계의 상호 작용을 통해 작동한다.

반대로 1인당 가계 소득을 감소시킬 수 있는 것은 무엇인가? 일반적으로 경제는 전진하기보다는 시계를 거꾸로 돌려 퇴보할 수 있다. 이런 일은 여러 경로로 일어날 수 있다.

| 저축의 결여 | 가계가 만성적 기아 때문에 4톤의 옥수수를 모두 소비하여 시장에 내다 팔 것이 전혀 없고, 따라서 쟁기를 새로 구입할 수 있는 소득도 없다고 가정하자. 실제로 그해 농사를 짓는 동안에 원래 쓰던 쟁기가 부러진다. 다음 해 작물이 4톤 이하로 감소하고 가계의 1인당 소득이 하락한다. 부러진 쟁기는 자본 손실 또는 노동자 1인당 가용 자본 양의 하락으로 계산된다.

| 교역의 부재 | 또 다른 경우 가계가 바닐라 재배 기회에 대해 듣기는 했지만 그 기회를 이용할 수 없다고 하자. 농장과 지역 시장을 연계할 도로가 없으므로 가계가 바닐라를 시장에 내다 팔 수 없거나, 그것을 판 돈으로 식량을 구입할 수 없다. 결과적으로 그 가계는 현금 작물 재배를

전문화할 기회를 날려 버리고, 생존을 위해 의존하는 식량 작물에 머무른다. 비슷한 방식으로 교역이 방해를 받거나 완전히 봉쇄될 수 있다. 또한 폭력(재화의 안전한 수송을 방해하는), 화폐적 혼란(따라서 화폐는 믿을 만한 교환 수단이 아니게 된다), 가격 통제를 비롯한 기타 정부 개입이 전문화와 교역을 저해할 수 있다.

| 기술적 퇴보 | 아프리카 농촌에서 자주 일어나듯 아이들이 HIV 바이러스 감염에 따른 AIDS로 아버지와 어머니를 잃으면 어떻게 될까? 가장 나이 많은 아이들이 책임을 떠맡겠지만, 그 나이에 영농기법을 충분히 습득하지는 못했을 것이다. 다음 해 농사가 실패하고, 아이들은 마을의 다른 가계에 의존할 수밖에 없다. 기술적 지식의 수준이 사실상 쇠퇴했기 때문에 가계 소득이 제로로 떨어진다. 영농기법을 비롯한 기술적 노하우는 자동으로 전수되지 않는다. 각각의 새로운 세대는 기술적인 전문 지식을 배워야 한다.

| 자연자원의 쇠퇴 | 또 다른 가능성을 예시하자면, 추가할 수 있는 토지가 없을 뿐만 아니라 기존 농토의 일부도 환경적 쇠퇴를 겪는다. 특히 그 가계는 비료도 구할 수 없고 질소 고정 나무에 대해서도 알지 못한다. 따라서 농토의 질소가 심각하게 고갈된다. 그 결과 1헥타르만이 생산에 사용되고 가계의 연간 소득은 파멸적인 1인당 50달러(2톤 × 150달러 × 1헥타르 ÷ 6명) 수준으로 하락한다.

| 생산성을 떨어뜨리는 재난 | 자연 재해, 예를 들어 홍수 · 가뭄 · 열파 · 냉해 · 병충해 또는 가족원의 질병(예를 들어 말라리아 감염)과 같은 일

들이 하나둘씩 겹쳐서 일어나면 그해의 가계 소득은 완전히 사라진다.

| 인구 증가 | 한 세대가 지나간다. 부모가 죽고 2헥타르는 2명의 자녀들에게 분할된다. 각각의 자녀들이 다시 부인과 4명의 아이를 갖는다. 1헥타르당 2톤이라는 작물 생산량이 변함없다고 하면, 동일한 농장에 사는 인구가 2배로 늘어났기 때문에 가계의 1인당 소득은 절반으로 하락한다. 이는 최근 몇 세대 동안 아프리카 농촌에서 만연했던 현상이다.

이와 같은 간단한 예시는 단순한 가계 '경제' 조차 성장할 수 있는 길뿐만 아니라 쇠퇴할 수 있는 길도 많다는 것을 보여 준다. 특정한 나라의 상태를 바라보는 경제개발 전문가의 첫 번째 과업은 이처럼 다양한 과정 중에서 어떤 것이 작동하고, 어떤 것이 작동하지 않는가를 이해하는 것이다. 경제가 쇠퇴한다는 점을 아는 것만으로는 충분하지 않다. 만약 경제를 재건하려는 조치를 취하려면 경제성장을 달성하는 데 실패한 이유를 정확하게 깨달아야 한다.

경제성장의 실패 이유

여러 나라들이 경제성장을 달성하지 못하는 가장 공통적인 이유를 흔히들 빈국들이 저지르고 있는 잘못에 초점을 맞춰 설명한다. 즉 빈곤은 부패한 지도부와 현대적 발전을 가로막는 퇴행적 문화의 결과라는 것이다. 그러나 사회의 경제 시스템처럼 복잡한 구조로 이루어진 것은 너무나 많은 부품을 가지고 있으므로 단 한 개만 고장난다고 가정하기 힘들다. 경제적 기계의 상이한 부분들에서 문제가 발생할 수 있고, 때로는 한꺼번에 폭발적으로 발생하여 기계를 거의 정지시킬 수도 있다.

경제성장과 관련해서는, 8개의 주요 범주의 문제가 경제를 정체시키거나 쇠퇴시킬 수 있다. 이런 종류의 재난은 세계의 많은 곳에서 목격할 수 있다. 각각의 재난은 그 나름대로 서로 다른 적절한 처방이 존재하고, 따라서 훌륭한 진단이 결정적으로 중요하다.

| 빈곤 함정: 경제적 정체의 원인 | 최빈국들의 핵심적 문제는 빈곤 그 자체가 함정일 수 있다는 점이다. 빈곤이 아주 극단적인 경우 가난한 사람들은 곤경에서 스스로 벗어날 능력이 없다. 그 이유는 다음과 같다. 1인당 자본 결여에 의해 발생하는 빈곤의 종류에 대해 생각해 보자. 가난한 농촌 마을에는 트럭·포장도로·발전소·관개용 운하가 없다. 기아와 질병에 찌들고 문맹인 마을 사람들이 생존을 위해 분투하고 있는 상황에서 인적 자본도 아주 낮다. 자연 자본은 고갈되어 있다. 나무들은 베어 쓰러졌고, 토양은 영양이 고갈되어 있다. 이런 상황에서 필요한 것은 더 많은 물리적·인적·자연적 자본이지만, 이를 위해서는 저축이 필요하다. 사람들이 가난하지만 극심하게 곤궁하지 않다면 저축할 수도 있다. 만약 극심하게 곤궁하다면 사람들은 자신들의 모든 소득은 물론이고 그 이상을 단지 생존하는 데 사용해야 한다. 생존에 필수적인 수준을 넘어 장래를 위해 투자할 수 있는 여유가 존재하지 않는다.

이것은 절대적으로 빈곤한 사람들이 낮은 또는 마이너스 경제성장률의 함정에 빠지기 쉬운 주된 이유다. 그들은 너무 가난해서 장래를 위해 저축할 수 없고,[1] 따라서 그들을 현재의 비참한 생활에서 벗어나게 할 수 있는 1인당 자본을 축적할 수도 없다. 〈표 1〉은 상이한 소득 수준에 있는 나라

〈표 1〉 발전도상국의 저축률

2002년도 소득 수준별로 본 GDP 중 저축률	
중상위 소득국	25%
중하위 소득국	28%
저소득국	19%
최저개발국	10%

출처 : World Bank(2004).

들의 GDP 대비 국내 총저축률을 보여 준다. 확실히 절대적 빈국은 저축률도 가장 낮은데, 이는 자신들의 소득을 생존하는 데 모두 사용하고 있기 때문이다.

사실 공식 국민 계정을 바탕으로 한 국내 저축이라는 표준적 척도는 빈국의 저축을 과대평가하는데, 그 이유는 이 데이터가 빈국이 자신들의 자연 자본을 스스로 고갈시키고 있다는 사실을 고려하지 않기 때문이다. 즉 빈국들은 나무를 베어내고, 토양의 영양을 고갈시키며, 광물자원·에너지·금속 퇴적물을 마구 캐내고, 어류자원을 남획함으로써 자연 자본을 고갈시킨다. 이런 형태의 자연 자본들은 공식 국민 계정 데이터에 나타나지 않고, 따라서 자연 자본의 '감가' 또는 고갈이 마이너스 저축의 형태로 인정되지 않는다. 나무가 베어져 땔감으로 팔린 다음 다시 심어지지 않을 경우 벌목자의 수입이 공식 국민 계정에서는 소득으로 계산된다. 그러나 좀더 정확하게 그 수입은 한 자본 자산(나무)에서 금융 자산(화폐)으로의 전환으로 계산되어야 한다.

| **자연지리** | 빈곤 함정이 올바른 진단이라 하더라도 왜 일부의 빈

국은 함정에 빠져 있고, 다른 나라들은 그렇지 않은가에 대한 질문이 여전히 제기된다. 이에 대한 해답은 종종 간과되는 자연지리라는 문제에 있는 경우가 많다. 예를 들어 미국인들은 온전히 자신들의 손으로만 부를 이루었다고 믿는다. 미국인들은 자연자원이 풍부한 방대한 대륙을 물려받았다는 사실을 잊어버린다. 훌륭한 토양·풍부한 강수량·항행 가능한 큰 강·해양무역의 훌륭한 기반이 되는 수십여 개의 천연 항구를 지닌 수천 마일의 해안선 등이 미국인들이 물려받은 천혜의 자연지리적 조건이다.

다른 나라들은 자연지리가 이만큼 유리하지 않다. 세계의 많은 최빈국들은 높은 운송 비용으로 심각한 방해를 받고 있다. 그 나라들은 바다와 접해 있지 않고, 높은 산맥들로 둘러싸여 있으며, 항행 가능한 강이나 긴 해안선 또는 훌륭한 천연 항구가 없다. 볼리비아·에티오피아·키르키즈스탄, 또는 티벳에 빈곤이 끈질기게 존재하는 것을 문화로는 설명할 수 없다. 문화가 아니라 막대한 수송 비용과 경제적 고립에 직면한 내륙지역의 산악형 지리에 주목해야 한다. 이런 지형은 모든 형태의 현대적 경제활동을 질식시킨다. 애덤 스미스는 높은 수송 비용이 경제발전을 방해하는 역할을 한다는 점을 예리하게 인식하고 있었다. 특히 스미스는 저렴한 해양무역과의 근접성이 지닌 장점을 경제발전의 결정적인 조건이라고 강조했다. 게다가 스미스는 고립된 지역들은 경제발전을 달성하기 가장 힘든 지역이라고 지적했다.

수상 운송에 의지할 경우에는 육로 운송에만 의지하는 경우보다 각종 산업에 훨씬 더 유리한 넓은 시장이 열린다. 이 때문에 모든 종류의 산업이 자연스럽게 발전하고 세분화하기 시작하는 장소는 해안지대와 항행 가능한 강의 양안지대에서다. 그리고 흔히 오랜 세월이 지난 뒤에야 이와 같

은 산업 발전은 천천히 내륙지역으로 확산된다.[2]

다른 종류의 지리적 어려움도 작용한다. 많은 나라가 건조한 조건에 사로잡혀 있으므로 농업생산성이 낮고, 장기적 가뭄에 취약하다. 대부분의 열대지역이 말라리아 · 주혈흡충병 · 뎅기열 같은 치명적 질병에 취약한 생태적 조건을 가지고 있다. 특히 사하라 이남 아프리카는 역사 이래 아프리카의 경제발전을 지체시킨 최대 요인인 말라리아의 전 세계적 진원지에 딱 알맞은 강수량 · 온도 · 모기 등을 지니고 있다.

재레드 다이아몬드는 『총 · 균 · 쇠』라는 놀라운 책에서 지리가 인류 문명의 초기 단계를 형성하는 데 기여한 방식을 탁월하게 설명했다. 다이아몬드는 아메리카인 · 아프리카인 · 유럽인 · 아시아인이 토종 작물 종 · 가축 동물 · 수송의 편의 · 기술 전파의 가능성 · 질병 생태 · 기타 경제발전의 지리와 관련된 요인에서 서로 어떻게 다른지에 대해 번득이는 통찰력을 보여 주었다. 물론 이런 요인 중 일부는 덜 중요해지거나 전혀 중요하지 않게 되었다. 이는 현대적 수송과 통신이 출현한 결과, 식량 작물과 동물 종들이 전 세계에 폭넓게 전파된 결과였다.

그나마 다행스러운 점은 이런 조건 가운데 어느 부분도 경제발전에 치명적이지 않다는 것이다. 지리적 결정론이라는 악마를 쫓아낼 때가 되었다. 즉 지리적 불리함을 주장하는 것은 지리가 한 나라의 경제를 일방적 또는 결정적으로 규정한다는 주장과 결코 똑같을 수 없다. 요점은 단지 이같은 불리한 점 때문에 해당국들이 좀더 운 좋은 나라들은 할 필요가 없었던 추가적인 투자를 해야 한다는 것이다. 예를 들어 내륙국은 다른 나라에서는 항구인 곳에 도로를 건설할 수 있다. 열대 질병은 통제할 수 있다. 건조기후는 관개로 극복할 수 있다. 불리한 지리가 문제이기는 하지만, 이 문제는 일반적으로 물적 투자와 훌륭한 보전 관리(conservation management)를 통해 해결할 수 있다. 그런데 불리한 지리는 영농과 수송뿐만 아니라 건강의 문제를 해결하기 위한 비용을 높임으로써 한 나라를 빈곤 함정에 빠뜨릴 가능성을 더욱 크게 만든다.

| **재정적 함정** | 민간 경제가 빈곤하지 않을 경우에도 정부는 경제성장의 기반이 되는 인프라에 지출할 재원이 없을 수 있다. 정부는 기초적 보건·도로·전력망·항구 등과 같은 공공재화와 서비스에 대한 투자에 결정적으로 중요한 역할을 담당한다.

그러나 정부는 최소한 다음과 같은 세 가지 이유 때문에 이 같은 공공재를 공급하기 위한 재정적 수단이 없을 수 있다. 첫째, 국민 자체가 빈곤하여 국민들에 대한 과세를 실행하지 못한다. 둘째, 정부가 무능력하고 부패하여 세수를 거두어들일 수 없다. 셋째, 정부는 이미 무거운 채무를 지고 있고(예를 들어 몇십 년 전부터 계속 지고 있는 부채) 제한된 세수를 새로운 투자를 위한 재원이 아니라 채무이행에 사용해야 한다. 이 세 번째 경우는 종종 과중채무로 불린다. 과거부터 내려오는 부채는 장래의 성장 전망을 꺾어 버린다. 이런 상황에서 한 나라가 경제발전의 길로 새로 출발할 수 있도록 돕는 유일한 방법은 부채탕감이다.

| **통치구조의 실패** | 경제발전은 발전 지향적인 정부를 필요로 한다. 정부는 많은 역할을 담당한다. 정부는 우선 순위가 높은 인프라 프로젝트를 확인하여 재정 지원하고, 선택된 소수가 아니라 전 국민이 쓸 수 있도록 필수 인프라와 사회적 서비스를 만들어야 한다. 정부는 민간 기업들의 투자를 유도할 수 있는 환경을 조성해야 한다. 민간 투자자들이 사업

체를 운영함으로써 장래의 이윤을 확보할 수 있다는 믿음이 생겨야 한다. 정부는 뇌물이나 부수적 보상의 요구를 자제해야 한다. 또한 정부는 개인과 재산의 안전이 지나치게 위협받지 않도록 내적인 평화와 안전을 유지해야 한다. 재산권을 규정하고 계약을 공정하게 강제할 수 있는 사법제도를 유지해야 하며, 외부의 침입에서 국가 영토를 지켜내야 한다.

  정부가 이런 과제들 가운데 어느 하나라도 실패할 경우, 즉 인프라의 커다란 갭을 남겨 두거나 경제활동을 손상시킬 정도로 부패하거나 국내 평화를 도모하는 데 허점을 드러낼 경우, 경제는 실패하게 되어 있다. 그리고 이런 실패는 종종 치명적인 결과를 부른다. 실제로 정부가 가장 기본적인 기능조차 수행할 수 없는 극단적인 경우에는 전쟁·혁명·쿠데타·무정부 상태 등으로 나타나는 '국가 실패'가 초래될 수 있다. 뒤에서 우리는 국가 실패가 종종 경제적 재난의 원인일 뿐만 아니라 경제적 재난의 마지막 단계이기도 하다는 점을 알게 될 것이다. 국가와 경제의 실패는 서로 잇달아 일어나면서 무시무시하고 현기증 나는, 또 몹시 불안정한 악순환의 수레바퀴를 돌릴 수 있다.

| 문화적 장벽 | 정부가 자국을 진보시키려고 할 경우 문화적 환경이 발전에 장애가 될 수 있다. 사회 안에서 문화적·종교적 규범은 여성의 역할을 방해할 수 있다. 예를 들어 인구의 절반에 경제적 또는 정치적 권리를 부여하지 않고 심지어 교육도 받지 못하게 한 결과, 전반적인 발전을 방해할 수 있다. 여성들의 권리와 교육을 부정하는 것은 더 어마어마한 문제를 발생시킨다. 아마 가장 중요한 것은 높은 출산율에서 낮은 출산율로 인구학적 이행이 지연 또는 완전히 봉쇄되는 일이라고 할 수 있다. 더욱이 가난한 가계는 예닐곱 명의 아이를 계속해서 낳을 것이 틀림없다. 따라서

여성들의 역할이 주로 아이 양육에 머물게 되는데, 교육받지 못한 여성들이 선택할 수 있는 일자리가 적기 때문이다. 이런 상황에서 여성들은 종종 기초적인 경제적 안전과 법률적 권리를 갖지 못한다. 심지어 배우자와 사별할 경우 여성들의 사회적 상황은 훨씬 더 나빠진다. 즉 개선의 전망조차 갖지 못한 채 날이 갈수록 완전히 빈곤해진다.

이와 비슷한 문화적 장벽이 종교적 또는 민족적 소수집단에도 적용된다. 사회적 규범 때문에 특정한 집단은 공공 서비스(취학·보건·직업훈련 같은)를 접하지 못하게 될 것이다. 이런 소수집단들은 대학 입학이나 공공부문 취업 등에서 가로막힐 수 있다. 이 소수집단들은 그들 사업체에 대한 보이콧이나 재산에 대한 물리적 파괴를 포함하여 공동체 안에서 집단 따돌림을 당할 수 있다. 동아프리카의 인도인 공동체에게 발생한 일처럼 극단적인 상황에서는 전면적인 '인종 청소'가 일어나 많은 사람들이 목숨을 구하기 위해 멀리 달아나야 하는 경우도 있다.

| **지정학** | 교역을 하려면 두 당사자가 있어야 한다. 외국이 세운 무역 장벽은 빈국들의 경제발전을 방해할 수 있다. 이런 장벽은 때때로 정치적 성격을 띠는데, 강국이 비우호적 정권들에 대해 무역 제재를 가할 수 있기 때문이다. 이런 제재가 나쁜 정권을 약화시키거나 타도하려는 목적을 가진 것이라 하더라도 그 정권을 무너뜨리기는커녕 국민들만 가난하게 만드는 경우가 많다. 무역 외에 한 나라의 발전에 영향을 끼치는 많은 요인이 지정학적 이유 때문에 해외에서 조작될 수 있다.

| **혁신의 결여** | 빈국의 발명가가 처한 곤란한 입장을 생각해 보자. 이 발명가가 현지의 경제적 필요를 충족시킬 과학적 접근법을 새로 개발

할 수 있더라도 나중에 현지 시장에서 판매하여 연구개발에 투자한 비용을 회수할 수 있는 기회는 무척 낮다. 빈국이 최신의 특허법을 가지고 있는 경우, 발명품이 마케팅에 성공한다 하더라도 신제품을 살 현지 구매력이 너무 낮아서 충분한 이윤을 얻을 수 없을 것이다. 문제는 발명에 대한 재산권이 아니라 시장의 크기다.

그러므로 부국과 빈국 사이에는 거대한 차이가 있다. 부국들은 보통 시장이 큰데, 이처럼 큰 시장은 혁신을 유인하고 신기술 마케팅을 가능하게 하며 생산성을 더욱 증대시킨다. 이 연쇄는 다시 시장의 크기를 키우고 혁신을 위한 새로운 요인을 창출한다. 이 기동력은 경제학자들이 내생적 성장(endogenous growth)이라 부르는 연쇄반응을 창출한다. 다시 말해 혁신은 시장의 크기를 키우고, 더 커진 시장은 다시 혁신을 위한 요인을 증대시킨다. 그러므로 경제성장과 혁신은 서로 힘을 증대시키는 과정이다.

북아메리카와 유럽 그리고 동아시아의 부국들에서 경제성장의 핵심을 차지하는 것은 대규모 연구개발 투자에 이어 대규모 시장에서의 특허 제품 판매로 이어지는 과정이다. 선진국들은 일반적으로 국민 총생산의 2% 이상 또는 때로 GDP의 3% 이상을 연구개발 과정에 직접 투자하고 있다. 그와 같은 투자는 규모가 무척 커서 해마다 연구개발 활동에 수천억 달러가 투자된다. 더욱이 이런 투자는 단순히 시장에 맡겨지지 않는다. 특히 R과 D의 초기 단계에 정부가 대규모로 투자한다(정부의 재원이 두 단계 모두에 투여되지만, 개발을 뜻하는 D보다는 연구를 뜻하는 R에 더 많이 들어간다).

대부분의 빈국, 특히 경제 규모가 더 작은 나라들에서는 혁신 과정이 시작되지도 않는다. 발명가들이 투자하지 않는 이유는 신제품 개발에 드는 막대한 고정 비용을 회수하지 못하리라는 것을 잘 알고 있기 때문이다. 빈곤한 정부들은 정부 연구소와 대학들에서 이루어지는 기초과학을 후원할 여력이 없고, 따라서 과학자들도 떠나게 된다. 그 결과 부국과 빈국 사이의 혁신 활동이 더욱 불균형을 이루게 되고, 이에 따라 전 세계적 소득의 불평등이 확대된다. 비록 오늘날 저소득국들이 세계 인구의 37%와 세계 GDP(구매력 차이를 고려하여 조정된)의 11%를 점유하고 있지만, 이 나라들은 2000년 미국에 등록된 모든 특허권의 1%도 차지하지 못한다. 특허 취득 최상위 20개국-모두 고소득국-이 모든 특허의 98%를 차지한다.[3]

지난 2세기 동안 나타난 혁신능력의 간극은 [세계를] 최부국과 최빈국으로 분화시켰으며, 절대적 빈국들이 성장의 발판조차 갖지 못하게 된 가장 근본적인 이유 중 하나가 되었다. 부국들은 혁신→부의 확대→추가 혁신으로 옮겨 간다. 하지만 빈국들은 그렇지 못하다. 그러나 다행스럽게도 몇 가지 혁신의 기회가 존재한다. 물론 이 기회가 우리의 희망만큼 확실하지는 않더라도 말이다.

그 기회 중 하나가 기술 확산이다. 각 나라가 기술을 발명하지는 못하더라도 수입을 통해 기술을 이용할 수는 있다. 오늘날 예외 없이 모든 나라가 개인용 컴퓨터를 사용하고 있으며, 이동전화는 아무리 가난한 곳이라 하더라도 세계의 거의 모든 곳에 닿아 있다. 소비재, 사업체들에 의한 자본재 수입(예를 들어 기계류의 형태로), 외국인 직접투자(고도의 기술을 가진 기업이 빈국에 공장을 세우는), 서적, 구전, 역공학(reverse engineering)을 통해 혁신이 수입될 수 있다. 역사는 새로운 자본재와 기술 도면들이 단순히 도둑질 당하거나 새로운 장소로 이전되는 사례로 가득 차 있다.

그러나 최빈국의 경우에는 기술을 수입할 수조차 없다. 이 나라들은 너무 가난해서 자본재를 살 수 없고, 인프라가 부족하기 때문에 외국인 직접투자를 위한 적임지로 매력을 발휘하지 못할 수 있다. 그러나 종종 더 뿌리 깊은 문제가 나타난다. 부국들에서 개발되는 많은 핵심적 도약 기술들은 부국들의 특수한 생태적 조건에는 적합하다. 하지만 오늘날 최빈국이 위치한 열대·건조 또는 산악 환경에는 특별한 유용성이 없는 경우가 많다. 부국들에서 이루어지는 700억 달러 이상의 대규모 생의학(biomedical) 연구개발 투자금액은 말라리아 같은 열대성 질병의 문제는 거의 다루지 않는다. 부국의 기금들이 부국에서 발병하는 질병들의 치료를 목표로 한다는 것은 결코 놀라운 일이 아니다.

동아시아의 많은 빈국은 초기에 토착적 혁신을 통하는 것보다는 기술력을 갖춘 외국인 투자자 유치를 통해 기술을 육성하는 데 성공했다. 비교적 이른 시기인 1960년대 말만 하더라도 텍사스인스트루먼츠·내셔널세미컨덕터·휴렛팩커드 등의 기업들이 싱가폴과 페낭 섬(말레이시아)을 비롯한 동아시아 여러 곳에 사업체를 세웠다. 이 기업체들은 많은 돈을 절약하는 한편 정교한 과학 기술과 선진 경영기법을 소개해 주었다. 바로 이 과정을 통해 동아시아 경제들은 가난에서 벗어날 수 있었다. 가난한 나라가 고도로 발전한 기술을 갖고 있는 기업의 일부 생산기지로 매력적인 장소가 될 수 있다면, 아주 낮은 발전 수준에서도 상당히 정교한 생산과 경영기법의 본산이 될 수 있다. 적절한 상황에서 그와 같은 활동을 본국에 수용하는 것은 지식의 확산과 더불어 현대적 생산에의 참여를 꾀할 수 있고, 또 이로부터 파생되는 편익을 국내 기업들에게 확산시킬 수 있다.

이런 과정은 의류처럼 기술적으로 보잘것없는 부문에도 작동한다. 월마트·J.C. 페니·이브생로랑 같은 해외 투자자들이 다카에서처럼 생산을 아웃소싱할 경우 이 기업들은 최신의 패션디자인을 들여오고 현지 생산 단위를 세계적 공급 사슬에 통합시킨다. 현지 생산 단위들은 미국과 유럽을 겨냥하여 디자인되고 결국 그곳들로 향하는 상품을 재단·재봉·라벨 작업·포장한다. 이 공장들은 기초적인 기술에서 더 높은 단계로 옮겨 가는, 기술의 사다리를 올라가기 위한 중요한 훈련장이 된다. 재단과 재봉 기업은 처음에는 해외에서 100% 완성한 패션디자인에 의한 생산을 주문받지만, 시간이 지나 일단 요령을 터득하기만 하면 자체 디자이너를 고용하여 생산 작업의 노동뿐만 아니라 디자인까지도 팔 수 있다. 이와 같은 기술적 진전이 전 세계적으로 수없이 반복하여 일어났다.

세계 어디에서나 그런 과정이 확립될 수 없도록 방해하는 요인은 무엇인가? 그런 과정이 결국 확립될 수도 있지만, 초기 단계에는 거의 언제나 항구에서만 시작된다. 첨부된 〈지도 3〉과 〈지도 4〉는 전자부문·직물·의류 제조를 하는 다국적 기업들의 위치를 보여 주며, 특히 빈국들로 이전했을 경우 이 기업들의 해안 입지를 나타낸다. 내륙지역들은 이런 종류의 산업체들을 끌어들이는 능력에서 무척 뒤떨어져 있다.

외국인 투자가 붐을 이루는 장소들, 예를 들면 페낭 섬(말레이시아)·싱가폴·타이완·홍콩·모리셔스 같은 장소들이 모두 아시아와 유럽의 무역이 이루어지는 길목에 위치한 섬들이라는 것은 우연의 일치가 아니다. 상하이 같은 중국의 주도적 경제 도시들이 양쯔 강으로 들어가는 해안에 자리하고 있다는 것도 우연이 아니다. 멕시코의 조립부문이 리오그란데 강을 따라 위치해 있다는 것 역시 우연이 아닌데, 멕시코에서 경제적으로 발전을 이룬 해안지대는 미국과의 국경지대이기 때문이다. 최근 몇 년 동안 상당한 규모의 외국인 투자를 받은 다른 많은 지역도 거의 똑같은 지리적 이점을 지닌 곳들이다. 폴란드의 브로츠와프, 슬로바키아의 브라티슬라바, 체코공화국의 라다볼리슬라프, 슬로베니아의 류블랴나 모두 서유럽 시장과 가깝다는 지리적 이점 때문에 일자리와 기술 이전이라는 추가 보너스를 얻었다.

| **인구 함정** |　　최근 몇십 년 동안 대부분의 나라가 출산율의 상당한 하락을 경험했다. 모든 부국을 포함하여 세계의 절반이 이른바 교체 수준의 출산율에 놓여 있는데, 이 수준에서는 각각의 어머니가 다음 세대에 자신을 '대체'할 수 있는 평균 한 명의 딸을 기른다. 교체율은 두 명의 자녀를 가리키고, 이 가운데 평균 한 명의 여자 아이가 있다(사실 딸이 재생산 연령에 도달할 때까지 생존하지 못할 가능성을 고려하면 교체율이란 두 명의 자녀를 약간 넘는 수준을 가리킨다). 이와는 대조적으로 극단적 빈곤에 허덕이는 나라들은 다섯 명 이상의 출산율에 고착되어 있다. 평균적으로 한 명의 어머니가 최소한 두 명에서 세 명 이상의 여자 아이를 기른다. 이 같은 상황에서 그 나라의 인구는 세대마다 거의 2배로 늘어나게 된다.

　그러나 전 세계 대부분의 곳에서 인구학적 이행이 일어났다. 더욱이 서유럽에서는 인구학적 이행이 일어나는 데 1세기 이상 걸렸지만, 20세기 발전도상국들 사이에서는 최근 몇십 년 또는 불과 몇 년밖에 걸리지 않았다. 방글라데시에서는 다카 외곽 마을의 BRAC 소액 금융 사례에서 명확히 나타나듯이 총출산율이 1975년 6.6명에서 2000년에는 3.1명으로 떨어졌다. 이란에서는 1979년 이슬람 혁명 이후 출산율이 더 빨리 변화했는데, 1980년 6.7명에서 2000년에는 2.6명으로 하락했다. 이란 혁명으로 한 세대의 어린 소녀들이 취학하게 되었고, 소녀들의 문맹률이 낮아진 결과 여성들의 희망 자녀 수가 극적으로 하락했다.

　빈곤 함정의 한 가지 원인이 인구 함정이다. 빈곤한 가계들은 보통 많은 수의 자녀를 원하기 때문이다. 물론 이것은 이해할 만한 선택이지만 그 결과는 무척 위험하다. 빈곤한 가계가 많은 수의 어린아이를 가질 때 그 가계는 각 자녀의 영양·건강·교육에 충분히 투자할 능력이 없다. 가계는 종종 한 명의 아이만 가르칠 수 있고, 거의 한 명의 아들만을 학교에 보낼 것이다. 그러므로 한 세대의 높은 출산율은 아이들을 가난한 환경에서 자라게 하며, 다음 세대 역시 높은 출산율을 유지하게 만든다. 또한 급속한 인구 증가는 농장 규모와 환경자원에도 큰 부담을 안겨줌으로써 빈곤을 악화시킨다.

경제성장의 다른 장애물들과 마찬가지로 인구 함정도 피할 수 있다. 소녀들에 대한 교육은 여성의 노동력 참여를 쉽게 하고, 여성의 소득을 증대시키며, 아이를 갖기 위해 집에 머무는 행동의 '비용'을 높인다. 교육·법·사회적 조치를 통해 여성들은 남편이나 다른 가족들의 결정에 의존하지 않고 더 자유롭게 출산을 선택할 수 있다. 어린아이들이 질병 치료를 통해 생존을 더 확실히 보장받을 수 있다면, 부모들은 아이들이 늙은 부모를 보살필 때까지 생존하리라 확신하면서 아이들을 더 적게 가질 수 있

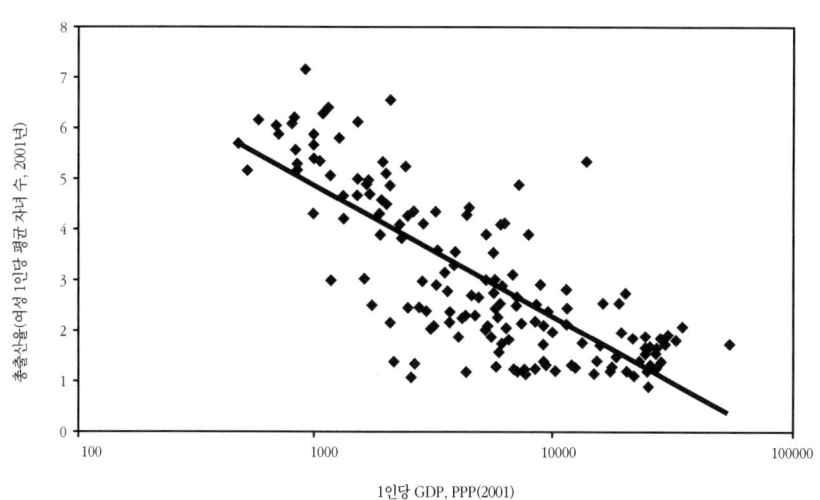

〈그림 1〉 출산율과 경제발전

주: X축은 로그 값이다.
출처: World Bank(2004)에 실린 데이터를 이용해 계산했다.

다. 무척 빈곤한 마을에서도 가족계획과 생식보건 서비스가 제공될 수 있다. 그러나 이 모든 것에는 돈이 필요한데 안타깝게도 최빈국에는 이런 돈이 없다.

〈그림 1〉은 2001년도의 총출산율이 각국의 1인당 국민소득과 어떻게 관련되는지를 보여 준다. 총출산율, 따라서 인구 증가율은 세계의 가장 빈곤한 지역에서 특히 놀라울 정도로 높다. 바로 여기에서 인구 함정이 그 모습을 생생히 드러낸다. 아주 빈곤한 곳들은 많은 경우에 현대적 경제성장에 대한 가장 큰 장애물과 직면한다. 바로 이런 곳들에서 가계들이 가장 많은 수의 아이들을 가지며, 인구도 끊임없이 급증한다. 높은 인구 증가는 더욱 심각한 빈곤으로 이어지고, 더욱 심각한 빈곤은 높은 출산율에 기여한다.

성장에 실패한 지역

〈지도 5〉는 세계에서 1980~2000년의 20년 동안 1인당 GDP가 하락한 모든 나라를 나타내고 있다. 북아메리카와 유럽 또는 동아시아의 부국들 중에서 경제성장에 실패한 곳이 하나도 없다는 점에 주목해 보자. 모든 문제는 발전도상국에 있다. 45개국이 1인당 GDP의 마이너스 성장을 겪었다(몇몇 아주 작은 나라들의 특이한 경우가 끼칠 왜곡된 효과를 피하기 위해 1980년 기준으로 최소 인구 200만 명 이상의 나라들만 검토했다).

세계의 경제들을 1980년도 1인당 소득에 따라 아래처럼 6개 범주로 나누어 보면 쉽게 이해할 수 있겠다.[4]

- 모든 저소득국
- 중소득 탈공산국
- 중소득 석유 수출국
- 기타 중소득국
- 고소득 석유 수출국
- 다른 모든 고소득국

〈표 2〉는 각 범주의 나라들을 2개의 열로 나누어 열거하고 있다. 2개의 열은 플러스 경제성장을 경험한 나라들과 극심한 경제적 쇠퇴를 겪은 나라들을 나눈 것이다. 각 범주별 나라의 수는 표의 오른쪽에 2개의 열로 나타나 있는데, 몇 가지 중요한 점이 드러난다. 첫째, 경제적 쇠퇴와 관련한 최대 문제는 단지 사하라 이남 아프리카에만 국한되지 않는 최빈국들에 있다는 것이다. 둘째, 주목할 점은 석유 수출국과 구소련국들을 제외한 모든 고소득국이 경제성장을 달성했다는 점이다. 대부분의 중소득국도 마찬가지였다. 고소득국 가운데 유일하게 성장에 실패한 나라는 석유 수출국인 사우디아라비아였다. 중소득국들 가운데 성장에 실패한 나라는 대다수가 석유 수출국과 탈공산국들이었다. 나머지 중소득국들에서는 14개국 가운데 12개국이 플러스 경제성장을 경험했다.

산유국과 탈공산국들의 경제적 쇠퇴는 아주 예외적인 상황 때문이다. 물론 석유가 풍부한 나라들은 가난하지는 않지만 그 대신 경제활동이 압도적으로 석유 수출에 의존하는 중소득국 및 고소득국들이다. 이 경제들은 기계류와 소비재 같은 수입품들의 가격에 대한 상대적 석유 가격, 즉 '실질' 석유 가격과 나란히 등락한다. 1970년대에는 실질 석유 가격이 급등하여 이 나라들의 생활수준도 대대적으로 상승했다. 그러나 1980년대와

〈표 2〉 1980년도 나라 분류

		마이너스 경제성장	플러스 경제성장	합계
저소득국		앙골라, 케냐, 볼리비아, 마다가스카르, 부룬디, 말리, 카메룬, 니카라과, 중앙아프리카공화국, 니제르, 콩고민주공화국, 나이지리아, 코트디부아르, 페루, 에콰도르, 필리핀, 에티오피아, 르완다, 과테말라, 시에라리온, 아이티, 토고, 온두라스, 잠비아, 요르단	방글라데시, 말레이시아, 베냉, 모로코, 부르키나파소, 모잠비크, 캄보디아, 네팔, 차드, 파키스탄, 칠레, 파푸아뉴기니, 중국, 세네갈, 도미니카공화국, 스리랑카, 이집트, 수단, 엘살바도르, 시리아, 가나, 탄자니아, 기니, 타이, 인도, 튀니지, 인도네시아, 터키, 이란, 우간다, 자메이카, 베트남, 남한, 예멘, 라오스, 짐바브웨, 말라위	25 37 (-) (+)
중소득국	탈공산국	아르메니아, 몰도바, 벨라루스, 루마니아, 크로아티아, 러시아, 그루지야, 타지키스탄, 카자흐스탄, 투르크메니스탄, 키르기즈공화국, 우크라이나, 라트비아, 우즈베키스탄, 리투아니아	알바니아, 헝가리, 불가리아, 폴란드, 체코공화국, 슬로바키아공화국	15 6 (-) (+)
	석유 수출국	알제리, 베네주엘라		2 0 (-) (+)
	기타 중소득	남아프리카공화국, 파라과이	아르헨티나, 레바논, 브라질, 멕시코, 콜롬비아, 포르투갈, 코스타리카, 싱가폴, 그리스, 스페인, 홍콩, 우루과이	2 12 (-) (+)
고소득국	비석유 수출국		오스트레일리아, 이탈리아, 오스트리아, 일본, 벨기에, 네덜란드, 캐나다, 뉴질랜드, 덴마크, 노르웨이, 핀란드, 스웨덴, 프랑스, 스위스, 독일, 영국, 이스라엘, 미국	0 18 (-) (+)
	석유 수출국	사우디아라비아		1 0 (-) (+)

출처: World Bank(2004)에 실린 데이터를 이용해 계산했다. 1980년도를 기준으로 인구 200만 명 이상의 나라만 포함했다.

1990년대에 석유 가격이 급락하면서 생활수준도 크게 낮아졌다. 여기에서 얻은 교훈이 있다면 그것은 한 가지(또는 소수) 상품의 수출에 의존하는 경제는 세계 시장에서 [해당] 상품가격이 변동함에 따라 변화할 수밖에 없다는 점이다. 석유 가격의 변동이 무척 심하므로 석유 경제의 실질 소득도 그와 비슷하게 매우 변덕스러운 양상을 보인다.

탈공산국들의 경제적 쇠퇴는 더욱 특별한 경우에 속한다. 이 나라들은 실패한 공산 시스템에서 시장 경제로 전환하는 과정에서 한 번의 GDP 하락을 경험했다. 이른바 이행기 경제들 가운데 비교적 무척 튼튼한 경우-체코공화국·헝가리·폴란드-에도 1인당 GDP가 급락한 몇 년 동안의 기간이 있었다. 이는 소비에트 경제와 연계된 낡은 중공업이 쇠퇴하거나 파산으로 소멸하고 새로운 부문이 발전하는 데 시간이 걸렸기 때문이다. 그 결과 경제학자들이 말하는 '이행기 정체'라는 과정이 나타났다. 1990년대 말 탈공산국들이 경제성장을 재개했지만, 소련의 붕괴 이전보다 훨씬 낮은 GDP 수준에서 시작해야 했다.

성장하는 빈국과 쇠퇴하는 빈국의 차이

빈국들은 빈곤 함정에 빠질 확률이 높다. 1인당 소득 3,000달러 이하 58개 비산유국 가운데 22개 나라(또는 38퍼센트)가 철저한 쇠퇴를 경험했다. 그러나 36개 나라는 경제성장을 누렸다. 몇몇 최빈국이 빈곤 함정의 참화를 피한 반면, 다른 몇몇 나라는 그렇지 못한 것은 어찌 된 일인가? 성공한 나라와 그렇지 못한 나라를 비교하면 몇 가지 특징이 확연히 드러난다. 가장 중요한 결정요인은 식량의 생산성인 것으로 보인다. 1헥타르당 곡물 수

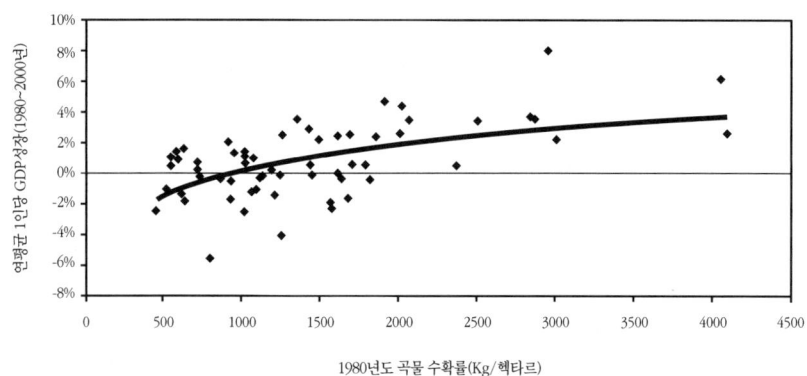

〈그림 2〉 저소득국의 곡물 수확률과 성장

출처: World Bank(2004)에 실린 데이터를 이용해 계산했다.

확률이 높은 상태에서 출발하고 역시 1헥타르당 비료 투입량이 높았던 빈국들은 경제성장을 경험하는 경향이 있었다.

1980년 매우 낮은 곡물 수확률에서 시작한 나라는 1980년과 2000년 사이에 경제적 쇠퇴를 겪는 경향이 있었다. 〈그림 2〉는 이 점을 예시해 준다. 즉 저소득국들 사이에서 1980년의 높은 곡물 수확률(가로 축에서 측정된)은 역시 높은 경제성장률(세로 축에서 측정된)과 관련이 있다. 빈곤 함정이란 주로 농촌에서 나타나는 현상으로, 소농들이 인구 증가와 1인당 생산의 정체와 하락이라는 악순환에 사로잡힌 현상을 가리킨다.

아시아는 최근 몇십 년 동안 1인당 식량 생산이 증가한 반면 아프리카는 1인당 식량 생산이 하락했다. 바로 이것이 아시아와 아프리카의 가장 큰 차이다. 아시아의 농촌은 인구밀도가 높고, 도로망이 비교적 광범위하게 구축되어 있다. 따라서 비료를 농가로, 농산물을 시장으로 실어 나를 수 있다. 농부들은 비료와 관개를 사용하므로 식량 수확률이 높다. 기부단체들이 아시아에서 고수확 품종 개발에 풍부한 지원을 아끼지 않았다. 이런 조건에서 아시아 농부들은 고수확 품종들을 채택할 수 있었고, 그 결과 농부 1인당 식량 생산 증대라는 저 유명한 녹색혁명이 탄생했다.

아프리카 농촌은 인구 밀도가 낮고 도로망도 없어서 비료와 작물 수송이 쉽지 않다. 농부들은 식량 작물에 비료를 사용하지 않으며, 관개 대신 강우에 의존한다. 기부단체들은 아프리카의 조건에 맞는 품종 개발을 위한 과학적 노력에 한심할 정도로 적은 지원을 했다. 이처럼 훨씬 더 어려운 조건에서 아프리카 농부들은 생산 증대를 위해 고수확 식량 작물의 품종을 개발한 녹색혁명의 혜택을 별로 입지 못했다. 1980년에는 아시아와 아프리카 모두 가난했지만, 〈표 3〉에서 보이듯이 아시아 농업은 아프리카 농업을 상당히 앞지른 실적을 올렸다. 그리고 이와 같은 실적은 이후 아시아의 놀라운 성장을 위한 발판이 되었다.

〈표 3〉에서는 다른 경향들도 나타난다. 성장을 경험한 아시아 나라들은

〈표 3〉 1980년도 동아시아와 사하라 이남 아프리카의 사회적 조건

	동아시아	사하라 이남 아프리카
곡물 수확률(kg/헥타르)	2016	927
관개면적(농지면적 중의 %)	37	4
현대적 종자 파종 경작면적 비율(%)	43	4
성인 문해율(%)	70	38
유아 사망률(신생아 1,000명당 %)	56	116
총출산율(여성 1인당 자녀 수)	3.1	6.6

출처: World Bank(2004)에 실린 데이터를 이용해 계산했다.

1980년에 훨씬 더 나은 사회적 조건에서 시작했다. 더 높은 문해률, 더 낮은 유아 사망률, 더 낮은 총출산율 등이 그와 같은 조건이다. 그러므로 이 나라들은 급증하는 인구가 제한된 양의 농경지에 압박을 가하는 인구 함정에 빠질 확률이 훨씬 더 적었다. 다시 한 번 아시아의 소농들은 아프리카의 소농들보다 어느 정도 더 잘살았다. 인구가 많은 빈국이 인구가 적은 빈국보다 더 나아지는 현상도 나타난다. 많은 인구는 국내 시장 규모를 더 크게 했을 텐데, 이것이 해외와 국내 투자자들에게 매력적인 요인이었다. 인구가 많은 나라일수록 도로와 전력망 같은 핵심 인프라를 구축하기가 더 쉬웠다. 이는 인프라망 구축에는 초기 건설 비용이 크게 들어가는데, 인구밀도가 높은 경제들이 이런 비용을 감당하기가 더 쉽기 때문이다.

라틴 아메리카 중소득국들이 번영에 실패한 이유

최빈국들의 빈곤 함정보다 어떤 면에서는 훨씬 더 불가해한 것이 1980년대와 1990년대에 많은 중남미 나라들을 사로잡은 정체다.

〈표 2〉에서 에콰도르 · 과테말라 · 파라과이 · 페루 같은 나라들은 심한 경제적 쇠퇴를 겪은 것으로 드러난다. 이 나라들에는 비록 가난한 사람들이 있기는 하지만 일반적으로 극심하다고 할 만큼 가난하지는 않다. 이들이 발전에 실패한 것을 어떻게 설명해야 하는가?

아래에서 이와 같은 질문을 더 상세히 다룰 것이다. 여기에서는 이 경제들의 세 가지 특징을 지적하는 것으로 충분하다.

첫째, 이 경제들 모두 특수한 지리적 어려움에 직면해 있다. 에콰도르와 페루는 안데스 산맥에 위치한 나라들로 인구가 저지대 열대환경과 고지대

산악환경으로 분리되어 있다. 수송 여건이 위험하고 비용이 높다. 물론 파라과이는 내륙국가다. 과테말라는 산악지대와 저지대 열대우림이 뒤섞여 있다.

둘째, 중앙아메리카와 안데스 사회들은 일반적으로는 민족적 노선에 따라 첨예한 사회적 분단을 겪고 있다. 유럽계 후손 주민들은 원주민인 메스티소(혼혈) 주민들보다 더 부유한 경향이 있다. 유럽인들은 원주민들을 정복했고, 많은 방식으로 이들을 억압했으며, 일반적으로 아주 최근까지도 그들의 인적 자본에 대한 투자에 관심이 없었다. 따라서 정치도 분쟁과 폭력으로 얼룩져 있었다.

셋째, 이 나라들 모두 자연적인 것이든 경제적인 것이든 과도한 외적인 충격에 취약하다. 자연적 위험으로는 지진·가뭄·홍수·산사태 같은 것들이 있다. 경제적 위험으로는 국제 상품가격의 큰 불안정성이 있다. 즉, 이 나라들의 주도적 수출 상품인 구리·어분(魚粉)·커피·바나나·기타 농산물과 광산품 등의 국제 가격이 매우 불안정하다는 점이다.

경제성장의 한복판에서 계속되는 극단적 빈곤

뚜렷한 경제성장을 경험한 아시아 빈국들 사이에도 인구의 상당 부분을 괴롭히는 극단적 빈곤이 계속되고 있다. 경제성장이 나라 전체에 균일하게 확산되는 경우는 극히 드물다. 국제무역 및 투자와 연결된, 중국의 해안지역들은 중국의 서쪽 내륙지역들보다 훨씬 더 급속하게 성장했다. 국제무역에 깊숙이 통합되어 있는, 인도 남부에 위치한 주(州) 북부의 갠지스 강 유역보다 더욱더 빠른 경제발전을 경험했다. 따라서 평균적인 경제성장이 높더라도 한 나라의 어떤 지역들은 수년 또는 수십 년 동안 성장에서 벗어나 있을 수 있다.

정부의 정책 실패도 끈질긴 빈곤을 초래하는 또 하나의 요인이다. 성장이 일어나더라도 시장에서 좋은 기회를 잡은 가계들은 부유해질 수 있지만 동일한 공동체 안에 있다 하더라도 절대적으로 빈곤한 사람들은 성장의 혜택을 받지 못할 수 있다. 극빈자들은 필수적 인적 자본, 즉 양호한 영양과 건강뿐만 아니라 적절한 교육이 결핍되어 있기 때문에 시장의 힘에서 종종 단절된다. 인적 자본 축적을 위한 사회적 지출을 극빈층으로 파급시키는 것이 결정적으로 중요하지만, 정부는 종종 그런 투자를 하는 데 실패한다. 경제성장은 가계들을 부유하게 하지만 정부가 이 성장에 비례하여 사회적 지출을 증대시키기에 충분할 만큼 과세가 이루어지지 않는다. 또는 정부가 세수를 확보한다 하더라도 극빈층이 민족적 또는 종교적 소수집단에 속한 경우에 정부는 이들을 무시할 것이다.

성장의 한복판에서 빈곤이 지속되는 또 한 가지 원인은 문화적인 것이다. 많은 나라에서 여성들은 극단적인 문화적 차별에 직면해 있다. 이 차별이 법률과 정치 시스템에 내재되어 있는지의 여부는 중요하지 않다. 예를 들어 남아시아에는 가족 모두에게 골고루 돌아갈 충분한 식량이 있는 경우에도 젊은 여성들은 극단적인 영양 결핍에 직면한다는 것을 보여 주는 수많은 사례 연구와 언론 보도가 있다. 문맹인 경우 많은 여성들은 인척관계 안에서 나쁜 대접을 받고, 자신들의 기초적 건강과 복지를 보장할 만한 사회적 지위와 법률적 보호를 받지 못한다.

간단히 말해 경제성장의 한복판에서 빈곤이 여전히 존속할 수 있는 무수한 가능성이 있다. 특정한 상황들에 대한 면밀한 진단을 통해서만 정확한 이해를 할 수 있을 것이다. 따라서 정책 결정자와 분석가들은 각각 역할을 담당하는 지리적·정치적·문화적 조건들에 더욱 민감하게 주의를 기울여야 한다.

가장 큰 도전: 빈곤 함정의 극복

빈국들은 일단 발전의 사다리에 발을 올려놓으면 일반적으로 상승을 계속할 수 있다. 올라가는 각 단계의 계단에서는 더 높은 자본축적, 더 뛰어난 전문화, 더 선진적인 기술, 더 낮은 출산율 등 긍정적인 모든 것이 함께 작용하는 경향이 있다. 어떤 나라가 사다리 아래의 함정에 빠져 있고, 사다리의 첫 계단이 지면에서 너무 높이 떠 있다면, 올라가려는 움직임을 시작하지도 못할 것이다.

최빈국들을 위한 주된 경제발전의 목표는 이 나라들이 사다리에 발을 올려놓도록 도와주는 일이다. 부국들이 최빈국들을 부유하게 만들 정도의 투자까지 할 필요는 없다. 단지 빈국들이 사다리에 발을 올려놓을 수 있는 정도의 투자만 하면 된다. 그 이후에는 자기 동력에 의한 경제성장의 거대한 메커니즘이 자리를 잡을 수 있다.

경제발전은 작동한다. 그것은 성공할 수 있으며 스스로 자립하려는 성향을 갖고 있다. 그러기 위해서는 무엇보다 먼저 출발해야 한다.

제4장
의학과 경제학의 유사성

　부국은 박사급 경제학자들의 훈련을 주도하고, 부국의 박사급 프로그램을 수료한 경제학자들은 국제통화기금(IMF)과 세계은행 같은 국제 기구들의 정책을 좌우한다. 이 기구들은 빈국에게 빈곤을 극복할 수 있는 방법을 자문해 주는 역할을 주도적으로 담당한다. 부국의 경제학자들은 아주 똑똑하고 의욕에 차 있다. 나는 그동안 이런 많은 사람들을 훈련시켜 왔다. 그러나 이들이 일하고 있는 기구들은 자문 대상국의 문제에 대해 올바른 사고를 하고 있을까? 이 질문에 대한 대답은 한마디로 '아니오'다. 그러므로 개발경제학은 현대 의학처럼 세밀함과 통찰력 그리고 실용성을 갖추도록 정비될 필요가 있다.

　어떤 면에서 오늘날의 개발경제학은 18세기 의학과 닮았다. 그 당시 의사들은 거머리를 사용하여 환자들의 피를 뽑았으며, 이 과정에서 환자를 죽이는 일도 종종 발생했다. 지난 4반세기 동안 빈국들이 부국들에게 도움을 청하면 부유한 세계는 세계의 통화 의사인 IMF를 파견했다. IMF의 주된 처방은 너무 가난해서 벨트를 가질 수도 없는 환자들에게 예산의 벨트를 꽉 조이라는 것이었다. 결과적으로 IMF가 지도한 긴축은 폭동과 쿠데타, 공공 서비스의 붕괴로 이어지는 경우가 많았다. 과거에 사회적 혼란과 경제적 고통을 극복하기 위한 IMF 프로그램이 실패하자 IMF는 정부의 인내력 부족과 어리석은 판단에 실패의 책임을 뒤집어씌웠다. 그러나 마침내 방법이 바뀌기 시작하고 있다. IMF가 최빈국들에 대해 좀더 효과적인 접근법을 탐색하고 있는 것이다. 그나마 고마운 일이다.

　나는 훌륭한 개발경제학이란 어떠해야 하는지를 이해하는 데 20년이 걸렸고, 이 배움의 과정은 아직도 끝나지 않았다. 경제 자문 활동을 시작했을 때 나는 학교에서 배운 교과서적 지식이 전혀 쓸모없다는 것을 깨달았다. 이런 깨달음은 나뿐만 아니라 그동안 자문을 해 준 나라들에게도 정말 다행스러운 일이었다. 나는 상급 연구 과정에서 중요한 이론들을 배웠지만, 이 도구들을 어떤 맥락에서 어떻게 사용해야 하는지는 미처 배우지 못했다. 따라서 표준적인 경제학 도구들이란 상황에 맞게 적절히 사용될 경우에만 유용성이 있다고 믿게 되었다. 가난하고 위기에 부닥친 나라들이 어려움을 극복하려고 할 경우, 교과서에 서술된 것 이상의 도구와 방법이 필요하다는 사실을 이해하기까지는 오랜 시일이 걸렸다.

　나는 개발경제학을 위해 내가 새롭게 제안한 방법을 임상경제학(clinical economics)이라고 부른다. 훌륭한 개발경제학과 임상의학 사이의 유사성을 강조하기 위한 것이다. 과거 20년 동안 나는 경제학의 무수한 환자들, 즉 위기에 찌든 경제를 맡아 치료 방향을 처방해 달라는 부탁을 많이 받았다. 나는 그 부탁들을 처리하는 과정이 나의 아내 소니아의 소아과 임상행위와 정말로 꼭 닮았다는 점에 놀랐다. 나는 때때로 한밤중에 소니아가 위급하고 복잡한 환자들을 신속하고 효과적으로 다루면서 소중한 생명을 구하는 과정을 외경심에 가득 찬 눈으로 지켜보곤 했다.

오늘날의 개발경제학은 현대 의학과 전혀 닮지 않았지만 점차 닮도록 노력해야 한다. 개발경제학이 현대 의학의 몇 가지 핵심적 교훈을 받아들인다면, 기초과학의 발전과 임상적 실천–과학이 특정한 환자에게 효과를 발휘하게 되는 지점–의 체계화가 극적으로 진전될 수 있을 것이다.

임상의학의 몇 가지 교훈

의사가 한밤중에 전화를 받는다. 어린아이 한 명이 고열 증세를 보인다. 무엇을 해야 하는가? 이것은 1985년 중반에 내가 받은 전화와 비슷한 경우다. 당시 볼리비아가 초인플레이션이라는 고열 증세를 보인 것이다. 의료 과학과 치료법은 열을 떨어뜨릴 수 있는 일련의 엄격한 절차를 제시한다. 임상경제학과 관련하여 임상의학은 다섯 가지 주요 교훈을 일깨운다.

첫 번째 교훈은 인간의 신체란 복잡한 시스템이라는 것이다. 고대 그리스 의학은 네 가지 체액(體液)의 불균형에서 비롯되는 질병에 대해 언급했다. 아마 이천 년도 훨씬 더 오래 전인 과거에는 이것이 문제에 대한 훌륭한 대응법이었겠지만, 오늘날에는 이보다 더 많은 것이 알려져 있다. 인간의 신체는 믿을 수 없을 정도로 복잡한 생물학적·생화학적 과정으로 이루어져 있다. 인간의 생리 기능을 상호 연관된 시스템–신경·순환·호흡·소화·내분비·면역·생식 등–으로 아무리 세분한다 하더라도 이것은 단지 생물학적 과정의 표면을 건드리는 일일 뿐이다. 질병을 일으키는 근본적인 원인으로는 무엇보다도 감염체·환경 유해물·유전적 이상·영양 부족 같은 것들이 있을 수 있고, 이 요인들의 복잡한 결합도 이유가 된다고 할 수 있다.

　인체 시스템이 복잡하다는 것은 단지 많은 부분이 잘못될 수 있다는 단순한 사실 이상의 수많은 의미를 함축하고 있다. 가장 중요한 것은 한 가지가 고장 나면 연쇄적인 반응을 일으켜 추가 고장으로 이어질 수 있다는 점이다. 감염체에서 발생하는 열은 감염 자체보다는 고열에 따른 뇌졸중으로 이어질 수 있다. 심부전은 신부전을 발생시킬 수 있고, 신부전은 다시 신체에서 위험한 독성물질을 제거하는 신장 기능을 정지시켜 간부전까지 일으킬 수 있다. 또한 출혈은 신체에 쇼크를 주어 거의 모든 시스템을 정지시킬 수 있다. 응급실 의사들은 각 기본 시스템이 최소한이라도 기능을 유지하도록 조치해야 한다. 이렇게 하는 것은 각 시스템 자체를 위한 일일 뿐만 아니라, 기타 중대한 시스템들의 기능을 중단시키는 파국적 소용돌이를 방지하기 위한 것이기도 하다. 만약 하향성 소용돌이가 일단 시작되면 사태를 되돌리기는 매우 어려울 것이다. 상호 연관된 기능의 정지가 너무나 급속하고도 복잡하게 일어나기 때문이다.

　두 번째 교훈은 복잡한 상황을 분석하기 위해 감별 진단이 필요하다는 점이다. 고열이 있는 아이를 처음 진료하는 의사는 고열을 발생시키는 원인이 여러 가지가 있다는 것을 안다. 의사가 처음 하고 싶어 하는 일은 그 특정한 병상(病狀)에서 가장 근본적인 원인이 무엇인가를 밝혀내는 것이다. 열을 일으키는 원인 중 어떤 것은 분명히 위험하지만 어떤 것은 그다지 위험하지 않다. 어떤 원인은 치료할 수 있지만, 어떤 원인은 치료할 수 없다. 어떤 원인은 응급치료가 필요하지만, 어떤 원인은 그렇지 않다(아이에게서 심한 고통을 덜어 주기 위한 경우를 제외하면 말이다). 열은 여러 종류의 감염(박테리아·곰팡이·바이러스·원생동물), 정신적 충격, 자가면역 질환, 암, 독성물질

등 아주 많은 원인 때문에 일어날 수 있다. 열이란 특정한 질병이라기보다는 증상이므로 의사는 적절한 치료 과정을 위해 그 증상을 일으키는 근본적인 원인을 찾아 확인해야 한다.

의사는 체크리스트를 작성하면서 올바른 해답에 도달한다. 소니아는 한 시간 가량 질문을 한 다음 일련의 검사를 한 뒤에 병을 일으킨 원인을 판단한다. 하지만 원인이 비교적 명확한 경우라면 이렇게까지 하지는 않는다. 열을 수반하는 귀앓이는 근본 원인이 통상적인 중이염(귀 감염)이라는 것을 쉽게 알 수 있는 증상이다. 환자의 형제들이 며칠 전에 귀앓이를 한 경우에는 특히 쉽게 알 수 있는데, 그 당시에 특정한 질병이 교실이나 가족 사이에 급속하게 퍼지고 있었기 때문이다.

의사의 체크리스트는 아무렇게나 작성되지 않는다. 의사가 조사를 진행하는 순서를 결정하는 몇 가지 기본 원칙이 있다. 고열이 있는 아이를 진단할 경우, 소니아는 즉각 아이의 목이 딱딱한가부터 먼저 살핀다. 목이 딱딱하다는 것은 수막염이 열의 근본 원인이라는 것을 가리키는 경고다. 이것은 열이 있는 아이가 잘못하면 곧 사망할 수도 있는 위급한 몇 가지 상태 가운데 하나다. 만약 아이의 목이 정말로 딱딱하다면 소니아는 다른 질문을 하기 전에 아이를 급히 응급실로 보낸다. 이 경우에 반드시 지켜야 할 원칙은 진단을 하느라 치료를 지나치게 늦게 해서는 안 된다는 것이다. 이 점은 IMF에게 좋은 교훈이 될 텐데, 우리가 나중에 살펴보겠지만 IMF는 경제가 붕괴해 가는 동안에도 문제를 끝까지 연구하기만 하기 때문이다.

또 하나의 원칙은 응용 역학(疫學)의 원칙이다. 의사는 가능성이 가장 높은 질병부터 먼저 생각하고, 애매한 것은 뒤로 미루어야 한다. 물론 암이 열을 일으킬 수는 있지만, 열 때문에 병원에 오는 아이가 암에 걸렸다고 곧장 판단을 내리기는 어렵다. 병상은 대부분 감염이 원인이고, 의사는 이처럼 가능성이 높은 경우를 먼저 검토해야 한다. 의사들이 말하듯이 "발굽 소리를 들으면 얼룩말이 아니라 말에 대해 생각하라."(워싱턴에 있는 의사라면 말에 대해 생각해야 하겠지만, 케냐에 있는 의사라면 얼룩말에 대해 먼저 생각하는 게 현명할 것이다!) 또한 역학자들은 환자가 한 번에 여러 질병을 동시에 앓고 있을 수 있다는 점과, 이 질병들이 실제로 상호 연관되어 있을 것이라는 점도 우리에게 가르쳐 준다.

세 번째 교훈은 모든 의료는 가족 의료(family medicine)라는 점이다. 아이에게서 질병을 확인하는 것만으로는 충분하지 않다. 아이의 질병을 성공적으로 치료하려면 사회적 상황을 이해하는 것이 더욱 중요하다. 부모가 치료 여건을 마련할 능력이 있는가? 어머니 자신이 질병에 걸려 있거나 몹시 가난하고 학대를 당하고 있지는 않은가? 또는 어머니가 아이의 치료를 위해 의사의 지시를 따르지 못할 여러 조건에 놓여 있지는 않은가? 아이의 상처는 정말로 사고인가, 아니면 학대의 표시인가? 어머니가 전화를 걸어 몹시 흥분한 채 아이의 상태에 대해 말할 경우에 이것은 믿을 만한 설명인가, 아니면 과잉 행동에 불과한가? 소니아는 한밤중에 전화를 받을 경우 아이의 생명을 구하러 나가면서 이렇게 말하곤 했다. "이 어머니는 정말로 절박하게 걱정하는 말투인데 심한 과장은 아닌 것 같아요. 그 아이를 응급실로 곧장 보내야겠어요." 그런 날에 진단한 아이는 거의 수막염에 걸렸다는 게 밝혀지곤 했다.

네 번째 교훈은 관찰과 평가가 성공적인 치료에 필수적이라는 점이다. 의사들은 환자의 과거 이력을 알 수 있도록 진료 차트를 보관한다. 세심한 초기 진단조차 틀릴 수 있다. 양성으로든 음성으로든 검사 결과가 틀리게 나올 수 있다. 아이는 여러 개의 질병을 동시에 앓고 있을 수 있다. 따라서 그 가운데 하나를 정확히 진단하더라도 이것조차 질병의 근본적인 원인에 대해서는 부분적인 설명에 지나지 않는다. 주의 깊은 관찰과 평가, 검사와 재검사만이 건강을 위해 더욱더 안전한 경로를 보장할 수 있다. 그러므로 훌륭한 임상의는 각각의 진단을 신성불가침하게 여기지 않고 단지 그 시점에서 얻은 최상의 가설로 받아들인다. 가설은 당연히 확증되겠지만 새로운 접근법을 요구하는 증거가 나오면 의사는 언제든지 입장을 바꿀 준비가 되어 있어야 한다.

다섯 번째 교훈은 의료란 하나의 직업이고, 직업으로서 강한 규범과 윤리 그리고 행동 규칙을 필요로 한다는 점이다. 히포크라테스 선서는 의사들에게 단지 의사라는 직업의 고대적 배경을 상기시켜 주는 신기한 이야기가 아니다. 물론 이천 년이 지난 지금에 와서 히포크라테스 선서를 글자 그대로 받아들이는 사람은 없을 것이고 또 그래서도 안 된다. 그럼에도 불구하고 히포크라테스 선서는 모든 신참 의사들에게 그들이 신성한 직업에 발을 들여놓았다는 것, 또 무척 높은 윤리적 책임을 지닌 위대하고 특별한 부름을 받았다는 것을 알려준다.

의사는 환자와 독특한 관계를 맺는다. 이 관계에서 의사는 환자 개인과 가족의 매우 사적인 질병에 대한 기록을 접하게 된다. 의사는 말 그대로 생사여탈권을 가지고 있으며, 이것을 돈이나 기타 형태의 개인적 이득을 위해 이용하는 일은 별로 어렵지 않다. 의사들에게 히포크라테스 선서는 의사라는 지위가 주는 특권을 남용하지 말아야 한다는 점을 상기시킨다. 의사들은 자신의 개인적 이득이 아니라 환자의 이익에 따라 판단을 내려야 한다. 또한 의사들은 자신들이 할 수 있는 최고 양질의 진료를 보장하기 위해 새로운 처치법과 약품을 포함하여 최신의 과학적 발견에 결코 뒤떨어지지 않아야 한다.

임상경제학적 측면의 개발경제학

어떤 경제, 특히 빈곤하고 불안정한 경제를 위해 정책 권고안을 만드는 일은 임상의학의 경우와 비슷하게 어려운 과제를 많이 안고 있다. 그러나 개발경제학은 아직 그 과업을 감당할 준비가 되어 있지 않다. 경제학자들은 임상의처럼 생각하도록 훈련받지 않았고, 상급 훈련 과정에서 임상적 경험을 할 수 있는 경우가 거의 없다. 미국의 경제학 박사과정 프로그램을 공부하는 학생은 아프리카의 발전 위기를 연구하면서도 연구 대상국들을 단 한 번도 방문하지 못하기 십상이다. 가령 어떤 자문가는 나이지리아 가계들에 대한 자료를 학생들에게 건네주면서 상황이나 역사를 설명하거나 직접 관찰할 기회를 주지 않은 채 통계·분석하라고 시킬 것이다. 그 학생은 몇 년 후에야 비로소 나이지리아를 처음으로 방문할 수 있는 기회를 얻을 것이다.

임상의학의 다섯 가지 핵심 교훈은 경제학을 훌륭하게 사용하는 데에도 거의 그대로 적용된다.

첫째, 경제는 인간의 몸과 마찬가지로 복잡한 시스템이다. 인간의 순환계와 호흡계를 비롯한 기타 시스템들처럼 사회는 수송·동력·통신·법 집행·국방·과세 등 다양한 시스템들을 가지고 있다. 이 시스템들은 경제 전체가 기능할 수 있도록 적절히 작동해야 한다. 인간의 경우처럼, 한 시스템의 고장은 경제의 다른 부문들의 연쇄적인 고장으로 이어질 수 있다. 1990년대 말에 미국 정부가 볼리비아에 농민들의 코카 재배를 근절시키도록 요청하자 그 결과는 농촌 빈곤의 악화로 나타났다. 정부가 농촌 빈곤의 악화에 사회적 프로그램과 개발 프로그램으로 대응하려고 하자 이제는 재정 위기가 나타났다. 볼리비아가 미국 정부를 포함한 외부 기부단체들에게서 지원을 받지 못하자 그 위기는 경찰과 군대와 농민들이 거리에서 전투를 벌이는 내전 양상으로 확대되었다. 결국 정부가 붕괴하고 볼리비아는 또 다시 기나긴 암흑 상태에 들어갔다.

둘째, 임상의들과 마찬가지로 경제학자들은 감별 진단 기술을 배울 필요가 있다. 병리학 교과서는 2,000쪽이 넘는 경우가 많은데 이것조차 가장 핵심이 되는 신체 시스템만 다루는 경우가 많다. 의사들은 많은 것이 잘못될 수 있고, 고열 같은 특정한 증상의 원인이 내재하는 수십, 혹은 수백 개의 질병에 있을 수도 있다는 점을 알고 있다.

이와는 대조적으로 IMF는 부패, 사기업에 대한 장벽, 예산 적자, 생산의 국가 소유 같은 매우 협소한 이슈들에 초점을 맞추어 왔다. 또한 IMF는 각각의 고열 증상이 서로 똑같은 것이라고 전제하고는 구체적인 맥락은 거의 고려하지도 않은 채, 국영기업 사유화·무역 자유화·예산 축소 같은 표준화된 권고안만을 처방약으로 꺼내들었다. IMF는 빈곤 함정·작물학·기후·질병·수송·성 그리고 경제발전을 방해하는 수많은 병리 현상에 관련된 급박한 문제들을 간과해 왔다. 임상경제학을 통해 개발경제학자들은 경제위기의 근본적인 원인을 좀더 효과적으로 다룰 수 있는 방법을 배워야 한다. IMF는 아프가니스탄에서나 볼리비아에서라면 거의 반사적으로 수송 비용에 대해 생각해야 한다. 세네갈에서라면 말라리아에 주의를 기울여야 한다.

셋째, 임상경제학은 임상의학과 마찬가지로 치료를 개인의 측면이 아니라 '가족'의 측면에서 살펴봐야 한다. 만약 가나가 국제시장의 교역 장벽에 직면해 재화와 용역을 세계 시장에서 판매하지 못한다면, 만약 가나가 수십 년 전부터 내려온 지급불능일 정도의 채무 부담을 지고 있다면, 만약 가나가 새로운 투자자들을 끌어들이기 위한 전제조건으로 기초 인프라에 대한 응급성 투자를 필요로 한다면, 만약 가나가 인접국에서 벌어지고 있는 내전과 난민의 부담을 지고 있다면 과연 어떻게 해야 할까? 이때 가나에게 경제를 건전하게 운용하라고 말하는 것만으로는 충분하지 않다. 다시 말해 IMF와 세계은행이 가나에게 무역 자유화, 균형 예산 달성, 외국인 투자자 유치 등을 권하는 것은 그 자체로 좋고 훌륭할 수도 있다.

하지만 이런 권고들은 부국들의 무역 개혁, 부채탕감, 기초 인프라 투자를 위한 외국의 금융지원 확대, 평화 유지를 위한 서아프리카 전체에 대한 지원 등과 결합되지 않을 경우, 그저 헛된 말에 불과하다. 한 나라의 입장에서 살펴보면 세계 공동체가 그 나라의 가족이다. 이것은 밀레니엄발전목표에 입각해 있는 기본적 가정이고, 그 목표를 달성하기 위한 지구촌 파트너십의 개념이다. 그러나 아직 임상적으로 실천되고 있지는 않다.

넷째, 개발을 훌륭하게 실행하려면 관찰과 평가가 필요하다. 특히 이때 목표와 결과의 엄격한 비교가 필요하다. 목표가 달성되지 않을 경우에는 과거의 자문에 대한 핑계거리를 찾을 게 아니라 실패의 이유를 찾는 것이 중요하다. 개발과 관련하여 현재 일이 처리되는 방식을 보면, IMF와 세계은행은 특정한 개발 목표를 각국의 성과는 물론이고 더 나아가 그들 자신의 자문을 판단하기 위한 기준으로 삼는 경우가 드물다. 즉 정책의 결과물이 아니라 정책 투입이 각국을 판단하는 근거가 된다.

예를 들어 어떤 정부는 예산 적자를 GDP의 1퍼센트만큼 감축하라는 권고를 받을 수 있다. 그런데 여기서 해당국 정부가 그 조치를 실제로 수행했는지의 여부만 평가 기준이 될 뿐이다. 오히려 그 조치가 성장을 가속화시켰거나 빈곤을 감축시켰는지, 또는 채무 위기에 적절한 해답을 제공했는지의 여부는 평가 기준이 안 된다. 그 결과 논의의 초점은 특정 정책이 우선 올바른지가 아니라 그것이 제대로 수행되었는지의 여부만 다루는 형식적인 수준으로 떨어지게 된다.

현재의 상황은 기르던 닭들이 하나 둘씩 죽어 가도 이것을 바라볼 수밖에 없는 농부의 이야기와 너무나 흡사하다. 그 농부가 사는 마을의 성직자는 모든 닭이 죽어 갈 때까지 기도와 묘약, 맹세에 이르기까지 처방을 차례차례 제시한다. 성직자는 걱정스러운 얼굴로 "정말 안됐군! 내겐 닭을 살릴 수 있는 훌륭한 아이디어가 많은데 말이야"라고 말할 뿐이다.

다섯째, 개발경제학 공동체는 반드시 필요한 윤리적·직업적 기준을 갖고 있지 않다. 그렇다고 해서 개발경제학 관계자들이 부패하거나 비윤리적이라는 뜻은 아니다. 이런 경우는 아주 드물다. 다만 개발경제학 공동체가 과업에 걸맞은 책임감을 가지고 자기 일에 임하지 않는다는 뜻이다. 다른 사람들에게 경제 자문을 제대로 해 주려면 피상적 접근에 만족해서는 안 되고 올바른 해답을 찾기 위해 진지하게 노력해야 한다. 또한 전문가들은 모든 자문 대상국의 역사와 민족·정치·경제를 철저히 연구해야 한다. 또한 해당국뿐만 아니라 자신을 고용하여 파견한 기관에도 성실한 자문을 제공해야 한다.

빈국들이 직면한 모든 문제가 국내적 원인에서만 발생하지 않는 것처럼 모든 해답이 훌륭한 통치구조·긴축·시장개혁의 확대에만 있는 것도 아니다. 진정한 해결책을 얻으려면 더 강도 높은 부채탕감, 개발지원 확대, 부국들과의 교역 확대 같은 것들이 필요하다. 학계의 개발경제학자들은 물론이고 IMF와 세계은행 관리들은 빈국들의 정책 결정자들뿐만 아니라 부국들의 정책 결정자들에게도 진실을 말할 책임이 있다.

잘못된 경제개발 정책들

임상경제학은 구조조정의 시대로 널리 알려진 과거 20년 동안의 경제개발 정책을 대체할 필요가 있다. 그 시대는 빈곤 문제를 풀기 위한 방법을 극히 단순하고 순진하기조차 한 관점에 근거해 찾고 있었다. 레이건 대통령 치하의 미국과 대처 수상 치하의 영국에서 일어난 보수회귀가 그 시대의 출발을 알리는 전조였다. 부국들은 빈국들에게 이렇게 말했다. "빈곤은 여러분 자신의 잘못이다. 우리(또는 우리가 상상하는 우리 자신의 모습, 즉 자유시장을 지향하고 기업가적이며 재정적으로 분별 있는 모습)처럼 되면 당신들도 민간기업이 이끄는 경제발전의 부를 누릴 수 있을 것이다." 구조조정 시대에 IMF와 세계은행이 경제개발 프로그램을 설계할 때 목표로 삼은 것은 모든 경제적 질병의 뿌리를 이루고 있다고 가정한 네 가지 병폐를 다루는 것이었다. 즉 취약한 통치구조, 시장에 대한 정부의 지나친 개입, 정부의 지나친 지출 그리고 역시 국가의 지나친 소유가 바로 그것들이었다. 다시 말해 긴축·사유화·자유화·훌륭한 통치구조가 그 시대의 질서가 되었다.

구조조정 의제에는 일정한 진리가 있었다. 1980년대 초에 많은 빈국들이 경제를 잘못 관리해 심각한 경제 위기에 빠졌다. 아주 많은 나라가 폐쇄적인 무역 시스템을 선택했다. 제2세계와 제3세계의 전략은 실패했고, 전 세계 차원의 시장기반 국제경제 시스템으로 방향을 바꿀 필요가 있었다. 그러나 최빈국들에서 이와 같은 폐쇄적인 정책과 통치구조의 문제는 이야기의 일부일 뿐이며, 더욱이 많은 경우에 중심적인 부분도 아니었다. 폐쇄적 무역 시스템과 지나친 산업 국유화의 문제에 주목하면서도 말라리아·AIDS·산악형 지리·불충분한 강수량 등의 문제에 관심을 기울여야 했다. 그러나 아쉽게도 다면적인 접근법은 아주 최근까지도 정책 토론의 대상이 되지 못했다.

몹시 슬픈 일이지만 구조조정 시대의 경제 자문의 실패와 불충분한 개발원조에는 우선 자문의 이기적이고 이데올로기적인 측면이 있었다. 자문의 이기적 측면은 명확하다. 빈곤경감의 책임은 전적으로 빈국 자체에 있는 것으로 가정되었다. 외국의 금융지원 증대는 필요하지 않은 것으로 생각되었다. 실제로 빈국들의 1인당 대외원조 수혜액은 1980년대와 1990년대에 격감했다. 예를 들어 사하라 이남 아프리카의 1인당 원조 수혜금액은 1980년의 32달러에서 2001년에는 단 22달러로 하락했다. 그러나 이 기간은 아프리카 전역에서 전염병이 나돌아 공공지출을 증대할 필요성이 절박한 시기였다. 기부자들은 자신들이 할 수 있는 모든 일을 다 했고, 나머지 것들은 자신들이 책임질 수 없는 문제들 때문에 발생했다고 생각했다.

자문의 이데올로기적 측면은 더욱 명확하다. 미국과 영국을 비롯한 몇몇 보수적인 성향이 강한 정부는 자신들의 나라에서는 지지받지 못하는 프로그램들을 국제 자문을 통해 피지원국들에 관철시켰다. 많은 아프리카 나라들은 과거 20년 동안 세계은행에게서 보건 서비스를 사유화하거나, 최소한 보건과 교육에 대해 사용자들에게 요금을 부과하라는 이야기를 귀가 따갑도록 들었다. 그러나 세계은행의 대다수 고소득국 주주들은 보편적 접근성을 보장하는 보건 시스템을 가지고 있고, 공공교육에 대한 접근성을 보장하는 교육제도를 운영하고 있다.

빈곤을 줄이기 위한 감별 진단

밀레니엄발전목표(MDG)는 지난 20년 동안 실패한 구조조정 정책을 대체하고 최빈국들을 위한 더 나은 대안을 마련할 기회라고 할 수 있다. MDG에서 제시된 실질적 목표들은 원조 수준을 잴 수 있는 기준점뿐만 아니라 국제 기구들의 자문을 평가할 표준 수치도 제공한다. MDG를 달성하지 못한다면 이것은 단지 빈국들의 실패일 뿐만 아니라 부국들의 실패이기도 하다. 빈국과 부국 모두 MDG 달성에 책임이 있기 때문이다.

아프리카와 안데스 지역과 중앙아시아 등 세계 여러 곳에서 MDG가 달성되지 못하고 있는 사실은 문제가 단지 통치구조에만 있지 않다는 점을 나타내 준다. 이 지역들의 많은 정부는 과감한 정책을 성실하게 펼쳐 나가는 총명함을 보여 주었다. 그러나 발전은 계속 실패하고 있다. 임상경제학 접근법은 더 나은 전략을 위한 열쇠를 마련할 것이다.

임상경제학에서 핵심은 면밀한 감별 진단과 그에 따른 적절한 치료법이다. 신체검사 과정에서 의사는 다음과 같은 내용의 수많은 질문지를 작성한다. "약을 먹고 있는가?" "알러지가 있는가?" "최근에 수술받은 적이 있는가?" "가족 가운데 다음과 같은 질병을 앓은 사람이 있는가?" 임상경제학자도 이와 똑같이 해야 한다. 〈표 1〉에서는 7개 범주의 체크리스트를 제시하는데, 모든 빈국의 '신체검사'가 이 체크리스트에 따라 이루어져야 한다.

| **빈곤 함정** | 첫 번째 질문은 극단적 빈곤의 정도에 대한 것이다. 임상경제학자는 기존의 것이나 새로 수행된 가계 조사, 지리정보 시스템 데이터, 국민소득 계정 등의 다양한 정보 등을 사용하여 빈곤의 정도를 나타내는 지도(빈곤 지도)를 작성해야 한다. 극단적 빈곤 상태에 사는 가계 비율은 얼마인가? 취학 · 보건 · 급수 및 위생 · 전기 · 도로 · 영양에 대한 기본적 욕구를 충족시켜 줄 수단을 갖지 못한 가계 비율은 얼마인가? 빈곤의

〈표 1〉 감별 진단을 위한 체크리스트

1. 빈곤 함정

- 빈곤 지도 작성
- 기본적인 욕구 충족의 수단을 결여한 가계비율
- 가계 빈곤의 공간적 분포
- 기초 인프라의 공간적 분포(전력·도로·통신·급수와 위생시설)
- 빈곤의 민족적·성적·세대별 분포
- 핵심적 위험요인
  인구학적 추세
  환경적 추세
  기후적 충격
  질병
  상품가격 변동
  기타

2. 경제정책 틀

- 사업환경
- 무역정책
- 투자정책
- 인프라
- 인적 자본

3. 재정적 틀과 재정 함정

- 공공부문 세입과 범주별 지출
  GNP 비율
  국제 표준과 비교한 절대 수준
- 과세행정과 지출관리
- 빈곤경감 목표 달성에 필요한 공공투자수준
- 거시경제적 불안정
- 공공부문 과중 부채
- 준재정 부채와 숨겨진 부채
- 중기 공공부문 지출 틀

4. 자연지리

- 수송여건
  항구·국제 교역로·항행 가능한 수로 등에 대한 주민들의 접근성
  포장도로에 대한 주민들의 접근성
  자동차 수송에 대한 주민들의 접근성
- 인구밀도
  도로·전력·통신에 대한 접속 비용
  1인당 경작가능 토지
  인구–토지비율의 환경 영향
- 경작조건
  온도·강수량·태양 일사량
  생육기의 길이와 안정성
  토양·지형·관개 적합성
  경년(經年) 기후의 변화(예를 들어 엘리뇨)
  기후 패턴의 장기 추세
- 질병 생태
  인간 질병
  식물 질병과 해충
  동물 질병

5. 통치구조 패턴과 실패

- 시민권과 정치적 권리
- 공공행정 시스템
- 분권화와 국가–자치체 간 재정관계
- 부패 패턴과 강도
- 정치적 승계와 정권 수명
- 국내 폭력과 안전
- 국경 간 폭력과 안전
- 민족적·종교적·기타 문화적 분단

6. 문화적 장벽

- 성(Gender) 관계
- 민족적·종교적 분단
- 인구 이산

7. 지정학

- 국제안보 관계
- 국경 간 안보 위협
  전쟁
  테러리즘
  난민
- 국제 제재
- 무역 장벽
- 지역 집단과 국제 집단에의 참여

공간적 분포는 어떠한가? 빈곤은 주로 도시적 현상인가, 아니면 농촌적 현상인가? 그리고 그것은 몇몇 지역에 집중되어 있는가, 아니면 전국에 골고루 분포되어 있는가? 빈곤은 가계의 인구학적 상태(여성 가장 가계, 남성 가장 가계, 아이들 수, 가계 구성원들의 건강)와 가계의 자산 소유 및 경제활동(무토지 빈민·소작농·상업·공업 등)과 어떻게 관련되어 있는가?

또한 임상경제학자는 빈곤 지도를 작성하는 과정에서 앞으로 빈곤을 악화시킬 핵심적 위험요인들을 확인해야 한다. 극단적 빈민의 수와 분포에 영향을 끼칠 인구학적 추세(출생·사망·국내와 국제 이주)는 무엇인가? 빈곤에 영향을 끼칠 수도 있는 환경적 충격과 추세(해수면 변화·해안 침식·숲의 황폐화·토양 악화·대수층 고갈·생물 다양성의 소실)는 무엇인가? 공중보건과 질병 그리고 농업생산성에 영향을 끼칠 수 있는 기후적 충격(엘리뇨·장기적인 지구 온난화·만성적 가뭄·기상이변)은 무엇인가? 전염병 발생·확산 양상의 어떤 변화가 국민 경제 또는 지역 경제에 중요하게 작용하는가? 세계 시장에서 핵심 상품들의 변동은 극단적 빈곤과 경제성장 전망에 어떤 영향을 끼칠 것인가?

| 경제정책 틀 | 두 번째 질문은 경제정책 틀에 대한 것이다. 이것은 전통적으로 해 온 질문임에도 불구하고 더욱더 체계적으로 다루어져야 한다. 해당국(그리고 국내의 상이한 지역들)에서 사업을 시작할 때 필요한 비용은 무엇인가? 전국 평균은 물론 도시와 농촌 지방 수준에서 핵심 인프라(전력·급수·도로·수송 서비스)의 포괄 범위는 어떠한가? 인프라의 결여는 비용에 어떤 영향을 끼치는가? 무역정책 틀은 무엇이고 무역 장벽은 생산 비용, 특히 수출 지향적 사업체들에게 어떤 영향을 끼치는가? 잠재적인 국내 및 외국인 투자자들을 위해 시행되고 있는 인센티브는 무엇인가? 인센

티브 시스템은 경쟁국들에서 채택되고 있는 것과 비교하여 어떠한가? 정부는 영양·공중 보건·질병 통제·교육·가족계획 등에 대한 프로그램을 통해 인적 자본에 충분히 투자하고 있는가?

| **재정적 틀과 재정 함정** |　　세 번째 질문은 재정적 틀에 대한 것이다. 예산이 핵심 인프라 투자와 사회적 서비스에서 상당한 역할을 해야 하기 때문이다. 현재 수준의 예산지출과 공공세입은 어떠한가? 이것은 GDP 대비 비율뿐만 아니라 1인당 절대 금액의 측면 모두에서 측정되어야 한다. 다양한 범주(보건·교육·인프라)의 공공지출이 GDP에서 차지하는 비율은 한 나라가 빈곤을 줄이기 위해 노력하는 수준을 보여 준다. 1인당 절대금액 면에서의 지출 수준은 기본적 욕구를 충족시켜 주고 빈곤 함정에서 탈출을 지원하기 위한 지출의 적정성을 알려 준다. 과거부터 전해져 온 공공부문의 과중 부채는 정부의 노력을 얼마만큼 방해하는가? 채무 감면은 공공 서비스 확장을 위한 정부의 능력에 얼마나 보탬이 되는가? 상업은행 시스템의 숨겨진 손실−정부 예산으로 보전되어야 할−이나 중앙은행의 부채처럼 공공부문에 감춰진 또는 장부 밖에 기입된 사항들이 존재하는가?

| **자연지리** |　　네 번째 질문은 자연지리와 인간생태(자연환경과 사회 사이의 접속을 의미하는)에 대한 것이다. 극단적 빈곤을 진단하고 극복하는 데 이 범주가 근본적으로 중요함에도 불구하고 경제학자들은 이 분야에서는 무척 놀라울 정도로 훈련되어 있지 않다. 특정한 나라에서 전국 평균은 물론 지역별로 수송 여건은 어떠한가? 얼마나 많은 인구가 해항·공항·항행 가능한 강·포장도로·철도 서비스 등과 근접해 있는가? 국내적으로나 국제적으로 수송 화물(비료·곡물·기계류·공산품 같은)의 비용은 무엇인가?

이 비용들은 경쟁국들과 비교하여 어떠한가? 해안지역과 내륙지역 간, 농촌과 도시 간, 인구밀집지역과 인구희박지역 간 인구 분포는 어떠한가? 각 나라의 다양한 지역에서 인구밀도는 인프라 비용에 어떤 영향을 끼치는가? 예를 들어 주민들이 철도·도로·전력·통신 등의 망에 접속하는 데 드는 비용은 얼마나 큰가?

자연환경은 농작물 경작조건에 어떤 영향을 미치는가? 생육기의 길이는 얼마나 되고, 그 기간은 작물 선택·영양·소득 수준에 어떤 영향을 끼치는가? 토양·지형·수리체계·토지 사용 등의 패턴은 작물 수확률, 관개 적합성, 토지개량 비용 등에 어떤 영향을 끼치는가? 예를 들어 엘리뇨에 연계된 기후 변화는 농작물 경작조건에 어떤 영향을 끼치는가? 지구온난화와 강수량 패턴 변화-예를 들면 아프리카 사헬 지역에서 나타나는 현저한 강수량 저하-같은 장기적 추세는 농작물 경작조건에 어떤 영향을 끼치는가?

생태계 기능은 시간이 지남에 따라 어떻게 변화하고 있는가? 악화되고 있는가? 숲이 점차 줄어드는 현상은 생태계의 기능(예를 들어 홍수와 토지 황폐화를 악화시킴으로써)과 빈민들의 생계(예를 들어 땔나무 공급을 고갈시킴으로써)를 위협하고 있는가? 생물 다양성의 소실은 생태계 기능(예를 들어 농산물의 수분작용을 감소시킴으로써)을 위협하고 있는가? 생태계에 침입한 종들은 토지생산성과 어류의 번식력에 영향을 끼치고 있는가? 독성물질의 환경 유입은 공기와 마실 물을 위협하고 있는가?

말라리아는 기후 및 모기 종의 제약을 심하게 받는 질병이다. 말라리아 전파는 유행성인가, 아니면 풍토성인가?(질병 발생 정도와 파급 범위로 구분하자면 풍토성endemic이란 일정 지역의 인간집단 안에 질병이 커다란 변동 없이 중간 정도로 항상 발생하는 경우를 뜻한다. 유행성endemic이란 일정 지역의 인간집단 안에 질병이 폭발적으로 발생하는 경우를 뜻한다. 범유행성pandemic이란 질병이 전국이나 전 대륙 또는 전 세계로 확산되는 경우를 뜻한다—옮긴이) 이것은 인구이동과 기후변화의 결과로 시간에 걸쳐 변화하고 있는가? 농업생산성에 큰 영향을 끼칠 수 있는 동물 질병(고전적 사례인 아프리카 수면병 같은)의 핵심적 패턴은 무엇인가? 식물 질병과 해충은 생계와 국제무역 그리고 인간들의 건강에 심각한 위협을 제기하는가?

| 통치구조 패턴과 실패 | 감별 진단의 다섯 번째 질문은 예산 과정의 세목과 세부 경제정책을 뛰어넘는, 통치구조 패턴에 대한 것이다. 역사는 민주주의가 경제발전의 전제조건이 아니라는 것을 보여 주었다. 그렇지만 전제적이고 자의적이며 무법적인 정권은 경제를 쉽게 파괴할 것이다. 법의 지배가 존재하는가, 아니면 독재자의 자의적인 명령만이 존재하는가? 공공행정 시스템—사업체 등록, 재산의 거래, 계약의 보호, 정부 입찰에의 참여 등을 위한—은 효과적으로 작동하는가? 급수와 위생시설·전력·기초 보건·교육 같은 공공 서비스는 효율적으로 공급되고 있는가(가용 재원이 있다는 전제에서), 아니면 대대적인 낭비와 부정 행위의 대상이 되어 있는가? 부패가 만연해 있는가? 만약 그렇다면 정부의 어떤 수준에서 그러한가? 한 정부에서 다른 정부로 권력이 승계되는 과정은 합법화되어 있는가, 아니면 현 통치자의 자의적 생각이나 권력 남용에 종속되어 있는가? 공공 서비스는 협소한 엘리트나 지방 또는 특정한 민족집단에 유리하도록 운영되고 있는가?

| 문화적 장벽 | 여섯 번째 질문은 경제발전 과정에서 일어날 수 있는 문화적 장벽에 대한 것이다. 사회는 계급·신분·민족 공동체·종교

또는 성적 차별로 분열되어 있는가? 여성과 소녀들은 개인적 권리(예를 들어 성 생활과 출산에 대한 선택)와 공공 서비스(교육·보건시설·가족계획 서비스)에 대한 접근성에서 심한 차별을 받고 있는가? 여성은 법적으로나 비공식적으로나 자신의 재산과 상속 재산에 대한 권리를 박탈당하고 있는가? 여성은 기회 평등을 보장받으며 가내 생산 이상의 경제에 참여할 수 있는가? 문화적 규범과 관습은 소수집단의 경제적 기회에 제한을 가하는가? 민족 공동체들 사이에 폭력이 만연해 있는가? 국외에 거주하는 중국인과 인도인 공동체 같은 집단은 투자·송금·사회적 네트워킹 등의 면에서 어떤 역할을 하는가?

| 지정학 | 감별 진단의 마지막 범주는 지정학, 즉 특정한 나라의 안보와 그 나라가 나머지 세계와 맺는 경제적 관계에 대한 것이다. 즉, 이 나라는 자신의 경제적 가능성들을 한정 또는 제한할 수 있는 집단 안보체제에 참여하고 있는가? 그 나라는 국제 제재를 받고 있는가? 만약 그렇다면 그 제재가 경제발전에 영향을 끼친 결과는 무엇인가? 난민 이동과 테러리즘 또는 국경 간 전쟁 같은 안보 위협이 존재하는가? 인접국들과는 국경 간 인프라에 대해 협력하고 있는가? 실효성 있는 지역 무역 집단이 존재하는가? 만약 존재한다면 그것은 무역의 전반적인 확장을 촉진하는가, 아니면 단순히 비회원국의 무역을 견제하는 기능만을 하는가? 부국에서 어떤 무역 장벽이 경제발전을 심각하게 저해하는가?

체크리스트의 내용은 길다. 이 질문들에 대한 답은 진료소에서 하는 15분짜리 검사 같은 것으로는 확인될 수 없고, 실제로 IMF 같은 단일한 국제 기구에 의해서도 다루어질 수 없다. 그 대답들은 체계적이고 지속적으로 갱신

되어야 하며, 비교·분석을 통해 충분한 검증을 받아야 한다. 저소득국의 국내 기구들뿐만 아니라 많은 국제 기구가 서로 협력하여 이 같은 진단 문제들을 다루어야 한다. IMF와 세계은행뿐만 아니라 세계보건기구·유니세프·식량농업기구 같은 유엔의 전문 기구들도 진단에 협력해야 한다.

경제학자에 대한 교육

감별 진단은 과정의 끝이 아니라 시작이다. 물론 다음 단계는 감별 진단을 통해 확인된, 빈곤을 줄이기 위한 결정적 장벽들을 다룰 프로그램과 기구들을 설계하는 일이다. 처음부터 질문이 올바르게 제기되면-이 책의 후반부에 가면 이 질문이 명확해지리라 믿는다- 이런 전략이 훨씬 더 효과적일 것이다.

개발경제학에 대한 새로운 접근법의 필요성을 인식하는 데는 꽤 오랜 시간이 걸렸다. 경제 자문을 위한 왕진을 처음 갔을 때, 후발 연구자가 지니기 마련인 이점-예를 들어 폭넓은 진단 체크리스트-이 없었다. 사실 1985년 7월에 볼리비아의 라파즈에 도착했을 때 내가 이용할 수 있는 체크리스트라고는 전혀 없었다. 볼리비아에서 맡게 된 과제는 정말로 특수한 곳의 특수한 목적을 띤 것이었다. 당시에는 전혀 생각하지 못했지만 그 여행은 내가 앞으로 20년 동안 연구하고 실천하게 될 중심 주제를 만나게 된 계기가 되었다. 그러나 볼리비아에서 만난 문제들은 내가 그동안 배운 지식으로는 도무지 감당하기 어려운 성격의 과제였다.

제5장
볼리비아의 초인플레이션

해발 4,000미터에 위치한 라파스 공항에 내가 처음 내린 것은 아주 우연한 일이었다. 1978년 인도를 방문하기 전까지는 극단적 빈곤을 가까이에서 본 적이 없었다. 나의 초기 학문 연구의 주제는 미국과 유럽 경제였다. 즉 극단적 빈곤 문제와 이 빈곤이 점점 더 부유해지는 세계에서 끈질기게 존재하는 이유는 내 연구 주제가 아니었다.

1980년대 초에 개발경제학은 미국의 박사과정 프로그램에서는 주변적인 주제였고, 빈국에서 온 학생들이 주로 연구했다. 나는 비록 개발 문제에 관심이 있기는 했지만 학문의 초점은 국제 경제, 특히 국제 금융에 있었다. 1980년 가을, 하버드 대학교의 조교수가 되었을 때 나는 주로 부국들의 문제와 부국과 빈국 사이에 나타나는 국제 금융 자본의 흐름 문제를 연구하고 있었다. 1982년 발전도상국의 채무 위기가 떠올랐을 때 나는 그런 일이 발생하게 된 이유를 어떻게 설명할 것인가에 대한 이론적 논문을 쓰기 시작했다. 나는 그와 같은 채무 위기의 몇 가지 역사적 전례, 특히 대공황에 대해 연구하는 한편 경제적 어려움을 겪는 나라들이 파산에서 벗어나는 데 도움이 될 몇 가지 메커니즘도 연구했다. 그러나 당시에 나는 내가 1980년대에 이와 같은 메커니즘을 적용하려고 한 최초의 경제학자였다는 사실을 알지 못했다.

내 연구는 즉시 적용해 쓸 수 있는 실용적인 내용이 아니라 이론적이고 통계적인 것이었다. 동시에 나는 연구 주제에 대해 알아야 할 모든 것을 충분히 파악하고 있다고 생각했다. 젊은 교수로서 나는 여러 곳에서 환호를 받으며 강의를 했고, 많은 출판물을 발표했으며, 학계에서도 승승장구를 거듭하여 28세 되던 1983년에 종신 재직권을 획득했다.

바로 그 무렵에 내 삶에는 변화가 찾아왔다. 전에 나에게 배운 한 볼리비아 학생이 보낸 편지가 도착했는데, 볼리비아인 방문객들이 주최하는 세미나에 참석해 달라는 내용이 적혀 있었다. 데이비드 블랑코라는 그 학생은 1970년대에 볼리비아의 재무부 장관을 역임했다. 내가 강의를 시작한 첫해에 그 학생은 자신을 전직 재무부 장관이라고 소개하고, 장관 시절에 자신이 한 일을 정확히 이해하기 위해 그 과정을 듣는다고 말해 나를 즐겁게 만든 적이 있다.

나는 볼리비아인들과 세미나를 연 직후 세계은행에서 열리는 개발 관련 세미나에서 발표하기로 되어 있었다. 따라서 볼리비아의 현재 상황을 들어 두는 것이 세계은행 세미나 발표에 도움이 되겠다고 생각했다. 볼리비아인들의 세미나에 초청받은 하버드 대학교 교수진 가운데 실제로 참석한 사람은 나를 포함한 두 명뿐이었다. 그 세미나에 참석한 나는 큰 행운을 만났다고 할 수 있다. 로널드 맥클린이라는 젊은 볼리비아인이 일어나 세미나를 시작하겠다고 말했다. 그는 당시 케네디스쿨 대학원생이었는데 나중에 라파스 시 시장이자 나의 절친한 친구가 되었다. 개회사에서 맥클린은 볼리비아의 초인플레이션을 내가 감히 상상할 수 없을 정도로 멋지게 묘사했다. 지금도 생생히 기억하고 있는 맥클린의 이야기는 볼리비아에서 독버섯처럼 성장하는 외환 암시장 광경을 묘사하는 것으로 시작되었다. 그의 표현을 빌리자면 볼리비아 수도 라파스에 있는 카마초 가(街)의 거리 시장에서는 산더미같이 쌓인 볼리비아 화폐 페소가 현기증이 날 만큼 빠른 속도로 달러와 거래되고 있다고 했다.

나 같은 금융 전문가에게 볼리비아의 위기는 눈길을 확 잡아끄는 주제였다. 나는 1923년 독일을 비롯한 몇몇 나라의 초인플레이션 사례를 연구한 적이 있다. 오래 전에 일어난 이 사건들은 학생들에게는 전설이었다. 우리는 초인플레이션에 대한 케인스의 신랄한 말들(당신이 바에 앉아 있는 동안 맥주 가격이 오를지도 모르기 때문에 언제나 처음부터 맥주 두 병을 주문하라. 택시보다는 버스를 타라. 버스에서는 요금을 먼저 내기 때문이다 등등)에 킥킥거리거나 끌끌 혀를 찼다. 그러나 우리는 역사책에 기록된 내용들이 아니라 실제로 초인플레이션이 일어나고 있는 현장을 만나게 되리라고는 결코 예상하지 못했다.

1980년대 초에 대학 강단에서 강의하던 많은 경제학자들은 1920년대를 휩쓴 초인플레이션을 거시경제학의 현대적 논의에서 진행되었던 몇몇 이론적 분석의 토대로 사용해 왔다. 더욱이 내가 최근에 읽은 논문들도 마찬가지였다. 나는 세미나를 하던 중에 누군가가 손을 들어 제시한 주장을 쟁점으로 제기했다. 아주 확신에 찬 모습으로 흑판에 다가간 나는 "그건 이렇게 작동하는 겁니다"라고 말했다. 내가 분필을 내려놓자 뒤쪽에서 어떤 목소리가 들려왔다. "당신이 그렇게 똑똑하면 라파스로 직접 와서 우리를 도와주지 그래요." 나는 그 소리를 듣자 웃지 않을 수 없었다. 그러자 그 목소리의 주인공이 다시 외쳤다. "정말로요!" 그렇게 말한 목소리의 주인공은 카를로스 이투랄드라는 사람이었다. 그는 나중에 내 친구가 되었을 뿐만 아니라 외무부 장관과 주미대사를 역임한, 정치적으로 아주 핵심적인 인물이었다.

세미나에 참석한 그들은 내게 경제 자문가를 구하고 있다고 진지하게 말했다. 나는 뜻밖의 제안에 당황했다. 나는 볼리비아가 남아메리카의 어디에 위치해 있는지 정확하게 몰랐을 뿐만 아니라 거기에 연루되는 게 안전한 일인지, 아니 과연 현명한 일인지는 더욱더 알 수 없었다. 다음 날 아침, 나는 그들에게 비록 내가 이전에 어떤 나라를 돕는 일을 한 적은 없지만 그들이 정말로 관심이 있다면 한번 뛰어들 의사가 있다고 말했다. 또 현재 집권하고 있는 정당이 아니라 다가오는 선거 이후에 구성될 정부를 위해 일하겠다고 말했다. 나는 당파적 정치에는 절대로 관여하고 싶지 않았다. 일단 당파에 관련되면 실효성 있는 일을 할 수 없다는 것을 잘 알고 있었기 때문이다. 볼리비아뿐만 아니라 다른 곳에서도 나는 이와 같은 비당파적 접근방식 덕분에 상이한 정당의 정부들에게 신뢰할 만하고 공평한 국외자로서 적절한 자문을 제공할 수 있었다.

그들은 자신들이 선거에서 이기면 나에게 다시 연락하겠다고 말했다. 그때가 5월이었다. 7월 초에 나는 로니 맥클린에게서 전화를 받았다. "우리가 선거에서 이겼습니다. 짐을 꾸리십시오." 나는 프랑스 경제학자인 다니엘 코엔과 대학원생인 펠리페 라레인이 함께 갈 것이라고 말했다. 우리는 1985년 7월 9일 라파스로 향했다.

안정화 계획의 설계

비행기에서 내린 바로 그때부터 나는 실제로 도움이 되는 경제개발이란 과연 어떤 일인가를 비로소 이해하기 시작했다. 나 개인적으로는 볼리비아 같은 나라를 돕는 것을 과제로 한 새로운 임상경제학의 필요성을 파악하는 20년이 시작되는 아주 중요한 시점이었다. 내가 가방에 넣어 간 것은 빈 공책과 초인플레이션에 대한 몇 편의 논문이 고작이었다. 다행히 나는 우리가 마주칠 상황에 대해 설명할 수 있는, 이론적 지식의 기초는 갖추고 있었다.

첫째, 나는 초인플레이션을 일으키는 기본적인 화폐의 힘을 이해하고 있었다. 볼리비아 정부는 거대한 예산 적자를 메우기 위해 돈을 마구 찍어내고 있었다. 처음에 나는 그런 일이 일어나게 된 동기는 물론 예산편성 과정의 정치에 대해서도 이해하지 못했다. 그러나 볼리비아 정부가 국내나 해외 민간부문에 채권을 판매할 만큼 신용이 없다는 점은 확실히 알고 있었다. 정부는 군대·광부·교사들에게 지급할 현금을 얻기 위해 볼리비아중앙은행(스페인어 두문자로는 BCB)에 직접 채권을 매각해야 했다. 이런 점에서 볼리비아의 초인플레이션은 인류 경제사의 다른 사례들과 별로 차이가 없었다. 볼리비아 정부도 자체적으로 필요한 비용을 충당하기 위해 돈을 찍어내고 있었고, 이런 통화 증발을 통해 통화의 가치를 하락시키고 상품들의 가격을 상승시켰다.

정부가 월급을 지불함에 따라 유통망 속에 주입된 새 페소는 급격한 가격 상승을 재촉했다. 볼리비아 통화가 주입될 때마다 사람들은 페소를 암시장으로 가져가 달러로 바꾸었다. 페소에 대한 달러 가격이 상승했다. 1983년 6월에 1달러당 5,000페소이던 것이 1984년 1월에는 1만 페소,

1984년 6월에는 5만 페소, 1984년 12월에는 약 25만 페소에 거래되고 있었다. 그리고 아무 경험이 없는 경제학자 세 명이 도착한 1985년 7월에는 1달러당 200만 페소가 되었다. 이 당시에 물건을 사고팔 때 여전히 페소를 주고받았지만 각각의 상품들에는 달러로 표시된 가격표가 붙어 있었다. 그러므로 1달러짜리 물품은 1983년 6월에 5,000페소이던 것이 단 2년 만에 거의 200만 페소나 하게 되었다. 1984년 7월과 1985년 7월 사이, 그러니까 1년 만에 가격이 3,000퍼센트(30배) 급상승했다.

둘째, 나는 초인플레이션은 아주 급속히 종결되는 경향이 있고 달러화에 대해 페소가 안정될 수 있기만 하면 곧 그런 종결이 일어날 것이라는 점을 알고 있었다. 즉 정부가 BCB에서 더 이상 돈을 차입하지 않아도 되는 시점에 일어날 것이었다. 2만4,000퍼센트나 되는 인플레이션이 갑자기 종결될 것이라고 직관적으로는 떠올리기 어려울 것이었다. 일부 사람들은 인플레이션을 갑자기 중단시키면 경제적 붕괴가 일어날 수밖에 없을 것이라고 생각했다. 이 사람들은 다음 해에 연간 수천 퍼센트에서 수백 퍼센트로, 그 다음 해에 다시 100~200퍼센트로 인플레이션을 점차 낮추어 가는 것이 더 나은 방법이라고 생각했다. 비록 인플레이션이 이런 식으로 중단된 적이 결코 없지만, 퇴진하는 정부에 고용된 몇몇 컨설턴트가 그와 같은 정책을 권고했다.

도착한 지 이틀 만에 볼리비아의 미국상공회의소에서 강연을 해 달라는 요청을 받은 나는 필요한 이론적 지식을 준비한 뒤 강연장에 갔다. 그 자리에서 나는 독일의 인플레이션이 1923년 11월 20일 하루 만에 끝났다는 것을 강조하는 토머스 사전트의 최근 논문에서 나온 수치를 제시하고, 볼리비아에도 똑같은 일이 일어날 것이라고 예측했다. 청중은 제시된 전망에 놀라워하면서도 몹시 즐거워했다.

우리 세 사람은 볼리비아 연구원들의 지원을 받으며 수치를 계산하기 시작했다. 머리를 맞대고 무엇보다 볼리비아 정부가 적자 보전을 위해 중앙은행에 의존하는 상황에서 신속히 벗어나게 해 줄 일괄적 재정조치를 탐색했다. 우리는 볼리비아인 동료들과 토론하고 관련 서적들을 꼼꼼하게 검토하다가 예산의 핵심이 석유 가격에 있다는 것을 곧 알게 되었다. 정부 세수는 탄화수소(hydrocarbon: 석유와 천연가스의 주요 성분으로 공업용 화학약품과 고무·플라스틱의 주요 원료로 쓰인다-옮긴이)에 부과하는 세금에 과중하게 의존하고 있었으며, 주요 납세자는 국영석유회사인 YPFB였다. YPFB가 석유와 가솔린 가격을 페소로 정했다. 일반적으로 석유 가격은 몇 개월마다 한 번씩 바뀌었다. 따라서 페소로 표시된 가격이 고정된 시기에는 다른 상품가격에 비해(달러 가격) 급격히 하락했다. 이처럼 낮은 석유 가격이 예산을 파괴하고 있었다.

좀더 자세히 예시하자면 이렇다. 페소-달러 환율이 1달러당 100만 페소인 어느 날, 가솔린 가격이 일시적으로 1리터당 25만 페소로 정해졌다고 가정해 보자. 그러면 가솔린의 미국 달러 가격은 1리터당 0.25달러다. 이제 환율이 1개월에 50퍼센트씩 평가절하된다고 생각해 보자. 30일 만에 1달러는 150만 페소에 상응할 것이다. 60일이면 1달러당 페소 가격은 225만 페소가 될 것이다. 만약 60일 동안 가솔린의 페소 가격이 변하지 않았다면(1984년과 1985년에는 가격이 변하지 않는 경우가 많았다), 1리터의 달러 가격은 0.11달러(1리터당 25만 페소÷1달러분의 225만 페소)로 하락할 것이다. 정부 예산은 석유 세금에 의존해 있었기 때문에 자연히 세원이 붕괴할 수밖에 없었다.

석유 가격과 관련한 실제 상황은 내가 예시한 이 수치보다 훨씬 더 극적이었다. 1985년 8월에 볼리비아에서 가솔린의 가격은 1리터당 약 0.03달러로 추락했다. 탱크롤리에 가득 채워진 가솔린이 국경을 넘어 페루로 밀수출되었다. 세입 예산은 하루가 다르게 붕괴했다. 예산 적자는 GDP의 대략 10퍼센트 정도에 달했고, 이 모든 적자가 화폐 증가 발행을 통해 메워졌다(엄밀히 말하자면 BCB에서 화폐 '차입'을 통한 것이라고 할 수 있다). 우리는 만약 가솔린 가격이 약 10배 인상되어 세계 시장가격인 1리터당 약 0.28달러 수준으로 복귀한다면, 이 인상 자체만으로도 예산 적자의 거의 대부분을 충당할 것이라고 계산했다. 그리고 지출과 세입 쪽의 다른 일괄조치가 나머지 적자를 충분히 메울 수 있다고 판단했다.

그러므로 우리 팀은 초인플레이션을 중단시킬 핵심적 요소로서 한 차례의 급격한 석유 가격 인상과 기타 재정조치 패키지(package: 여러 구성요소가 하나로 묶인 다발이나 꾸러미를 뜻하는 것으로, 종합적 대책이나 일괄 거래의 대상이 되는 것을 가리킨다. 혹은 구성요소로 이루어졌지만 단일한 단위로 제시되는 계획이나 제안 또는 상품을 가리키기도 한다. 이후부터는 문맥에 따라 '패키지'라는 원어를 그대로 사용하거나 '종합적' 또는 '일괄적'이라는 용어로 표현했다-옮긴이)를 제안했다.

볼리비아인 동료들은 석유 가격의 대규모 인상이 초인플레이션을 중단시키기보다는 또 한 차례의 급격한 가격 상승을 유발할 것이라며 우려했다. 실제로 비전문가의 눈으로 보면 가격 안정화를 위한 열쇠로 가격 인상을 제안하는 것은 터무니없는 일로 보였을 게 틀림없다. 그것은 문제를 이론적으로 이해했을 경우에만, 즉 초인플레이션을 기존의 화폐적·예산적 조건에 의해 발생된 것으로 진단했을 때에만 비로소 이치에 닿는 일이었다. 어떤 면에서 나는 회의론의 역풍을 맞았다. 그럼에도 불구하고 문제의 이 측면은 무척 명확해 보였다. 존 메이너드 케인스가 1923년에 그것을 정확히 언급했다. 즉 케인스는 인플레이션 과정이 사람들 눈에 정말로 포착되기 어려우므로 초인플레이션이 결과 면에서 얼마나 더 파괴적인가를 날카롭게 지적했다.

> 사회 전체의 기존 기반을 전복시키는 것으로 방탕한 통화 운용만큼 포착하기 어려울 뿐만 아니라 확실한 수단은 결코 없다. 이 과정은 경제적 법칙의 모든 숨어 있는 힘을 파괴적인 쪽으로 작동시키는데, 이것의 작동 방식은 100만 명 가운데 한 사람도 진단하지 못한다.[1]

우리는 2주 만에 보고서를 쓰고는 7월 24일 라파스를 떠났다. 선거 이후에 새 정부가 곧 집권할 것이라고 확신했으므로 볼리비아에 갔지만, 실제 선거 결과는 승자 판정 불능으로 드러났다. 따라서 다음 대통령은 직접 선거가 아니라 의회에서 선출하게 되었다. 보스턴으로 돌아온 나는 함께 일했던 정당인 ADN이 승리하지 못했다는 이야기를 들었다. 8월 6일 당시의 새 대통령은 반대 당인 MNR 당의 빅토르 파스 에스텐소로였다. 나는 파스 에스텐소로의 핵심 경제 자문역이자 지도적 사업가인 곤잘로(고니) 산체스 데 로사다를 만났다. ADN이 우리가 작성한 안정화 계획 사본을 새 대통령과 그의 팀에게도 전달했다는 말을 듣고 무척 기뻤다. 그러나 과연 우리가 새 정부와 일하게 될 것인지에 대해서는 알 수 없었다.

사실 새로 선출된 대통령은 신속한 움직임을 보였다. 새 대통령은 고니에게 통화 안정화뿐만 아니라 그 이상의 대담하고도 포괄적인 경제개혁을 위한 계획안을 작성하기 위한 팀을 이끌어 달라고 요청했다. 그 결과 마련된 계획의 초안은 그야말로 혁명적이었다. 그것은 볼리비아를 국가주의적이고 폐쇄적인 경제-그 당시 제3세계 나라들에 일반적이었던-에서 시장 기반 개방 경제로 전환시킬 계획이었다. 그 계획은 10년 후 동유럽에서 일어날 변화를 미리 보여 주었다. 물론 규모는 동유럽에서 일어난 것보다 제한적이긴 했지만 말이다. 그 계획에는 안정화에 대한 생각-에너지 가격 인상이라는 중심적 전술까지-도 들어 있었다. 더욱이 안정화를 넘어 우리 팀에서 전혀 논의된 적이 없었던 문제까지 포함하고 있었다.

1952년 이래 네 번에 걸쳐 대통령에 당선된 교활한 정치인이었던 파스 에스텐소로는 노련한 밀실 도박가나 할 수 있는 일을 이루어냈다. 고니가 올린 계획안을 손에 든 에스텐소로는 새 내각을 대통령궁으로 불러 이렇게 말했다. "어느 누구도 자리를 뜨지 마시오. 언론에 말도 흘리지 마시오. 우리는 경제 전략에 대해 토론한 다음 합의를 이룰 겁니다. 그리고 그 합의안에 우리 모두 서명할 겁니다. 자리에서 물러나길 원하는 분은 그렇게 하십시오. 그러나 그렇지 않을 경우 정부에 머물러 이 계획에 참여하게 될 겁니다." 대통령과 새 내각은 사흘 밤낮으로 논의를 계속하여 경제 전략 계획을 채택했다. '최고 포고령 21060'으로 공포된 이 계획은 초인플레이션을 끝낼 뿐만 아니라 볼리비아 경제를 철저히 변혁시키기 위한 청사진이라 할 수 있었다.

그 프로그램은 8월 29일 급격한 유가 인상과 더불어 시작되었다. 가솔린 가격이 상승함에 따라 마침내 예산 적자가 종결되었다. 국영석유회사로 돈이 쏟아져 들어오고, 다시 국영석유회사에서 국고로 돈이 쏟아져 들어왔다. 예산 적자의 급작스러운 종결은 즉각적인 환율의 안정화로 이어졌다. 가격이 달러로 정해지고 페소로 지급되었기 때문에 볼리비아 페소 대미국 달러 환율의 급작스러운 안정화는 페소 가격이 갑자기 안정화되었음을 뜻했고 초인플레이션도 끝났음을 의미했다.

〈그림 1〉은 1982년(초인플레이션이 시작된 시점)부터 1988년까지 월별 가격 수준을 한눈에 보여 주고 있다. 1985년 9월의 가격 수준 상승이 급작스럽

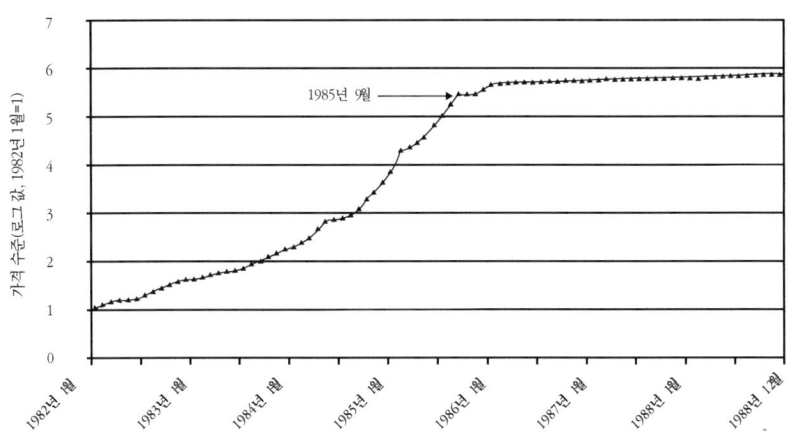

〈그림 1〉 볼리비아 가격, 1982~1988년

출처: Instituto Nacional de Estadística,
http://www.udape.gov.bo 2004년 8월 27일자 페이지에서 볼 수 있다.

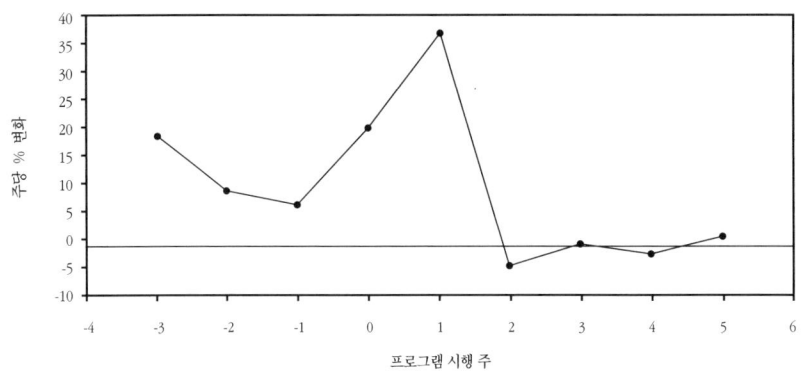

〈그림 2〉 주(週)별 인플레이션율(0주=1985년 8월 26일~9월 1일)

출처: Morales and Sachs(1990).

볼리비아의 초인플레이션 | 147

게 중단되었다. 〈그림 2〉는 1985년 8월과 9월의 가격 수준 변화를 주별로 더욱 선명하게 보여 준다. 안정화 프로그램의 초기 몇 달 동안에는 긴장된 시점들이 있었고, 1985년 말에 안정성이 거의 무너질 뻔한 일도 있었지만 객관적으로 드러났듯이 초인플레이션이 영원히 종말을 고했다. 초인플레이션은 3년 동안 지속되었지만 단 하루 만에 모습을 감추었다.

그 시점부터 계속해서 사태가 평온하게 진행되었다면 볼리비아에 더 이상 관여하는 일은 없었을 것이다. 그러나 얼마 안 있어 볼리비아의 초인플레이션과 이것을 유발한 예산 적자가 더욱 뿌리 깊은 질병의 증상이었다는 것을 알게 되었다. 당시 볼리비아에 대한 나의 이해는 상당히 피상적이었다. 이런 피상적인 수준에서도 나는 안정화 계획을 어떻게 실시해야 하는지는 판단할 수 있었다. 그런데 먼저 초인플레이션이 일어나고 이것이 해결된 다음에도 길고 힘든 변화가 계속된 이유는 참으로 이해하기 어려웠다. 상황은 내가 상상했던 것보다 훨씬 더 복잡한 형태로 꼬여 있었다.

구조적 결함

1985년 10월 24일 런던금속거래소는 주석 거래를 중단했고, 이를 기점으로 가격이 붕괴하기 시작했다. 그 후 9개월 동안에 걸쳐 주석 가격이 약 55% 폭락했다. 볼리비아가 회원국으로 있는 주석 카르텔이 파산하여 가격을 이전 목표치로 유지시키기 위해 주석을 더 이상 대량으로 매입할 수 없게 된 이후에 일어난 일이었다. 볼리비아는 주석 수출국이었고, 국가 소유의 주석광산은 일자리와 정치적 지지, 노동자들에 대한 사회적 지원, 세금의 주요한 원천이었다. 가난에 찌든 이 나라의 적자에 또 하나의 큰 구멍

뚫렸다. 일찍 정착될 것처럼 보였던 안정화 과정의 출발점 자체가 다시 한 번 갑자기 위험한 상황에 내던져졌다. 곧바로 내게 전화가 걸려왔다. 파스 에스텐소로 대통령이 나에게 볼리비아로 서둘러 돌아와 달라고 부탁했다.

이 연락을 받기 전까지 나는 볼리비아 경제사에 대한 지식을 좀더 쌓은 상태였다. 하버드 대학교 도서관에서 잊힌 책 한 권을 발견했는데 정말 신기한 일이었다. 그것은 1956년 외국인으로서 볼리비아 정부에 경제 자문을 해 준 조지 에더가 쓴 책이었다. 에더는 1952년 볼리비아 혁명 이후에 일어난 초인플레이션을 종결시키기 위해 자문을 한 적이 있었다. 에더는 경제 안정화를 위한 정부위원회를 설립하고 이 위원회에 자문을 해 주었다.[2] 에더는 훌륭한 아이디어를 많이 가지고 있었다. 당시의 출연자들도 익숙한 인물들이었다. 빅토르 파스 에스텐소로도 포함되어 있었는데, 에스텐소로는 1952년 혁명을 주도했을 뿐만 아니라 1952~1956년 동안 볼리비아의 대통령이었다.

라파스로 돌아간 나는 먼저 에스텐소로를 만나 1956년을 생각나게 하는 권고안이 든 메모를 건네주었다. 그 메모에 온통 마음이 빼앗긴 대통령은 나에게 경제 자문을 계속해 달라고 정중하게 요청했다. 나는 계속되는 드라마를 지켜보고 적절한 제안을 하는 등 생생한 경험을 통해 무엇인가 배울 수 있겠다는 판단이 들어 대통령의 제안을 받아들였다. 나는 필요한 준비를 갖추어 한두 달 후 볼리비아로 돌아갈 계획을 세우고 미국으로 돌아왔다.

한 달 후 크리스마스 즈음에 또 한 통의 긴급 전화가 걸려왔다. 초인플레이션이 다시 일어났으니 연락을 받는 즉시 볼리비아로 돌아와 달라는 내용이었다. 나는 새해 초에 볼리비아로 날아갔다. 리마에서 잠깐 머물던 중 볼리비아 계획부장관인 퀼레르모 베드레갈이 사임했다는 소식을 들었다.

베드레갈은 사임하면서 새로운 가격 폭등에 사람들이 대응할 수 있도록 임금을 50퍼센트 인상해야 한다고 요구했다. 마치 초인플레이션이 다시 기승을 부리고 있는 것처럼 들렸다. 초인플레이션이 한 차례 더 일어나면 정치적 불안정을 다시 불러일으킬 것은 불을 보듯이 뻔했다. 나는 라파스에 도착하여 비행기에서 내리자마자 중앙은행으로 직행했다.

충분히 예상했던 일이었지만 12월에 통화량이 대량으로 증가한 상태였다. 중앙은행의 한 실무팀이 12월에 크리스마스 수당의 일환으로 2개월치 월급이 예산에서 충당되어야 했다고 설명했다. 그러나 이 일은 좀더 신중한 통화 관리를 통해 처리할 문제였다. 그러나 중앙은행의 한 직원이 생각에 잠겨 말했듯이 "크리스마스를 두 차례 넘긴 재무부 장관이 없었다." 정부는 금융적인 폭발을 일으키지 않고 추가 월급 문제를 처리할 방법을 미처 알지 못했다.

나는 드러난 사실 이면에 숨은 미묘한 문제를 재빨리 파악했다. 그래서 중앙은행이 외환시장에서 보유 외환을 매각하여 방금 발행된 페소를 회수해야 한다고 말했다. 이 외환 거래를 통해 방금 발행된 페소가 흡수되면 페소 환율이 강화될 것이고, 페소 가격도 상승을 멈출 것이며, 방금 선언된 임금인상이 불필요해질 수도 있었다. 그러나 이 접근법은 결코 통상적인 정책이 아니었다. 유출의 소용돌이에 이미 사로잡힌 듯한 상황에서 안 그래도 모자라는 외환을 내다 버릴 위험이 있었기 때문이다. 그러나 내 생각엔 그 정도의 위험을 감당할 가치가 있었다. 초인플레이션이 재발하면 이번에는 정말로 파국적 사태가 벌어질 것이기 때문이다. 나는 계획부 장관으로 임명된 고니에게 이 생각을 털어놓았다. 고니는 흔쾌히 받아들였고 대통령도 마찬가지였다.

외환 거래가 시작되었다. 통화이론이 밝힌 그대로 환율이 안정되었고 다시 강세를 나타내기 시작했다. 오랜만에 볼리비아 통화가 강화된 첫 사례였다. 대통령은 이렇게 선언했다. "임금인상은 없을 것이다. 우리는 안정을 공약하며 통화정책이 안정화를 일관되게 견지할 것이라는 점을 확실히 한다." 정부는 강경노선을 취했고, 결과적으로 대중에게서 많은 신뢰를 얻었다. 이 작은 전투 이후 초인플레이션은 결코 재발하지 않았고, 그럴 기미도 보이지 않았다.

이런 방향 전환이 성공을 거둔 것은 아이러니하게도 내가 워싱턴의 IMF로부터 소환을 받아 나의 외환 매각 권고안을 설명하던 바로 그 시점이었다. 나는 볼리비아 정부로 하여금 얼마 안되는 외환 보유고를 '낭비' 하도록 부추긴 이유를 설명했다. IMF는 이것을 인정할 수 없었고, 외환 매각이 정당하지 못한 것이라고 생각했다. 그러나 IMF의 반대는 너무 늦게 전해졌다. IMF의 반대의사가 전해진 때에는 이미 그 거래가 끝나 성공을 거둔 상태였다. 나는 IMF와 작은 전투를 치른 후 즐거운 마음으로 그날 저녁 비행기에 올라 워싱턴을 떠났다. 나는 워싱턴에서 나오는 '공식 자문' 도 틀릴 수 있다는 것을 깨달아가고 있었다. 그 당시에는 내가 별로 알지 못했던 진실이었다!

| 초인플레이션에 대한 완전한 승리 | 또한, 나는 위기에는 평화의 순간이 존재하지 않는다는 것을 발견하기 시작했다. 볼리비아의 안정이 공고히 자리 잡기 위해서는 최종적으로 넘어야 할 큰 장애물이 네 가지가 있었다.

첫째, 1985년 10월 주석 가격의 붕괴가 예산과 거시경제적 안정성을 침해하고 있었다. 주석광산들은 더 이상 수익성이 없었다. 광업부문이 전체 예산을 거대한 적자 속으로 밀어 넣고 있었다. 볼리비아는 주석광산 노동

력을 대대적으로 정리했다. 이 정리해고는 규모 면에서 충격적이고 당한 사람들에게는 비통한 일이었다. 주석광산 노동자 중 6분의 5에 가까운 수가 일자리를 잃었다. 주석 카르텔의 붕괴와 더불어 볼리비아의 대규모 주석광업의 시대가 종말을 고했다.

둘째, 채무 위기의 극복이다. 볼리비아 정부는 파산 상태였다. 정부는 국제 은행과 외국 정부들에게 빌린 대외 채무에 대한 이자 지급을 할 수 없었는데, 사실 1년이 훨씬 넘도록 이자 지급을 유예하고 있는 형편이었다. 그런데 볼리비아 경제가 안정된 만큼 IMF는 채무 이자 지급을 재개하라고 압박을 가하고 있었다. 나는 그런 조치가 볼리비아를 정치적 위기에 빠뜨리고 초인플레이션을 재발시킬 것이라고 예상했다. 대외채무를 이행하려면 정부 지출은 더 줄이고 세금은 더 늘려야 할 텐데(더 거두어들일 수 있다면), 이것은 볼리비아 빈민들에게 사회적으로 받아들일 수 없고 정치적으로 폭발적인 부담이 될 것이다. 나의 강력한 권고를 고니가 확고부동하게 동의함에 따라 볼리비아는 IMF에 채무이행을 재개하지 않을 것이라는 거절 의사를 분명히 표시했다. 채무이행 재개에 대한 볼리비아 측의 거부와 부채탕감 요구는 최빈국들에 대한 부채탕감 과정이 시작되도록 하는 데 도움이 되었다.

채무 논쟁 과정에서 나는 다시 한 번 눈을 뜨게 되었다. 어느 날 저녁 IMF 팀과 나는 고니의 거실에서 논쟁을 벌였다. 나는 채무이행 재개가 이미 빈곤해진 사람들의 생활수준을 파멸적 수준으로 끌어내리고, 볼리비아를 정치적으로 불안정하게 만들 것이라는 주장을 강력하게 제기했다. IMF 측은 채무이행을 재개하는 것밖에는 대안이 없다고 말했다. 몇 시간에 걸쳐 의견을 나누었지만 결론을 내릴 수 없었다. 우리는 다음 날 점심 때 논쟁을 계속하기로 합의했다. 다음 날 오후, 나는 채무이행 재개가 완전히 부적절한 것이고 과거에 채무 위기가 이런저런 수단을 통해 상당한 부채 탕감으로 해결된 사례들에 대한 짧은 강론을 펼쳤다. 실제로 1930년대에 볼리비아를 비롯한 많은 나라가 채무불이행 선언을 했고, 1940년대에 부채를 탕감받았다. 나는 좀 뻔뻔스럽게 1980년대에도 바로 이런 식으로 일이 처리되어야 한다고 선언했다.

물론 IMF 팀은 반대 논지를 주장했다. 레이건 행정부는 부채탕감의 필요성을 아직 인정하지 않았고, 아르헨티나·브라질·멕시코 같은 대규모 채무국들에 대한 선례를 세울 수 있다면 볼리비아에 더욱 강하게 채무를 이행하라고 요구하는 것이 좋다고 생각하는 듯했다. 내가 말하고 있는 동안 IMF 대표단장의 얼굴이 점점 더 붉어졌다. 그는 일개 경제 자문을 맡은 자에게 이런 식의 급진적인 말을 듣게 되자 심하게 화가 났던 것이다. 결국 격노한 대표단장은 이렇게 말했다. "그건 받아들일 수 없소, 삭스 교수. 우린 그런 프로그램을 승인받기 위해 이사회에 제출하는 일은 결코 하지 않을 거요." 그래도 내가 항의하는 태도를 보이자 그는 "미국으로 돌아가면 빌 로데스에게 전화를 할 텐데, 로데스는 결코 받아들일 수 없는 프로그램이라고 말할 거요"라고 말했다. 나는 의자에서 거의 넘어질 뻔했는데, 빌 로데스는 라틴 아메리카 부채를 담당하고 있는 시티은행 중역이었기 때문이다. 배고픈 사람들과 폐쇄된 광산, 초인플레이션, 혼란으로 붕괴된 나라에 IMF 대표단이 와 있는데, 그 단장이라는 사람은 시티은행이 IMF를 통해 부채탕감 정책에 거부권을 행사할 것이라고 말하고 있지 않은가!

나는 잠시 말을 멈추었다가 비꼬는 투로 대답했다. "오! 이제 알겠군요. 당신이 방금 말한 것을 내 볼리비아인 친구들에게 설명해 줍시다. 당신은 볼리비아 정책이 적절한 것인지 판단하려고 시티은행에 전화를 할 예정이군요. IMF의 부채 처리 방침이 국제 은행들에 의해 결정되겠군요?" 그러자 IMF 대표단장은 이야기를 접고 일어서더니 회의가 끝났다고 선언하고는 회의실 밖으로 나갔다. 수행원들이 허둥지둥 대표단장을 뒤따랐다.

그러나 더 놀라운 사실은 그 사건 이후 IMF가 볼리비아에 채무이행을 다시는 요구하지 않았다는 점이다. 내 생각에 IMF가 불의의 역풍을 맞은 것 같았다. 즉 IMF를 통제하는 채권국들이 최빈국들의 필요에 대한 국제 공약이나 거시경제 정책적 표준에 따라서가 아니라 주요 국제 은행들의 요구에 따라 채무정책을 정하고 있다는 것을 스스로 인정한 꼴이 된 셈이다. IMF는 볼리비아가 정말로 파산했고, 제 발로 설 수 있을 때까지 채무이행을 유보시킬 필요가 있다는 점을 결국 인정했다.

그 시점부터 볼리비아는 계속해서 채무이행을 유예하는 상태를 유지했다. 1987년 나는 볼리비아가 주요 상업은행 채권자들과 부채탕감 협정을 맺도록 도와주었는데, 이것은 이후 부채탕감 작업을 위한 틀이 되었다. 다소 급진적인 구상이긴 했지만, 그 나라의 경제상황에 과감히 맞설 분별력 있고 현실적인 유일한 방법이었다. 부채탕감은 채무자들뿐만 아니라 채권자들에게도 장기적으로 이치에 맞는 일이었다. 부채탕감을 위한 조치가 적절하게 적용되면 채무국들이 제 발로 설 수 있게 되고, 부채의 일부를 상환하거나(가능한 경우에) 최소한 장래의 국제원조라는 면에서 국제 시스템의 부담을 덜어 줄 수 있기 때문이다. 부채탕감 전략은 현재 10여 개 나라에 적용되었다. 그러나 정말로 채무이행에 시달리고 있는 빈국들이 경제성장과 발전을 회복할 수 있도록 하기에는 국제사회가 부채를 탕감시키는 일에 너무 때늦거나 주저하는 태도를 자주 보였다.

존 메이너드 케인스는 여느 때처럼 채무이행에 대해 많은 중요한 점을 지적했다. 제1차 세계대전 이후 케인스는 심각한 경제적 곤궁에 빠진 사회들의 정치·경제를 탁월하게 이해하고 글로 묘사했다. 케인스는 독일에 전쟁 배상금을 요구하고 연합 전승국들에 대한 전시 부채 상환을 요구함으로써 재무국들을 벼랑 끝으로 몰아붙이는 것이 별로 이롭지 않은 일이라고 말했다. 케인스는 정치 시스템이 갑자기 붕괴할 수 있다고 경고했다. 케인스는 그의 저서 『평화의 경제적 귀결』에서 제1차 세계대전 이후의 청구권들을 취소하라고 과감하게 주장했다. 케인스의 이 웅변적인 주장은 지금도 더할 나위 없이 가치 있게 여겨진다.

유럽의 연합국들이 이 채무에 대해 원금과 이자를 지급할 수 없다고 말하는 것은 과장된 것인지도 모른다. 하지만 실제로 지급한다면 이는 각 나라를 파멸시킬 만큼 엄청난 부담이 될 것이다. 따라서 그 나라들은 지급을 회피하거나 면하려고 끊임없이 시도할 것이라는 점을 충분히 예상할 수 있다. 또한 이런 시도는 이후 오랫동안 국제적 알력과 적대의 항구적인 원천이 될 것이다.

[채무국들에게는] 다른 방면에서 우방을 구할 큰 요인이 존재한다. 장래 언젠가 평화로운 관계가 깨지기라도 한다면 언제나 대외 채무 지급 면제라는 큰 이득이 생길 것이기 때문이다. 이와는 달리 만약 이 거대한 부채가 면제된다면 최근 우호관계를 맺은 나라들의 연대와 진정한 친선에 큰 자극이 될 것이다. 거대한 전쟁 부채의 존재는 거의 모든 곳에서 금융 안정을 위협한다.

서류상의 족쇄에서 우리의 사지를 자유롭게 하지 못하면 우리는 결코 다시는 움직일 수 없을 것이다. 따라서 모든 [채무 서류]를 불태워 없애는 것은 너무나 절실한 일이다. 만약 서류를 불태워 어느 누구도 심하게 부당한 일을 당하지 않을 만큼 질서 있고 평화로운 상태를 만들 수 없다면, 그 불은 결국 다른 모든 것을 파괴할 수 있는 대화재로 발전할 것이다.[3]

케인스는 볼셰비즘과 나치즘의 출현으로 유럽에서 실제로 일어났듯이 채무 위기를 적절히 다루지 못할 경우 궁극적으로 참화가 일어날 수 있다고도 경고했다.

> 만약 우리가 유럽의 파산과 쇠퇴의 진행을 방치한다면 현저하고도 직접적인 방식으로는 아니겠지만 장기적으로는 모든 사람에게 영향을 끼칠 것이다.[4]

셋째, 세제개혁이 또 다른 결정적 장애물로, 이것은 1986년 봄에 일어난 거대한 드라마였다. 이때는 볼리비아의 상류계층이 세제에 기여해야 할 시점이었다. 나는 정부 안의 내 친구들과 정부의 정치적 지지자들에게 호소했다. 볼리비아의 초거부 지주들은 자신들이 소유한 수천 헥타르 목장이 왜 과세대상이 되어야 하는지를 정말로 이해하지 못했다. 정치적 논쟁이 일촉즉발의 숨 막히는 상황으로 치달았지만, 드디어 세제개혁이 통과되어 좀더 공평한 재정적 기반을 공고히 만드는 데 도움이 되었다. 볼리비아는 여전히 아주 불평등한 사회였다. 그러나 볼리비아는 1986년 공정성 확대를 향해 한 걸음을 내디뎠는데, 이것은 볼리비아에서 통화 안정성과 정치적 문명성을 유지하는 데 매우 중요했다.

그해에 취해진 마지막 주요 조치이자 넷째 장애물은 볼리비아의 급박한 사회 상태를 최소한 일부라도 다룰 수 있는 긴급 사회기금을 설립하는 일이었다. 나는 초인플레이션의 종결이 고통이나 극단적 빈곤의 종말을 의미하지는 않는다는 점을 이해하기 시작했다. 그것과는 거리가 정말 멀었다. 나는 침울한 표정으로 정부의 경제 팀에 이렇게 말했다. 만약 그들이 용감하고 영웅적이며 확고하고 진지하며 정직하다면, 빈곤과 초인플레이션에 사로잡힌 나라를 경제(가격)가 안정된 빈국로 전환시킬 수 있을 것이라고 말이다. 나는 인플레이션이 종식되면 최소한 경제발전을 위한 기반은 마련될 것이라고 생각했다.

고니 산체스 데 로사다는 주석광산들이 생산성을 다시는 회복할 수 없을 것이므로 볼리비아가 완전히 개조되어야 한다는 점을 이해했다. 그러나 변혁과 개조를 이루는 데는 어느 정도 시간이 걸린다. 그때까지는 볼리비아인들이 생존해야 한다. 사람들은 일자리와 의료, 아이들을 위한 학교를 필요로 한다. 부채탕감은 해답의 일부일 뿐이다. 외국의 원조를 더 많이 얻기 위해 노력하는 것도 일부 해결책일 뿐이다. 극빈자들에게 직접적인 긴급 지원을 제공할 새로운 방법을 찾는 것도 필요하다. 어느 날 고니의 사무실에서 브레인스토밍을 하던 중 극빈층 마을들로 돈이 흘러가도록 할 수 있는 긴급 사회기금을 설립하자는 생각이 떠올랐다. 이 기금은 집수나 관개 또는 도로개선 같은 지방 인프라를 위한 재원에 도움이 될 것이다. 나는 세계은행에 전화를 걸었다. 세계은행의 볼리비아 팀 책임자인 캐서린 마샬이 직접 응답했다. "당신 말이 옳습니다. 그렇게 합시다." 아주 짧은 시간 안에 우리는 세계은행의 후원 아래 긴급 사회기금을 출범시킬 수 있었다. 그 기금은 특별히 어렵고 취약한 상황에서 일정한 사회안전망-일자리, 마을 수준의 인프라-을 제공했다.

이 시기에 내가 볼리비아에 마지막으로 가장 깊숙이 개입하게 된 계기는 1년 후 안데스의 마약 거래를 저지하려는 미군의 작전이 볼리비아에 심각한 타격을 가한 일 때문이다. 미군이 도착하자 볼리비아의 마약 거래자들이 황급히 달아났다. 곧이어 빠른 속도로 금융 위기가 일어났다. 고니와 나는 코카인 제조에 사용되는 코카의 재배를 더 철저히 박멸할 기회를 잡기로 했다. 우리는 만약 수만 명의 조직되고 정치적으로 동원된 코칼레로스(cocaleros: 코카 재배자들)를 위한 대안적 발전 방안에 미국이 의미 있는 투자를 한다면, 볼리비아를 다른 농업 및 제조업 수출국으로 전환시킬 수 있을 것이라고 믿었다.

고니와 나는 인류학자, 농업 전문가, 코카 재배 전문가들과 팀을 이루어 코카 생산에 대한 현실적인 대안을 제시할 프로그램을 작성했다. 물론 이 프로그램을 위해서는 국제적인 지원이 증대되어야 했다. 이 프로그램은 부분적으로는 사람들이 코카 재배지역을 벗어나 다른 고용기회를 찾도록 도와주고, 부분적으로는 다른 작물의 재배로 대체하기 위한 것이었다. 다른 많은 경우들과 마찬가지로 미국 정부는 15년에 걸쳐 점진적이고 단속적으로 진행할 이 아이디어 가운데 일부만을 채택했다. 또한 종종 그러했듯이 미국 정부는 자금지원 범위를 10분의 1로 줄였다. 그때나 지금이나 미국은 값싼 해결책만 찾고 극빈자들에게 비용을 전가하려고 기회만 엿볼 뿐, 결코 충분한 투자는 하지 않는다.

나는 고니와 함께 워싱턴으로 가서 그 분석을 제시했다. 미국의 지원이 없는 볼리비아란 끔찍했다. 나와 고니가 들은 말은 군사력으로 할 수 있는 일을 제외하고는 다른 무엇을 위해 지출할 만한 자금이 없다는 것이었다. 가장 최악의 일은 당시 국무부 장관이었던 조지 슐츠와의 만남이었다. 슐츠는 볼리비아 계획부 장관에게 30분 동안이나 미국이 직면한 예산 문제를 설명한 뒤 볼리비아인들에게 도움을 주기 위한 돈은 전혀 없다고 말했다. 이 지루한 설교는 당시 볼리비아보다 1인당 소득이 30배나 더 많은 나라의 국무부 장관이라는 사람이 한 것이다. 더욱이 당시 볼리비아는 정치적·경제적 안정을 무릅쓰고 코카 생산을 단속하라는 미국의 지시를 충실히 따르고 있었다.

자연지리에 대한 자각

볼리비아에서 일한 지 3년째 되던 무렵이었다. 세계은행의 친절하고 통찰력 있는 컨설턴트인 데이비드 모라위츠와 대화하던 중에 경제적 현실주의에 눈을 뜨게 되었다. 모라위츠는 국제무역 전문가로서 1970년대 콜롬비아의 직물과 의류부문의 붕괴를 고찰한 탁월한 책을 쓴 적이 있다. 모라위츠는 사업의 현실성에 대한 문제에 조예가 깊었다. 세계은행은 모라위츠를 파견해 한 가지 큰 문제를 다루게 했다. 즉 볼리비아가 주석과 코카 이후에 무엇을 수출할 수 있는가라는 문제였다.

모라위츠는 직접 관찰한 것을 가지고 대화를 시작했다. "이 나라는 내륙국입니다. 안데스 산맥에 위치해 어마어마하게 높은 수송 비용에 직면해 있습니다. 볼리비아가 수출할 수 있었던 유일한 제품은 단위당 가치가 무척 높은 상품들이었습니다. 그런 상품들만이 높은 수송 비용을 극복할 수 있기 때문입니다." 더 나아가 모라위츠는 볼리비아가 처음에는 은 수출국으로, 다음에는 금 수출국으로 스페인 식민지 시기에 한 나라로 탄생했다고 말했다. 볼리비아는 19세기 중반에는 고무 붐을, 20세기 초에는 주석 붐을, 1960년대와 1970년대에는 짧은 탄화수소 붐을, 그리고 1980년대에는 코카 붐을 경험했다. 볼리비아의 모든 수출품은 정말로 단위 중량당 가치가 아주 높은 상품들이었다. "이제 이 나라가 무엇을 수출할 수 있을까요?"

볼리비아의 지리적 곤경에 대한 모라위츠의 지적은 믿을 수 없겠지만 정말로 새로운 것이었다. 물론 나는 볼리비아가 산악지형의 내륙국이라는 걸 예전부터 알고 있었다. 아름다운 산이 볼리비아의 매력을 더한층 느끼게 하는 귀중한 자산임은 틀림없다. 하지만 높은 해발고도 때문에 나는 라파스에서 내내 숨쉬기가 힘들었다. 1884년 칠레가 볼리비아의 해안 영토를 가져감으로써 볼리비아는 내륙국이 되었다. 이 때문에 볼리비아인들은 칠레에 대해 오래도록 차가운 감정과 의혹의 시선을 보냈다. 그러나 나는 이 내륙국이라는 조건이 볼리비아의 만성적 빈곤을 야기하는 핵심적인 지리적 요인, 즉 압도적인 요인인지 미처 생각하지 못했다. 경제학자로서 훈련받는 내내 자연지리와 경제활동의 공간적 분포에 대한 이야기는 들어보지 못한 것이다.

지리적 곤란이라는 문제는 이후 15년 동안 내 생각을 사로잡았다. 내가 지리의 경제적 힘에 대해 생각하기 시작한 이상 지리적으로 곤란한 문제도 당연히 생각하지 않을 수 없었기 때문이다. 나라들의 위치와 인접국·지형·자원기반은 그 나라의 특징이 형성되는 데 심각한 영향을 끼친다. 모라위츠와 대화하며 나는 새롭게 각성하게 되었다. 나는 볼리비아에 대한 거의 모든 국제적 자문과 경제학 학술 문헌들이 가장 기본적인 점을 무시하고 있다는 사실을 깨달았다. 수천 킬로미터 떨어진 곳에서 이론을 만들어내는 경제학자들이 경제적 현실의 가장 기본적이고 중심적인 특징을 간과할 수 있다는 것을 알게 되자 무어라 표현할 수 없을 만큼 당혹스러웠다.

다행스럽게도 국가 경제 자문관으로서 행한 첫 시도에서 내가 저지른 심각한 실수는 아주 큰 혼란을 일으키지는 않았다. 내가 맡은 임무는 대체로 초인플레이션을 종결시키고 경제발전을 위한 재정적·금융적 기반을 재건하는 일이었다. 화폐 이론은 고맙게도 해발 4,000미터 고도에서도 잘 작동했다. 초인플레이션을 어떻게 끝내고 채무 위기를 어떻게 극복할 것인가에 대한 나의 통찰은 여전히 효력을 발휘했다. 그러나 내가 안정화에서 개발로 관심을 돌리자 자연지리와, 이것이 경제에 끼치는 영향에 대해 새롭게 초점을 맞추는 일이 결정적으로 중요해졌다.

임상경제학의 때 이른 교훈

볼리비아의 경험을 통해 나는 경제개발의 문제에 대해 최초로 폭넓은 통찰력을 얻게 되었다. 나는 개발의 핵심 문제들에 대해 올바른 지침을 줄 수 있으려면 얼마나 많은 것을 배워야 하는가를 아주 생생하게 이해하기 시작했다. 경제학자로서 나는 산악국이나 내륙국 또는 인접국과의 전쟁 같은, 즉 그 나라를 형성하는 데 결정적으로 중요한 영향을 끼치는 세부 특징을 간과하는 실수를 다시는 범하지 않을 것이다. 그래서 나라의 자원 기반·기후·지형·인접국들과의 정치적 관계, 국내의 민족적·정치적 분단, 세계 시장과의 근접성에 더욱 예민한 주의를 기울이게 되었다. 간단히 말해 감별 진단 기술을 가진 임상의가 될 필요가 있다는 걸 깨닫기 시작했다. 아직 명시적으로 이런 측면에서 사고하지는 않았지만, 왕진을 담당하는 경제학자라는 일반적인 관념은 날이 갈수록 확고해지기 시작했다.

나는 몇 가지 구체적인 것을 배웠고, 이것들은 장차 틀림없이 유용하게 쓰일 것이다.

- 안정화란 복잡한 과정이다. 대규모 적자를 끝내는 것은 단기간의 조치로 할 수 있는 일이다. 하지만 예산 적자를 발생시킨 근본적인 힘을 통제하는 일은 훨씬 더 복잡하고 장기적인 과정이다. 볼리비아에서 새로운 가격의 안정이 공고해지기 위해서는 많은 요인이 변해야 했다. 국내 석유 가격, 수익성 없는 광산들의 폐쇄, 국내 세제개혁, 부채탕감, 극단적 빈곤의 위험을 줄이기 위한 사회기금 등이 그런 변화들이었다.
- 거시경제적 도구들은 효력이 제한적이다. 거시경제적 안정화의 성공

에도 불구하고 볼리비아는 고유한 문제들 때문에 큰 어려움을 계속해서 장기적으로 겪었다. 자연지리, 큰 사회경제적 불평등에서 비롯된 국가적 분열, 수많은 난관이 가로막혀 있는 지역적인 정치 관계, 특히 칠레 · 브라질 · 아르헨티나와의 어려운 관계가 그런 문제점들이다.

- 변화가 성공적으로 이루어지려면 기술 관료적 지식, 과감한 정치적 지도력, 광범위한 사회적 참여 등이 결합되어야 한다. 기술 관료적 지식이 없었다면 가격안정화는 물론 부채탕감도 성공하지 못했을 것이다. 빅토르 파스 에스텐소로 대통령과 고니 산체스 데 로사다의 강력한 지도력이 없었다면 그 계획 자체가 좌초당했을 것이다.
- 성공을 위해서는 국내의 과감한 개혁뿐만 아니라 외국에서의 금융지원도 필요하다. 볼리비아는 과감하고 일관되며 복잡한 개혁을 할 필요가 있었다. 국제사회는 충분한 지원을 제공하고 부채를 탕감해 줄 필요가 있었다.
- 빈국들은 정당한 요구를 해야 한다. 고니와 내가 볼리비아의 부채 탕감을 줄기차게 요구하지 않았다면, 볼리비아는 대외 부채로 오랫동안 고통을 겪었을 것이다. IMF가 볼리비아를 구하러 오지 않았던 것은 확실했다. 아마 내가 세상 물정을 몰라서였겠지만, 나는 부채를 줄이기 위한 매우 다른 접근법이 필요할 뿐만 아니라 가능하다고 믿었다. 이런 관점은 옳은 것으로 입증되었다. 그 이후 나는 무엇이 필요한지를 더욱 명확하게 하려고 분투했고 '정치적으로 가능하다'는 말에는 주의를 훨씬 덜 기울였다. 무엇인가가 필요할 때 그것은 가능하고 또 가능해져야만 한다!

볼리비아는 1985년 이후 여러 부문에서 상당히 개선되었다. 사회적 · 정

〈표 1〉 1985년 이후 볼리비아의 진보

	1985	2002
1인당 GDP(1995년 불변 달러)	835	940
성인 문해율(15세 인구 중 %)	74	87
초등학교 취학률(%)	91	94
중등학교 취학률(%)	29	67
고등교육기관 취학률(%)	21	39
유아 사망률(신생아 1,000명 중 %)	87	56
5세 이하 아동 사망률(1,000명 중 %)	122	71

주: 1985년 혹은 2002년 데이터가 없는 경우에는 가장 가까운 해의 데이터를 사용했다.
출처: World Bank(2004).

치적 안정성, 입헌제도의 정착, 낮은 인플레이션, 1인당 플러스의 경제성장(공적 지원을 공고히 하기에는 너무 느린 성장이지만), 문해율과 취학률 면에서의 커다란 개선, 유아와 아동 사망률의 대규모 감소 등이 그런 점 등이다. 〈표 1〉은 개선된 일부 측면들을 보여 준다. 1980년대 초기에 1인당 소득 경로는 가파른 하락세에 있었는데, 안정화 이후 〈그림 3〉의 V자 곡선에서 보이듯이 상당한 증가가 나타났다. 고니는 이와 같은 성장 추세의 반전으로 칭송을 받았을 뿐만 아니라 드디어 대통령에 당선된 후 1993년부터 1997년까지 그 자리를 지켰다. 그러나 볼리비아의 성장은 1990년대 말과 새로운 세기를 맞아 몇 년 동안 정체되었는데, 이는 부분적으로는 남아메리카 전역의 전반적인 경제 위기 탓이었다.

볼리비아는 아직도 여전히 가난하고 분열된 나라다. 안정화와 시장 개방을 이룬 지 한 세대가 지났지만 빈곤의 끝은 여전히 보이지 않는다. 뿌

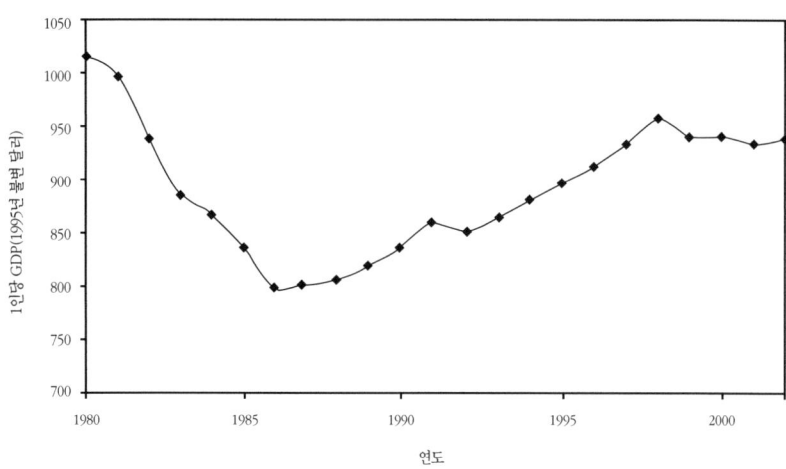

〈그림 3〉 볼리비아의 소득

출처: World Bank(2004).

리 깊은 민족적 분열이 여전히 남아 있다. 고니가 2002년 대통령 선거 2차 전에서 승리한 이후, 2003년에 코카 생산을 박멸하라는 미국의 요구를 볼리비아 정부가 묵인한 일과 천연가스를 미국에 판매하려는 정부의 계획에 국민들의 분노가 폭발했다. 폭력과 유혈사태를 진압하지 못한 채 고니는 대통령직에서 사임하지 않을 수 없었다. 1985년 이후 그가 이룬 두드러진 업적에도 불구하고 지리적 문제와 미국을 비롯한 기부국들의 상대적 무시가 볼리비아에게 무척 큰 부담이 되었다. 안데스의 나머지 전체 지역에서 계속된 경제 위기 역시 볼리비아를 무겁게 짓눌렀다.

볼리비아 이야기는 거시경제 개혁의 성공뿐만 아니라 뿌리 깊은 한계도 보여 준다. 가격 안정과 시장개혁으로 성장이 회복되었지만, 전 국민을 극단적 빈곤에서 벗어나게 하기에는 그 영향이 너무나 미미했다. 볼리비아의 경제적 전환은 여전히 부분적으로만 달성되었다. 볼리비아는 발전의 사다리에 한쪽 발을 힘겹게 올려놓았지만 다음 계단을 올라가는 일은 고통스러울 정도로 더디고 불확실했다.

  1980년대 중반 볼리비아가 안정화와 성장의 회복에 성공한 덕분에 부채탕감·안정화·사회적 프로그램에 대한 나의 진보적인 생각이 국제사회에서 주목을 받았다. 그 결과, 나는 브라질·아르헨티나·베네주엘라의 국가 지도자들에게서 함께 일하자는 제의를 받았다. 자연히 나는 남아메리카의 역사·자연지리·사회적 조건·경제적 추세에 대해 더 많은 것을 빨리 알게 되었다. 1989년 초에 예기치 않은 전화를 받고 폴란드로 향하게 되었는데, 이것은 내 이력서의 또 다른 한 장으로 기록될 만한 일이었다.

제6장
유럽으로 복귀: 폴란드의 경제개혁

　1989년 초, 나는 워싱턴 주재의 폴란드 대사관 직원인 크쥐시토프 크로바츠키에게서 느닷없는 전화를 받았다. 그는 다짜고짜 하버드 대학교의 내 사무실을 방문해도 되겠느냐고 물었고, 나는 그러라고 대답했다. 나는 그의 용건이 무엇인지 몰랐지만 크로바츠키의 방문은 결과적으로 동유럽에서 전개되기 시작한 역사적 사건에 참여하라는 초대장이 되었다.
　며칠 후 내 사무실을 찾은 크로바츠키는 폴란드에 닥친 경제적 재난을 설명하면서 내가 라틴 아메리카에서 해 오던 자문이 폴란드에도 쓸모가 있겠느냐고 물었다. 크로바츠키는 자기 나라가 아주 심각한 어려움에 처해 있다는 점을 차근차근 설명했다. 폴란드는 오래 전에 국제 채무이행을 부분적으로 유예시킨 적이 있고, 경제는 하루가 다르게 치솟는 인플레이션을 겪고 있었으며, 정치적 위기는 심화되고 있었다. 크로바츠키는 폴란드 정부가 개혁을 원한다고 말했다.

폴란드는 공산주의 국가 가운데 그나마 가장 자유로운 나라로 오랫동안 알려져 있었다. 그러나 1980년 연대노조의 출현과 그에 따른 군사적 억압 이후로 소련이 지배하는 동유럽에서 계엄령 아래 있던 유일한 나라였다. 1981~1989년간 계엄령이 선포된 동안에도 폴란드는 거대한 암시장과 밀수가 존재하는, 혼돈에 가까울 만큼 자유분방한 경제 상황에 놓여 있었다. 비록 많은 사람이 체포되고 감옥으로 보내졌지만 반대의 목소리는 사라지지 않았다.

나는 흥미를 느끼며 한 시간 이상 낯선 손님의 이야기에 귀를 기울였다. 우리는 발전도상국의 채무 위기와 내가 남아메리카에서 권고했던 내용들에 대해 이야기를 나누었다. 이야기가 끝나갈 즈음 크로바츠키는 나에게 폴란드로 가서 자기 동료들과 함께 이런 문제들을 토론해 보지 않겠느냐고 물었다. 나는 크로바츠키에게 폴란드에서 일어나는 일에 관심이 있고, 1976년 폴란드 브로츠와프에서 노동자들의 파업과 항의가 있은 직후 그 도시를 방문한 적이 있다고 말했다. 나는 동유럽의 사건들과 폴란드 사태를 대단한 흥미를 가지고 추적했는데, 그 까닭의 일부분은 내 처가(妻家)가 체코슬로바키아 이민자 출신이기 때문이다.

아무튼 나는 공산주의 정부를 위해서는 일하지 않겠다는 의사를 밝히며 크로바츠키의 초청을 정중하게 거절했다. 나는 가택연금 상태에 있던 레흐 바웬사의 열렬한 팬이었다. 정부는 물론 합법화된 연대노조와도 말할 기회가 오면 기꺼이 그렇게 말할 생각이었다. 나는 크로바츠키와 헤어지면서 "계엄령이 해제되거나 정치적인 변화가 있으면 곧바로 전화를 해 주세요. 그러면 기꺼이 달려가겠습니다"라고 말했다.

4주 후 크로바츠키가 다시 전화를 걸어 이렇게 말했다. "삭스 교수님, 무슨 변화가 있으면 전화를 하라고 하셨지요. 4월 초에 정부가 원탁회의에서 연대노조를 합법화할 것이라는 조짐이 있습니다." 그것은 깜짝 놀랄 만한 뉴스였다. 나는 그 소식을 곧이곧대로 받아들이지 않았다. 그런 일은 실제로 일어나기 전까지는 결코 확실하지 않기 때문이다. 그러나 나는 "그 일이 실제로 일어나면 저를 꼭 생각해 주십시오. 그리고 제가 가면 정부와 연대노조 경제학자들을 만날 수 있게 해 주십시오. 둘 사이의 간극을 메우는 데 저의 지식과 경험이 도움이 될 수 있으면 좋겠습니다"라고 말했다.

폴란드의 민주혁명

나는 모스크바에서 열린 회의에 참석한 후 1989년 4월 5일 바르샤바를 방문했다. 무역연구소의 한 전문 경제학자가 나를 초청했기 때문이다. 나는 채무관리에 대한 강연을 한 다음, 원탁협정의 서명을 위한 협상이 완료되어 가던 궁전 옆을 지나 연대노조 운동 출신인 두 명의 경제학자를 만났다. 비록 하루만 머문 짧은 방문이었지만 새롭게 진행되어 가는 역사를 충분히 느낄 수 있었다.

몇 주 후, 저명한 투자자이자 자선 사업가인 조지 소로스가 전화를 걸어 왔다. 소로스는 몇몇 연대노조 지도자를 비롯해 정부와 접촉을 했으며 폴란드를 여행하고 있는 중이라고 말했다. 그는 내게 폴란드 사람들을 만나기 위해 자기와 동행하지 않겠느냐고 물었다. 나는 소로스에게 정말 이상한 일이지만 최근 바르샤바에서 몇몇 사람과 논의한 적이 있고, 다시 와 달라는 공개 초대를 받았다고 말했다. 소로스는 자신의 금융적 후원이 동유럽 전역에서 민주화를 촉진하는 데 틀림없이 도움이 될 것이라는 점을 잘 알고 있었다. 소로스가 팩스기 · 복사기 · 비행기 티켓 등을 가장 알맞은 때에 보낸 것이 동유럽 전역의 민주혁명에 유례없이 큰 촉매 역할을 담당했다. 1989년 5월, 나는 소로스와 함께 폴란드로 가서 다시 연대노조 경제학자들을 만났으며 이번에는 정부 관리들도 만났다.

그해 봄, 모든 사람이 공산주의 지배가 계속될 것이라고 예상했다. 그러나 경제적 혼돈이 증대하고 있었으므로 정치적 평정을 회복하여 개혁 추진을 위한 기반을 마련해야 할 절박한 필요성이 있었다. 어느 누구도 무엇을 해야 할지 몰랐다. 경제가 고장 났다. 모든 계획이 붕괴되었을 뿐만 아니라 암시장·인플레이션·극단적 결핍이 만연했다. 여행이 끝나 갈 무렵 나는 연대노조 집단과 폴란드 정부에게 악화일로의 경제 위기에 대처하는 데 기여할 뜻이 있음을 전했다. 나는 소로스에게 작은 팀을 운영하려고 하는데, 이 팀의 운영 비용을 스테판 바토리 기금에서 지출할 수 있겠느냐고 물었다. 나는 함께 일할 친구 한 명을 초대했다. 이전에 내가 가르친 학생이었고 현재는 IMF에 있는 공저자 데이비드 립튼이었다. 우리는 곧 일어날 일에 대한 아무런 낌새도 눈치 채지 못한 채 경제 자문을 시작했다.

폴란드의 정치적 전환점은 1989년 6월 4일이었다. 중국에서 천안문 사태가 일어난 바로 그날, 폴란드는 반세기 만에 최초로 부분적인 자유선거를 치렀다. 원탁협정에 따라 두 가지 일이 일어났다. 첫째, 의회에 상원이 추가되었다. 둘째, 세임(Sejm)이라고 일컬어지는 하원의석 3분의 1이 선거로 뽑히게 되었다. 연대노조는 양원을 휩쓸었다. 100개의 상원의석 중 99개, 선출직 하원의원 비율의 35%를 획득했다. 정치적 지진이 일어난 셈이다. 즉 부분적인 정치 개방이 이루어졌으며 동시에 "공산주의자들은 퇴장해야 한다"는 주장이 공개적으로 나타났다.

그 후 두 달 동안은 나의 직업적 삶에서 가장 두드러진 시기였다. 내가 선거 직후 폴란드로 돌아갔을 때 젊고 역동적인 활동가 그제고르츠(래리)

린덴베르크가 나와 립튼을 따로 데려가 연대노조 운동의 지도적 전략가들인 브로니스와브 게레멕·야첵 쿠론·아담 미흐닉을 차례로 만나게 했다.[1] 세 사람 모두 인권을 획득하기 위해 온몸으로 투쟁의 길을 헤쳐 온 전 세계적 거물들이었다. 또한 유럽의 냉전적 분할을 종결시키는 데 결정적인 역할을 담당했다.

어느 날 저녁, 나는 게레멕과 한자리에 앉아 있었다. 게레멕은 연대노조가 그 시점에 무엇을 해야 하는지를 질문했다. 우리는 몇 시간에 걸친 토론을 시작했다. 나는 게레멕에게 선거에서 연대노조가 통치를 위임받았다고 말했다. 그렇지만 폴란드에 내려진 계엄령은 말할 것도 없고 1953년 동독과 1956년 헝가리, 1968년 체코슬로바키아에서 소련의 군사적 진압 등 최근 동유럽에 반복된 비극을 생각하면 섣불리 판단하기는 어렵다는 말을 황급히 덧붙였다. 그러나 선거 결과는 명확했다.

게레멕은 이의를 제기했다. 나는 그의 주름진 이마에서 역사의 무게를 읽을 수 있었다. 게레멕은 동유럽에서 어떤 형태로든 권력분산 자체가 실질적으로 어려운 일이고, 더욱이 완전히 무너지지는 않았더라도 극심한 혼란 상태에 놓여 있는 경제를 연대노조가 실제로 운영할 수 있을지 못내 의심스럽다고 말했다. 게레멕은 연대노조가 원인을 제공한 것이 아니며, 또한 쉽게 치유할 수 없는 책임은 피해 가는 것이 낫지 않을까 하고 생각했다. 따라서 정치적으로 간접 개입하는 것, 즉 새로 선출된 상원에 설치된 경제위원회-연대노조의 통제 아래 있는-를 통해 자문을 제공하는 정도에 그쳐야 한다는 것이었다.

내가 이의를 제기할 차례였다. 나는 경제란 간접적으로 조종할 수 있는 게 아니며, 또 상원의 경제위원회를 통해서는 연대노조가 역사적 역할을 수행할 수 없다고 주장했다. 이에 덧붙여 경제 안정화 프로그램 관리와 관련한 온갖 시행착오와 난관을 설명했다. 실제로 경제개혁이란 볼리비아에서처럼 정말로 '지긋지긋한 일의 연속'이고, 초인플레이션의 돌발적 분출과 대외 채무 위기를 거치면서 경제를 이끈다는 것은 살얼음판을 걷는 일처럼 한시도 마음을 놓을 수 없는 과업이라고 설명했다. 그럼에도 내가 왜 연대노조가 성공할 수 있다고 생각하는지를 논리적으로 설명했다. 나는 경제개혁이 분명히 효과를 낼 것이라고 주장했다. 대중이 연대노조와 함께 있었다. 지금은 그 어느 때보다 행동할 시점이었다.

토론이 몇 시간 동안 계속되자 그의 얼굴이 서서히 붉어졌다. "토론을 하고 나니 무서운 기분이 드는군요. 당신 주장이 옳은 것 같기 때문입니다. 더 이상 선택의 여지가 없는 것 같습니다."

그는 립튼과 내게 야첵 쿠론을 만나 볼 것을 제안했다. 우리는 며칠 후 이른 저녁 시간에 쿠론의 아파트에서 만났다. 이곳에서는 또 다른 공부를 하게 되었다. 쿠론은 테이블을 비롯한 모든 곳에 책이 쌓여 있는 혼잡한 방 안의 책상에 앉아 있었다. 쿠론은 그날 저녁 피울 여러 갑의 담배가 든 꾸러미에서 담배 한 갑과 술 한 병을 꺼냈다. 쿠론은 영어가 서툴렀다. 말은 가까스로 하는 수준이었고, 알아듣는 일은 그보다 약간 더 나은 정도였다. 쿠론은 미소를 지으며 "좋소, 그렇다면 당신들은 왜 여기 온 거요?"라고 물었다.

"글쎄요, 전 당신과 만나 폴란드가 이 혼란에서 어떻게 벗어날 수 있는지에 대해 논의해 보라는 이야기를 들었습니다." 래리의 통역을 통해 쿠론은 "좋소, 그래 당신들이 할 말이 뭐요?"라고 다시 물었다. 나는 폴란드에서 경제개혁을 한다는 것이 정말로 무엇을 뜻하는지에 대한 이야기를 엮어 나가기 시작했다. 폴란드가 올바른 경제를 지닌 정상적인 나라가 되어야 한다고 말했다. 쿠론을 포함한 동유럽의 혁명가들은 '유럽으로 복귀하자'는 구호를 내걸었다. 이 혁명가들은 공상가나 새로운 사회 시스템의 발명가를 자처하지 않았다. 혁명가들은 단지 폴란드와 이웃 나라들이 다시 통합된 '정상적인' 유럽의 일부가 되어야 한다고 요구했다. 경제적인 측면에서 그것은 서쪽 이웃 나라들과 같은 혼합 경제를 채택한다는 걸 의미했다.

나는 계속 말을 이으며 볼리비아에서의 경험에 근거하여 폴란드의 유럽 복귀를 위한 경제적 전략을 개략적으로 제시했다. 볼리비아 역시 자초한 몇십 년 동안의 보호주의 이후 세계 경제로 '복귀'했기 때문이다. 또한 폴란드의 상황을 각각 프랑코와 살라자르의 오랜 군사독재 이후인 1970년대의 스페인과 포르투갈 상황과 비교했다. 이 나라들은 경제적·정치적으로 고립되어 있다가 개혁을 통해 유럽의 심장부로 복귀하기 위한 길을 찾았다. 이 나라들의 유럽 복귀를 두드러지게 보여 준 것은 상당한 경제적 업적이었다. 높은 경제성장률과 다른 유럽 나라들에게서 일자리 창출형 외국인 투자를 끌어들이는 데 성공한 점이 바로 그것이었다.

나는 폴란드가 유럽 경제로 복귀하는 데 필수적인 일은 시장방식에 의한 유럽과의 교역일 것이라고 말했다. 사람과 재화, 기업들이 유럽으로 들고날 수 있도록 하는 것, 서유럽의 법률·제도·통치구조 패턴을 채택하는 것, 그리하여 나중이 아니라 조만간-예상컨대 5년의 시간표 위에서- 폴란드가 유럽 공동체의 당당한 일원이 되도록 하는 내용이 바로 그것이다. 그러나 이런 목표점들에 도달하기 위해서는 단호한 안정화 조치가 필요했다. 왜냐하면 물자부족·암시장·급등하는 초인플레이션이 눈앞에 닥친 위기였기 때문이다. 볼리비아가 1987년에 달성했던 것처럼 폴란드도 산더미처럼 쌓인 상환불능의 대외 채무를 부채의 일부 탕감 협상을 통해 감축해야 했다.

이 대화는 연대노조 주도의 정부가 성립되기 훨씬 이전에 이루어졌고, 따라서 내 이야기도 가정에 근거한 것이었다. 이야기를 듣는 동안 쿠론은 책상을 치며 "예, 알겠소! 예, 알겠소!"라고 말했다. 담배연기가 방 안에 가득 찼고, 술병이 계속 비었다. 나는 말하고 또 말했는데 아마 서너 시간은 족히 그렇게 했을 것이다. 나는 땀으로 흠뻑 젖었다. 그날 밤 대화가 끝나갈 무렵 쿠론은 "좋소, 알겠소! 우리가 그걸 하겠소. 필요한 계획을 만들어 보시오"라고 말했다.

나는 '우리 생각이 마음에 든 모양이군. 일이 흥미롭게 되어 가고 있어'라고 생각했다. 나는 "쿠론 씨, 우리가 귀국해서 한두 주 후에 이 생각과 관련된 것을 팩스로 보내 드리겠습니다"라고 말했다. 그러자 쿠론은 책상을 치며 "아니오! 지금 당장 계획이 필요합니다"라고 말했다. 나는 선뜻 이해가 되지 않아 "무슨 말씀입니까?"라고 물었고 "바로 내일 아침에 필요하단 말입니다" 하는 대답이 들려왔다. 립튼과 나는 그 뜻을 파악하지 못한 채 서로 쳐다보았다. 그러자 쿠론이 다시 말했다. "내일 아침에 그 계획이 필요합니다." 그때가 밤 11시 30분쯤 되었을 것이다. 이번에는 래리가 말했다. "좋소. 〈가제타 비보르차〉 사무실로 건너갑시다. 거기에 컴퓨터가 있습니다. 당신의 계획을 기록할 수 있을 겁니다." 래리는 아담 미흐닉을 새 편집장으로 하여 최근 새롭게 합법화된 연대노조 신문인 〈가제타 비보르차〉의 간부였다.

시장경제를 확립하기 위한 계획

우리는 한밤중에 뉴스 룸에 도착했다. 그 뉴스 룸은 유치원 교실을 개조해 만든 곳이었다. 나는 키보드 앞에 앉아 립튼과 함께 소비에트 세력권 내의 사회주의 경제에서 유럽공동체 안의 시장경제로 폴란드를 변혁시킬 계획을 작성하기 시작했다. 동이 틀 무렵까지 작업한 결과, 개혁의 핵심 개념과 이 과정에 소요되는 시간표가 담긴 15쪽짜리 계획안을 완성할 수 있었다. 내 생각에 이 계획안은 사회주의 경제를 시장경제로 전환시키기 위한 포괄적인 계획으로는 최초였다. 이 계획안은 무역과 환율·가격 자유화·통화 태환성·안정화·산업정책·부채탕감 등의 문제를 간략하게 다루고, 가장 불확실한 영역인 재산의 사유화에 대해서도 약간 다루었다.

우리가 제안한 내용은 전반적으로 시장경제로의 극적이고 신속한 전환―제도적 단절을 뛰어넘는 도약―을 옹호했다. 그러면서 광범위한 사유화가 달성되기 이전에라도 시장의 힘이 도입되어야 한다는 입장을 견지했다. 우리의 가설은 국영기업이 비록 국가를 제외하고는 주인이 없는 관료기구라는 사실에도 불구하고 시장의 힘에 따라 운영하도록 허용받는 경우에 보통의 사업체와 같은 기능을 담당할 것이라는 점이었다. 이 가설은 마침내 옳은 것으로 드러났다. 우리는 머지않은 장래에 국가가 다양한 방식의 사유화를 통해 이런 기업들을 운영할 실제 주인을 찾아야 할 것이라는 점을 강조했다.

우리는 이후 몇 년 동안 여러 번 반복하여 사용한 경제적 약기법으로 우리의 프로그램을 기술했다. 그것은 본질적으로 다음과 같은 다섯 가지 틀에 기반을 두고 있었다.

- 안정화: 높은 인플레이션을 종결시키고 안정적이고 태환 가능한 통화를 확립한다.
- 자유화: 사적인 경제활동을 합법화하고 가격 통제를 철폐하며 필수

적 상법을 제정함으로써 시장이 기능할 수 있도록 한다.
- 사유화: 현재 국가가 소유한 자산들에 대한 사적 소유주를 확인한다. 이 자산들은 상황에 따라 기업 전체의 형태나, 부분적 자산(기계·건물·토지) 형태로 사유화될 수 있을 것이다.
- 사회안전망: 노인과 빈민에 대한 연금, 보건 및 기타 수당을 확보한다. 이것은 특히 이행의 완충장치로 기능할 것이다.
- 제도적 조화: 유럽연합(1989년 당시는 유럽공동체)의 후보 자격을 취득하기 위해 서유럽의 경제적 법률과 절차와 제도들을 단계적으로 채택한다.

폴란드의 문제들은 라틴 아메리카의 문제점들과 어느 정도 비슷했지만, 몇 가지 근본적인 차이도 있었다. 비슷한 점은 주로 거시경제적인 것들이었다. 라틴 아메리카와 마찬가지로 폴란드는 높은 인플레이션, 대규모 예산 적자, 과중한 대외 채무를 가지고 있었다. 라틴 아메리카의 일부에서처럼 폴란드의 통화는 불안정하고 공식 환율로 자유롭게 태환되지 않았다. 따라서 공식 환율과 암시장 환율 사이에 큰 간극이 있었다. 이 간극은 다시 대규모 밀수와 탈세를 파생시켰다.

어쩌면 훨씬 더 중요한 문제는 차이점이었을 것이다. 폴란드는 문맹이 없고, 민족적으로 동질성을 갖춘 사회였다. 볼리비아를 분열시킨 민족적·계급적 분열이 다행스럽게도 폴란드에는 존재하지 않았다. 또한 폴란드는 빈곤하지도 않았다. 물론 폴란드의 인프라는 황폐한 상태였고 대대적인 정비를 필요로 하고 있었다. 수십 년간의 에너지 집약적 공업화와 환경적 통제의 부재 속에서 공기와 물이 오염되었고, 소비에트 시대의 공장들은 서구 시장과 견주어 경쟁력이 떨어졌다. 그럼에도 불구하고 폴란드는 대체로 근대적인 도시화를 이루고 있었으며, 기초 인프라(도로·전력·상하수도·해항과 공항)를 갖추고 있었다. 지리적 여건도 양호했다. 폴란드에게는 근대 역사상 처음으로 독일과 근접해 있다는 사실이 큰 플러스 요인으로 작용할 것이다. 이런 근접성 덕분에 폴란드와 서유럽 최대 경제 사이에 쌍방 교역이 쉽기 때문이다(이와 같은 근접성이 과거에는 외부 세력들의 반복된 침공과 점령을 의미했다).

라틴 아메리카와의 가장 큰 차이점은 무엇보다 폴란드 사회가 어디로 향할지를 알았다는 점이다. 그 방향은 서유럽이었다. 1945년 이전에 폴란드는 시장경제였던 적이 있었고, 따라서 개혁의 일부는 1930년대 상법에서 먼지를 털어내는 일이 될 것이었다. 또 다른 일부는 유럽공동체가 공유하고 있는 법률적 기반인 좀더 현대적인 상법을 채택하는 일이었다. 유럽 복귀를 탐색하고 있는 폴란드에게는 훌륭한 역할 모델도 있었다. 적어도 부분적으로는 독재자 프란시스코 프랑코 사후의 스페인이 적절한 모델이었다.

스페인과 폴란드는 유럽에서 비슷한 지위를 점하고 있다. 두 나라 모두 인구 약 4,000만 명의 가톨릭 국가다. 두 나라 모두 유럽대륙 경제의 주변에 위치해 있다. 〈지도 6〉에서 볼 수 있듯이 스페인은 남쪽으로, 폴란드는 동쪽으로 라인 공업지대의 심장부에서 비슷한 거리만큼 떨어져 있다. 이런 점에서 두 나라는 모두 유럽의 후발 공업국이었다.

1955년 두 나라 경제의 1인당 GDP는 대체로 비슷한 수준이었다. 스페인은 516달러였고, 폴란드는 755달러였다. 두 나라 모두 전쟁의 피해를 입었다(스페인의 경우에는 내전이었다). 폴란드는 새롭게 소련의 정치적 통제 아래로 들어갔다. 스페인은 프랑코 생전에도 점진적으로 자유화되었고, 1975년 프랑코 사후에는 유럽과의 통합을 가속화했다. 스페인은 1986년에 최종적으로 유럽공동체에 가입했다. 스페인의 유럽 복귀는 스페인의

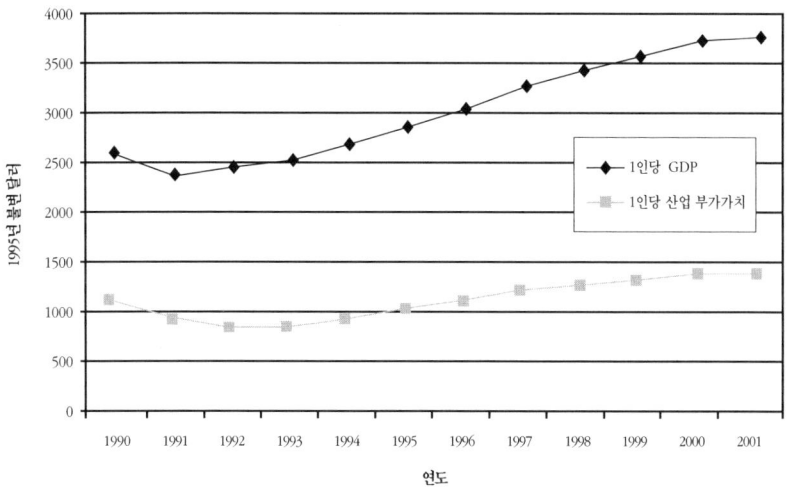

〈그림 1〉 폴란드의 GDP와 산업 생산

출처: World Bank(2004)에 실린 데이터를 이용해 계산했다.

경제성장에 거의 기적 같은 영향을 끼쳤다. 스페인은 서유럽 관광객과 투자자들을 끌어들였고, 인접국을 상대로 한 수출 붐을 누림으로써 유럽에서 가장 빠르게 성장하는 경제 가운데 하나가 되었다. 1989년 스페인의 1인당 GDP는 폴란드의 약 4배였다.

나의 솔직한 희망과 신념은 폴란드가 스페인과 같은 유형의 붐을 충분히 누릴 수 있고, 거의 40년에 이르는 잃어버린 시간을 보충할 수 있다는 점이다. 그러나 우리가 그 계획안에 쓴 것처럼 매우 중대하고도 불확실한 측면이 한 가지 있었다. 소련과의 무역 연계라는 기반 위에 구축된 폴란드의 낡은 중공업은 어떻게 될 것인가? 이 문제가 곧 드러나게 되어 있었다. 계획안이 이행되기 시작하면서 낡은 산업에 의한 생산이 크게 줄어들었다. 첫 번째 나타난 변화는 소비에트 시대의 기업들이 퇴출되면서 산업 생산이 극적으로 하락한 일이다. GNP가 회복되기 시작한 것은 개혁을 추진한 지 2년 만인 1991년이었다. 다행스럽게도 그 회복은 곧 추진력을 얻어 〈그림 1〉에 나타나듯이 폴란드의 GDP와 산업 생산량을 1989년 수준 이상으로 끌어올렸다.

| **계획의 출범** | 다음 날 아침, 그 계획안을 야첵 쿠론에게 가져갔다. 쿠론은 "좋아요, 좋습니다. 가서 미흐닉을 만납시다"라고 말했다. 〈가제타 비보르차〉의 편집장인 아담 미흐닉은 연대노조의 지식인 3인방 가운데 세 번째 인물이었다. 미흐닉은 용감하고 몽상적이었지만 생각만큼은 내가 동유럽과 구소련의 민주적 격변 과정에서 만난 누구 못지않게 명확했다.

나는 미흐닉에게 계획안을 설명했다. 그러자 미흐닉은 계속해서 "난 경제학자가 아닙니다. 이런 건 이해하지 못해요"라고 말했다. 설명이 끝나갈 즈음 미흐닉이 물었다. "이게 효과가 있을까요? 내가 알고 싶은 건 이겁니다. 이게 작동할 것이라고 정말로 확신합니까?" 나는 힘주어 "예! 이건 훌륭한 계획이고 반드시 작동할 겁니다"라고 대답했다. 그러자 미흐닉은 "좋소, 그러면 내 마지막 의문은 이거요. 나는 정치적으로는 무엇을 해야 할지 알고 있소. 이제 당신이 나에게 경제를 발전시킬 전략도 있다고 설명하고 있소. 그렇다면 우리는 정부에 들어갈 것이오"라고 말했다.

며칠 안에 미흐닉은 〈가제타 비보르차〉에 폴란드의 정치적 변혁을 정의한 사설 '당신들의 대통령, 우리의 수상'을 썼다. 권력은 분산될 것이다. 연대노조는 정부를 구성할 것이고, 공산주의자들은 대통령과 '권력 부처들(국방·내무·정보·경찰)'을 유지할 것이었다. 그것은 반세기 동안의 쓰디쓴 정치적 분열을 뛰어넘어 신뢰를 형성하는 탁월한 선택이었다. 미흐닉의 타협책은 정치적 현실주의에 근거해 있을 뿐만 아니라 연대노조와 폴란드 공산당 지도자들 모두 폴란드의 애국자들이라는 근본 인식에 기반을 두고 있었다. 이들을 분열시키기보다는 통합을 도모하는 방책이었다. 권력 부처들이 공산주의자들의 손에 있을 경우에는 연대노조 지도부가 대민 부서들을 차지하는 데 소련도 동의할 가능성이 훨씬 더 컸다.

이 지점에서 미흐닉·쿠론·게레멕은 립튼과 나에게 이제 레흐 바웬사에게 브리핑을 할 시점이라고 조언해 주었다. 우리는 며칠 후 작은 비행기를 타고 바르샤바에서 그다니스크로 날아갔다. 택시를 탄 우리는 저 유명한 그다니스크 조선소-1980년에 바웬사가 이곳의 담벼락에 뛰어 올라감으로써 동유럽에서 자유혁명이 시작되었다-가 있는 거리를 지나 거의 비어 있는, 굴 같은 건물로 들어갔다.

우리는 바웬사의 사무실로 안내를 받았다. 벽들은 마르틴 루터 킹 주니어, 로버트 케네디 사진들과 다양한 포고령과 상장들로 덮여 있었다. 창 밖으로는 조선소 입구의 커다란 닻이 보였다. 바웬사가 들어왔고 우리는 인사를 나누었다. 바웬사가 불쑥 말을 시작했다. "당신들은 누구요? 용건이 뭐요?" 나는 "바웬사 씨, 우리는 폴란드가 초인플레이션 속으로 빠져들고 있다는 사실을 이야기하려고 왔습니다. 당신에게 보여 드리고 싶은 안정화와 개혁을 위한 계획안이 있습니다"라고 말했다. 바웬사는 즉각 내 말을 가로막고는 "난 추상적 논의를 위해 여기 오지는 않았소. 내가 알고 싶은 건 우리가 어떻게 그다니스크에 은행을 들여올 수 있는가 하는 것이오."

나는 잠시 당혹스러웠지만 이야기를 끝까지 밀어붙였다. "바웬사 씨, 초인플레이션이란 결코 추상적인 문제가 아닙니다. 현재의 경제 위기는 정말로 폴란드 사회를 망가뜨릴 수 있습니다." 나는 실제로 일어나고 있는 일을 설명하기 시작했다. 바웬사는 귀를 기울이다가 한두 가지 질문을 한 다음 이렇게 말했다. "난 외국의 은행들을 여기에 어떻게 데려올 수 있는지를 더 알고 싶소. 우린 훌륭한 건물들을 갖고 있소. 우린 은행이 필요해요. 난 당신이 그다니스크에 은행을 유치하는 일을 도와주길 바라오." 나는 "그렇다면 그 일에 도움을 주기 위해 노력할 겁니다"라고 대답했다. 경제 문제를 조금 더 논의한 후 바웬사가 우리에게 그곳까지 와 주어서 고맙다는 말을 하며 이제 그만 나가 달라고 요청했다. 우리는 무척 당황스러웠다.

며칠 후, 나는 모스크바 주재의 벨기에 대사관을 방문하여 몇 명의 대사들에게 강연을 했다. 강연이 끝나자 벨기에 대사가 나를 조용한 곳으로 데리고 가더니 이렇게 말했다. "당신이 레흐 바웬사를 만났다더군요. 좀 놀라시겠지만 내가 바로 그 다음에 바웬사를 만났소." 내가 놀란 표정을 짓자 대사가 말을 계속했다. "글쎄 바웬사가 내게 '그 친구가 하던 말을 도무지 알아들을 수 없었지만 확실히 재미있게는 들렸소'라고 합디다."

그 이후 나는 여러 차례 바웬사를 만났다. 나는 과거에는 물론이고 지금도 바웬사를 무척 존경한다. 바웬사는 분명히 나를 폴란드로 이끈 영감의 원천이었다. 조선소 담장에 용감하게 뛰어오름으로써 자기 나라에 자유를 가져 온 전기공이었던 바웬사는 거시경제를 배울 시간이 없었다. 그러나 그는 인간의 본성과 정치에 대해서는 명확히 이해했고, 나는 그에게 많은 것을 배웠다. 바웬사는 나뿐만 아니라 전 세계에도 큰 가르침을 주었다. 바웬사는 1990년대 초의 폴란드의 위대한 대통령이었고, 인간의 자유를 위해 싸운 세계의 영웅 전사 가운데 한 명이다.

립튼과 나는 미국으로 돌아갔다. 1주일 후인 7월 중순에 나는 미흐닉에게 전화를 걸어 "그래, 어떻게 돼 가고 있소?" 하고 물었다. 그러자 미흐닉은 "좋습니다. 일이 잘되어 갈 겁니다"라고 대답했다. 나는 "무슨 뜻이오?"라고 다시 물었다. 미흐닉은 고르바초프가 전화를 걸어 와 우리가 제안한 변화에 동의한다고 말했다는 것을 차근차근 설명했다. 소련은 연대노조의 수상과 공산주의자의 대통령을 받아들일 예정이었다. 이것은 세계 평화와 냉전 종말을 위해 고르바초프가 결정한 또 하나의 특별한 기여였다. 고르바초프는 폴란드에서 연대노조가 권력을 장악할 수 있도록 적극 도왔다. 연대노조의 권력 장악은 소련 지도자들이 어쩔 수 없이 받아들인 기정 사실이 아니었다. 그것은 어디까지나 평화를 위해 고르바초프가 조장한 것이다.

립튼과 나는 8월 초에 폴란드로 돌아가 폴란드 의회의 연대노조 의원들에게 경제개혁을 위한 계획안을 소개했다. 〈가제타 비보르차〉도 폴란드가 경제 위기에서 벗어날 방책으로 '삭스 계획'을 적극 알리는 여러 편의 기사를 크게 실었다. 마조비에츠키 수상이 취임한 8월 24일, 연대노조 출신 의원들이 나에게 강연을 부탁했다. 이 날은 폴란드가 거의 반세기 만에 처음으로 정치적 자유를 갖게 된 날이었다. 국내외 모든 미디어가 주목하고 있었고, 미국의 공화당 상원의원이자 정치 지도자인 밥 돌과 그의 부인인 엘리자베스 돌도 참석해 있었다.

돌 상원의원이 먼저 연설했다. 돌은 미국 국민과 대통령의 축원을 전했다. 돌은 폴란드가 정치적 자유를 획득하는 시점에 미국 국민이 함께 한다는 점을 폴란드인들이 알아 주길 원한다고 말했다. 폴란드가 민주주의와 자유의 길에서 성공을 거두도록 미국이 적극 지원할 것이라는 뜻도 전했다. 돌은 긴 박수를 받은 후 자리에 앉았다. 그 다음으로 내가 단상에 불려 나갔다.

나는 폴란드의 경제가 매우 뿌리 깊은 위기에 봉착해 있고, 초인플레이션이 진행되고 있으며, 사회주의 시스템이 붕괴하고 있다는 말로 연설을 시작했다. 따라서 폴란드가 과감하고 긴급하게 시장경제로 옮겨 가야 할 것이라고 주장했다. 그런 다음 모든 사람의 마음을 무겁게 만드는 한 가지 거대한 문제가 있다고 말했다. 400억 달러에 달하는 엄청난 대외 채무가 바로 그것이었다. 많은 사람들은 이 채무야말로 폴란드를 유럽 및 번영과

갈라놓을 진정한 장벽이 될 것이라고 걱정했다.

"방금 전에 돌 상원의원께서 말씀하신 것을 여러분께 다시 상기시켜 드리고 싶습니다. 돌 상원의원께서는 미국 국민들이 당신들과 함께 할 거라고 말씀하셨습니다. 전 이 말씀이 진심임을 추호도 의심하지 않습니다. 우리 미국인들은 지난 45년간의 압제에서 벗어난 폴란드가 현대 역사상 가장 중요하고 긍정적인 사건을 창조하고 있다고 생각합니다. 미국인들은 여러분과 늘 함께 할 것입니다. 유럽인도 여러분과 함께 할 것입니다. 그래서 나는 돌 상원의원께서도 폴란드의 부채가 당연히 탕감되어야 한다는 점에 동의하실 거라고 확신합니다. 소비에트 시대의 부채가 폴란드인의 자유를 어떤 식으로든 위험에 빠뜨릴 일은 결코 없을 것입니다."

나는 또 이렇게 말했다. "여러분의 채무 위기는 끝났습니다. 여러분이 해야 할 모든 일은 여러분의 채권자들에게 이런 엽서를 보내는 것입니다. '그동안의 호의에 깊이 감사합니다. 하지만 지금 우리는 자유와 민주주의 시대에 있고 소비에트 시대의 부채를 갚을 수 없습니다' 라고 말입니다." 이 구절은 이후에도 내가 종종 즐겨 사용했다. 그리고 다시 "그것에 대해 다시는 생각하지 마십시오. 과거는 이제 끝났습니다"라고 말했다. 아주 당연한 일이겠지만 사람들은 충격을 받은 듯했다. 하지만 잠시 후 우뢰와 같은 박수가 터져 나왔다.

그날 저녁 이후로 워싱턴의 많은 사람들이 폴란드의 새 정치 지도자들에게 내가 아주 위험한 인물이라고 말했다. 워싱턴의 고위층 가운데 한 명 이상의 폴란드계 인사가 수상에게 나를 폴란드에서 내보내라고 충고했다. 내가 폴란드 개혁을 망가뜨릴 수 있다는 것이다. 물론 나는 걱정하지 않을 수 없었다. 내 생각이 옳다고 여겼지만 경제 자문가로서 내 입지는 보잘것없었다. 폴란드는 안정화·통화 태환성·부채탕감과 더불어 시장경제로 단호하게 전환해야 했다. 그것은 점점 더 깊어지는 위기에도 불구하고 작동할 가능성이 아주 높은 매력적이고 종합적인 개혁 패키지였다.

다음 날 저녁, 립튼과 나는 새 수상인 마조비에츠키를 만났다. 우리는 밤늦게 스탈린 시대풍의 내각 청사로 안내를 받았다. 수상은 지친 모습으로 우리를 맞이했다. 그의 어깨에 걸린 무거운 짐이 그대로 드러나 보였다. 수상은 나이가 많은 사람이었고, 앞으로 몇 달간 극도로 힘든 시간을 보낼 것이다. 나는 수상이 경제 위기에 어떻게 접근할지 예상할 수 없었다. 하지만 단 한마디로 수상이 본질을 정확히 이해하고 있음을 알 수 있었다. 수상은 "나는 폴란드의 루트비히 에르하르트를 찾고 있습니다"라고 말했다.

루트비히 에르하르트는 전후 독일의 경제장관으로서, 독일을 시장경제의 길 위에 단호히 올려놓은 유명한 인물이었다. 에르하르트는 경제장관으로서는 과감한 정책을 펼쳐 성공을 거둔 것으로 유명했지만, 1960년대 초에 맡게 된 수상직은 그다지 성공적으로 수행하지 못했다. 에르하르트는 특히 서독에서 가격 통제를 하룻밤 새 종결시킨 것으로 유명했다. 이 조치 덕분에 상품들이 암시장에서 가게로 흘러가게 되었다. 나는 이런 종류의 극적인 조치를 권고하고 있었는데, 나중에 이것은 '충격요법'이라는 이름으로 널리 알려졌다. 또한 에르하르트는 볼리비아의 곤잘로 산체스 데 로사다에게도 큰 영감을 주었다.

나는 내 생각을 좀더 자세히 설명했고, 새 수상은 나의 계획이 그가 하려고 했던 것과 아주 비슷하다고 대답했다. 수상은 경제개혁에 필요한 노력을 실질적으로 지도할 사람을 찾고 있었다. 수상은 이전에 한 번도 만난 적이 없는 레세크 발체로비치라는 사람을 내 상대로 임명했다. 발체로비치는 마지막까지 경제개혁을 이끌었고, 폴란드의 진정한 루트비히 에르하르트였다. 발체로비치는 용감하고 탁월하며 단호한 지도자였다.

립튼과 나는 2주 후에 발체로비치를 만났다. 나는 몇 분간 우리 계획을 설명했는데, 발체로비치는 이 계획을 이미 잘 알고 있었다. 발체로비치는 앞으로 전개될 일정을 정리한 커다란 도표를 꺼내 테이블 위에 펼쳐 보였다. 발체로비치는 "우린 이것을 할 예정이고, 대단히 빠른 속도로 수행할 것입니다"라고 말했다. 발체로비치는 바르샤바 경제계획대학의 교수였다. 발체로비치는 뉴욕 시에 있는 세인트존스 대학교에서 경영학 석사학위를 받은, 정치적으로 독립된 학자로서 존경을 받았다. 영어를 완벽하게 구사했고, 시장경제를 이해했으며, 장거리 주자였다. 자기 앞에 놓인 일을 해내려면 장거리 주자로서 인내력이 필요했다.

  우리는 발체로비치 및 그의 팀과 공동작업을 통해 개념을 정책으로 전환시키기 시작했다. 몇 가지 아이디어를 개략적으로 제시하는 것은 쉬운 일이었지만, 정교한 프로그램을 작성하는 것은 결코 쉽지 않았다. 더 나아가 법률·예산·재정상에 필요한 일정을 계획하는 일은 더욱더 어려웠다. 세부계획 작성은 불가피하지만 막대한 노력이 소모되는 일이다. 이 때문에 의회라는 국외자 입장에서는 개혁을 결코 이끌 수 없다. 따라서 개혁은 집행 팀과 실질적인 집행 리더가 이끌어야 한다. 발체로비치는 1989년 9월 말 워싱턴에서 열리는 연례 IMF 회의에서 자신의 계획을 처음 발표했다. 우리는 계획 초안의 작성을 도왔고, 발체로비치가 그 초안을 회의에서 금융계 지도자들에게 돌렸다. 결정적으로 중요한 시점이었다. 세계는 폴란드가 하려고 계획한 일을 듣기 위해 기다리고 있었다.

  IMF 회의가 열리던 어느 날 아침, 발체로비치에게 전화를 건 나는 이렇게 말했다. "레세크, 좋은 생각이 하나 있소. 내가 오늘 당신에게 10억 달러가 생기도록 하고 싶소. 폴란드 통화의 안정화를 위한 기금, 즉 즐로티(zloty) 안정화기금을 조성하고 싶소. 폴란드 즐로티를 태환 통화로 만들려면, 개혁의 시작부터 곧바로 즐로티를 안정적 가치에 고정시켜야 할 거요. 그러기 위해서는 폴란드는 외환보유고가 필요하고, 이 보유고는 가용성이 매우 높은 안정화기금 안에 예치될 수 있을 겁니다." 그러자 발체로비치는 "자금을 조성할 수 있을 거라고 생각합니까? 10억 달러가 생긴다면 정말 좋겠지요"라고 대답했다.

립튼과 나는 일하는 데 습관이 되어 있었으므로 립튼의 숙소에 있는 식당 테이블에 컴퓨터를 설치했다. 그러고는 10억 달러짜리 즐로티 안정화기금 구상을 설명하는 한 쪽짜리 메모를 타이핑했다. 이 메모에서 우리는 폴란드의 유럽 복귀를 위한 핵심 요소로서 통화 태환성과 안정성 개념을 설명했다. 그런 다음 우리는 돌 상원의원을 만나러 갔다. 우리가 그 구상을 설명하자 돌 상원의원은 마음에 들어 했다. 그는 우리에게 한 시간 후 자기 사무실로 다시 오라고 했다. 국가안보 보좌관인 브렌트 스코우크로프트 장군을 만나라는 것이었다. 우리는 그 개념을 스코우크로프트 장군에게 설명했고, 장군도 마음에 들어 했다. 날이 저물어 갈 무렵 백악관이 그 구상을 받아들였다. 그 주가 끝나갈 무렵 부시 행정부는 10억 달러의 즐로티 안정화기금을 지지한다고 발표했다. 미국은 2억 달러를 부담할 것이고, 다른 나라 정부들이 나머지 8억 달러를 채워 주길 바란다고 했다. 그해(1989년) 말에 기금이 모였고, 1990년 1월 1일 폴란드의 개혁이 시작될 시점에 즐로티 안정화기금이 출범했다.

| 계획에서 행동으로   폴란드의 '빅뱅' 또는 흔히 일컬어지는 충격 요법은 새해 첫날 시작되었다. 사실상 모든 가격 통제가 해제되었다. 통화가 엄청난 비율로 평가절하되었고, 1달러당 9,500즐로티라는 새 환율이 고정되었다. 즐로티 안정화기금이 그 통화를 뒷받침했고, 폴란드중앙은행

은 1달러당 9,500즐로티의 환율을 유지하기 위해 언제든지 시장에 개입할 것이라고 선언했다. 여러 가지 새로운 경제입법이 발효되었는데, 대표적인 것은 민간 기업체들의 사업활동을 허용하는 법률이었다. 서유럽과의 무역 장벽이 철폐되었고, 민간 무역업자들은 상품을 매매하기 위해 서유럽을 자유롭게 출입할 수 있게 되었다.

첫날은 무시무시했다. 가격 통제가 해제되면서 소비에트 시대에 억압되어 온 초과 수요 때문에 상품가격이 약 5배로 폭등했다. 예를 들어 특정한 부위의 소고기와 돼지고기 등의 가격이 하루 만에 1킬로당 1,000즐로티에서 5,000즐로티로 상승했다. 그러나 개혁을 단행하기 전의 1,000즐로티 가격은 대체로 허구적인 것이었다. 아침 일찍 적당한 가게를 찾아 줄을 선 운 좋은 사람들만 그 가격에 고기를 구할 수 있었고, 나머지 대다수 쇼핑객은 텅 빈 매대만 쳐다보아야 했다. 정말로 고기를 원하는 사람들은 1킬로당 5,000즐로티보다 훨씬 높은 암시장 가격을 지불했다. 이런 사정을 모른다면 가격이 5배나 오른 현상을 충격적으로 볼 수 있다. 하지만 1990년 1월 1일 이전의 암시장 가격을 그 이후의 자유시장 가격과 비교해 보면 가격이 실제로는 하락했다는 것을 알 수 있다. 개혁 이후에는 암시장뿐만 아니라 가게 매대에서도 상품을 구할 수 있게 되었다. 또한 이 변화는 물건 구입에 들어가는 시간과 노력을 줄임으로써 상품가격을 낮추어 주었다.

이론과 실제는 정말로 다르다. 나는 1990년 1월 1일 가격 통제의 해제가 상품을 적절한 가격으로 가게에 되돌려 놓을 것이라고 확신했다. 그러나 1990년이 시작된 직후 며칠 동안은 정말로 피 말리는 긴장의 연속이었다. 나는 미국에서 폴란드로 정기적으로 전화를 걸었다. 린덴베르크는 점점 더 신경질적으로 변해 갔다. "일주일이나 되었지만 아직도 가게에서는 진열된 상품을 볼 수 없소." 그러나 얼마 후 갑자기 빠른 속도로 변화가 나타났다. "제프, 가게들에 상품이 나타났소! 사실 저쪽 아래 백화점에서는 몇몇 가전제품 가격을 할인하는 행사도 하고 있소. 내가 어른이 되어 처음 본 할인 판매요. 무언가가 분명히 일어나기 시작하고 있어요."

실제로 몇 주 만에 시장이 물건들로 가득 찼다. 그 당시 립튼과 나는 폴란드를 방문했을 때, 재무부 건물 모퉁이에 있던 가게에 킬바사 소시지가 있는지 계속 조사했다. 1989년 말 내내 소시지를 전혀 볼 수 없었다. 1월 중순에는 소시지가 오전 약 11시까지 매대에 남아 있었다. 몇 주 후에는 하루 종일 많은 양의 소시지가 남아 있었다. 독일과 폴란드 사이에 놀랄 만한 보따리 무역도 시작되었다. 폴란드인들이 작은 차를 몰고 국경 너머 독일로 가서는 상품을 매입한 후 폴란드에서 팔았다. 이 보따리 무역업자들은 자동차 트렁크에서 상품을 꺼내 팔고 즐로티를 독일 마르크로 바꾸어(그해 초 이후로 태환이 합법화되었다) 다음 장사를 위한 상품을 매입했다. 다른 사람들은 폴란드 상품을 팔거나 서유럽 건설현장에서 노동력을 팔았다. 이 때문에 독일 마르크를 비롯한 서유럽 화폐들이 폴란드 시장으로 흘러 들어갔다.

이와 같은 무역으로 폴란드가 하룻밤 새 부유해지지는 않았다. 새로 얻을 수 있는 상품들은 비쌌고 소득은 여전히 낮았다. 그러나 폴란드인들은 암시장에서 원하는 상품을 찾아 헤매거나, 텅 빈 가게 앞에서 상품을 구하기 위해 줄을 서며 하루를 허비하는 일 따위는 더 이상 하지 않게 되었다. 교역의 자유는 다가올 몇 년 동안 경제성장의 주춧돌이 되었다. 물론 소비 행태에서도 급격한 변화가 일어났다. 어떤 변화는 바람직했지만 어떤 것은 무척 고통스러웠다.

폴란드인의 식단 구성에도 바람직한 한 가지 변화가 일어났다. 1990년까지 낙농가들에 대한 과도한 보조금 때문에 폴란드인들의 식단은 지방질

이 높은 낙농제품 비율이 지나치게 높았다. 1990년 초에 보조금이 철폐되었고, 식단은 콜레스테롤에 찌든 낙농제품에서 벗어나 싱싱한 과일과 채소로 바뀌었다. 폴란드에서 예전에는 바나나 같은 과일을 접할 수 없었지만, 이제는 보따리 무역을 통해 구할 수 있게 되었다. 식단의 변화 덕분에 심장병 발병률이 몇 년 안에 현저히 떨어졌다.

가장 큰 혼란은 단연 폴란드의 거대 국유 산업기업들에서 일어났다. 이전에는 많은 기업이 오직 중앙집권적 계획화 때문에 생존했다. 이 기업들은 시장에서 팔릴 수 있는 제품을 만들지 않았다. 특히 서구 제품들을 즉시 구입해 쓸 수 있게 되자 그 기업들이 만든 제품은 시장에서 팔리지 않았다. 많은 기업이 소련 시장을 상대로 한 상품을 만들고 있었지만, 소련 시장은 더 이상 고객이 될 수 없었다. 대부분의 중공업은 수십 년 동안 소련의 매우 값싸고 풍부한 에너지 공급에 기반을 두고 있었다. 1990년 초에 폴란드에서 공산주의 통치가 끝나면서 소련은 동유럽에 석유와 가스를 엄격한 시장경제 방식으로 판매하기 시작했고, 따라서 공급이 크게 감소했다.

폴란드의 대규모 중공업 기업들은 노동력 규모를 축소했으며 몇몇 공장은 영원히 문을 닫을 수밖에 없었다. 더 이상 존재하지 않는 소비에트 경제에 맞도록 훈련받은 40~50대 중년 노동자들이 가장 큰 고통을 겪었다. 해고된 노동자들 대다수는 잠시 동안 실업수당을 받았고, 조기퇴직 이후에는 연금을 받았다. 역사는 이들에게서 생산적 고용을 위한 훈련과 지식을 쌓을 기회를 앗아갔다.

그나마 다행스러운 일은 독일을 비롯한 서유럽 나라들의 외국인 투자가 비교적 일찍 회복되기 시작한 것이다. 1989년 말, 보스턴으로 되돌아가던 취리히 공항에서 아세아브라운보베리(ABB) 중역이 나를 만나자고 연락해 왔다. 이 중역은 나에게 자기 회사가 폴란드에 투자할 것을 고려하고 있다고 말했다. 즉 국유 발전터빈 공장을 인수할 생각을 하고 있다는 것이다. 이 중역의 요청에 따라 ABB 이사진을 만났을 때 이들은 폴란드의 장래에 대해 내가 나타내는 긍정적인 믿음에 무척 놀라워했다. 결과적으로 ABB 지도부는 내가 표명한 낙관적 입장을 받아들였고, 투자계획이 속속 진행되었다. 이 투자는 무척 성공적이었고, 그 회사는 ABB의 전 세계적 생산망을 통해 세계의 모든 곳으로 발전터빈을 판매하게 되었다. ABB가 거둔 성공은 폴란드가 세계 경제로 통합된 현상이 어떻게 폴란드에서 일자리를 창출하고, 폴란드 산업의 생산성을 상승시키며, 폴란드와 유럽 경제의 통합을 촉진하고, 생산성과 생활수준 상승의 긴 과정을 시작하는 데 도움이 되는지를 한눈에 보여 주는 명확한 사례다.

일반적으로 서유럽 기업들은 1989년 이후로 동유럽 시장에 공산품을 수출하기 위해 생산시설을 세우거나, 동쪽의 낮은 임금을 활용하려고 동유럽에 투자하기 시작했다. 바로 이와 동일한 과정이 1970년대와 1980년대에 유럽공동체에 통합된 스페인의 급격한 경제적 진보를 가속화시켰던 것이다. 지리적인 위치는 여느 때처럼 동유럽에서도 경제적 사건을 규정하는 힘을 보여 주었다. 서유럽 시장에서 멀리 떨어진 나라일수록 그 나라로 흘러드는 1인당 외국인 직접투자(FDI)가 더 낮았다. 이것은 〈그림 2〉에 예시되어 있다. 각 탈공산주의 나라들이 유럽 경제의 심장부인 슈투트가르트에서 떨어진 거리가 가로 축에 표시되어 있고, 1996년의 1인당 FDI의 양이 세로 축에 표시되어 있다. 엄밀한 분석이 아니라 하더라도 오른쪽으로 향하는 곡선은 강한 관련성을 보여 준다. 즉 서유럽에 가까울수록 FDI도 더 높다.[2]

2년 만에 폴란드가 재난에서 벗어났고 실제로 성장하기 시작했다는 점이 많은 사람들에게 이해되기 시작했다. 그와 같은 소생은 동유럽의 모든 나

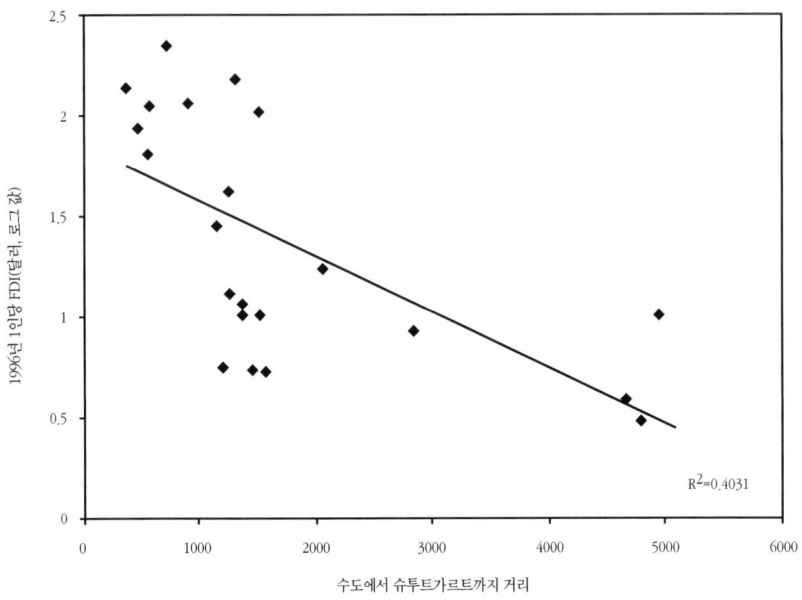

〈그림 2〉 동유럽과 구소련의 위치와 FDI

출처: World Bank(2004)에 실린 데이터를 이용해 계산했다.

라에서 진행된 탈사회주의적 성장의 첫 사례였다. 역사적으로 비관주의에 심하게 물어뜯긴 상황에서도 일정한 낙관주의가 스며들기 시작했다. 그러나 낙관주의가 진정으로 부활하기 위해서는 시커먼 먹구름처럼 폴란드의 미래를 뒤덮고 있던 대외 채무에 대한 해결책이 하루빨리 나와야 했다.

소비에트 시대의 부채에서 해방

늘어나는 채무이행이 개혁의 편익을 먹어치운다면, 발체로비치도 고통스러운 경제개혁의 불화와 혼란을 관리할 수 없었을 것이다. 개혁에서 얻는 이득이 외국인 채권자들이 아니라 폴란드인들에게 돌아가야 했다. 이것은 내가 오랫동안 라틴 아메리카와 동유럽에서 강조해 왔던 정치·경제의 기본 요점이었다. 발체로비치는 내가 권고했던 것과 똑같이 선을 긋기로 결정했다. 폴란드는 협상을 통해 대외 부채의 많은 부분을 탕감받겠다는 목표를 세웠다. 이 목표에는 폴란드의 장래가 소비에트 시대의 부채에 인질로 잡혀서는 안 되고, 폴란드인들이 민주주의와 세계적으로 통합된 시장경제에 과감히 뛰어든 혜택을 직접 누릴 수 있어야 한다는 강력한 의지가 담겨 있었다.

그러나 협상은 그리 쉽지 않을 것으로 보였다. 나는 미국·유럽·일본의 고위 재무관리들에게서 서구 채권국들이 유럽에 있는 나라의 채무를 면제해 주지는 않을 것이라는 말을 반복해서 들었다. 이 관리들은 볼리비아와 폴란드가 매우 다른 경우라고 주장했다. 발체로비치가 독일의 헬무트 콜을 방문했을 때 타결이 이루어졌다. 발체로비치가 독일로 떠나기 전에 나는 그에게 1953년 작성된 런던협정을 읽어 보면 도움이 될 것이라고 권했다. 이 협정을 통해 제2차 세계대전 승전 연합국들은 제2차 세계대전이 일어나기 전의 부채를 탕감시킴으로써 신생 독일민주연방공화국이 상큼한 출발을 할 수 있도록 했다. 콜 수상이 폴란드에 대한 부채탕감을 거부하기 시작하자 발체로비치는 콜에게 자신이 요청하는 대우를 독일도 똑같이 받았다는 점을 지적하고 런던협정 요약문을 제시했다. 그러자 콜은 역사적인 경우라고 하면서, 독일이 받았던 것과 똑같은 처우를 폴란드에게 해 주겠다고 약속했다. 그것이 돌파구였다. 결국 폴란드는 부채의 50%를 탕감받았는데, 금액으로는 약 150억 달러였다.

세계의 채무국들은 만약 부채를 탕감받으면 더 이상 신용을 인정받지 못할 것이라는 이야기를 종종 듣는다. 이 주장은 논리가 거꾸로 되어 있다. 어떤 나라가 과도한 부채를 지고 있으면, 그 나라는 신용을 얻을 수 없다. 합리적인 투자자는 새로운 대부를 하지 않을 것이다. 금융적 현실 속에서 정당한 근거가 있고 신의와 성실의 원칙에 따라 협상되는 부채탕감이라면, 그리고 해당 채무국이 이후에 건전한 경제정책을 추구한다면, 부채탕감은 신용을 낮추기보다는 높일 것이다. 결국 부채가 적고 통치가 잘되는 나라는 새로운 대부를 얻을 수 있는 기회가 높아진다. 부채탕감은 장난이나 변덕의 대상이 될 수 없다. 그것은 과거의 책임을 회피하기 위한 게임이 되어서도 안 된다. 부채탕감은 진정한 사회적·경제적·정치적 현실을 반영해야 한다. 그런 상황에서 협상에 의한 부채탕감은 채무국에 새로운 희망과 경제적 기회를 주고 신용을 회복시킬 수 있다. 바로 이것이 폴란드에 일어난 일이었고, 폴란드는 1990년대에 자본 시장으로 복귀했다.

유고슬라비아는 운이 그리 좋지 않았다. 내가 폴란드에 자문을 해주고 있을 때 유고슬라비아 역시 폴란드와 비슷한 양상인 초인플레이션의 소용돌이와 과도한 대외 채무, 사회주의적 붕괴에서 벗어나도록 도와 달라고 요청했다. 유고 연방의 마지막 수상인 안테 마르코비치는 1990년 1월에 나의 도움으로 수립된 안정화 계획에 착수했다. 그 계획은 훌륭하게 출발했다. 그리고 슬로보단 밀로세비치가 연방정부와 그 경제 프로그램의 토대를 허물기 위해 고의적이고 파멸적인 책동만 취하지 않았더라면 틀림없이 실제로 작동했을 것이다.

마르코비치는 당시 세르비아의 우두머리였던 밀로세비치와의 투쟁에서 지원을 필요로 했다. 마르코비치는 유고슬라비아의 부채상환을 면제가 아니라 연기해 달라고 서구 열강에 호소했다. 부채상환 연기는 마르코비치에게 금융적으로 숨쉴 공간과 정치적 위상을 확립하도록 도와주었을 것이다. 두 가지 모두 안정화 계획을 강화시켰을 것이고, 이 계획의 성공은 마르코비치의 입지를 더욱 강화시켜 주었을 것이다.

그러나 밀로세비치가 유고슬라비아를 해체하기 위한 투쟁에서 힘을 얻는 동안에 부시 행정부와 유럽연합 그리고 IMF는 마르코비치의 온건한 요구마저 거부했다. 내 생각에 이 거부는 외교정책과 국제 경제정책을 서로 분리시킨 어리석은 판단 때문이었다. 유고슬라비아 붕괴의 책임이 서구가 아니라 밀로세비치에게 있기는 하지만, 서구세계는 유고슬라비아의 통합을 유지시키기 위한 정교한 노력을 기울이지 않았다. 그 당시 미국 대사였던 워렌 짐머만은 저서인 『붕괴의 기원: 유고슬라비아와 그 파괴자들』에서 유고슬라비아의 붕괴를 설명하면서 나와 같은 결론에 도달했다.

폴란드 개혁에서 얻은 교훈

2002년 폴란드는 1인당 소득 면에서 1990년보다 50%나 더 부유해졌고, 동유럽이나 구소련의 모든 탈공산주의 나라 가운데 가장 성공적인 성장을 기록했다. 민주주의가 출범한 지 15년이 된 시점인 2004년 5월 1일에 폴란드는 유럽연합의 회원국이 되었다. 폴란드는 진정으로 유럽에 복귀했다. 비록 폴란드가 서유럽의 부유한 이웃 나라들과 비교했을 때 소득과 부의 갭을 메우려면 수십 년의 시간이 더 필요하고 계속된 도전을 극복해야 하지만, 폴란드의 경제개혁은 일단 성공했다.

내가 최초로 폴란드의 초청을 받은 것은 볼리비아를 비롯한 남아메리카의 여러 나라에서 경험을 쌓은 덕분이었다. 라틴 아메리카의 안정화와 부채탕감의 교훈은 폴란드에게 정말로 큰 도움이 되었다. 1989년 1월 크쥐

시토프 크로바츠키가 하버드 대학교의 내 사무실을 찾아왔을 때 그가 희망했던 것이 마침내 실현된 것이다. 나는 폴란드에 도착한 이후 수많은 것을 배웠다. 그 교훈은 폴란드(가까운 다른 나라들)에 필요한 일을 이해하고, 더 나아가 라틴 아메리카와 세계 많은 곳의 사건들과 경제발전 전략을 이해하는 데도 결정적으로 중요하게 작용했다. 폴란드와 볼리비아의 유사성은 물론 차이점도 나를 사로잡았다. 한 나라의 지리·역사·국내 사회적 동향이 그 나라의 경제적 성과를 어떻게 규정하는지 비로소 이해할 수 있었다. 임상경제학이 몇 가지 갈래로 진화하기 시작했다.

첫째, 나는 바깥 세계와의 특수한 관계가 한 나라의 운명을 결정적으로 규정하는 메커니즘을 어느 때보다 더 깊이 인식했다. 볼리비아의 역사·위기·경제적 전망 모두 천연자원 수출로 생계를 꾸려 가는 산악 지형의 상황을 철저하게 반영했다. 이와는 대조적으로 폴란드의 역사·위기·경제적 전망은 모두 서쪽으로는 독일, 동쪽으로는 러시아 사이에 낀 채 주로 낮은 지형의 평원으로 이루어진 상황을 철저하게 반영했다. 1763년부터 1989년에 이르기까지 2세기 내내 길고 평평한 포메라니아 평원은 지구상 최악의—물론 이보다 더 나쁜 곳도 있었지만—땅 가운데 한 곳이었다. 독일과 러시아 군대가 여러 차례 폴란드를 침공했다. 폴란드는 18세기 후반 인접 강국들 간의 분할로 지도에서 사라졌다가 1919년 제1차 세계대전 이후 평화조약의 일환으로 지도에 다시 나타났다. 그러나 독립은 진정한 자유가 아니었다. 폴란드는 제2차 세계대전이 시작된 1939년 9월에 독일과 러시아의 침공을 동시에 받았다. 그런 다음 1945~1989년 사이에 소련의 점령 아래 놓여 있었다.

나는 비록 폴란드의 지리가 지난 2세기 동안에는 세계에서 가장 불리했겠지만, 1989년 이후에는 가장 운 좋은 경우가 될 것이라고 믿었다. 유럽에 평화가 정착되면서 독일과 러시아 사이의 넓고 평평한 지역은 점령군을 실어 나르는 탱크 대신 관광객을 실어 나르는 승용차와, 물품을 운반하는 트럭을 위한 완벽한 조건이 될 것이다. 실제로 국제무역과 외국인 투자 붐과 더불어 이와 같은 지리적인 특징은 1989년 이후 폴란드에 이롭게 작용했다. ABB와 폭스바겐을 비롯한 10여 개의 서유럽 기업들이 유럽 시장을 상대로 뻗어 나갈 수 있는 엄청나게 유리한 생산기지로 폴란드를 점찍었다. 그리하여 폴란드는 수십억 달러의 외국인 투자를 유치했다. 이것은 산악국인 볼리비아로서는 꿈에서나 생각할 수 있는 일이었다.

둘째, 나는 폭넓은 경제적 변혁을 위한 기본적인 지도 개념(guiding concept)의 중요성을 다시 한 번 배웠다. 그것은 당장의 변화에 대해 수백만 명에게 지침을 주고 사회에서 큰 논의를 조정하기에 충분할 만큼 강력한 개념이다. 볼리비아에서 지도 개념은 민주주의, 초인플레이션의 종말, 주석과 코카 생산국에서 무엇인가 새로운 생계 수단을 가진 나라로의 발전적인 전환을 의미했다. 폴란드는 무엇보다도 유럽 시장으로 복귀하는 일이 시급한 문제였다. 서유럽, 특히 유럽공동체(나중의 유럽연합)는 준거점, 조직원리, 더 나아가 폴란드의 변혁을 위해 달성해야 할 특수한 과제를 제공했다. 만약 종결점이 가까워 보인다면 폴란드 사회에서 고난과 불확실성도 견딜 만한 일이 될 것이다. 실제로 유럽연합 가입 약속이 개혁 시작 이후 14년 만에 비로소 달성되었다.

셋째, 나는 원대한 구상의 실용적 가능성을 다시 발견했다. 바로 이 점이 결정적으로 중요한 요소다. 폴란드는 불구가 된 사회주의 경제에서 시장경제로 이동하는 근본적인 변혁을 필요로 했다. 종결점은 아주 명확했지만 경로는 그렇지 않았다. 그 경로에서 걸림돌이 될 만한 몇 가지 현실적인 문제가 존재했다. 폴란드는 이웃 시장경제들, 특히 독일 경제와 통합될 필요가 있었다. 이를 위해 시장 방식의 무역을 위한 안정적이고 태환 가능한 통화가 필요했다. 그러나 즐로티에 대한 신뢰가 빠르게 회복되지 않는 한 즐로티의 태환성은 아주 먼 일처럼 보였다. 그러므로 즐로티 안정화기금이라는 구상이 출현한 것이다. 폴란드는 반드시 신용을 회복할 필요가 있었지만, 소비에트 시대의 과잉 부채가 방해가 되는 듯했다. 그러므로 협상에 의한 부채탕감 구상이 나타난 것이다. 이 특수한 정책 경제발전을 위한 원대한 비전과 얼마나 잘 맞는지를 드러냄으로써 그리고 실제적인 역사적 전례(1953년 독일이 맺은 런던협정)를 제시하면서, 나는 폴란드가 유럽시장으로 복귀하는 길 위에 놓여 있는 걸림돌을 치우는 데 필요한 실용적인 접근법을 납득시킬 수 있었다.

넷째, 어느 경우든지 '아니오'라는 대답을 용납하지 말아야 한다는 것을 배웠다. 거의 2년 동안 G7[3]의 고위 재무관료들에게서 폴란드의 부채가 면제되지 않을 것이라는 이야기를 들었다. 그러나 부채는 결국 면제되었다. 실제로 종종 그러하듯이 강력한 논리가 이겼다. 그러나 강력한 논리가 패배하는 경우도 있다. 유고슬라비아뿐만 아니라, 러시아 개혁에서도 중요한 면에서는 패배했다. 그런데 '아니오'라는 대답을 반복해서 듣다가 결국에는 '예'라는 대답을 듣게 된 경험은 정책 주장에 대한 나의 관점에 깊은 영향을 끼쳤다. 나는 정치적으로 불가능하다고 간주되는 것을 당연한 것으로 여기지 않는다. 오히려 반드시 행해질 필요가 있는 일은 사람들이 불가능하다고 주장하더라도 줄기차게, 성가실 정도로 반복해서 주장할 준비가 되어 있다. 이런 나의 태도는 때로는 놀라운 성공을 낳았지만, 러시아 개혁의 사례에서 경험했듯이 깊은 실망감도 안겨 주었다.

마지막으로 폴란드의 경험은 내가 볼리비아에서 명확하게 배웠던 근본적인 교훈을 더욱 확고하게 심어 주었다. 사회가 위기에 깊이 빠졌을 때

정상 궤도로 복귀하기 위해서는 거의 언제나 외부로부터 일정한 도움이 필요하다. 문제에 빠진 나라들은 자기 스스로는 거의 어찌 할 수 없고, 가족·친구·카운셀러·공공 프로그램의 도움을 필요로 하는 개인처럼 도움을 받아야 한다. 위기에 빠진 사회들은 무질서라는 강력한 힘의 지배를 받는다. 지도자들이 나라를 이끌고 싶어 해도 사회는 분열하여 폭력과 전쟁 또는 무정부 상태로 빠져 들어갈 수 있다. 1990년대 초의 유고슬라비아가 바로 그런 경우였다. 투자자들이 나라를 떠나는 이유는 근본적으로 취약한 문제뿐만 아니라 다른 사람들이 떠나는 모습이 눈에 들어오기 때문이다. 재앙은 자기실현적 예언이 될 수 있다.

이런 상황에서 외부 원조는 최소한 두 가지 점에서 아주 결정적으로 중요하다. 첫째, 경제의 기초 여건을 바로잡는 데 원조가 필요하다. 부채탕감이 그런 원조의 적절한 예다. 둘째, 개혁에 대한 신뢰를 강화하는 데 원조가 필요하다. 즐로티 안정화기금이 그 명확한 예다. 은행에 10억 달러를 가지고 있다는 것만으로도 즐로티가 안정적이고 태환 가능한 통화라는 것을 사람들에게 확신시켜 주기에 충분했다(특히 나머지 거시경제 정책이 책임감 있게 운영되고 있기 때문이기도 하다).

거의 모든 나라가 몇 가지 점에서 중요한 원조를 받았다. 미국은 독립전쟁 동안 프랑스의 지원을 받았다. 유럽과 일본은 제2차 세계대전 이후 미국의 광범위한 원조를 받았고, 10년 후 한국도 똑같은 원조를 받았다. 이스라엘은 미국의 방대한 금융지원을 받았다. 독일과 폴란드는 부채를 탕감받았다. 우리는 과도하게 도덕군자인 척하는 태도를 취하는 것을 경계해야 한다. 또는 세계에서 가장 빈곤하거나 취약하며 위기에 처한 사람들에게 단지 그들 자신의 문제를 스스로 해결해야 한다고 말해서는 안 된다.

제7장
정상의 회복: 러시아의 투쟁

1989년부터 1990년대 중반까지 폴란드의 경제개혁을 위해 혼신의 힘을 쏟은 후 나는 내 본연의 일인 학문 연구로 복귀할 계획이었다. 나는 1990년에 정기적으로 동유럽을 여행하며 동유럽에 대해 더 많은 것을 알게 되었고, 민주주의를 위해 밤낮으로 일하는 정치 지도자들을 더 많이 만날 수 있었다. 그리고 폴란드를 비롯한 인근 나라들에서 진행되던 변혁에 관심을 보인 몇 명의 젊은 러시아 경제학자들을 만나기 시작했다.

1990년 여름, 데이비드 립튼과 나는 러시아의 경제계획청인 고스플란(Gosplan) 책임자들의 초청을 받았다. 우리는 마르크스와 레닌을 비롯하여 공산주의를 위해 일생을 바친 수많은 인물들의 흉상과 초상화로 가득 찬 고스플란의 꼭대기 층으로 초청을 받은 최초의 외국인이라는 이야기를 들었다. 우리는 소련의 고위 경제계획 책임자들에게 시장개혁의 논리와 핵심 원리를 상세하게 설명해 주었다. 고르바초프의 페레스트로이카는 상당

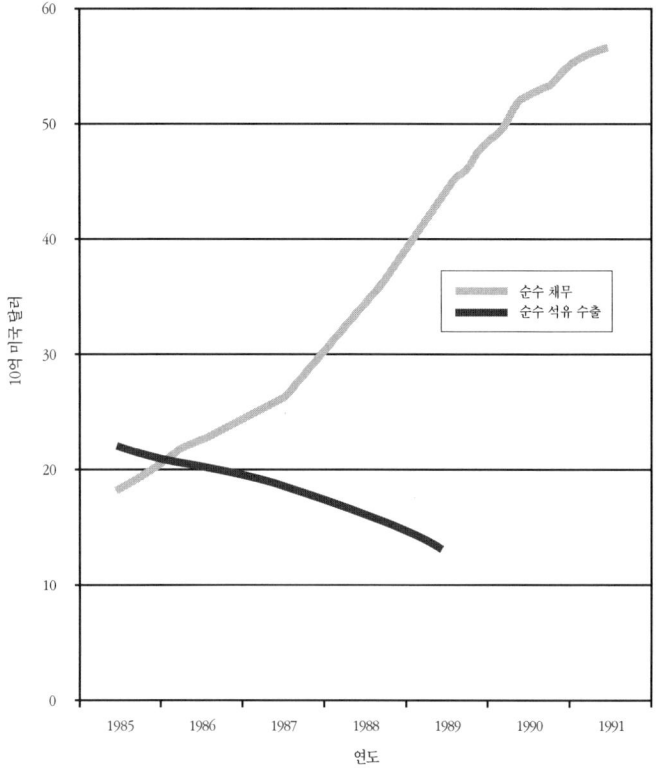

〈그림 1〉 소련의 석유와 채무(가위형)

출처: Aslund(1995); IMF(1991)에서 계산한 석유 수출 소득.

히 진행되고 있었지만, 경제는 나쁜 징후만 드러내고 있었다. 암거래는 더욱 횡행하고 물자부족은 심해졌으며, 그 전에 우리가 폴란드에서 보았던 것과 똑같은 악성 인플레이션이 나타났다.

연쇄적으로 드러난 소련 경제 문제들의 핵심에는 동유럽에서 일어난 것과 똑같은 사회주의 시스템의 붕괴가 자리하고 있었다. 그러나 소련의 위기를 현저하게 악화시킨 직접적인 특징들이 따로 있다는 것을 깨닫게 되었다. 가장 중요한 요인은 두 가지였다. 첫째, 소련은 거의 전적으로 석유와 가스 수출에 의존하여 외환을 획득했다. 둘째, 에너지 집약적인 중공업은 자국에서 생산하는 석유와 가스를 사용하면서 공업 경제를 운영했다는 점이다.

그러나 고르바초프가 권력을 장악하던 시점인 1980년대 중반부터 소련은 두 차례의 큰 충격을 받았다. 첫째, 세계 석유 가격이 폭락하여 소련의 수출 소득이 하락했다. 둘째, 소련의 석유 생산이 정점에 달한 다음 급격히 하락하기 시작했다. 오래된 유전들이 고갈되었지만 접근이 어려운 툰드라의 새로운 유전들에 대한 투자가 이루어지지 않았기 때문이다. 소련은 수출 소득 하락에서 비롯된 적자를 메우고 경제를 현대화하는 데 필요한 재원을 해외에서 차입하기 시작했다. 하지만 모든 노력이 아무 소용없었다. 낡은 시스템에서는 더 이상 기대할 만한 일이 나타나지 않았다.

1980년대 후반, 소련 경제는 〈그림 1〉에서 볼 수 있듯이 석유 수출 소득의 하락과 대외 채무의 증가라는 가위형 위기에 깊이 빠져 있었다. 1985년 소련의 석유 소득은 대외 순수 채무보다 많았지만(220억 달러 대 180억 달러), 1989년 채무는 440억 달러로 상승한 반면[1] (1991년에는 570억 달러로 상승했다) 석유 소득은 폭락하여 고작 130억 달러에 불과했다.[2] 1991년 채권자들(많은 채권자가 독일의 주요 은행들이었다)은 신규 대부를 중단하고 상환을 요구하기 시작했는데, 이것이 마침내 경제적 붕괴로 가는 길을 열었다.

그 시점에 조지 소로스는 나에게 미하일 고르바초프의 새 경제고문인 그리고리 야블린스키라는 소련의 젊은 개혁가를 만나도록 주선해 주었다. 야블린스키는 1990년 초에 고르바초프의 명령으로 폴란드에 가서 이 나라에서 실시되던 개혁의 초기 모습을 관찰했다고 말했다. 그 당시 야블린스키는 폴란드 상점들에 상품들이 다시 들어오고 있으며, 폴란드가 진행하고 있는 일에 고르바초프를 위한 아주 중요한 교훈이 있다고 모스크바에 써 보냈다. 그런데 흥미로운 한 가지 사실은 야블린스키가 바르샤바 주재의 소련 대사를 통해 고르바초프에게 그 메시지를 보내려고 했을 때 강경파였던 소련 대사가 그 메시지를 전송하길 거부했다는 것이다. 그래서 야블린스키는 고르바초프를 직접 만나 메시지를 전달했다.

내가 야블린스키를 처음 만났을 때 그는 소련에서 시장개혁을 가속화하려는 시도인 '400일 계획'을 제출하고 있었다. 소련에서는 이 같은 급진적인 시장개혁 요구가 뜨거운 논쟁의 대상이었다. 1991년 초에 나는 야블린스키와 아주 바람직한 토론을 했다. 그리고 그해 봄, 야블린스키는 하버드 대학교에 와서 나를 비롯한 동료 교수 그래함 앨리슨과 MIT의 스탠리 피셔 교수와 함께 공동작업을 통해 '대타협'이라는 계획안을 작성했다. 그 계획안의 골자는 고르바초프가 미국과 유럽의 대규모 금융지원을 바탕으로 가속적인 경제개혁과 민주화를 추진한다는 내용이었다. 즉 경제개혁은 큰 틀에서는 폴란드의 예를 따르되 소련 현실에 적합한 방식으로 추진될 것이며, 공화국들은 민주화를 위해 자유선거를 실시한다는 것이다. 그 시점에서 공화국들은 더 많은 자치권을 획득해 가고 있었지만 여전히 연방 내의 주(州)들로 간주되고 있었다.

하버드 대학교에서 이 작업을 둘러싸고 한바탕 정치활동이 전개되었다. 앨리슨은 그 구상을 워싱턴의 제1차 부시 행정부에 납득시키려고 시도했다. 그러나 부시의 경제고문들은 대규모 금융지원이라는 계획을 받아들이지 않았다. 고르바초프는 1990년 휴스턴에서 열린 G7 정상회의에 참석하여 대규모 금융지원을 얻기 위해, 그리고 부분적으로는 산더미처럼 늘어가는 대외 채무이행을 위해 노력했지만 아무런 성과도 얻지 못했다. 소련의 위기는 눈에 띄게 심각해졌다. 야블린스키는 러시아로 돌아갔다. 그리고 나는 절실하게 필요했던 여름 휴가를 위해 1991년 8월 유럽으로 떠났다. 그러나 휴가 첫날밤에 CNN을 틀어보라는 전화를 받았다. 소련에서 고르바초프에 대항하는 반란이 진행되고 있었다. 반란은 결국 실패로 돌아갔지만 이 때문에 고르바초프에게 정치적으로 도전하고 있던 보리스 옐친이 우위를 획득하게 되었다. 이미 빈사 상태에 빠진 소비에트 연방의 14개 계승 국가들과 더불어 러시아는 곧 독립국이 될 예정이었다.

1991년 11월, 보리스 옐친은 러시아의 젊고 선도적 경제학자인 예고르 가이다르에게 경제팀을 만들어 보라고 지시했다. 가이다르는 나와 립튼을 모스크바 교외의 한 별장으로 초대하여 러시아를 위한 경제계획을 작성할 새로운 경제 팀과 함께 일해 달라고 요청했다. 러시아는 아직 소련의 한 공화국이었지만 곧 독립을 획득할 것이고, 옐친이 주권국의 대통령이 되는 것은 거의 확실해 보였다. 이 변혁의 시점이 얼마나 기묘한지 그리고 그 변혁이 얼마나 복잡한지 기가 질릴 정도였다. 우리는 별장에서 며칠을 보내며 새로운 경제 팀과 러시아 개혁에 대해 아주 긴 시간 동안 집약적인 토론을 해 나갔다. 그 토론은 당연히 폴란드 시절에 쌓은 경험과 동유럽 전체에서 일어난 경제적 사건들에 대한 지식을 바탕으로 이루어졌다.

동떨어진 세계

우리가 살펴본 다른 나라와 러시아 사이에는 엄청난 차이가 있었다. 러시아의 모든 것은 폴란드보다 훨씬 더 복잡했다. 문제의 규모, 사회에 가해지는 사회주의적 구속의 정도, 수천 년을 이어 온 독재, 러시아 공화국만 고려해도 폴란드에 비해 11배나 큰 면적과 거의 4배에 달하는 인구, 러시아와 서구 사이에 존재하는 골 깊은 지리적 · 문화적 · 종교적 · 언어적 차이 등 여러 면에서 폴란드와 비할 바 없이 아주 복잡했다. 러시아는 시장경제의 의미를 파악하는 것조차 폴란드보다 훨씬 더 낮았다. 폴란드의 재무장관 레세크 발체로비치는 미국에서 2년간 공부했고 석사학위를 받았다. 그러나 러시아 지도부 가운데 그런 경험을 쌓은 사람은 단 한 명도 없었다. 가이다르는 서구에서 겨우 몇 주를 보냈을 뿐이지만, 그나마 부상하고 있는 러시아 지도자들 가운데는 가장 지구화된 인물이라고 할 수 있었다.

 러시아는 정말로 세계와 동떨어져 있었다. 나는 비록 러시아가 폴란드처럼 '유럽으로 복귀한다'는 개념을 중심으로 개혁을 도모하지는 못하더라도 '정상적인 사회경제 시스템을 갖춘' 강국, 즉 제국을 추구하는 것이 아니라 민주주의를 수용하고 시장경제를 채택하는 강국으로 복귀해야 한다는 옐친의 구호를 따라갈 수는 있을 것이라고 생각했다. 러시아 역사의 어두운 그림자 속에서 '정상 상태'란 솔깃하고 혁명적인 개념이었지만, 과연 러시아인 가운데 어느 누가 그 의미를 제대로 이해할 수 있겠는가? 러시아에서는 정상 상태에서 생활한 적이 있는 사람이 결코 없었다. 러시아인들은 천 년 동안의 러시아식 독재와 수세기 동안의 농노제 그리고 스탈린 치하와 75년간의 중앙집권적 계획 아래서 살았다. 특히 농노제에서는 대부분의 사람들이 자유를 박탈당한 농민으로 살았다. 정상 상태를 달성하기란 결코 쉽지 않을 것이다. 나는 그것을 달성할 수는 있겠지만 생각처럼 순조로울 것이라고는 결코 주장하지 않았다.

 이 변혁은 현대 역사에서 틀림없이 가장 어려운 일이 될 것이다. 러시아의 과거와 미래의 지향점-국내 평화와 안정 그리고 경제발전을 위해 필요한- 사이의 간극이 상상할 수 없을 만큼 컸기 때문이다. 러시아의 모든 기본적인 정치제도가 개조될 필요가 있었다. 러시아의 경제구조-공장과 사람과 천연자원과 기술을 접속시키는 상호 연관 관계—는 이미 한계점에 도달했다. 사람들은 말 그대로 짐짝처럼 아무 곳에나 놓여 있었다. 사람들은 시베리아나 군사적 목적을 위해 만들어진 커다란 비밀 도시들에 흩어져 살았다. 사람들은 마치 자원이 무한정 존재한다는 듯이 막대한 양의 석유와 가스를 사용하는 중공업분야에서 일하고 있었다.

예를 들어 1989년 소련의 1인당 철강 생산량은 557킬로그램인 것에 비해[3] 미국은 382킬로그램에 지나지 않았다. 러시아의 1인당 소득은 구매력 기준으로 미국에 비해 3분의 1도 채 안되었다. 1980년대 말~1990년대 초에 소련의 석유와 가스 생산량이 급격히 떨어졌다. 기존 매장지들이 고갈되어 가고 있었지만 툰드라처럼 불리한 위치에 있는 새로운 매장지들에는 생산을 확보하기 위한 충분한 투자가 이루어지지 않았다. 미국 에너지정보처(EIA) 추산에 따르면 소련의 석유 총생산량은 1989년에는 하루 1,200만 배럴에서 1991년에는 1,030만 배럴로 떨어졌다.

아무리 강력한 경제정책일지라도 며칠이나 몇 주, 심지어 몇 년 만에 사람과 공장과 자산들을 효과적으로 재배치할 수는 없다. 러시아가 필요로 하는 변혁은 복잡하고 논쟁적인 과정이 될 것이다. 급진적 개혁을 뜻하는 저널리즘적 용어인 '충격요법'이란 구절은 [러시아에서는] 완전히 틀린 말이라고 할 수 있다. 러시아의 고난을 끝낼 단 하나의 충격이란 결코 존재하지 않을 것이다. 가격 통제의 해제·통화 태환성·시장 자유화라는 최초의 내적 충격은 폴란드에서처럼 어느 정도 도움은 될 수 있을 것이다. 그러나 더 깊은 곳에서 진행되는 구조적 해체와 에너지 공급 하락 문제를 비롯해 무수히 상호 연관된 위기까지는 해결하지 못할 것이다. 개혁조치들은 기껏해야 러시아를 대대적이고 장구한 경제적 변혁으로 가는 길 위에 올려놓는 데 도움이 될 뿐이다. 그럼에도 불구하고 러시아가 이 모든 것을 성공적으로 완수하기 위해서는 러시아 루블의 안정을 위한 재정 준비금(지금은 친숙한 구성요소)과, 소련 시대의 부채 일부를 탕감하는 것을 포함하여 상당한 국제적 지원이 필요할 것이다.

과연 그것이 작동할 수 있을까? 나는 반드시 작동할 것이며 시도할 만한 가치가 확실히 있다고 생각했다. 그 방법이 아니라면 다른 길은 과연 무엇인가? 내전인가? 새로운 독재로의 급변인가? 무정부 상태인가? 또다시 서구와 충돌할 것인가? 내가 가이다르와 그의 팀을 위한 자문역을 수락한 것은 개혁이 실행될 수 있다고 확신해서가 아니라 시도할 필요가 있다고 생각했기 때문이다. 개혁이야말로 평화와 민주주의뿐만 아니라 경제적 번영을 위한 최상의 기회를 제공했다.

내가 러시아에 해 준 자문의 요점은 안정화와 시장 자유화처럼 실행 가능한 핵심적 개혁에 신속히 착수하고, 하룻밤 새는 아니더라도 사유화 조치를 단호하게 취하라는 것이었다. 특별한 상태가 아니라 정상 상태를 최우선 목표로 하라고 우리는 반복해서 주장했다. 또한 외국에서 가능한 한 모든 원조를 구하라고 역설했다. 가이다르도 이런 관점에 충분히 공감했다. 가이다르는 12월에 옐친 대통령에게 제출할 수 있도록 나를 포함한 외국인 전문가로 이루어진 경제자문단을 구성하여 경제개혁에 필요한 문서를 준비해 달라고 요청했다. 나는 경제개혁을 이끌어 나갈 프로그램의 기초자이자 경제자문단의 대표가 되었으며, 경제자문단은 1991년 12월 크레믈린에서 옐친을 두 차례 만났다.

12월 11일, 두 번째 만나는 자리에서 옐친은 아주 밝고 즐거운 표정으로 팔을 쭉 편 채 반가움을 나타내며 회의실에 들어와 자리에 앉았다. "신사 여러분, 이런 말을 할 수 있는 건 내가 처음일 텐데, 소련이 끝났다는 겁니다." 옐친은 계속해서 이렇게 말했다. "바로 옆방에서 소련의 역사가 드디어 장군들을 만났습니다. 그 장군들은 소련을 해체하는 데 동의했습니다." 그 말이 끝나자마자 경제자문단의 경제개혁 작업은 아주 급박하게 돌아가기 시작했다. 소련의 체제가 끝났고, 러시아는 곧 독립할 것이며, 몇 주 안에 경제개혁이 실시될 것이었기 때문이다.

러시아는 폴란드가 개혁에 착수한 지 2년째 되는 시점인 1992년 1월 2일에 드디어 경제개혁에 착수했다. 가이다르는 1992년 말에 빅토르 체르노미딘에게 총리 자리를 넘길 때까지 총리 대행직을 수행하게 되었다. 경제개혁을 실시한 지 첫 주가 지나가는 시점이 되자 경제개혁을 대하는 러시아와 폴란드의 사회적·정치적 태도의 차이점이 무엇인지 무척 명확해졌다.

폴란드에서는 개혁이 시작되고 나서 며칠 동안 사회적인 동요와 함께 시민들이 어쩔 수 없이 받아들인다는 분위기가 팽배했다. 러시아에서는 가이다르와 그의 팀에 대한 공격이 즉각 시작되었다. 내각 안에서는 물론이고 가이다르의 경쟁자이자 나중에 후임자가 된 체르노미딘 측도 가이다르를 공격했다. 그런데 가장 강력한 공격은 가이다르의 즉각적인 사임을 주장한 러시아 두마(의회)에서 나왔다. 몇 년 동안 사태는 이런 식으로 진행하게 되어 있었다. 즉 개혁가들은 자리를 가까스로 유지하기도 어려웠고, 더 나아가 권력을 잡기는 더욱더 힘들었다. 실제로 수행된 대부분의 개혁은 원래 계획된 내용의 희미한 그림자에 지나지 않았다.

외국의 지원을 확보하려는 시도

러시아에 대한 외국 원조 문제는 2년 동안 나의 중심적 주제였다. 나는 폴란드가 받았던 것과 똑같은 원조가 러시아에도 필요하지만, 더욱 큰 경제와 그만큼 더 큰 문제에 대응하려면 원조 규모가 4배는 더 커야 한다고 믿었다. 나는 러시아가 통화를 안정시킬 수 있고, 연금 수입자와 기타 취약한 집단들을 위한 사회안전망을 도입하며, 산업을 구조조정하는 데 실질적인 도움을 받으려면 해마다 150억 달러의 외국 원조가 필요하다고 기회가 있을 때마다 역설했다. 나는 해마다 150억 달러의 원조가 너무 큰 금액은 결코 아니라고 생각했다. 이 금액은 부유한 세계의 소득 가운데 1%에 지나지 않고, 냉전 시에 해마다 지출해야 할 군비에 비하면 아주 작은 일부에 지나지 않았기 때문이다. 냉전을 확실히 종결시킬 수 있다면, 평화 배당금(군비 축소에 따른 잉여 경비를 경제발전과 복지 등에 돌릴 수 있게 된 사회적 비용-옮긴이)의 일부로도 그 원조금액을 충당할 수 있을 것이다.

그러나 아쉽게도 이런 관점이 워싱턴에서는 받아들여지지 않았다. 나는 이와 같은 거절이 그 뒤 여러 해가 지나도록 계속될 것이라는 점을 미처 인식하지 못했다. 그 당시에는 필요한 원조를 끌어오기 위해 싸울 기회가 얼마든지 되어 있다고 생각했기 때문이다. 볼리비아와 폴란드가 나의 도움으로 성취하게 된, 역경 속의 성공 때문에 어떤 면에서 나는 응석받이 아이 같은 존재가 되어 있었다. 폴란드와 볼리비아에서 부채가 결코 탕감되지 않을 것이라든가 다양한 원조 패키지가 준비되어 있지 않다는 등의 이야기를 수도 없이 들었다. 그러나 결국 필요로 하는 원조들이 놀랄 만큼 빨리 도착하는 것을 보았다. 나는 '아니오'라는 대답을, 지금 당장은 아니지만 나중에 '예'를 의미하는 것으로 자연스레 받아들이곤 했다.

나는 러시아 변혁을 지원하기 위해 서구가 즉시 해야 할 세가지 조치를 다음과 같이 주장했다.

- 폴란드의 경우처럼 루블화 안정화기금을 마련해야 한다.
- 채무 이자상환을 즉시 유예하고, 그에 이은 러시아 부채를 상당액 탕감해야 한다.
- 러시아 경제의 가장 취약한 사회부문들에 초점을 맞춘, 변혁을 위한 새 원조 프로그램을 운영한다.

나중에 많은 비판자들은 러시아에 가혹한 형태의 시장 자유화 이데올로기를 퍼뜨렸다는 이유로 나를 비판했다. 그러나 이것은 결코 사실이 아니다. 2년 동안 내가 벌인 주된 활동은 러시아를 위한 국제적 지원을 끌어 모으려는 시도였다. 러시아가 소련의 유산을 극복하려는 과정에는 고통이 수반될 수밖에 없고, 이 고통을 완충시키려면 국제적 지원이 필수적이었기 때문이다. 그러나 이런 나의 시도는 안타깝게도 실패로 돌아갔다.

루블화 안정화기금에 대한 거절은 서구의 둔감한 반응을 보여 주는 아주 명확한 사례다. 안정화기금의 가치는 폴란드 사례에서 충분히 입증되었다. 그 기금 덕분에 폴란드는 태환 통화로 신속하고도 단호하게 이행할 수 있었다. 또한 태환 통화란 시장 방식의 국제교역을 위한 금융적 급소라 할 수 있다. 폴란드의 즐로티 안정화기금이 새로운 통화에 대한 신뢰를 강화하는 데 확실한 기반이 되었기에, 폴란드의 은행은 즐로티를 방어하기 위해 그 기금에 의존할 필요조차 없었다(몇 년 후 그 10억 달러는 다른 개혁 이니셔티브를 위한 예산지원으로 전용되었다). 나는 폴란드에 10억 달러가 필요했다면 러시아에는 약 50억 달러가 필요할 것이라고 주장했다. 처음에 IMF가 주저한 것(IMF는 소비에트 루블화가 구소련 전역에서 계속 통용되기를 원했고, 그것이 새로운 각국 통화로 대체하는 것을 원하지 않았다)은 부분적으로는 잘못된 기술적 근거 때문이었다. 그리고 부분적으로는 미국을 비롯한 G7 국가 지도자들의 정치적 저항 때문이었다.

아이러니하게도 1992년 중반에 G7이 안정화기금 구상에 찬성했지만, 이것은 결코 실행되지 않았다. G7이 그 기금을 승인했을 때 가이다르는 이미 힘을 잃었고, 중앙은행은 반개혁론자들의 손에 넘어가 있었다. 그리고 G7은 그 제안을 유휴 상태로 방치하는 분위기였다. 초인플레이션 현상과 정치적 격변이 한창 진행되고 있을 때는 타이밍이 모든 것을 결정하지만, 서구는 안정화기금의 타이밍에 대해 심각한 판단 착오를 일으켰다.

한편, 대처해야 할 큰 문제가 하나 더 있었다. 소비에트 체제에서는 루블화가 소련 경제 전체에서 사용되고 있었다. 소련이 이제 15개 계승 국가로 나뉘어진 이상 그 수에 해당하는 만큼의 새로운 화폐가 필요했다. 그렇지 않을 경우 새로운 중앙은행을 지닌 각 국가별로 루블화를 발행하려고 할 것이다. 15개 국가별로 분리된 통화에 대한 가장 유망한 대안은 유럽중앙은행과 비슷한, 초국가적으로 단일한 중앙은행이 지지하는 루블화였다. 그러나 어지러운 1992년의 정치 상황에서 계승 국가들 간에 그런 수준의 협력은 거론조차 할 수 없는 형편이었다. 15개 국가는 가능한 한 빠른 속도로 서로에게서 멀어지고 있었다.

소비에트 루블화를 15개의 각국 통화로 전환시키는 일은 비교적 복잡하지만 관리가 가능한 기술적인 작업이었다. 그 당시 내 생각은 그것이 1992년 첫 6개월 안에 수행될 수 있고, 또 그래야만 하는 일이라고 믿었다. 그러나 이 작업은 2년 넘게 걸렸다. 부분적으로 그 이유는 IMF가 개별국 통화 확립에 반대하는 입장에서 한걸음도 물러서지 않았기 때문이다. IMF 분석가들은 개별 국가의 중앙은행들이 서로 협력하여 공동의 통화정책을 수립하는, 공동 통화를 위한 협력적 접근법을 확립하기를 희망했다. IMF의 이런 바람은 현실을 잘못 평가한 데서 비롯된 실수였다. 1993년에 IMF

는 실수를 인정하고 입장을 바꾸었다. 이것 말고도 IMF는 러시아 개혁 초기의 몇 년 동안에 수많은 실수를 저질렀다.

1989년 말의 폴란드에서와 마찬가지로 러시아정책 입안자들은 루블화가 조만간 태환될 수 있을 것이라는 점에 대해 매우 회의적 태도를 드러냈다. 당시 러시아 중앙은행 총재였던 게오르기 마튜힌이 나에게 이처럼 말했다. "물론 나는 신속한 태환성 같은 건 믿지 않습니다. 그러나 만약 당신이 50억 달러의 루블화 안정화기금을 끌어온다면 나 역시 그 정책을 지지할 것입니다." 2년 전 폴란드 중앙은행 총재가 내게 했던 것과 거의 똑같은 말이었다. 물론 마튜힌처럼 생각하는 사람이 있기 때문에 더욱더 안정화기금을 설립할 필요가 있었다. 그 기금은 대중에게 확신을 줄 뿐만 아니라 폴란드에서 일어난 것과 똑같이 정부 안의 개혁 회의론자들에게도 틀림없이 확신을 심어 줄 것이기 때문이다!

나는 1992년이 시작되고 몇 달 동안 루블화 안정화기금을 주장했지만 성공을 거두지 못했다. 게다가 IMF와 G7의 수동성과 완고함에 점점 더 실망하고 불신까지 하게 되었다. 1992년 4월, 나는 로렌스 이글버거 미 국무부 장관과 함께 러시아 문제를 다루는 이브닝뉴스 쇼에 출연하게 되었다. 스튜디오에서 나온 이글버거는 시내까지 함께 차를 타고 가자고 제안했다. 차 안에서 이글버거는 내게 이렇게 말했다. "제프, 당신에게 설명할 게 있소. 당신이 계속 물고 늘어지는 안정화기금 있지요? 내가 당신이 말한 것을 믿는다고 합시다. 그리고 당신 말에 동의한다고도 합시다. 더 나아가 폴란드 재무부 장관인 레세크 발체로비치가 지난주에 내게 똑같은 것을 말했다고 칩시다. 하지만 당신은 이 점을 이해해야 하오. 당신이 바라는 그런 일은 절대로 일어나지 않는다는 사실을 말이오." 그의 말을 듣자마자 나는 혼란스러워졌다. 특히 그가 내 주장에 동의한다고 하면서도 그런 일은 절대로 일어나지 않을 것이라고 말하는 현실을 어떻게 해석해야 좋을지 무척 난감했다.

"제프, 올해가 어떤 해인지 아시오?"

"1992년 아닙니까."

"올해는 선거가 있는 해요. 따라서 그런 일이 일어나지 않을 거라는 사실을 빨리 깨달아야 해요. 그러니 차라리 잊는 게 좋을 거요."

이글버거의 말을 인정하더라도 나는 그를 믿지 않았다. 어제 '아니오' 라고 한 말이 오늘 '예'로 바뀐 적이 무척 많았기 때문이다. 이글버거가 절반은 맞았다. 안정화기금 제안이 너무 오래 지연되어 실질적인 의미가 사라져 버렸다. 이글버거가 전한 메시지는 워싱턴에서 진행되던 과정을 반영한 듯했다. 패트릭 부캐넌이 부시 대통령을 '대외정책 대통령'이라고 조롱하고 있었다. 이것은 정치 자문가들로 하여금 어떤 주요한 대외정책 문제에 대해서도 반대하도록 만드는 공격이었다. 더욱이 이 시기는 당시 국방부 장관이던 리처드 체니와 부장관인 폴 월포비츠가 논쟁적인 방위계획 지침을 작성하던 때었다. 이 지침은 러시아를 포함한 모든 경쟁국에 대해 미국의 장기적인 군사 우위를 더욱 확실히 하려는 목표를 가지고 있었다.

그 무렵 나는 러시아를 폴란드와 같이 취급했다. 다만 차이가 있다면 러시아가 폴란드보다 규모가 네 배쯤 크고 구조적·문화적 측면에서 아마 열 배는 더 어려울 것이라는 산술적인 측면에서만 사고했다는 점이다. 또한 야블린스키와 가이다르처럼 폴란드 개혁이 러시아 개혁을 위한 모범사례가 될 것이며, 국제사회도 폴란드에 했던 것 과 비슷한 지원을 러시아에도 해 주면 될 것이라고 아주 단순하게 생각했다. 나는 1991년과 1992년에 미국이 폴란드에게 도움을 주었듯이 러시아의 성공에도 도움을 줄 것이라고 믿어 의심치 않았다.

그러나 이제 와서 돌이켜 생각해 보면 당시에 내가 미국의 태도를 잘못 판단했다는 점을 인정할 수밖에 없다. 제1차 부시 행정부의 전략가들을 포함한 미국의 전략가들은 폴란드를 서구 동맹의 동쪽 방어선으로 간주했다. 확실히 폴란드는 유럽연합, 아니 나토의 후보였다. 따라서 폴란드를 강화시키는 것은 분명히 서구의 이해와도 맞아 떨어지는 일이었다. 나는 러시아도 똑같은 입장이라고 믿었지만 지금 생각해 보면 체니와 월포비츠는 결코 나와 같은 인식을 하지 않았다. 러시아는 유럽공동체 또는 유럽연합의 회원국이 될 운명이 아니었다. 나토의 후보는 더욱더 아니었다. 러시아는 여전히 2만 개 이상의 핵무기를 포함하여 거대한 힘을 지닌 나라였다. 체니와 월포비츠가 제시해 온 제로섬 사고방식을 고려하면, 러시아의 신속한 회복을 지지하는 것이 부시가 주인인 백악관과 방위당국자들의 이해에 반하는 것처럼 여겨질 수도 있는 일이었다.

러시아가 소련 시대에 진 부채에 대한 G7의 방침도 전혀 기대할 수 없었다. 한마디로 실패한 셈이다. 나는 부채 이자지급의 즉각적이고도 일방적인 유예와, 러시아와 채권자들 사이의 절박한 장기적 협정을 주장했다. 가이다르가 1991년 11월 말에 G7 재무장관들과 처음 만났을 때 미국 재무부 부장관이었던 데이비드 멀포드는 가이다르에게 "채무이행을 멈추지 마시오. 계속해서 진행해야 합니다"라고 단호한 어투로 경고했다. 그러자 G7에 속하는 다른 나라 재무부 장관들도 가이다르에게 러시아가 대외 채무이행을 중단하려고 할 경우에 긴급한 구호식량 선적이 중단될 것이라고 한결같이 경고했다. 더욱더 나쁜 것은 G7이 15개 계승 국가들과 특별한 '연대 채무' 조항에 합의했다는 내용이었다. 이 조항에서 각국은 필요할 경우 소련 시대의 모든 부채에 대한 약속을 이행할 것을 서약했다. 이 합의는 복잡하게 뒤얽힌 정치적 문제를 발생시켰고, 이것들을 해결하는 데 아주 오랜 시간이 걸렸다. 채무상환에 대한 G7의 고집은 무분별하고 근시안적인 것이었다. 이와 같은 고압적인 태도는 러시아가 1992년 초에 외환보유고를 완전히 소진하도록 만들었을 뿐이다. 정확하게는 1992년 2월에 우려하던 바로 그 일이 일어났다.

러시아와 메이시스 백화점(미국)이 1992년 2월 같은 날에 채무이행을 유예했다. 예나 지금이나 이 일을 생각할 때마다 아이러니하다는 느낌을 지울 수 없다. 그러나 메이시스 백화점은 미국 파산보호법의 혜택을 입었고, 채권자들은 법적인 보호를 받을 수 있었다. 즉 파산보호법 아래 채무이행이 공식적으로 중지되었으며, 거의 즉각적으로 새로운 시장 차입이 이루어졌다(미국 파산보호법에서 새로운 차입은 이전 부채에 대해 변제 우위를 갖는다). 파산보호법의 이 같은 보호조치 덕분에 메이시스 백화점은 경영상의 손실을 전혀 입지 않았고, 얼마 후 재기할 수 있었다. 더욱이 이런 법적인 조치는 채권자들에게도 유리하다. 만약 그런 조치가 없다면 채권자들은 권리행사를 위한 출구를 찾아 광란의 질주를 하다가 마침내 가치가 소멸해 버린 (백화점에 대한) 권리증만 손에 쥐게 되었을 것이다.

그런데 러시아는 이런 특혜를 전혀 받지 못했다. 채권자들에 대한 법률적 보호가 없었고, 채무이행에 대한 법률적 정지조치도 없었으며, 새로운 운영 자본의 신속한 유입은 기대할 수조차 없었다. 결과적으로 러시아뿐만 아니라 채권자들도 큰 피해를 입었다.

무상지원 협력에 대해 말하자면 서구는 1992년 4월에 러시아에 대한 240억 달러의 원조 패키지를 발표했다. 이 발표는 빈국들을 대상으로 부국들이 끊임없이 해 온 현혹적인 발표 가운데 하나였다. 그 발표 내용을 살펴보면 실제로 러시아에 도움이 될 만한 돈은 거의 없었다. 많은 돈이 시장 이자율로 제공된 단기 대부였고, 이 돈으로 러시아는 미국과 유럽 공급업자들-러시아 정부 내에 강력한 정치적 끈을 가진-에게서 별로 필요하지 않은 상품들만 살 수 있었다. 240억 달러에 이르는 이른바 원조 패키지는 유럽 재건에 쓰인 마샬플랜과 완전히 대조적이다. 마샬플랜 아래 미국은 유럽에 단기 대부가 아니라 무상 지원을 제공했다.

결국 1992년은 러시아와 러시아 개혁가들에게 끔찍한 한 해가 되었다. 시장 자유화가 실시된 첫 순간 이후 다른 개혁들은 실질적으로 전혀 진행되지 못했거나, 불완전한 형태로만 진행되었다. 많은 가격통제가 아직 남아 있었다. 국제교역은 부분적으로만 열렸다. 통화 역시 부분적으로만 태환 가능했다. 그리고 가장 나쁜 것은 통화 안정화가 달성되지 않았다는 점이다. 방자한 인플레이션이 그해 내내 계속되었다. 이것은 부분적으로 좀 더 단호한 화폐정책을 취하지 못하도록 끊임없이 방해한 정치적 압력의 결과였다. 또 부분적으로는 그것은 러시아의 새 중앙은행 총재인 빅토르 게라쉬첸코가 단행한 파멸적인 정책의 결과였다. 나는 그 당시 이 사람을 가리켜 '세계 최악의 중앙은행 총재'라는 별명을 붙였다. 한편 그것은 IMF가 러시아의 개별 국민적 통화를 발기시키는 데 실패한 결과이기도 했다. 15개 주권국들이 하나의 공통된 소련 시대 화폐인 루블에 의존한 것은 예상대로 대재앙을 불러일으켰다. [공동 통화체제에서는] 인플레이션의 비용이 15개국 전체로 분산될 것이므로 각국은 신용을 확대할, 즉 '돈을 찍어낼' 인센티브가 있었다.

가이다르 경제팀의 초기 예측이나 전제와는 달리 1992년 말에 인플레이션이 만연하자 가이다르는 정치적 힘을 잃게 되었다. 개혁 반대자들이 가이다르의 사임을 요구하자 옐친은 더 이상 가이다르를 지지할 수 없었다. 1992년 12월에 가이다르 대신 빅토르 체르노미딘이 경제팀을 이끌게 되었다. 체르노미딘은 소련 시대의 음침한 아파라치크(apparatchik: 구소련

정부와 당 관료기구 내 실력자-옮긴이)였고, 옐친 정부에서는 에너지 장관으로서 개혁에 반대했던 인물이었다.

가이다르가 떠나자 나도 러시아 정부에 대한 자문역을 그만둘 생각이었다. 얼마 전에 재무부 장관에 임명된 보리스 페도로프가 크리스마스 휴가를 보내던 내게 전화를 걸어 왔다. 그는 젊고 힘차며 강력한 개혁가였다. 체르노미딘이 총리가 되었음에도 불구하고 페도로프는 계속해서 재무부 장관직을 수행할 것이라며, 다음 주에 워싱턴에서 만나자고 했다.

페도로프를 세계은행 사무실에서 만났을 때 그는 자신이 큰 싸움을 앞두고 있으며, 잠시도 멈추지 않고 개혁을 추진할 것이라는 점을 분명히 밝혔다. 페도로프는 체르노미딘에 대해서 매우 비관적이었으며, 게라쉬첸코에 대해서는 더욱더 비관적으로 바라보고 있었다. 페도로프는 단도직입적으로 나의 도움이 필요하다고 말했다. 재무부 장관실에 작은 사무실을 마련할 테니 자문역을 계속해 달라고 요청했다. 가이다르가 해임되었고, 정치 상황이 더욱 어려워지고 있지만 나는 다시 한 번 러시아 발전을 돕기 위해 싸울 가치가 충분히 있다고 생각했다.

1993년에도 1992년보다 형편이 더 나아지지 않았다. 개혁가들은 여전히 필사적인 노력을 하고 있었다. 페도로프도 1년간 자리를 유지했지만 1993년 말에는 결국 쫓겨나고 말았다. 1993년 말에 가이다르가 잠시 복귀했다. 그러나 두 달을 채 넘기지 못하고 1993년 12월에 다시 쫓겨났다. 1993년도는 초인플레이션의 발발을 막기 위해 싸운 1년이었다. 또한, 나에게는 클린턴 행정부에게 부시 행정부가 했던 것보다 더 많은 일을 하라고 설득하려고 애쓴 한 해였다. 불행하게도 클린턴 대통령이 취임했을 때는 가이다르를 비롯한 개혁팀의 많은 인사가 이미 권력을 잃은 상태였다. 새로운 상대자인 체르노미딘 총리는 정열적이거나 신뢰할 만한 개혁가라고 할 수 없는 인물이었다.

　미국에서는 정권이 부시 행정부에서 클린턴 행정부로 교체되었다. 그러나 새 행정부도 러시아를 위한 실질적인 지원을 증가시킬 것 같지 않다는 점이 정권이양 초기에 이미 명백하게 드러났다. 선거 운동 기간 중 클린턴의 러시아 담당 자문역이었던 마이클 만델바움은 클린턴 선거 팀을 떠나면서 자신이 새 행정부에 들어가지 않겠다고 말했다. 만델바움은 나에게 클린턴이 이끄는 팀이 러시아에 대한 대규모 지원 프로그램에 반대하는 결정을 했고, IMF가 주도하는 노력에 계속 의존할 것이라고 설명했다. 클린턴은 러시아에 대한 지원 수준을 높이고 옐친에 대해 중요한 정치적 후원을 제공했다. 그러나 결과적으로 대러시아 원조 헤드라인 수치만 과장되게 나타났다. 연금과 의료 서비스 같은 예산상의 필요를 지원하는 데 쓸모 있는 형태로 들어온 원조는 너무나 적었다. 많은 원조가 단순히 상업 차관의 형태를 띠었고, IMF는 러시아에 대한 서투른 정책을 계속했다. 때문에 러시아에 제공되는 모든 원조는 거의 실질적인 효과를 기대할 수 없었다.

　좀더 일반적인 수준에서는 클린턴 재임기간 중에 대외원조 예산 자체가 줄어들고 있었다. 미국은 군비 지출 감소에 따른 평화 배당금을 세계의 가난하고 위기에 찌든 지역들을 원조하는 데 투자하기보다는 현찰로 바꾸어 썼다. 클린턴 대통령은 특히 임기가 끝나 가면서 더 많은 일을 하려고 애썼지만, 야당이 장악한 의회 때문에 꼼짝할 수 없었다. 클린턴은 재임 말년에 최빈국들에 대한 부채경감이라는 대의를 내세우고 AIDS에 대항해 싸우는 일에 관심을 집중했다. 그는 백악관을 떠난 이후에도 그 캠페인을 계속했다.

　1993년은 러시아의 희망이 다시 한 번 꺾인 해였다. 나는 가이다르와 페도로프가 다시 해임된 1993년 말에 최종적으로 자문역에서 물러났다. 나의 사임은 1994년 1월에 발표되었으며, 정책고문으로서 러시아에 대한 나의 개입도 종말을 고했다. 그 후 1년 동안 나는 러시아에 머물며 몇 가지 연구를 더 했고, 모스크바에 연구소를 세우려는 포드재단의 일을 도왔다. 그리고 1995년 초 이래 다시는 러시아를 방문하지 않았다. 러시아 지도부의 자문 역할을 한 2년은 짧고도 괴로운 시간이었다. 나는 내가 믿었던 이니셔티브를 추진하는 데 별로 성공을 거두지 못했다. 특히 외국의 원조를 활용하여 러시아의 개혁에 완충장치를 마련한다는 생각을 실현시킬 수 없었다.

서구가 러시아를 돕지 않은 것은 나중에 아주 큰 비용으로 되돌아왔다. 러시아인들은 처음에는 몹시 낙관적이었다. 그러나 1990년대 말에는 무척 의기소침하고 냉소적으로 변해 버렸다. 1990년대 초에는 언론자유를 위한 새로운 제도들과, 역시 새롭게 독립적으로 만들어진 미디어들과 더불어 민주주의에 대한 전망이 밝았다. 그러나 1990년대 말에 이르자 낙관주의가 퇴색하고 러시아인들은 다시 중앙집권적 권력을 지닌 강력한 지도자를 찾게 되었다. 개혁가들이 필요한 원조를 얻는 데 실패하자 자연히 그 자리는 음침한 아파라치크들과 부패한 세력가들로 교체되었다.

최악의 사태는 1995년과 1996년에 일어났다. 이때 나는 그저 옆에서 조용히 바라보는 입장이었다. 그 2년 동안 이루어진 러시아의 사유화는 파렴치하고 범죄적인 활동이나 다름없었다. 이른바 사업가라는 부패한 집단이 천연자원에서 나오는 수백억 달러어치의 부-주로 러시아의 석유와 가스 소유권-를 손에 쥘 수 있었다. 사실에 가장 근접한 추론을 제시하자면 약 1,000억 달러의 석유와 가스를 비롯한 기타 가치 있는 상품들이 민간인들의 손으로 이전되었다. 그런데 그 대가로 러시아 재무부가 얻은 것은 약 10억 달러에 불과한 사유화 영수증이었다. 하룻밤 새 러시아 석유와 가스 산업을 자랑스럽게 소유하고 부를 새롭게 축적한 억만장자들이 탄생했다. 이 집단은 나중에 러시아의 새 과두체로 불리게 되었다.

야바위 같은 사유화 과정이 발표되었을 때 나는 미국 정부·IMF·OECD·G7 정부들에게 즉각 경고했다. 즉 러시아의 사유화는 대부자가 정부에 대부를 해 주는 대가로 회사의 주식을 취득하게 되는 '주식-대부교환'이라는 추악한 방식으로 이루어지는 계획이었다. 나는 이 일의 참여자들을 잘 아는데 그 과정이 철저히 추잡한 방식으로 이루어질 것이라고 분명히 경고했다. 결국 가치 있는 국유 자원들이 약탈되고 러시아 재무부가 큰 손실을 입게 되어 있었다. 예를 들어 석유와 가스 소득이 연금 생활자 지원에 사용될 리가 만무했고, 에너지 부문 수입이 곧장 개인 금고로 직행할 게 불을 보듯 뻔했다.

서구는 한마디 불평도 없이 이 과정이 일어나도록 방치했다. 클린턴 행정부의 많은 사람들이 주식-대부교환이 기발한 거래라고 생각했다. 그 거래는 옐친이 국가 자산을 양도하면, 새로운 과두체로 부상한 그의 일당은 옐친의 1996년 재선 운동에 자금을 대는 식이었다. 재선 운동의 자금조달 방법치고는 최악의 비효율적인 방법이었다! 아마 수백억 달러어치의 자산이 정부 금고에서 유출되었고, 겨우 몇백만 달러가 옐친 진영으로 흘러 들어갔을 것이다.

1997년 하버드 대학교 경제학부의 동료 교수인 안드레이 슐라이퍼는 미국 정부의 발주를 받아 사유화에 대해 러시아 지도부에 자문을 하기로 했었다. 그런데 슐라이퍼가 미국 정부와 계약한 상태에서 러시아에 개인적인 투자도 하고 있다는 사실이 미국 정부에 의해 밝혀졌다. 당연히 이 행위는 공적인 비난을 받았다. 나는 슐라이퍼의 행위를 사전에 알지 못했다. 만약 알았다면 그런 행위를 절대 용인하지 않았을 것이고 이런 나의 입장은 지금도 마찬가지다. 그것은 기본적인 직업 윤리에 명백히 위배되는 행위였다. 결국 2004년에 법원이 그 문제에 대해 판결을 내렸고, 슐라이퍼는 미국 정부를 상대로 사취한 혐의에 대해 유죄 평결을 받았다. 법원은 슐라이퍼가 개인적으로 한 일을 하나의 기관으로서 하버드 대학교가 알 수는 없었다고 판결했다. 그러나 나는 슐라이퍼의 행위에 화가 났다. 더욱이 같은 시기에 러시아에서 일했던 우리 팀의 정직성도 의심을 받게 되자 더욱 더 화가 났다. 하버드 대학교의 많은 동료 교수들도 이런 시선 때문에 괴로워했다.

러시아에서 얻은 교훈

개혁이 시작된 지 12년이나 흘렀지만 민주주의와 시장경제를 향한 러시아의 장래에 대해 최종 판단을 내리기에는 너무 이르다. 프랑스혁명이 성공인지 실패인지에 대한 질문을 받고는 "말하기엔 너무 이르다"고 조심스럽게 표현한 중국 수상 저우언라이(周恩來)의 경구가 생각난다. 우리는 러시아가 정상적인 민주주의와 시장경제를 지닌 정상 국가가 될 것인지 아직은 모른다. 그러나 많은 기회를 잃어버렸다는 것만은 확실히 알고 있다.

러시아가 만약 안정화기금 · 채무 유예 · 부채의 부분적 탕감 · 실질적인 지원 프로그램 등의 혜택을 받았다면 훨씬 더 쉽게 정치 · 경제적으로 안정을 되찾았을 것이다. 개혁가들도 권력의 자리를 유지했을 것이다. 부패는 훨씬 더 적었을 것이고 과두체라는 단어가 일상적인 용어로 되지도 않았을 것이다. 석유와 가스에서 파생된 수입이 개인의 호주머니가 아니라 러시아 재무부로 흘러 들어갔더라면 연금 생활자 · 실업자 · 기타 공공수입에 의존하는 사람들의 상태가 훨씬 좋아졌을 것이다. 그리고 나라는 경제성장을 다시 시작하는 데 꼭 필요한 공공투자를 할 수 있었을 것이다.

혼란의 와중에 잘못된 일이 많았지만 그에 못지않게 잘된 일도 많았다. 세계는 운이 좋았다. 1990년대에 격변을 겪으며 외부로부터 특별한 원조를 받지 못했는데도 러시아는 평화와 외부 세계와의 협력을 유지했다. 체첸에서는 폭력의 불꽃이 타올라 거대한 비용을 치렀고 지금도 그 불씨는 꺼지지 않고 있지만 최악의 사태는 피했다. 내전과 핵무기 확산, 집단학살 등에 대한 예측이 난무했지만 다행스럽게도 우려하던 일은 아무것도 일어나지 않았다.

러시아는 1차 산품, 특히 석유와 가스 쪽으로 경제가 치우쳐 있음에도 불구하고 시장경제로 전환되었다. 1998년의 매우 첨예한 국제수지 위기에 이르기까지 수년간 아주 높은 인플레이션을 겪은 뒤 1990년대 말에 이르자 비로소 안정화가 달성되었다. 그러고 나서 매우 높은 국제 에너지 가격과, 평가절하로 촉진된 수출을 기반으로 경제는 사실 아주 급속도로 성장하기 시작했다.

그러나 러시아의 가장 큰 문제는 천 년 동안 지속된 권위주의로 복귀할 가망성을 극복하고 민주주의로 진행될 것인가 하는 점이다. 권위주의의 경향은 여전히 사회 곳곳에 아주 강하게 남아 있다. 블라디미르 푸틴 대통령이 비록 입헌주의와 다당제 민주주의의 외관을 유지하면서 통치하고 있기는 하지만, 권력을 집중시키고 미디어를 길들이며 독자적 야당의 입을 틀어막는 데도 성공했다. 러시아 역사 내내 그러했듯이 많은 것이 여전히 불투명한 상태로 남아 있다.

2003년과 2004년 푸틴이 과두체를 공격한 것은 부정하게 얻은 부에 대해 매우 적절히 문제를 제기한 것으로 보일 수도 있다. 한편, 그것은 국가의 지상권에 도전할 수도 있는 독립적인 부에 대해 한발 앞서서 공격한 것으로 보일 수도 있다. 푸틴의 공격은 두 가지 측면 모두를 고려한 것인지도 모른다. 모든 답은 시간이 지나면 자연히 드러날 것이다.

볼리비아와 폴란드와 마찬가지로 러시아는 자연환경이 남긴 강력한 흔적을 지니고 있다. 이것은 전 세계적 경제지리에 대한 우리의 퍼즐맞추기에 또 하나의 조각이 될 것이다. 예를 들어 러시아는 운명을 규정하는 압도적인 두 가지 지리적 특징을 가지고 있다. 첫째, 러시아는 거대한 땅덩어리이자 세계에서 가장 큰 나라다. 러시아 인구는 항구와 항행 가능한 강, 국제무역 등에서 멀리 떨어진 유라시아 내륙에 살고 있다. 따라서 러시아는 역사 내내 다른 세계와는 비교적 약한 경제적 관계만을 맺어 왔다. 둘째, 생육기가 짧고 때로는 곡물이 전혀 자랄 수 없는 기후를 지닌 고위도 국가다. 1헥타르당 식량 생산 역시 낮으므로 러시아 역사가 시작된 이래 인구밀도 역시 낮았다. 결과적으로 러시아 역사를 통틀어 90% 이상의 인구가 듬성듬성 산재한 촌락에서 농사를 지으며 살았고, 겨우 먹고 살 정도의 식량을 생산했다. 도시들은 수가 아주 적었고 서로 멀리 떨어져 있었다. 도시생활과 국제교역에 의존하는 분업은 결코 사회생활의 지배적인 특징이 될 수 없었다.

애덤 스미스는 228년 전에 『국부론』에서 이 점을 분명히 지적했다.

흑해와 카스피해에서 북쪽으로 상당히 멀리 떨어진 곳에 위치한 아시아의 모든 지역과 고대 스키타이, 오늘날의 타타르와 시베리아는 세계사의 모든 시대 동안에 현재 우리 눈에 보이는 것과 똑같이 야만적이고 비문명화된 상태로 있었던 것으로 보인다. 타타르의 바다는 항해를 허용하지 않는 언 바다이고, 몇 개의 세계 최대 규모의 강이 나라를 관통하여 흘러

간다. 그러나 상업과 통신을 실어 나르기에는 서로 거리가 너무 멀다.[4]

혹시 나는 지금 알고 있는 것과 다른 지식을 가지고 러시아에 자문을 하는 편이 옳은 것은 아니었을까 생각하곤 한다. 나는 미국에게서 대규모 원조를 얻을 가능성에 대해 조금은 의심할 필요가 있었다. 특히 리처드 체니와 폴 월포비츠가 행정부에 있고 이들이 러시아를 미래의 교역 및 대외정책 파트너라기보다는 위협적인 존재로 계속 인식하는 상황에서는 더욱 그랬어야 했다. 이 점을 알았더라면 나는 성공 가능성에 대해 훨씬 덜 낙관적이었을 것이다.

그렇다면 자문 내용도 달랐어야 했는가? 큰 틀에서 대답은 '아니오'다. 나는 외부의 원조를 개혁에 대한 완충장치로 필요하다고 보았지만, 외부의 원조가 없더라도 개혁은 이루어질 필요가 있었다. 외부에서 충분한 원조가 없는 상황이 계속되자 개혁을 둘러싼 정치적 합의가 심각하게 훼손되었고, 따라서 개혁 과정도 심각한 상처를 받고 실패할 위험에 처하게 되었다. 그러나 균형 예산, 통화 태환성, 국제교역 등에 대한 권고와 관련해서는 이런 변화들이 외부 원조 유무와 상관없이 합당한 내용이었다. 러시아에서 일어난 나쁜 일의 대부분―사유화 법규 아래 이루어진 국가 자산에 대한 대대적인 도둑질 등―은 내가 제시한 조언과는 정반대 현상이었다. 그리고 내가 귀중하게 여기는 성실함과 형평의 원칙에 정면으로 위배되는 것들이었다.

이에 반해 중국은 훨씬 덜 동요하면서 사회주의 경제에서 벗어났다. 그러나 다음 장에서 서술하겠지만 중국 경제의 화려한 상승은 다른 정책을 선택한 결과라기보다 다른 지리·지정학·인구동학을 가진 결과였다.

제8장
500년 만의 따라잡기: 중국의 재도약

    1990년대 초에 나는 라틴 아메리카와 동유럽 그리고 구소련의 경제발전의 여러 가지 상황을 직접 이해하기 시작했다. 하지만 아시아에 대해서는 아직 모르는 게 너무 많았다. 나는 아시아를 여러 차례 여행했고, 1986년 안식년에는 일본에 머물고 있었다. 또한 그해에 필리핀의 코라손 아키노 신정부와 정규적으로 만났으며, 아시아의 다른 많은 곳을 여행하기도 했다.

    이런 방문들을 통해 나는 해를 거듭할수록 힘을 더해 가는 아시아의 거대한 경제적 변혁을 연구해야겠다고 더욱 확고한 결심을 하게 되었다. 그 까닭은 아시아에서 서서히 일어나고 있는 변화가 전 세계 경제까지 변화시키고 있었기 때문이다. 1992~2004년간 나는 아시아의 경제개혁 과제에 대해 아주 심층적으로 연구할 기회가 여러 번 있었다. 그것은 학자로서 크나큰 행운이었다.

    내가 아시아의 여러 나라 가운데 중국에 끌린 것은 좀더 특별한 이유 때문이다. 1978년 이래 중국은 시장 방식의 극적인 개혁을 수행했다. 이와 같은 개혁은 분명히 놀라운 성공을 거두었고, 빠른 속도로 경제성장을 이룩하는 데 도움이 되었다. 그 개혁은 진지한 정책연구의 대상이 되었을 뿐만 아니라 중국과 러시아의 개혁을 비교·연구하기 위한 학문적 주제가 되었다. 나는 중국이 왜 다른 방식으로 개혁을 수행하고 있는지 무척 궁금했다. 또한 중국의 개혁방식에서 동유럽과 구소련을 위한 중요한 교훈은 없는지 그리고 반대로 동유럽과 구소련에서 중국이 참조할 만한 내용은 없는지 잘 살펴보고 이해할 필요가 있었다. 나는 1992년부터 정기적으로 중국을 여행하기 시작했고, 비교의 관점에서 중국 경제를 심층적으로 연구하는 중국인 학자들 모임인 중국경제학자협회의 고문이 되었다. 그리고 중국 고위관료들을 위한 자문역을 맡아 중국의 보건 개혁과 중국 서부에 위치한 오지의 경제발전 문제들을 포함한 광범위한 정책들에 대해 자문을 해 주었다.

나는 중국이 직면한 문제들을 언제나 특별한 외경심을 가지고 관찰했다. 중국의 13억 인구는 인류의 5분의 1이 넘는다. 아시아 인구 전체는 인류의 60%를 구성한다. 실로 아시아의 운명이 세계의 운명이나 다름없다. 그러나 많은 인구가 분포되어 있다는 점을 뛰어넘어 중국과 인도가 선진국들을 따라잡고 있다는 경제 현실을 들여다 보면 매우 아이러니한 면이 있다. 중국과 인도 모두 고대문명의 발상지로서 그리 멀지 않은 몇 세기 전까지도 여러 가지 중요한 면에서 유럽 문명을 훨씬 앞서 있었다. 유라시아 육괴(陸塊)의 서쪽에 위치한 서구의 경제적 발전은 아시아가 천 년 이상 기술적으로 앞서 있던 역사를 한순간에 뒤집은 거대한 사건이었다. 그런데 오늘날 아시아는 단지 유럽과 미국을 따라잡고 있을 뿐만 아니라 기술적으로 선도자 위치에 있었던 자신의 과거를 되찾고 있는 것이다.

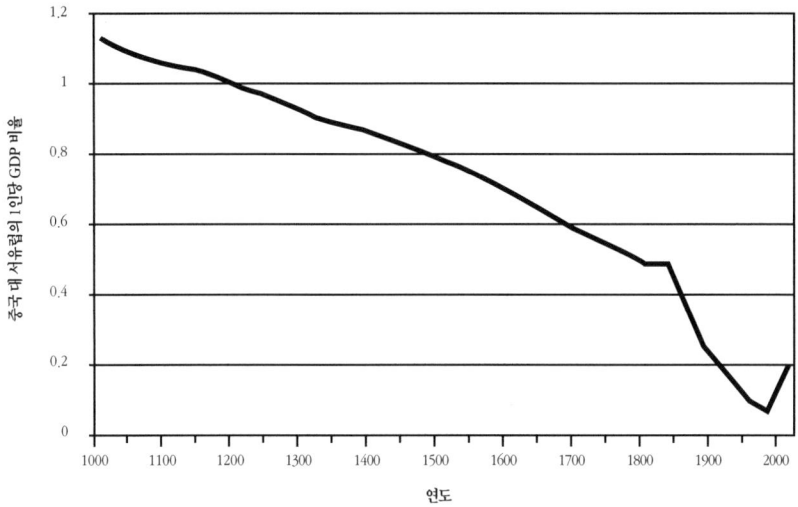

〈그림 1〉 서유럽과 비교한 중국의 1인당 상대소득

출처: Maddison(2001).

　유럽·미국과 비교한 중국의 상대소득은 몇 세기에 걸쳐 오랫동안 하강했다가 최근 몇십 년 동안 신속하게 따라잡았는데, 이런 현상이 〈그림 1〉에 잘 나타나 있다. 이 표에서 나는 서유럽과 비교한 중국의 1인당 상대소득이 천 년이라는 긴 시간 동안 변화한 과정을 그래프로 표시했다. 경제사학자 앵거스 매디슨의 자료를 근거로 작성된 이 추산은 몇 세기 전 과거로 거슬러 올라가면 정확성이 약간 떨어진다. 그러나 기본적 사실은 분명히 드러내고 있다.

　중국은 한때 선두를 차지하고 있었지만 1500년에 그만 선두 자리를 잃게 되었다. 중국은 유럽이 비상하는 동안 똑같은 자리에 머물러 있었으므로 더욱 뒤처지게 되었다. 실제로 중국은 19세기 중반~20세기 중반 사이에 상대적인 면은 물론 절대적인 면에서도 한참 뒤떨어졌다. 1975년 중국의 1인당 소득은 서유럽의 7.5%에 지나지 않았다. 그러나 그 이후 특히 최근 4반세기 동안 중국은 급격한 경제발전을 이루어 2000년에는 유럽의 약 20%에 달하는 소득 수준을 이루게 되었다. 이 성장이 그리 큰 것으로 보이지 않을 수도 있겠지만—그래프에서도 그리 커 보이지 않는다—역사적으로는 아주 큰 의미가 있다. 중국은 극단적 빈곤을 끝내고 그동안 상대적으로 쇠퇴했던 세기들을 일시에 역전시켜 나가고 있는 것이다.

중국은 어떻게 선두 자리를 잃었나

중국은 어디서 왜 무너진 것일까? 이 질문은 중국이 오늘날 그토록 빠른 성장세를 보이는 이유와, 향후 몇십 년 동안 이 속도를 유지하려면 과연 무엇을 해야 하는가를 관찰하는 데 아주 유용한 출발점이라 할 수 있다. 중국의 경제사를 살펴보면 특별한 몇 개의 시점이 눈에 띈다. 즉 1434년 · 1839년 · 1898년 · 1937년 · 1949년 · 1978년이 바로 그것이다. 약 500년에 걸쳐 있는 이 시점들을 이해하면 중국이 세계의 기술적 선도자에서 빈국으로 전락한 과정을 거쳐 인류 역사상 유례를 찾아볼 수 없을 만큼 급속한 경제성장을 이룬 거대한 성공 스토리를 탄생시켜 온 역사적 변동의 수수께끼를 풀 수 있다.

콜럼부스가 아메리카 항로를 발견하고 바스코 다 가마가 희망봉을 돌아 바닷길로 아시아에 도착한 직후인 16세기 초쯤, 중국은 분명히 기술적으로 세계 제일의 초강대국이었다. 그리고 최소한 천 년 전부터도 틀림없이 그와 같은 위치를 차지하고 있었다. 유럽은 1500년 이후에 컴퍼스 · 화약 · 인쇄—모두 중국의 발명품들이다—로 아시아를 정복했다. 이 기세를 역전시킬 만한 숙명적인 이유는 아무것도 없었다.

중국은 자신의 우월한 지위를 그저 헛되이 낭비한 것으로 보이는데, 이와 관련하여 1434년이 아주 결정적인 해였다는 사실이 점점 더 명확하게 부각된다. 그해에 명나라 황제는 사실상 중국의 국제교역을 봉쇄하고 세계에서 가장 크고 선진적인 대양선 선단을 해체시켰다. 1405~1433년간 유명한 환관 제독 정화(鄭和)가 이끈 중국 선단이 인도양의 항구들을 방문했다가 동아프리카까지 이르렀다. 이 선단은 깃발을 내걸고 중국의 문화와 지식을 전파했으며, 인도양 지역의 광대한 땅들을 탐험했다. 그런데 갑자기 황궁은 그 항해에 비용이 너무 많이 든다며 그만둘 것을 결정했다. 중국북부 국경지대에 유목민의 침입 위협이 증대했기 때문이었을 것이다.

아무튼 어떤 이유에서든 황제는 해양무역과 탐험을 종결시키고 조선소를 폐쇄했으며 이후 몇 세기 동안 중국의 상선무역에 심한 제재를 가했다. 그로부터 중국은 배를 만들고 먼 바다를 항해하는 기술적 선도자로서의 권리를 다시는 누리지 못했고, 심지어 중국에서 가까운 바다도 지배할 수 없게 되었다.

애덤 스미스는 1776년 중국에 대해 쓰면서 부유하지만 정체되어 있는 나라를 세밀하게 관찰했다. 중국은 내향성과 국제교역에 대한 무관심 때문에 발전을 향한 역동성을 상실했다. 한마디로 중국은 자신의 내부로 너무 깊숙이 눈을 돌림으로써 세계 경제의 주도권을 포기했다. 스미스는 이 점을 다음과 같이 너무나 간결하고 정확하게 지적했다.

> 중국은 오랫동안 정체되었고, 스스로의 법률과 제도가 허용하는 한도의 모든 부를 이미 오래 전에 획득한 것으로 보인다. 그러나 이 모든 부는 다른 법률과 제도의 토양과 기후 그리고 토지에서 얻을 수 있는 것보다는 훨

씬 못할 것이다. 국제교역을 무시하거나 얕보며 외국 배의 입항을 오직 한 두 곳에서만 허용하는 나라는 다른 법률과 제도에서 할 수 있는 것과 똑같은 양의 사업을 벌일 수 없다.[1]

중국의 경제사에서 1434년 다음으로 결정적인 해는 1839년이었다. 그해에 중국의 경제적 고립이 끝났지만 이 일은 매우 고통스러운 방식으로 이루어졌다. 마르크스가 예측한 대로 유럽의 공업적 역량은 세계 모든 곳의 장벽을 무너뜨렸을 뿐만 아니라 다른 문명들과 정면 충돌했다. 중국에서는 유럽의 침입이 특히 파괴적이었다. 1839년 영국은 영국인들의 마약 거래를 더욱더 조장하기 위해 중국을 공격했고, 1839~1842년 제1차 아편전쟁을 일으켜 중국에 교역을 위한 문호개방을 강요했다. 무엇보다도 영국은 기업들이 인도에서 생산하여 팔고 있던 아편을 수입(輸入)하라고 중국에 압력을 가했다. 영국의 정책 입안자들은 중국의 광대한 시장에 관심이 컸을 뿐만 아니라, 영국인이 무척 좋아하는 중국 차(茶)를 매입하는 데 따르는 비용 지불 문제를 해결하고 싶어 했다. 그 방법은 정말로 기발하고 철저히 파괴적이었다. 영국인들은 중국에 아편을 팔아 중국 차를 매입할 돈을 벌었다. 그것은 콜롬비아가 오늘날 코카인 판매 권리를 지키기 위해 미국과 전쟁을 벌이고 있는 것과 똑같았다.

19세기 후반에 중국은 유럽 열강의 실질적인 통제 아래 일정한 상업적 발전은 물론이고 초기적 공업화도 달성하기 시작했다. 외향적인 유럽과 내향적인 중국 사이의 충돌은 소란스럽고 폭력적이었다. 이 때문에 수천 명의 목숨을 앗아간 태평천국의 난(亂) 같은 국내적 폭력 사태를 포함하여 대대적인 사회적 격변이 일어났다. 중국의 경제와 정치 시스템에 대한 개혁 압력이 수십 년 동안 계속해서 가중되었다. 1868년 일본이 메이지유신이라는 대규모 혁명을 통해 급속한 공업화 과정에 착수하자 중국에 대한 압력은 더욱 거세어졌다. 그 이후 일본은 중국 개혁에 대한 자극제뿐만 아니라 자문 역할을 자처하게 되었다.

1898년은 중국 운명을 가름하는 상징적인 해였다. 그해는 사멸해 가던 청(淸) 왕조가 정치적 붕괴에서 벗어나 수십 년간의 소란으로부터 중국을 구해낼 마지막 기회였을 것이다. 여러 명의 젊은 개혁가가 일본의 자본주의적 변혁과 공업화 성공에 자극을 받아 중국에서 급진적 개혁을 이루기 위한 100일 계획을 주창했다(1898년 캉유웨이(康有爲), 량치차오(梁啓超) 등이 중심이 되어 진행한 변법자강운동(變法自彊運動). 서태후의 쿠데타로 100일 만에 좌절됨-옮긴이). 그러나 서태후는 이를 결코 용인하지 않았다. 일본으로 도피한 몇 명을 제외한 개혁가들이 체포되고 살해당했다. 이 사건은 개혁을 이루고자 하는 사람들에게 무시무시한 경고였다. 이후 사건들은 중국이 개혁 실패에 대해 끔찍한 대가를 치렀다는 것을 보여 준다.

1911년 혁명 전야에 중국 정권은 정당성은 물론 재정적 기반도 소진했다. 중국은 유럽과 일본의 압력뿐만 아니라 외국인들의 영토 잠식도 저지할 수 없는 지경에 이르렀다. 주요 해안 도시들에서 공업화가 진행되었는데, 이곳들은 외국의 함대들에 의해 강제 개방된 이후 일본과 유럽인 투자자들의 본거지가 되었다. 상하이는 세계를 상대로 한 직물 수출의 성공에 힘입어 공업 도시로 발전하고 있었다.

청 왕조는 혁명을 희망하는 중국 국민들의 외침 아래 붕괴했다. 그러나 사태는 결코 순탄하게 흘러가지 않았다. 혁명 자체로는 정치적 통일과 경제적 개혁을 이루지 못했다. 1916년에 권력이 점점 더 지역 군벌들 사이에서 분할되는 가운데 중국은 사회적 불안과 정치적 혼란에 빠져들었다. 뒤이어 경제적 쇠퇴가 나타났다. 매디슨의 추산에 따르면 중국의 1인당 소득은 1850년에는 영국의 1인당 소득 대비 22%, 1900년에는 14%, 1930년에는 19%였다. 이와는 대조적으로 일본의 1인당 소득은 1850년에는 영국의 1인당 소득 대비 약 31%, 1900년에는 25%, 1930년에는 42%였다.

중국의 내적인 분열과 경제적 취약성 때문에 점점 더 강력해지고 공업화된 이웃 나라 일본은 군사적 이득을 얻을 기회가 점점 커졌다. 일본은 싸움의 대상이었던 만주를 강점한 지 6년 후인 1937년에 드디어 중국 본토를 침공했다. 일본의 침공은 말로 표현할 수 없을 만큼 파괴적이고 잔인했을 뿐만 아니라 중국의 국내 정치질서에 치명적인 타격이 되었다. 중국에서는 일본의 침공에 이어 내전마저 일어나 마오쩌둥이 지도하는 공산주의 반란군이 승리를 거두었다. 그 결과 1949년 중화인민공화국이 수립되었다.

혼란에서 이륙으로

세계에서 어떤 나라도, 심지어 러시아까지도 1949년 혁명 이후 중국이 사회적·경제적으로 겪은 것만큼의 소란과 변화-고통에서 승리로-를 경험하지 못했다. 되돌아보면 마오쩌둥이 세력을 쥐고 있던 시기는 몇 가지 점에서 큰 성공을 거두었다. 주로 기초 공중보건 분야에서 극적인 개선이 이루어졌다. 공중보건의 성공은 놀랄 만한 것으로 면밀히 검토할 만한 가치가 있다. 왜냐하면 그 성공이 1978년 이후 중국의 경제 붐을 일으키는 데 일정한 기반이 되었다는 점은 분명하기 때문이다. 그러나 터무니없는 실패도 많았다. 특히 어떤 면에서는 소비에트 경제와 비슷하게 전개하다가 실패한 사회주의적 공업발전 전략을 그 예로 들 수 있다.

독립 당시 기대 수명은 41세였고 유아 사망률(신생아 1,000명당 첫돌 이내 사망자 수)은 195명이라는 놀라운 수준이었다. 여성들은 평균 6명의 아이를 출산했다. 시장개혁이 시작된 1978년에 기대 수명은 65세로 높아졌고, 유아 사망률은 52명으로 떨어졌으며, 총출산률은 약 3명이었다. 이런 성공은 마오쩌둥이 통치하던 시대 동안 행해진 여러 가지 주요 정책의 결과였다. 그 정책들로는 첫째, 대규모 공중보건 캠페인을 통해 말라리아 · 십이지장충 · 주혈흡충병 · 콜레라 · 천연두 · 페스트 등을 포함한 여러 전염병이 감소하거나 제거되었다. 둘째, 전염병의 예방과 치료를 포함한 필수 보건 서비스에 대한 기초적 훈련을 받고 농촌지역에서 일하는 마을 단위 의료 보조원인 '맨발의 의사(barefoot doctor, 赤脚醫)' 제도가 도입되었다. 셋째, 기초 인프라(도로 · 전력 · 음료수 · 화장실)의 중대한 개선을 통해 자연환경의 안전성이 더욱 높아졌다. 넷째, 작물 생산성이 대규모로 증대했다. 이는 부분적으로는 중국의 녹색혁명이 전개되는 동안 많은 수확이 가능한 품종을 도입한 결과였다. 예를 들어 공식 데이터에 따르면 곡물 수확량은 1961년 1헥타르당 1.2톤에서 1978년 1헥타르당 2.8톤으로 증대했다.

또한 중국은 1인 통치의 광기로 야기된 비극적 재난도 경험했다. 이 재난 가운데 가장 큰 두 가지는 1958~1961년 동안의 대약진운동과 1966~1976년 동안의 문화혁명이었다.

대약진운동은 이른바 뒷마당 제철소라는 것을 도입하여 공업화를 가속화시키려는 마오쩌둥의 터무니없는 발전 계획이었다. 전국의 수백만 명의 농민이 농사일을 중단하고 조그마하고 비효율적인 뒷마당 제철소에서 철을 생산하기 시작했다. 그 정책은 수많은 농민들이 굶어 죽으면서 철저한 실패로 끝이 났는데, 이 소식은 정책 책임자들에게 정확하게 전달되지 못했다. 보고가 잘못되었을 뿐만 아니라 특히 마오쩌둥을 포함한 당시 최고 지도부가 환상에 사로잡혀 있었기 때문이다. 아무튼 결과적으로 수천만 명의 농민들이 죽었다.

1966년에 시작된 문화혁명은 정규 계획화와 관료적 과정을 뒤집어엎음으로써 영원한 혁명을 창출하려는 마오쩌둥의 10년에 걸친 시도였다. 문화혁명은 중국 사회를 전복시키고 생계기반을 파괴했으며 무고한 양민들의

〈그림 2〉 중국의 경제성장과 빈곤 경감

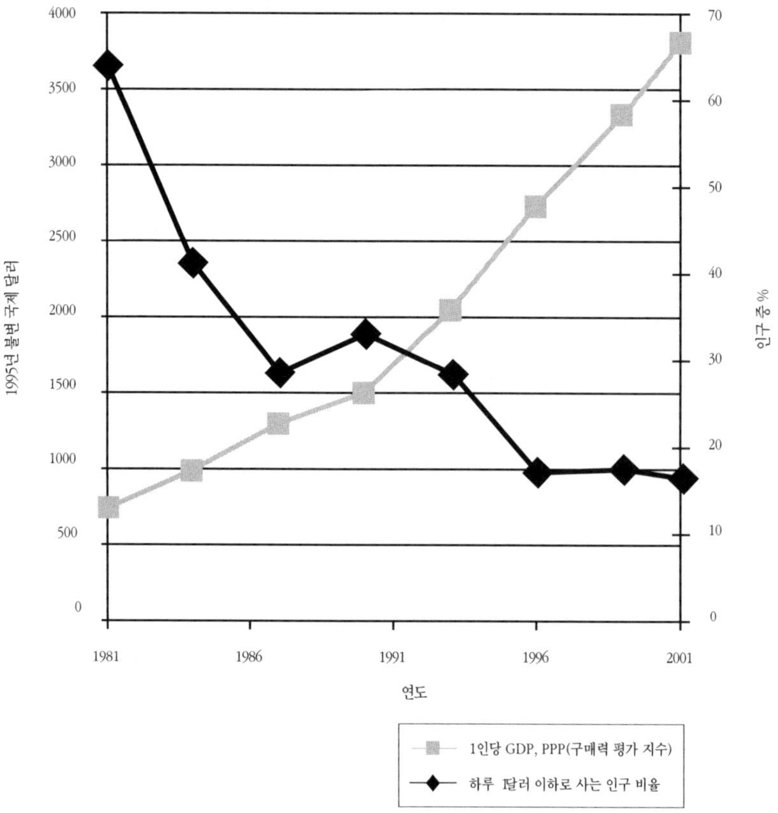

■ 1인당 GDP, PPP(구매력 평가 지수)
◆ 하루 1달러 이하로 사는 인구 비율

출처: Chen and Pavallion(2004); World Bank(2004).

자살과 추방을 낳았다. 더욱이 10여 년 이상 한 세대 전체의 중국 젊은이들의 교육을 붕괴시켰다. 오늘날 중국의 많은 학자와 지도자들은 그 시기를 농촌에서 보냈다. 1976년에 마오쩌둥이 죽은 뒤 장칭(江靑)을 포함한 4인방이 체포되고, 1978년에 덩샤오핑이 집권하면서 비로소 중국의 개방이 시작되었다.

1978년 이후 중국은 1인당 연평균 약 8퍼센트의 속도로 성장하면서 세계에서 가장 눈부신 경제적 성공을 이루었다. 이 같은 성장률에서 1인당 평균 소득이 9년마다 2배 증가하여 1978년 대비 2003년에는 거의 8배나 증가했다. 〈그림 2〉에서 나타나듯이 중국에서 극단적 빈곤층도 극적으로 감소했다. 1981년에는 인구의 64%가 하루 1달러 이하의 소득으로 살았다. 2001년 그 수치는 17%로 줄어들었다. 현재 1인당 성장률이 몇 년 전에 비해 약간 둔화되었을 뿐 성장을 향한 엔진은 여전히 강력하게 돌아가고 있다. 중국처럼 급속하게 성장하는 나라는 일반적으로 시간이 지나면서 성장이 점차 완만해지는 추세를 보인다. 20세기 후반에 일본이 경험했던 것과 똑같은 일이다. 이것은 기본적으로 성장의 많은 부분이 따라잡기, 특히 선도적 혁신국들의 기술을 채택하기 때문이다. 즉 그런 기술들이 사용됨으로써 선도국들과의 소득 격차가 줄어들면 기술 도입을 통한 '손쉬운' 성장의 기회가 좁아진다.

자세히 들여다본 중국의 이륙

1981년 짧은 기간에 중국을 여행하던 중에 우연히 덩샤오핑 시대가 열리던 시점의 중국을 둘러볼 수 있었다. 중국은 여전히 마오쩌둥 시대의 유산을 털어내는 중이었다. 거리를 오가는 사람들은 한결같이 우중충한 옷을 입고 다녔다. 남녀 모두 주로 진청색의 면 상의와 바지를 입었다. 북경은 자전거로 넘쳐났고, 간간이 트럭도 보였지만 개인 승용차는 거의 보이지 않았다. 가난한 농민들은 도로변에서 양배추를 팔고 있었다. 이는 자신들의 상품을 팔 수 있는 새로운 자유뿐만 아니라 그것밖에는 팔 것이 없는 농민들의 빈곤함을 동시에 보여 주었다. 관광 가이드들은 관광객들을 위해 마련된 가게들로 안내하는데, 여기서 관광객들이 안내받는 상품이란 저급한 기술로 만들어진 조악한 장신구와 의복뿐이었다.

하지만 1992년에 방문했을 때 중국은 이미 놀라울 정도의 변화를 보이고 있었다. 그 여행은 중국의 유명한 소장 경제학자들의 모임인 중국경제학자협회(CES)의 초청으로 이루어졌다. 서구에서 교육받은 이 학자들은 경제개혁과 제도적 변화를 위한 최선의 선택을 이해하려고 열심히 노력하고 있었다. CES의 모든 회원이 대하 드라마나 소설에 등장할 것 같은 삶을 살아온 것 같았다. 그 경제학자들은 현대 중국의 혼란을 몸소 겪고 있었다. 대부분은 의사·교사·정부 관료의 지식인들로서 중산 계층에 속해 있었다. 마오쩌둥의 편협한 논리로는 이런 배경이 모두 의심의 대상이었다. 따라서 그들 가족은 문화혁명 동안 무시무시한 대가를 치러야 했다. 부모들은 일자리와 사회적 지위를 잃었고, 아이들은 극소수 예외를 제외하고는 수년 동안 농촌으로 보내져 대개의 경우 가난한 농사꾼이 되었다. 이들의 정규 교육은 중지되었고, 그 세대의 많은 사람들은 결코 학교로 다시 돌아갈 수 없었다.

그러나 CES 회원들은 특별한 집단이었다. 거의 모든 CES 회원이 추방된 주민들 사이에서 은밀히 유통되던 책들을 사용하여 수학과 언어학, 심지어 과학을 스스로 배우며 문화혁명에서 살아 돌아왔다. 이들은 덩샤오핑

이 문화혁명 이후 대학 문을 다시 열었던 1970년대 말에 대학시험을 치렀다. 재능을 걸러내는 장치치고는 얼마나 훌륭한가! 입시경쟁을 벌였던 수십만 명 중에서 수천 명의 학생이 대학교에 입학하는 영광을 차지했다. 이 학생들은 반짝이는 광채를 발했고, 1980년대에 미국과 유럽에서 박사과정을 밟았다. 그리고 나서 1990년대에 중국의 경제적 이륙을 이룩하고 개인적 자유를 위한 공간을 확장하는 데 자신의 이력과 삶을 바치고 있었다.

1992년 CES 회의는 중국의 새로운 경제특구 중 하나인 하이난 섬에서 열렸다. 공항에서 회의장으로 가는 길도 매력적이었다. 밤에 도착한 공항에서 몇 킬로미터를 달려 회의장으로 향하는 도로 주변에는 모닥불과 횃불들이 밝혀져 있었다. 이 각각의 불빛이 사실은 건설 중인 건물들이라는 것을 알고는 깜짝 놀라지 않을 수 없었다. 건설현장에서는 밤 교대조가 3~4층 높이의 위험한 대나무 비계 위에서 작업을 하고 있었다. 중장비는 별로 없었고, 크레인도 보이지 않았다. 높은 건물이 모두 인부들의 손에 의해 건설되고 있었으며, 정말로 한층 한층 올라가고 있었던 것이다! 나는 9% 성장률이 무엇을 뜻하는가를 배울 수 있었다. 즉 그것은 1주일의 7일간 하루 24시간 내내 쉬지 않고 일함으로써 성장하는 경제였다. 24시간 내내 이루어지는 교대작업이 잃어버린 시간을 벌충하고 있었던 것이다. 중국의 경우는 550년 동안 잃어버린 시간을 의미했다.

회의에 참석한 사람들은 동유럽과 구소련에서 막 시작된 경제개혁에 대해 말해 달라고 요청했다. 중국 공식 언론은 동유럽과 구소련의 개혁 과정에 대해 사정없이 비판했다. 비판의 주된 이유는 그곳의 개혁들이 시장개혁과 민주주의를 결합시켰기 때문이다. 중국 지도부는 일당 통치를 계속하면서 시장개혁을 이끌어 갈 의도였다. 1989년 폴란드의 첫 번째 부분적 자유선거가 천안문 사태와 같은 날인 6월 4일에 일어났다는 것은 어찌 되었든지 아이러니한 일이다. 그러나 그 문제에는 단순한 선전이나 정치적 태도 이상의 것이 존재했다. 동유럽과 구소련은 중공업 분야에서 매우 거대하고 고통스러운 수축을 경험하고 있던 반면, 중국은 시장개혁 과정에서 붐을 타고 있었다. 중국이 더 나은 개혁 경로를 선택했던 것인가? 중국은 동유럽에 무엇을 가르칠 수 있는가? 그리고 중국은 동유럽과 구소련 사태에서 무엇을 이해할 필요가 있는가? 이후 몇 년 동안 나는 이 질문들에 몰두하게 되었다.

나는 이 질문들에 대한 표준적인 견해가 사실이든 경제학적 해석에서든 결국은 틀렸다는 점을 서서히 발견하게 되었다. 표준적인 관점이란 동유럽은 실로 충격요법(나에게 계속 따라다니는 무시무시한 단어)에 의해 급진적으로 나아갔던 반면, 중국은 점진적으로 진행했다는 것이다. 또 동유럽의 급진주의는 혼란을 불러일으켰지만 중국의 점진주의는 인간적이었다는 것이다. 즉 동유럽은 앞을 향해 무조건 저돌적으로 돌진했던 반면, 중국은 민주주의를 전반적으로 유예시키고 경제가 정치적 자유를 더 효과적으로 다룰 수 있을 때까지 현명하게 기다렸다는 것이 많은 사람들의 견해였다.

그런데 처음부터 이런 종류의 비교·분석은 여러 가지 면에서 잘 납득할 수 없었다. 고르바초프는 페레스트로이카 시대 동안 소련에서 점진주의를 시도했고, 실제로 중국에서 분명히 성공한 경우를 모델로 삼아 소련의 많은 개혁을 설계했다. 그러나 그런 방침이 제대로 작동하지 않았다. 이와 비슷하게 헝가리는 일당 통치 아래 점진적인 시장개혁을 추진한 또 하나의 변종인 '구야쉬 사회주의(goulash socialism : 소비재 생산과 생활수준 향상을 강조하는 사회주의-옮긴이)'로 유명했다. 소련의 경우처럼 헝가리의 점진적 개혁은 철저히 실패했는데, 헝가리의 지도적 경제학자인 야노스 코르나이가 그 이유를 명확하게 분석했다.

반대로 중국의 점진주의는 매우 과장되게 선전되었지만, 실제로는 숨막히는 속도와 급진주의를 나타냈다. 농업 탈집단화의 초기 단계가 바로 그런 사례였다. 중국과 동유럽·소련 사이에 다른 결과가 나타난 데는 단순한 속도조절 차이 이상의 그 무엇이 작동했다.

나는 감별 진단의 상세한 적용으로 비밀을 파헤치기로 했다. 그 일은 일련의 강의와 논문을 통해 진행했는데, 대부분 나의 학생이었고 이후에는 데이비스의 캘리포니아 대학교 교수로서 나와 책을 같이 쓰기도 한 웡티우(胡永泰)와 협력하여 이루어졌다. 소련·동유럽과 중국의 차이에 대한 우리의 분석은 중국의 탁월한 경제학자이자 CES 회원이었던 모나쉬 대학의 고 샤오카이 양(楊小凱) 교수와의 공동 작업으로 더욱 강화되었다.

우리의 감별 진단은 동유럽·소련 경제와 중국 경제 사이의 근본적인 차이에 주목하는 것으로 시작되었다. 1978년 시장개혁이 시작된 중국은 여전히 농업경제에 기반을 두고 있었다. 인구의 약 80%가 농촌지역에서 살았고, 70%가 작은 농토를 경작하는 농민이었다. 1960년대와 1970년대 동안 이 농민들은 공동체적 토지 보유와 역시 공동체적 지불 시스템을 갖춘 인민공사로 조직되었다. 따라서 토지에 대한 그들 자신의 노력이나 투자에 대해 보상을 받지 못했다. 인민공사에서 수확률이 극단적으로 낮았는데, 이는 가계에 보탬이 되는 수확물을 기대할 수 없었기 때문이다. 인구의 20퍼센트만이 도시에서 일했고, 거의 같은 비율의 노동력이 온갖 국유기업에 흩어져 일했다.[2] 그러나 이것도 매우 비효율적이었다. 노동자들은 일정한 임금과 수당(예를 들어 의료를 포함한)을 보장받았고, 어떤 경우에도 해고될 수 없었다. 노동자들은 경제적 침체에도 부서지지 않는 이른바 '철밥통'을 가지고 있었다.

동유럽·구소련은 중국과는 구조적으로 완전히 달랐다. 중국과는 달리

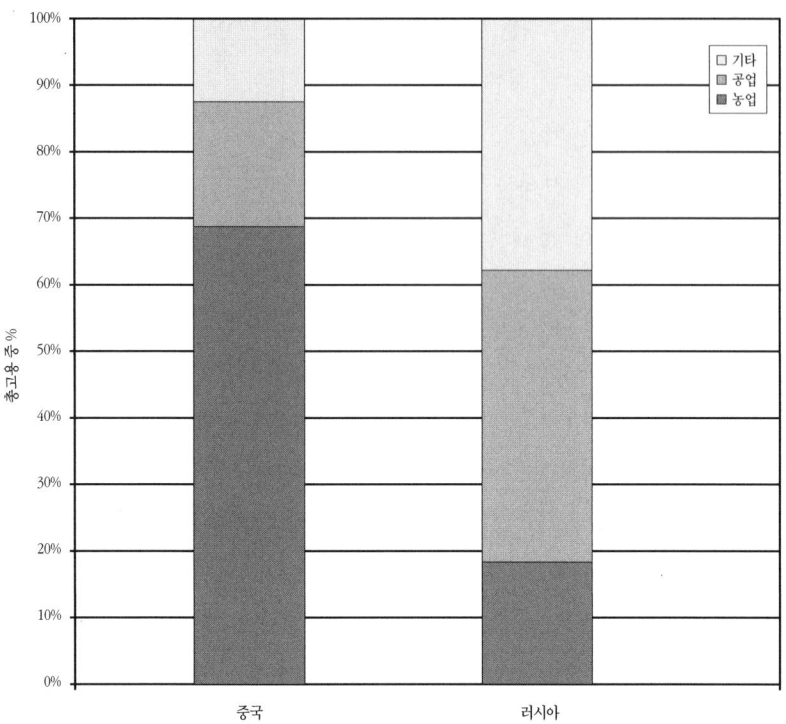

〈그림 3〉 1980년 부문별 고용 분포

출처: Sachs and Woo(1994).

1978년 당시 그 지역 인구의 약 60퍼센트가 도시에서 살았고, 농촌에 사는 인구는 40퍼센트에 지나지 않았다. 총노동력 중 공업부문이 약 40퍼센트를 점했고, 서비스 부문이 40퍼센트를 차지했으며, 농업부문은 20퍼센트에 불과했다. 〈그림 3〉은 중국과 러시아의 경제구조를 비교한 것인데, 농업과 공업에 종사하는 노동력 비율의 결정적인 차이를 보여 준다. 〈그림 4〉에서 볼 수 있듯이 소비에트식 경제에서는 사실상 인구의 100퍼센트가 국유기업에서 일했다.[3] 농장들도 중국식 인민공사로 조직된 것이 아니라

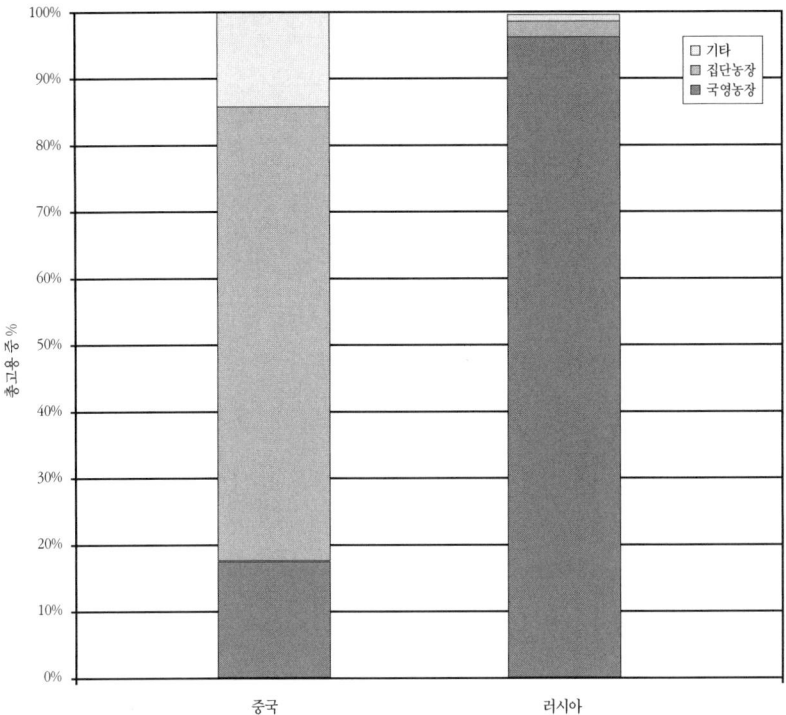

〈그림 4〉 1984~1985년간 조직유형별 고용 분포

출처: Sachs and Woo(1994).

임금 노동자로 구성된 국유기업으로 조직되었다. 소비에트 시스템에서는 100퍼센트의 노동력이 밀을 기준으로 하여 철밥통에 해당하는 것을 누렸다고 할 수 있다.

결과적으로 출발점의 차이가 모든 차이를 만들어냈다. 어쨌든 중국이나 러시아 어디서든 국유기업 부문은 거대한 문젯거리였다. 노동자들은 임금과 일자리와 수당을 보장받았지만, 국유기업들은 비효율적이었을 뿐만 아니라 끝도 없이 예산을 잡아먹는 커다란 구멍이었다. 폭력이나 폭력의 위협만이 노동자들의 임금인상 요구를 억누를 수 있었다. 노동자들은 해고나 실업의 염려 없이 더 높은 임금을 요구할 수 있다는 점을 알고 있었기 때문이다. 국유기업들은 예산과 국유은행의 보조금에 의지해 운영을 계속해 나갔으며 이런저런 적자를 근근이 메울 수 있었다.

이와 달리 중국의 인민공사는 국가에서 보조금을 받기보다는 오히려 세금을 내야 했다. 정부는 도시 노동자들이 값싸게 식량을 구입하는, 일종의 생활 보조금을 지급하기 위해 농부들에게 낮은 가격을 지불하고 모든 식량을 매입했다. 뿐만 아니라 가난한 농민들은 소득이나 수당을 전혀 보장받지 못했다. 다시 말해 철밥통이 아니었다. 아주 오랜 옛날부터 그랬듯이 중국 농민들은 국가에 세금을 내더라도 국가의 간섭을 받지 않기를 원했다. 인민공사는 아주 비효율적이었는데, 이는 노동에 대한 적절한 대가가 결여된 상태에서 곡물 수확률이 몹시 낮았기 때문이다. 농부들의 소득은 그들 자신의 노력이나 생산성이 아니라 공사 전체의 산출량에 달려 있었다. 그런데 '가계 책임제'로 복귀하면서 노동에 대한 대가가 극적으로 높아졌다. 개별 농가가 개별 농토를 경작하고, 여기서 얻어지는 수익은 주로 농사를 지은 가계에 귀속되었기 때문이다.

그러므로 중국은 식량부문의 급진적인 시장개혁 및 농업 생산의 폭발적인 증가와 함께 개혁을 시작할 수 있었다. 1977~1979년 사이에 인민공사 구조는 상명하달식 명령에 의해서가 아니라 전국의 마을 단위에서 상향식 의견전달 행위를 통해 자연발생적으로 해체되었다. 마오쩌둥이 사망한 이후 권력에 공백이 생긴 틈 속에서 이루어진 일이었다. 탈인민공사화가 들불처럼 퍼져 나간 후 중국공산당이 1979년 이를 승인했지만, 실제 행위는 자연발생적이었다.

이 변화는 결코 점진적으로 이루어지지 않았다. 그것은 전형적인 충격

요법이었다. 농가에 속한 약 7억 명의 농민들이 갑자기 인민공사가 아니라 가계에 할당된 농토를 경작하게 되었다. 이 새로운 가계책임제는 농부들에게 더욱 열심히 일하고, 더 높은 생산성을 위한 방법들을 신중히 활용함으로써 더 많은 수확을 얻을 수 있도록 하는 커다란 기회가 되었다. 식량 수확률이 급증했고, 도시로 공급되는 식량량도 걱정했던 것과는 반대로 줄어들기는커녕 늘어났다. 간단하게 설명하자면 중국 개혁의 초기 단계에서 산출량이 폭발적으로 증가했고, 개혁은 도시와 농촌이 모두에게 좋은 결과로 나타났다.

1980년대와 1990년대 초에 이루어진 중국 개혁의 다음 단계도 역시 신속했고, 아주 긍정적인 효과를 낳았다. 첫째, 농민들은 농장을 떠나 향진기업(TVE)으로 알려진 농촌에 기반을 둔 공장에서 일할 수 있는 자유를 부여받았다. 갑자기 수십만 개의 기업(공장)들에서 수백만 개의 일자리가 생겨났다. 둘째, 경제특구(SEZ)로 알려진 특별히 지정된 자유무역지구를 시발점으로 국제무역과 투자가 자유화되었다. 외국인 투자자들과 가까이 지내며 돈벌이를 하는 사람들이 나타났다. 이들은 외국의 기술과 자본을 들여와 중국의 저임금 노동자들을 고용하여 세계 시장을 상대로 노동집약적 수출품을 생산했다. 중국의 노동자들이 농촌지역에서 자유무역지구로 모여들었다.

결과적으로 농장부문의 자유화가 수출부문의 제조업을 위한 노동력을 제공했다. 자유무역지구를 설치한 지 몇 년 만에 중국은 의류 · 직물 · 신발 · 플라스틱 · 장난감 · 전자조립품 등 노동집약적 생산품에 기반을 둔 수출 붐이 시작되었다. 겨우 20년 만에 제조업 수출 규모가 1980년 수십억 달러에서 2000년에는 2,000억 달러 수준으로 증대했다.

소수의 특혜적 자유무역지구의 지정은 세계 시장과 접촉해 온 중국의 오랜 역사, 특히 19세기에서 그 역사적 전례를 찾아볼 수 있었다. 놀라울 정도로 겹치는 경제특구들은 아편전쟁 이후 19세기 중반의 중국 경제의 최초 개항지들과 일치했다. 한 가지 차이점이라면 1800년대 중반에는 중국이 반식민 통치 아래 있었던 반면, 최근 사례들은 주권적 선택의 결과라는 점이다. 바로 이 점이 오늘날 자유무역지구의 정당성을 더욱 높여 주었으며 개혁을 한층 심화시켰다. 공업 투자를 촉진할 지역을 선별하고 공업화의 핵심 중심지역들을 발전전략 기지로 사용한다는 구상 역시 아시아의 다른 곳들에서 이미 검증된 내용들이다. 제2차 세계대전 이후 일본의 성공적인 경제발전부터 한국·타이완·홍콩·싱가폴·페낭 섬(말레이시아) 그리고 기타 아시아의 여러 곳에서 검증되었다.

나머지는 그들이 말하듯이 시간이 해결해 주었다. 한마디로 경제특구들이 역사적으로 이륙을 시작한 것이다. 즉 아주 낮은 비용의 노동력, 국제 기술의 가용성, 점차 늘어나다가 마침내 급물살을 타게 된 투자기금 등을 하나로 결합시켰다. 국내 저축에서도 투자기금이 조성되었지만, 1990년대는 외국인 직접투자가 점점 더 투자기금의 원천이 되었다.

외국인 직접투자는 세 가지 부분으로 이루어져 있었다. 첫째, 유럽과 미국의 공업 및 금융 중심지에서 들어온 원격 국제자본이었다. 둘째, 아시아에 흩어져 사는 중국인 교포들에게서 들어온 자금이었다. 중국인 교포 지도자들은 훌륭한 사업-대부분 가족 중심적인-기회를 찾을 수 있었다. 셋째, 왕복자금(round-tripping money)으로 불리는 것이었다. 이것은 보통 국영기업 계좌에 있던 돈이 중국 밖으로 나갔다가 홍콩의 금융 중개기관들을 거쳐 중국 내 기업들에 다시 투자되는 자금을 가리킨다. 어떤 식이든 수억 명에 이르는 저임금 노동력과 현대적 기술, 풍부한 자금, 안전하고 건전한 사업환경의 결합이 현대 중국 역사에 한 획을 그을 만한 커다란 돈벌이 기회를 제공했다.

중국의 특정한 한 분야는 정말로 점진적으로 개혁되었다. 국영기업 부문이 바로 그러했다. 중국은 1980년대와 1990년대에 국영기업을 부분적으로 자유화했지만 결코 사유화하지는 않았다. 정부는 철밥통을 깨뜨리려고 하지 않았는데 그 결과가 좋지 않았다. 임금은 올라가고 수익은 떨어졌으며, [국영기업 부문을 지탱시켜 주느라] 예산과 은행부문 부담이 나날이 증가했다. 그러나 정부는 소수의 정리해고나 소유권 변화를 도입하면서도 국영기업을 유지하다가 1990년대 말에 이르러 비로소 국영기업에 대한 개혁을 진지하게 시작했다. 그러자 수십만~수백만 명의 국영기업 노동자들이 정리해고되면서 도시 실업률이 상승하기 시작했다.

중국식 점진주의란 농촌 개혁에서는 급진주의를, 대외 무역에서는 신속한 개방을 펼쳐 나갔으나 국영기업 부문에서만 점진적인 개혁을 선택한 것을 뜻했다. 이런 의미에서 중국은 개혁의 순서에서 가장 어려운 것을 마지막 과제로 남겨 두었던 것이다. 이것은 1978년 당시 중국 경제의 구조 덕분에 가능한 특권이었다.

동유럽 · 러시아와 중국의 비교

1989년의 동유럽 국가들 또는 1991년의 소련과 중국의 차이를 생각해 보자. 동유럽 국가들과 소련은 자유화시켜 나갈 비국영기업 부문이 존재하지 않았다. 노동자들은 철밥통을 가지고 있었고, 모든 기업이 국가에서 보조금을 받고 있었다. 이미 예산과 통화량 부담이 심각했고, 거시경제적 불안정을 목전에 두고 있었다. 게다가 더욱 나쁜 것은 소련과 대부분의 동유럽 국가들이 과도한 국제 채무를 지고 있었다는 사실이다. 따라서 새로운 대부를 통한 재정부담 완화책은 존재하지 않았다. 반대로 해외 채권자들은 소련에게 부채상환을 요구하고 있었다.

고르바초프는 1985~1990년간 국영기업 부문의 철밥통을 유지시키면서 비국영기업 부문을 자유화함으로써 중국식 점진주의를 시도했다. 그러나 결과는 재앙을 불렀다. 중국에서는 노동력의 80%가 국영기업 밖에 있었던 데 반해, 소련에서는 국가에 의존하지 않는 노동 인구는 약 1%에 지나지 않았다. 따라서 중국의 향진기업이나 자유무역지구 경우처럼 비국영기업 부문에 참여할 잉여 노동력이 소련에는 존재하지 않았다. 소련에서는 농업 생산성의 증가가 역시 쉽게 도모될 수 없었다. 그 이유는 중국과 달리 소련의 국영농장(이와 거의 비슷한 집단농장)은 농민 소유로 넘겨질 수 없었기 때문이다. 소련의 농장들은 중국 인민공사의 경우와 같이 소규모 가족 경작지의 집합체가 아니라 자본 집약적인 대규모 경작 조직이었다. 소련 농부들은 중국 농부들과는 달리 국가의 간섭에서 벗어나길 원하지 않았다. 소련 농부들은 국가기업이 보장하는 고용의 안전성을 원하고 기대했다.

따라서 고르바초프가 비국영기업 부문을 자유화하고 국영부문을 민영화하자 연이어 나쁜 일들만 일어났다. 새로운 부문은 발전하지 않았고 국영기업에서의 임금인상 요구와 손실만 늘어났다. 예산 적자가 눈에 띄게 악화되었지만 이것을 상쇄시킬 방법은 찾을 수 없었다. 즉 현지 시장을 상대로 한 비전통적 제조업의 폭발적 발전(중국의 향진기업처럼)이나 수출의 비약적 증가(중국의 자유무역지구처럼)가 일어나지 않았다. 따라서 페레스트로이카라는 제목으로 진행된 소련식 점진주의는 중국의 개혁처럼 경제적 성과를 회복시키기는커녕 재정적 불안정만 불러일으켰다.

감별 진단은 소련을 비롯한 동유럽 경제들과 중국 경제 사이에 적어도 5개의 구조적 차이점을 드러낸다.

- 소련과 동유럽 경제들은 대규모 대외 채무를 지고 있었지만, 중국은 그렇지 않았다.
- 중국은 수출주도형 성장을 지지할 긴 해안선이 있었던 반면, 소련과 동유럽은 긴 해안선의 편익을 기대할 수 없었다. 따라서 국제무역에 대한 저비용 접근성을 가지고 있지 못했다.
- 중국은 해외 중국인 공동체가 있어 이들이 외국인 투자자와 역할 모델로 기능했던 반면, 소련과 동유럽의 대다수는 그와 같은 해외 민족 공동체들이 없었다.
- 소련은 개혁이 시작될 시점에 석유 생산의 급격한 하락을 겪었지만, 중국은 그렇지 않았다.
- 소련은 서구(미국·EU·일본) 기술과 양립할 수 없는 기술을 사용하면서 공업화가 상당히 진전된 상태였던 반면, 중국은 저급한 기술에 머물러 있었다. 따라서 서구에서 필요로 하는 규격을 좀더 쉽게 채택할 수 있었다.

이런 차이점들 때문에 동유럽과 구소련의 개혁이 중국보다 훨씬 더 어려웠다. 그러나 이것은 동유럽의 개혁이 결코 정교하지 않았다거나 중국의 개혁이 최적이었다고 말하는 것은 아니다. 나는 이미 러시아에서 사태가 얼마나 잘못되어 있었는가를 지적했다. 그것은 단지 러시아와 중국의 경박한 비교가 완전히 근거 없는 것이라고 말할 따름이다. 중국의 개혁이 러시아에서는 작동할 수 없었을 뿐만 아니라, 더 근본적인 문제는 중국식 점진주의가 1980년대 후반 소련에서 실제로 시도되었지만 실패했다는 점이다.

중국이 직면한 가장 큰 문제

중국의 경제적 성공이 보장되어 있고 최근 몇 년간 이룬 성과가 무한히 확장될 수 있다고 보고한다면 좋을 것이다. 중국이 향후 몇십 년 더 급속한 성장을 누릴 것이고 따라서 몇 세기에 걸쳐 나타난 1인당 소득 격차를 좁힐 것이라는 점은 낙관할 수 있다. 그럼에도 불구하고 나는 몇 가지 중요한 난관이 존재한다는 것을 알고 있다.

첫째, 중국의 성장이 지리적으로 균일하게 이루어지지는 않는다. 세계의 다른 나라 경제와 마찬가지로 중국의 경제 역시 지리에 구애받는다. 중국은 동서분단과 남북분단이 지리적인 특징이라고 할 수 있다. 동서분단은 더욱 뚜렷하다.

중국의 동해안은 태평양이고, 이곳에 세계적으로 그 중요성을 평가받는 몇몇 항구 도시들이 있다. 북에서 남으로 순서대로 말하자면 톈진·상하이·광조우·홍콩·하이난 섬이 그런 도시들이다. 해안 도시들은 바다를 통한 무역에서 시간적으로나 수송 비용면에서나 중요한 역할을 담당하는 세계 시장과 가깝다는 이점이 있다.

중국의 서부 국경은 해발 4,500미터의 티벳고원과 중앙아시아 사막이다. 두 곳 모두 세계의 주요 무역 중심지들과 엄청나게 멀리 떨어져 있어 막대한 수송 비용이 필요하다. 한마디로 가까이하기에 어려운 국경 지방들이다. 따라서 서부지역들이 동부지역들에 비해 상당히 느리게 성장한다는 점과, 외국인 투자자들이 〈지도 7〉에서 볼 수 있듯이 동부 해안지역에 집중적으로 투자하는 것도 그리 놀라운 일이 아니다.

이런 분단 현상을 해결하기 위한 손쉬운 방법은 없다. 이것은 경제 지리이고, 동서 성장 분단은 자연적인 것이므로 영원히 극복할 수 없을 것이다. 문제를 부분적으로 해결할 수 있는 거의 유일한 방법은 구직자들이 서부를 떠나 동부로 이주하는 것이다. 이와 같은 추세는 이미 오늘날 세계에서 가장 큰 인구이동을 낳았다. 약 1억5천만 명의 인구가 내륙지역과 해안지역 사이에서 영구적이거나 계절적으로 이동했다. 동서분단 문제는 역시 부분적으로는 해안지역들에서 내륙지역들로 투자를 확산함으로써 해결될 것이다. 이런 투자방식은 학교와 보건 서비스 개선으로 인프라를 구축하고 공업과 사회 발전을 촉진할 것이다.

동유럽과 구소련 역시 동서분단이라는 문제가 있지만, 서쪽에 위치한 나라들은 유럽연합이라는 거대 시장과 지리적으로 더 가깝다는 특징을 가지고 있다 중국의 동부가 서부보다 더 빨리 성장했듯이 유럽연합과 가까운 동유럽 나라들은 훨씬 멀리 떨어져 있는 구소련 나라들보다 더욱더 빠르게 성장했다.

중국의 남북분단은 동서분단보다 덜 두드러지지만 이것도 결코 작은 문제가 아니다. 북부는 남부에 비해 건조하다. 중국 북부의 물 부족 현상은 해가 지남에 따라 경제적으로 점점 더 중요한 문제를 가져올 것이다. 이미 중국은 3개의 거대한 운하를 건설해 강물의 물 흐름을 남에서 북으로 돌리려는 계획을 논의하고 있다. 수백억 달러가 들어갈 이 프로젝트의 비용과 효과, 생태적 영향은 정확하게 가늠하기 어려운 반면, 드러나게 될 위험은 아주 크다.

둘째, 시장개혁이 진행되는 과정에서 사회적·환경적 보호와 관련한 국가부문의 역할에 대한 판단이 난제로 등장한다. 중국은 시장개혁과 관련하여 어떤 면에서는 이미 적정선을 넘어 너무나 멀리 가 버렸다. 중국이 농촌에서 대단히 비효율적인 인민공사 시스템을 해체했을 때, 인민공사 구조에 의지해 존재하던 아직 초보적인 수준의 공중보건 시스템도 제거해 버렸다. 1980년대 이래 중국의 농촌 빈민들은 본인이 의료비를 부담해야 했다. 그 결과는 무척 끔찍했다. 많은 빈민들이 질병 치료에 필요한 의료비를 댈 수 없었다. 나라의 부가 전반적으로 증대했음에도 불구하고 최근 몇몇 농촌지역에서는 유아 사망률이 높아지기까지 했다. 2003년에 조류 독감인 사스(SARS)가 닥쳤을 때 농촌지역에서는 유행병을 감독하고 통제할 수 있는 정상적인 공중보건 시스템이 심각하게 부족한 것으로 밝혀졌다. 다시 말해 향후 몇 년 안에 중국은 사회적 보호 시스템을 구축해야 할 텐데, 특히 그중에서 가장 시급한 것이 농촌지역들에 공공의료 시스템을 구축하는 일이다.

또한 중국은 환경보호 시스템도 훨씬 더 심각하게 고려해야 할 것이다. 중국은 현재 인구가 13억 명이고 21세기 중반에는 14억 명으로 증가할 가능성이 있다. 인구밀도 역시 세계 최고 수준이다. 때문에 인간에 의한 생태계 파괴 가능성이 그 어느 나라보다도 심각하다. 중국은 이미 환경 변화에 따른 막대한 비용을 치르고 있다. 즉 건조한 북중국 평원지대에서 급속히 악화되고 있는 물 부족, 도시 대기오염에서 비롯되는 건강 이상을 치료하기 위한 거대한 비용, 홍수 같은 거대한 자연재해가 발생시킨 손실을 처리하기 위한 비용 등이다. 더욱이 화석연료 소비가 급증함에 따라 중국은 인위적인 기후변화에 대한 원인 제공자로서 미국을 앞지를 가능성이 있다. 그러므로 국내뿐만 아니라 국제적 이유에서도 중국은 환경적 위협을 진지하게 관리해야 한다. 이는 시장개혁을 훨씬 뛰어넘는 강력한 정부 지도력이 필요한 아주 중요한 과업이다.

셋째, 향후 몇십 년 동안 중국이 직면할 결정적 난제는 바로 정치개혁이다. 나는 중국이 궁극적으로는 민주주의를 달성할 것이라고 믿지만, 그 과정이 반드시 순조로울 것이라고 단언하기는 어렵다. 그 과정이 순조로 우려면 민주화가 국내는 물론 국제적으로도 중국의 안녕에 결정적인 역할을 한다는 점을 중국 지도부가 이해해야 한다. 그런데 낙관론을 견지할 만한 한 가지 이유는 일반적으로 경제발전이 일어나면 민주화와 투명성에 대한 요구가 증대하기 때문이다. 이 현상이 비록 보편적인 것은 아니지만 매우 광범위하게 발견되며 중국에서도 여지없이 작동할 것이다. 내가 '여지없이'라고 말하는 것은 그런 충동이 타이완과 한국 그리고 다른 문화를 지닌 나라들에서 얼마나 강력한 성공을 거두었는지 이미 보았기 때문이다. 중국은 문맹률이 낮아지고 사적인 부의 수준이 높아짐에 따라 그리고 사회 안에서 다양한 이해집단이 더 많은 지위와 더 큰 정치적 참여 욕구-부분적으로는 자신들의 재산권을 지키기 위해-를 갖게 됨에 따라 내부에서부터 민주화를 향한 강력한 힘들을 경험할 것이다.

그런데 더욱 명확한 사실은 중국이 다른 종류의 정치 시스템을 필요로 할 것이라는 점이다. 중국의 정치 시스템은 세계에서 가장 오래 존속해 온 국가 구조일 것이다. 거의 2,200년 전 한(漢) 왕조의 행정기구에서 직접 그 시스템의 뿌리를 찾을 수 있다. 즉 권력이 위에서 발산하여 관료제를 통해 각 지역과 지방 그리고 최종적으로는 마을 수준으로 확장되는 중앙집권적 국가 이념은 기원전 202년에 통일된 이래 중국의 기본적인 통치 모델이었다.

중국에서 중앙집권적 국가를 가능하게 한 것은 방대한 규모의 촌락사회였다. 촌락들 자체는 광대한 공간적 분포에도 불구하고 서로 무척 비슷한 모습을 띠고 있었다. 촌락들은 쌀 경작 공동체들로 수많은 인구가 공통의 경제적·문화적 특징을 지니면서 수십만 개의 마을에 흩어져 살았다. 이 같은 동질적 환경에서 중앙집권적 전략이 융성했는데, 위에서 아래로 내려가는 명령이 여러 계층을 통해 스며들어 마침내 공동체들-기본적인 내부 구조 면에서 아주 비슷한-의 말단까지 전달된다.

중국에서 중앙집권적 국가의 성공은 민주화를 복잡하게 만들 텐데, 중앙집권적 국가가 거의 2,000년 동안 지배적인 통치구조의 모델이었기 때문이다. 즉 중국은 일시적인 예외를 제외하고 오랜 역사에 걸쳐 통일된 국가였다. 또 그토록 방대하고 인구가 조밀한 지역치고는 내적인 폭력이 아주 적었다. 정치술(statecraft)이 큰 성공을 거두었다면, 그 이유는 결국 성공을 재는 정치술의 척도, 즉 사람들의 공생을 도모하는 능력에 있을 것이다.

그러나 이런 면에서의 놀라운 업적에도 불구하고 정치술이 중국의 경제발전을 촉진하는 데 크게 기여하지 못했다. 중국의 중앙집권화는 거의 500년 동안 경제적으로 큰 부정적 영향을 끼친 상명하달식 의사결정의 바탕이었다. 이런 과정은 정치적·경제적 권력이 언제나 분권화되어 있던 서유럽에서는 불가능했을 것이다.

2,000년이 넘는 기간의 성공에도 불구하고 중앙집권적 국가는 힘을 잃었다. 왜 그런가? 중국에서 그토록 넓은 영역에 걸쳐 확대된 중앙집권적 기구들은 분권적이며 다양한 시장경제 및 시장기반 사회의 역동설과는 양립하지 않는다. 역동설은 자유로운 이주, 복수의 부와 권력 기반, 지역적 다양성에 의존한다. 따라서 역동설은 이미 중국의 정치술에 커다란 긴장을 가하고 있었다.

2,000년 동안의 사회조직이 도시화에 의해 전복되고 있다. 이런 현상은 도시화 과정에서 나라의 상이한 부분들이 엄청나게 다양한 종류의 경제활동을 추구하게 되기 때문이다. 이 같은 활동들은 다양한 문화적·민족적·언어적 표현들과 더불어 서로 다른 인프라와 교육 그리고 기타 필요한 요구들을 낳는다. 13억 명을 충분히 이해시킬 수 있는 한 가지 명령을 위에서 내리는 것은 더 이상 가능한 일이 아니다. 지난 20년 동안 중국이 거둔 경제적 성공의 일부는 다양성을 고려하고, 좀더 복잡한 분업을 창출

하는 한편, 사회적 이동을 가능하게 하면서 성(省) 정부와 지방 정부들로 하여금 그들 나름의 수준에서 실험할 수 있도록 권한을 위임했기 때문이다. 쉽게 설명하자면 과연 무엇이 작동하는지 살펴보는 것이었다.

최근 중국은 지방 정부들의 정당성을 강화할 필요성이 그 어느 때보다 더 크다. 왜냐하면 많은 결정들이 지방 수준에서 내려지고 있기 때문이다. 그러나 만약 지방 수준의 중요한 결정들이 낙하산식으로 임명된 사람들에 의해 내려진다면, 그리고 이 사람들이 효과적인 관리를 못하거나 아랫사람들에게 정당성을 인정받지 못한다면, 그 모델은 붕괴할 것이다. 지방과 성 정부 차원에서 많은 부패가 일어나고 있는 가운데, 예전의 통치 모델은 이미 무너지고 있다. 일당 시스템은 점점 충성심을 잃어 가고 심각한 갈등에 빠져들고 있지만, 중국은 내적인 혼란을 피하고자 한다. 지도자들은 그런 혼란을 피하면서도 동시에 권력을 분산시킬 적당한 방법도 찾아야 한다.

나는 연방제 민주주의 시스템이 가장 유망한 해결책일 것이라고 믿지만, 거기에 도달하는 과정은 몹시 어려울 것이다. 지금 당장 중국에서는 민주주의로 가는 길목에서 나타나는 초기적 흥분 상태를 엿볼 수 있다. 촌락 수준에서 이루어지는 비정당 선거가 그런 예인데, 이 선거에서는 개인들이 조직된 정당보다는 지위를 대표한다. 공산당 서기장 후진타오는 최근 이렇게 선언했다. "민주주의는 인류가 공동으로 추구하는 것이고, 모든 나라는 사람들의 민주적 권리를 성실히 보호해야 한다."[4] 아직까지는 말과 행동 사이에 거대한 간극이 있지만, 이것은 날이 갈수록 상당히 좁혀질 것이다.

문제는 이 변화가 점진적이고 평화적으로 관리될 수 있는지, 또는 강경파와 부패한 관리들을 포함한 일당제의 아첨꾼들이 점진적 변화를 지연시켜 파국적 위기 상태로 몰고 갈지 여부에 달려 있다. 민주적 통치로의 점진적 진화는 가장 바람직하고 또 가능한 일이다. 타이완과 한국의 예는 국민적 의지와 훌륭한 경제적 성과를 동시에 유지하면서도 '민주적 이행'을 할 수 있다는 것을 잘 보여 준다. 바로 이 점들이 중국이 앞으로 풀어가야 할 정치적 과제들이다.

역사적 기회

중국은 20세기에 극심한 가난에 찌들었다가 21세기에 드디어 그 가난을 끝낼 첫 번째 나라가 될 가능성을 안고 있다. 극단적 빈곤율이 이미 상당히 낮아졌고, 그 비율은 계속해서 급속히 떨어지고 있다. 앞에서 나는 몇 세기에 걸친 중국의 상대소득 하락과 따라잡기의 시작을 논의했다. 지난 4반세기에 걸쳐 일어난 전환이 비록 극적이기는 하지만 천 년 동안 서서히 쇠퇴한 역사에 비추어 보면 아직은 그리 대단한 것이라고 할 수 없다.

중국과 세계를 위한 가장 좋은 뉴스는 급속한 따라잡기의 전망이 지난 몇 세기 만에 가장 밝다는 점이다. 또한 중국은 반세기라는 짧은 시간 동안 기존에 존재하는 간극을 상당히 좁힐 수 있다. 성장경제학자들 사이에 통하는 한 가지 경험론적인 법칙이 있다. 그것은 다른 모든 조건(지리·정치 등)이 대체로 동일할 경우 부유한 경제와 가난한 경제 사이의 소득 격차는 연간 비율로 살펴볼 때 약 2%로 좁혀지는 경향이 있다는 것이다. 이런 현상이 일어나는 것은 더 부유한 나라들이 가난해지기 때문이 아니라 뒤처진 나라들이 자본과 기술을 동원하여 더 빠른 성장을 촉진하기 때문이다. 이와 같은 간단한 법칙에 비추어 볼 때 〈그림 5〉에서는 새로운 세기 전반기에 중국이 더욱 발전할 가능성을 발견할 수 있다. 따라서 2050년 중국이 서유럽 소득 평균의 약 절반 수준에 도달함으로써 상대적인 지위가 공업화시

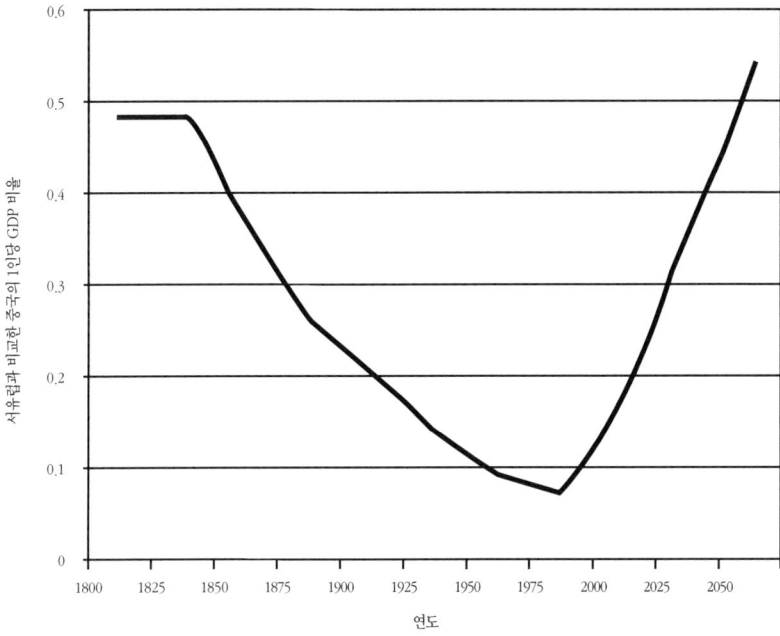

〈그림 5〉 중국의 따라잡기 전망

출처: Maddison(2001)에 실린 데이터와 저자의 추정에 근거하여 계산했다.

대의 초기 수준으로 회복된다고 가정하더라도 결코 무리는 아닐 것이다.

중국의 개혁은 세계 경제와 정치의 모습을 바꾸고 있다. 1980년대에 시작된 소련의 개혁과 1990년대 초에 일어난 인도의 변화는 확실히 부분적으로는 중국의 성공에 자극받은 것이다. 지난 10년 동안 중국에 대한 나의 개입이 심화된 것과 마찬가지로 인도에서 경제 자문가와 연구자로서 나의 경험도 심화되었다. 중국은 이미 10억 명 이상의 인구를 가진 나라가 유례 없는 발전을 달성할 수 있다는 것을 생생하게 보여 주었다. 나를 포함한 세계의 많은 사람들이 인도 역시 이 같은 일을 과연 해낼 것인지 궁금해 하는 것도 당연하다. 1994년에 나는 그 질문을 심도 있게 숙고하기 시작했다.

제9장

긴 시간에 걸친 희망의 승리:
인도의 시장개혁

    인도는 1991년에 광범위한 시장개혁을 도입하기 시작했다. 이 개혁은 중국과 동유럽 그리고 구소련을 휩쓴 개혁들과 중요한 점에서 무척 닮았다. 1994년 중반 뉴델리로 초청된 나는 인도 정부 인사들을 만나는 한편, 지구화를 비롯한 전 세계 경제개혁에 대해 여러 차례 공개 강연을 했다. 특히 흥분되었던 일은 인도의 재무장관인 만모한 싱을 만난 것이다. 싱은 영국의 케임브리지 대학교와 옥스포드 대학교에서 개발경제학을 공부한 세계적으로 유명한 경제학자로서, 인도의 경제개혁을 이끌고 있었다.

    나는 2004년 5월 이후로 인도의 총리가 된 싱을 비롯하여 인도의 많은 지도자들과 함께 일할 기회가 있었다. 당시 총리였던 아탈 비하리 바지파이(Atal Bihari Vajpayee)도 함께 일한 사람이었는데, 바지파이는 1996년에 잠시 총리를 지냈다가 1998~2004년까지 다시 총리를 역임했다.

    나는 대학원생 시절인 1978년에 1개월 동안 인도를 여행하며, 절대적인 빈곤을 최초로 목격하게 되었다. 그런데 인도는 숨이 멎을 만큼 현란하고 선뜻 이해하기 어려울 정도로 모순적인 모습을 하고 있었다. 화려한 색상의 사리를 입은 우아한 여인들, 사람들로 가득 찬 시장, 거리를 자유롭게 활보하는 소들, 이 지붕에서 저 지붕으로 뛰어다니는 원숭이들, 혼잡한 시장을 서서히 움직이는 장례 행렬, 로인클로스를 걸친 성자들, 갖가지 종류의 사원들, 길거리에서 구걸하는 늙은 빈민들, 터번을 쓴 시크교도들…….

이런 모습들은 내가 이제까지 상상했던 것보다 훨씬 더 뚜렷하게 극단적 빈곤의 문제를 제기했다. 거대한 국토와 전통적인 고대문명을 지닌 나라가 이토록 빈곤한 이유는 무엇인가? 이 빈곤에 대해 무엇을 할 수 있는가? 인도는 국민을 먹여 살릴 수 있을 것인가? 그 여행길에 나는 노벨상 수상자 군나르 뮈르달의 대작 『아시아의 드라마: 각국의 빈곤에 관한 연구』를 가지고 다녔다. 인도가 직면한 문제들을 이해하고 더 나아가 해결하는 데 언젠가 도움이 될 수 있다면 나는 정말로 행운아일 것이라고 생각했다.

거의 20년이나 지나서 나는 첫 번째 여행 때보다는 좀더 폭넓은 준비를 하고 인도를 찾았다. 그동안 나는 많은 세계를 보았고, 10년 이상 경제개발 문제를 연구하고 개혁 과정에 참여했다. 나는 인도의 극단적 빈곤에 맞서 작은 힘이나마 보태고 싶다고 대학원생 시절에 약속한 일을 지키고 싶었다. 또한 나는 낙관주의자였다. 중국이 지구화를 활용하여 기술을 끌어올리며 유례없는 속도로 빈곤에서 벗어날 수 있었다면, 인도가 그렇게 하지 못할 이유가 어디 있는가? 인도 역시 그렇게 할 수 있고, 만모한 싱과 그의 경제팀이 최선을 다해 그 과정을 이끌 것이었다.

1994년, 인도에 도착한 지 며칠 만에 나는 새로운 문제를 만났다. 싱과 그의 팀을 포함한 정부 지도자들은 인도의 개혁에 대해 매우 낙관적이었고, 업계 사람들도 신중하나마 낙관적이기는 마찬가지였다. 그러나 학계는 정반대였다. 강연을 할 때마다 나는 경제학 교수들에게서 회의적인 견해를 들었다. 빈곤은 점점 악화될 것이고 성장은 신기루가 되리라는 게 회의론의 주된 논지였다. 회의론은 맥을 빼 놓았지만 동시에 새롭게 눈을 뜨게 하는 자극제가 되기도 했다. 그 회의론 때문에 나는 인도를 지배하는 역사의 무게를 다시 이해하게 되었다.

나는 인도의 활기찬 학술회의장인 인도국제센터에서 한창 강연을 하던 중에 외국인 직접투자를 통해 얻을 수 있는, 성장을 향한 기회 부분에 이르자 점점 더 열띤 주장을 펼쳐 나갔다. 그런데 군중 속에서 의심에 가득 찬 얼굴들이 보였고, 갑자기 내 자신이 궁색해지는 느낌이 들었다. 나는 한 민간회사에 사실상 주권을 빼앗겼던 나라에서 외국인 직접투자의 경이로운 효과에 대해 경박하게 떠들고 있었던 것이다! 영국동인도회사라는 일개 합자회사의 먹잇감이 되었다가 결국 영국에 무릎을 꿇은 것은 인도인들에게는 지울 수 없는 아픔이었다.

17세기에서 19세기까지 인도의 역사는 탐욕에 이끌린 사병집단들이 위대한 문명을 억압적으로 통치한 시기였다. 당연히 지난날 겪은 아픈 시련을 예민하게 인식하고 있는 인도 지식인들 사이에서 지구화가 그리 쉽게 납득되지는 않을 것이다.

인도의 3,000년 역사와 세계와의 관계

인도의 특이하고 오랜 역사는 오늘날 인도에게 무거운 짐이 되고 있다. 역사가들은 카스트에 의해 세세히 계층화된 인도의 전통적 사회구조가 형성 초기의 인도 역사의 흔적을 반영하는 것이라고 추측했다. 인도 초기

〈사진 1〉

〈사진 2〉

〈사진 3〉

〈사진 4〉

〈사진 5〉

〈사진 6〉

〈사진 7〉

〈사진 8〉

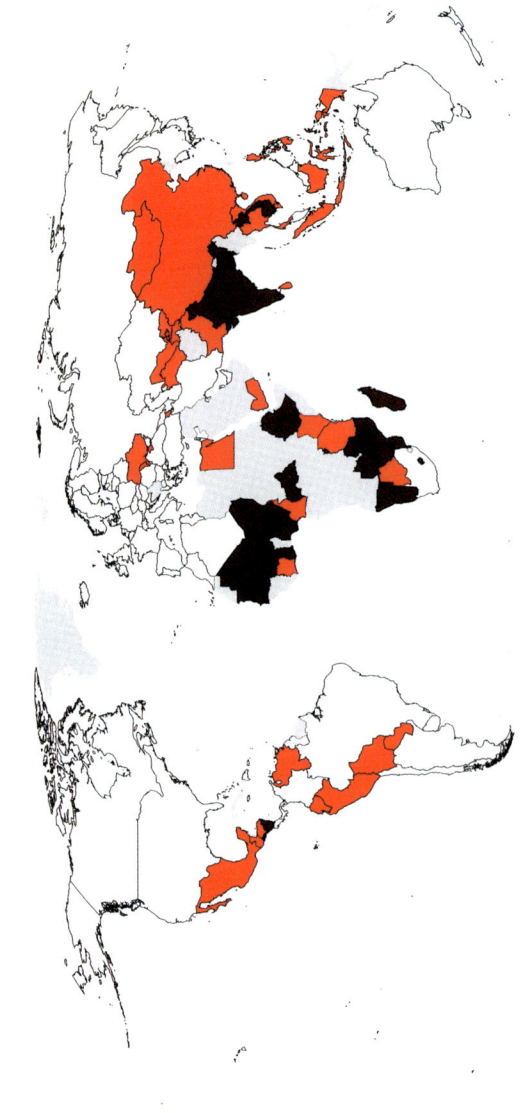

〈지도 1〉 중위의 빈곤과 국단적 빈곤

중위의 빈곤인구의 2% 이상이 하루 2달러 이하의 소득으로 생존하는 경우
국단적 빈곤인구의 2% 이상이 하루 1달러 이하의 소득으로 생존하는 경우
자료 없음

출처: World Bank(2004).
지도는 가장 최근 판을 사용한 것이다.

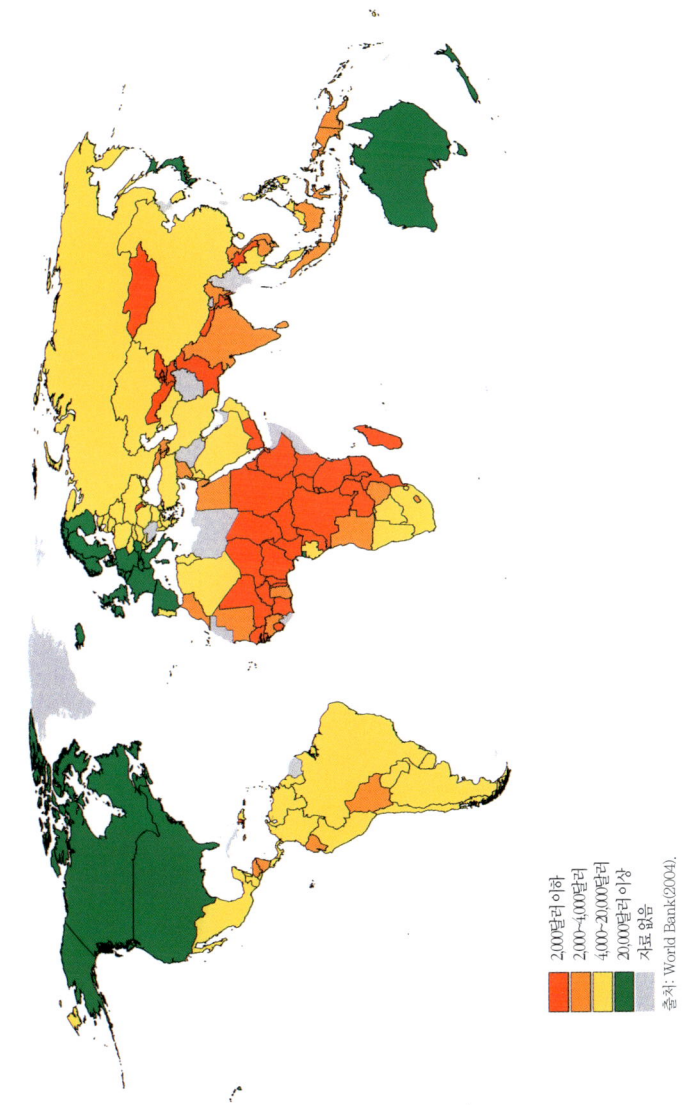

〈지도 2〉 2002년도 1인당 소득(PPP 조정치, 경상 달러)

2,000달러 이하
2,000~4,000달러
4,000~20,000달러
20,000달러 이상
자료 없음

출처: World Bank(2004).

〈지도 3〉 10대 전자 다국적기업 해외자회사 분포, 1999

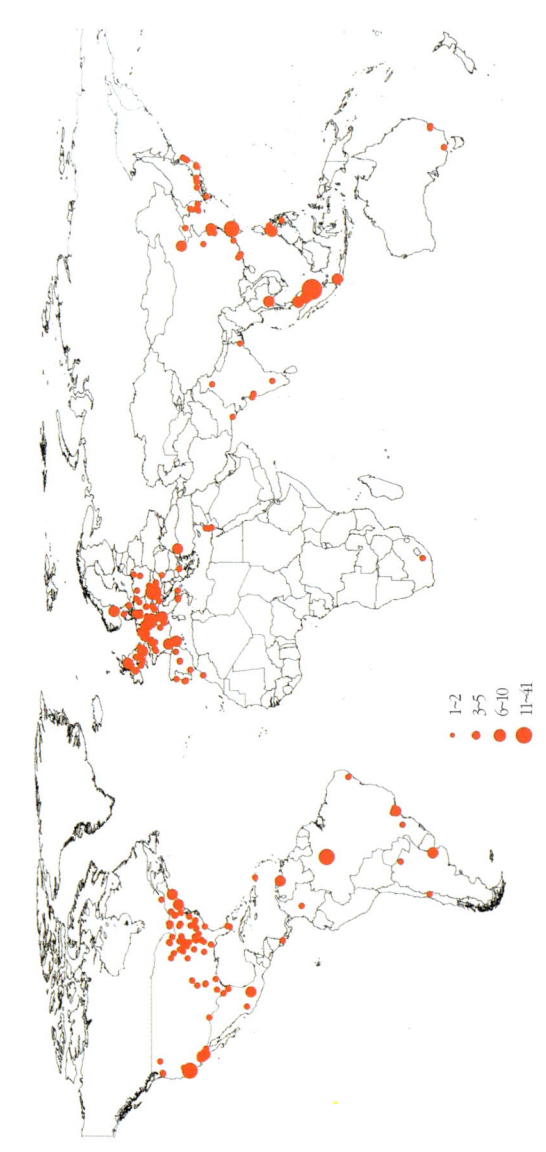

출처: UNCTAD, World Investment Report 2001,
Who Owns Whom CD Rom 2000(Dun and Bradstreet)에 근거한 UNCTAD, FDI/TNC 데이터베이스.
10대 전자 TNC(히타치, 인텔, 마츠시타, 미쓰비시, 모토로라, NEC, 필립스, 지멘스, 소니, 도시바)의 1,557개
다수 지분을 확보한 해외자회사에 근거했다.

〈지도 4〉 10대 직물·의류업 해외자회사 분포, 1999

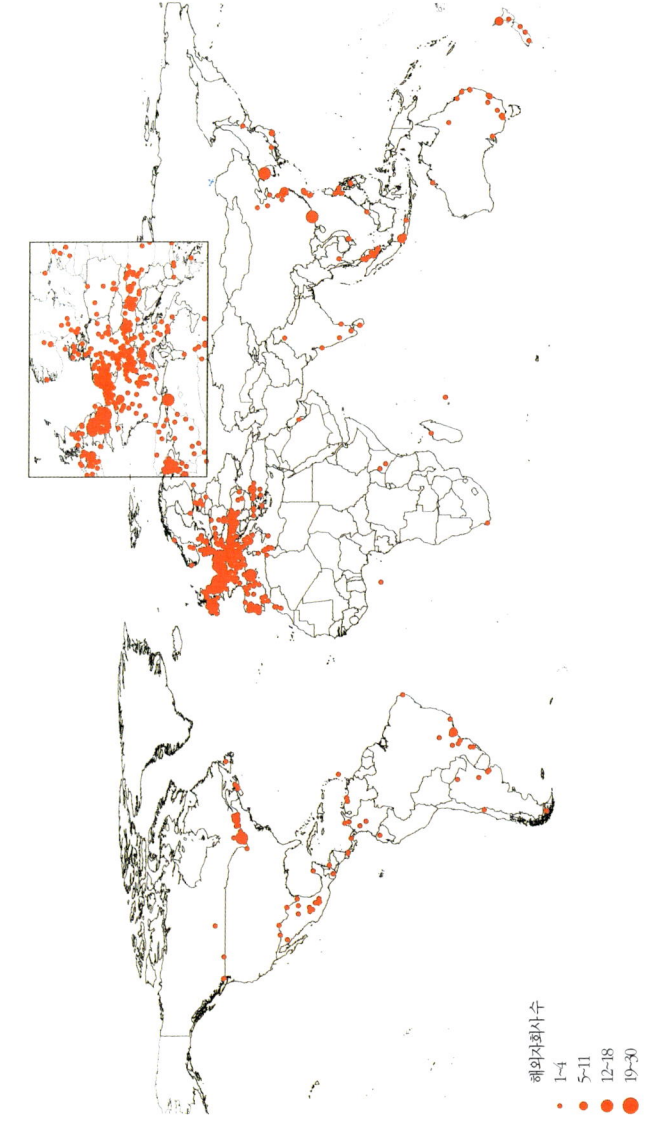

출처: UNCTAD, World Investment Report 2001,
Who Owns Whom CD Rom 2000(Dun and Bradstreet)에 근거한 UNCTAD, FDI/TNC 데이터베이스.
1,455개의 다수 지분을 확보했음이 확인된 해외자회사에 근거했다.

〈지도 5〉 1인당 연평균 GDP 성장, 1980~2000

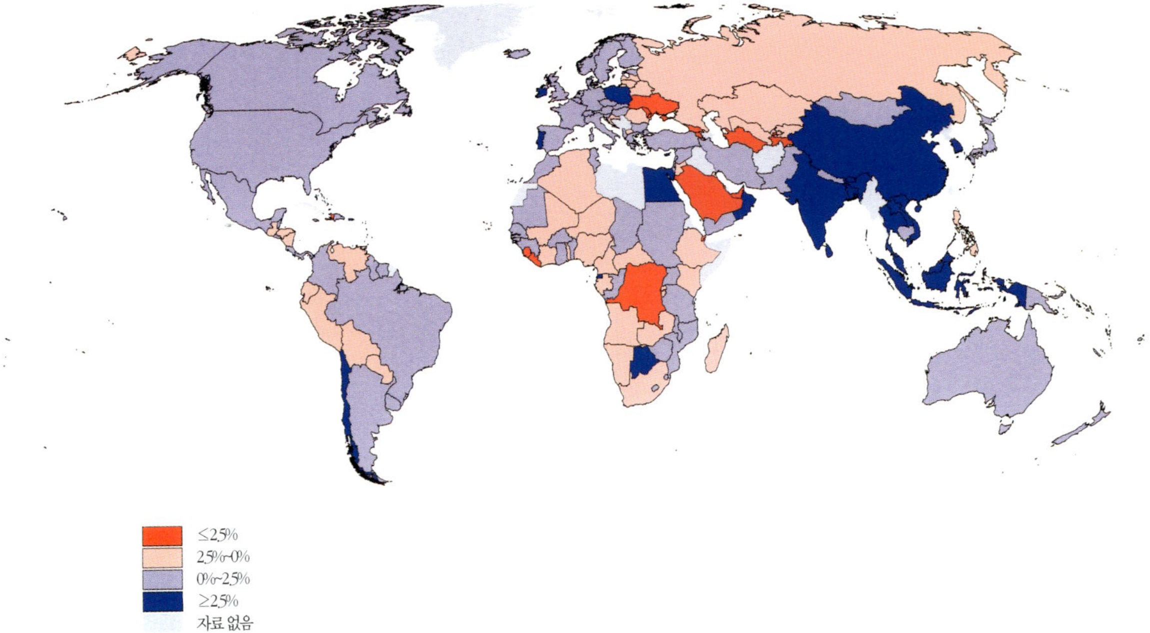

≤2.5%
-2.5%~0%
0%~2.5%
≥2.5%
자료 없음

출처: World Bank(2004)에 실린 데이터를 이용해 계산했다.

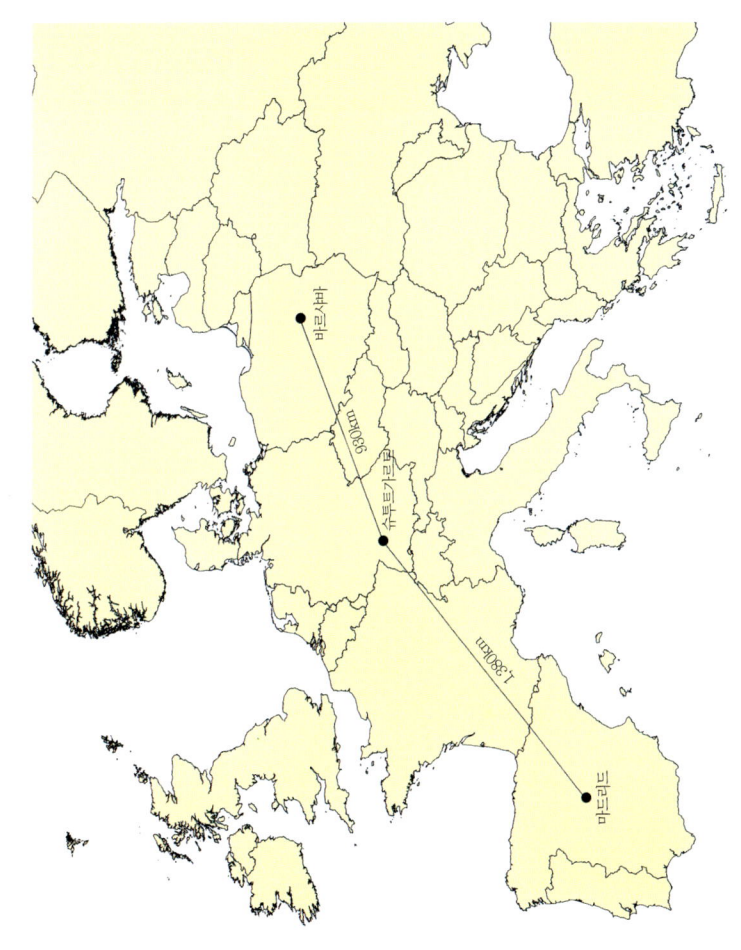

〈지도 6〉 서유럽

〈지도 7〉 중국 내 성(省)별, 주요 도시별 FDI 스톡 분포(백만 달러)

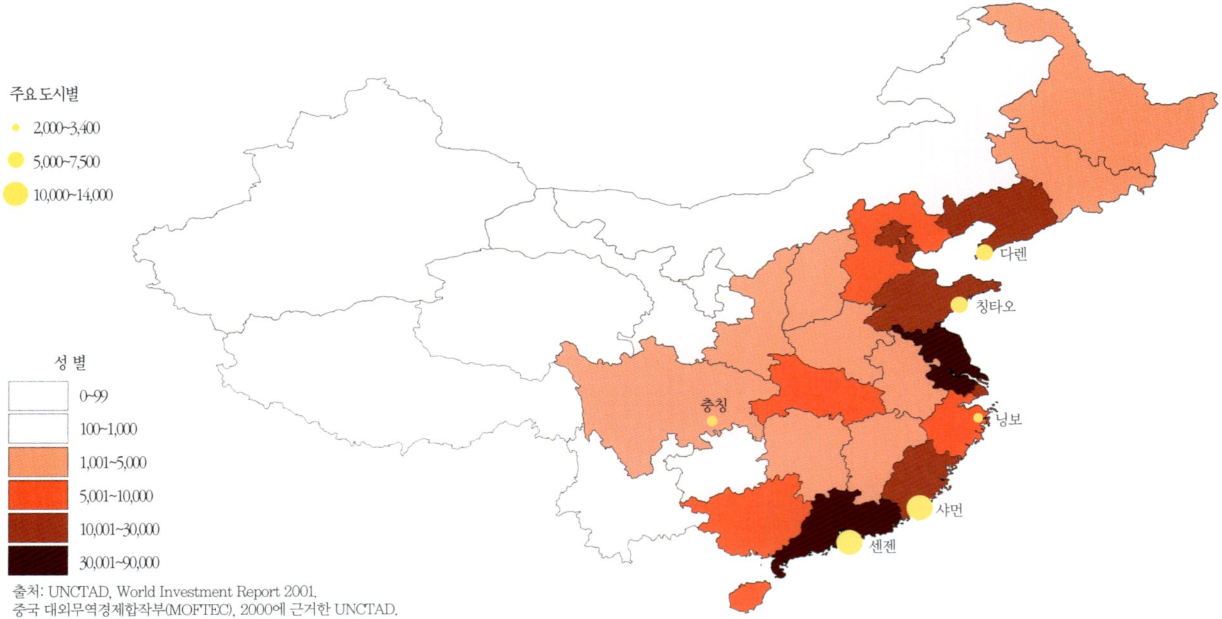

주요 도시별
- 2,000~3,400
- 5,000~7,500
- 10,000~14,000

성별
- 0~99
- 100~1,000
- 1,001~5,000
- 5,001~10,000
- 10,001~30,000
- 30,001~90,000

출처: UNCTAD, World Investment Report 2001.
중국 대외무역경제협력부(MOFTEC), 2000에 근거한 UNCTAD.

〈지도 8〉 전 세계 기대수명 편차

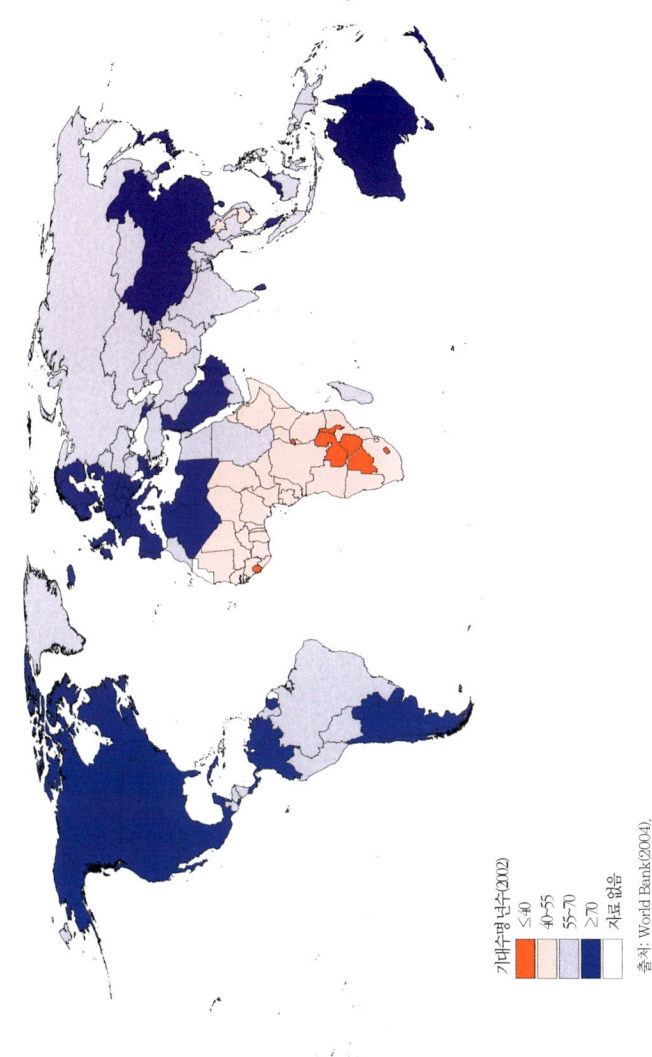

〈지도 9〉 저소득국들

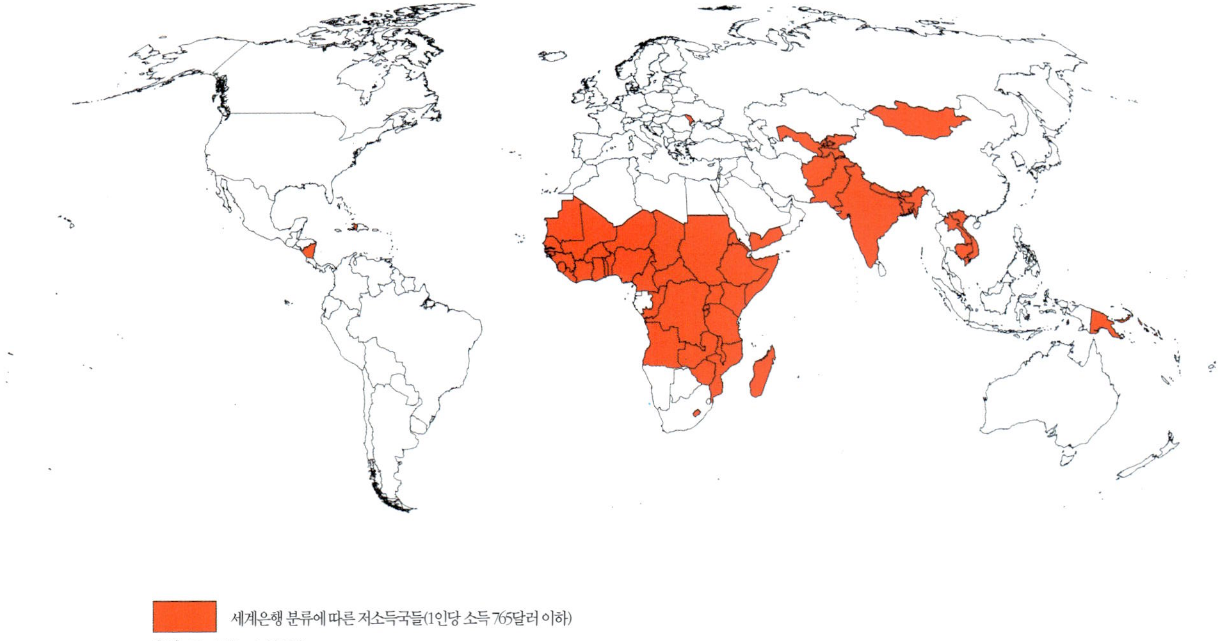

| | 세계은행 분류에 따른 저소득국들(1인당 소득 765달러 이하) |

출처: World Bank(2004).

〈지도 10〉 1946, 1965, 1994년도 말라리아 위험 지역

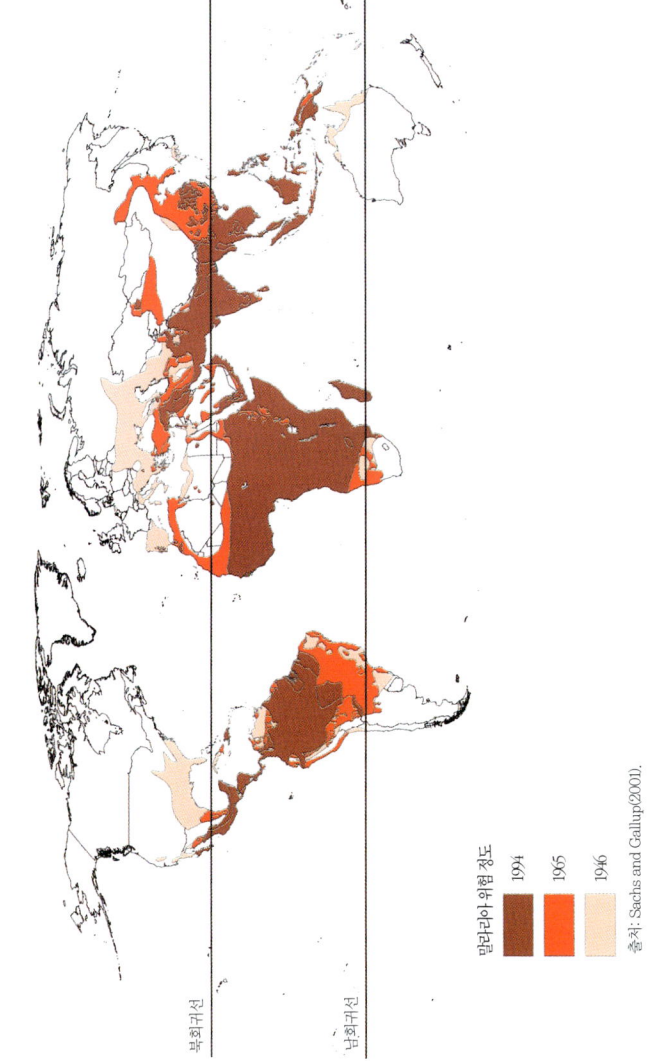

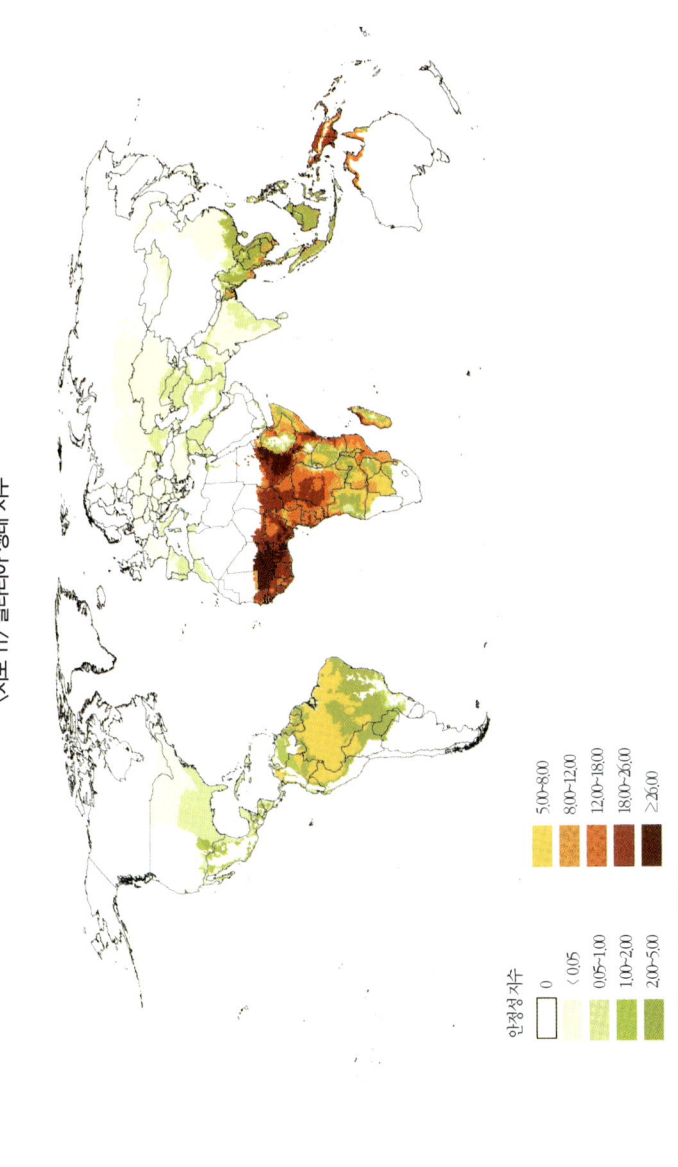

〈지도 11〉 말라리아 생태 지수

출처: Kiszewski et al.(2004).

역사의 많은 부분이 여전히 모호하고 논쟁이 분분한 상태에 놓여 있다.

그러나 인도 주민들에 대한 최근의 유전자 지도를 보면 인도 원주민(드라비다 족)이 중앙아시아의 침략 부족들-높은 신분의 브라만이 됨-에게 정복당했다는 고대 베다의 이야기가 매우 정확하다는 것을 확인할 수 있다. 최근 몇몇 연구에 따르면 브라만은 남인도보다는 중앙아시아와 소아시아(아나톨리아)의 인종들에 더 가까운 유전적 특징을 지니고 있다. 그러므로 엄격한 신분 차이는 저 먼 고대에 정복자와 피정복자 사이에 형성된 사회적 관계를 반영하는 것이다. 어떤 이유에서든 인도는 서로 일치하지 않는 문화와 민족체·언어·문자·종교들로 뒤범벅된 상태이다. 따라서 지나친 다양성이 인도의 가장 중요하고도 크나큰 특징을 이루고 있다.

인도 역사는 경쟁하는 제국들과 정복자들의 독특한 파노라마로 이루어져 있다. 베다시대부터 인도 인구의 압도적 다수가 힌두족이었음에도 불구하고 지난 천 년 동안 인도 통치자들은 이슬람교도나 기독교도였던 경우가 많았다. 델리와 아그라를 중심으로 길게 펼쳐져 있는 갠지스 강 유역의 인구밀집 지역은 11세기 이후 줄곧 이슬람 침략자들에 의해 정복당했다. 타지마할과 델리의 붉은 요새를 건설한 저 유명한 무굴 제왕들은 중앙아시아에서 건너 온 이슬람 침략자들이었다.

1602년 영국의 엘리자베스 1세 여왕의 칙허를 받은 작은 상단이 코로만델 해안-최근까지 마드라스로 알려졌고 지금은 첸나이라는 거대 도시가 된 곳 부근-에 도착했을 때는 무굴인들이 인도 북부를 지배한 강력한 통치자였다. 무굴인들이 갠지스 강 유역을 지배했지만 수많은 왕(maharajah)과 토후들이 인도 대륙의 나머지 지역을 통치하고 있었다.

정치적 책략과 잔인무도함을 자랑하는 영국 군대가 분할과 정복 전략을 통해 인도에서 우위를 차지했다. 인구가 약 500만 명에 지나지 않는 섬나라에서 온 작은 무역회사가 지구 반 바퀴나 돌아 1억천만 명 이상이 사는 대륙에서 제국 건설은 고사하고 발판이라도 구축할 생각을 할 수 있었겠는가? 영국 국왕의 후원을 받은 영국동인도회사가 1602년 이 대륙에 불안하게 도착한 뒤로 속임수와 전투를 통해 단계적으로 권력을 장악해 나가다 1857년 최종적으로 인도 아대륙을 정복하기에 이르렀다. 한 통치자에서 다른 통치자로 편을 바꿔 가며 동맹자들을 배신하고, 전장에서는 적들을 패배시키고 매수하고 싸워 나가며 완전한 통치권을 확립했다.

이 일이 일어난 과정은 틀림없이 역사의 큰 수수께끼로 보일 수 있다. 확실히 영국은 훨씬 선진적인 무기를 갖고 있었다. 영국은 인도의 통치자들이 결코 시도해 보지 못했던 방식으로 바다를 지배했다. 영국은 19세기에 다툼의 여지가 없는 세계적 산업 강국이었다. 그러나 17세기에 영국동인도회사가 확장을 시작했을 때 인도는 영국보다 인구가 22배나 많았고, 본토라는 이점도 가지고 있었다. 또한 인도는 산업과 제조업 능력에서도 영국을 훨씬 앞질렀다. 인도의 직물과 의류는 전 세계적으로 1등품이었고, 인도의 의류 수출은 세계 직물과 의류 무역의 상당 부분을 차지했다.

영국의 권력 장악은 영국의 증대하는 산업과 군사적 능력 때문이기도 했지만, 인도의 정치적·사회적 구조의 심각한 취약성 때문이기도 했다. 정치적 측면에서는 과도하게 확장된 무굴제국이 18세기 초에 해체되기 시작했다. 무굴제국은 방대한 대륙을 통치할 수 없었고, 힌두 주민들 사이에서 더 이상 지지를 받지도 못했던 것이다. 무굴제국은 다수의 주권적 계승국가들로 해체되었고, 영국인들은 이 정치적 분할을 가차 없이 자신에게 유리하게 이용했다. 동시에 인도의 예외적인 사회적 계층 구조와 카스트 위계질서-너무나 극단적이어서 상층 신분 사람들이 하층 신분 또는 천민들의 그림자를 밟고 가는 것까지 금기시되었다-가 중요한 역할을 담당했다. 강한 사회적 응집력과 동지 의식이 없는 나라는 훨씬 더 정복당하기 쉬웠다.

영국의 지배와 경제적 유산

군사적 정복에 이어 경제적 정복이 일어났다. 18세기 초부터 말까지 영국은 인도의 직물과 의류를 수입하는 입장에서 벗어나 아주 큰 규모로 수출하는 입장으로 바뀌어 있었다. 19세기 중반에 영국인들이 기계화된 직물기로 인도에 필요한 의류를 만들어 팔았다. 교과서들은 종종 이런 역사를 순전히 기술진보에 의해 형성된 시장의 힘이라는 모습으로 그린다. 그러나 교과서들은 18세기 동안 영국이 인도의 대영 직물 수출에 무역 제한을 가했다는 점은 덧붙이지 않는다. 영국은 무역 제한을 통해 효율성이 훨씬 낮았던 영국 제조업자들이 우위를 차지할 시간을 벌어 주었던 것이다. 다시 말해 영국은 인도의 직물 무역의 우위를 무너뜨리기 위해 공격적인 산업정책을 추구했던 것이다.

인도에 대한 영국의 군사적 정복은 1857년에 완결되었다. 이때 이미 국가의 통제를 받고 있던 동인도회사는 인도에 대한 법률적 권한을 영국 왕에게 공식적으로 양도했다. 물론 인도는 영국의 보석이었고, 중동과 중앙아시아 등지에서 영국의 대외정책은 상당 부분 보석을 지키는 데 할애되었다. 또한 영국은 19세기 말부터 줄곧 인도 경제발전에 도움이 되는 도로·철도·전력망·전신망에 자금을 대는 등 막대한 투자를 했다. 그러나 영국의 지배를 올바로 평가하려면 역시 심각했던 제국의 폐해도 살펴봐야 한다.

이때 가장 중요한 점은 영국의 지배가 초등 수준은 물론 엘리트 수준에서도 인도 주민에 대한 교육을 철저히 기피했다는 점이다. 모한다스 간디와 자와할랄 네루 같은 인도의 엘리트들이 세계적 수준의 교육을 받고 인도 독립을 위한 길에 나서게 되지만, 이들은 극소수에 불과했다. 영국의 통치 아래서 인도는 여전히 문명을 벗어나지 못한 농민들로 이루어진 대륙일 뿐이었다. 독립 당시 인도의 문해율은 17퍼센트에 불과했다.[1] 공중보건 역시 심하게 무시되었다. 1947년 기대 수명은 32.5세에 불과했다.[2] 또한 영국은 인도의 공업화에 대해서도 적극성을 보이지 않았다. 적어도 본국의 산업계를 위협하는 종류의 공업화에 대해서는 극도의 경계심을 드러냈다. 인프라는 인도 자체를 공업화하기 위해서가 아니라 단지 면화 같은 인도의 원재료들을 영국의 공장들에 원활히 공급할 목적에서 건설되었다. 예외가 있기는 했지만 그것들조차 인도를 지배하는 데 도움이 되는 것들이었다. 그리고 앵거스 매디슨의 지적처럼 "인도인 자본가들도 나타나기는 했지만 이들은 영국의 상업자본에 무척 의존적이었다. 많은 부문의 산업, 예를 들어 조선 · 은행 · 보험 · 석탄 · 플랜테이션 작물 · 황마 같은 산업들이 영국 기업들의 지배 아래 놓여 있었다."[3]

영국의 제국주의적 무책임성을 가장 놀랍게 드러내는 것 가운데 하나는 19세기 후반과 20세기 전반기에 반복된 기근과 유행병에 대한 영국의 대응이었다. 마이크 데이비스가 『빅토리아 말기의 홀로코스트』라는 놀라운 책에서 생생하게 묘사했듯이 인도는 몬순이상(monsoon failure)을 반복해서 겪었다. 이것은 아마 서태평양의 엘리뇨 남방진동(ENSO) 기후 변동의 영향 때문이었던 것 같다. 몬순이상의 영향으로 한 해는 가뭄과 기아가 발생했고, 그 다음 해에는 비가 다시 내려 심각한 말라리아 유행병이 발생했다. 즉 비가 다시 내릴 때는 모기가 폭발적으로 늘어났고, 이 늘어난 모기들이 주민들을 공격했던 것이다. 영국의 인프라 건설-댐·관개수로·도로-이 말라리아에 대한 인도의 취약성을 더욱 악화시켰다. 즉 인프라 시설들이 주거지 부근에서 학질모기의 번식처를 양산해 냈기 때문이다.

영국이 몬순이상이나 모기 서식지 증가에 직접적인 책임이 있다고 할 수는 없다. 1898년까지는 말라리아 전염에서 모기가 하는 역할을 잘 알지 못했다(영국의 위대한 과학자 로널드 로스가 인도에서 말라리아 기생충의 생애 주기를 최초로 해명했다. 물론 비슷한 시기에 이탈리아 과학자 조반니 바티스타 그라시도 말라리아를 연구했지만, 두 사람의 연구는 서로 독립적이었다). 영국의 가장 큰 잘못은 기근에 대한 무방비한 대응책이었다. 영국은 인도인들이 직면한 거대한 고통을 해결하기 위한 식량구제를 비롯한 기타 사회적 서비스를 조직하는 데 계속 실패했다. 데이비스는 영국 총독 커즌 경이 굶주린 인도인들에게 한 다음과 같은 훈계를 인용하고 있다.

> 방탕한 자선을 위해 인도의 재정 상태를 위험에 빠뜨리는 정부는 심각한 비판을 받게 될 것이다. 그러나 어떤 정부든 무차별적인 특혜를 제공해 주민들의 정신력을 약화시키고 주민들의 자립 의지를 꺾는다면, 이것은 공적인 범죄나 마찬가지다.[4]

결국 영국이 수수방관했기 때문에 수백만 명이 죽었다. 특히 제국주의 통치가 쇠퇴해 가던 1943년, 벵골에서 인도의 마지막 대규모 기근이 일어났다. 몬순이상이 1960년대에 다시 찾아왔지만 이번에는 인도 주권 국가가 대규모 긴급 식량배급을 통해 굶주린 대중을 구조했다. 이런 재난 구제를 보면서 아마티아 센은 기근이 기후변동이나 작물 수확량보다는 권위주의적 정치와 더 큰 관련이 있다고 밝혀냈다. 이것은 위대한 통찰이었다(그러나 센의 통찰은 종종 민주주의 나라들은 결코 기근을 당하지 않는다는 과도한 주장으로 이어진다. 몹시 취약한 상황에 놓인 주민들이 천수농업에 의존하는 아프리카 건조지역의 극단적인 기후적·인구학적 상태에서는 민주주의 나라라 하더라도 가뭄이 기근을 유발할 수 있다).

최근의 몇몇 역사적 설명, 특히 역사가 니알 퍼거슨의 저서 『제국』은 영국제국이 인도를 비롯한 여러 식민지에서 기술과 지식을 전파한 일을 칭송한다. 하지만 내가 보기에 이런 것들은 명백하게 잘못된 설명이다. 왜냐하면 영국제국이 정말로 인프라와 기술을 확대시켰다 하더라도 이것은 영국에게 유리한 방향으로 전개되었기 때문이다. 영국제국이 없었더라도 똑같은 기술이 다른 여러 가지 방식으로 확산되었을 것이다. 자본재 무역, 모방과 역설계, 기술 자문의 매입(적정한 가격이라면 언제나 얻을 수 있는), 서적들을 통한 과학 지식의 전파, 세계적 수준에서 열리는 회의들, 학생 교환, 과학학술원 등이 그런 방식들이라고 할 수 있다.

예를 들어 일본은 제국에 편입되지 않고서도 공업화 시대의 유용한 기술적 편익을 얻었다. 일본은 주권을 유지함으로써 다른 식민지들보다 훨씬 더 신속하게 공업화를 달성할 수 있었다. 실제로 매디슨은 "영국 행정당국이 기술 교육을 무시하고 영국 기업과 경영기관들이 인도인들에게 훈련과 경영 경험을 전수해 주길 꺼리는 바람에 인도의 산업적 효율성이 방해를 받았다"[5]고 날카롭게 지적했다.

영국 지배 아래서 전반적인 경제적 성과의 기록은 꽤 형편없었다. 매디슨의 데이터를 사용하여 말하자면 1600~1870년간 인도는 1인당 GDP 성장을 전혀 경험하지 못했다. 1870~1947년 동안 년간 1인당 경제성장은 약 0.2%에 불과했다. 같은 기간에 영국에서는 1%의 성장률을 나타냈다.

독립과 경제적 선택

다른 피식민지 세계와 마찬가지로 인도는 외국의 지배를 받아들이지 못했다. 유럽이 두 차례의 세계대전과 그 사이에 일어난 대공황 속에서 흘린 피로 기력을 소진했을 때, 유럽의 식민지들은 독립을 획득하려고 노력했다. 인도는 1947년 8월 15일 한밤중에 벌인 한 차례 반란으로 첫 번째 독립국이 되었다. 그리하여 많은 것을 생각나게 하는 네루의 유명한 구절처럼 인도의 '운명과의 만남'이 시작되었고, 쌍둥이 악마와의 조우가 시작되었다. 그 가운데 하나는 인도에 국제무역과 외국인 투자에 대한 알레르기 반응을 남긴 식민지 통치였다. 그리고 나머지 하나는 인도를 내적으로 약화시켰을 뿐만 아니라 다른 세계와 상대해서도 경쟁력이 떨어지도록 만든 극단적인 사회 분열이었다.

네루는 초대 총리가 되면서 즉시 민주적 사회주의 전략을 도입했다. 동시대의 다른 탈식민지 국가 건설자들과 마찬가지로 네루는 세계 시장·국제무역·외국인 직접투자에 의존하지 않는 자급자족적인 경제발전의 길을 탐색했다. 식민지 통치에 대한 길고 어려운 투쟁 이후 네루와 그의 동료 국가 건설자들은 외국의 경제력에 다시 한 번 종속될지도 모를 위험을 감수하고 싶어 하지 않았다. 이 건설자들이 내향적(자급자족적) 발전전략을 채택한 데는 또 다른 이유도 있었다. 1947년에 세계 시장은 거의 기능을 발휘하지 못했고, 대공황의 여파로 시장의 힘을 믿을 수 없다는 정서가 팽배해 있었다. 더욱이 소련이 공업화에서 거둔 두드러진 성공—비록 가짜 데이터로 매우 과장되고 억압을 숨기고 있었지만—은 과학적인 국가 발전의 계획화가 성숙해졌다는 관점을 강화시켜 주었다.

이런 이유들 때문에 네루는 강력한 국가 통제 시스템을 선택했다. 인도에서는 무역·투자·공장 증설 등 모든 행위에 허가가 필요했다. 대규모 산업설비들이 금지되었는데, 이는 표면적으로는 규모가 작고 기술적으로 후진적인 기업들을 위한 공간을 보존해 주기 위한 것이었다. 수직기 직공들이 공업적 직기들과의 경쟁에서 보호를 받았다. 산업 노동자들은 해고될 수 없었다. 도시의 토지는 허가 없이는 새로운 산업적 용도로 전환될 수 없었다. 은행 구좌·송금·외국인 투자는 모두 허가를 받아야 했다. 요컨대 경제는 끔찍한 매듭에 너무나 단단하게 구속되어 있었으므로 거의 성장할 수 없었다. 그 결과 1950~1970년에 이르는 동안 연간 약 3.5% 또는 1인당 고작 1.9%라는 '힌두' 성장률(경제개혁 이전 수십 년간 인도가 기록해 온 5% 이하의 낮은 성장률-옮긴이)을 초래했다.

　인도의 첫 번째 커다란 경제적 도약은 1960년대 말과 1970년대 초에 녹색혁명이 도입되면서 일어났다. 과학적 육종가들은 새로운 종의 옥수수·밀·쌀 등을 얻을 수 있었다. 이 품종들에서는 줄기가 아니라 알곡 쪽에서 성장이 집중적으로 이루어지게 되어 있었다. 그러자 식량 생산량이 상승하게 되어 인도인들은 힘겨운 기근의 질곡에서 비로소 벗어날 수 있었다. 녹색혁명 이후 인도는 몬순이상이 발생한 해에도 식량 부족을 겪지 않을 수 있었다. 끝없이 이어질 것 같았던 대량 아사와의 투쟁도 갑자기 끝났다. 인도의 시장개혁이 경제성장의 지속적인 가속화를 불러오기 훨씬 이전에 일어난 일이었다.

　녹색혁명은 특히 펀잡에서 소득 증대를 가져 왔다. 펀잡에서는 관개와 기존 철도를 통해 고수확 품종이 신속히 확산될 수 있었기 때문이다. 그러나 좀더 일반적인 차원에서 인도는 여전히 낮고 불안정한 성장에 사로잡혀 있었다.

　1980년대 말에 라지브 간디는 몇 가지 제한적인 시장개혁을 도입했다.

이것이 경제발전을 가속화시키는 듯했지만, 사실 그 발전의 상당 부분은 지속될 수 없는 대외 차입 덕분이었다. 대외 차입 사이클은 1991년 중반에 끝났는데, 해외 투자자들이 인도의 대외 채무 수준이 그에 상응하는 수출 증가를 수반하지 않은 채 너무 급속히 상승하고 있다는 것을 알아챘기 때문이다. 투자자들이 자금을 인출하고 채무상환을 요구하면서 인도의 외환 보유고가 급속히 하락했다. 국제수지 위기가 어렴풋이 모습을 드러냈다. 바로 이 시점에서 정부 허가제도를 끝낼 때가 되었다는 것을 명확하게 인식한 만모한 싱이 등장했다. 1991년 중반부터 줄곧 인도는 중국·소련·동유럽·라틴 아메리카 등과 마찬가지로 전 세계적 시장개혁의 파도 속에 놓여 있었다.

개혁의 시작

싱의 첫 번째 조치는 국제무역과 투자에 가장 방해가 되는 관료적 제한을 끝내는 일이었다. 수익성 높은 기회를 찾는 사업가들은 그런 기회를 추구할 수 있도록 갑자기 허락받았다. 정부는 관세 장벽을 낮추고 수천 개 상품에 대한 수입 쿼터를 제거했다.

비경제학자들은 이런 조치들이 수입품의 홍수에 수문을 열어 주고, 인도 생산자들을 저비용 수입품들의 바닷속에 빠뜨릴 뿐이라고 우려했다. 비경제학자들은 정부가 수입을 자유화하는 동시에 수출도 촉진하고 있다는 점을 이해하지 못했다. 인도의 생산자들은 갑자기 자본재와 중간재들을 세계 시장에서 경쟁력 있는 가격으로 매입하고 자신들의 완제품을 세계 시장에 더 낮은 가격으로 판매할 수 있게 되었다. 또한 정부는 외국인 기업들이 인도에 좀더 쉽게 투자할 수 있도록 하는 조치를 서서히 신중하게 취하기 시작했다. 외국인 투자를 촉진하기 위해 정부는 인도 기업에 대한 외국인 소유 지분과, 외국인 투자의 허용 범위 등에 대한 많은 승인 요건들을 자유화했다.

1994년 중반에 내가 인도에 도착했을 때는 이 큰 변화가 시작된 지 3년 밖에 안 되었고, 금융 위기의 자취가 여전히 남아 있었다. 이런 상황에서 학계의 경제학자들이 비관적인 태도를 여전히 견지하고 있었던 것도 어찌 보면 그리 놀라운 일이 아니었다. 인도가 세계 시장에서 과연 어떻게 경쟁할 수 있을까? 인도가 새로운 동인도회사의 지배를 과연 어떻게 피할 수 있을까? 무역자유화가 (인도 경제에) 도움이 될 것이라는, 즉 인도의 수출이 틀림없이 증가할 것이라는 나의 이의 제기는 '인도는 다르다'는 반복된 경고들에 파묻혀 버렸다. 학자들은 나에게 "인도가 어떤 부문에서 경쟁해야 하는가"라고 거듭 물었다.

글쎄, 그런 선택을 하는 건 시장이지 내가 아니지 않는가! 나라면 중국에서와 마찬가지로 노동집약적 제조업-신발·장난감·의류·전자-에 승부를 걸 것이다. 이런 부문들이 일정하게 눈에 띄는 성과를 얻긴 했지만 개혁이 시작된 첫 10년 동안 인도의 성장을 위한 강력한 엔진이 될 운명은 아니었다. 오히려 오늘날 인도는 새로운 정보기술에 기반을 둔 대규모 서비스 부문 수출의 허브가 되었다. 인도의 이러한 변신은 전 세계인을 놀라게 했다.

1990년대 중반에 마이크로소프트가 컴퓨터 소프트웨어에서 지배권을 확립하고 인터넷이 교육과 오락뿐만 아니라 사업을 위한 혁명적 도구로 각광받게 되었다. 이런 상황에서 많은 인도인 소프트웨어 기술자들이 첨단 기업체에 종사하고 있다는 사실이 서서히 분명하게 드러나기 시작했다. 정보기술(IT) 혁명의 진앙지인 실리콘밸리는 교육수준과 성취욕이 높은 인도인들로 채워져 있었다. 인도인이 소유하거나 이끄는 소규모 IT 사업체들은 그 산업분야에서 상당히 명망 있는 대기업들로 급속히 성장하고 있었는데, 시카모어(Sycamore)와 인포시스(Infosys) 같은 기업들이 그 사례였다. 마이크로소프트는 회사 안에서 이미 다수를 이루고 있던 인도인 소프트웨어 기술자들과, 소프트웨어 제작처로 첨단적 위치를 차지하고 있는 인도에 막대한 투자를 하기 시작했다.

인도가 IT 산업에서 두드러진 경쟁력을 갖추게 된 근본적 요인이 점점 더 명확해졌다. 첫째, 한 세대 이상 동안 인도는 인도기술학교(IIT) 출신의 고급 기업가와 기술자들을 배출했다. IIT는 인도 전국에 산재한 일곱 개의 세계 일류급 캠퍼스들의 느슨한 연합체였다. 인도의 상대적으로 정체된 경제 때문에 IIT 졸업생들 상당수가 미국으로 이주했다. 바로 이 졸업생들이 1990년대 중반에 이 업계의 지도자들이 되어 있었다. 즉 마이크로소프트·맥킨지앤컴퍼니·시티그룹 등과 같은 수많은 국제적 대기업들에서 지도자적인 지위를 차지하고 있었다.

둘째, 해외에 거주하는 인도인 가운데 많은 사람들이 인도와 사업관계를 확립하기 시작했다. 이 과정을 크게 촉진한 것이 새로운 정보기술이었다. 수십 년간의 경제적 고립과 성장의 정체 때문에 인도의 물리적 인프라는, 특히 수출과 관련해서는 상당히 쇠약한 상태에 있었다. 항구 시설들은 혼잡하고 관리가 취약했으며 접근하기 어려웠다. 도로는 꽉 막혀 있기 일쑤고 여기저기 움푹 팬 구멍들이 널려 있었다. 그러나 IT 혁명 덕택에 1990년대 중반의 위성 연결과 그 이후의 광섬유 케이블 방식을 통한 정보 수출이 도로와 항구의 정체를 뛰어넘을 수 있게 되었다. 건물 지붕 위의 위성 안테나가 거의 순간적으로 세계의 반대편과 접촉하는 데 필요한 모든 것이었다.

 1994년에 나는 지원업무 서비스 사업체를 처음 방문한 이후 그곳을 무수히 다시 방문했다. 우리는 뭄바이에 있는 산타크루즈 전자수출 가공지구와 스위스에어 사무실을 방문했다. 그곳에는 젊은 여성들이 줄지어 앉아 상용 고객들의 탑승권과 누락된 마일리지 입력 신청서들을 분류하면서 지난달에 쌓인 마일리지 점수들을 컴퓨터에 입력하고 있었다. 스위스에어는 단지 취리히와 제네바에서 서류 기록을 수집하여 인도로 가는 스위스에어 비행기 편에 실어 보냈다. 그리고 이 사무실에서 아주 적은 비용으로 자료를 처리한 다음 스위스로 다시 가져오기만 하면 되었다.

 데이터는 스프레드시트에 입력된 다음에 전용 위성라인을 통해 본부로 전송되었다. 1990년대 말에 방갈로어·첸나이·하이드러배드·뭄바이 등의 도시들에 IT 업무센터들이 형성되었다. 이 센터들은 주요 기업체들에 소프트웨어 공학·데이터 입력 서비스·컴퓨터 그래픽·지원업무 처리·컴퓨터 활용 설계 등 무수한 IT 기반 서비스를 제공하는 새로운 공급처가 되었다.

 경제개혁의 관점에서 볼 때 인도가 국제적으로 경쟁력이 있다는 점은 분명했다. 처음에는 많은 사람이 기대했던 제조업이 아니라 서비스업에 국한된 것이기는 했지만 수출 붐은 인도 역사상 가장 빠른 경제성장을 촉진하고 있었다. 파도처럼 밀려드는 다국적 기업들이 인도를 정복할 것이라는 우려는 좀 엉뚱한 걱정처럼 보였다. 반대로 인도가 미국의 아웃소싱 계약을 끌어들이는 데 크게 성공한 것은 오히려 미국에서 정치적 이슈가 되었다. 이 과정에서 인도가 미국인들의 일자리를 불공정하게 빼앗아 간다는 아무 근거 없는 비난도 나타났다. 인도 기업들은 오랜 시간에 걸쳐 지구화의 힘을 활용하여 세계 선진국들과의 기술 격차를 줄이고 있었던 것이다. 그리고 그들은 마침내 두드러진 성공을 이루고 있었다.

그러므로 인도에서 개혁의 결과는 인도의 성장률 추세를 한 단계 더 높였다. 장기적 관점에서 보면 인도는 20세기에 네 단계의 성장 경로를 거쳐왔다. 영국 지배 아래(1900~1947년)의 저성장, 네루의 정부 허가체제 아래(1947~1970년)의 저성장, 녹색혁명의 출현(1970~1991년)과 더불어 나타난 고성장, 1990년대(1991~2000년) 시장 자유화와 더불어 나타난 지속적인 고도성장이 바로 그 단계다. 〈그림 1〉에 이 단계들이 표시되어 있다.

지구화에 대한 공포는 아주 과장된 것이지만, 다국적 기업들이 벌이는 정치에 대해서는 경계할 만한 충분한 이유가 있었다. 제2차 클린턴 행정부 말기에 델리를 방문했을 때 나는 다국적 기업 정치의 놀랄 만한 사례를 목격했다. 인도 총리를 만나기로 되어 있던 1~2일 전쯤에 인도 주재 미국 대사가 나를 대사관으로 초청했다. 대사는 내 눈을 쳐다보면서 "당신의 친구

〈그림 1〉 1900년 이후 인도의 경제성장

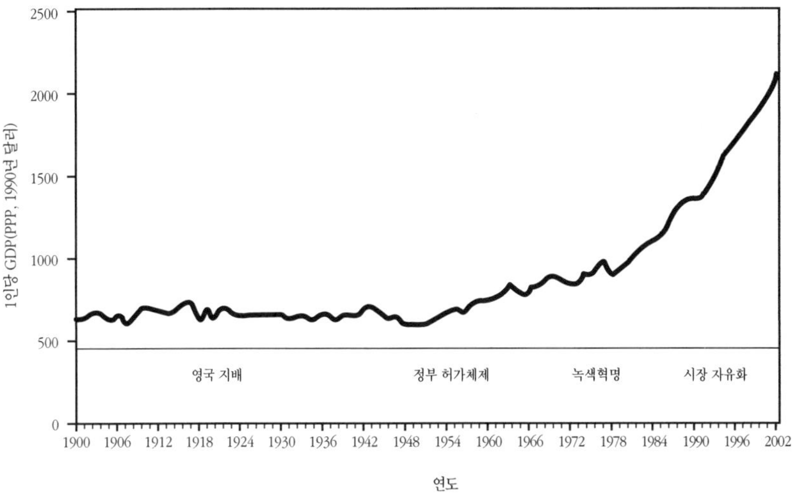

출처: World Bank(2004)에 실린 데이터를 이용해 계산했다.

들에게 엔론과의 분쟁을 해결하라고 압력을 좀 넣어 주시오"라고 말했다. 대사는 엔론과 인도의 마하라슈트라 주(州) 사이에서 팽팽하게 계속되던 상업적 의견 차이를 언급하고 있었다. 이슈는 엔론이 건설한 발전소의 전기 가격을 정하는 문제였다. "만약 인도인들이 합의에 나서지 않는다면 다른 많은 미국 기업들과의 관계에서도 인도의 입장이 어려워질 겁니다." 나는 미국 고위 관리들이 미국 기업체들을 위해 하는 이런 종류의 고압적 로비에 직면하면 언제나 불쾌했다. 돌이켜 생각해 보면 엔론이 미국 기업들의 로비 추문의 상징이 되었다는 점에서 더욱더 불쾌한 느낌을 피할 수 없었다.

경제적 문제

인도는 1994년에 4개의 큰 도전에 직면했고, 그로부터 10년이 지난 시점에도 첨예함은 좀 덜하지만 여전히 큰 문제에 직면해 있다. 첫째, 개혁이 확대될 필요가 있었다. 시장자유화가 시작되었지만 반세기 전에 형성된 시스템이 여전히 인도 경제의 핵심부문들을 방해하고 있었다. 둘째, 인도는 생산 비용을 줄이고 국내 시장의 통합뿐 아니라 세계 시장과의 통합을 심화하기 위해 기초 인프라-도로·항구·전력·상하수시설·통신-에 더욱 많이 투자할 필요가 있었다. 셋째, 인도는 특히 사회적으로 철저히 배제된 낮은 신분과 천민들의 보건과 교육에 훨씬 더 많은 투자를 할 필요가 있었다. 넷째, 인도는 인프라와 사회적 투자를 위한 비용을 조달할 방법을 찾아야 했다. 1994년 중앙(연방) 정부뿐만 아니라 주 정부 수준에서도 대규모 적자가 발생하여 예산이 위험한 상태에 놓여 있었기 때문이다.

1994년 인도를 방문했을 때 나는 이 문제들에 대한 상세한 보고서를 제출했다. 그런데 이 보고서 때문에 정부와 학계 인사들과 더욱 밀도 높은 토론을 하게 되었다. 1996년 나와 나의 동료인 니루팜 바지파이(Nirupam Bajpai)는 인도의 남동부지역에서 빠르게 성장하는 타밀나두 주 정부와 중앙 정부의 경제고문이 되었다. 우리는 최근 제안한 많은 권고안이 채택된 것을 흡족하게 생각했다. 우리가 기본적으로 주장하는 내용은 인도가 개혁을 확대함으로써 중국에서와 같은 성장률을 달성할 수 있다는 것이었다.

인도에서 일어난 일들은 우리를 실망시키지 않았다. 2004년에 인도는 중국의 성장률에 근접하는 약 7%의 성장률을 기록했다. 극단적 빈곤의 경

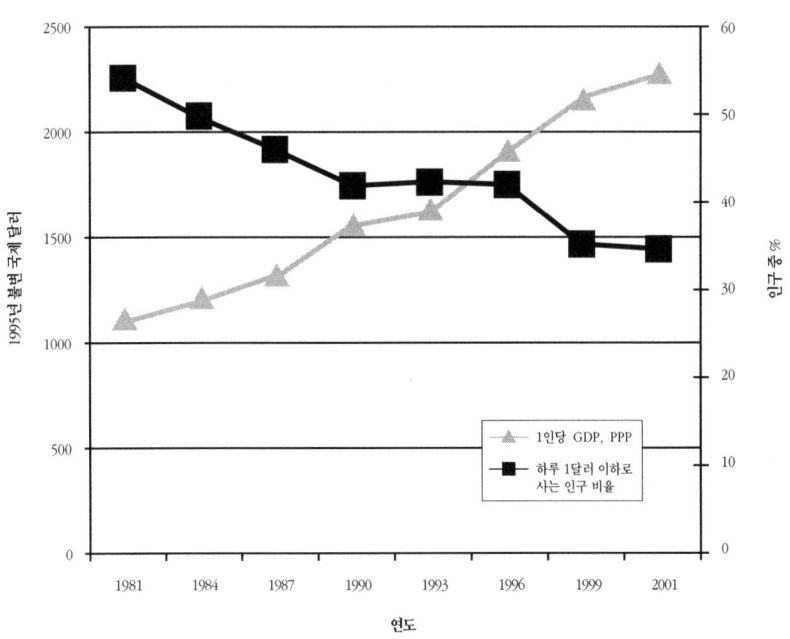

〈그림 2〉 인도에서 경제성장과 빈곤 감소

출처: Chen and Ravallion(2004); World Bank(2004).

감에서도 양호한 결과가 나타났다. 국가적 척도에서 빈곤율은 1990년 인구의 42%에서 2001년에는 인구의 약 35%로 하락했다. 〈그림 2〉에서 나타나듯이 빈곤율의 감소와 함께 강력한 경제성장이 나타났다.

　인도의 수출 붐은 계속 심화되어 전통적인 IT 작업(기초 소프트웨어 · 데이터 입력 · 전화 콜센터)에서 점점 더 정교한 업무처리 아웃소싱(BPO)으로 확장되었다. 의료 · 보험 · 은행부문의 미국 및 유럽 기업들은 BPO식 비용절감 방안에 점점 더 의존하고 있다. 그리고 수출 붐이 IT 부문을 넘어 확산되었다. 가장 역동적인 새로운 수출부문 중 하나는 자동차 부품이다. 이 부문에서 인도는 세계의 많은 자동차 메이커들의 선택처가 되고 있다. 자동차 생산에 필요한 부품들이 인도에서 생산된 다음 전 세계 조립 공장들로 선적되고 있다.

　인도가 비록 경제 현대화의 깊이와 넓이라는 측면에서는 중국에 미치지 못했지만, 이미 달성한 것까지 과소평가해서는 안 된다. 중국은 이제 통합되고 기름이 골고루 묻은 개혁 엔진의 분위기를 물씬 풍긴다. 그런데 겉으로 드러난 현상 아래를 살펴보면 서로 다른 민족들 간의 충돌 · 지역적 불평등 · 대규모 이주 · 광범위한 부패라는 강력한 긴장 요소들이 존재한다.

　반면, 인도에서는 표면 아래에 아무것도 없다. 정치는 많은 부분이 공개되어 있다. 인도에서 영어를 할 수 있는 여행자들은 언제라도 10여 개의 신문에서 정치적 비판의 목소리를 높인 기사와 무시무시한 범죄 이야기를 실은 기사를 읽을 수 있다. 특정한 어느 시점을 선택해 관찰하더라도 언제나 어떤 주 정부가 비틀거리거나 중앙 연립정부는 허약해 보인다. 늘 정치적 위기가 임박해 있지만 무슨 까닭인지 인도는 늘 앞으로 넘어진다. 1991년 이래 각각의 연립정부(연방 수준에서 다섯 차례의 연립정부가 있었다)는 개혁 과정을 승인하고 촉진했다. 인도인들은 자기 나라를 우레 같은 소리를 내며 묵묵히 정글을 뚫고 지나가는 아시아 코끼리-인도의 동아시아 이웃 나라들에 대한 친숙한 은유적 표현인 아시아 호랑이가 아니라-로 묘사해 왔다.

발전의 연대

2000년 개혁이 충분히 진전되자 니루팜 바지파이와 나는 비하리 바지파이 총리에게 인도가 발전의 새 연대를 열어나가기 위해 시야를 더 높은 곳에 두어야 한다고 권고했다. 우리는 총리에게 다가오는 10년을 문해율·교육·보건·기초 인프라 분야에서 도약을 이루고 1인당 소득을 배로 증가시킬 수 있는 발전의 연대로 선언하라고 설득했다. 1960년대 일본, 1970년대 한국, 1980~1990년대 중국에서 달성한 것처럼 10년 만에 1인당 소득을 2배로 증가시키기 위해서는 10년 동안 1인당 연평균 7%의 성장률을 기록할 필요가 있다. 나는 이 성장률이 인도가 충분히 할 수 있는 범위 안에 있다고 믿었다. 총리는 2000년 8월 15일 대국민 담화에서 이 목표를 천명했다. 그에 뒤이어 인도계획위원회도 연간 최소 8%(1인당 기준으로는 약 7%) 경제성장 목표를 승인했다.

2001~2003년간의 급속한 경제성장에도 불구하고 2004년 선거에서 비하리 바지파이 총리 정부가 실각했다. 이 놀라운 결과가 나타난 것은 인도 농촌들이 변화를 바라는 쪽으로 투표 성향을 바꾸었기 때문이다. 그것은 부분적으로는 단기적 요인들을 반영한 것이다. 2003년에 일어난 광범위한 가뭄으로-물론 대규모 기근은 피했지만- 많은 농촌 마을들이 재정적으로 핍박을 받고 식량 부족에 시달렸다. 그러나 현재 정부를 실각시킨 선거 결과는 훨씬 더 깊숙한 데 근본 원인이 있었다.

인도의 성장은 도시를 중심으로 일어났고, 최근 몇 년간 도시와 농촌 사이에 생활수준의 차이가 더욱더 벌어지고 있었다. 나는 니루팜 바지파이와의 공동 연구를 통해 주(州)별 도시화율의 차이가 주들 사이의 상대적 성장률의 차이를 드러내는 가장 강력한 지표라는 점을 밝혀냈다. 1981년 당시 가장 도시화된 주일수록 성장도 가장 빨랐던 것이다. 〈그림 3〉은 1981년 당시 주별 도시화 정도와 1981~1991년간 주별 성장률 사이의 관계를 보여 준다.

확실히 도시화된 곳들의 성장이 가장 빨랐다. 이것은 결코 놀라운 일이 아니다. 녹색혁명이 1970년대에 농촌 소득을 향상시키는 데 가장 큰 영향을 끼쳤다면, 그 이후 경제성장은 도시에 기반을 둔 IT 산업과 제조업에서

〈그림 3〉 1981~1991년의 성장률과 1981년 당시 주별 도시화

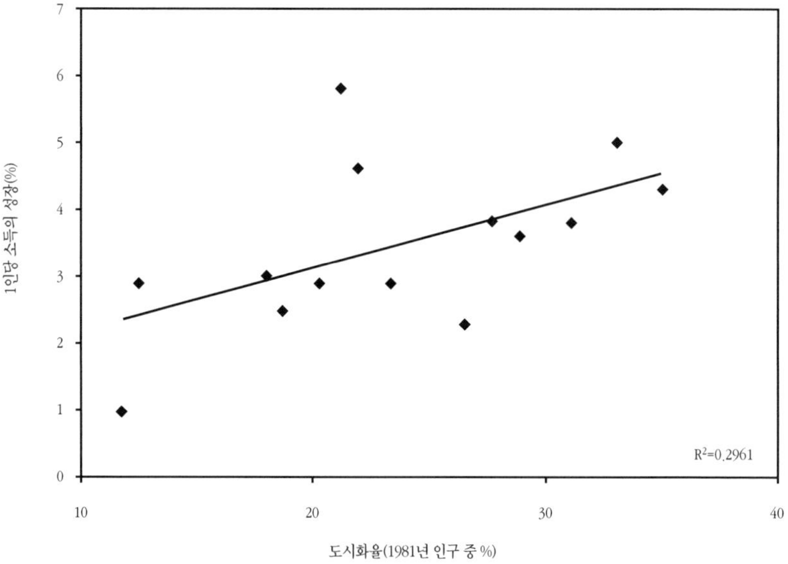

출처: Sachs, Bajpai, Ramiah(2004).

일어났다. 2004년 선거에서 농촌은 "이젠 더 못 참겠어. 인도의 급속한 성장에 따른 과실이 농촌 쪽으로 더 많이 흘러와야 해"라고 말하고 있는 셈이었다.

만모한 싱이 새 총리로 입각하고, 정부는 농촌의 상대적 저성장을 끌어올리는 쪽으로 정책을 전환했다. 기본적 접근법은 농촌에서 공공투자를 끌어올림으로써 인도의 모든 마을이 조만간 기초 인프라와 사회적 서비스의 편익을 누릴 수 있도록 하는 것이었다. 나는 이 접근법이 아주 훌륭한 결과를 낳을 것이라고 믿는다. 정부는 모든 사람을 위한 안전한 식수와 필수적인 공중보건 그리고 '모든 사람을 위한 전기'를 과감하게 선언했다. 인도 상황에서 이것은 단순히 민중주의적 슬로건이 아니다. 분명히 달성할 수 있는 목표이고, 정말로 필요한 투자를 위한 밑바탕이다. 또한 그것은 단지 귀족 계급뿐만 아니라 모든 인도인이 기초적 사회 서비스와 필수 인프라의 편익을 누릴 수 있도록 보장함으로써 인도의 사회적 분단의 핵심을 찔러 들어가는 방법이다. 정부의 새로운 공약은 개발 년대의 성공을 위해서 뿐만 아니라 더 나아가 인도의 역사적인 빈곤 탈출을 위해서도 필수불가결한 요소다. 재무부 장관을 맡은 P. 치담바람은 2004년도 예산 연설을 다음과 같은 감동적인 약속으로 결론지었다.

> 인도를 포함한 세계의 많은 나라들이 밀레니엄발전목표를 세웠다. 우리의 운명적인 날은 밀레니엄의 끝이 아니라 2015년이다. 우리는 이런 목표를 달성할 것인가? 남아 있는 11년 동안 우리는 우리 자신의 운명을 스스로 결정할 수 있을 것인가? 진보란 언제나 직선적 경로를 따라서 일어나지는 않으며 불가피한 것도 아니다. 2천 년 전에 성 티르발루바는 이렇게 말했다. "그들은 윤리를 지키고 죄를 범하지도 않으며 명예롭고 용기 있는 길을 걷는 훌륭한 통치자다." 만약 우리가 생각과 열정을

다해 통치하고 명예와 용기의 길을 걷는다면, 우리는 밝은 앞날을 열어 갈 수 있을 것이다. 그리고 21세기는 인도의 세기가 될 것이다.[6]

인도에서 얻은 교훈

치담바람 재무부 장관의 말은 옳다. 중국의 경우처럼 인도에게도 21세기는 오랜 세기 동안 계속되어 온 상대적인 경제적 쇠퇴가 상당히 역전하는 시대가 될 것이다. 나는 1990년대 초 이래 바로 그와 같은 낙관적 견해를 밝혔는데, 이것은 실제 일어난 사건들로 입증되었다. 내가 1970년대에 처음 읽고 1990년대 전반기에 다시 들었던 비관적 주장, 즉 인도는 문화·역사·지정학적인 위치에 의해 가난할 운명을 부여받았다는 주장은 틀렸다. 비관주의자들과는 반대로 인도는 불치의 '힌두 성장률'에 더 이상 갇혀 있지 않았다.

녹색혁명과 그 이후의 시장개혁은 1950년대와 1960년대의 느린 성장을 극복했다. 그동안 뿌리 깊고 경직된 신분제도가 사회적 이동성을 방해했고, 또 그 신분제도 때문에 많은 인도 주민이 여전히 충분한 교육과 영양과 보건을 박탈당하고 있었다. 그러나 이처럼 경직된 신분제도조차 강력한 경제적 힘들에 의해 변화할 수 있는 것으로 드러났다. 민주주의 역시 오래된 사회적 위계질서를 서서히 무너뜨리고 있다. 1인 1표의 투표가 2004년 중반에 정치적 무대를 변혁시켰는데, 이때 인도 농촌들은 목소리를 높여 공공투자의 더 큰 몫을 요구했다.

또한 인도는 국제 분업이 가져다 주는 풍요에 대해 그리고 기술적 가능성들의 변화에 대응하여 그 분업이 어떻게 변화하는지에 대해 세계에 많은 것을 가르쳐 주고 있다. 25년 전에 빈곤했던 인도가 1990년대에 하이테크 정보 서비스를 통해 세계 경제에 진입하게 되리라고 누가 감히 예측할 수 있었겠는가? 당시에는 인터넷 기반 소프트웨어 프로그래밍 · 역외 업무 처리 · 원격 데이터 입력 · 기타 수많은 IT 기반 산업의 기술적 가능성들은 개념 단계에도 도달하지 못했었다.

인도가 새로운 IT 가능성들을 활용할 능력을 갖게 된 것은 고등교육, 특히 인도기술학교에 대한 장기적 투자 결과였다. 나는 이 점을 직접 그리고 반복하여 확인했다. 이 학교들은 새로 확립된 IT 기반 산업들의 중심지가 되었다. 나는 인도를 여행하는 과정에서 종종 뛰어난 교육과 수십 년 동안의 활동을 통해 인도 경제발전에 중요한 기여를 해 온 훌륭한 과학자들을 만났다.

또한 나는 인도의 다양한 지리적 여건을 살펴보면서 자연환경이 경제활동을 어떻게 규정하는지를 더 깊이 이해할 수 있었다. 중국에서처럼 인도의 녹색혁명은 1970년대와 1980년대의 짧은 시기에 농촌 주도형 발전을 이끌었다. 그리고 녹색혁명을 주도한 펀잡 주는 인도에서 가장 빨리 성장했을 뿐만 아니라 가장 부유한 주가 되었다. 그러나 이런 농촌 주도형 성장은 비교적 단기적인 것이었다.

1980년대를 비롯해, 특히 1990년대 이후에는 도시 기반 제조업과 서비스업이 발전의 길을 이끌었다. 결과적으로 해안지역의 거대 항구 도시들－뭄바이 · 콜카타(예전의 캘커타) · 첸나이－이 인도 경제성장의 스타가 되었다. 내륙지역, 특히 갠지스 유역의 내륙은 발전이 지체되고 있다. 이것은 중국의 서부 내륙지역이 해안지방들에 비해 상당히 뒤처진 것과 똑같았다. 지리－그리고 지리에 부수적으로 따르는 강우량 · 온도 · 토양 · 천연자원 · 병원성 동물－는 질병생태 · 관광 · 작물 생산 등의 요인을 통해 무수히 미묘한 방식으로 인도의 지역적 발전에 계속 영향을 끼치고 있다.

21세기에 중국과 인도가 전 지구적 차원에서 경제적 중요성을 회복한다면 전 세계의 정치와 사회 모습을 바꿀 수 있는 확률이 더 커진다. 500년 동안 지속된 서구의 압도적 우위는 쇠퇴할 것이다. 우리는 이런 상황이 전개되는 것을 경외감은 물론이고 기대를 가지고 바라보아야 한다. 애덤 스미스는 해양무역을 통한 유럽과 아시아의 통합 및 아메리카의 발견을 '인류 역사상 가장 위대하고 중요한 사건'이라고 생각했다. 그리고 스미스는 이렇게 주장했다. "어떤 수단을 통해 세계에서 가장 먼 곳들을 통합시켜 그들이 서로의 결핍을 메울 수 있게 함으로써 즐거움을 증대시키며 산업을 촉진시킨다면, 그들의 전반적인 발전은 서로에게 득이 될 것으로 보인다."[7]

그러나 스미스는 유럽의 '힘의 우위' 때문에 유럽인들이 "먼 나라들에서 모든 종류의 부당 행위를 아무 거리낌 없이 저지를" 것[8]이라는 점을 고통스럽게 깨달았다. 스미스는 대등한 힘과 용기가 '서로의 권리에 대한 존중'을 낳을 날을 고대했으며 '광범위한 상업'이 그런 날을 앞당길 것이라고 믿었다. 만약 우리가 현명하게 행동한다면, 동과 서 사이의 상호 존중과 호혜적 교환의 시대가 더욱 빨리 다가올 것이다.

제10장
소리 없는 죽음: 아프리카의 질병

나는 1995년 이전에는 사하라 남쪽의 아프리카에 가 본 적이 없었다. 세계 여러 나라에서 일한 후에야 비로소 가장 고통받는 지역의 발전 문제를 긴급히 이해할 필요성이 있다는 점을 깨닫게 되었다. 나는 아프리카의 위기가 예상했던 것보다 훨씬 심각하고, 그 원인도 일반적으로 생각하는 것과 많이 다르다는 것을 알았다. 나는 아프리카에서 10년 동안 일하면서 극단적 빈곤, 지구화의 힘과 한계, 역경에 부닥친 인간의 불굴의 정신에 대해 많은 것을 느끼고 배웠다.

아프리카에서 일하기 시작했을 때, 나는 몇 년 전보다는 사태를 좀더 명확하게 파악할 준비가 되어 있었다. 1985~1995년에 이르는 10년 동안의 집중적인 경제 자문을 통해 나는 감별 진단의 기술을 배웠고, 이를 통해 아프리카의 발전 위기가 역사·지리·정치·지정학의 상호작용을 어떻게 반영하는지 깊이 인식할 수 있었다. 이런 상호작용의 결과 아프리카는 빈곤의 함정에 걸려들었다. 그런데 더 나쁜 일은 1990년대 중반 이후로 아프리카가 인류 역사상 가장 심각한 전염병인 HIV 바이러스에 의한 AIDS 속으로 곤두박질치고 있었다는 점이다.

누가 감히 아프리카의 통치구조를 비판하는가

외부 세계는 아프리카의 오랜 위기에 대해 아주 뻔한 대답을 가지고 있다. 즉 끊임없이 모든 원인을 만연한 부패와 잘못된 통치 탓으로 돌린다. 아프리카 나라들에 대한 IMF와 세계은행의 무수한 '대표단'을 포함한 서구 관리들은 아프리카가 스스로 더 잘 처신하고 부패한 통치자들의 개입 없이 시장의 힘이 작동하도록 해야 한다고 주장한다. 미국의 토크쇼 진행자인 빌 오라일리는 최근에 일반적 견해를 반영하여 다음과 같이 말했다. 아프리카는 "부패한 대륙이고 혼돈 속의 대륙이다. 우리는 그곳에 많은 원조를 보내지만 '적재적소'에 배달할 수 없다. 돈은 강탈당한다. 정부가 정말로 일관되게 행동하지 않고, 부패가 만연한 상황에서 과연 어떻게 도움을 직접 전달할 수 있을까?"[1]

서구 정부들은 1980~1990년대 동안 아프리카에 가혹한 예산정책을 강요했다. IMF와 세계은행은 채무에 찌든 대륙의 경제정책을 사실상 운영하면서 전문용어로는 구조조정이라고 하는 예산긴축 치료법을 권고했다. 이런 프로그램들은 과학적으로는 쓰레기 같은 이론이었고, 실제 성과 면에서는 더욱 보잘것없었다. 21세기를 시작하는 시점에 아프리카는 IMF와 세계은행이 아프리카 현장에 처음 도착한 1960년대 말보다 훨씬 더 가난했다. 그리고 질병과 인구증가·환경파괴라는 통제불능 상태로 더욱 악화되고 있었다.

　나쁜 통치구조를 비난하기에 앞서 서구는 좀더 신중해야 한다. 세상에 다른 어느 누구도 서구만큼 오랫동안 아프리카를 약탈하거나 학대하지는 않았으니 말이다. 16세기에서 19세기 초까지 300년이 넘게 노예무역이 행해졌으며, 이어 1세기 동안 야만적인 식민지 통치가 이루어졌다. 식민지 시대는 아프리카를 경제적으로 상승시키기보다는 아프리카에 교양 있는 시민과 지도자 그리고 기초 인프라와 공중보건 시설의 결핍을 유산으로 남겨 주었다. 신생 독립국들의 국경선은 옛 제국들의 자의적인 경계선을 따라 그어졌고, 동시에 민족집단 · 생태계 · 자원 매장지 등도 자의적으로 분할되었다.

　식민지 시기가 끝나자마자 아프리카는 냉전의 희생자가 되었다. 서구의 냉전 전사들인 CIA와 유럽 첩보기관의 공작원들은, 민족주의를 주창하고 소련에게서 원조를 구하거나 아프리카의 자원 개발에 대해 더 나은 조건을 요구하는 아프리카 지도자들에 대항해 싸웠다. 1960년 CIA와 벨기에 공작원들은 콩고의 초대 총리였던 패트리스 루뭄바를 암살하고 그 자리에 독재자 모부투 세세 세코를 앉혔다. 이것은 서구가 아프리카 독립에 접근하는 방식을 한눈에 보여 주는 사례였다. 1980년대에 미국은 앙골라 정부에 대항하여 유혈 반란을 일으킨 조나스 사빔비를 지원했다. 그 근거는 사빔비가 반공주의자라는 것이었다. 그러나 사빔비는 사실 폭력적이고 부패한 악당에 지나지 않았다. 미국은 남아프리카공화국의 아파르트헤이트 정권을 오랫동안 지원했고, 그 정권이 인접 국가 모잠비크에서 폭력적인 레나모(Renamo: 모잠비크 민족저항운동) 반군을 무장시켰을 때도 암묵적으로 지지했다. CIA는 1966년 가나에서 크와메 은크루마 대통령 정부를 폭력적으로 전복시키는 일에도 개입했다. 실로 아프리카의 거의 모든 정치적 위기─수단과 소말리아를 비롯한 기타 수많은 나라에서 일어난─에는 많은 원인이 있었지만 그 한복판에는 언제나 서구가 오랫동안 개입해 온 역사가 자리하고 있다.

그런데 서구가 하지 않은 한 가지 일은 아프리카의 장기적 경제발전을 위한 투자였다. 주사위는 1960년대에 던져졌다. 즉 미국의 고위 정책 결정자들이 미국은 아프리카를 위한 마셜플랜형 정책을 지지하지 않을 것이라고 결정했다. 그러나 마셜플랜 같은 노력이야말로 장기적 성장을 위한 인프라를 건설하는 데 꼭 필요한 것이었다. 미국이 그런 결정을 내린 것은 관리들이 마셜플랜 같은 정책이 필요없다고 판단했기 때문이 아니었다(관리들은 그것이 필요하다는 것을 알았다). 좀더 정확한 이유는 정치 지도자들이 그 비용을 지불할 의사가 없었기 때문이다.

1965년 4월, 미국의 중앙정보국 국장이 '사하라 이남 아프리카의 문제와 전망'이라는 국가정보 보고서를 제출했다. 그 보고서는 아프리카의 성장 전망에 대해 다음과 같이 결론을 내렸다.

> 대다수 영역에서 경제성장이 무척 느리다. 실제로 많은 나라는 퇴보하고 있는 게 확실하다. 모든 종류의 기술과 경영기법이 절망적일 정도로 부족하다. 경제발전을 위한 기초적 제도와 전문가들이 충분하지 않거나 아예 없는 경우가 많다. 더욱이 대다수의 아프리카 나라들이 지속적인 경제발전을 위해 필요한 외부 지원이나 투자를 받을 가능성도 매우 낮다(강조는 저자가 추가함).²

1965년 6월, 미국의 국가안전보장회의의 한 직원이 린든 존슨 대통령의 국가안보문제 특별보좌관이었던 맥조지 번디에게 보고한 내용을 살펴보

자. 이 보고서에서 지적했듯이 국무성에 대한 대통령의 지침은 '미국의 대외원조(아프리카에 대한) 지출을 상당 부분 증가시키지 않을 것'이라는 점을 분명하게 밝히고 있다.[3]

빈곤의 뿌리 깊은 원인

아프리카의 통치구조를 비판하는 사람들뿐 아니라 서구의 폭력과 개입을 비판하는 사람들도 아프리카의 심각한 문제를 올바르게 분석한 것이 아니다. 정치적 상황으로는 아프리카의 오랜 경제 위기를 설명하지 못한다. 아프리카의 부패가 경제 위기를 부른 근본적인 원인이라는 주장은 실제적 경험이나 엄격한 조사 앞에서는 무너질 수밖에 없다. 지난 10년 동안 나는 가나·말라위·말리·세네갈 등과 같이 아프리카에서 비교적 통치가 잘된 나라들이 번영에 실패한 반면, 방글라데시·인도·인도네시아·

〈표 1〉 부패와 경제성장

	나 라	부패 인지지수 등급*	연평균 GDP 성장 (1980~2000년)
사하라 이남 아프리카	가나 세네갈 말리 말라위	70 76 78 83	0.3 0.5 -0.5 0.2
동아시아	인도 파키스탄 인도네시아 방글라데시	83 92 122 133	3.5 2.4 3.5 2.0

출처: Transparency International, Global Corruption Report 2004(London: Pluto Press, 2004).
등급이 높을수록 부패가 더 많이 이루어진다는 것을 가리킨다.

파키스탄처럼 광범위한 부패를 안고 있다고 인식된 아시아 사회들이 급속한 경제성장을 이룩하는 과정을 직접 확인했다. 〈표 1〉은 아프리카와 아시아 나라들에 대한 국제 투명성기구의 '부패 인지지수' 등급과 해당국들의 상대적 경제성장률을 비교하고 있다. 아프리카 나라들이 아시아 나라들에 비해 덜 부패한 것으로 인지되고 있지만 경제성장에서는 훨씬 뒤떨어진다는 것을 알 수 있다. 공식적인 통계검증 기준을 이용해 살펴보면 아프리카의 GDP 성장율이 상응하는 부패와 소득 수준을 지닌 다른 발전도상국들에 비해 연간 비율로 약 3퍼센트 정도 지체되어 있다는 점이 확연히 드러난다.[4]

아프리카의 황량한 식민지 유산과 탈식민지 시기에 이루어진 서구의 엄청난 약탈도 장기적 발전 위기를 설명하지는 못한다. 현재 급속한 성장을 이루고 있는 세계의 다른 지역들도 수십 년 또는 수백 년 동안의 식민통치와 그 이후까지 계속된 간섭 때문에 심각한 피해를 입었다. 베트남이 바로 그런 경우다. 베트남은 수십 년간 독립을 위해 싸워야 했지만 혹독한 경험을 딛고 일어나 아주 신속한 경제성장을 달성했다.

그러므로 사하라 이남 아프리카에서는 뛰어난 감별 진단이 하루 빨리 이루어져야 한다. 좌익이든 우익이든 정치적 계통의 이야기는 상투적 견해나 편견을 반영하고 있을 뿐 경제발전에 대해서는 적절하게 설명하지 못한다. 나는 경제 위기를 극복하기 위한 더 나은 접근법을 발견하려고 노력해 왔다. 아프리카에서 내가 한 일은 지적인 모험이었을 뿐만 아니라 인간적인 모험이기도 했다. 이런 나의 노력이 아프리카가 직면한 곤경의 뿌리 깊은 원인을 밝혀내고 필요한 해결책을 찾는 데 조금이나마 도움이 되었다고 자부한다.

경제성장의 적: 질병

내가 짐바브웨에서 국경을 넘어 잠비아를 처음 방문했을 때부터, 그리고 이후 무수하게 방문하는 동안에 가장 깊은 인상을 받은 것은 독특한 자연환경이었다. 과연 이런 환경이 아프리카의 최근 경제사 형성에 어떤 영향을 끼쳤는가 하는 점이 궁금했다. 위대한 생물학자 E. O. 윌슨의 주장에 따르면 인간 종이 약 15만 년 전에 아프리카 사바나에서 출현했고, 따라서 인간은 이 사바나와 특별한 공명(생명 애착)을 느끼도록 '직접 연결되어' 있다고 한다.[5] 나는 이 주장이 옳다고 믿는다.

그러나 아무리 매혹적이라 하더라도 사바나는 현대 경제발전의 관점에서 문제점이 많은 환경이다. 예를 들어 세 가지만 언급하자면 질병·가뭄·세계 시장과의 간극이 바로 그런 문제들이다. 이전에 내가 언급했듯이 애덤 스미스는 『국부론』에서 이미 세 가지 비극 중에서 세 번째 것을 지적했다. 즉 1776년에 스미스는 아프리카가 저비용 해상무역의 편익을 얻을 수 있는 천연의 만과 항행 가능한 강이 부족해 태고적부터 가난하다고 말했다.

나는 잠비아 남부의 인구밀도가 낮은 농촌지역에 있는 진흙 오두막들을 지나가면서 이 농촌을 지배하고 있는 경제적 고립에 충격을 받았다. 우리가 차를 타고 가는 포장도로에 비교적 가까이 있는 집들도 상황은 마찬가지였다. 마을들은 어디를 가나 비슷한 모습을 하고 있었다. 닭 몇 마리와 얼마 동안 땔나무를 저장하기 위한 공간이 있고, 그 주위에 몇 채의 오두막이 있었다. 통신시설이나 전기는 없었고, 심지어 소나 말이 끄는 수레도 없었다. 인구밀도가 낮은 것은 농장들의 빈약한 생산성 때문이었는데, 이곳에서 생산되는 식량은 아주 적은 수의 인구를 부양할 수 있을 뿐이었다

(그나마 이 지역은 강우량이 비교적 안정적이고 토양도 비옥했다). 그 다음에 내가 방문한 아프리카의 다른 지역들은 더욱 열악한 조건에 놓여 있었다. 이런 농장들의 토양은 영양소가 고갈되었고, 집들은 작물을 내다 팔거나 비료를 구매할 수 있는 시장과 너무 멀리 떨어져 있었다. 그러나 나는 이런 문제들을 몇 년이 지난 뒤에야 비로소 자세히 이해하게 되었을 뿐이며, 경제학 문헌들을 통해서는 그에 대한 지식을 조금도 얻을 수 없었다!

나는 고립과 기초 인프라의 결여가 거의 모든 아프리카 농촌의 지배적 상황이고, 대부분의 아프리카인이 농촌에 살고 있다는 것을 이해하게 되었다. 어쩌면 나는 이런 사실들을 처음부터 명확하게 알고 있었을지도 모른다. 인구밀도·도로·자동차·전기와 통신시설 같은 것들에 대한 정보는 이미 출판된 책들을 통해 확실히 얻을 수 있었다. 그러나 아프리카의 농촌 마을들을 방문하지 않았다면 책에 기록된 수치가 실제로 무엇을 의미하는지 결코 깨닫지 못했을 것이다.

아프리카를 처음 방문하던 당시에 루사카에 도착했을 때 평소 내가 알던 상황과 무척 다르다는 것을 발견했다. 그러나 과연 어떻게 다른지에 대해서는 짐작조차 할 수 없었다. 다가오는 10년 동안 나를 압도하게 될 한 가지 전능한 힘은 아직 자신의 존재를 드러내지 않고 있었다. 내가 도착한 지 2~3일 뒤 잠비아 은행에 있을 때였다. 하버드 대학교에서 나와 함께 온 동료 교수가 다급한 소식을 알려 주었다. 금융개혁 프로젝트를 도와주던 잠비아인 공동 작업자가 최근에 죽었다는 것이다. 그는 우리와 비슷한 나이인데 AIDS로 목숨을 잃었다.

내가 아프리카에서 직접 대면하게 된 AIDS의 현실이었다. 지난 3년 동안 하버드 대학교에서 온 자문단이 잠비아의 파멸적인 금융 위기 이후에 자체 회복을 지원하는 프로젝트를 이끌고 있었다. 슬픈 일이지만 잠비아인들은 스스로 경제를 회복시킬 힘이 없었다. 따라서 무수한 잠비아인들이 죽어 가고 있었고, 프로젝트에 참여하던 그 고급 인력도 젊은 나이에 허무하게 죽었다. 이 프로젝트는 '능력 배양'을 목표로 하고 있었지만, 잠비아는 잘 훈련된 인재를 얻기는커녕 훨씬 더 많은 것을 잃어 가고 있었다.

AIDS는 1990년대 중반에 이미 험악한 모습을 드러냈다. 그러나 훨씬 더 나쁜 일들 – 끊임없는 일자리 결핍 · 장례식 · 소리를 죽인 대화 – 은 아직 나타나지 않았다. 죽음이 바로 문 앞에 있었다. 아프리카 사회에 파괴적인 영향을 끼친 것은 AIDS만은 아니었다. 나는 곧 말라리아라는 또 다른 잠재적 살인자를 생생하게 알게 되었다. 처음에 나는 말라리아가 1주일분의 메플로퀸(mefloquine)을 먹으면 더 이상 신경 쓸 필요가 없는 질병 정도로만 생각했다. 하지만 나는 이면에 도사린 명백한 사실을 서서히 깨닫게 되었다. 모든 아프리카인 동료들이 너 나 할 것 없이 1년에 며칠씩 말라리아의 독감 같은 마법에 걸렸다. 고국을 방문하러 온 아프리카인 대학원생 중 한 명이 심각한 말라리아 발작을 일으켜 자리에 누워 있다는 말이 이따금씩 들리곤 했다. 많은 사람이 병원에 입원하고 일부는 사경을 헤맸다. 그러나 가장 놀라운 일은 어린이들의 말라리아 감염이었다. 부잣집 아이들이나 가난한 집 아이들이나 예외가 없었다. 그리고 모두가 심각한 합병증 위험에 시달렸다.

나는 의사인 아내와 질병에 대해 자주 토론했고, 또 그런 토론에 익숙해져 있었다. 그러나 아프리카에서 본 것은 내가 이전에 한 번도 경험하거나 상상하지 못했던 질병과 죽음이었다. 따라서 이 질병과 죽음은 나의 아프리카 방문길을 언제나 따라다니는 주제가 되었다. 나는 그렇게 많은 질병과 죽음을 맞닥뜨려 본 적이 결코 없었다. 질병이 만연한 볼리비아 고원지대도 결코 그 정도는 아니었다. 인도 역시 아프리카와 같은 죽음의 기운을 느끼게 하지는 않았다. 새천년으로 넘어가는 시점에 사하라 이남 아프리카의 기대 수명은 47세로 동아시아(69세)보다는 20년 이상, 선진국들의 평균 연령(78세)보다는 31년이나 더 낮았다. 아프리카 일부 지역에서는 AIDS 확산의 결과로 기대 수명이 거의 20년이나 낮아졌다. 〈지도 8〉의 세계 기대 수명 지도에서는 아프리카의 독특하고 예외적인 상황이 두드러져 보인다.

나는 아프리카의 질병과 죽음이 경제발전 능력의 결핍을 불러온 뿌리 깊은 원인이 아니었는가 하고 생각하기 시작했다. 현대뿐만 아니라 수세기 동안 일부 지역만이 아니라 적도 아프리카의 사실상 모든 곳(북아프리카의 5개국이나 남아프리카공화국은 제외하고)[6]에서 경제발전이 왜 그렇게 달성하기 어려운가 하는 문제는 개발경제학자들이 미처 해결하지 못한 어려운 문제였다. 산업혁명 이전에도 아프리카는 세계에서 가장 낮은 도시화를 기록했으며, 현대적 경제성장을 이룬 시대에도 세계에서 가장 뒤떨어진 생활수준을 보이고 있었다. 앵거스 매디슨에 따르면 1820년 이래 어느 시기에도 아프리카는 세계에서 성장률이 가장 낮은 곳에 속했다.[7] 그 시기들에는 아프리카가 유럽의 식민지로 전락한 1880년대 이전의 오랜 기간과 독립 이후가 포함된다. 이 시기에도 질병이 경제발전을 막은 중요한 이유가 될 수 있었을까?

나는 일련의 연구 프로젝트와 자문 활동의 일환으로 아프리카의 경제발전이 더디어지게 된 문제를 다루기로 했다. 아프리카 정권들이 선택한 통치 구조에 부분적 해답이 있다는 점은 확실하다. 나는 짐바브웨를 여러 차례 방문했고, 로버트 무가베의 약탈을 직접 목격했다. 짐바브웨는 잘못된 통치가 그 나라를 휩쓸고 있는 질병의 근본 원인이 된다는 점을 충분히 설명할 수 있는 경우다(물론 짐바브웨가 다른 심각한 문제들도 겪고 있는 것은 확실하다).

1997년, 나는 짐바브웨의 하라레에서 열린 경제포럼에서 연설해 달라는 초청을 받았다. 그 행사에 초대받은 외국인으로는 내가 유일했다. 나는 짐바브웨가 재정적으로 낭떠러지로 향하고 있다는 점을 확실히 경고하는 연설을 했다. 때마침 호텔과 컨벤션센터에서 정전이 일어났는데 그것은 아주 공교롭게 벌어진 일이었다. 보조 발전기도 작동하지 않았기 때문에 나는 촛불에 의지하여 17개의 계단을 내려갔다. 슬프게도 짐바브웨의 호텔이 정전되었다는 괴로운 은유 상황은 이후 몇 년 동안 너무나 확연한 실제 상황으로 입증되었다.

또 하나의 해답은 분명히 전통적인 시장개혁 수행-특히 수출 촉진과 관련한-에 있었다. 아시아는 의류 수출을 통해 발전의 사다리를 올라가기 시작했다. 나는 아프리카 대륙의 나라들이 왜 아시아처럼 일을 시작하지 않는지 무척 의심스러웠다.

그런데 동아프리카 인도양 방향의 바다에 있는 섬나라 모리셔스는 이 문제를 풀 수 있는 예외였다. 그 섬나라는 식민지 시기에는 영국을 위해 사탕수수를 재배했다. 그러나 독립을 쟁취한 이후에는 의류를 수출하기 시작했다. 1968년 그 나라가 독립했을 때 그 섬에 살던 중국계 학자 한 명이 타이완에 있는 형제를 우연히 방문하게 되었다. 그 형제는 당시 타이완과 아시아의 다른 곳에 막 형성된 새로운 수출자유지구에서 주도적인 역할을 담당하고 있었다. 섬나라로 돌아온 학자는 수출자유지구 개념을 모리셔스의 초대 총리였던 시우사구 랑구람에게 가져 갔다. 1971년 랑구람 총리는 수출자유지구를 설립했으며, 나머지는 역사에 기록된 그대로이다.

1996년 나는 로버트 루빈 미국 재무부 장관에게 아프리카가 대미 직물 수출 시장에 접근할 권리를 제공함으로써 아프리카의 자유무역지구를 확대시키자는 구상을 브리핑했다. 그러자 재무부는 이 구상을 반영하여 아프리카를 위한 새로운 무역 개혁법안을 작성했고, 이 법안은 2000년 말에 아프리카 성장 및 기회법(AGOA)으로 통과되었다. 현재 AGOA는 아프리카의 여러 나라에서 도시기반 제조업 고용 창출에 기여하고 있다.

그러나 내가 문제를 깊이 볼수록 더욱 분명하게 깨닫게 된 것은 비록 약탈적 정부가 경제발전을 갉아먹는 것은 사실이지만, 나라가 빈곤 함정에 빠져 있을 경우에는 훌륭한 통치구조와 시장개혁만으로는 지속적인 성장을 보증하기에 충분하지 않다는 점이었다. 나는 역경에 맞서 힘차게 싸우는 훌륭한 정부가 있는 많은 나라를 방문했으며 그곳에서 열심히 일했다. 예를 들면 보츠와나 · 에티오피아 · 가나 · 말라위 · 모잠비크 · 나이지리아(올루세군 오바산조 대통령 치하의) · 세네갈 · 탄자니아 · 우간다 같은 나라들이다. 이 나라들은 모두 극단적 빈곤 · 문맹 · 재정자원의 결핍 · 과도한 채무 · AIDS · 말라리아 · 반복되는 가뭄 등의 부담을 지고 있었다. 그런데 이런 부담들을 고려하면 기대보다 훨씬 훌륭한 정부를 가지고 있는 셈이었다. 그러나 이 모든 나라에서, 특히 내륙국들(아프리카에는 15개국이나 있는데 이는 다른 대륙들보다 압도적으로 더 많은 수치다)의 경우에는 자유무역지구만으로는 충분하지 않았다. 뿐만 아니라 그 나라들은 구체적인 일정표 위에서 극단적 빈곤을 줄여 나가지도 못할 것이다.

빈곤과 질병에 대한 투쟁이 재산의 사유화나 예산 적자 또는 무역정책에 대한 선택보다 훨씬 더 중요한 곳에서는 과연 무엇을 할 수 있을까? 그와 같은 위기를 이해하고 극복하기 위해서는 극단적 빈곤 · 만연한 질병 · 불안정하고 거친 기후조건 · 높은 수송 비용 · 만성적 기아 · 불충분한 식량 생산 등 많은 원인들 사이의 상호연관성을 밝혀낼 필요가 있다. 내가 이 복잡한 상황에 처음 발을 들여놓은 것은 1997년에 자세히 연구하기 시작한 질병들―주로 AIDS와 말라리아―을 통해서였다. 좀더 최근에는 특히 유엔밀레니엄프로젝트의 맥락 속에서 인프라와 식량 생산의 증대 문제에도 관심을 집중했다.

| **말라리아 미스터리** | 나는 질병과 공중보건에 대해 배울 게 무척 많았다. 이 같은 문제들의 끔찍한 현실을 이해하는 데는 상당한 시간이 걸렸다. 나는 다음과 같은 질문들을 했던 것을 아직도 생생하게 기억하고 있다. "의사에게 가지 않는다니 무슨 말이죠? AIDS를 앓고 있는 사람들이 의사에게 가지 않는다구요? 또 아이들은 말라리아가 원인이 된 빈혈을 앓고 있는데 치료를 받지 않습니까? 어떻게 그럴 수 있지요?", "그러니까 AIDS와 말라리아에 대한 치료법이 분명히 있습니다"라고 흥분해서 말하곤 했다. 그리고 "약이 없다니 무슨 말입니까? 치료 프로그램이 없다니요? 미국 국제개발처(USAID)가 아무 일도 하지 않는다니요? 세계은행이 수년간 이 나라에서 AIDS와 말리리아 치료 프로그램을 운영하지 않았다니 그게 무슨 말입니까?"라는 말들은 내가 아프리카로 오기 전에는 결코 하지 않았던 기초적 질문들이다. 이상하게도 아프리카에 파견된 IMF와 세계은행 대표단을 이끄는 사람들을 포함한 다른 경제학자들도 그런 질문들을 하지 않았다.

말라리아는 나의 첫 번째 연구 과제가 되었다. 말라리아는 학질모기 속(屬)의 특수한 모기가 전파하는 치명적인 원충질환이다. 완전히 치료될 수 있는 질병임에도 불구하고,[8] 도저히 믿을 수 없는 일이지만 해마다 약 300만 명이 말라리아로 목숨을 잃는다. 희생자의 대부분은 어린아이들이고, 이들의 90퍼센트는 아프리카에 살고 있다. 나머지 10퍼센트는 아메리카와 아시아의 열대지역에 사는 사람들이

다. 사실 인간이 걸리는 말라리아에는 네가지 유형이 있다. 열대열원충(Plasmodium falciparum) 병원균에 의해 감염되는 말라리아는 가장 치명적인 변종인데, 아프리카에서 발병하는 말라리아의 상당 부분이 이 병원균 때문이다. 삼일열원충에 의한 말라리아는 아프리카 이외의 열대지역과 아열대지역에 아주 널리 퍼져 있고, 훨씬 덜 치명적이다.

이쯤에서 다시 한 번 핵심적인 사실을 말할 필요가 있다. 즉 말라리아는 완전히 치료될 수 있지만 해마다 약 300만 명의 목숨을 앗아가고, 이런 희생의 압도적인 부분이 아프리카에서 일어난다는 점이다. 저비용 치료법이 존재하지만 가난한 사람들에게는 그 기회마저 주어지지 않는다. 이 통계뿐만 아니라 말라리아가 해마다 50억 건의 임상 사례를 발생시킨다는 당시의 추정도 무척 놀랄 만한 내용이었다. 1년에 최소한 한 번은 열대 아프리카의 거의 모든 사람이 그 질병에 걸린다. 일부 지역에서는 전 인구가 1년 내내 몸속에 말라리아 기생충을 달고 산다(물론 상당한 시간 동안 임상적 증상은 보이지 않은 채 말이다).

나는 두 장의 지도를 겹쳐 보았는데 하나는 낮은 1인당 GDP를 나타내는 지도이고, 다른 하나는 1946년·1966년·1994년이라는 세 시점에 말라리아의 전파를 보여 주는 지도다(50년 동안 말라리아가 제거된 지역들을 볼 수 있다). 〈지도 9〉와 〈지도 10〉에서 볼 수 있듯이 가난한 지역들은 말라리아가 전파된 지역들과 일치한다. 이런 사실은 다음과 같은 네 가지 질문을 제기한다. 첫째, 말라리아는 빈곤을 일으킨 책임이 있는가? 아니면 빈곤이 말라리아 발병률을 더욱 높이는가? 또는 둘 다인가? 둘째, 말라리아의 발병 상태가 아프리카에서 특히 더 나쁜 이유는 무엇인가? 셋째, 말라리아와 빈곤 사이의 연관성을 깨뜨리기 위해 과연 무엇이 행해지고 있는가? 넷째, 말라리아를 물리치기 위해 더 할 수 있는 일은 무엇인가? 이 같은 질문들에 대한 해답을 찾으면서 나는 1990년대 중반에는 거의 상상할 수 없었던 많은 문제들에 대해 새롭게 눈을 뜨게 되었다. 그리고 이와 같은 문제들 때문에 나는 말라리아에서 AIDS로, 공중보건으로, 밀레니엄발전목표로 한 걸음씩 나아가게 되었다.

내가 첫 번째로 확인하고자 했던 것은 말라리아와 빈곤이 서로 얽혀 있는 것이 가난한 나라들이 말라리아와 싸울 수단이 없기 때문인지, 아니면 말라리아가 극단적 빈곤에 영향을 끼치기 때문인지에 대한 원인 규명이었다. 드러난 증거들은 양방향의 인과관계를 모두 시사한다. 빈곤은 확실히 말라리아를 악화시키는데 가난한 가계와 정부는 그 질병에 맞서 싸울 재정적 수단이 없기 때문이다. 부유한 가정과 정부는 집 안에 살충제를 뿌릴 수 있는데, 이것은 여러 가지 상황에서 매우 효과적인 대응이다. 그 가정과 정부들은 먼저 모기들이 집 안에 들어오지 못하도록 대문과 유리창에 모기장을 칠 수 있다. 살충 처리된 모기장을 칠 수도 있는데, 이것은 마을에서 말라리아의 전파를 상당히 감소시킬 수 있다. 또 부유한 가정과 정부는 필요할 경우 적절한 의료와 효과적인 약물 치료에 대한 접근 수단을 확보할 수 있다.

그러나 반대로 말라리아가 빈곤을 발생시키기도 한다. 말라리아가 직장과 학교의 장기 결근과 결석의 명확한 이유가 될 뿐만 아니라 그 이상 더 뿌리 깊은 이유도 존재한다. 말라리아와 황열병 때문에 파나마 운하의 건설이 30년 이상 지연되었던 기억을 되살려보는 것도 그 이유를 이해하는 데 도움이 된다. 프랑스의 위대한 엔지니어 페르디낭 드 레세프가 이끈 첫 번째 운하 건설은 모기가 원인이 된 두 질병이 노동력을 덮치자 하루아침에 비극으로 끝났다. 윌리엄 C. 고거스가 지도한 모기 통제 노력에 미국이 막대한 지원금을 퍼부은 뒤에야 비로소 그 운하가 완공되었다. 오늘날까지도 말라리아는 새로운 광산이나 농장지대 그리고 관광지를 가리지 않고 경제개발을 위한 훌륭한 투자 프로젝트를 당장 중단시킬 수 있다.

또한 말라리아는 인적 자본 투자에도 무척 해로운 영향을 끼친다. 말라리아에 반복해서 걸리는 아이들은 만성 빈혈의 악영향과 복잡한 후유증을 일생 동안 겪을 수 있다. 그렇게 여러 차례 병에 걸리다 보면 아이들은 학교를 일찍 그만두게 될 텐데, 출석일수가 너무 적어 학습능력이 현저히 떨어지기 때문이다. 그런데 비록 간접적이기는 하지만 빈곤으로 이어지는 더욱 뿌리 깊은 경로가 존재한다. 말라리아 발병률이 매우 높은 지역들에서는 말라리아가 인구학적 이행과 인적 자본 투자를 저해한다. 아이들이 많이 죽을 경우 부모들은 보상심리에서 더 많은 아이를 낳는데 바로 이것이 파멸적인 결과를 초래한다. 너무 가난해서 모든 아이들을 교육시킬 비용이 없는 가족은 한 아이-대개는 장남-만을 학교에 보낼 것이다. 말라리아 전염지역의 아이들이 겨우 살아남는다 하더라도 이들은 성공에 필요한 적절한 교육을 받지 못한 채 성인기에 접어든다.

그러면 아프리카는 왜 다른 지역들보다 말라리아에 훨씬 더 취약한가? 미국도 〈지도 10〉에서 볼 수 있듯이 1940년대까지 말라리아가 있었지만 그 때문에 심각한 곤란을 겪지는 않았다. 그런데 왜 아프리카는 거의 회생할 수 없을 만큼 타격을 받았는가? 나는 이런 질문을 자주 받았다. 시간은 좀 걸렸지만 일단 질병 생태를 이해하게 되자 해답은 명확해졌다. 미국과 아프리카를 제외한 세계의 모든 곳에서는 말라리아 통제가 좀더 쉬웠다. 그러나 아프리카는 최악의 경우였다. 이는 잘못된 통치구조와 공중보건 서비스의 부재가 원인이 아니라 질병을 일으키는 특유의 환경 때문이다. 아프리카에서는 말라리아가 인간과 함께 진화했고, 그 결과 세계의 다른 곳에 비해 독보적인 강력한 전파력을 갖게 되었다.

우리는 흔히 암컷 학질모기가 이미 말라리아에 걸린 어떤 사람에게서 피를 빨아 먹고 다른 사람에게 향할 때 말라리아가 전파되는 것이라고 배웠다. 즉 모기가 섭취한 기생충이 모기의 위장에 도달한다. 모기의 위장 속에서 기생충은 생애주기 변태를 하고, 그 이후에 모기의 타액선으로 이동한다. 기생충은 타액선을 타고 또 다른 희생자에게 주입된다. 그러나 여기에 함정이 있다. 포자생식(sporogony)이라 불리는 생애주기 변화는 약 2주가 걸리는데, 이는 모기의 수명과 대체로 일치한다. 포자생식이 완료되기 전에 모기가 죽으면 모기의 전염성은 소멸된다. 그런데 생태적 요점은 온도가 높을수록 포자생식이 빠르다는 것이다. 다시 말해 모기가 전염성을 띨 때까지 살 가능성이 더 높은 것이다. 말라리아는 대개 열대성 질병이고, 더운 날씨가 전염을 일으키는 전제조건이라면 아프리카가 바로 알맞은 전제조건을 가지고 있는 셈이다!

또 다른 중요한 점은 어떤 유형의 모기는 사람의 피를 선호하지만, 어떤 모기는 가축의 피를 빨아 먹고 산다는 것이다. 말라리아가 전파되기 위해서는 모기가 사람을 연속적으로 두 번 물어야 한다. 첫 번째는 모기가 기생충을 섭취하기 위해서고, 두 번째는 모기가 다른 사람에게 그 기생충을 주입하기 위해서다. 두 번째 과정은 보통 2주 후에 일어난다. 만약 모기가 사람보다는 가축의 피를 더 자주 빨아 먹었다면, 두 번 무는 가운데 적어도 한 번은 가축을 무는 것일 수 있다. 예를 들어 인도에 지배적인 어떤 학질모기의 약 3분의 1은 인간을, 나머지는 가축을 무는 경향이 있다. 그런데 슬프게도 아프리카에 지배적인 학질모기는 거의 100퍼센트 인간 희생자만을 선호한다. 수학적으로 인도의 모기가 두 사람에게서 연속적으로 피를 빨아 먹을 확률은 약 9분의 1인데 반해, 아프리카에서는 약 1분의 1로 거의 100퍼센트다. 그러므로 아프리카에서 말라리아의 전파력은 인도에 비해 약 9배인데, 이는 모기의 종류가 다르기 때문이다.

말라리아에 대해서 아프리카는 정말로 불운한 땅이다. 높은 온도, 풍부한 서식지, 가축보다는 인간의 피를 더 좋아하는 모기 등 모든 요인을 형식적인 수학적 모델에 투입한 결과 〈지도 11〉을 얻게 되었다. 아프리카에서 색깔이 더 짙게 나타나는 것은 질병 전파율이 단지 생태적 요인 때문에 더 높다는 것을 나타낸다. 아프리카의 위기가 독특한 이유는[9] 아프리카와 똑같은 정도의 생태적 부담이 있는 곳은 아시아의 분산된 몇 곳(특히 파푸아뉴기니)에 지나지 않기 때문이다.

이 모든 것은 세계에서 아프리카만 유독 말라리아로 고통받는 이유를 설명하는 데 도움이 된다. 그렇다고 해서 아프리카 상황이 아주 절망적이라는 뜻은 아니다. 결코 그렇지 않다. 가정 내 살충제 살포, 살충 처리된 모기장, 말라리아 치료약 등 이 모든 것이 세계의 다른 곳들과 똑같이 아프리카에서도 효과가 있다. 비록 이 기술들은 유럽과 미국에서는 그 질병을 제거한 데 반해 아프리카에서는 완전히 제거할 수는 없다. 하지만 통제할 수는 있고, 말라리아에 의한 사망자 수를 결정적으로 줄일 수도 있다. 질병 예방과 치료를 위한 모든 현대적 수단을 접할 수 있다면 어떤 아이들도 죽을 이유가 없고, 또 죽지도 않을 것이다! 그러나 말라리아는 완벽한 함정이 되고 있다. 말라리아는 나라를 빈곤 속에 빠뜨리고, 그 질병의 예방과 치료를 너무나 값비싸게 만들고 있다. 따라서 정말 심각한 악순환 속에서 말라리아는 계속되고 빈곤도 나날이 심각해진다.

이런 사실을 알게 되면서 나는 '말라리아와 빈곤 사이의 연관성을 깨뜨리기 위해 과연 무엇이 행해지고 있는가?'라는 세 번째 질문을 제기했다. 그러나 이 세 번째 질문에 대한 해결책을 조사하기 시작했을 때 내가 발견한 것은 도저히 상상조차 할 수 없는 일이었다고 고백하지 않을 수 없다.

나로 말하자면 거시경제학자로서 무역·예산적자·인플레이션·환율 같은 문제들에는 비교적 능숙했다. 나는 시장개혁과 지구화에 대해서는 어느 정도 안다고 믿었다. 그리고 이 이슈들이 무척 중요하다고 믿었다. 그럼에도 불구하고 나는 말라리아가 훨씬 더 급박한 문제, 즉 정말로 생사를 가르는 문제라는 생각이 들었다. 나는 말라리아와 싸우기 위해 할 수 있는 모든 것이 이미 행해지고 있으리라고 완전히 기대하고 있었다. 해마다 수백만 명의 어린이들이 죽어 가는 상황에서 세계공동체가 뒷짐을 지고 서 있지만은 않으리라고 예상했던 것이다.

그러나 내가 아미르 아타란과 함께 말라리아 퇴치를 위한 기부원조 수준에 대한 수치를 추적했을 때 우리는 놀랍게도 거의 아무런 수치를 발견하지 못했다. 말라리아에 대한 투쟁과 관련하여 선진국들이 아프리카를 지원한 수준은 아주 미미했다. 해마다 20~30억 달러가 필요한데 지원금액은 고작 수천만 달러에 지나지 않았다.[10]

나는 몹시 큰 충격을 받았으므로 세계은행과 USAID 웹사이트와 프로젝트 설명서들을 꼼꼼하게 훑어보기 시작했다. 혹시라도 내가 다른 대규모 노력을 미처 못 보고 지나친 것은 아닐까 하는 생각마저 들었다. 그러나 원래 계산이 정확하다는 것을 다시 확인했다. 말라리아는 정책을 세우는 계획안에 기록되어 있지 않았다. IMF와 세계은행은 예산 감축과 설탕 공장의 사유화를 옹호하느라 너무 바쁜 나머지 말라리아를 다룰 시간은 별로 없었던 것 같았다.

| AIDS 대홍수 | 이런 상황은 HIV 바이러스 감염에 의한 AIDS의 경우에도 크게 다르지 않았다. 말라리아와 관련하여 제기된 것과 똑같은 세 가지 질문이 AIDS에도 적용되었다. 그 질병은 경제성장 및 빈곤과 어

떤 관련이 있는가? 아프리카의 특수 상황을 설명하는 것은 무엇인가? 그리고 무엇을 해야 하는가? 대답은 거의 비슷하지만 한 가지 중요한 차이가 있다. 오늘날 아프리카의 AIDS 감염률이 세계의 다른 모든 곳보다 최소한 한 자릿수 만큼 더 높은 이유에 대한 확실한 설명이 존재하지 않는다는 점이다.

많은 사람들이 믿고 있는 가장 간단한 대답은 아프리카에는 장기적으로 안정적인 관계에서 벗어난 성행위가 훨씬 더 많다는 것이다. 그러나 많은 사람이 믿고 있는 이 가설은 데이터를 통해 여러 번 드러났듯이 분명한 근거가 있는 것은 아니었다. 성적인 관계망이 아프리카에서는 다를 수 있다(예를 들어 평생 반려자만큼은 아니지만 늙은 남자와 젊은 여자 사이의 관계가 더 많고, 성을 공유하는 관계가 더 많다). 아프리카에서는 주민들이 치료하지 않은 다른 질병들(말라리아와 기타 성병)을 더 많이 가지고 있거나 남자들의 포경 수술률이 낮거나, 아니면 우발적인 성관계에서 콘돔을 훨씬 덜 사용하는 등의 이유로 AIDS가 훨씬 더 쉽게 전파되는 것 같다. 또 아프리카에서는 단계통군(單系統群, Clade)으로 알려진, 바이러스의 아유형(亞類型)이 다를 수도 있다. 그러나 진실은 여러 이유 가운데 아무것도 확실하지 않다는 것이다. 한 가지 확실한 것은 AIDS가 아프리카 전역—특히 가장 심한 타격을 받은 남부와 동부 아프리카—에서 철저한 비극을 불러일으킨다는 점이다.

질병의 경제적 비용에 대해 말하자면 확실히 AIDS는 눈앞의 재난인 말라리아와 비슷하거나 말라리아를 훨씬 능가한다. 아프리카는 교사와 의사·공무원·농부·어머니와 아버지들을 잃고 있다. 이미 천만 명 이상의 고아들이 발생했다. 사업 비용이 뛰어올랐다. 이는 노동자들의 막대한 의료 비용, 끊이지 않는 장기 결근, 홍수처럼 발생하는 노동자 사망 등의 혼란 때문이다. 외국인 투자자들은 아프리카가 겪고 있는 AIDS 극복을 위한 일에 개입하지 않으려고 한다. 그리고 수백만 가정의 가장들이 질병과 싸우고 있는데, 이것은 가족의 정서적 충격은 두말할 것도 없고 시간과 경비면에서 엄청난 피해를 초래한다.

    나는 다시 한 번 질병을 물리치기 위해 무엇이 행해졌고, 무엇을 할 수 있는지 살펴보았다. 1990년대 말에 선진국들에서는 AIDS가 치료되고 있었고, 치료 성공률도 점차 높아지고 있었다. 세 가지 약의 복합처방으로 주어지는 항레트로바이러스 약물치료, 이른바 고효능 항레트로바이러스 요법(HAART) 또는 단순한 항레트로바이러스 요법(ARV)이 적절한 치료법이다. 이 치료법들은 선진국에서 그 질병의 양상을 변화시키고 있다. 지금 HIV 바이러스에 감염된 개인들은 희망이 있다. 감염되었을지도 모른다고 생각하는 사람들은 적극적으로 검사에 응하려고 한다. 약물치료의 전망이 밝게 나타나자 더 많은 사람들이 자발적으로 상담과 검사를 받으려고 한다는 것은 예방과 치료 프로그램이 상호보완적인 방식으로 작동한다는 것을 뜻했다.

    나는 아프리카를 비롯한 발전도상국에서도 이와 똑같은 일이 틀림없이 일어나고 있다고 생각했다. AIDS에 전 세계의 관심이 집중되고 수많은 안타까운 목소리와 움직임이 나타나고 있는 가운데 기부자들이 이 끔찍한 전염병에 대한 투쟁과 관련하여 빈곤한 세계를 돕는 일에 박차를 가하고 있다고 믿었다. 그러나 다시 한 번 나의 가정이 틀렸다는 것이 입증되었다. 아타란과 나는 기부자 수치에 대한 확인 작업에 들어갔고, 마침내 드러난 사실에 깜짝 놀라 벌어진 입을 다물 수 없었다. 전 세계가 AIDS와 싸우는 아프리카에 고작 7,000만 달러를 제공했다는 것이 진실일 수 있을까? 과연 생각이나 할 수 있는 것일까? 〈표 2〉에 나타난 데이터를 퍼뜨리기 시작했을 때 기부자들에게서 수정을 요구하거나 불만을 제기하는 소리가 나오지 않았다. 놀랍게도 이 추산은 정확한 수치였던 것이다. 아타란과 나는 곧 그

〈표 2〉 AIDS를 포함한 성병을 통제하기 위한 해외 개발 예산(1990~1998)

연도	모든 원천 합계	공여 원천				세계은행이 제공한 대부 합계
		합계	조건부	무조건부	기술 협력	
1990	28.9	28.9	10.8	18.1	9.9	0.0
1991	38.4	38.4	18.8	9.3	10.3	0.0
1992	53.7	53.7	14.8	22.6	2.6	0.0
1993	39.1	39.1	28.1	3.4	3.1	0.0
1994	162.5	86.2	46.4	28.3	28.1	76.3
1995	139.3	99.3	25.7	43.1	28.2	40.0
1996	43.7	43.7	25.6	10.5	8.9	0.0
1997	88.3	88.3	49.0	22.3	18.1	0.0
1998	73.9	73.9	24.7	20.6	17.2	0.0

단위 : 백만 미국 달러
출처: Attaran and Sachs(2001).

데이터를 영국의 주도적인 의학 전문 잡지인 〈더 랜싯〉에 실었다.

나는 세계 공동체가 AIDS와 말라리아에 어떻게 대처하고 있는지와 관련하여 말과 현실 사이에 나타난 차이점을 여러 차례 목격했다. 예를 들어 언젠가 IMF의 한 관리가 〈파이낸셜 타임스〉에 IMF 프로그램이 진행 중인 빈국들에서 보건과 교육 관련 지출이 1985~1996년에 연간 2.8퍼센트 증가했다고 발표했다.[11] 그러나 IMF 관리의 발표가 수치적인 의미에서는 정확했지만 IMF 프로그램이 진행 중인 아프리카 나라들에서 보건 지출비용은 사실은 비참할 정도로, 실로 충격적일 정도로 낮았다. 대부분의 경우 1996년도 공중보건 지출은 1인당 10달러 이하였다. 따라서 그 증가란 거의 무에서 무로 늘어난 것에 지나지 않았다. 처음에 나는 IMF가 대중을 상대로 이와 같은 위선적인 제스처를 동원하는 것에 놀랐다. 그러나 IMF가 이 수치들에 특별한 느낌을 가지고 있지 않다는 것을 알게 되었다. IMF 지도부와 직원들은 공중보건에 대해 아는 내용이 별로 없었고, 자신이 관리하는 나라들에서 보건 지출비용이 1인당 10달러인지 아니면 100달러인지 또는 1,000달러인지에 대해 거의 아무런 주의도 기울이지 않았다(IMF 이사회를 지배하는 선진국들의 경우도 마찬가지다).

거의 비슷한 시점에 나는 세계은행이 1995~2000년간 아프리카에서 AIDS 통제를 위해 무상원조나 대부를 제공하지 않았다고 지적하는 연설을 했다. 그러자 세계은행 대변인이 나를 신랄하게 공격했다. "당신은 자신이 무엇에 대해 말하고 있는지 모르고 있습니다. 우리는 여러 나라에서 AIDS 프로그램을 운영하고 있습니다." 이에 대해 나는 "그럴 리가 없소. 내가 확인했는데, 대부를 한 건도 확인하지 못했소"라고 반박했다. 세계은행이 발표한 수치는 정확했지만 그 수치 안에서 진실은 완전히 왜곡되어 있었다. 세계은행이 대부를 제공했다고 주장하는 대상국은 10여 개쯤 되었던 것 같은데, 이 나라들의 보건부문을 위한 대부 항목에서 AIDS는 한 문장 또는 한 문단밖에 언급되지 않았다. AIDS에 할당되는 몫은 대개 아주 적은 액수에 지나지 않았으며 수년에 걸친 수백만 달러가 고작이었다. 2000년까지 이 최소한의 노력은 항레트로바이러스 약을 사용한 AIDS 치료를 고려조차 하지 않았다.

1997~1998년의 동아시아 금융 위기에 대한 IMF의 잘못된 처방과 관련하여 내가 IMF를 공공연히 비난한 이후로[12] 1990년대 말에 나는 다시 한 번 AIDS와 말라리아를 둘러싸고 국제금융계와 한바탕 싸워야 했다. 나는 아프리카를 황폐화시키고 있는 질병에 대한 국제사회의 철저한 무시를 이제 그만 끝낼 것을 요구했다. 나는 IMF와 세계은행이 수십 년간 아프리카에 있었지만, 그곳의 가장 기본적 현실과 증대하는 인간적 삶의 파국에는 철저히 눈을 감았다고 목소리 높여 비판했다.

그 시점에 나는 나이지리아 대통령인 올루세군 오바산조와 공동으로 2000년 4월에 나이지리아 아부자에서 말라리아에 대한 범아프리카 주요 정상회담을 준비했다. 하버드 대학교에서 온 세계 일류급 말라리아 학자들—앤디 스필먼·아와쉬 테클레하이마노트(WHO에서 파견된)·앤서니 키제프스키—을 포함한 동료들과 더불어 나는 핵심 내용을 담은 기초 보고서를 작성했다. 이 보고서에서 우리는 아프리카의 경제발전에 말라리아가 가하는 막대한 부담을 설명하고, 그 질병을 통제하기 위해 당면한 기회들을 거듭 강조했다.[13]

그 무렵 나는 세계보건기구 사무총장에 지명된 지 얼마 안되는 그로 할렘 브룬트란트 박사의 연락을 받았다. 브룬트란트는 전 노르웨이 총리로서 세계에서 가장 능숙한 정치 지도자 가운데 한 명이었다. 1980년대 중반에 브룬트란트는 저 유명한 브룬트란트위원회 의장직을 수행하면서 지속 가능한 개발 개념을 주장했다. 브룬트란트는 나에게 이렇게 말했다. "아프리카의 보건 위기에 대해 누군가의 관심을 끌고 싶다면 그들이 범대륙적 전염병의 경제적 비용과 질병 통제의 경제논리를 이해할 수 있도록 도와주시오. 무엇보다도 경제적 비용과 편익을 엄밀히 강조하는 기반 위에서 실제적인 해결책을 제안하시오."

브룬트란트는 나에게 바로 그 일을 맡을 거시경제학자들과 보건 전문가들로 구성된 위원회를 꾸려 보라고 제안했다. 이런 조언 덕분에 WHO 거시경제와 보건위원회(CMH)가 탄생했다. 나는 2000년 초부터 2001년 말까지 그 위원회의 의장을 맡았다. 2001년 12월에 CMH는 '경제발전을 위한 보건 투자'라는 보고서를 발표했다. 이것은 18명의 위원들이 공동으로 작업한 결과물이었다. 노벨상 수상자이자 국가보건연구소 소장을 역임한 해럴드 바무스, 세계무역기구를 이끌게 될 수파차이 파닛차팍, 시카고 대학교의 노벨상 수상 경제사가인 로버트 포겔, 인도의 전 재무장관이자 미래 총리인 만모한 싱 등도 거기에 포함되어 있었다. 기라성 같은 인물들로 구성된 위원회 외에 우리는 100명 이상의 전 세계 전문가들이 포함된 여섯 개의 태스크포스도 활용했다. 그 위원회와 태스크포스에는 IMF와 세계은행은 물론 여러 기부단체에서 파견된 고위급 대표들이 자리하고 있었다.

나는 집단 합리성이라는 가설을 좋아하는데, 위원회는 이 가설을 검증할 절호의 기회가 되었다. 즉 강하게 대립하는 관점을 가진 사람들을 한 방에 같이 넣어 두고 데이터·기초연구·충분한 시간을 주고 토론을 하게 하면, 구성원들 사이에 도저히 화해할 수 없어 보이던 입장들이 서로 섞이는 것을 볼 수 있다는 것이다. 나는 이 과정을 '분석적 심의(analytical deliberation)'라고 불렀다. 이것은 분명히 효과가 있다. 처음에 그 위원회는 아프리카에서 소용돌이치는 질병 위기의 '책임'이 누구에게 있는가를 둘러싸고 심각한 의견 대립을 나타냈다. 즉 그 책임이 아프리카인들 스스로의 관리 잘못에 있는가, 아니면 제약회사들의 탐욕에 있는가, 그것도 아니면 부유한 세계의 의도적이며 악의적인 무시에 있는가가 주요 쟁점이었다. 또한 아프리카는 더 많은 원조를 받아야 하는가, 아니면 단지 지금 손에 쥐고 있는 자원을 더 잘 활용해야 하는가? AIDS 약물치료는 아프리카에도 적용될 수 있는가 하는 문제들이 제기되었다.

토론을 시작한 첫날은 이 내용들을 포함한 10여 개의 문제들에 대한 논쟁에 휩싸여 있었다. 드디어 보고서가 발표된 마지막 날에는 합의점에 도달했다. 그리고 18명의 위원들과 100여 명의 실무그룹 전문가들뿐만 아니라 제약산업과 NGO 공동체의 주요 대표들도 의견을 일치시켰다. 즉 2년 동안 구성원들이 성실하게 꾸준히 토론한 결과 세 개의 기본 문제에 대해 합의된 의견과 증거를 제시했다.

첫째, 질병은 빈곤의 원인인가, 빈곤의 결과인가? 또는 두 가지 경우에 모두 적용되는가? 위원회는 양방향의 강한 인과관계가 존재한다고 결론지었다. 부실한 건강이 빈곤을 야기하고, 빈곤이 부실한 건강의 원인이 된다.

둘째, 빈국들이 부국들에 비해 수명이 몇십 년이나 짧은 것은 무슨 이유 때문인가? 특히 2000년에 아프리카의 기대 수명은 47세에 불과한 반면 부국의 기대 수명은 78세였다. 이처럼 기대 수명이 30년 이상 차이가 나는 이유는 무엇인가? 위원회는 질병 부담의 차이 중 상당 부분을 설명하는 여덟 개 영역을 확인했다. AIDS · 말라리아 · 결핵 · 설사병 · 급성 호흡기 감염 · 백신으로 예방되는 질환 · 영양 부족 · 불안전한 출산 등이 바로 그것이다.

셋째, 부국은 빈국의 보건 투자에 얼마나 도와주어야 하는가? 위원회는 기부원조가 연간 약 60억 달러에서 연간 270억 달러(2007년)로 증가해야 한다고 계산했다. 부국들의 GNP 합계치가 2001년 현재 25조 달러에 달한다는 계산을 전제로 위원회는 부국의 소득 중 약 1,000분의 1에 해당하는 금액의 연간 투자를 주장하고 있었다. 위원회는 확실한 역학(疫學)적 증거에 근거하여 그와 같은 투자로 연간 800만 명의 귀중한 목숨을 구할 수 있다는 것을 보여 주었다.

거시경제와 보건위원회의 보고서는 상당한 주목을 받았다. 보고서란 나왔다가 사라지는 것이 일반적인데, 이 보고서의 경우에는 한동안 머물렀다고 표현해야 공정할 것 같다. 보고서에서 우리는 한 세대를 함께 하는 입장에서 더 나은 세상을 만들기 위해 극적인 무엇인가를 할 수 있다는 아주 중요한 점을 지적했다. 아주 폭넓은 층의 사람들이 보고서를 읽었는데, 이는 부분적으로 그 보고서가 광범위하고 놀라운 합의점에 기반을 두고 작성되었기 때문이다. 또한 보고서는 그에 걸맞는 화려한 스포트라이트를 받으며 발표되었고, 브룬트란트 · 영국 국제개발부장관 클레어 쇼트 · 머크(Merck)사의 CEO 레이 길마틴 · 세계적인 가수 보노 등의 열렬한 지지를 받았다.

위원회가 토론을 시작할 즈음에 나는 AIDS·말라리아와 싸우기 위한 '전 세계적 기금'이라는 구상을 추진하기 시작했다. 2000년 7월 더반에서 열린 국제AIDS회의에 참석해 강연하는 자리에서 나는 전 세계적 기금을 제안했다. 그 연설에 대한 이야기가 입에서 입으로 퍼져 나갔고, 새로운 전 세계적 기금 구상이 지지기반을 얻게 되었다. 나는 코피 아난 유엔 사무총장을 만났다(내 생각에 코피 아난은 세계에서 가장 멋진 정치인이다). 내가 제안한 기금의 실용성과 설계를 논의하기 위한 만남이었다. 아난은 흥미를 나타내며 나에게 몇 달 동안 자신의 직원들과 함께 그 구상을 좀더 가다듬어 달라고 요청했다.

그런데 전 세계적 기금 구상의 완성을 위한 퍼즐 한 조각이 더 필요했다. 2001년 현재 부국은 빈국의 AIDS 말기 환자들에게 AIDS 치료약을 제공하자는 구상을 여전히 꺼리고 있었다. 부국은 AIDS 치료약 구상에 거대한 비용이 들어가므로 실무적으로 실행 불가능하다고 여겼다. 즉 비용 면에서 효율적이지 않다는 것이다. 아프리카의 AIDS 환자들을 위한 전 세계적 차원의 자금 조달은 엄청나게 힘든 싸움이었다. 가장 공통된 주장은 AIDS를 치료하기 위해 어떤 방법을 동원하더라도 전혀 효과를 기대할 수 없다는 주장이었다. 가난하고 문맹인 환자들이 복잡한 약물치료를 따를 수 없다는 것이다.

그러나 나의 동료인 폴 파머가 그 주장들을 일시에 잠재웠다. 이것은 나뿐만 아니라 어떤 면에서는 세계를 위해서도 무척 좋은 일이었다. 하버드 대학교 의학교수이자 세계 공중보건의 성자라 할 수 있는 폴은 1985년 이래 아이티의 빈곤한 중앙고원지대에서 병원을 운영해 왔다. 폴은 치료법이 바뀌어 기존의 약이 필요 없는 HIV 바이러스 감염 환자들에게서 기부받은 약물과 자선금을 사용하여 자신의 AIDS 환자들에게 약물치료를 도입하기 시작했다. 폴은 놀라운 임상적 결과를 얻고 있었다. 2001년 1월, 폴은 나와 내 아내를 자신의 병원으로 초청하여 결과를 보게 했다. 우리는 마을에서 곧 죽을 것 같았던 부모를 만났는데, 이제 이들은 아이들을 돌보며 꿋꿋이 살아가고 있었다. 어디를 가더라도 우리는 하루 몇 알의 약이 없었다면 생명을 잃을 뻔한 사람들에게서 따뜻한 환대의 인사를 받았다.

| 세계 AIDS · 결핵 · 말라리아 퇴치기금의 탄생 | 하루하루 힘겹게 AIDS와 맞서 싸우고 있는 아프리카에 새로운 혜택을 가져다 줄 때가 되었다. 폴과 나는 AIDS와 싸우는 다른 두 명의 동료-하버드 대학교 메디컬스쿨의 브루스 워커, 하버드 대학교 공중보건스쿨의 맥스 에섹스-와 함께 죽어 가는 AIDS 환자들에 대한 치료가 가능하고, 이 치료가 몇 년 안에 수백만 명의 환자들에게로 확대될 수 있다는 것을 보여 주는 문서를 작성하기로 결정했다. 결국 우리 네 명은 하버드 대학교 교수진들의 합의문을 이끌어냈다. 빈국에서도 대규모의 AIDS 약물치료가 가능하다는 것을 보여 주는 문서에 128명의 교수가 서명했다.

우리가 주장하는 요점 중 하나는 바로 이런 것이다. 즉 부국이 빈국을 위한 약물치료 비용을 부담한다고 할 때, 실제 부담액은 부국에 적용되는 약값을 기준으로 하는 경우보다 훨씬 낮을 것이라는 점이었다. 특허제도 아래에서는 항레트로바이러스제 가격이 실제 생산비보다 훨씬 높게 정해진다. 제약회사들이 이런 식으로 가격을 정할 수 있는 것은 특허를 통해 일시적 독점권을 확보하기 때문이다. 경제학 이론에 따르면 보호가격에서 유래하는 특허에 따른 높은 이윤은 기업들의 연구와 선점을 자극하는 촉매제다. 그러나 항레트로바이러스제 요법을 위한 실제 생산 비용이 연간 500달러 이하인 실정에서(이에 비해 미국의 시장가격은 연간 약 1만 달러에 달한

다) 제약회사들이 빈국에 독점가격이 아니라 생산가격으로 치료약을 공급한다고 가정해 보자. 부국들의 도움으로 빈국들이 항레트로바이러스 요법에 대한 접근 수단을 제공받을 수 있을 것이다. 이것은 타당한 것으로 입증되었다. 특허 소지자들은 빈국을 위해 가격을 인하하는 데 동의했다. 동시에 다양한 제약회사들은 특허가 적용되지 않거나 특별한 절차에 의해 특허 효력이 발휘되지 않는 나라들에게 저가 경쟁 약품을 공급함으로써 추가 경쟁의 여지를 제공했다.

따라서 그 합의문은 해마다 수십억 달러의 기부원조로 죽어 가는 수백만 명의 가난한 사람들을 치료할 수 있다는 것을 보여 주었다. 그 합의문은 즉각 전 세계로 퍼져 나가 코피 아난 유엔 사무총장은 물론 미국 국립보건원의 앤서니 포치·백악관·거시경제와 보건위원회·WHO·기부단체들·아프리카 대통령들에게 전달되었다.

나는 2001년 4월, 아부자 AIDS 정상회의를 앞둔 몇 주 동안 유엔 사무총장 및 담당 직원들과 매우 긴밀히 협력하면서 작업을 진행했다. 그 결과 새로운 세계 AIDS·결핵·말라리아 퇴치기금 계획안을 정교하게 세웠을 뿐만 아니라 그 기금의 근거가 될 경제논리를 가다듬었다. 코피 아난 사무총장은 정상회의에서 아주 멋진 역사적 연설을 통해 세계 AIDS·결핵·말라리아 퇴치기금을 위한 계획을 지지한다고 선언했다. 그리고 5월에 코피 아난 사무총장은 백악관 로즈가든에서 미국이 세계 AIDS·결핵·말라리아 퇴치기금 구상에 출자할 것을 약속한다는 부시 대통령의 선언을 들었다. 그리고 6월에는 유엔총회가 기금 마련을 승인했고, 7월에는 G8 지도자들도 승인했다. 드디어 2001년 말에 그 기금이 공식 출범했다.

언제나 그렇듯이 이와 같은 전투에서 완전한 승리란 결코 존재하지 않고, 새로운 지형 속으로 옮겨질 뿐이다. 그 기금이 출범했으므로 이제 싸움은 그 기금이 필요로 하는 재원을 장기적으로 안정적인 기반 위에서 확보하는 일과, 빈국들이 그들의 문제에 적절한 계획을 마련하고 실행할 수 있도록 돕는 일이 될 것이다. 아무튼 여러 해 동안 냉정할 만큼 무관심하던 세계가 마침내 AIDS · 결핵 · 말라리아를 퇴치하기 위한 싸움에 동참했다.

아프리카에서 얻은 교훈

나는 10년 동안 아프리카에서 열정적으로 일했고, 이 과정에서 수억 명의 가난한 사람들을 고통 속에 방치해 두는 온갖 편견과 오해에 맞서 싸우겠다는 결의를 더욱 굳게 다졌다. 아프리카는 '부패한 대륙'이라는 나쁜 비난을 받고 있다. 아프리카에 대한 이런 정서가 인종주의적인 뜻을 담고 있지 않다고 하더라도, 우리 사회에는 여전히 인종 차별주의가 광범위하게 존재한다. 그렇기 때문에 이런 정서는 사회적 통념으로 존속하고 있다. 아프리카 정부들은 올바른 일을 하려고 필사적으로 노력하고 있다. 그러나 빈곤 · 질병 · 생태 위기 · 지정학적 무관심이라는 거대한 장벽에 직면해 있으므로 기대한 만큼의 효과를 거두기 어렵다.

거시경제와 보건위원회의 보고서가 발표되고 전 세계 기금이 출범한 이후로 아프리카에 대한 나의 관심은 공중보건을 넘어 다른 이슈들로 확대되었다. 아프리카는 질병 통제를 위한 해결책뿐만 아니라 만성적 기아, 농촌의 고립성, 증대하는 환경 악화 그리고 여전히 급증하는 인구 때문에 종종 발생하는 문제들을 풀어 나가기 위한 노력이 필요하다.

질병의 경우와 마찬가지로 각 영역에서도 아프리카가 심한 압력을 받는 이유가 존재한다. 다시 말해 지리적인 위치는 경제와 상호작용하며 아프리카를 특히 취약하게 만든다. 나는 아프리카가 손쉬운 수송과 무역을 위해 대양과 통하는, 항행 가능한 강이 부족하다고 지적한 적이 있다. 더욱이 아프리카 인구의 대부분은 해안이 아니라 내륙에 살고 있다. 실제로 사하라 이남 아프리카에서 인구밀도가 가장 높은 곳은 에티오피아와 르완다처럼 비교적 높은 지역에 위치한 나라들이다. 해안지역보다는 내륙 쪽이 비교적 강우량이 일정하고 토양이 비옥하기 때문이다.

그러나 이 고원지대 주민들은 국제분업에서 고립되어 있다. 일반적으로 아프리카는 관개시설이 없고 식량 작물의 90% 이상을 천수답(天水畓)에서 거두어들인다. 사바나 기후 지역과 사하라 사막의 인근 지역은 강우량의 변동이 무척 심한 편이다. 농부들은 도로·시장·비료를 이용할 수 없다. 토양은 영양분이 고갈된 상태였는데, 이는 오랫동안 화학적·유기적 영양분을 투입하지 않으면서 수확을 반복했기 때문이다. 수송·통신·병원·비료가 없을 경우에 기아와 질병 그리고 빈곤의 상호관계가 악화될 뿐이다.

아프리카의 불리한 지리와 극단적 빈곤의 결합은 세계에서 가장 심각한 빈곤 함정을 창출했다. 그러나 아프리카의 상황이 아주 절망적인 것은 아니다. 아니 결코 그렇지 않다고 단언할 수 있다. 말라리아 전문가 동료들이 나에게 모기장·실내 살충제 분무·효과적인 말라리아 치료제 등을 가르쳐 주었고, AIDS 치료에 정통한 동료들이 AIDS 약물치료 이용법과 연계된 효과적인 예방 프로그램을 통해 할 수 있는 일을 가르쳐 주었다. 이처럼 열대농업·농촌 전화(電化)·도로 건설·안전한 급수와 위생 분야에서 일하는 동료들은 나에게 이 중대한 여러 영역에서 효과를 거둘 수 있는 일들을 가르쳐 주기 시작했다.

나는 아프리카의 문제들이 특히 어렵기는 하지만 실용적이고 검증된 기술들로 차근차근 해결할 수 있는 것이라고 이해하게 되었다. 질병은 통제

될 수 있고, 작물 수확률은 급증할 수 있으며, 포장도로와 전기 같은 기초 인프라들은 여러 마을로 확장될 수 있다. 현지의 필요성 및 상황과 잘 조율된 투자들이 결합될 경우 아프리카 경제의 빈곤 함정을 깨뜨릴 수 있을 것이다. 이런 개입조치들은 강력한 상호 촉진작용을 하기 때문에 체계적이고 정성스럽게 그리고 공동으로 적용할 필요가 있다. 아프리카 대륙의 나라들과 국제사회의 집중된 관심이 있다면 아프리카는 곧 그들 나름대로의 녹색혁명을 이루고, 농촌 주도형 성장을 달성할 수 있을 것이다. 그 결과 계속된 가뭄이 유발하는 비참한 기아의 현실에서 아프리카의 미래 세대를 구할 수 있을 것이다.

나는 기대한 것보다 훨씬 더 빨리 이런 구상을 실행에 옮길 수 있는 아주 중요하고 새로운 기회를 얻게 되었다.

제11장
이라크 전쟁이냐, 빈곤의 퇴치냐

새천년이 희망적인 분위기 속에서 시작되었다. 세계는 많은 사람들이 우려하던 Y2K 위기를 아무런 사고 없이 극복했다. 전 세계에서 축하 행사가 순조롭게 진행되었다. 미국 경제는 지속적인 성장세를 이어갔다. 중국과 인도가 경제적 진보를 달성해 가고 있는 것은 물론이고 러시아까지 그 대열에 합류함으로써 머지않아 전 세계가 하나의 지구촌으로 연결된다는 약속이 실현될 수 있을 것 같은 느낌이 들었다.

IT 붐은 완연한 절정기를 구가하고 있었다. 우리는 인터넷 시대의 현기증 나는 진보, 새로운 전 세계적 상호연관성, 끝없어 보이는 신제품의 물결, 새로운 사업방식, 전 세계적으로 사람과 생산 시스템을 연결하는 새 흐름을 무척 경이롭게 쳐다보았다. 아프리카는 여전히 극심한 위기를 겪고 있었지만 여기서도 민주주의의 확산, AIDS와 말라리아를 비롯한 여러 질병들과 싸울 수 있는 새 기술을 동원할 가능성 덕택에 희망이 보였다.

이런 희망을 지정학적으로 가장 선명하게 반영한 것은 2000년 9월에 열린 밀레니엄 유엔총회였을 것이다. 전 세계 지도자들이 역사상 가장 많이 모인 회의였다. 147개국 정상들이 뉴욕에 모여 엄청난 교통 체증을 유발한 것 이상의 일을 했다. 유엔에 모인 세계 지도자들은 20세기에서 물려받은 가장 어렵고 골치 아픈 몇 가지 문제를 이제 그만 끝내겠다는 전 세계적 결의를 설득력 있게 표현했다. 그 정상들은 부와 새로운 기술, 전 세계적 각성-우리는 이런 각성 속에서 21세기를 맞이했다-으로 극단적 빈곤·질병·환경 악화를 줄일 수 있다는 희망의 메시지를 전 세계인들에게 전했다.

특히 코피 아난 사무총장은 세계를 향해 주목할 만한 문서 하나를 제시했다. '우리 인간: 21세기 유엔의 역할'이라는 제목의 문서에는 유엔이 191개 회원국 정부를 대표할 뿐만 아니라 전 세계 차원의 권리와 책임을 부여받아 전 세계 개인들을 대표한다는, 유엔 사무총장으로서의 힘찬 확신이 들어 있었다. 이 문서는 전 세계가 직면해 있는 큰 문제들-극단적 빈곤·범세계적 유행병·환경 악화·전쟁과 내전-에 대한 통찰력 있는 관점들을 펼쳐 보였다. 또한, 큰 문제들을 파노라마처럼 조망하고, 근본적인 원인들을 설득력 있게 진단했으며, 나아가 전 세계적 협력과 행동을 통한 문제해결 방안에 대한 일련의 권고 사항을 제시했다.

그 문서는 총회 참석 지도자들이 채택한 아주 중요한 전 세계적 성명인 '밀레니엄선언'의 기초가 되었다. 그 문서는 읽을 만한 가치가 있으며 또한 번쯤 읽어야 한다. 밀레니엄선언은 오늘날 세계가 분열되고 복잡하게 뒤얽혀 있지만 결국 힘을 합하면 그 거대한 문제들에 맞서 싸울 수 있다는 희망을 불러일으킨다. 사무총장의 문서와 마찬가지로 그 선언은 전쟁과 평화·건강과 질병·부유함과 가난함의 문제를 살펴보고, 인간이 살아갈 수 있는 환경(조건)을 개선하기 위한 일련의 과제를 제기하고 있다. 특히 그 선언은 극단적 빈곤과 질병과 결핍을 줄이기 위한 목표들을 구체적인 수치와 일정표로 제시하고 있다. 이후 밀레니엄선언 안에 있던 목표들이 발췌되어 8개 항의 밀레니엄발전목표(MDG)로 정립되었다.

〈표 1〉은 세계에서 가장 가난한 나라들의 지속 가능한 발전을 달성한다는 과감한 공약인 8개의 큰 목표와 18개의 구체적 과제를 열거하고 있다. 앞의 7개 목표는 빈곤·질병·환경 악화의 급속한 감축을 요구하고 있다. 그리고 나머지 목표는 본질적으로 전 세계적 협력, 즉 앞의 7개 목표를 달성하기 위해 부국과 빈국들이 공동으로 노력한다는 협약이다. 밀레니엄발전목표는 극단적 빈곤이 많은 측면과 요소로 이루어져 있다는 점을 사려 깊게 인식하고 있다. 즉 낮은 소득뿐만 아니라 질병에 대한 취약성, 교육의 배제, 만성적 기아와 부족한 영양, 깨끗한 물과 위생 같은 기초적 편의시설의 부재, 생명과 생계를 위협하는 숲의 황폐화, 토양침식을 포함한 환경 악화 등 많은 요소가 극단적 빈곤을 구성한다.

밀레니엄발전목표는 희망뿐만 아니라 어느 정도의 냉소적인 태도를 불러일으킬 수 있다. 구체적인 목표의 많은 부분은 과거에 이행되지 않았던 국제사회의 오랜 공약들을 다시 표현한 것이다. 무엇보다도 지난 세기의 가장 유명한 공약 가운데 하나는 국제사회가 1978년에 약속한 '2000년에는 만인에게 건강을'이라는 내용이다. 그러나 범세계적 규모의 AIDS, 결핵과 말라리아의 재발, 세계 수십억 인구가 필수적인 공중보건 서비스에 대한 안정적 접근수단을 전혀 갖지 못한 현실 속에서 2000년을 맞이했다. 1990년에 열린 아동을 위한 세계정상회의에서 세계는 2000년에 보편적 초등교육을 실현하겠다고 약속했었다. 하지만 2000년에 약 1억3천만 명의 초등교육 대상인 어린이들이 취학하지 못했다. 부유한 세계는 공적개

〈표 1〉 밀레니엄발전목표

1. 극단적 빈곤과 기아의 퇴치	• 1990~2015년간 하루 1달러 이하로 사는 소득 인구 비율을 절반으로 줄인다.
	• 1990~2015년간 기아를 겪는 인구 비율을 절반으로 줄인다.
2. 보편적 초등교육의 달성	• 2015년까지 전 세계 모든 곳의 아이들이 초등학교 전 과정을 끝낼 수 있도록 한다.
3. 남녀평등의 실현 및 여성권한 향상	• 가능하면 2005년까지 초등과 중등교육에서 성 차별을 없애고, 늦어도 2015년까지 모든 수준의 교육에서 성 차별을 없앤다.
4. 유아 사망률의 감소	• 1990~2015년간 5세 이하 유아의 사망률을 3분의 2로 줄인다.
5. 산모 보건의 향상	• 1990~2015년간 산모의 사망률을 4분의 3으로 줄인다.
6. 말라리아 발병률	• 2015년에 HIV/AIDS 전파(증가세)를 중단시키고, (감소 추세로) 역전시키기 시작한다.
	• 2015년에 말라리아와 기타 주요 질병의 발병(증가세)을 중단시키고, (감소 추세로) 역전시키기 시작한다.
7. 환경의 지속 가능성 보장	• 지속 가능한 발전의 원리를 각 나라의 정책과 프로그램에 통합시키고, 소실된 환경자원을 복원한다.
	• 2015년까지 안전한 식수와 기초적 위생시설의 혜택을 못 받는 인구 비율을 절반으로 줄인다.
	• 2020년에 최소한 1억 명의 슬럼 거주자들의 생활을 상당 수준으로 개선한다.
8. 발전을 위한 세계적 협력과 개발	• 공개적이고 원칙적이며 예측 가능하며 비차별적인 무역 및 금융 시스템을 추가 개발한다. 각 나라별, 그리고 국제적 차원에서 공약한 훌륭한 통치구조·개발·빈곤 경감에 대한 내용을 포함시킨다.
	• 최저개발국들의 특수한 필요에 주의를 기울인다. 이를 위해 최저개발국 수출품들을 위한 비관세와 시장접근

> 수단을 마련하고, 과중채무빈국(HIPC: Heavily Indebted Poor Countries)을 위한 채무경감 프로그램과 공식적인 쌍무적 부채탕감을 강화하며, 빈곤 경감을 공약한 나라들에게 공적개발원조(ODA)를 좀더 풍부히 제공한다.
>
> - 내륙국과 군소 도서의 발전도상국의 특수한 필요에 주의를 기울인다(군소 도서의 발전도상국을 위한 행동 프로그램과 유엔총회 제22차 특별회의 결과를 기초로 한다).
>
> - 각 나라별 또는 국제적 차원의 조치들을 통해 발전도상국의 채무 문제를 광범위하게 다룸으로써 발전도상국의 채무가 장기적으로 상환 가능한 수준을 넘지 않도록 한다.
>
> - 발전도상국들과 협력하여 청년의 적절하고 생산적인 일자리를 위한 전략을 개발하고 실행한다.
>
> - 제약회사들과 협력하여 발전도상국들이 필수 약품들을 감당할 수 있는 가격에 구할 수 있도록 한다.
>
> - 민간부문과 협력하여 신기술, 특히 정보와 통신기술의 혜택을 접할 수 있도록 한다.

발원조(ODA)에 GNP의 0.7%를 할당하고 빈국들에게 직접적인 금융지원을 하겠다는 목표를 공약한 것으로 유명하다. 그러나 부유한 세계의 GNP 중에서 금융지원에 할당된 비율은 1990년대를 거치는 동안 0.3퍼센트에서 0.2퍼센트로 사실상 하락했다.

그러나 세계 지도자들이 밀레니엄선언과 그 선언의 틀 안에서 밀레니엄 발전목표를 채택했을 때, 이번에는 반드시 그 목표들을 실행할 수 있다는 확실한 느낌이 들었다. 지속적인 경제발전의 힘, 새로운 현대 기술의 막강한 힘, 오늘날의 독특한 전 세계적 상호연관성에 기반하여 이번에는 끝까지 해낼 것이라고 세계 모든 사람들이 믿어 의심치 않았다.

그러나 낙관주의는 너무나 빨리 산산조각 나고 말았다. 낙관주의를 부정하는 작은 사건들―미국이 박빙의 대통령 선거를 통해 입은 외상, 주식시장

붐의 종결, 세상의 이목을 집중시킨 기업 추문의 홍수-이 있었지만 이제 그것들조차 9월 11일에 일어난 무시무시한 참화의 그림자 속에서는 아주 사소해 보일 뿐이다. 9월 11일 이후로 많은 것이 변했는데, 이는 부분적으로는 미국 정부의 현명하지 못한 대응 탓이다. 그 어느 때보다 우리는 밀레니엄발전목표의 목적과 희망을 이루기 위한 첫 마음으로 되돌아갈 필요가 있다.

전 세계 모든 사람이 지금도 생생하게 기억하듯이 나에게도 9월 11일에 일어난 사건은 마치 방금 전의 일처럼 뚜렷하게 생각난다. 나는 그날 아침에 정말 특이한 상황에서 그 사건을 목격하게 되었다. 때문에 나는 지구촌 사회의 본질에 대해 강한 인상을 받게 되었다. 나는 하버드 대학교에서 남아프리카공화국 인사들과 화상회의를 열고 있었다. 남아프리카공화국 더반의 지역사회 지도자들과 업계 사람들에게 AIDS에 대한 강의를 하던 중이었다. 그런데 내가 열심히 말하고 있을 때 남아프리카공화국 쪽의 연단에 있던 사람들이 서로 귓속말로 속삭이기 시작했다. 그 가운데 한 명이 비디오 카메라 쪽으로 몸을 돌리더니 "삭스 교수님, 슬프게도 당신의 나라가 공격을 받고 있어서 당장 회의를 중단해야 할 것 같습니다"라고 말했다. 나는 그 순간 깊은 충격을 받았다. 곧이어 화면 전송이 중단되었고, 10여 명의 동료 교수들이 충격을 받아 당황스러워하는 표정으로 홀에서 우왕좌왕하는 모습이 보였다. 사람들이 중앙 현관에 있는 커다란 텔레비전 앞으로 모여들었다. 우리는 바로 눈앞에서 거대한 빌딩이 붕괴되는 공포스러운 광경을 망연자실한 채 쳐다보았다.

그날 목격한 일은 결코 잊지 못할 사건이다. 그 사건의 의미는 아직 판단하기에 이르다. 하지만 그날 경험한 사건이 역사의 거대한 전환점이 되었다는 것은 적어도 미국에서는 자명한 일이다. 그것은 실로 몇 시간 만에 일어난 어마어마한 사건이었다. 미국의 지도적 저널리스트 가운데 한 명인 토머스 프리드먼은 9월 11일이 제3차 세계대전의 개시라고 즉각 선언했다. 이런 생각은 공포에 질린 미국인들 사이에서 광범위한 공감을 얻기에 충분했다. 부시 대통령은 그때는 물론이고 그 이후 여러 차례 9월 11일이 자신의 직무에 대한 관점, 미국이라는 나라 자체, 미국의 취약성 그리고 세계 속에서 미국이 차지하는 위치 등 모든 것을 변화시켰다고 말했다. 실제로 9월 11일은 부시 행정부가 스스로 선언한 테러와의 전쟁의 출발점이었다. 부시 대통령은 자신의 모든 것을 테러를 뿌리 뽑는 데 바칠 것이라고 선언했다.

  그 당시에 나는 식자층에 속하는 사람이 제3차 세계대전을 그렇게 쉽게 언급하는 것을 듣고 기절할 정도로 깜짝 놀랐다. 그렇게 말하는 사람들은 세계를 파괴할지도 모르는 위험천만한 불장난을 하는 것이나 다름없었다. 나는 '불과 1세기 전에 제1차 세계대전이 세계 평화를 어떻게 파괴했는지 과연 그들은 깨닫지 못한 것일까?'라고 자문해 보았다. 제1차 세계대전 때도 식자층은 한 달만 지나면 모든 게 말끔하게 끝나리라 확신하면서 병사들이 전쟁터로 행진해 가는 광경을 즐겁게 바라보았을 뿐이다. 그러나 전쟁이 풀어놓은 악마는 20세기 말까지 지구를 뒤덮은 채 대공황·제2차 세계대전·볼셰비키 혁명 등을 비롯한 많은 사건을 일으켰고, 몹쓸 흔적을 남겼다.

  나에게도 9·11 사건이 비참하기는 했지만 모든 것을 변화시키지는 않았다. 적어도 미국이 무분별하게 대응하지만 않았다면 말이다. 무엇보다도 미국인들은 이전에도 테러 행위를 경험했고, 앞으로도 그럴 것이다. 우리는 중동 전역과 케냐와 탄자니아에서 발생한 테러 행위를 보았고, 1993년 세계무역센터와 1995년 오클라호마시티의 경우처럼 미국을 위협하는 테러 행위를 반복해서 목격했다. 테러리즘은 우리가 대처할 수 있는 사회악이기는 하지만 결코 완전하게 제거할 수는 없다. 전 세계가 전염병이라는 사회악을 말끔하게 제거할 수 없는 것처럼 말이다. 부시 대통령은 2004년 대통령 선거 동안 나의 이런 생각과 똑같은 입장-테러와의 전쟁에서 승리할 수 있다고 생각하지는 않지만 테러를 도구로 사용하는 자들이 세계 많은 곳에서 발을 붙이지 못하게 할 환경은 조성할 수 있다고 생각한다[1]-을 밝혔지만 선거가 끝나자 입장을 바꾸었다.

테러리즘이 세계가 직면해 있는 유일한 위협은 아니다. 우리가 모든 에너지와 노력 그리고 자원과 생명을 테러리즘에 대항한 투쟁에 쏟으면서 훨씬 더 큰 많은 문제들을 방치해 둔다면 이는 엄청난 잘못이라고 할 수 있다. 9월 11일 세계무역센터에서 거의 3,000명이나 되는 사람들이 아무 죄 없이 비극적인 죽음을 맞았지만, 아프리카에서도 AIDS와 말라리아와 결핵으로 날마다 1만 명이나 되는 사람이 소중한 목숨을 잃는다. 그리고 9월 11일 이후에도 아프리카에서는 날마다 그처럼 많은 사람들이 죽어 가고 있다. 우리는 9월 11일을 냉철하고 올바르게 바라볼 필요가 있다. 반드시 그렇게 해야만 하는 특별한 이유는 우리가 하루 1만여 명의 무고한 죽음을 막을 수 있기 때문이다.

테러리즘은 복잡하고 다양한 원인을 가지고 있으며, 군사적 수단만으로는 충분히 대응할 수 없다. 테러리즘과 싸우려면 빈곤이나 결핍과도 싸워야 한다. 테러리즘에 대한 다분히 군사적인 접근 방식은 실패할 수밖에 없다. 의사들은 질병과 싸우기 위한 약품을 처방할 뿐만 아니라 환자에게 건전한 생활방식을 권하고 적절한 영양을 통해 환자의 면역 시스템을 강화시켜 나간다. 이처럼 우리도 테러리즘을 숨기고 있는, 사회의 근본적인 약점을 효율적으로 다룰 필요가 있다. 약점이란 극단적 빈곤, 일자리와 소득의 결핍, 인간의 존엄성을 지키기 위해 필요한 요소의 거대한 결핍, 인간

조건의 악화에서 기인하는 정치적·경제적 불안정 등이다. 소말리아·아프가니스탄·서파키스탄 같은 사회들이 좀더 건강해진다면 테러리스트들이 그 사회들 속에서 그렇게 쉽게 활동하지는 못할 것이다.

그러므로 9월 11일에 대한 대응은 한 개가 아니라 두 개의 경로로 이루어져야 했다. 문명국들은 9·11 사건을 일으킨 테러 조직을 무력화시킬 과제로 확실히 받아들일 필요가 있었다. 알 카에다에 대한 금융적 통제와 직접적인 군사 행동은 반드시 필요한 대응이었지만 결코 충분하지는 않았다. 더 나아가 우리는 전 세계적 번영에 참여하지 못하고 세계 경제의 주변에 머물게 되었으며, 부국에 잘못 이용당함―중동의 산유국들처럼―으로써 희망이 사라진 사회들 안에 웅크리고 있는 테러리즘의 뿌리를 더 심도 있게 다뤘어야 했다. 즉 미국을 선두로 한 부유한 세계는 군사적 전략보다는 경제발전에 훨씬 더 큰 노력을 기울일 필요가 있었다.

제2차 세계대전 때 파시즘에 대항한 위대한 연합국 지도자들은 전쟁을 위한 노력에서 성공을 거두려면 전 세계의 지지와 믿음을 얻을 필요가 있다는 점을 이해했다. 미국의 프랭클린 델라노 루즈벨트 대통령은 네 가지 자유를 옹호한다는 점을 내세워 미국을 제2차 세계대전으로 이끌었다. 즉 공포에서 벗어날 자유, 언론의 자유, 신앙의 자유 그리고 결핍에서 벗어날 자유―이것이 결정적으로 중요하다―가 바로 그것들이었다. 루즈벨트의 확신에 찬 감동적인 말들은 오늘날까지 울려 퍼진다.

우리가 공고히 하려는 미래에는 네 가지 필수적인 인간적 자유 세계가 이룩되길 희망합니다.

첫 번째, 세계 모든 곳에서 언론과 표현의 자유를 쟁취하는 것입니다. 두 번째, 세계 모든 곳에서 모든 사람들이 자기 방식대로 신을 숭배할 수 있는 자유입니다. 세 번째, 세계 모든 곳이 결핍에서 자유를 획득하는 것입니다. 이것을 세계적 차원의 용어로 번역하면 경제적 화합을 뜻하며, 모든 나라의 주민들에게 건강한 일상생활을 보장해 주는 것입니다. 네 번째, 세계 모든 곳이 공포에서 자유로워지는 것을 뜻합니다. 이것을 세계적 차원의 용어로 번역하면 어떤 나라도 이웃 나라를 물리적으로 공격할 수 없는 수준이 될 때까지 철저하게 전 세계적으로 군비를 축소한다는 것을 뜻합니다.[2]

루즈벨트 대통령과 처칠 수상이 만나 미국과 영국의 공동 전쟁 목표 선언인 '대서양 헌장'을 발표했을 때 두 사람은 다함께 번영하기를 바라는 세계의 희망도 중요한 목표 가운데 하나라고 강조했다.

이와 같은 전쟁 목표는 단순히 공허한 미사여구에 그치지 않았다. 또한 그 목표는 전후 평화적 세계를 구축하는 과정에도 훌륭한 기반이 되었다. 1945년에 국제협력을 위한 제도적 틀로서 국제연합이 창설되었다. 마샬플랜은 결핍에서 자유를 획득한다는 미국의 공약이 공언이 아니라는 것을 입증해 주었다. 그리고 아시아와 라틴 아메리카에서도 이와 비슷한 종류의 개발 프로그램이 이어졌다. 그러나 시간이 지나면서 그런 노력은 점차 사라져 버렸다. 즉 마샬플랜이 한창일 때는 미국의 대외원조가 GNP의 2% 이상이었던 데 비해 오늘날에는 GNP의 0.2%도 채 안되는 수준으로 떨어졌다.

9월 11일 사건이 발생한 직후 나는 〈이코노미스트〉에 기고한 글 '대량 구제 무기'에서 이런 점을 지적했다. 내 주장의 요점은 군사적 수단만으로는 대량 파괴 무기에 대항하는 전쟁을 할 수 없다는 것이다.[3] 반면, 대량 구제 무기-AIDS 치료약품 · 말라리아 방지 모기장 · 안전한 급수를 위한 우물 같은 것들 - 는 수백만 명의 목숨을 구할 수 있고, 전 세계적 안보를 위한 보루가 될 수도 있다.

그해 가을, 부시 행정부는 군사적 접근 이상의 것을 추구하려는 것 같았다. 2001년 11월에 카타르 도하에서 부시 행정부는 새로운 전 세계적 무역 협상을 발기했다. 그 결과 이루어진 '도하 선언'은 최빈국들의 필요를 충족시키기 위해 무역 시스템을 개혁해야 한다고 강조했다. 그에 이어 2002년 3월에 멕시코 몬테레이에서 열린 개발재원조달에 관한 국제회의에서 더 중요한 일이 일어났다. 회의 의제는 경제적 진보를 위한 금융적 수단을 제공하는 문제였다. 그 회의에서 도출된 '몬테레이 합의'는 민간투자의 역할과 공적개발원조의 역할 모두를 강조했는데, 이는 무척 유용한 접근방식이었다.

몬테레이 합의는 최빈국들이 민간자본의 대규모 유입을 실질적으로 기대하기는 어렵다는 점을 명확히 했다. 그 이유로는 최빈국들이 국제적으로는 물론 국내적으로도 민간투자를 끌어들일 수 있는 인적 자본과 기초 시설이 결여되어 있다는 점을 지적했다. 한편, 경제발전을 어느 정도 이룬 나라들 - 이른바 신흥 시장들 - 에게는 원조가 그리 큰 역할을 하지 않겠지만, 민간자본은 발전을 크게 촉진시킬 수 있다. 몬테레이 합의는 이 점을 다음과 같이 말했다.

> 공적개발원조(ODA)는 발전을 위한 다른 재원조달 원천을 보완하는 것으로 중요한 역할을 한다. 민간자본의 직접투자를 끌어들일 능력이 미미한 나라들에서는 특히 그렇다. 아프리카의 많은 나라, 최저개발국들, 군소 도서의 발전도상국들, 내륙의 발전도상국들에게는 ODA가 여전히 가장 큰 외부 재원조달의 원천이다. 그리고 밀레니엄선언의 발전목표들과 구체적

과제들, 기타 국제적으로 합의된 발전목표들을 달성하는 데 결정적으로 중요하다.[4]

미국을 비롯한 서명국들은 몬테레이 합의의 다음과 같은 구절에서 훨씬 더 극적인 부분에 합의했다. 즉 "국내 총생산의 0.7%를 공적개발원조에 할애한다는 목표를 아직 이행하지 않은 모든 선진국에게 그 목표를 향한 구체적인 노력을 기울일 것을 촉구한다"는 내용이다. 2002년 당시 원조는 530억 달러에 이르렀는데, 이것은 부유한 세계 GNP의 0.2%에 불과하다. 부국들이 약속을 이행할 경우 원조는 연간 1,750억 달러에 이를 테고, 이는 2001년도 부국들의 GNP 25조 달러의 0.7%에 해당할 것이다. 미국의 경우에는 2004년 당시 약 150억 달러(GNP의 0.14%)였던 대외원조 금액이 약 750억 달러(GNP의 0.7%)로 증가할 것이다. 이렇게만 된다면 정말로 비약적인 진전을 이루게 될 것이다.

부시 대통령이 몬테레이에 직접 참석하여 '밀레니엄도전예산(MCA: Millennium Challenge Account)'이라는 새로운 프로젝트로 대외원조를 대폭 증가시키겠다는 놀랍고도 환영할 만한 선언을 했다. 부시는 그렇게 늘어난 기금을 효과적으로 사용할 의지와 역량을 보이는 나라들에게 미국의 대외원조를 늘릴 것이라고 약속했다. 부시는 향후 3회계년도에 걸쳐 1년마다 각각 16억 달러, 32억 달러, 50억 달러로 증가시키면서 총 100억 달러를 원조하겠다고 약속했다. 미국의 프로그램에 대한 소식이 회의 참석자들 사이에 퍼졌을 때 유엔 주재 미국 대사 존 네그로폰테가 내 등을 두드리면서 "당신이 요구하던 걸 드디어 얻었군"이라고 귓속말로 속삭였다.

나는 잠깐이나마 낙관적인 기분이 들었다. 물론 나는 미국이 늘리겠다고 약속한 대외원조가 실제로 미국 경제 규모에 비해 정말로 보잘것없이 작고 작아서 밀레니엄 도전 예산의 첫 3개년 후에도 미국 GNP의 0.2%에도 못 미친다는 것을 잘 알고 있었다. 즉 GNP의 0.7%를 향한 구체적 조치라고는 거의 할 수 없었다. 그러나 나는 부시 행정부가 9월 11일에 발생한 비극에서 배운 교훈으로 세계와 새로운 관계를 맺을 필요성을 정말로 깊이 인식할 수 있겠다는 생각이 들었다. 다시 말해 미국이 극단적 빈곤을 제거하는 일에 다시 한 번 적극적으로 나서는 방법을 선택함으로써 세계와 밀접한 관계를 맺어 나갈 수 있다고 예상한 것이다. 밀레니엄 도전 예산이 비록 작은 규모로 시작되기는 했지만 나는 "미국이 동의했던 0.7% 목표를 향해 점차 늘어날 수 있겠지"라고 혼잣말로 중얼거렸다.

그러나 나의 희망사항은 불과 몇 달 후에 물거품처럼 사라지고 말았다. 다시 한 번 세계 지도자들이 국제회의를 위해 모였다. 이번에는 남아프리카공화국의 요하네스버그에서 열린 지속 가능한 개발을 위한 세계정상회의였다. 요하네스버그 세계정상회의로 10주년을 맞이하는 리우 지구정상회의에서는 나날이 증대하는 인위적 위협에서 세계 환경을 보호하기 위한 중대한 결의가 이루어졌다. 가장 중요한 점은 리우 지구정상회의가 유엔 기후변화 기본협약(UNFCCC)을 채택했다는 것이다. 그 협약에서 세계 각국 정부는 장기적 지구온난화와 기타 기후변화를 발생시킬 수 있는 유해 온실가스 배출을 줄이기 위한 조치를 취하겠다고 약속했다. 유엔 기후변화 기본협약은 온실가스 배출을 제한하기 위한 교토의정서 협상을 위한 기반이었다.

리우 지구정상회의가 열린 이후 10년이라는 시간은 세계 환경 발전에 별로 도움이 되지 않았다. 교토의정서는 여전히 비준되지 않았고, 부시 행정부는 집권 첫달에 교토협약을 이탈했다. 아버지 부시 대통령이 유엔 기후변화 기본협약에 처음 서명했었다는 점을 생각하면, 아들 부시 대통령이 이탈한 일은 매우 아이러니한 행동이었다. 그러나 세계 지도자들이 요하네스버그에 모였을 때 몬테레이에서처럼 환경 의제에 대해 미국을 비롯한 전 세계가 명확한 약속을 함으로써 세계가 다시 환경을 보호하기 위한 본궤도로 올라설 것이라는 가느다란 희망이 있었다.

그러나 기대는 빗나갔다. 요하네스버그에서 부시 행정부는 환경 의제를 무시했고, 전반적인 개발 의제에도 시들한 관심밖에 보이지 않았다. 미국이 자신의 태도를 드러낸 방식도 매우 기묘했다. 무엇보다도 부시 대통령이 그 회의에 참석하지 않았다. 좀더 구체적으로 말하자면 세계의 지도자들이 전 세계의 환경문제를 다루기 위해 모인 바로 그 시점에 미국은 회의를 이라크와의 전쟁을 위한 공공연한 선전장으로 이용했다.

내가 요하네스버그의 프레스룸에 서 있었을 때 모든 눈이 텔레비전 화면을 향하고 있었다. 그 화면을 통해 딕 체니 부통령이 1만 마일 떨어진 곳에서 해외참전향군회 103차 전국회의를 위해 연설하고 있는 모습을 볼 수 있었다. 이 유명한 연설에서 체니 부통령은 "사담 후세인이 대량 살상 무기를 가지고 있는 게 틀림없다. 후세인이 우리의 친구들과 동맹국, 나아가 우리를 상대로 사용하기 위한 무기들을 끌어모으고 있는 게 틀림없다"[5]고 잘못된 주장을 했다. 미국이 울린 이 새로운 전쟁의 북소리는 즉각 요하네스버그에서 관심을 분산시켰고 테러리즘에 대응하는 두 가지 접근법 중 하나로 결정을 내렸다. 그 이후 미국은 계속해서 사실상 모든 정치적 에너지와 재원을 군사적 접근법에 쏟았다.

요하네스버그 회의가 열린 다음 달에 부시 대통령과 그의 고위 자문위원들은 이라크에 대해 문자 그대로 수백 번의 연설·인터뷰·성명서 등을 발표했다. 그러나 극단적 빈곤, 몬테레이의 메시지, 새로운 밀레니엄 도전 예산 공약 등에 대해서는 거의 언급하지 않았다.

이 갑작스러운 초점 이동에서 유일한 예외라고 할 수 있는 것은 2003년 1월에 있었던 부시 대통령의 연두교서였다. 이 연설에서 부시 대통령은 아프리카에서 AIDS에 대항하는 싸움에 미국의 기부금을 증가시킬 계획이라고 발표했다. 이것은 아주 중요하고도 가치 있는 항목이었다. 나는 5년에 걸쳐 150억 달러[6] – 해마다 30억 달러씩 – 라는 수치를 듣고는 무척 기뻐했다. 이것은 내가 2001년 초에 백악관에 제시했던 바로 그 추정금액이었다(그러나 당시에는 많은 사람이 이 추정금액에 너무 회의적인 태도를 보였다). 그러나 이 일을 제외하고 워싱턴의 관리들은 개발·환경·기타 전 세계적 이슈들보다는 오로지 전쟁에만 한결같은 관심을 집중했다.

전쟁이 시작되기 직전에 나는 미국의 정책이 정상궤도에서 심하게 이탈했고, 이라크와의 전쟁이 영속적인 가치가 있는 어떤 것도 달성하지 못한 채 엄청난 피해만을 초래할 것이라는 입장을 많은 글과 연설을 통해 널리 알리는 데 주력했다. 아래의 글은 내가 전쟁 전야에 〈뉴리퍼블릭〉에 기고한 것이다.

재래식 지상군은 엄청난 유혈과 앞으로 몇 년이 될지도 모를 오랜 고통을 감수하지 않고서는 현지의 반란과 게릴라전을 진압할 수 없다. 수십 년 동안 영국은 북아일랜드에서 아일랜드공화군을 진압할 수 없었다. 이스라엘의 막강한 군사력도 팔레스타인인의 봉기를 억누를 수 없었다. 러시아도 1980년대에 아프가니스탄의 무자헤딘과 1990년대에 체첸인들을 진압할 수 없었다. 미국은 레바논과 소말리아에서 엄청난 사상자를 감당할 수 없어 서둘러 철수했고, 아프가니스탄에서도 카불 바깥에서는 아직도 완전한 통제권을 확보하지 못하고 있다. 상황이 훨씬 더 안 좋은데도 불구하고 미국은 여러 해 동안 이루어질 이라크와의 지독한 대량 살상 전쟁에 온몸을 던져 넣으려 하고 있다. 이 전쟁에서 화가 난 수만 명의 젊은이들이 점령군을 향해 총을 겨누려고 할 것이다. 스마트 폭탄이 지상에서는 3만5천 피트 상공에서 의도했던 것만큼 효과적이지 않을 것이다.

나는 자체적인 자금조달 전쟁의 환상에 대해서도 분명히 경고했다.

부시 행정부를 비롯한 많은 미국인은 이라크의 석유가 전후 점령과 재건 등을 위한 재원이 될 것으로 기대하고 있는 듯하다. 재건 계약을 위한 입찰이 행해질 것이고, 새로운 저장소들이 건설될 것이며, 그 과정에서 세계 석유 가격이 하락할 것이다. 그렇게만 된다면 얼마나 좋겠는가. 이라크의 새로운 유전들을 보수하고 확장하는 데 여러 해가 걸릴 것이고, 이 일은 매우 불안정한 정치 · 안보 상황에서 진행될 것이다. 이라크의 기존 채권자들은 1,500억 달러에 대한 권리를 보유하고 있다. 이 채권자들은 자기 몫의 확실한 이권을 주장할 것이 틀림없다.

나는 테러리즘에 대한 전쟁에서 취해야 할 제2의 접근법을 다시 한 번 옹호하며 결론을 맺었다.

그러므로 우리는 우리의 군사력에 더해 우리의 경제적 부와 기술력을 다른 종류의 힘으로, 즉 전 세계적 협력기구들의 형성에 기여할 힘으로 전환시켜야 한다. 우리의 생존과 장기적 번영이 바로 이 전 세계적 협력기구들에 달려 있기 때문이다. 많은 사람이 국제연합에 대해 험담을 늘어놓고, 우리(미국인)도 작금의 일방주의에 의해 국제연합의 존립기반을 위협하는 일을 아주 많이 저지르고 있다. 그럼에도 불구하고 국제연합은 21세기의 세계를 우리가 바라는 방향으로 형성하는 과정에서 기댈 수 있는 최상의 희망이다. 우리는 국제연합을 비롯하여 국제보건기구·유니세프 또는 식량농업기구 같은 전문 기구들을 통해 우리의 경제력을 빈곤 극복, 기후변화 문제에 대한 대응, 소모성 질병들과의 싸움 쪽으로 배치할 수 있다. 장기적으로 우리는 국제적 친선과 공통의 가치를 구축할 수 있고, 이런 것들을 통해 우리의 생명과 경제적 복지를 위협하는 광포한 반미 정서를 줄여나갈 수 있다. 그러나 이라크와의 전쟁은 이와는 정반대의 역할을 하게 될 것이다.[7]

체니의 연설 이후 7개월 만인 2003년 3월 20일에 이라크와의 전쟁이 드디어 시작되었다. 이 그릇된 판단과 모험에 들어간 비용은 실로 어마어마했다. 전쟁을 시작한 지 8개월 만에 직접적인 군사비용 지출에만 최소한 1,300억 달러 정도가 들어갔다. 이라크에서 1,000명 이상의 미국인이 목숨을 잃었으며(사상자 수는 나날이 증가하고 있다), 수천 명의 민간인이 죽었다. 그뿐만 아니라 전 세계적으로 미국에 대한 신뢰가 땅에 떨어졌다. 이 모든 비용이 극적으로 증폭된 것은 미국의 대외정책에서 제2의 접근법이 없었기 때문이다. 전 세계가 그 전쟁을 정당성 없는 공격으로 간주했다. 이는 특히 후세인이 막대한 양의 대량 살상 무기를 축적했고 곧 세계를 위협할 것이라고 미국이 입에 거품을 물고 떠든 주장이 완전히 잘못된 것으로 드러났기 때문이다. 전쟁 비용이 계속 늘어나 매월 약 50억 달러가 들어가는데, 이 수치는 2005년도 전체 밀레니엄 도전 예산에 할당된 10억 달러와 확연히 대조된다.

9월 11일 이후 나는 전 세계적 협력의 정신을 보존하는 데 기여하기 위해 내가 할 수 있는 모든 노력을 다하겠다고 결심했다. 당시 나는 거시경제와 보건위원회 일을 끝낼 시점을 눈앞에 두고 있었다. 프로젝트 시한이 두 달밖에 안 남았던 것이다. 이 일의 연장선상에서 나는 코피 아난 사무총장과 틈이 날 때마다 이야기를 나누었다. 2001년 말이 되자 나는 사무총장에게 새천년의 희망을 이루기 위해 세계를 이끌어 가는 그의 과업이 점점 더 어렵고 복잡해지고 있는데, 이와 관련하여 도울 수 있는 방법이 없겠느냐고 물었다. 사무총장은 나에게 밀레니엄발전목표를 위한 특별 자문관 역할을 맡아 달라고 제안했다. 그리고 그 목표를 달성하기 위해 무엇을 해야 하는지 자신과 유엔 시스템에 자문을 해 달라고 했다. 특히 코피 아난 사무총장은 이 과감한 목표를 달성하는 데 유엔 시스템·참여국 정부·시민사회가 공동으로 기여할 수 있는 틀이 될 운영계획을 짜는 데도 적극적으로 도와 달라고 요청했다. 전 지구적 위기의 시기에 유엔과 특히 사무총장을 도와 달라는 이 제안은 무척 영광스럽고도 가슴 떨리는 일이었다. 나는 사무총장의 특별 자문관 역할과 새로운 유엔밀레니엄프로젝트를 출범시키자는 제안을 즉각 받아들였고, 목표 달성을 위한 지구적 계획을 작성하는 일에 온몸을 바쳐 일했다.

코피 아난 사무총장은 결과에 높은 관심을 보였다. 사무총장은 유엔 시스템이 목표를 명확히 하는 것에 비해 그것을 실행하는 일에는 몹시 취약하다는 사실을 아주 예민하게 받아들이는 것 같았다. 사무총장은 나에게 고정관념의 좁은 틀에서 벗어나 폭넓게 사고할 것을 권했다. 유엔에서의 새로운 과업과 관련하여 나는 거시경제와 보건위원회의 경험을 참고하면서 거기서 한 걸음 앞서 나아가야 했다. 즉 지금 내 일을 규정하고 있는 일련의 목표들은 범위가 더 넓고 상호연관성도 더 복잡할 뿐만 아니라, 재정적인 부분을 포함한 전 지구적 협력을 위해 더 큰 노력이 요구되었다.

분석적 심의-공통의 비전을 중심으로 합의점을 형성하고 복잡한 문제를 이해함으로써 협력적 접근방식을 찾는-과정이 유엔밀레니엄프로젝트의 중심에 있었다. 거시경제와 보건위원회는 너무나 다른 관점을 지닌 지도자와 전문가들을 한 테이블에 불러모았고, 토론과 논쟁·사실 확인·조사의 세부 과정을 통해 합의에 도달했다. 이와 같은 방식으로 유엔밀레니엄프로젝트의 경우에도 빈곤 경감에 관련된 주요 정책 결정자와 실행자들이 한 테이블에 모여 사실 확인 과정을 통해 합의를 도출해 보기로 했다. 그러나 이번에는 한 테이블에서 다루기에는 문제의 가짓수가 너무 많았다. 그래서 우리는 밀레니엄발전목표에 체현된 매우 광범위한 문제를 다룰 10개의 태스크포스 팀으로 작업을 나누었다. 각각의 태스크포스는 주요 사상가와 실천가, 정책 전문가, 기타 이해 관계자들을 초청하여 협력적이고 집약적이며 어려운 분석적 심의를 하도록 했다. 10개의 태스크포스가 꾸려지고 각 태스크포스 팀당 약 25명의 팀원이 배치되었다. 이 개척자적 과정을 함께 할 250명의 핵심 참여자들을 활용해 즉각적으로 연계될 수 있는 전 세계적 작업망을 갖추었다. 그러나 그것이 전부가 아니었다. 우리 프로젝트가 감당해야 할 과제가 정말로 거대하고 또 복잡한 상호작용을 요구하는 일이었으므로 유엔 시스템 전체가 참여하게 되었다. 즉 세계보건기구·식량농업기구·유니세프·유엔환경프로그램 등 유엔의 주도적 전문기구들의 대표들로 구성된 유엔 전문가 집단이 우리 프로젝트에 참여한 것이다. 또한 그 집단은 우리의 심의 작업이 전 세계 곳곳에서 유엔이 벌이고 있는 여러 프로젝트와 실제적으로 연결될 수 있도록 도와주었다.

  이와 비슷한 식으로 우리는 여러 발전도상국 안에서 활동하는 유엔의 각 나라별 팀들과 점점 더 강력하게 결합했다. 세계의 거의 모든 빈국에는 유엔 특별 기구에서 파견된 많은 전문가들이 보건·급수·위생·환경관리·농업생산성 등의 이슈에 대해 자문활동을 벌인다. 유엔 전문가들은 현지 조정자가 이끄는 유엔의 나라별 팀에 포함되어 작업했고, 현지 조정자는 뉴욕에서 진행되는 작업과 발전도상국 내 유엔의 현장 실무작업 사이에서 연락하는 일을 담당했다.

다시 말해 사무총장이 우리에게 폭넓게 사고하라고 권했으므로 그렇게 했다. 이 과정에서 우리는 전 지구적 차원의 노력을 기울임으로써 엄청나게 방대하고 복잡한 문제를 다룰 수 있었다. 그 결과 우리는 분석작업에서 상당한 진전을 이루어냈다. 그리고 제15장에서 기술한 밀레니엄발전목표 달성을 위한 실무계획을 작성할 수 있었다.

유엔의 임무에 착수하자마자 나는 뉴욕에서 또 한 번의 연락을 받았다. 이번에는 컬럼비아 대학교에서 온 것이었다. 컬럼비아 대학교의 총장 조지 러프와 그의 동료들은 유엔의 작업에 대해 들었고, 나에게 지속 가능한 발전의 문제를 다루는 큰 연구소-컬럼비아 대학교의 지구연구소(Earth Institute)-를 동시에 이끌어 줄 수 있는지 문의해 왔다. 러프와의 만남에서 나는 컬럼비아 대학교의 과감하고 혁신적인 기획에 대해 더 많은 이야기를 들었다. 이 기획은 기후·환경관리·자연보존·공중보건·경제발전 등의 상호연관된 문제들을 다루기 위해 대학교의 많은 주요 과학 전공 학과들과 연계되어 있었다.

두 시간 동안의 흥미진진한 토론이 끝났을 때 나는 컬럼비아 대학교의 제안을 받아들여 지구연구소 소장이 되기로 했고, 컬럼비아 대학교의 차기 총장 리 볼린저와의 논의를 남겨 두고 있었다. 나중에 볼린저는 나에게 컬럼비아 대학교를 진정으로 전 세계적 대학교로 만들고 싶다는 비전을 제시했다. 나는 그의 비전에 전적으로 동감했다. 하버드 대학교에서 22년간 배우고 가르쳤던 나의 일은 그렇게 끝났다. 나는 컬럼비아 대학교와 유엔에서 맡은 흥미로운 새 책무와 더불어 뉴욕에서 새 삶을 시작했다. 나는 하버드 대학교를 사랑했지만 방향을 바꾸어 이 두 가지 활동을 함께 하게 된 것은 엄청난 행운이었다.

유엔밀레니엄프로젝트의 모든 작업이 지구연구소에 전적으로 달려 있었다. 근본적으로 밀레니엄발전목표와 관련하여 진전을 이루려면 질병·식량 생산·영양 부족·분수계 관리 등의 근본적 문제와 기타 상관관계를 맺고 있는 이슈들을 과학적으로 철저히 이해해야 한다. 이를 위해서는 고도로 전문화된 지식이 필요하다. 현대적 과학을 통해 우리는 이런 문제들을 다룰 수 있는 특수한 기법이나 기술적인 개입 수단을 얻었다. 말라리아 퇴치 모기장이나 항레트로바이러스 약물 같은 것들 말이다. 지구연구소에서 얻은 수단 중 몇 가지를 예로 들면 다음과 같다.

- 에티오피아 농촌에서 말라리아 전염병을 감시·예측하고 신속히 대처하기 위해 지리정보시스템(GIS)을 선구적으로 사용하고 있다.
- 르완다의 오지 농촌에서는 특수하게 프로그램된 이동 전화를 사용하여 보건부에 실시간 보건 데이터를 공급하고 있다.
- 아프리카의 질소 고갈 토양에서 새로운 혼농림(agroforestry)기법을 사용하여 식량 수확량을 세 배로 증가시키고 있다.
- 효율적이면서도 비용은 적게 드는 새로운 배터리 장치를 설계하고 있다. 이를 통해 머지않은 장래에 너무 가난하고 멀리 떨어져 있어서 전력망에 연결할 수 없는 마을들에 전등을 밝히기 위한 전력을 공급할 것이다.
- 빈국들에서 작물 파종과 수확시 그리고 저수지와 양식장 관리, 기타 다양한 용도에 하이테크 엘리뇨 변동 예측 시스템이 과연 어떻게 사용

될 수 있는지 시범을 보이고 있다.
- 방글라데시의 급수원에서 비소 오염 위기에 대한 해결책을 찾기 위해 최신 수리학 · 지리화학 · 공중보건을 적용하고 있다.[8]

지구연구소는 지속 가능한 발전의 실제적 문제들을 다루기 위해 과학적이고 학술적인 이해를 축적하는 일에 필요한 기반을 제공했다. 이 연구소는 5개의 연구 그룹에 기초하고 있다. 지구과학 · 생태학과 자연보존 · 환경공학 · 공중보건 · 경제학과 공공정책이 그것들이다. 지구연구소는 이 분과들을 한지붕 아래 결합시킴으로써 과학과 공공정책을 더 원활하게 연계시키고, 이를 통해 지방 촌락부터 전 지구적 유엔 조약에 이르기까지 모든 차원의 문제들에 대한 실제적 해결책을 찾을 수 있다. 이 5개의 연구 집단을 결합시킨다면 밀레니엄발전목표와 관련한 어려운 과제들에 대해서도 엄밀하게 사고할 수 있다. 그런 학제적 결합 없이는 아주 부분적인 측면에 관해 엄밀하게 사고하는 것이 가능하지 않을 것이다.

이 독특한 연구소를 이끌면서 내가 발견한 무척 놀랍고도 고무적인 일은 극단적 빈곤과의 싸움이라는 대의에 과학자들이 보여 준 열정이었다. 지구상 가장 취약한 사람들이 직면한 아주 치명적인 몇 가지 문제를 해결하기 위해 첨단 과학적 지식을 사용하려는 이들의 열의는 자못 감동적이다.

제12장
빈곤 종말을 위한 현장 해결책

 빈곤을 끝내기 위해서는 만나 본 적도 없고 서로를 강하게 신뢰할 필요가 없는 사람들 사이에 전 세계적 협력망을 구축할 필요가 있다. 퍼즐의 한쪽 부분을 맞추는 일은 비교적 쉽다. 세계의 많은 사람들에게 잠시 생각할 수 있는 시간을 주면 학교·병원·도로·전기·항구·비료·깨끗한 식수 같은 것들이 품위 있는 생활과 건강뿐만 아니라 경제적 생산성을 위해 기본적으로 꼭 필요하다는 사실을 이해한다. 또 가난한 사람들이 생존에 필요한 기본적 욕구를 충족시키기 위해 도움을 받을 필요가 있다는 사실도 인정한다. 그러나 세계가 그들이 필요로 하는 도움을 줄 수 있는 효과적인 방법을 찾아낼지에 대해서는 확신을 갖지 못한다.
 가난한 사람들 스스로 게으르거나 그들의 정부가 부패해 있기 때문에 가난한 것이라면, 전 세계적 협력이 어떻게 도움이 될 수 있겠는가? 그러나 다행히 이런 통상적인 견해는 오해에서 비롯된 것이고, 가난한 이유에 대한 부분적인 설명에 지나지 않는다. 세계의 여러 곳에서 가난한 사람들이 발전을 위한 첫발조차 내딛지 못하게 하는 구조적 문제에 직면해 있다는 점을 나는 여러 차례 지적했다. 훌륭한 항구, 부국과의 순조로운 접촉, 양호한 기후, 적절한 에너지원 등이 있고 전염병이 없는 많은 사회가 가난에서 벗어났다. 빈국에 남아 있는 핵심적인 문제는 게으름과 부패를 극복하는 일이 아니라 지리적 고립성 · 질병 · 기후 충격으로 나타나는 취약함 등을 적절하게 다루는 일이다. 또 정치적 책임감을 가지고 이 과제를 해낼 수 있는 새로운 시스템을 구축하는 일이다.

제13장에서 나는 2025년에 극단적 빈곤을 끝내기 위한 전략을 개괄적으로 제시해 놓았다. 그 전략은 도시건 농촌이건 전 세계의 빈곤한 공동체들에게 지속 가능한 발전을 위한 수단을 제공할 수 있는 핵심적인 투자—사람과 인프라 기반에 대한—에 초점을 맞추고 있다. 우리는 계획 · 시스템 · 상호 책임성 · 재원조달 메커니즘을 필요로 한다. 그러나 그 모든 장치—또는 경제적 배관장치—를 갖추기 이전에 우리는 먼저 그와 같은 전략이 10억 명 이상의 잠재적 수혜자들에게 무엇을 의미하는지 좀더 구체적으로 이해해야 한다. 우리에게 희망을 주고, 우리 세대의 극단적 빈곤을 끝내도록 박차를 가하는 것은 가난하고 아무 힘없는 사람들이 자신과 특히 자신이 낳은 아이들을 위해 보여 주는 책임감과 현실주의 · 인내 · 용기라고 할 수 있다.

농촌 빈민들과의 만남 : 케냐의 사우리

2004년 7월의 며칠 동안 나는 유엔밀레니엄프로젝트 및 지구연구소 동료들과 함께 케냐의 사우리 소지구의 8개 마을 군락지를 방문했다. 이곳은 케냐 서부 키슈무에서 약 44킬로미터 떨어진 니안자 주의 시아야 지구에 있는 마을들이었다. 우리는 사우리의 농장·진료소·소지구와 지구 병원 그리고 학교와 그 주변지역을 둘러보았다. 우리는 그 지역에서 일하는 세계 혼농림센터(ICRAF), 유엔개발프로그램, 미국질병통제 및 예방센터 등 국제적인 조직들을 만났다. 이 방문을 통해 우리는 왜 농촌에서 극단적 빈곤이 끈질기게 계속되는지 그리고 빈곤이 어떻게 종결될 수 있는지를 아주 명확하게 확인했다.

우리는 기아와 AIDS 그리고 말라리아로 고통받는 한 마을을 방문했다. 그곳 상황은 공식 문서에 기록된 것보다 훨씬 더 참혹했다. 구제불능일 정도는 아니었지만 큰 노력이 즉시 필요한 상황이었다. 즉 사우리를 비롯한 아프리카 농촌의 위기가 해결되려면 국제사회가 사태의 심각성과 메커니즘 그리고 해결 방법을 좀더 잘 이해해야 한다.

가난에서 벗어나려고 몸부림치고 있는 사우리 주민들의 목소리를 들어보는 것이 상황을 파악하는 가장 빠른 길이었다. 어느 날 오후에 100명 이상의 마을 사람들이 우리를 만나러 왔다. 〈사진 2〉는 그때의 장면이다. 우리 그룹의 초청에 응한 것이다. 배고픔과 질병에 야윌 대로 야윈 이들이 세 시간 반 동안이나 머물면서 자신들이 처한 곤경에 대해 분명하고 설득력 있게 설명했다. 이들은 비록 가난하지만 인간의 존엄성을 잃지 않았으며 여러 능력과 재주를 갖고 있다는 것을 알 수 있었다. 당장 눈앞의 생존을 위해 싸우고 있었지만 이들은 낙담하지 않았고, 상황을 개선시킬 의지로 가득 차 있었다. 이들은 어떻게 하면 좀더 나은 상태로 복귀할 수 있는지를 아주 잘 알고 있었다.

이 만남은 바 사우리 초등학교의 운동장에서 이루어졌는데, 안느 마르셀

린느 오몰로라는 훌륭한 교장 선생님이 자리를 주선해 주었다. 오몰로는 대부분 고아인 가난한 학생들이 초등교육을 받고, 하루하루 힘겨운 생활을 헤쳐 나가도록 이끌어 주고 있었다. 질병과 배고픔 그리고 고아라는 열악한 상황에서도 2003년도에는 8학년의 학생들 모두가 케냐 국가 중등학교 시험을 통과했다. 우리는 그 이유를 어느 일요일에 알게 되었다. 학교가 쉬는 날이었지만 그해 8학년 학생들이 몇 달째 오전 6시 30분부터 오후 6시까지 책상에 앉아 11월에 치러지는 중등학교 시험을 준비하고 있었다. 그러나 불행하게도 시험을 통과한 많은 학생들이 수업료와 교복과 학용품을 마련하지 못해 중등학교에 진학할 수 없을 것이다. 그렇지만 마을 사람들은 중요한 시험을 치르는 8학년 학생들이 더욱 끈기 있게 공부할 수 있도록 점심을 제공한다. 물론 땔나무와 물은 학생들이 집에서 가져온다. 〈사진 3〉, 〈사진 4〉가 그 모습이다. 그러나 무척 슬픈 일은 마을 사람들이 더 어린 아이들에게는 점심을 제공할 수 없으므로 그 아이들은 스스로 끼니를 해결해야 한다. 그러나 많은 아이들이 먹을 것을 마련할 수 없어서 굶는다.

   마을 주민들과의 만남은 월요일 오후에 계속되었다. 마을 사람들은 수 킬로미터 떨어진 곳에서 걸어서 도착했다. 나는 마을 사람들에게 내 동료들을 소개하고 코피 아난 사무총장에게서 받은 유엔밀레니엄프로젝트 과제를 설명했다. 그 과제는 사우리 같은 마을의 상황을 이해하고 마을 사람들과 함께 일하면서, 극단적 빈곤과 기아·질병을 줄이고 안전한 상하수 시설을 늘이는 전 세계적 밀레니엄발전목표를 달성하기 위해 곤경에 처한 마을들을 도울 수 있는 방법을 찾으라는 것이었다. 그 자리에서 나는 미국의 렘페스트 재단이 제공한 상당한 연구지원금을 재원으로 하여 컬럼비아 대학교의 지구연구소가 준비한 몇 가지 구상을 사우리에서 실행에 옮길 수 있을 것이라는 뜻도 알렸다. 지구연구소가 사우리에서 할 일[1]은 국제사회가 배울 만한 좋은 사례가 될 것이고, 아프리카의 다른 지역에 있는 마을들에게도 도움이 될 것이다. 우리에게 고통과 흥분과 자극-특히 부국의 사람들에게는 큰 자극이었다-을 동시에 준 몇 시간 동안의 토론을 끝내고 오후 5시 30분쯤 자리에서 일어났다.

공식 데이터가 사우리 같은 곳의 '정체된' 농촌 소득에 대해 무엇을 보여 주든지 간에 정체가 뜻하는 것은 쇠퇴와 조기 사망이라는 현실을 부드럽게 표현한 것이나 다름없다. 1인당 식량 생산은 하락하고, 말라리아는 만연한 채 증가하고 있으며, AIDS가 마을과 지역에 창궐하고 있다. 성인 발병률이 최소한 30퍼센트대에 이른다. 먹을 물을 긷는 원시적 수준의 샘들은 탁한데 아침에 물을 많이 퍼내고 난 다음에는 특히 더 그렇다. 영국에서 온 한 NGO가 몇 개의 안전한 샘을 파는 일을 도와주었다. 그러나 샘들의 수는 너무 적고 많은 가정들에서 너무 멀리 떨어져 있다. 그나마 물이 찔끔찔끔 나오는 경우가 많아 항아리 하나를 채우는 데도 몇십 분이 걸린다. 또한 과거의 급속한 인구 증가 때문에 농지 규모가 몹시 작아졌다. 출산율은 여성 1명당 아이 6명꼴이며, 마을 사람들은 종류를 막론하고 가족계획과 출산보건 서비스나 현대적인 피임도구를 접할 수 없다.

마을의 상황을 구체적으로 설명해 달라고 요청하자 모임에 나온 어떤 사람이 마을의 처참한 상황을 생생하게 설명해 주었다. 그리고 모임에 나온 200명의 농부 중에서 단 두 명만 농사를 짓는 데 필요한 비료를 사용하고 있다고 말했다. 약 25퍼센트가 질소 고정 나무로 개량된 휴경지를 사용하고 있었는데, 이것은 ICRAF가 개발하여 사우리에 소개한 과학적 영농방법이다. 이 새로운 방법으로 마을 사람들은 자연적으로 질소를 고정시키는 나무를 키우고 있다. 즉 나무가 대다수 식량작물이 직접 사용할 수 없는 대기 중 질소를 영양소로 이용할 수 있는 질소화합물로 전환시킨다는 것을 뜻한다. 다시 말해 (질소를 고정시키는) 콩과(科) 나무를 옥수수나 기타 곡식의 주변에 심을 수 있다. 농부들은 적절한 파종 시기와, 나무와 곡식의 적정한 혼합비율을 선택함으로써 화학질소 비료의 자연적 대용물을 얻게 된다.

그때까지 사우리 농부 중 4분의 1만이 새로운 방법을 사용하고 있었다. 그 기법을 도입하는 데 돈이 들고, 한 번의 파종기를 놓치기 때문이다. 또한 농부들은 몇몇 비질소성 비료, 특히 칼륨을 추가할 필요가 있을 텐데 이것 역시 가난한 농부들에게는 너무 큰 비용이 든다. 만약 ICRAF가 추가 재원을 얻을 수 있고 마을 사람들이 그 과정에 착수하기만 한다면, 이 모든 어려움은 쉽게 극복될 수 있다. 따라서 ICRAF가 개발한 영농기법은 마을 전역으로 확대될 수 있다.

마을의 나머지 농부들은 0.1헥타르도 안되는 작은 농토를 경작하고 있다. 그런데 농토는 영양소가 완전히 고갈되었으므로 작물을 생산하기에는 생물학적으로 부적절한 경우가 많다. 토양은 영양소와 유기물이 철저히 고갈되어 비가 충분히 내려도 1헥타르당 약 1톤 정도의 옥수수밖에 수확하지 못한다. 따라서 사람들은 기아 상태에 머물러 있을 수밖에 없다. 연령에 비해 작은 키를 의미하는 발육부진 병이 널리 퍼져 있는데, 이는 아이들의 만성적이고 광범위한 영양 부족을 나타내는 징후다.

그런데 진짜 놀라운 이야기를 들은 것은 몇 가지 추가 질문을 한 다음이었다. 과거에 비료를 사용한 적이 있는 농부가 몇 명이나 되는지 질문하자 모든 사람이 손을 들었다. 농부들이 돌아가며 과거에는 사용한 적이 있지만 지금은 가난해서 살 수 없게 된 경위를 설명하면서 자신들의 형편으로는 비료 값이 너무 비싸다고 했다. 이중암모늄인산(DAP) 비료는 50킬로그램 1포대에 약 2,000ksh(케냐 실링, 25미국 달러)로 팔린다. 1톤당 500달러라면 세계 시장가격의 최소 2배다. 농사를 짓기 위해서는 1헥타르당 2~4포대, 즉 1헥타르당 50~100달러가 들어간다. 이 돈은 그들이 감당할 수 있는 범위를 훨씬 넘어선 비용이다. 비료를 사기 위해 대출을 받는 것은 불가능할 뿐더러 이 농부들에게는 분별 있는 행위도 아니다. 한 번이라도 수확에 실패하거나 때 아닌 말라리아 발병이나 예상하지 못한 여러가지 재난이 일어난다면 돈을 빌린 가계는 끝없는 채무와 빈곤의 소용돌이 속으로 순식간에 빠져들 수 있다.

대화가 진행되는 동안 나는 마음속으로 계산을 했다. 혼농림 기법과 화학비료 투입의 적절한 조합을 확대시키려면 약 수만 달러의 비용이 들 것이다. 마을 사람들 스스로는 감당할 수 없는 금액이겠지만 기부자들이 나타난다면 사우리 같은 마을 사람들에게 1인당으로 치면 낮은 비용일 것이다(다행스럽게도 이 경우에는 지구연구소가 대응할 수 있었다).

오후에 토론이 다시 시작되자 그 마을이 처한 곤경이 아주 심각한 정도라는 것이 더욱 분명해졌다. AIDS가 그 마을을 할퀴고 있지만 항레트로바이러스 치료를 받을 수 있는 사람은 아무도 없었다. 그 전염병으로 고아가 된 아이들을 돌보는 가계가 몇이나 되는지 묻자, 거의 모든 사람이 손을 들었다. 나이로비나 기타 도시에 사는 가족에게서 송금을 받는 가계가 몇이나 되는지 물었다. 그러나 이 질문에 대한 답은 도시에서 오는 것이라고는 송금이 아니라 죽은 가족의 관과 고아들뿐이라고 했다.

나는 가족 중에 현재 말라리아를 앓고 있는 사람이 있는 가계가 몇이나 되는지 물었다. 약 4분의 3이 손을 들었다. 말라리아 방지용 모기장을 사용하는 가계는 몇인지 묻자 200명 중 2명만이 손을 들었다. 그렇다면 모기장이 무엇인지 알고 있느냐고 묻자 모든 사람이 손을 들었다. 그리고 모기장을 사용하기를 원하는 사람은 과연 몇 명인가라고 묻자 모두가 손을 들었다. 하지만 모기장을 살 돈이 없는 것이 문제라고 그 자리에 참석한 많은 여성들이 설명했다. 1개당 겨우 몇 달러에 팔리는 이 모기장은 국제 기부단체들에게서 부분적으로 보조를 받을-사회정책적으로 판매될- 경우에도 그들이 구입하기에는 여전히 너무 비싸다는 것이다. 마을에서 몇 명이 말라리아 발병에 대처하기 위해 약품을 사용하는지 묻자 겨우 몇 사람만이 손을 들었다. 한 여성이 마을 사람들이 살 수 없을 정도로 약이 너무 비싸다고 했다.

〈사진 5〉에서 볼 수 있듯이 1년 전쯤 사우리에 작은 진료소가 있었다. 하지만 의사는 떠났고 진료소는 자물쇠로 채워져 있다. 마을 사람들이 의사에게 치료 비용을 내거나 약을 살 수도 없게 되자 의사가 떠났다는 것이다. 이제 그들은 의료시설이나 치료약품 없이 스스로 질병에 대처한다. 말라리아가 심해지고, 아이들이 빈혈 때문에 빈맥(급속한 심장박동)에 걸려 산소를 전달하는 헤모글로빈이 결핍된 작고 쇠약한 몸으로 숨을 헐떡이면, 마을 사람들은 아이를 업고 인근 얄라에 있는 소지구 병원으로 달려간다. 어머니들은 아이를 등에 업거나 외발 손수레에 싣고 몇 킬로미터의 진흙 길을 걸어갈 것이다. 그런데 우리가 마을에서 돌아오는 길에 얄라 소지구 병원을 방문했을 때 환자들은 간이병상에 누워 있었으며 마실 물이나 상주하는 의사가 없었다(의사 1명이 일주일에 이틀씩 오후에만 방문한다). 심지어 수술 도구조차 제대로 갖추어져 있지 않았다.

몇 년 전으로 돌아가 이야기하자면 사우리 주민들은 마을 근처에서 주워 온 나무로 요리를 했지만 나무가 줄어들면서 필요한 땔나무를 구할 수 없게 되었다. ICRAF의 개량된 휴경지 시스템을 사용하는 가계 가운데 약 4분의 1이 휴경지에서 땔나무를 전용으로 공급받고 있었다. 그 시스템이 콩과(科) 나무를 기반으로 하고 있기 때문이다. 그러나 다른 가계들은 그렇지 않았다. 마을 사람들은 지금 얄라나 무한다(모두 몇 킬로미터씩 떨어져 있다)에서 땔나무를 구매하고 있는데, 나뭇가지 7개로 된 1묶음에 약 25실링(30센트)이라고 말했다. 그런데 나무 한 묶음은 한 끼 식사를 요리하는 데도 충분하지 않았다. 마을 사람들을 만나는 자리에서 우리는 현금 수입이 전혀 없는 마을에서 끼니당 30센트가 들어간다는 사실에 놀라움을 표했다. 한 여성은 많은 마을 사람들이 사실상 소 똥을 태워 요리하거나 음식을 익혀 먹지 않게 되었다고 대답했다.

마을 주민들이 기아와 AIDS 그리고 말라리아로 죽어 가는 상황에서 그 마을이 외부 세계와 고립된 현실도 무척 놀라웠다. 사우리 안에서 승용차나 트럭을 소유하거나 사용하는 사람은 전혀 없었고, 겨우 몇 사람만이 과거에 동력 차량을 타 본 적이 있다고 말했다. 200명 가량 되는 마을 사람 가운데 서너 명만이 그 지역에 있는 키슈무라는 도시를 매달 간다고 말했다. 그리고 거의 비슷한 수의 사람들이 과거에 케냐의 상업적·정치적 수도이자 400킬로미터쯤 떨어져 있는 나이로비에 한 번 간 적이 있다고 말했다.

그 마을에 전달되는 송금은 거의 없었다. 실제 그 마을로 들어오는 현금 수입은 어떤 종류의 것이든 거의 한푼도 없었다. 농장에서 재배하는 빈약한 생산물은 시장에서 판매할 용도가 아니라 거의 전적으로 가족의 생계를 위해 사용되었다. 마을은 비료와 의약품과 학교 수업료, 또는 마을 바깥에서 구해야 하는 여러 가지 기본적인 필수품을 살 돈이 없었다. 모임에 참석한 사람들 가운데 약 50퍼센트가 살아오면서 전화를 사용한 적이 단 한 번도 없다고 말했다(우리가 가진 이동전화는 그 마을에서 통화가 잘 되었는데, 얄라에 지상 송신국이 있었기 때문이다. 아이러니한 일이지만 어떤 면에서는 바람직한 일이기도 했다. 예를 들어 그 마을이 이동전화 한 대를 공동으로 사용한다고 가정하면 별도 시설이 없어도 저렴한 전화통신 편익을 제공할 수 있다).

2004년 당시 가뭄이 다시 시작되었는데 기후가 점점 더 변덕스러워져

가는 과정에서 나타난 또 한 번의 재앙이다. 변덕스러운 기후는 부국에서 비롯되는 장기적이고 인위적인 기후변동 현상이 더욱 심하게 나타나는 사례일 것이다. 학교 지붕에 설치된 2개의 집수장치는 비어 있고, 농부들은 다음 달 수확에 재난이 닥치는 것은 아닐까 걱정하고 있었다. 케냐 정부는 이미 니안자를 포함한 몇 개 주에 임박한 기아에 대처하기 위한 긴급 원조를 전 세계에 호소했다.

이 마을이 재난을 극복하고 밀레니엄발전목표를 달성할 수 있겠지만 자신들의 힘만으로는 어려울 것이다. 생존은 일련의 특수한 문제를 어떻게 다루는가에 달려 있다. 즉 영양소가 고갈된 토양, 변덕스러운 강우, 광범위한 말라리아 전염병, AIDS, 적절한 교육기회의 부재, 안전한 식수와 화장실의 부재, 기본적인 수송, 전기, 취사용 연료, 통신 등의 결핍을 어떻게 할 것인가? 이것들은 널리 알려지고 검증되었으며, 상황에 알맞고 신뢰할 수 있는 기술과 개입조치로 극복할 수 있다.

사우리 소지구가 직면한 문제의 핵심은 다음과 같이 간단하고 정확하게 정리할 수 있다.

사우리 소지구의 마을들을 비롯하여 전 세계에 분포되어 있는 그와 비슷한 가난한 마을들은 구제될 수 있고, 발전의 길로 나아갈 수 있다. 여기에 드는 비용은 전 세계적 차원에서 보면 아주 미미하다. 그러나 마을 자체적으로 또는 케냐 정부 입장에서 보면 감당할 수 없을 정도로 크다.

아프리카의 사파리 안내원들은 사바나에서 찾아봐야 하는 5대 동물을 꼽는다. 이처럼 국제 개발관계자들은 개발을 위한 5대 조치에 대해 언급해야 한다.

마을 사람들과 유엔밀레니엄프로젝트가 확인한 사우리의 5대 조치는 다음과 같다.[2]

- 농업 투입물: 비료 · 개량된 휴경지(ICRAF의 검증된 기술을 바탕으로 한) · 녹비 · 피복 작물 · 집수장치와 소규모 관개 · 개량 종자 등이 있으면 농부들은 1헥타르당 식량 수확률을 3배로 증가시켜 만성적 기아를 즉각 끝낼 수 있을 것이다. 게다가 저장 시설이 있으면 마을이 곡물을 몇 달에 걸쳐 팔 수 있으므로 좀 더 좋은 가격을 받을 수 있을 것이다. 살충 성질이 있는, 개량 휴경종 테프로시아(teprosia)에서 나오는 잎으로 만든 저장용기에 곡물을 오래 보존할 수 있을 것이다. 이런 개량들은 아프리카 농장과 가계에서 비교할 수 없을 만큼 많은 일을 담당하는 여성들에게 특히 유리할 것이다.
- 공중보건 투자: 주민 5,000명당 의사와 간호사가 각각 한 명씩 있는 진료소는 무료 말라리아 퇴치 모기장, 효과적인 말라리아 퇴치약, AIDS 기회 감염(면역체계가 정상적으로 작동하지 않을 때 발생하는 감염-옮긴이)에 대한 치료(고효능 · 저비용 박트림제를 포함한), 말기 AIDS 환자를 위한 항레트로바이러스 요법, 성 보건 및 출산 보건 서비스를 포함한 기타 일련의 필수 보건 서비스를 제공할 것이다.
- 교육 투자: 초등학교의 모든 어린이들에 대한 식사 제공은 학교 어린이들의 건강, 교육의 질, 출석률을 높일 것이다. 학생들을 위한 직업훈련을 확장함으로써 현대적 영농기술(예를 들어 개량 윤작 및 비료 사용법), 컴퓨터 작동술, 기초 시설의 유지보수(전선 부설 · 디젤 발전기 사용 및 유지보수 · 집수법 · 우물 설치 및 유지보수), 목공 등을 가르칠 수 있을 것이다. 가구 수가 1,000개밖에 안되는 사우리에서는 한 달에 한 번씩 마을 전체 교육을 실시할 수 있다. 이 과정을 통해 성인들에게 위생, AIDS, 말라리아 통제, 컴퓨터와 이동전화 사용 그리고 간단한 기능이지만 생활에 꼭 필요한 수많은 일들을 가르칠 수 있을 것이다. 그

마을은 늘어난 정보와 기술 지식으로 역량을 기를 준비가 되어 있고, 또 그것을 간절히 바랄 것이 틀림없다.

- 동력·수송·통신 서비스: 전선(얄라나 니안미니아부터)이나 독립형 디젤 발전기를 통해 마을에 전기를 공급할 수 있을 것이다. 전기는 전등과 학교에 설치한 컴퓨터, 안전한 샘물을 퍼 올리는 펌프, 곡물을 비롯한 식량 가공·냉장·목공·가정용 배터리(가정용 조명에 사용될 수 있는) 충전 그리고 기타 필요한 일에 동력을 공급할 것이다. 마을 사람들은 학생들이 해가 진 다음에도 공부하고 싶어 하지만 전등이 없어 못한다는 점을 강조했다.

  마을에 트럭이 있으면 비료나 기타 농장 투입물, 현대적 연료(예를 들어 미국의 뒷마당 바비큐 파티장에 흔히 있는 LPG 가스통 같은 것)를 실어 오고, 수확물을 시장에 가져가며, 쉽게 상하는 상품과 우유를 키슈무로 내다 팔 수 있다. 그리고 청년들을 위한 비농업 고용기회를 증대시킬 수 있다. 또한 트럭이 있으면 출산 과정에서 문제가 생긴 여성들과 급성 빈혈증세를 보이는 아이들을 병원으로 급히 데려갈 수 있다.

  마을 전체가 공동으로 사용할 수 있는 이동전화가 한두 대 있으면 긴급할 때나 시장 정보를 얻기 위해 사용할 수 있다. 그리고 일반적으로는 사우리의 바깥 세계와 연락하는 일을 손쉽게 할 수 있다.

- 안전한 식수와 위생: 마을 전체를 위한 안전한 우물과 화장실이 충분히 있으면 여성과 아이들이 날마다 물을 긷는 데 수많은 시간을 낭비하지 않아도 될 것이다. 샘과 우물, 강우 집수장치 및 기타 기초적인 기술을 통해 물을 공급할 수 있을 것이다. 기존의 대규모 탱크와 몇 킬로미터 떨어진 펌프장에 연결할 가능성도 높아진다.

그런데 예상과는 달리 5,000명의 사우리 주민들을 위한 이 같은 서비스는 아주 낮은 비용으로 확보될 수 있을 것 같았다. 다음과 같이 간단하게 계산할 수도 있는데, 지구연구소 동료들이 이 추산을 좀더 정확하게 가다듬고 있다. 예를 들어 보자.

500헥타르 정도의 경작지를 위한 비료와 개량된 휴경지를 위해서는 해마다 1헥타르당 약 100달러 비용이 들고, 마을 전체를 위해서는 역시 해마다 약 5만 달러 정도의 비용이 들 것이다.

의사와 간호사가 각각 1명씩 있고, 무상 말라리아 예방과 간호를 제공하며, 항레트로바이러스 요법을 제외한 기타 무상 기초 서비스를 제공하는 진료소에는 해마다 약 5만 달러의 비용이 들 것이다. AIDS를 물리치기 위한 미국의 비상계획 및 기타 프로그램이 항레트로바이러스 요법을 제공할 것이다. 학교에서 제공되는 식사를 위한 비용은 비료를 사용함으로써 얻어지는 곡물 수확량 증가분 가운데 적은 양을 공동으로 모아 부담할 수 있을 것이다.

트럭은 몇 년에 걸친 할부로 구입한다(또는 제조업체에서 임차한다)고 가정할 경우 1년에 약 1만5천 달러의 비용이 필요할 것이다. 소지구 전체 차원에서 초등학교와 중등학교 학생들을 위해 요리하는 데 사용하는 현대적 연료는 1년에 5,000달러의 비용이 들 것이다. 그리고 몇 대의 마을 공동 이동전화와 곡물 저장시설에 1년에 5,000달러가 들 것이므로 총 2만5천 달러의 비용이 소요될 것이다.

식수를 구할 수 있는 샘(접근성이 개선된), 펌프를 갖춘 우물, 대규모 저장시스템에 연결된 마을 수도꼭지 등을 결합시킴으로써 약 2만5천 달러 비용으로 최소한 편리한 장소 10곳에 물을 공급할 수 있을 것이다.

전용 독립 발전기나 얄라 또는 니안미니아에서 끌어 온 전선을 통해 약

3만5천 달러의 시초 비용으로 학교·인근 진료소·5개의 급수 지점에 전기를 공급할 수 있을 것이다. 추가적으로 필요한 4만 달러의 시초 비용과 1만 달러의 반복성 비용으로 모든 가정에 배터리와 전구 세트를 제공할 수 있다. 또한 각 가정은 배터리 충전장치를 마을 발전기에 연결시켜 밤마다 몇 시간씩 작은 전구를 밝힐 수 있다. 이에 소요되는 비용은 해마다 약 2만 5천 달러에 이를 것이다.

교육활동을 확대하는 데 추가 비용이 들 것이다. 그리고 농촌기술지도소 직원들의 현지 관리와 기술 자문, 기타 이와 관련 있는 사항들을 연락하기 위한 서비스를 제공하기 위해 여러 항목의 비용이 필요할 것이다.

지구연구소 동료들과 나는 이런저런 개선들을 위한 총비용이 최소한 다음 몇 년 동안 연간 35만 달러 또는 사우리 주민 1인당 연간 약 70달러에 이를 것이라고 추산했다. 하지만 (비용에 비해) 얻는 편익은 놀라울 것이다. 말라리아 통제의 결정적 진전(최근 이웃 지역에서 이루어진 CDC 모기장 시험에 비추어 판단하건대 전파율이 약 90% 감소할 것임), 1헥타르당 식량 수확률이 2~3배 증가함에 따라 만성적 기아와 영양 부족의 급격한 감소, 학교 출석률 증가, 수인성 질병의 감소 등을 불러올 것이다.

한편 잉여 곡물과 현금 작물 판매를 통한 소득 증가, 식품가공·목공·소규모 의복 제조·원예·양식·가축 사육 등을 통한 현금 소득 증가 등 무수한 편익이 있을 것이다. 그리고 진료 서비스에 AIDS 치료약품을 추가할 경우 AIDS로 인한 수많은 사망자들뿐만 아니라 고아들의 발생도 낮출 수 있을 것이다.

투자는 나중이 아니라 곧 생명 구제·어린이 교육·공동체 보존 등을 통해 성과가 나타날 것이며, 더 나아가 직접적인 상업적 수익을 거둘 것이다. 예를 들어 비료의 경우를 생각해 보자. 현재 각 가정은 저장과 수송을 위한 수단이 없고 신용을 얻을 수 없다. 신용을 얻을 수 있다 하더라도 작물이 실패할 위험에 대비한 재정적 완충장치가 없으므로 농부들은 비료를 사용하지 않는다. 1헥타르당 100달러의 비료 투입 비용(200킬로그램의 DAP 같은)이 개량된 휴경지와 결합하거나 이 휴경지로 대체할 경우 정상적으로 농작물을 거둬들이는 때가 되면 작물 수확량이 1헥타르당 1톤에서 3톤으로 증가할 것이다. 시장에 내다 팔 수 있는 금액도 1헥타르당 200~400달러로 증가할 것이다. 물론 수송이 가능하고 옥수수 시장가격이 안정적이라는 전제에서 말이다.

가뭄이 든 해는 비료나 개량된 휴경지를 사용하면 그나마 1톤이라도 수확할 수 있지만, 그렇지 않은 경우에는 수확물이 전혀 없을 것이다(따라서 아사는 아닐지라도 극심한 기아가 발생할 것이다). 처음 몇 해 동안은 비료와 개량된 휴경지가 마을 사람들에게 무상으로 제공되어야 할 것이다. 그 이유는 농부들의 영양과 건강상태를 호전시키고 재정적 완충장치를 구축하기 위해서다. 나중에 마을 사람들과 필요한 비용을 나눌 수 있게 되고, 약 10년쯤 지난 뒤에는 완전히 상업적인 방식으로 비료와 개량된 휴경지를 제공할 수 있을 것이다.

국제 기부자들과 사우리 같은 마을

국제 기부자들은 늘 다음과 같은 한 가지 문제를 고려해야 한다. 사우리 같은 농촌 지역들에서 5대 조치를 확대하려면 어떻게 해야 하는가? 인구가 약 3,300만 명이고 그 가운데 3분의 2가 농촌지역에 사는 케냐는 사우리 같은 마을들을 위해 해마다 약 15억 달러의 투자가 필요할 것이다. 케냐 정부는 이미 재정적 수단이 고갈되었으므로 대부분의 재정적 갭을 메우는 일은 기부자들의 몫이다(제14장에 기술된 세부 개발계획의 맥락 속에서 좀 더 정확한 비용 추산이 이루어져야 한다). 실제로 기부자들이 케냐에 지원한 금액은 약 1억 달러로 필요한 금액의 5분의 1에 지나지 않는다. 이에 반해 케냐가 부채 이자상환을 위해 부유한 세계에 지급하는 돈은 연간 약 6억 달러에 이른다. 따라서 국제사회가 케냐에 필요한 예산을 지원하기보다는 오히려 갉아먹는 역할을 하고 있는 것이다.

이런 사실이 더욱 두드러져 보이는 것은 최근 케냐가 비로소 민주주의를 달성하여 여전히 취약한 상태에 있고 따라서 국제적 개발 협력자들에게서 아주 많은 도움을 받아야 한다는 점 때문이다. 또한 정말로 안타까운 일은 케냐가 스스로 일으키지도 않은 전쟁에 휘말려 전세계적 테러리즘의 피해자가 되었다는 사실이다. 즉 케냐 땅에 있는 미국과 이스라엘 목표물들이 최근 몇 년 동안 공격받아 왔다. 때문에 케냐의 관광산업이 타격을 입었으며, 수백 명의 아무 죄 없는 케냐인이 죽었을 뿐만 아니라 막대한 재산상의 손실을 입게 되었다.

유엔밀레니엄프로젝트는 케냐 정부와 공동으로 케냐에서 밀레니엄발전 목표가 달성될 만큼 과감한 빈곤 경감 노력이 행해지도록 작업을 이끌고 있다. 이 전략을 위해서는 훨씬 더 많은 개발원조가 필요하고, 부국이 더 많은 부채를 탕감해 줄 필요가 있다. 바로 이런 조건이 성립될 때만 케냐는 사우리 같은 마을들뿐만 아니라 빈곤에 시달리는 농촌 전역에 5대 조치 - 농업 · 보건 · 교육 · 전기 · 수송과 통신 · 안전한 식수 - 에 투자할 수 있을 것이다. 최근 케냐 정부는 전국적 사회건강보험 기금을 제안했다. 이 기금은 기초 의료에 대한 접근수단을 확대하기 위해 필요한 계획의 일부분이다. 그러나 기부자들은 그런 종류의 기금이 실제로 어떻게 달성될 수 있는

지 확인할 수 있는 좋은 기회를 붙잡기보다는 재빨리 거부해 버렸다.

부패라는 문제가 기부자와 케냐 정부 사이의 관계를 어둡게 만들고 있다. 케냐의 부패는 많은 경우에 20년 이상 지속된 이전 정권의 잔재와 아직 척결되지 않은 부정한 관리들 때문에 발생했다. 일부 부패는 새롭게 발생한 것들이고 완전히 제거될 수도 있다. 그러나 이것은 케냐가 공공행정의 기능을 개선할 수 있도록 기부자들이 도와줄 경우에만 가능하다. 기부자들이 케냐를 도와줄 때도 도덕적 훈계와 손가락질을 통해서가 아니라 다음과 같은 것들을 이용해야 한다. 즉 컴퓨터 설치, 출판된 설명서, 직업 훈련과 그에 따른 고등 직무훈련, 고위 관리들의 월급—뇌물이나 부수입으로 살아갈 필요가 없도록 하는—인상, 정부가 이미 해 오고 있는 대대적인 사법제도 개선 노력에 대한 지속적인 지원, 현지 마을들의 공공서비스 감독 능력의 향상 그리고 무엇보다 기부자의 겸양을 통해 이루어져야 한다. 대부분의 기부국 정부들도 일정한 부패를 안고 있고, 심지어 대외원조 기부에도 부패가 개입할 여지가 있다(이 부패는 종종 기부국 내부의 강력한 정치 세력가들과 연계되어 있다). 부패로 인한 폐해가 광범위하므로 부패에 대한 체계적이고도 명확한 공격이 필요하다. 그러나 이에 대한 도덕적 훈계는 불필요하며 잘못된 처방이다.

기부자들은 정부 지도자들과 한자리에 앉아 이렇게 말해야 한다. "우리는 당신들이 케냐의 마을들에서 5대 조치를 확대할 수 있도록 돕고 싶습니다. 그럼으로써 당신들이 케냐의 모든 농촌 빈민들에게 농업 투입물·건강·교육·전기·통신과 수송·안전한 식수와 위생에 대한 접근수단을 제공할 수 있도록 하고자 합니다. 우리 함께 힘을 모아 예산과 관리 시스템을 설계해 봅시다. 물론 관리 시스템은 마을 단위까지 영향을 끼치고, 관찰 가능한 조치들은 전국 차원에서 실시할 수 있도록 해야겠지요. 당신들이 이런 역사적 프로젝트에 대해 훌륭한 통제 시스템을 확립할 의사가 있다면, 우리는 그 비용을 기꺼이 지불할 것입니다." 이런 시스템을 설계하고 그 시스템의 실행과 성과를 검증하기 위해 국제 민간 컨설팅 회사의 도움을 받을 수 있을지도 모른다.

예상을 좀더 해 보자. 기부자와 정부들은 사우리 같은 마을들이 집단적 관찰과 집행 메커니즘을 가지고 있다는 중요한 사실을 활용할 수 있을 것이다. 이 메커니즘은 마을 생활에서 자동적으로 형성된 것으로 마을에 대한 원조가 잘 사용되도록 하는 데 도움이 될 수 있다. 소액 금융에서 집단 대출 경험이 매우 성공적이었던 것처럼 마을 단위 공동체 조직들에게 마을 서비스를 감독할 권한을 부여하는 프로젝트 역시 무척 성공적이었다. 판차야트(panchayats: 마을 의회)에 기반을 둔, 최근 인도 마을의 자치 경험은 한 가지 두드러진 사례일 뿐이다. 사우리에서 마을 사람들은 다양한 위원회(학교 교육·진료소·수송·전기·영농) 구성 요청을 기꺼이 받아들였다. 그런데 위원회 구성은 실제 투자를 위한 준비작업을 보조하고 그 투자가 실행에 옮겨질 때 적절한 통제구조를 확보하기 위한 조치였다. 위원회 구성을 감독한 오몰로 교장 선생님은 특수한 장애에 따른 부담감이 있고, 심지어 법률적 제한까지 받는 마을 여성들이 각 위원회에서 충분한 대표성을 가질 수 있도록 배려하기도 했다.

만약 기부자들을 대표하는 사람들이 케냐 정부와 함께 마을 사람들과의 회의나 정부 관리들과의 토론에 참여한다면 과연 어떤 일이 벌어질까? 원조가 실제로 마을들에 영향을 끼칠 수 있도록 하기 위한 많은 유익한 접근법을 생각해 낼 수 있을 것이다. 우리는 전 세계의 빈곤한 마을들에서 생존을 위해 싸우는-그리고 때때로 실패하는-수백만 명의 목숨을 구하기 위해 좀더 창조적으로 사고해야 한다. 기부자와 케냐 정부는 적절하고 과감한 전략에 동의할 수 있고 또 그래야만 한다. 만약 우리가 올바른 전달 메커니즘을 확보하고 보조 정보 자료와 기술에 투자할 수 있다면 무엇을 기대할 수 있을까? 케냐의 새로운 민주주의는 중앙 정부부터 마을에 이르기까지 국제적 재정지원이 투명하고 효율적이며 공정하게 사용되도록 언제든지 통제할 것이다.

도시 빈민과의 만남 : 인도의 뭄바이

케냐의 사우리에서 수천 킬로미터 떨어진 인도의 뭄바이에 있는 가난한 마을은 도시형 극단적 빈곤과 싸우고 있다. 2004년 1월에 내가 만난 집단은 기찻길 부근에 사는 마을 사람들이다. 그런데 '기찻길 부근'이라는 말은 기찻길이 도시를 통과할 때 내는 경적소리 범위 안에 있다는 것이 아니라 기찻길에서 3미터도 채 안 떨어져 있다는 뜻이다. 도저히 이해할 수 없는 이야기처럼 들리겠지만 〈사진 6〉에서 볼 수 있듯이 판지·금속 골판지·이엉 등 손에 잡히는 모든 것으로 지어진 판잣집이 기찻길 바로 옆까지 빽빽하게 들어서 있다. 노인과 아이들은 날마다 기찻길을 따라 걸어다니며, 지나가는 기차에서 30~60센티미터밖에 안 떨어진 곳도 아무렇지도 않은 듯이 지나다닌다. 이들은 기찻길에서 배변 행위를 하는데 다른 위생 시설이 없기 때문이다. 당연히 이들이 달리는 기차에 치어 다치거나 죽는 일도 자주 일어난다.

정력적으로 활동하는 사회복지원인 쉴라 파텔이 나를 기찻길 옆 마을로 안내해 주었다. 파텔은 이런 공동체들과 함께 일하기 위해 몇 년 전에 학교에서 연구하는 일을 그만두었다. 파텔은 〈사진 7〉과 〈사진 8〉에서 볼 수 있듯이 매우 가난한 빈민촌 지역 안에서 공동체 운동조직을 개척했다. 파텔이 세운 NGO인 지역자원촉진센터협회(SPARC)가 우리를 초청한 단체다. 방에 모인 약 50명의 사람들은 대부분 30~40대 여성이었지만, 몇십 년 동안 힘든 육체적 노동과 열악한 자연환경에 노출되었으므로 훨씬 더 나이 들어 보였다. 이들은 나를 비롯해 남아프리카공화국 더반에서 온 방문객들을 만나기 위해 여기에 왔다. 더반에서 온 방문객들은 빈민촌 거주자와 무허가촌 정착자들을 위한 공동체 조직에 대해 배우려고 인도에 왔다.

우리가 벌이는 토론의 가장 중요한 주제는 화장실이나 맑은 물 그리고 달리는 기차로부터의 안전이 아니라 자력갱생이다. 특히 사실상 아무것도 소유하지 않은 빈민촌 거주자들이 도시 당국과 협상하기 위한 전략과 발언권을 어떻게 확보할 수 있을지에 대해 논의하고 있다. 지난 몇 년 동안 이 특수한 공동체는 SPARC의 지원을 받아가며 기찻길 옆에서 벗어나 깨끗한 물·화장실·배수구·도로 같은 기초적 편의시설들이 갖추어진 거주지로 옮겨 갈 수 있는 방법에 대해 협상을 벌이고 있었다. 수천 명이 이미 이주했지만 또 다른 수천 명이 새로운 거처를 찾으려고 대기 중이었다.

기찻길 옆 몇 미터 안에 사람들이 큰 공동체를 이루며 산다는 것 자체가 정말로 깜짝 놀랄 만한 일이다. 그 공동체는 농촌의 빈곤과 기근을 피해 도시로 들어온 극단적 빈민들이 자신들과 아이들의 생존 가능한 환경을 구축하기 위해 싸우는 삶의 공간이다. 이런 공동체의 존재 자체가 극단적 빈민들이 얼마나 절망적인 상황에 처해 있는지를 한눈에 보여 주는 명확한 척도다. 그러나 내가 더 놀란 것은 SPARC의 도움을 받아 공동체 구성원들이 조직한 철도 빈민촌 거주자연맹(RSDF)이 실제로 있고, 이 단체가 자신들의 필요와 이해관계를 위해 도시 당국 및 인도철도와 협상을 벌이고 있다는 것을 알았을 때였다. SPARC와 RSDF 외에도 제3의 NGO가 그

회의에 대표를 보냈다. 여성 빈민촌 거주자들이 필요로 하는 일에 특별히 초점을 맞추는 마힐라 밀란(Mahila Milan: 함께 하는 여성들)이 그 단체다.

여성들이 이야기를 시작하자 도시형 극단적 빈곤의 현실과 다양한 해결책이 선명하게 부각되었다. 여성들은 각각 집단행동의 힘을 증언하는 말로 이야기를 시작했다. 증언자들의 순수한 미소와 침착한 태도 그리고 솔직하고 사실적인 접근방식이 아니었다면 증언은 마치 연출된 것처럼 보였을 것이다. 그 여성들은 자신들이 왜 학교 교육을 받지 못하게 되었는가를 설명했다. 수십 년 전 2~3년 동안 이따금씩 출석은 했을 것이다. 이 여성들은 읽고 쓸 줄 모르지만 아이들에게는 더 나은 교육을 시켜야 하고, 또 그럴 만한 가치가 있다는 점을 잘 알고 있다. 이들은 SPARC · RSDF · 마힐라 밀란이 공동으로 추진하는 활동에 참여하기 전에는 자신들이 처한 끔찍한 상황을 감수하는 데 익숙해져 있었다. 그래서 언제나 위험하고 시끄러우며 무질서하고 누추한 곳에서 살아 왔다.

그러나 이 여성들은 집단행동을 통해 자신들이 도시 안에서 살아갈 법적인 권리가 있고, 더 나아가 힘을 모아 함께 행동하면 공공서비스도 받을 수 있다는 것을 알게 되었다. 도시 당국과 철도회사 쪽 입장에서 보면 그 공동체를 기찻길 옆에서 다른 곳으로 이주시키는 것은 매우 좋은 일이었다. 기찻길 바로 옆에 빈민촌이 있으면 사고가 자주 일어나며, 달리는 기차의 속도를 눈에 띄게 줄일 수밖에 없다. 따라서 비용은 높아지고 서비스의 질은 떨어지게 마련이다. 도시 당국과 철도회사는 개별 가족들을 강제 이주시키려고 하지 않는다. 그렇게 하려는 아주 사소한 행동이 군중을 자극해 크고 작은 소동을 발생시킬 수 있다는 것을 경험을 통해 배웠기 때문이다. 2001년 2월에 일어난 사건이 바로 그런 사례였다. 그 당시 도시 당국은 항구 근처 기찻길 옆에 있던 2,000개의 오두막을 철거했다. 그러자

RSDF가 회원들을 동원하여 도시의 철도를 폐쇄시켜 버렸다.

사우리 마을처럼 이 공동체에 필요한 것은 인적 자본과 기초 인프라에 대한 투자를 통해 사람들의 건강과 교양은 물론이고 작업장의 생산성을 높이는 일이다. 가난한 가족은 기초적 도시 편의시설들을 원한다. 즉 기찻길에서 벗어나 생활하게 되기를 원하며 물·위생·도로 나아가 전기까지 이용할 수 있기를 바란다. 이들은 장차 살게 될 새로운 고장에서 정부가 제공하는 보조 식량과 조리용 연료에 대한 새로운 배급카드를 가질 필요가 있을 것이다. 아이들은 학교와 진료소에 갈 수 있어야 한다. 그들은 대중교통을 이용하거나 가까운 거리라면 걸어서 일터로 출퇴근하기를 바란다.

이들은 모두 하녀·요리사·청소부·경비원·세탁부 등처럼 숙련된 기술이 필요 없는 노동집약적인 힘든 일로 얼마 안되는 돈을 버는 노동자들이다. 이 공동체 안에서 더 젊고 영리한 사람들은 그들 자신이 경험한 정치적 행동에서 자극을 받고 힘을 얻어 실제로 읽고 쓰는 기초적인 법을 처음으로 배우거나 다시 배우기 시작했다. 글자를 깨우친 사람들은 현재보다 월급이 2~3배 더 높은 일자리를 찾을 기회가 있다. 의류 공장들이 그런 일자리라고 할 수 있다. 인도의 뭄바이와 푸네의 빈민촌에서 작성된 한 보고서에 따르면 기초생활에 필요한 시설의 부재가 여성들의 인간적 존엄과 신체적 복지에 얼마나 황폐한 결과를 초래했는지 숨김없이 이야기하고 있다.

> 공공급수장에서 물을 긷는 일은 대개 여성들의 몫이다. 여성들은 물을 얻기 위해 종종 장시간 동안 줄을 서야 하고, 이른 새벽에 일어나거나 밤늦게 공공급수장으로 가기도 한다. 여성들은 무거운 물통을 가지고 먼 거리를 걸어가거나 미끄러운 언덕을 올라가야 할 때도 있다. 또 많은 경우에 부족한 물로 집안 청소·요리·설거지·세탁을 하고 아이도 씻겨야 한다.

평소에 물을 긷던 우물이 마르면 물을 슬쩍 훔쳐오거나, 돈을 주고 사거나, 구걸해 마련해야 한다. 이처럼 물을 긷는 노력을 과소평가해서는 안 된다. 부족한 물 공급과 관련된 노동의 부담을 보고하는 보건통계에 필적할 만큼 설득력 있는 국제 통계가 없다. 공공수도나 다른 사람들의 수도를 사용한 적이 없는 사람들은 그런 일이 얼마나 창피하고 불편하며 넌더리 나고 스트레스를 받는 일인지 짐작조차 하기 어렵다. 화장실 없이 살거나 더러운 화장실을 사용하기 위해 길게 줄을 서서 기다리는 일은 건강에 해로울 뿐만 아니라 불안의 원인이 된다.[3]

많은 면에서 무허가 정착민들이 필요로 하는 물 문제는 사우리 마을 사람들의 경우보다는 대응하기가 훨씬 더 쉽다. 도시의 간선 상수도관에서 각각의 가정에 수도꼭지를 설치해 물이 나오게 할 수 있다. 단독 발전기를 동원하지 않더라도 전력망에서 배선을 달아 전기를 공급할 수 있다. 인구밀도가 높은 도시 지역에서는 학교와 진료소에 대한 접근수단도 더욱 쉽게 마련할 수 있다. 케냐 농촌에는 훈련받은 의료요원이 아주 적은 데 반해 뭄바이에는 의사와 간호사가 많이 있다. 도시지역의 문제는 자력갱생과 재정을 중심으로 전개된다. 자신의 땅이 없는 가난한 무허가 정착촌 공동체가 과연 어떻게 목소리를 모으고 또 자신감 넘치게 말할 수 있을까? 그리고 재정적 부담은 도시 정부와 빈민촌 거주민들 사이에 과연 어떤 현실적인 방법으로 분담할 수 있을까?

SPARC의 제안으로 새로운 빈민촌 복구법(Slum Rehabilitation Act)이 제정된 덕분에 공동체들은 더 많은 힘을 얻었다. 이제 빈민촌 거주자 단체들은 토지개발자로서 활동할 합법적인 권한을 부여받았다. 물론 권한을 행사하려면 이 단체들은 특정한 지구에서 선거권을 가지고 있는 빈민촌 거주자들 중 최소 70%를 대표한다는 것을 입증할 수 있는 서류가 있어야 한다. 토지개발자로서 빈민촌 거주자 단체는 도시 당국의 특별 프로그램을 활용하여 마을 이전을 위한 장소를 확보할 수 있다. 또는 상업적 개발용지를 확보하여 다른 곳으로 이전하기 위한 재원을 마련할 수 있다. 또 SPARC는 콜카타 빈민촌 지역에 화장실 설치를 돕기 위해 콜카타 자치 당국과 협상을 벌이고 있다. 건설 비용은 도시 당국과 빈민촌 거주자들이 공동으로 부담하고, 유지보수는 빈민촌 거주자 단체가 책임을 진다는 것이 협상의 주요 내용이다.

실라 파텔이 설명하듯이 회의석상에서 조직된 빈민촌 거주자들이 목소리를 내게 되면 과거에는 꿈도 꾸지 못했던 해결책을 언젠가는 만들어낼 수 있을 것이다. 최근에 세계은행이 창조적인 제안을 하면서 협상에 참여했다. 즉 이주 프로그램의 설계와 실행을 NGO들이 주로 담당하는 가운데 세계은행이 뭄바이의 도시 교통 개선을 위한 투자에 금융지원을 하기로 한 것이다. 또 NGO들은 마을 구성원들에 대한 기록을 정리하고 그들을 조직하는 일에서 놀라운 진전을 이루어냈다. 이것은 이주 과정의 원활한 진행에 무척 도움이 되는 일이었다. 실라 파텔과 동료들은 이렇게 말했다. 이 프로그램들은 "도시 빈민들의 시민권 획득 여정을 앞당기는 발걸음들이다. 이 과정에서 협조적 환경정책과 풀뿌리 민주주의 활동이 서로 상승작용을 하면서 도시 빈민들의 권리를 현실로 만든다."⁴

규모의 문제

사우리 마을들과 뭄바이 빈민촌 그리고 이들과 비슷한 수많은 곳에서 가난은 끝나기 시작해야 한다. 가난을 끝내는 일의 핵심은 세계의 힘과 부가 집중된 중심지들과 가난한 공동체들 사이를 소통시키는 전 세계적 연결망을 창출하는 일이다. 사우리 상태를 보면 1인당 70달러가 생활의 변화에 얼마나 큰 도움－동냥이 아니라 지속적인 경제성장에 대한 투자로써－이 될 수 있는지 알 수 있다. 뭄바이 상태를 보면 마을에 안정적이고 안전한 물리적 환경이 조성되면 가계들이 도시 경제－세계 시장에 이미 연계되어 있는－에서 발판을 마련할 수 있다는 것을 알 수 있다. 사우리에도 이와 비슷한 금액이 지원되면 곧바로 필요한 발판을 구축할 수 있을 것이다.

가난의 사슬을 끊는 시작점은 바로 가난한 사람들이다. 그들은 개인적으로든 집단적으로든 행동할 준비가 되어 있다. 그들은 이미 열심히 일하고 있으며, 곤경에 빠지지 않고 앞으로 나아가기 위해 싸울 준비가 되어 있다. 그들은 자신들의 운명을 숙명론적으로 받아들이지 않고, 오히려 자신들이 처한 상황과 그 상황을 개선시킬 방법에 대해 매우 현실적인 생각을 가지고 있다. 또한 그들은 자신들에 대한 통제를 책임 있게 해 나갈 각오가 되어 있다. 따라서 그들이 받는 모든 원조가 힘 있는 개인들에게 착복되지 않고 집단의 편익을 위해 사용되도록 확실한 방법을 마련할 수 있다.

그러나 그들은 너무나 가난하기 때문에 자신들의 문제를 스스로 해결할 수 없다. 부유한 세계는 가난한 사람들이 필요로 하는 부족한 재원을 언제든지 제공할 수 있다. 그런데 부유한 세계는 자신들이 제공하는 돈이 빈민들에게 실제로 전달될 것인지 그리고 그 돈이 끝없는 비상 배급품 제공이 아니라 가난을 끝내기 위한 실질적인 투자가 될 것인지 확인하고 싶어 한다. 재원 조달망에 상호 책임망이 어떻게 따라올 수 있는지를 보여 주면 부유한 세계가 확인하고 싶어 하는 것이 비로소 충족될 것이다.

다시 말해 가난한 사람들에게 책임과 권한을 동시에 부여하는 통제 시스템을 포함하여, 가난을 끝낼 수 있는 투자를 증가시킬 전략이 필요하다. 그러므로 빈국들은 그 어느 때보다 각각 이 도전에 지혜롭게 대처할 수 있는 빈곤 경감 전략을 설계할 때다.

제13장
빈곤에서 자본축적으로 가는 선순환

    가장 기본적인 수준에서 빈곤을 끝내기 위한 열쇠는 무엇일까? 무엇보다 가장 필요한 것은 극단적 빈민들이 발전의 사다리에 발을 올려놓을 수 있도록 도와주는 일이다. 발전의 사다리는 허공에 떠 있고, 극단적 빈민들은 그 아래 끈질기게 붙잡혀 있다. 이 사람들은 발을 올려놓는 데 필요한 최소한의 자본이 없으므로 누군가가 그들을 첫 계단으로 끌어 올려야 한다. 극단적 빈민들에게는 다음의 여섯 가지 주요 자본이 부족하다.

- 인적 자본: 사람의 건강·영양·기술을 말한다. 사람들이 경제적 생산성을 갖추기 위한 전제조건이다.
- 사업 자본: 농업·공업·서비스업에서 사용되는 기계·설비·동력 수송수단을 말한다.
- 인프라: 도로·동력·물과 위생·공항과 해항·통신 시스템. 사업의

생산성을 규정하는 필수 투입 요소다.
- 자연 자본: 잘 작동하는 생태계와 경작 가능한 토지, 건강한 토양, 생물 다양성을 말한다. 인간사회가 필요로 하는 환경 서비스를 제공한다.
- 공공제도적 자본: 상법·사법제도·정부 서비스와 경찰을 말한다. 분업이 평화적으로 작동하고 발전하기 위한 밑바탕을 이룬다.
- 지식 자본: 과학적 노하우를 말한다. 물적 자본의 형성과 기업의 생산성을 높여 준다.

빈곤 함정에서 어떻게 벗어날 것인가? 가난한 사람들은 무척 낮은 1인당 자본을 가지고 경제적 삶을 시작한다. 그런데 이런 경제적 환경이 세대에서 세대로 이어지면서 1인당 자본 비율이 사실상 하락하므로 빈곤 함정에 빠지게 된다. 자본축적보다 인구 증가가 빨리 일어날 때 1인당 자본의 양이 줄어든다.

자본은 플러스와 마이너스 두 가지 힘의 균형을 이루며 축적된다. 플러스 쪽을 보면, 가계가 경상 소득의 일부를 저축할 경우, 그리고 가계가 소득의 일부를 세금으로 내고 이 세수로 정부가 투자하는 경우에 자본이 축적된다. 가계저축은 사업체에 대부되기도 하고(종종 은행 같은 금융 중개업자들을 통해), 시장에서 거래되는 주식들이나 가족 사업체에 직접 투자된다. 시간의 흐름, 마모와 파손 또는 숙련공의 사망(예를 들어 AIDS 같은 질병이 원인이 되어) 등으로 자본은 감소하거나 감가된다. 저축이 감가를 초과할 경우 플러스의 순자본축적이 일어난다. 저축이 감가보다 적을 경우 자본축적이 하락한다. 플러스의 순자본축적이 있을 경우에도 1인당 소득이 성장하려면 순자본축적이 인구 증가를 따라잡을 수 있을 만큼 충분히 커야 한다.

빈곤 함정의 작동방식과 빈곤 함정의 해결에서 해외 원조의 역할

〈그림 1〉은 저축·자본축적·성장의 기본 메커니즘을 보여 주고, 〈그림 2〉는 빈곤 함정이 어떻게 작동하는지를 보여 준다. 〈그림 1〉의 왼쪽에 있는 일반적 가계에서 시작해 보자. 가계는 소득을 소비·세금·가계저축으로 나눈다. 정부는 세수를 경상지출과 정부투자로 나눈다. 가계저축과 정부투자에 의해 경제의 자본축적이 상승한다. 더 높은 자본축적은 경제성장으로 이어지고, 경제성장은 다시 성장에서 소득으로 이어지는 피드백 화살표를 통해 가계소득을 증가시킨다. 이 그림에서 인구 증가와 감가는 역시 자본축적에 부정적인 영향을 끼치는 것으로 나타난다. '정상' 경제에서는 가계저축과 정부투자가 인구 증가와 감가를 계속 앞지를 수 있으므로 상황은 소득 증가의 방향으로 순조롭게 흘러간다.

〈그림 2〉에서는 그 과정이 빈곤 함정 속으로 함몰된다. 다시 왼쪽에서

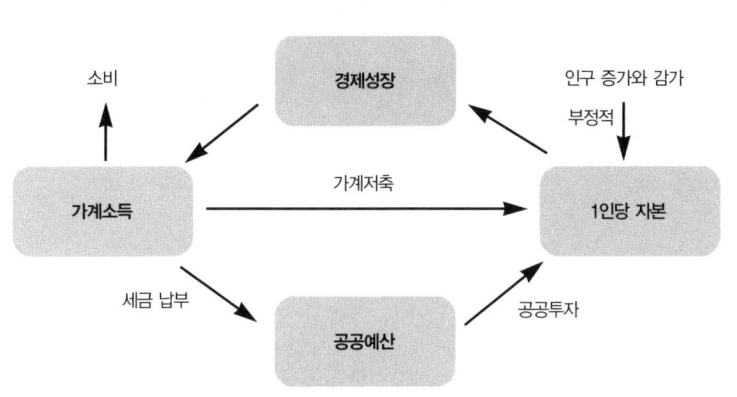

〈그림 1〉 자본축적의 기본 메커니즘

<그림 2> 빈곤 함정

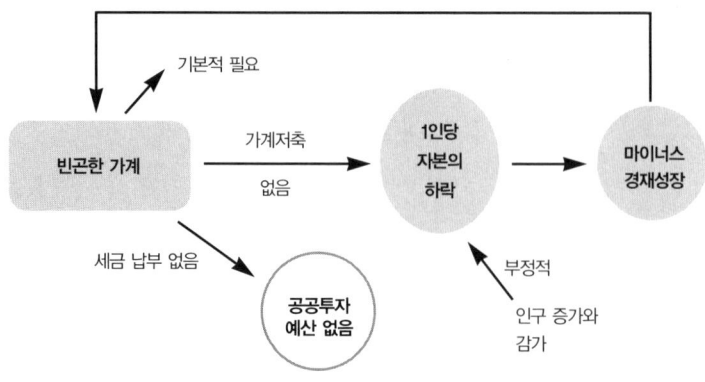

<그림 3> 빈곤 함정을 깨트리는 데 ODA가 담당하는 역할

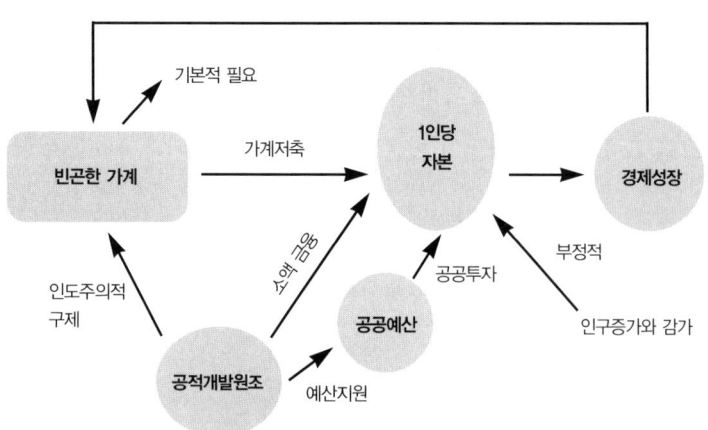

시작하지만 이번에는 빈곤한 가계다. 그 가계의 모든 소득이 오로지 생존하기 위한 소비로 들어간다. 세금도, 저축도 없다. 그럼에도 불구하고 인구 증가와 감가는 가차 없이 계속된다. 그 결과 1인당 자본이 하락하고 1

인당 소득이 감소한다. 이에 따라 머지않은 장래에 그 가계의 빈곤이 악화된다. 이 그림은 소득 하락, 저축 없음, 공공투자 없음에 따른 결과로써 1인당 자본의 하락이라는 악순환을 표현하고 있다.

해결책은 〈그림 3〉에 나타나 있다. 여기에서 공적개발원조(ODA)의 형태를 띤 외국의 원조가 자본축적·경제성장·가계소득 증가 등의 과정이 도약할 수 있도록 도와준다. 외국의 원조는 세 경로로 흘러들어간다. 약간의 원조가 가계들로 직접 흘러가는데, 이는 주로 가뭄이 심할 때 식량원조 같은 인도적 긴급 구호를 위한 경우다. 더 많은 부분이 공공투자의 재원조달을 위한 예산으로 직접 흘러가고, 일부는 민간사업체들(예를 들어 농부)로도 흘러간다. 후자의 경우 소액 금융 프로그램을 비롯한 기타 다양한 틀을 통해 민간 소사업체나 농장 개량에 외부의 지원자금이 직접 제공된다.

만약 외국의 원조가 충분한 양으로 오래 지속된다면 가계를 최저생계 수준 이상으로 상승시키기에 충분할 정도로 자본축적이 상승할 것이다. 그 지점에서 빈곤 함정이 깨지고 〈그림 1〉이 모습을 드러낸다. 가계저축과 세금을 재원으로 한 정부투자를 통해 성장이 자체 동력을 갖게 된다. 이런 의미에서 외국의 원조는 동냥이 아니라 실제로는 빈곤 함정을 단번에 깨뜨리는 투자다.

| **수치에 의한 예시** |　경제학자들은 수치로 된 모델을 즐겨 사용한다. 즉 여기에서는 그 모델이 빈곤 함정 타파라는 특정한 목표를 달성하는 데 필요한 비용이 얼마인지를 좀더 구체적으로 측정하는 데 도움이 되기 때문이다. 빈곤 함정이 어떻게 작동하는지 수치를 통해 예시해 보자. 좀 장황하기는 하지만 이 예시는 재무설계(financial planning)를 사용하여 빈곤 종말에 필요한 공적개발원조의 전반적 규모를 확인할 수 있다는 것을 보

여 준다. 그 과정을 간단히 보여 주기 위해 세금과 공공투자는 무시하고 가계저축과 투자만을 사용하여 예시해 보자.

경제가 해마다 1달러를 생산하는 데 3달러의 자본이 필요하다고 가정하자. 또 자본축적이 연간 2%의 비율로 감가된다고 가정하자. 올해 100만 달러의 자본이 있다면, 300달러의 시초소득은 기본적 필요를 겨우 충족시킬 수 있는 수준이다. 10년 후 연말에는 10년의 감가를 거쳐 약 83만 5,000달러가 남을 것이다. 이 경제에서 현재 100만 명의 빈민이 있고, 이 빈민들은 각자 900달러의 자본을 갖고 있다고 가정하자. 그러면 1인당 연간 소득은 300달러가 된다(900달러의 자본÷3). 그러므로 총 GNP는 3억 달러다(1인당 300달러×100만 명). 인구는 해마다 2%의 비율로 증가하고, 따라서 10년 후 연말에는 인구가 약 120만 명에 달할 것이다.

이제 사회가 너무 가난해 저축할 수 없다고 가정하자. 해마다 주민들은 그날 벌어 그날 먹고 산다. 즉 아주 미미한 양이지만 생산되는 모든 것을 소비한다. 300달러의 시초 소득은 기본 욕구를 겨우 충족시킬 수 있는 수준이다. 10년 후 연말에 자본축적은 부분적으로 감소되어 있을 것이다. 9억 달러의 자본 대신 7억 5,000만 달러의 자본만 남을 것이다. 그동안 인구는 100만 명에서 120만 명으로 증가해 있을 것이다. 1인당 900달러 대신 이제는 1인당 628달러의 자본만 남아 있다(7억 5,000만 달러 자본÷인구 120만 명). 각 개인은 300달러가 아니라 이제는 209달러만 생산할 수 있을 것이다(628달러 자본÷3). 가계는 기본적 필요를 충족시킬 수 있는 소득 없이 극단적 빈곤에 빠져들 것이다.

또 다른 예를 들어 보자. 어떤 이유에서든 인구는 앞의 예와 똑같은 100만 명에서, 그러나 자본축적은 2배 더 큰 18억 달러인 상태에서 경제가 시작한다고 가정하자. 1인당 소득도 2배만큼 커져서 1인당 600달러다. 예전처럼 가계는 기본적 필요를 충족시키는 데 해마다 300달러가 필요하고, 소득이 300달러 이하일 경우에는 저축을 전혀 하지 않는다. 반대로 1인당 300달러 이상의 모든 소득 중에서 30%를 저축한다. 그래서 1인당 600달러를 버는 가계는 300달러(600달러의 소득에서 기본적으로 필요한 300달러를 제하고 남은) 중 30%, 즉 90달러를 해마다 저축한다. 그러므로 경제 전체의 저축은 9,000만 달러가 된다.

올해 자본축적은 18억 달러, 즉 1인당 1,800달러다. 그렇다면 다음 해는 어떻게 될까? 나는 올해 자본축적 중 2%, 즉 3,600만 달러가 다음 해에 감가될 것이라고 가정했다. 그러나 9,000만 달러의 새로운 저축도 있다. 자본축적의 순변화는 5,400만 달러(9,000만 달러−3,600만 달러) 증가다. 그러므로 다음 해의 자본축적은 18억 5,400만 달러일 것이다(18억 달러+5,400만 달러). 이 자본은 6억 1,800만 달러의 GNP를 낳는다(18억 5,400만 달러÷3). 인구도 2% 증가하여 102만 명이 된다. 1인당 소득은 606달러다(6억 1,800만 달러÷102만 명). 1인당 소득도 1% 증가했고(600달러에 비해), 10년에 걸쳐 해마다 증가할 것이다. 그러나 실제로는 시간이 지남에 따라 성장률이 점차 높아져 10년 후 연말이 되면 연간 2% 이상의 수준에 도달할 것이다. 가계소득이 300달러라는 기본적 필요 임계치를 넘어 더욱 증가할 것이기 때문이다. 스프레드시트에 1년이 아니라 10년 동안의 계산을 반복해 보면, 10년 후 연말에 1인당 GNP는 10년 동안 15% 상승한 687달러일 것이다.

이와 같은 예는 무엇을 나타내는가? 첫째, 경제와 경제구조가 동일하더라도 자본축적이 2배 많은 상태에서 출발하면, 경제는 하락이 아니라 성장한다. 그 이유는 다음과 같다. 1인당 600달러의 소득에서 경제는 미래를 위해 저축하기에 충분할 만큼 넉넉하지만, 1인당 300달러에서는 그렇지 못하다. 그러므로 1인당 600달러에서 시작하면 경제는 지속 가능한 성장

경로로 나아가는 반면, 1인당 300달러에서 출발하면 경제는 더욱 심각하게 비참해진다.

둘째, 1인당 600달러의 본원소득에서 자본이 축적되고 1인당 자본비율이 증가함에 따라 경제는 성장한다. 뿐만 아니라 자본규모에 따른 수익체증으로 추가 상승력을 얻게 될 가능성이 높다. 1인당 자본축적이 2배인 경제란 다음과 같은 경제를 의미한다. 즉 우기 때마다 씻겨 없어지는 도로가 아니라 1년 내내 정상적으로 기능하는 도로를 가진 경제, 자주 예측 불가능하게 끊어지는 전력이 아니라 24시간 내내 신뢰할 수 있는 전력을 가진 경제, 질병 때문에 만성적으로 결근하는 노동자가 아니라 건강하고 직무에 충실한 노동자를 가진 경제를 의미한다. 인적 자본의 축적을 2배로 증가시키면-적어도 1인당 자본축적이 매우 낮은 경우에는-소득 수준이 실제로는 2배 이상 증가할 가능성이 있다.

자본(규모)에 따른 수익체증을 보여 주는 생생한 예는 케냐 몸바사의 항구를 우간다·르완다·부룬디 같은 내륙 국가들과 연계시키는 도로 같은 경우다. 이 도로의 수송 비용은 특히 높은데, 이는 그 도로가 다양한 구간에서 상태가 몹시 나쁘기 때문이다. 비가 내려 다리나 도로의 일부 구간이 때때로 유실되는 경우 교통이 완전히 두절된다. 도로의 약 절반이 되는 어느 지점은 포장되어 사용하기 편리한 데 반해, 나머지 구간은 비포장 상태여서 통행이 불가능하다고 가정하자. 즉 포장도로와 비포장도로가 번갈아 나온다고 하자. 유실된 구간을 보수하는 데 포장도로의 거리를 2배로 확장하는 것만큼의 노력이 들어가지만, 보수를 하게 되면 도로의 경제적 편익은 2배 이상 증가할 것이다. 왜냐하면 도로가 전 구간에서 이용 가능해질 것이기 때문이다. 이것은 문턱 효과의 한 예다. 여기서 자본축적은 최소한의 기준을 충족시킬 때 비로소 유용해진다는 것을 뜻한다.

빈곤 함정 타파의 핵심은 기부자의 원조를 바탕으로 한 표적 투자에 있다. 1인당 자본 수준을 높이려면 기부자가 후원하는 투자가 필요하다. 1인당 자본축적이 충분히 높을 경우 경제는 기본적 필요를 충족시키기에 충분한 생산성을 갖는다. 따라서 가계는 미래를 위해 저축할 수 있게 됨으로써 경제를 지속적 경제성장의 궤도 위에 올려놓을 수 있다. 앞에서 제시한 예시에서 자본축적을 1인당 900달러에서 1인당 1,800달러로 높이는 외국의 원조(몇 년에 걸친)는 경제가 빈곤 함정을 깨뜨리고, 자체 동력으로 성장하기 시작하도록 하는 데 큰힘이 될 것이다. 또한 그 원조는 경제가 자본 규모에 따른 수익체증을 통해서 편익을 얻을 수 있도록 할 것이다.

그러나 기부자가 없으면 꼭 필요한 투자를 위한 자금 조달이 불가능하다. 정부가 아무리 열심히 애쓴다-세금과 사용료 또는 사유화를 통해- 하더라도 1인당 300달러의 가난한 가계는 자신의 기본적 욕구를 충족시킬 만큼 충분한 소득을 얻을 수 없을 뿐더러 자본축적을 위한 재원 역할도 하지 못한다. 그 가계는 단지 의식주를 비롯한 기본적 욕구를 충족시키는 데 300달러가 모두 필요하다.

| 감별 진단과 자본축적 | 간단한 예시 또는 경제학자들이 일컫는 모델에서는 자본을 단일한 항목으로, 즉 비교적 간단하게 2배로 커지거나 절반으로 줄어들 수 있는 어떤 것으로 전제해도 쉽게 논리를 전개할 수 있다. 그러나 많은 경우에 실제적인 경제 전략이 복잡해지는 것은 자본이 정말로 셀 수 없을 만큼 많은 형태를 취하기 때문이다. 어떤 경제가 협상을 통해 외국에서 추가로 10억 달러의 원조를 얻게 된다고 가정해 보자. 그 원조는 도로나 학교 또는 발전소나 진료소를 건설하는 데 들어가야 하는가? 아니면 의사나 교사 또는 농촌 지도사들의 월급을 지불하는 데 들어

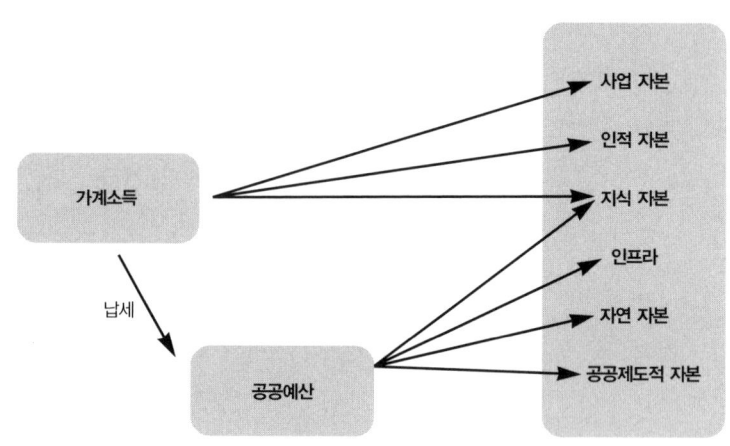

〈그림 4〉 민간과 공공부문 자본 투자

가야 하는가? 대답은 위에서 든 모든 항목에 대해 '예' 라는 것이다. 어떤 항목들의 조합이 될 것인가는 나라마다 천차만별이다. 그런데 효과적인 투자 전략을 수립하려면 세밀한 감별 진단이 필수적이다. 감별 진단은 〈그림 4〉에서 볼 수 있듯이 민간부문과 공공부문 사이의 적절한 분업에 바탕을 두고 이루어져야 한다.

공공부문은 주로 5개 종류의 투자에 초점을 맞추어야 한다. 인적 자본(보건 · 교육 · 영양), 인프라(도로 · 전력 · 물과 위생 · 환경보존), 자연자본(생물 다양성과 생태계 보존), 공공제도적 자본(잘 기능하는 공공행정 · 사법제도 · 경찰력), 지식 자본의 일부(보건 · 에너지 · 농업 · 기후 · 생태 등에 대한 과학적 연구)가 그것이다.

민간부문(대체로 민간 저축에서 재원을 조달하는)이 주로 담당해야 하는 것은 농업이든 공업이든 서비스업이든 사업체들을 위한 투자와 지식 자본(과학적 진보에 바탕을 둔 새로운 제품과 기술)에 대한 투자다. 그리고 인적 자본에 대한 공공투자를 보충하는 가계의 기여분(저축이나 세금)이다. 공공부문이 민간부문의 몇몇 활동에 직접 자금을 제공하려고 하는 경우도 있다. 예를 들어 농부들이 새로운 기술을 채택하도록 돕기 위해, 또는 가난한 농촌 가계들이 작은 규모의 사업을 시작하거나 농장의 중요한 투입물을 구입하도록 돕기 위해, 또는 도시에서 신규 산업들의 창업을 촉진하기 위해 그렇게 할 것이다. 성공한 경제들에서 배울 수 있는 교훈은 정부들이 일반적인 종류의 투자들–학교·진료소·도로·기초 연구–에 자신의 역할을 한정하고, 높은 전문성을 요하는 사업 투자들은 민간부문에 맡기는 현명한 정책을 취한다는 것이다.

그렇다면 정부는 왜 학교·진료소·도로 등을 민간부문에 맡기지 않고 직접 투자해야 하는가? 여기에는 다섯 가지 이유가 있는데 이것들은 모두 각각의 맥락에서 충분한 설득력이 있다.

첫째, 많은 종류의 인프라가 규모에 따른 수익체증으로 특징지어지는데, 특히 전력망과 도로망 그리고 기타 수송 시설망–공항과 해항– 같은 인프라가 그렇다. 만약 이 부문들이 사적 시장에 맡겨지면 독점되는 경향이 있으므로 자연독점체라고 불린다. 만약 그런 자본 투자가 민간부문에 맡겨진다면 (사적으로 소유한) 독점체들이 사용료를 과도하게 부과할 것이고, 그 결과 이런 종류의 자본은 너무 적게 이용될 것이다. 더욱이 잠재적 사용자들은 시장 밖에서 배급을 받게 될 것이다. 그러므로 공공 독점체가 민간 독점체보다 더 낮은 가격을 정하여 네트워크 인프라를 공급하는 게 훨씬 더 효율적이다.

둘째, 공적으로 공급되는 자본재 범주에는 비경합적 자본재가 포함된다. 비경합적(nonrival)이라는 것은 한 시민이 그 자본을 사용하더라도 이 때문에 다른 사람을 위한 자본의 가용성이 줄지 않는다는 뜻이다. 과학적 연구는 비경합재의 고전적 예다. 일단 DNA 구조가 밝혀지면 사회의 한 개인이 그 훌륭한 지식을 사용하더라도 다른 구성원들도 똑같은 지식을 사용할 기회가 언제나 있다. 경제적 효율성이라는 측면에서 지식의 사회적 편익을 극대화시키려면 그 지식은 모든 사람에게 이용 가능해야 한다. DNA 구조라는 과학적 지식을 이용하고자 하는 과학자·사업가·가계·연구자들에게 사용료가 부과되어서는 안 된다! 그러나 사용료가 없다면 과연 누가 최초의 과학적 발견에 투자하겠는가? 따라서 가장 좋은 해결책은 공공성이다. 즉 미국의 국립보건원(NIH)처럼 공적인 재정지원을 받는 연구소들을 통하는 것이다. 자유시장 국가인 미국조차 NIH를 통해 공적인 재정지원을 받는 지식 자본에 270억 달러를 투자한다.

셋째, 많은 사회적 부문에서 강한 일출(溢出) 효과(또는 외부성)를 나타낸다. 나는 당신이 말라리아 방제 모기장 속에서 잠을 자서 모기가 당신을 물지 않고 또 나에게 그 질병을 옮기지 않기를 원한다! 비슷한 이유에서 나는 당신이 교육을 잘 받아서 당신뿐만 아니라 나에게도 해를 끼칠지 모르는 나쁜 일에 휘말려들지 않기를 원한다. 그런데 이와 같은 일출 효과가 있을 때 민간 시장은 문제의 재화와 서비스를 과소 공급하는 경향이 있다. 바로 이런 이유 때문에 애덤 스미스는 교육의 공적인 공급을 요구했다. "교육받고 지성을 갖춘 사람들은 이해 관계자들의 분파적이고 선동적인 불만을 비판적으로 검토하는 성향이 있고, 그 본질을 간파해 낼 능력이 있다."[1] 그러므로 스미스는 사회의 어떤 일부라도 교육 수준이 낮을 경우 사회 전체가 위험에 처하게 된다고 주장했다.

자연 자본은 외부성이 크게 부각되는 또 하나의 영역이다. 사적인 행위는 종의 소멸과 숲의 황폐화 또는 기타 여러 종류의 환경 악화를 불러일으킬 수 있다. 이것은 사회 전체, 나아가 전 세계에 심각한 악영향을 끼친다.

그러므로 정부는 자연 자본을 보존하는 일에 결정적인 역할을 해야 한다.

넷째, 필수 재화와 서비스(보건·교육·안전한 식수)의 보편적인 가능성(가용성) 문제다. 즉 세계의 어떤 사회든 이런 재화는 모든 사람들에게 정의이자 권리의 문제로 적정한 수준의 가용성을 보장하고자 한다. 인간 복지에 결정적으로 중요하다는 점에서 모든 사람이 이용할 수 있어야 하는 재화는 가치재(merit goods)로 불린다. 이 가치재에 대한 권리는 세계 모든 정부의 비공식적 공약일 뿐만 아니라 국제법에도 주요 항목으로 기록되어 있다. 특히 그것이 기록된 것으로 가장 중요한 것은 세계인권선언(1948년 유엔총회에서 채택된)의 다음 구절이다.

- 모든 사람은 의식주와 의료 및 필수적인 사회적 서비스를 포함하여 자신과 가족의 건강과 복지를 유지하기에 충분한 생활수준을 누릴 권리를 갖는다. 또한 모든 사람은 실업·질병·장애·배우자 사망·노령 등의 경우는 물론이고 기타 불가항력적인 상황에서 생계 수단이 없을 경우에 안전을 보장 받을 권리를 갖는다.[2]
- 모든 사람은 교육을 받을 권리를 갖는다. 교육은 최소한 초등 및 기초 단계에서는 무상이어야 한다. 초등교육은 의무적이어야 한다. 기술교육과 직업교육은 누구에게나 열려 있어야 하고, 수준이 더 높은 교육은 실력에 근거하여 모든 사람에게 동등한 기회가 보장되어야 한다.[3]

더욱이 세계인권선언 제28조에 따르면 "모든 사람은 이 선언에 규정된 권리와 자유를 충분히 실현시켜 줄 사회적·국제적 질서를 누릴 권리가 있다."[4] 밀레니엄발전목표 공약의 실행이 그 조항의 중요한 실천적 적용이 될 것이다.

다섯째, 정부는 인프라 공급과 사회적 투자를 통해 극빈자들을 도우려고 할 것이다. 더 나아가 정부는 가난한 가계들이 시장경제활동을 시작하도록 도와줄 필요가 있다면, 영세한 농부들이 자급에 충분한 식량을 생산할 수 있도록 비료 보조금을 제공할 수 있다. 또는 농촌 여성들이 작은 규모의 사업을 시작할 수 있도록 소액 금융을 제공할 수도 있다. 그리고 이 가계들이 소득을 최저생계 수준 이상으로 높이는 데 성공하고 스스로 저축을 늘려 나간다면, 정부 보조금을 서서히 폐지할 수 있다.

일반적으로는 정부는 극빈층에 속하는 가계들을 제외하고 민간 사업체들에게는 자본을 공급하지 말아야 한다. 누구나 알다시피 사업 운영은 정부보다 민간 기업가들이 훨씬 더 잘한다. 정부가 사업을 운영하는 것은 경제적 이유보다는 정치적 이유 때문이기도 하다. 국영기업은 불필요한 직원을 채용하기도 한다. 그 이유는 일자리 제공이 정치인들에게는 표를 의미하고, 정리해고는 다음 선거에서 정치인에게 패배를 안길 수도 있기 때문이다. 국가가 운영하는 은행은 기대 수익을 바라기보다는 정치적 목적 때문에 대부를 한다. 공장들은 더 많은 주민들에게 가장 도움이 되는 곳보다는 힘 있는 정치가의 지역구에 세워질 가능성이 높다. 더욱이 국방·인프라·보건·교육처럼 국가의 역할이 중심을 이루는 부문을 제외한다면, 정부는 복잡한 기술을 관리할 내부 전문가를 가지고 있는 경우가 거의 없고 또 그럴 필요조차 없다.

공공투자의 일반적 목록을 점검·확인하는 일과 그 목록을 특수한 상황에 적용하는 것은 전혀 다른 일이다. 케냐의 사우리와 그와 비슷한 수천 개의 마을들에서는 농업, 보건, 교육, 인프라(전력과 수송과 통신), 물과 위생이라는 5대 분야가 우선 순위에 들어간다. 자연 자본은 특별한 지지·강화

조치가 필요한 분야다. 특히 간척과 오염을 통제해야 하고, 남획과 벌목과 숲의 황폐화를 제한할 필요가 있다. 정부의 지원은 필요한 서비스의 공적이고도 직접적인 제공 형태뿐만 아니라 민간 자본축적에 대한 공적인 지원 형태로도 이루어져야 한다. 후자의 경우를 예로 들자면 소자작 농민에 대한 필수 농업 투입물의 공여나 소액금융 같은 형태가 있을 것이다.

도시지역에는 독특한 공공투자 패키지가 필요할 것이다. 도시에서는 높은 인구밀도 때문에 상하수 서비스와 전력을 인프라 계통망을 통해 개별 가정에 직접 공급하는 것이 가능할 뿐 아니라 공중보건과 경제적 이유에서 꼭 필요한 일이기도 하다. 도시지역에서는 사적인 시장이 일반적인 시장가격으로 이와 같은 인프라 서비스를 제공할 수 있다고 주장하는 사람들이 종종 있다. 이런 주장은 상당한 비율의 저소득 가구가 시장가격으로는 기본적 욕구를 충족시키는 수단을 구입할 수 없고 따라서 많은 보조금을 필요로 할 것이라는 사실을 간과한 데서 비롯된다. 그런데 시장가격적 접근을 보조금과 결합시켜 좋은 결과를 얻은 경우가 있는데, 바로 생존선 요금(lifeline-tariff) 가격 책정 방식을 사용하는 모델이다. 이 접근법에서는 모든 가계(또는 쉽게 확인될 수 있다면 가난한 모든 가계)가 특정한 양의 무상 인프라 서비스를 보장받는다. 예를 들어 남아프리카에서는 정부가 가구당 물을 한 달에 6,000리터까지는 무상으로 제공하며, 그 이상의 양은 미터기에 따라 가계가 비용을 부담하는 프로그램이 있다.

또한 도시지역은 국부적으로 강력하게 나타나는 환경 피해에 취약하다. 물론 이런 피해는 많은 점에서 농촌지역과 다르다. 도시 환경위험에는 실외 대기오염(특히 화석연료 연소에 따른), 공장들에서 나오는 유해 화학물질, 지하 대수층의 과도한 채굴, 도시 쓰레기, 해안 침식, 도시 중심부와 가까운 해양 생태계의 파괴, 도시 빈민촌의 혼잡한 생활여건 속에서 공기감염 질병(결핵 같은)의 전파 등이 포함된다. 이런 조건들은 구체적 대상을 정한 환경 투자로 개선되어야 하지만, 가난한 도시들은 이와 같은 투자를 할 만한 자체 재정수단이 거의 없다.

| 투자가 패키지로 이루어져야 하는 이유 | 개발경제학적 사고의 한 가지 약점은 마법의 총알, 즉 흐름을 뒤바꿀 만한 한 가지 결정적 투자를 집요하게 찾는다는 것이다. 그러나 그런 것은 존재하지 않는다. 경제가 효과적으로 잘 기능하려면 이미 확인된 여섯 가지의 자본 유형이 모두 필요하다. 빈곤 함정에서 벗어나기 위해서도 각각의 자본이 모두 필요하다. 좀더 정확하게 말하자면 보건이든 교육이든 농업생산성이든 한 분야만이라도 성공을 거두기 위한 전제조건으로는 모든 분야의 폭넓은 투자가 반드시 이루어져야 한다는 것이다.

요점을 더욱 명확히 살펴보기 위해 아동 생존율에 초점을 맞추어 보자. 보건부문의 투자가 아동의 생존에 어느 정도 중요한 것은 사실이다. 그러나 보건부문에만 집중한다면 아동의 생존율을 높이기 위한 진정한 해결책을 찾을 수 없다. 다음에 제시하는 여섯 가지 자본유형이 각각 고유한 방식으로 아동의 건강에 기여하고 아동 사망률을 줄여 준다(물론 아래에 열거한 여섯 가지가 전부는 아니다).

- 사업 자본: 농촌과 도시에서 소득이 높은 가구일수록 안전한 주거(모기를 막는 방충망이 있는) · 상수도 · 현대적 조리용 연료 · 병원 이용 · 개선된 식단 등에 투자할 수 있다.
- 인적 자본: 핵심적인 인적 자본 투자에는 영양(미량의 영양소와 다량의 영양소 섭취), 보건(예방접종 · 정기적 관찰 · 응급처치 · 말라리아 방지 모기

장 같은 예방조치) · 가족계획(터울 짓기와 좀더 작은 가족 규모) · 어머니의 문해 · 공중보건 의식 등이 포함된다.
- 인프라: 안전한 식수와 위생시설, 안전한 조리를 위한 동력 공급, 진료소로의 응급 수송, 일상적이고 긴급한 보건 서비스를 위한 정보와 통신 기술이 포함된다.
- 자연 자본: 엘리뇨성 가뭄 같은 자연재해로부터의 보호, 병원성 동물과 기생충에 대한 통제, 작물생산성을 지지하기 위한 생태계 서비스의 보존, 대기와 물의 독성 폐기물 방지 등이 포함된다.
- 지식 자본: 전염병과의 싸움을 위한 개선된 조직, 신약과 면역법의 개발, 식품 섭취 개선을 위한 품종 개량과 보급, 가계들의 조리 및 식품 저장을 위한 저비용 에너지원의 개발과 보급 등이다.
- 공공제도적 자본: 공중보건 서비스의 운영과 확장, 영양 프로그램, 공중보건과 관련된 공동체 참여의 틀을 제공한다.

이와 똑같은 접근법이 각각의 밀레니엄발전목표를 다루는 데 적용될 것이다. 기아 · 질병 · 교육 부재 · 환경 악화 · 도시 슬럼화 등과 싸우려면 여러 가지 방면에서 나타나는 이와 같은 사회악을 다룰 패키지 투자가 필요하다.

| 기술역량에 대한 투자 | 농촌은 물론 도시에서도 투자 증대는 1인당 자본의 양을 증가시킬 뿐만 아니라 자본에 내재된 기술의 질도 높인다. 이동전화와 개인용 컴퓨터 또는 다수확 종자는 가난한 사람들에게 과학의 최신 성과를 접할 수 있게 한다. 그러나 이런 기술을 사용하려면 적절한 훈련과 기술적 역량이 필요하다. 아주 가난한 사회라도 초등교육만으로는

결코 충분하지 않다. 학령기의 모든 어린이들에게는 최소한 9년의 학업이 보장되어야 하며, 대부분 그 이상의 교육을 받아야 한다. 사회 전체적으로는 대학에서 훈련받은 많은 졸업생들을 적극 활용해야 한다. 기술을 현지 용도에 맞게 이용하려면 교사·진료원·농촌 지도·엔지니어들이 필요할 것이다.

급속한 경제발전을 이루려면 바닥부터 꼭대기까지 사회 전체에 기술적 역량이 충만해야 한다. 그러나 대부분의 성인이 공식 교육을 불과 몇 년밖에 받지 않아 문맹률이 무척 높다. 이런 열악한 상황에서 과제를 어떻게 달성할 수 있는가? 그 비결은 마을 수준에서 아주 많은 사람들을 창조적이고 목표 지향적인 방식으로, 특히 눈앞의 과제에 맞도록 조직적으로 훈련시키는 것이다. 예를 들어 중국의 맨발의 의사들처럼 마을 수준의 기초적인 기술적 필요를 충족시킬 수 있게 공식적 훈련을 받은 마을 전문가 집단을 확보하는 것이 모든 마을의 목표가 될 수 있다.

마을의 보건요원이라면 1년간의 훈련을 통해 다음과 같은 일들을 배울 수 있다. 즉 항말라리아제를 처방하고, 환자들이 날마다 AIDS 치료약을 먹는지 관찰하며, 말라리아 방지 모기장을 설명하고, 아이들에게 구충약을 나누어 주며, 예방접종을 실시하고, 마을 아이들의 키와 몸무게를 기록하며, 경구용 수액제의 사용법을 알려 주고, 동료들과 함께 이 모든 것을 지속적으로 관리하는 일 등을 배우게 된다. 이상적인 방법으로는 마을 구성원 중에서 적절한 사람을 뽑아 이런 목적을 위해 훈련시켜 마을의 보건요원으로 삼는 게 좋다. 이렇게 하면 훈련받은 보건요원을 마을 밖에서 데려와야 하는 문제를 피할 수 있을 뿐더러 의사와 간호사가 떠나는 문제도 발생하지 않을 것이다.

이와 비슷한 방법으로는 각 마을에서 전통적인 농촌 지도사들보다는 훨씬 덜 공식적인 훈련을 받은 마을 단위 농촌 지도사를 상상할 수 있다. 마을 단위 일꾼들은 토양 화학(질소·인·칼륨·토양 산성도 등의 적정한 수준과 토양 구조를 측정하는) 및 그와 관련된 토양 시험의 기초적 지식을 습득할 것이다. 더 나아가서는 혼농림기법의 기초와 씨앗 고르기, 물 관리 등에 대해서도 알게 될 것이다. 이것은 고등학교 졸업생을 1년만 훈련시키면 가능하다. 마을 단위 농촌 지도사들은 디젤 발전기 조작·전기 배선·손 펌프·도로 고르기·마을 트럭 등을 다루기 위해 비슷한 방식으로 훈련받을 수 있을 것이다.

인구가 수백 명에서 수천 명 사이인 마을들은 추가적인 이점이 있다. 즉 마을 잔디밭에 모여 이런저런 마을 문제에 대해 토론할 수 있을 것이다. 일정한 계획을 세운다면 전 세계 마을들이 매우 긴급하며 생명이 걸린 문제들에 대해 성인들을 계속 교육시키는 데 필요한 도움을 받을 수 있다. 예를 들어 AIDS는 어떻게 걸리고 퍼지는가, 말라리아는 어떻게 통제할 수 있는가, 음식을 조리할 때 위생은 어떤 역할을 하는가, 농작물을 기르기 위한 비료는 어떻게 사용하는가 등이 바로 그런 문제들이다. 아주 적절한 방식의 교육 프로그램이 제공된다면 이런 지식들은 많은 농촌 사회를 대규모로 계몽시킬 수 있다. 마을의 토론을 위해 준비된 교육 자료를 담아 거의 무비용으로 생산·보급할 수 있는 CD와 DVD는 이와 같은 정보를 더욱 쉽게 알리는 데 유용하게 쓰인다.

기술 요원들을 훈련시키고 마을 사람들을 교육하는 일과 함께 각 나라 정부는 과학 연구활동도 촉진해야 한다. 과거 연구활동은 부국들의 몫이고 빈국들은 기초 교육과 문해율을 높이는 일에 집중해야 한다는 식으로 구분했다. 인도가 1950년대와 1960년대에 인도기술학교를 설립했을 때 개발 전문가들은 인도처럼 가난한 나라가 그와 같은 세련된 고등 연구 프로그램을 운영하는 게 과연 걸맞는 일인지 회의적인 태도를 보였다. 그러나 과학 연구 활동 역량에 대한 투자가 몇십 년 후 아주 놀라운 성과를 낳았다. 그 학교는 지금 인도의 IT 붐을 이끌고 있는 정보기술 엔지니어 세대를 낳았을 뿐만 아니라, 그 기술을 인도의 필요에 알맞은 방법으로 특수하게 이용할 수 있는 과학자 집단도 배출했다.

예를 들어 첸나이의 IIT 교수인 아속 준준왈라는 무선전화망 기술을 개발하여 수백만 명의 농촌 사람들이 전화를 이용할 수 있도록 도와주었다. 어떤 발전도상국이든지 이와 비슷한 토착 기술들이 필요할 것이다. 왜냐하면 에너지 생산과 소비·건설·자연재해 경감·질병통제·농업생산 등 폭넓은 영역에서 전 세계적 수준의 방법들을 현지 필요성에 알맞도록 응용하려면 토착 기술이 반드시 필요하기 때문이다. 인도와 중국 모두 기술 수입국에서 기술 생산국 및 대량 수출국으로 비약하기 일보 직전이다. 이러한 토착 고도 기술의 상승은 향후 수십 년 동안 이 나라들의 성장을 더욱 촉진할 것이다.

사하라 이남 아프리카와 기타 소득이 매우 낮은 지역들에서도 과학적 역량을 창출하려면 이와 비슷한 노력이 필요하다. 이 과제가 특히 어려운 것은 그것이 두뇌유출이라는 강력한 흐름에 맞서야 하기 때문이다. 아프리카에서 훈련받은 몇 안되는 과학자들마저 실험장비, 함께 일할 수 있는 과학자, 연구비 지원을 찾아 해외로 나간다. 과학을 위한 인프라-재정이 충분한 대학교·실험실·유효한 최소량의 연구기금과 협력적 연구집단-가 구축되어야 하는데, 그러기 위해서는 다른 인프라들처럼 부국에 사는 기부자들의 후원이 필요하다. 저소득국들은 초등교육 못지않게 고등교육에 대한 투자의 결정적 중요성을 이해해야 한다.

빈곤에서 승리한 사례

세계적으로 수많은 시범 프로젝트들에서 이런저런 개입조치들의 유효성이 여러 차례 입증되었다. 말라리아 방지 모기장이 아프리카 농촌에서 목숨을 구한다는 것, 저소득국 사회에서도 AIDS 치료약을 투여할 수 있다는 것, 세계에서 가장 어려운 곳-특히 전쟁이 한창 벌어지고 있는-에서도 예방접종이 가능하다는 것이 반복해서 입증되었다. 지금 당장 해결해야 할 중요한 문제는 각각의 마을이나 지구(地區) 차원의 유효한 사례를 보여 주는 것-물론 새로운 접근법을 입증하는 경우에는 개별적인 사례도 무척 중요할 수 있지만-이 아니다. 그것은 분명한 효과를 나타내는 프로그램들을 전국은 물론 나아가 전 세계 차원으로 확대시키는 일이다.

대대적인 확대를 통해 놀라운 성공을 거둔 프로그램들의 중요한 사례들이 많이 있다. 다음은 비관론자들이 틀렸다는 것을 입증하는 열 가지 극적인 사례다.

| 아시아의 녹색혁명 | 녹색혁명은 지난 세기에 특정한 과제를 목적으로 한 과학이 거둔 가장 중요한 승리의 하나다. 록펠러 재단은 세계 인구 급증에 따른 대량 기아 가능성을 우려하면서, 주식(主食) 작물의 고수확 품종(HYV)을 개발하고 장려하는 일을 선도했다.

녹색혁명은 멕시코에서 먼저 이루어졌고, 그 다음 아시아를 비롯하여 다른 곳으로 광범위하게 확산되었다. 이 일은 1944년 록펠러 재단이 노먼 볼로그 박사의 지도 아래 멕시코를 위한 고수확 품종의 밀을 개발하기 위한 연구소를 세우면서부터 시작되었다. 제2차 세계대전 중에 일본에서 들여 온 이종교배 품종을 사용한 과학적 품종 개량이 깜짝 놀랄 만한 결과로

이어졌다. 멕시코는 1944~1964년 사이에 대규모 곡물의 순수입국에서 상당한 규모의 순수출국으로 바뀌었다. 그런 다음 볼로그 박사는 기부자들을 설득하여 남아시아를 위한 비슷한 방식의 작물 품종 개량에 투자하도록 했을 뿐만 아니라, 그 결과로 얻은 기술을 현지 작물 육종가들에게 소개했다. 그리고 그들은 전수받은 기술을 바탕으로 새로운 품종을 개발하는 데 성공했다.

1960년에 밀을 1,100만 톤밖에 생산하지 못했던 인도는 녹색혁명의 결과 1970년에는 2,400만 톤, 1980년에는 3,600만 톤, 1990년에는 5,500만 톤을 생산하게 되었다. 이는 인구 증가를 훨씬 앞지른 것이다. 이와 비슷한 식으로 필리핀의 국제쌀연구소와 페루의 국제감자센터 등과 같은 국제연구소 네트워크를 통해 다른 작물과 지역을 위한 고수확 품종이 개발되었다.

| 천연두 퇴치 | 수천 년 동안 수억 명의 목숨을 앗아 간 악명 높은 천연두가 전 세계의 일치된 노력 덕분에 종말을 고했다. 1796년 에드워드 제너가 우두 백신을 사용하여 천연두를 예방할 수 있다는 것을 입증했다. 이것은 천연두 박멸을 위한 기초 단서를 제공한, 인류사에 기록될 만한 도약이었다. 1950년대에 부국들은 대부분 천연두에서 이미 벗어났지만, 백신 보급률이 아주 낮았던 빈국들에서는 천연두가 여전히 맹위를 떨치고 있었다. 1967년만 하더라도 해마다 약 1,000~1,500만 명이 천연두에 걸렸고, 150~200만 명이 목숨을 잃었다. 1967년 세계보건기구는 천연두 박멸을 위한 기구를 설치하여 전 세계적인 대량 백신접종 운동을 전개하기 시작했다. 또한 천연두 발생 억제를 위한 감시와 노력을 강력하게 전개했다. 1980년 세계보건기구는 드디어 세계가 천연두에서 벗어났다고 선언했다. 이 프로그램은 아시아와 아프리카 내륙 배후지에 있는 가난한 지역들과

폭력적 분쟁에 휩싸인 지역들을 포함하여 세계의 가장 후미진 곳들까지 영향을 끼쳤다.

| 아동 생존 캠페인 |　　　1982년에 유니세프 사무총장 제임스 그랜트는 아동 생존 캠페인을 시작했다. 이 캠페인은 GOBI라는 패키지 개입조치를 통해 이루어졌다. 아동 신체발육 관찰, 설사 치료를 위한 경구수액요법, 유아기 질병 면역과 영양을 위한 모유 수유, 아동기에 걸리는 6개의 치명적 질병—결핵 · 디프테리아 · 백일해 · 파상풍 · 소아마비 · 홍역—에 대한 예방접종이 그런 조치들이었다. 천연두 박멸을 위한 노력처럼 그 캠페인은 저소득층 사회에 대대적으로 확대할 수 있는 표준화된 기술에 달려 있었다. 1980년대 동안, 특히 후반기에 10여 개의 빈국들이 이런 조치들을 도입하기 위한 전면적인 캠페인을 벌였다. 특히 예방접종률을 최소 80퍼센트까지 끌어올리려는 캠페인을 벌였다. 그 결과는 놀라웠다. 아프리카를 포함해 국민소득이 낮은 세계의 모든 곳에서 아동 사망률이 급격히 하락했다. 물론 아프리카의 아동 사망률은 과거는 물론 지금도 여전히 가장 높은 상태다. 이 캠페인은 1980년대 말에 약 1,200만 명의 목숨을 구한 것으로 추정되었다.

| 세계 백신 · 예방접종 캠페인 |　　　1990년대 말에 아동 예방접종 캠페인은 두 가지 중요한 면에서 강화될 필요가 있었다. 첫째, 부국들에서 행해지는 새로운 예방접종이 빈국들에는 개발 비용 문제와 적절한 훈련과 시설 부족 때문에 도입되지 않았다. 둘째, 1990년대 초에 달성되었던 예방접종률이 다시 하락했다. 이는 사하라 이남 아프리카를 비롯한 여러 지역의 경제 위기와 빈곤이 더욱 커진 데 따른 결과였다. 빌 게이츠가 빌 & 멜

린다 게이츠 재단에서 7억 5,000만 달러의 창설기금을 제공하겠다고 선언하면서 그 노력에 다시 활력을 불어넣었다. 2000년 새로운 노력을 이끌기 위해 '세계 백신·예방접종 연대'가 출범했다. 그 조직은 활동을 시작한 첫해에 빈국들에게 11억 달러를 제공했으며 일련의 놀라운 성과를 거두었다. 2004년 현재, 그 조직은 4,160만 명의 어린이가 B형 간염에 대한 예방접종, 560만 명의 어린이가 B형 헤모필루스인플루엔자(Hib)에 대한 예방접종, 320만 명의 어린이가 황열병에 대한 예방접종, 960만 명의 어린이가 기타 질병에 대한 예방접종을 받았다고 보고했다. 다시 한 번 전략의 성패는 표준적인 기술과 대량보급 시스템-이 경우에는 수혜국들이 개발하여 제출한 계획에 기반을 둔-의 결합에 달려 있다는 점이 확인되었다.

말라리아 퇴치 캠페인 | 1950년대와 1960년대 동안 세계보건기구는 말라리아를 박멸하기 위한 노력을 전개했다. 이와 같은 노력은 말라리아가 확실히 박멸되지 않았다는 이유로 실패했다는 판정을 받는 경우도 종종 있었지만, 세계 특정 지역들에서는 놀라운 성공을 거두었다. 즉 말라리아의 해악이 제거되었거나 극적으로 또는 결정적으로 통제되었기 때문이다. 1940년대에 풍토병 지역에 살던 세계 인구의 절반 이상이 말라리아 전염에서 비롯된 사망에서 벗어나게 되었다. 이는 WHO가 집중적인 노력을 기울인 결과이기도 했지만, 좀더 중요한 이유는 그 지역들의 질병 생태가 통제조치에 매우 유리했기 때문이다. 그러나 아프리카는 그 당시 프로그램의 대상지가 아니었고, 오늘날에도 여전히 혜택을 받지 못하고 있다. 아무튼 이와 같은 지역적-전 세계적은 아니었지만-성공을 낳은 표준화된 기술은 두 가지였다. 첫째는 말라리아 전파를 줄이기 위한 DDT와 기타 살충제였고, 둘째는 말라리아 병증을 치료하기 위한 클로르퀸과 새로 개발

된 말라리아 치료약이었다(더욱 새로운 기술, 특히 말라리아 방지 모기장과 그 질병을 치료하는 복합 아르테미시닌 요법은 아프리카에서 질병 전파를 완전히 제거하지는 못하더라도 질병에 대한 부담을 극적으로 줄일 수 있다. 물론 필요한 경우 DDT도 함께 사용해야 할 것이다).

| 아프리카의 하천실명증에 대한 통제 | 1974년에 WHO · 세계은행 · 머크(Merck)사 · 세계식량농업기구(FAO) · 유엔개발프로그램(UNDP)의 협력 프로그램인 회선사상충증 통제 프로그램(OCP)이 출범했다. OCP는 흑파리라는 종이 일으키는 질병인 아프리카 하천실명증(회선사상충증)의 전파를 감소시키려는 프로그램이었다. 이 프로그램은 그 질병의 피해가 심각한 서아프리카 11개국에서 예방활동(흑파리 창궐을 줄이는 살충제의 공기 중 살포를 포함한)과 치료를 결합시킨 전략을 다양하고 확대된 방법으로 채택했다. 1980년대에 머크사와 WHO의 과학자들은 수의(獸醫)약품으로 사용되는 머크사의 약품 가운데 하나인 이버멕틴(상표명은 멕티잔)이 아프리카의 하천실명증을 치료하는 데 효능이 있다는 것을 알게 되었다. 머크사는 그 질병을 통제하기 위한 막대한 노력의 일환으로 이버멕틴을 기증하기로 했다. 지금 OCP는 다음과 같은 성과를 보고하고 있다. 즉 60만 건으로 추정되는 아프리카 하천실명증의 발병이 예방되고, 2,500만 헥타르가 안전한 경작을 하게 되었으며, 거의 4,000만 명이 질병의 전염에서 보호받았다는 것이다. 당연히 경제적 편익도 무척 컸다.

| 소아마비 퇴치 | 소아마비를 퇴치하기 위해 천연두의 경우처럼 예방접종 기술을 쓸 수 있다. 두 질병 사이에는 기술적 차이가 있는데, 이 때문에 소아마비 퇴치가 조금 더 어렵다. 그러나 소아마비는 퇴치될 수 있으

며 한창 그 목표를 이루고 있는 중이다. 1988년 세계보건총회(세계보건기구 이사회)는 세계 소아마비 퇴치 운동을 출범시키자는 안을 가결했다. 그 당시 소아마비는 여전히 125개국 이상에서 널리 퍼져 있었다. 오늘날 WHO · 유니세프 · 미국질병통제예방센터 같은 공식 기관들의 대대적인 노력과 빈국들이 벌이는 활동, 국제로타리클럽의 두드러지고도 지칠 줄 모르는 노력 덕분에 소아마비는 6개국(나이지리아 · 인도 · 파키스탄 · 니제르 · 아프가니스탄 · 이집트)에만 남아 있다. 1988년 발병 건수가 35만 건이었던 데 비해 2003년에는 784건의 발병만 보고되었다. 1988년 이래 약 20억 명으로 추산되는 어린이들이 예방접종을 받았다. 이 과정에는 2,000만 명의 자원봉사자들의 협력과 약 30억 달러의 국제 기금이 도움이 되었다.

| 가족계획 확대 | 현대적인 피임도구는 총출산율을 극적으로 떨어뜨리는 데 기여했다. 총출산률은 1950~1955년 기간에 여성 1인당 세계 평균 5명에서 1995~2000년 기간에 여성 1인당 2.8명으로 하락했다. 가족계획 프로그램은 피임에 필요한 자문과 정보를 제공하고 여성의 권한을 신장시키는 일을 옹호하며 현대적 피임법을 촉진하는 데 큰 역할을 담당했다. 물론 여성의 문해, 여성의 비농업 노동력 진입, 아동 사망률 하락, 도시화 같은 요인들도 중요한 역할을 했다. 이런 노력들을 조정하기 위해 1969년 유엔인구기금(UNFPA)이 설립되었고, 이 기금은 현재 140개국에서 가족계획 활동을 지원하고 있다. 이런 활동 덕분에 발전도상국들에서 현대적 피임도구의 사용이 대대적으로 증가했다. 그 사용률은 1970년 약 10~15%에서 2000년에는 약 60%로 상승한 것으로 추정된다. 이 프로그램은 개입조치 확대의 한 가지 뛰어난 사례지만 여전히 많은 필요가 충족되지 않고 있다. 왜냐하면 최빈국에서는 피임도구 보급을 위한 기금이 필요

한 수준에 한참 못 미치기 때문이다.

| 동아시아의 수출가공지구 | 제2차 세계대전 이후 동아시아의 초기 공업화는 상당한 정도의 새로운 조직기술, 즉 수출가공지구(EPZ) 또는 자유무역지구에 바탕을 둔 것이었다. 자유무역지구는 외국 기업들의 수출지향적 제조시설 설립을 장려하기 위해 특별한 세제·행정·인프라 조건이 적용된 공업지구다(때로는 지역이나 나라 전체가 포함된다). 일반적으로 핵심 요소는 지구 내의 물리적 안전, 제조활동을 위한 풍부한 토지, 신뢰할 만한 용수와 전력과의 손쉬운 연계성, 공항 및 해항과의 저비용 근접성, 이윤에 대한 조세 휴일(tax holiday), 투입물의 무관세 수입 및 완성품의 무관세 수출 등이었다.

자유무역지구는 동아시아가 의류·신발·장난감·자동차 부품·전자·반도체의 전 세계적 생산기지로 도약하는 과정에서 발판이 되었다. 거의 모든 경우에 동아시아 나라들은 매우 저급한 기술의 노동집약적 활동(전자제품의 마더보드에 부품들을 수동으로 조립하는 일이나 기성 의류에 들어가는 천을 재단하고 재봉하는 일 같은)에서 시작하여 제품 설계를 포함한 가치 사슬의 더 높은 기술 쪽으로 옮겨갔다. 그 결과는 국가적 수준, 나아가 전 세계적 수준의 수출 붐을 불러왔다. 〈아시아위크〉는 언젠가 자유무역지구를 '인스턴트 공업'이라고 불렀다.[5] 동아시아의 공산품 수출은 1978~2000년 동안 연간 12%라는 놀라운 복리 비율로 상승했다. 금액 기준으로는 370억 달러에서 7,230억 달러로 증가했다(1995년 달러 기준).

| 방글라데시의 이동전화 혁명 | 방글라데시의 그래민 은행은 소액 금융 대출로 이미 당당한 명성을 얻었지만, 거기서 더 나아가 세계에서 가

장 가난한 곳에서 현대적 통신기술의 사용을 확장시켜 세계의 이목을 집중시켰다. 그래민텔레콤은 1997년 이동전화 사업에 진입하여 2003년에는 50만 명의 가입자를 획득했다. 총지상통신선의 수와 거의 비슷한 수치다. 그래민텔레콤은 주로 도시적인 자신의 사업기반을 활용하여 마을 전화 프로그램을 시작했다. 이 프로그램에서 마을의 한 여성이 돈을 빌려 이동전화 한 대를 마련하면, 마을의 모든 사람이 약간의 요금을 내고 그 전화를 사용한다. 그 여성은 이 사용료를 걷어 대출금을 서서히 상환한다. 그래민은행의 추산에 따르면 한 대의 전화기를 평균 약 2,500명의 마을 사람들이 사용하고 있다. 2004년 프로그램이 적용되는 마을이 9,400개라고 하면, 추정되는 사용자 수는 약 2억3,000만 명일 것이다. 지금 다른 10여 개국도 이 모델을 널리 채택하고 있다.

이런 경우들은 몇 가지 공통된 주제를 증명해 준다. 첫째, 가장 중요한 점은 널리 적용될 수 있는 알맞은 기술과 조직적 지도력을 비롯해 충분한 자금지원이 있을 경우에 개입조치를 확대할 수 있다는 것이다. 천연두나 소아마비를 퇴치하는 일처럼 그것을 가능하게 할 기술은 오래 전부터 있었지만 최빈국들에서는 활용되지 못했던 경우가 많았다. 둘째, 녹색혁명의 핵심인 고수확 품종의 식량 작물일 경우에는 적절한 기술을 개발한 다음 구체적 과제 지향형 노력을 통해 널리 확산되었다. 거의 모든 경우에 기술들은 현지 조건에 맞게 변용되어야 했다(예를 들어 사용될 때까지 저온 상태로 보존되어야 하는 면역제를 위한 저온 유통체계cold chain를 유지하는 열대지역의 문제와, 작물 육종기술을 토지·기후·노동의 현지 조건에 변용시키는 문제를 해결하는 것을 뜻한다).

밀레니엄발전목표의 경우 유망한 기술은 존재하지만 아직 확장되지는 않았다. 한 가지 적절한 사례를 거론하자면 말라리아 방지 모기장은 아프리카의 말라리아 유행지역 인구의 1%도 안되는 사람들만 사용하고 있다. 이제는 이런 상황이 변화해야 하는 시점이다. 제14장에서는 이 변화를 달성하기 위한 운영적 측면을 검토하려고 한다.

제14장

빈곤 극복을 위한 전 지구적 협정

    2025년 전 지구적 빈곤을 끝내기 위해서는 부국과 빈국 사이의 '전 지구적 협정'이 필요하고, 더 나아가 모든 나라들이 다함께 참여하는 일치된 행동이 필요하다. 빈국들은 빈곤을 끝내는 일을 중요한 과제로 설정하고, 국가적 자원을 전쟁·부패·정쟁이 아니라 가난을 줄이기 위한 일에 더 많이 투입해야 한다. 부국들은 빈국들을 돕겠다는 상투적 문구만 남발하지 말고 그동안 여러 차례 내걸었던 약속을 구체적으로 실행해야 한다. 이 모든 것은 가능하다. 그저 막연히 생각하는 것보다 성공할 가능성이 훨씬 더 크다. 그런데 목표를 이루려면 적합한 틀이 필요하다. 유엔밀레니엄프로젝트에서 내가 동료들과 함께 제시한 것은 바로 구체적인 틀일 뿐이다. '2025년까지'라는 시기에 초점을 맞춘 이 틀은 '밀레니엄발전목표에 기반을 둔 빈곤경감전략'이라 불린다.

그림자 연극

오늘날의 상황은 예전 소련 노동자들이 "우리는 일하는 척하고, 당신은 우리에게 보수를 주는 척한다!"라고 비틀어 표현한 말과 어느 정도 닮아 있다. 즉 많은 빈국들은 개혁하는 척 시늉만 내고, 부국들은 빈국들을 도와주는 척하며 모두 냉소적인 분위기만 부추기고 있다. 많은 발전도상국들이 마지못해 개혁하는 시늉을 하고 있으나 실제로 하는 일은 별로 없고, 개혁의 대가로 얻어지는 것에 대해서는 별로 기대하지 않는다. 반면 기부단체들은 전국적 규모보다는 언론보도의 헤드라인을 장식하기에 적합한 상징적 규모의 프로젝트에 집중한다.

2002년 미국국제개발처(USAID)는 다음과 같이 지적하며 자신들이 서아프리카에 물을 공급하기 위해 펼치는 사업을 자랑스럽게 선전했다. "안전한 물의 안정적 공급은 적절한 하수처리와 함께 물과 관련된 질병과 죽음에 대항한 싸움에서 최전선에 놓여 있다."[1] 충분히 옳은 말이다. 하지만 USAID가 실제로 기여한 것은 무엇인가? 3년에 걸친 440만 달러라는 원조금액이 과연 대단한 것인가? 서아프리카 인구가 약 2억 5,000만 명이라면 3년에 걸친 440만 달러는 1인당 연간 1페니도 안 될 것이다. 종이컵을 사기에는 충분할지 몰라도 그 컵에 물을 채우기에는 충분하지 않다!

기부원조의 만성적 부족은 빈국들이 빈곤과 싸워 이기고 싶은 열정을 앗아 간다. 세계에서 가장 가난한 나라라고 할 수 있는 에티오피아의 멜레스 젠나위 총리와 나는 에티오피아의 인간개발보고서를 발표하기 위해 아디스아바바에서 행사를 주관했다. 젠나위 총리는 에티오피아가 식량 생산을 확대함으로써 만연한 기아를 극복할 잠재력이 있다는 점을 설득력 있게 발표했다. 그러자 다음과 같은 질문이 제기되었다. "총리님, 농업의 중요성에 대한 말씀에는 동의할 수 있겠는데, 의료는 어떻게 되는 겁니까?" 젠나위 총리는 이렇게 대답했다. "의료 쪽은 시간이 걸릴 것입니다. 우리가 좀더 부자가 된 다음에나 의료 쪽으로 확대할 수 있을 겁니다." 이것은 좀 의외의 대답이었다. 사무실로 돌아온 뒤 나는 총리가 한 대답에 동의할 수 없다고 말했다. "에티오피아는 지금 당장 의료를 확대해야 합니다." 젠나위 총리는 애처로운 눈빛으로 내 말에 수긍하면서도 "의료 쪽에 추가로 사용할 수 있는 자금이 없다"는 IMF 관리의 최근 메시지를 전해 주었다.

유엔밀레니엄프로젝트의 작업에 근거하여 적당히 추산해 보면 에티오피아가 지금 1인당 연간 14달러(또는 총 10억 달러)를 받고 있는 개발원조를 1인당 연간 약 70달러(또는 인구 7,000만 명에 해당하는 경제에서 총 50억 달러) 수준으로 증가시킬 필요가 있다. 그 금액의 약 절반이 공중보건 확대에 투입될 것이다. 나머지는 인프라와 농업생산성 증대, 특히 식량부문의 생산성 증대에 흘러들어갈 것이다.

나는 뉴욕으로 돌아오자마자 IMF 고위 관리에게 전화를 걸었다. "제프, 도대체 불만이 뭐요?" 그 관리가 싹싹한 말투로 말했다. 나는 젠나위 총리에게 들었던 말을 다시 하면서 에티오피아가 현대의 발달한 의료 혜택을 받지 못한 채 살아가고 있다는 점을 다시 한 번 강조했다. 즉 기대 수명이 42세에 지나지 않고, 유아 사망률은 신생아 1,000명당 170명에 달하며, 65세까지 살 확률은 3분의 1에 불과하고, 의사는 3만 명당 1명에 지나지 않으며, 공중보건 지출은 1인당 연간 2달러라는 점을 지적했다.

"그래서 당신이 원하는 게 뭐요?"

"에티오피아가 공중보건 지출을 크게 늘릴 수 있도록 IMF가 적극적으로 도와 달라는 겁니다."

"그러나 제프, 현재 그 용도로는 기부 자금이 없소."

"기부자들은 엄청나게 부유하지 않소!"

"제프, 기부자들은 에티오피아에 대한 추가 기부 의사를 보이지 않고 있어요."

"그러면 에티오피아가 밀레니엄발전목표를 달성할 길이 전혀 없지 않습니까?"

"맞아요! 그 목표는 실현 불가능해요."

"그러면 최소한 그 이야기를 공개적으로 하시오. 기부자들이 더 이상 돈을 내놓지 않으면 에티오피아가 밀레니엄발전목표를 달성하지 못할 거라고 말이오. 세계는 이런 이야기를 직접 들어야 합니다. 그러면 아마 기부자들이 움직일지도 모르지요."

나는 무척 화가 나서 그렇게 말했다. 우리는 그림자 연극에 매몰되어 있다. 공개적인 자리에서 IMF는 에티오피아에 대한 원조가 잘 되어 가고 있다고 말한다. 하지만 사적인 자리에서는 에티오피아에 대한 원조가 밀레니엄발전목표를 달성하는 데 충분하지 않다고 인정한다. 2004년 3월 IMF와 세계은행 공동 실무진이 작성한 에티오피아 빈곤경감전략 평가(IMF의 웹사이트에 있다)는 에티오피아가 밀레니엄발전목표를 달성하려면 기부자들의 재정지원이 상당히 확대될 필요가 있다는 점에 대해 한마디도 언급하지 않고 있다. 당연한 이야기지만 더욱 비참한 것은 IMF와 세계은행 문서가 에티오피아의 공중보건 비상 사태에 대해 종류를 막론하고 아무런 데이터도 담고 있지 않다는 점이다. 그러니 IMF와 세계은행 고위 인사들이 스스로 승인했던 해당국 프로그램이 원래 목표를 달성할 수 없다는 것을 과연 어떻게 알 수 있겠는가?

나는 IMF 고위 관리가 틀렸다고 믿는다. 에티오피아에 기부할 수 있는 돈은 훨씬 더 많이 있다. 그러나 그러기 위해서 우리는 IMF 자신이 선전하는, 원조에 대한 변명과 진부한 이야기의 덤불을 걷어내야 한다. 공개적인 자리에서 사람들은 흔히 들을 수 있는 모든 이유를 나열하며 에티오피아에 대한 원조가 그 정도면 딱 알맞은 수준이라고 주장한다. 즉 에티오피아는 이제 잘 지내고 있다(IMF와 세계은행 실무진 평가서는 이렇게 말한다). 에티오피아는 필요한 기부 재원을 모두 받았고, 더 받아도 소화하지도 못한다. 사회에 만연한 부패와 관리의 잘못 때문에 추가 원조를 받을 명분도 없다. 이런 이야기가 현상유지를 정당화하기 위해 들먹이는 지루한 변명들이다.

그러나 사적인 자리에서는 사실상 모든 개발 관련자들이 에티오피아가 현금에 목말라한다는 것을 인정한다. 이를 지적하는 것은 확실히 미국과 유럽의 정치 지도자들에게는 무척 난처한 일이다. 그렇다고 해서 회피하는 것은 더욱더 잘못된 일이다. 원조를 위한 돈이 더 필요하고 이 돈이 잘 사용될 수 있다는 점을 부유한 세계의 납세자들에게 정직하고 끈기 있게 설명한다면, 분명히 발전과 생존을 위한 돈을 끌어 모을 수 있을 것이다.

협정의 두 당사자

불필요한 오해를 피하기 위해 먼저 강조하고 싶은 말이 있다. 모든 계약과 마찬가지로 전 지구적 조약은 최소한 두 당사자가 있으며 따라서 양쪽 모두에게 책임이 있다. 빈국들이 밀레니엄발전목표를 달성할, 또는 부국들에게서 개발원조를 받을 무조건적인 권리를 갖고 있지는 않다. 빈국들은 훌륭한 통치구조에 대한 공약을 지속적으로 이행하는 경우에만 그런 권리를 갖게 될 것이다.

원조의 확대는 일련의 행동계획과 함께 그것들을 투명하고 성실하게 수행한다는 명확한 의지에 근거해서만 이루어질 것이다. 모든 정부가 그와 같은 공약을 하고 싶지는 않을 테고 또 그럴 능력도 없을 것이다. 따라서 이런 나라들은 원조를 신청할 필요도 없다. 부국들의 몫은 책임 있는 당사자가 되려는 집단적 의지를 보이는 모든 빈국들을 도와주는 것이다.

이와 달리 권위주의적이거나 부패한 정권이 지배하는 곳에서는 주민들에게 비극적인 결과를 초래할 수도 있지만, 부국의 책임도 제한적일 수밖에 없다. 이런 상황에서 부국들이 취할 수 있는 가장 중요한 행동은 비교적 잘 통치되는, 부패한 나라에 가까이 위치한 다른 나라들을 도와주는 것이다. 즉 정치적으로 잘 조직되어 스스로 발전하려고 노력하는 나라들은 필요한 도움을 받을 수 있다는 것을 널리 보여 주는 일이다. 오늘날 가장 큰 문제는 정치를 잘 못하는 나라들이 너무 많은 도움을 받는 것이 아니라, 정치를 잘 하는 나라들이 너무 적은 도움을 받는다는 데 있다.

성공을 위한 설계

통치구조가 건전한 나라들을 효과적으로 돕기 위해 국제적인 개발원조의 '배관'을 수리할 필요가 있다. 조금 지겨운 일로 여겨질 수도 있지만, 반드시 필요한 일이다. 원조는 특정한 관(管)들—쌍무적 기부자들·세계은행·지역 차원의 개발은행(아프리카 개발은행 같은)—을 통해 흘러간다. 그러나 이 배관들은 막혀 있거나 너무 좁아서 원조를 충분히 빠른 속도로 실어 나를 수 없다.

만약 그 시스템을 통해 더 많은 원조를 보내기 위해 부국의 납세자들의 동의를 얻어야 한다면 어떻게 해야 할까? 우리는 먼저 배관들이 부국들로

부터 최빈국들 내 가장 절박한 곳들-마을·빈민촌·항구·기타 중요한 목표 지점들-로 원조를 올바르게 실어 나를 수 있다는 것을 보여 주어야 한다. 그 배관이 어떻게 올바로 기능할 수 있는지 설명해 보자. 밀레니엄 발전목표가 달성되어야 하는 2015년까지의 시기에 초점을 맞추겠다. 그 다음 10년대인 2015~2025년에도 비슷한 원칙이 적용될 것이다.

유엔 기구들과 브레튼우즈 기구들(이 기구들도 범유엔 계열에 속한다)을 감독하는 유엔 사무총장이 모든 노력을 감독해야 한다. 사무총장은 유엔개발프로그램(UNDP: 유엔 시스템 안에 있는 경제개발기구)을 대행 기구로 삼아 회원국들을 대신하여 전 지구적 조약이 효력을 발휘하도록 보장해야 한다. 많은 일들이 각 나라별 수준에서 이루어질 것이다. 즉 각 나라별로 계획이 수립될 것이며, 역시 각 나라별 재정과 늘어난 기부원조를 재원으로 투자가 이루어질 것이다.

각 나라별 수준의 작업을 조직하기 위해 각각의 발전도상국들은 밀레니엄발전목표를 달성하기 위한 구체적 계획으로서 빈곤경감전략(PRS)을 채택해야 한다. 오늘날 대다수 가난한 나라들이 IMF와 협력하여 수립했던 일정한 형태의 빈곤경감전략-보통 빈곤경감전략을 위한 서류나 계획-을 이미 가지고 있다. 기존의 세계은행 빈곤경감 계획은 각 나라의 빈곤경감 목표·과제·정책·전략을 개략적으로 설명하고 있다. 몇 년 전에 개별국의 빈곤퇴치 노력을 조정하고 공식적인 부채경감을 위한 틀을 제공하기 위한 계획들이 제시되었다. 그러나 이런 계획들은 개별국들의 밀레니엄발전목표 달성에 실질적인 지침이 될 만큼 세밀하고도 의욕적으로 설계되지는 않았다.

그런데 빈곤경감전략 문서들은 모두 IMF와 세계은행 웹사이트에서 공개적으로 볼 수 있다. 따라서 각국의 자체 빈곤경감전략에 대한 나름의 구상을 읽을 수 있다. 그 프로그램들은 독창적인 면이 있기는 하지만, 언제나 그렇듯이 자금 조달은 밀레니엄발전목표 달성에 필요한 수준에 비해서는 모두 턱없이 부족하다. 따라서 그 프로그램들은 종종 모든 분야의 공공투자(공중보건 같은)를 찔끔찔끔 할 수밖에 없다. 아프리카에서 두드러진 특성을 보이는 최근의 5개 빈곤경감전략 계획은 다음과 같다.

- 가나의 빈곤경감전략(GPRS)
- 에티오피아의 지속 가능한 개발과 빈곤경감 프로그램(SDPRP)
- 케냐의 부가 고용창출을 위한 경제회복전략(ERS)
- 세네갈의 빈곤경감전략 문서(PRSP)
- 우간다의 빈곤퇴치 행동계획(PEAP)

| 목표와 실천의 괴리 현상 | 안타깝고 슬픈 일이지만 국제사회의 접근 방법은 일관되게 실행되지 않는다. 한편에서는 국제사회는 밀레니엄발전목표처럼 대담한 목표를 선언하고, 심지어 그 목표 달성을 위한 방법-기부원조 증대를 약속한 몬테레이 합의 같은-까지도 발표한다. 그러나 빈곤경감전략 계획을 구체적 실행에 옮겨야 할 때 밀레니엄발전목표는 실행 목표가 아니라 기껏해야 애매모호한 바람 정도로만 표현된다. 각 나라는 밀레니엄발전목표를 달성하려는 희망은 아예 제쳐 놓고 내정에나 좀 더 신경을 쓰라는 이야기를 듣는다. IMF와 세계은행은 이중인격자의 모습을 드러낸다. 공개적인 연설에서는 밀레니엄발전목표를 옹호하고 이 목표를 위한 알맹이 없는 프로그램들을 승인하지만, 사석에서는 평상시처럼 그 목표들이 달성될 수 없다는 것을 인정한다!

오늘날 배관을 통해 원조가 실제로 전달되는 방식은 이렇다. 멜레스 젠

나위 총리를 비롯하여 아프리카·아시아·라틴 아메리카의 국가 지도자들이 빈곤경감전략 계획을 준비할 때, 이들은 '현실적'으로 판단하라는 조언 아닌 조언을 듣는다. 이때 '현실적'이라는 말은, 현재 옹색한 기부 재원의 한계를 기정 사실로 받아들여야 한다는 것을 뜻한다.

실무 진행 과정을 보면 IMF와 세계은행 직원들은 '쌍무적' 기부자 집단, 즉 부국들의 원조단체들을 찾아다니며 조사 작업을 벌인다. 이 직원들은 원조단체들을 접촉하여 다음 해에 각 단체가 제공할 수 있는 원조 수준에 대한 예측치를 얻는다. 그리고 이 예측치를 합계한 다음 수혜국들에게 전달한다. 예를 들어 에티오피아에는 이런 이야기가 전해질 것이다. "다음 해에 약 10억 달러를 기대할 수 있겠습니다. 이것으로 무엇을 할 계획인지 알려 주시기 바랍니다."

특정한 양의 원조가 가능하다는 것을 전달받은 경우 수혜국은 광범위하고 공개적인 의견 청취를 통해 원조금액 사용을 포함한 빈곤경감전략 계획을 마련해야 한다. 이 계획의 작성에 광범위하고 공개적인 참여가 필요하다는 국제사회의 주장은 다음과 같은 네 가지 목표를 달성하기 위한 것이다. 첫째는 투자계획의 좀더 나은 우선 순위의 설정, 둘째는 빈곤경감 프로그램에 대한 대중 인지도의 향상, 셋째는 빈곤과의 싸움에서 NGO와 지역사회단체의 참여 여부의 향상, 넷째는 부패에 대한 정치적 '항체'들의 강화 등이 구체적으로 달성해야 할 목표들이다.

이 목표들은 모두 좋은 이야기다. 이것들은 실제로 대중의 참여를 이끌어내는 데 일정한 성공을 거둘 수 있다. 그런데 이 과정에서 빠져 있는 것은 밀레니엄발전목표와 빈곤경감전략 계획 사이의 실천적 연관성이다. 현재 시스템에서 각 나라들은 정해진 내용을 전달받는다. 즉 '자, 당신들이 받을 원조금액은 바로 이 만큼이오'라는 식이다. 그러나 이 과정은 반대로 진행되어야 한다. 즉 제일 먼저 해야 할 일은 그 나라들이 실제로 외국에서 무엇을 지원받아야 하는지 아는 것이다. 그런 다음 IMF와 세계은행이 필요한 금액을 기부자들에게서 얻어내야 한다!

이런 접근법을 채택하는 것이 얼마나 간단한 일인지 최근 사례인 가나의 빈곤경감전략 계획을 통해 살펴보자. 가나는 아프리카에서 통치와 관리가 가장 잘되는 나라에 속한다. 가나는 안정적인 다당제 민주주의 나라로 문해율이 비교적 높고(15~24세 청년들의 문해율이 92퍼센트다), 소득 수준이 비슷한 다른 나라들에 비해 부패 수준은 비교적 낮았다. 그런데 가나는 절대적인 빈곤 때문에 큰 고통을 받고 있었다. 아프리카의 다른 나라들과 마찬가지로 가나의 주요 수출품은 코코아 콩이므로 수출기반을 협소한 1차 생산품 이상으로 다양화할 수 없었다. 가나는 보건·교육·도로·전력 그리고 기타 인프라에 대해 투자할 수 있는 국내 재원이 없었다. 게다가 1980년대 초, 극심한 채무 위기에 빠진 이래 가나 정부는 매달 지급하는 이자 비용을 대기에도 너무 빠듯해 재정적으로 강한 압박을 받았다. 따라서 공공투자를 확대할 여력은 남아 있지 않았다.

그러므로 가나 정부가 2002년 가나 실정에 맞춘 빈곤경감 계획인 가나 빈곤경감전략(GPRS)을 제출했을 때도 앞에서 설명한 상황과 똑같은 결말에 도달했다. 가나는 밀레니엄발전목표를 진지하게 받아들였고, 그 목표를 달성하기 위해 필요한 투자에 근거한 전략을 제출했다. 그 계획은 사회부문과 인프라에 대한 공공투자를 대규모로 늘려야 한다고 강조했다. 그리고 5년에 걸쳐 총 80억 달러, 1인당으로는 연간 약 75달러의 기부원조가 필요하다고 추산했다. 가나의 전략은 훌륭하게 설계되었고 논거가 확실했지만, 기부자들은 몹시 주저하는 태도를 취했다. 얼마 후 기부자들은 첫 번째 초안을 거절했다. 그러자 가나 정부는 원조금액을 5년에 걸친 60억 달러로 낮추었다. 하지만 이번에도 기부자들이 거부했다. 계획이 다시 축소되었다. 이 고통스러운 과정 끝에 빈곤경감 계획은 5년에 걸쳐 약 20억 달러만을 지원받게 되었다.

최근 내가 가나의 아크라에 머물고 있을 때 유럽연합의 집행위원회에서 파견된 대표가 말했다.

"삭스 교수님, 가나의 원래 계획이 현실적이지 않았어요."

"현실적이라는 게 무슨 뜻이죠? 그 프로그램이 잘 설계되어 있지 않아서 비현실적이라는 겁니까? 아니면 기부자들이 원조금액을 부담할 의사가 없기 때문에 비현실적이라는 겁니까?"

"제 말은 후자의 경우입니다, 삭스 교수님. 전략은 훌륭했어요. 하지만 80억 달러 원조금액은 너무 무리한 요구였어요."

현실주의란 보는 사람의 눈에 따라 달라지는 것 같았다. 나는 원래 계획이 세계가 승인했던 바로 그 목표를 달성하려고 했다는 점에서 현실적이었다고 생각했다. 내 눈에는 최종 계획이 비현실적인 것으로 보였는데, 그 계획으로는 밀레니엄발전목표를 더 이상 달성할 수 없기 때문이다. 확실히 기부자들은 현실주의를 다른 뜻으로 받아들였다. 기부자들에게 현실주의란 편리함을 뜻했고, 특히 가나의 재정적 필요를 불충분한 원조 패키지라는 꽉 끼는 옷에 일반적으로 끼워 맞추는 것을 의미했다.

밀레니엄발전목표에 기반한 빈곤경감전략

그러나 나는 실망하지 않았다. 가나는 곧 밀레니엄발전목표에 근거를 둔 전략을 세울 수 있었다. 그와 같은 전략 가운데 한 가지는 세계은행·

유엔 기구들·쌍무적 기부 국가들이 창조적 작업을 통해 실제로 더 큰 재원 흐름을 처리할 배관 시스템을 마련했다는 점이다. 즉 가나에 기부하는 나라들은 가나의 전략과 그들의 노력을 조정한다는 중요한 합의점에 도달했다. 따라서 원조 절차를 단순화하고, 실제적인 계획 이행을 위한 금융지원 자금을 공동화한다는 데 동의했다.

가나와 관련하여 이처럼 다양한 기부원조가 혼합되어 형성된 새로운 기부 프로그램은 다자기부예산지원인(MDBS)정책으로 불린다. 이 새로운 틀 아래서 기부자들은 가나에 필요한 예산 자금을 직접 제공하기로 동의했고, 드디어 가나 정부는 빈곤경감을 위해 우선순위가 가장 높은 공공투자를 수행할 수 있다. 가나의 경우에 실행 가능한 개발계획인 GPRS와 그 계획을 지원하기 위한 재정적 배관이 현재 설치되어 있다. 이제 필요한 것은 충분한 현금 흐름이다.

진정한 밀레니엄발전목표에 기반을 둔 빈곤경감전략은 5개 부분으로 구성될 것이다.

- 감별 진단: 그 나라가 밀레니엄발전목표를 달성하는 데 필요로 하는 정책과 투자를 확인한다.
- 투자계: 필요한 투자의 규모·시점·비용을 보여 준다.
- 재정계획: 투자계획의 자금 조달 계획으로서 밀레니엄발전목표에 따르는 재정 갭과 기부자들이 메워야 할 재원 필요분을 계산한다.
- 기부자계획: 밀레니엄발전목표에 따르는 재정 갭을 여러 해에 걸쳐 메우겠다는 기부자들의 약속을 보여 준다.
- 공공관리계획: 확대된 공공투자 전략의 이행을 도울 공공행정 및 통제 메커니즘을 개괄한다.

이와 같은 5개 부분을 함께 제시하면 현재 기부자들이 빈국들을 더 이상 도울 수 없다며 일반적으로 내세우는 변명, 즉 더 이상의 원조를 '소화할 능력'이 없다는 주장을 잠재울 수 있을 것이다. 기부자들은 수혜국이 "공중보건 서비스를 제공할 진료소·의사·간호사가 없다면 과연 어떻게 보건부문을 확대할 수 있는가"라고 질문한다. 이런 질문은 원조의 목적 전체를 오해한 것이다. 현재 의사와 간호사가 충분하지 않다는 것은 확실하다. 그렇다면 6년이나 10년 후는 어떻게 되겠는가? 원조가 더 많이 제공되면 의사와 간호사와 진료소가 더 많아질 수 있다. 목표 달성을 위해 점진적으로 움직이는 것은 일상적인 계획의 실천 문제일 뿐 그리 큰일은 아니다.

예를 들어 2년의 준비기간이 있다면 해외로 이주했던 그 나라 의사들이 더 많은 급료에 이끌려 고국으로 돌아올 수 있다. 원조금이 늘어난 급료의 일부를 충당할 것이다. 2~3년 더 지나면 의과대학 졸업반이 늘어날 것이고, 이 비용 역시 일부는 원조금에서 충당될 것이다. 그리고 20년의 준비기간 동안 기부자들의 원조가 재원으로 사용되면 여러 개의 새로운 의과대학이 설립될 수 있을 것이다. 이것이 바로 원조가 필요한 이유다! 성공의 열쇠는 10년 동안 기부금액을 투자함으로써 예측 가능한 방식으로 원조 흡수 역량을 키워 나갈 수 있도록 하는 것이다. 앞의 제13장에서 우리는 감별 진단과 투자계획의 핵심을 논의했고, 특히 빈국을 빈곤 함정에서 벗어나게 할 수 있는 인프라와 사회 서비스의 우선적인 투자 분야들에 대해 논의했다. 그러므로 이제는 밀레니엄발전목표에 기반을 둔 빈곤경감전략의 마지막 세 가지 요소-재정계획·기부자계획·공공관리계획-로 방향을 돌려 이야기해 보자.

| 재정계획과 밀레니엄발전목표 재정의 갭 | 올바른 재정계획은

핵심 투자 항목들-교사 · 교실 · 전기 소비량 · 진료소 · 도로 연장 등-을 공급하는 단위 비용에 대한 추산에서 시작한다. 그 다음 더 많은 주민들에게 혜택이 돌아가도록 검토한다. 이런 확대 비용은 상당히 자세하게 추산할 수 있다. 이 추산에는 프로젝트의 자본 비용뿐만 아니라 운영 및 유지보수 비용도 들어가야 한다. 과거에 종종 일어난 일인데, 기부자들은 수혜국들이 진료소를 건설하는 데는 도움을 주었지만 그곳에서 일하는 의사와 간호사들의 월급을 지불하기 위한 원조 요청은 거부했다. 기부자들은 물리적 시설뿐만 아니라 공공부문 노동자들의 월급까지도 재정지원할 생각을 해야 한다.

1980년대 말과 1990년대 구조조정 시대에 IMF · 세계은행 · 기부자 집단은 공중보건이나 교육에 대한 재정지원 확대의 필요성을 수용하면서도 종종 가난한 사람들이 스스로 비용을 감당해야 한다고 주장했다. 오늘날 상하수도 서비스의 민영화에 대해 이와 비슷한 주장이 들려온다. "상하수도 서비스에 대한 투자를 모으자. 하지만 운영은 민간부문에 맡기자. 가난한 사람들은 나아진 서비스에 대한 비용을 지불할 수 있다." 몇몇 경우에 기부자들은 사회마케팅이라 불리는 타협책을 지지했다. 이 타협책에 의하면 가난한 사람들은 서비스 비용 중 일부를 부담하도록 요청받고, 나머지는 기부자들이 부담한다. 예를 들어 사회마케팅은 피임기구와 말라리아 방지 모기장 판매에 적용되었다. 하지만 이런 권고안들은 여러 차례에 걸쳐 실패를 거듭했다. 그 권고안들은 가난한 사람들이 실제 지불할 수 있는 능력을 비현실적일 만큼 높은 수준으로 평가했다. 이들의 지불 능력은 거의 없다고 할 수 있는 수준이다. 극단적 빈민들은 먹을 것조차 충분하지 않으며, 전기나 물 또는 모기장이나 피임도구에 지불할 능력은 더욱더 없다. 빈민들에게 부과된 사용자 부담제도의 역사는 기초적 서비스 분야에서 빈민들을 배제해 온 역사다.

그러므로 재정계획은 빈민들이 실제로 부담할 수 있는 것과 부담할 수 없는 것에 대한 현실적인 판단을 포함해야 한다. WHO 거시경제와 보건위원회(CMH)의 유사한 권고에 따라 유엔밀레니엄프로젝트는 빈국들에서 필수적 보건 서비스와 초등교육에 대해서는 사용자 부담제도가 완전히 폐기되어야 한다고 권고하고 있다. 그 프로젝트는 상하수도와 전력에 대해서는 앞에서 설명한 생존선 요금제 적용을 강력히 승인하고 있다. 이 요금제에서 모든 가계는 생활에 필수적인 일정한 양의 전기와 안전한 물을 무상으로 공급받고, 그 이상의 양에 대해서는 미터기대로 요금을 낸다.

또한 재정계획은 GDP 중에서 밀레니엄발전목표에 할당될 수 있는 세금 비중을 추산해야 한다. 이 부분에서 다시 한 번 현실주의적인 판단을 내리는 것이 결정적으로 중요하다. 빈국들은 세금을 제한된 양밖에 올릴 수 없다. 빈민들에게 사용료를 억지로 짜낼 수 없는 것처럼 세금도 억지로 거둘 수 없다. 세금을 너무 높게 올리려는 시도는 광범위한 조세회피와 심각한 경제적 왜곡을 초래한다. 거시경제와 보건위원회가 이 문제를 고려했을 때 그 위원회의 IMF 대표는 발전도상국들이 2007년 보건부문을 위한 세수에 GDP의 추가 1퍼센트 그리고 2015년에는 추가 2퍼센트를 동원할 수 있을 것으로 가정한다고 주장했다. 유엔밀레니엄프로젝트도 똑같은 접근 방식을 채택하여 발전도상국이 2015년에는 모든 밀레니엄발전목표 관련 투자에 GDP의 추가 4퍼센트를 배정할 수 있다고 가정했다.

이런 가정들을 통해 밀레니엄발전목표 재정의 갭을 계산할 수 있는데, 이 갭은 발전도상국들의 투자계획 자금 조달을 위해 기부자 집단이 기여해야 할 몫을 가리킨다. 이 같은 계산은 제15장에 자세히 제시되어 있다. 여기에서 한 가지 강조할 것은 원조가 단지 몇 년이 아니라 2025년까지 거의 모든 기간 동안 필요하다는 점이다. 재정계획과 관련하여 현실적으로 생각해 보면 빈국들이 확대된 프로젝트를 위한 모든 비용을 단 몇 년 후에 갑자기 부담할 수 있다고 기대할 수는 없다는 것이다. 투자계획이 지속 가능하려면 기부자들의 재정지원이 최소한 향후 10년 그리고 최대한 20년 동안 지속적으로 확대되어야 한다.

| **기부자계획** | 기부자들이 수혜국들의 통치구조 개선의 필요성은 크게 강조했지만 정작 자기들 몫의 책임은 적당히 축소하거나 피해갔다. 밀레니엄발전목표에 기반을 둔 빈곤경감전략의 일환으로 기부 약속이 지속적으로 실행될 것이라는 점을 투명하게 밝히는 기부자계획이 필요하다. 기부자계획은 원조 흐름의 다음 네 가지 측면에 초점을 맞추어야 한다.

- 규모: 원조는 수혜국의 투자계획을 위한 자금을 조달하는 데 차질이 없을 만큼 충분히 커야 한다.
- 시점: 원조는 수혜국이 10개년 확대 프로그램을 끝까지 수행할 수 있도록 장기간에 걸쳐 이루어져야 한다.
- 예측 가능성: 원조 흐름의 부정기적 중단과 재개가 수혜국의 투자 프로그램이나 거시경제적 안정성을 해치지 않도록 원조는 예측 가능해야 한다.
- 조화: 원조는 원조기관이 선호하는 프로젝트가 아니라 밀레니엄발전목표의 빈곤경감전략과, 이와 관련된 투자계획을 지원해야 한다.

원조의 예측 가능성이 원조의 전반적인 양에 못지않게 중요한 이유를 좀더 강조해서 설명해 보자. 빈곤이 끝나려면 최빈국들에게 1인당 연간 약

60달러의 원조가 흘러들어가야 한다. 그러나 1인당 연간 소득이 200~300 달러에 불과한 실정에서 그 정도 수준의 원조는 GDP의 약 20~30퍼센트에 해당할 것이다. 원조 금액이 GDP에서 차지하는 비중이 그렇게 큰 만큼 원조의 예기치 못한 변동은 수혜국 경제에 큰 충격을 줄 것이다. 만약 기부자들이 한 해에 GDP의 30퍼센트에 해당하는 원조를 제공했다가 다음 해에 15퍼센트만 제공한다면 어떻게 될까? 그 결과 대량 해고·정부 시설들의 폐쇄·거대한 예산 적자·인플레이션이 나타날 것이다. 이런 위험을 방지하려면 기부원조는 최소한 몇 년에 걸쳐 매우 예측 가능한 방식으로 이루어져야 한다.

조화의 문제도 중요하다. 2000년에 탄자니아 원조에 관한 어떤 논의에서 다음과 같은 지적이 있었다. "1년에 개발기금을 제공하는 30개의 기관들이 있었고, 1,000개의 프로젝트와 2,500개의 원조 사절단이 있었다……. 이것들 모두 별도의 회계방식과 재정 및 보고 시스템을 갖고 있었다……."[2] 세계은행 총재 제임스 울펀슨은 이렇게 논평했다. "내 생각에 우리는 지금 모든 사람들이 인정하는 다음과 같은 상황에 처해 있다. 원조 수혜국들은 우리는 물론 모든 쌍무적 기부자들처럼 선의를 가진 사람들의 무수한 방문을 받으며, 분기마다 많은 보고서를 작성해야 한다. 몇 가지 실행 메커니즘과 관련하여 조정 작업이 별로 이루어지지 않고 있으며, 개발공동체(개발경제학자부터 국제기구 실무자에 이르기까지 개발원조에 관계된 모든 사람을 지칭함-옮긴이)가 이미 하고 있는 일의 일부를 조정하고 더 잘 수행하기 위해 개선해야 할 점이 무척 많다."[3]

원조의 조화를 꾀하기 위해 다양한 원조기관이 각각 고유한 비교우위가 있는 분야를 찾아 활동해야 한다. 수혜국들의 공공투자 프로그램 확대를 돕기 위한 대규모 원조와 관련하여 돈은 세계은행과 지역개발은행 같은 다자간 원조기관들을 통해 흘러가야 한다. 가나가 실제로 필요로 하는 것이 공공투자를 확대하기 위한 예산지원일 경우, 가나가 23개나 되는 쌍무적 기부자들과 일일이 협상해야 할 이유가 있는가? 23개의 쌍무적 기부자들은 사전에 그들의 자금을 세계은행과 아프리카 개발은행에 모아 이 기관들이 단일한 원조를 펼칠 수 있도록 동의해야 한다. 예를 들어 특수한 종류의 기술 지원(예를 들어 AIDS 환자들을 치료하거나 태양 전력을 모으기 위한 기술 지원)이나 소규모 실험, 또는 P2P 방식의 교환 같은 개별적인 소규모 프로젝트를 필요로 하는 문제들과 관련해서는 쌍무적 기관들에 맡기는 것이 훨씬 더 낫다.

| **공공관리계획** | 재정지원은 필수적이긴 하지만 성공을 위한 충분조건은 아니다. 정부가 투자계획을 실행할 수 없다면 돈은 낭비되거나 은행계좌 속에 헛되이 잠겨 있을 것이다. 물론 실행을 위해서는 계획과 건설·훈련·감독 개선 등을 위한 시간이 필요하다. 그러나 건전한 공공관리계획은 소요시간뿐만 아니라 다음의 여섯 가지 구성요소를 갖추어야 한다.

- 분권화: 투자를 필요로 하는 도시와 마을은 수천, 수십만 곳이다. 세부 사항은 수도나 워싱턴에서가 아니라 마을과 도시들 자체의 현장 수준에서 결정되어야 할 것이다. 그러므로 공공투자의 분권화된 관리가 확대의 필수조건이다.
- 훈련: 모든 수준-국가·지구(地區)·마을-의 공공부문은 확대 과정을 감독할 역량이 없다. 이것은 공공부문을 기피하기 위한 논거-설득력이 없을 것이다-가 아니라 공공부문의 역량 형성을 옹호하기 위한 근거다. 훈련 프로그램(또는 능력 형성)이 전반적인 전략의 일부가

되어야 한다.
- 정보기술: 만약 각각의 연도에 원조 배관으로 전달되는 원조의 흐름이 늘어날 예정이라면, 측정 장치도 그만큼 더 좋아져야 한다. 이것은 정보기술-컴퓨터·전자메일·이동전화-을 사용해야 한다는 것을 의미한다. 이 기술을 통해 공공부문에 전송되거나 모든 당사자가 접할 수 있는 정보의 양을 극적으로 증대시켜야 한다.
- 측정 가능한 지표들: 달성해야 할 목표점을 좀더 명확히 하려면 지출을 크게 늘릴 수밖에 없다. 밀레니엄발전목표에 기반을 둔 모든 빈곤경감전략은 나라별 조건·필요·데이터 가용성에 맞게 조정된 정략적 기표들로 뒷받침되어야 한다.
- 감사: 문제를 직시하자. 원조자금은 의도된 수혜들에게 전달되어야 한다. 원조자금에 대한 감사가 가능하지 않으면 어느 나라든지 더 많은 자금을 받아서는 안 된다.
- 관찰과 평가: 애초부터 밀레니엄발전목표에 기반을 둔 빈곤경감전략은 투자에 대한 관찰을 가능하게 만들어 놓아야 한다. 관찰과 평가를 위한 예산과 메커니즘은 전략에 꼭 필요한 부분이 되어야 한다.

| **지역 수준의 인프라** | 많은 중요한 투자가 지역적(region, 예를 들어 중동지역처럼 여러 나라에 걸쳐 특정한 지리적·문화적 공통성이 있는 지리적 영역을 가리킴-옮긴이) 성격을 띠고 있고, 한 번에 여러 나라와 관련된다. 앞에서 설명했듯이 케냐의 몸바사 항구를, 그 항구에 의존하는 네 나라-케냐·우간다·르완다·부룬디-와 연결하는 도로를 생각해 보자. 그 도로는 절반 정도 포장된 2차선 도로이고, 100만 명 이상 이용한다. 유지보수가 형편없으므로 도로를 이용하여 해안 쪽으로 오가는 화물수송에 엄청난 비용이 든

다. 도로의 이곳저곳은 무척 자주 유실된다. 그 도로는 네 나라 내부의 단편적이고 무계획적인 프로젝트가 아니라 공동 프로젝트를 통해 보수되어야 한다. 그런데 문제는 세계은행을 비롯한 많은 기부자들이 여러 나라가 연결된 프로젝트를 관리하는 데 아주 서투르다는 것이다. 이 기관들은 한 번에 한 나라에 대해서만 사고하는 데 익숙해졌기 때문이다. 전 세계적으로 다양한 지역경제 공동체가 생겨났다. 아프리카에도 여러 개가 있는데 이것들은 서로 가까이 위치한 나라들의 투자 조정에 도움이 될 수 있다. 여러 나라 사이의 투자는 단지 도로와 철도뿐만 아니라 항만 서비스 · 통신 · 금융시장 규제 · 생물 다양성 보존(또는 숲과 강 유역 보존) · 대기 및 수질오염 통제 · 에너지 개발(수력 · 지열발전 · 송전을 포함한) 그리고 다른 많은 영역에서 더욱 흔한 일이 될 것이다.

지역 공동체들은 '통치구조에 대한 공동 책임'이라는 또 다른 중요한 역할을 담당할 수 있다. 각 나라는 '동류집단 압력(peer pressure)'에 민감하게 반응한다. 이런 점에 착안하여 아프리카연합은 아프리카 상호감시 메커니즘(APRM)이라 불리는 정책을 내놓았다. 이 메커니즘 하에서 회원국들은 상호 간의 체계적인 통치구조 감시에 자발적으로 동의한다. 아프리카연합이 기술하고 있듯이 APRM의 1차적 목표는 다음과 같다.

> 정치적 안정, 높은 경제성장, 지속 가능한 발전, 아(亞)지역 · 대륙적 경제의 통합 가속화 등을 위한 정책 · 표준 · 방식의 채택을 촉진하려는 것이다. 경제통합은 결점의 발견과 능력형성 필요성의 평가를 포함하여 성공 사례와 모범 사례의 강화와 경험의 공유를 통해 이루어질 것이다.[4]

마샬플랜부터 유럽연합에 이르기까지 여러 가지 많은 지역적 노력의 경험은 아프리카연합의 이러한 기대가 아주 큰 장점이라는 것을 알 수 있다. 외부의 집단적인 압력은 개혁 지향적 정부가 궤도에서 이탈하지 않도록 도와준다. 예를 들어 유럽연합에 가입하려는 폴란드의 희망은 폴란드의 경제개혁정책이 단기간의 거대하고 부적절한 압력과, 민중주의적 유혹에 굴복하지 않도록 하는 데 도움이 되었다.

빈곤경감을 위한 전 지구적 정책

빈국들은 국내의 개혁정책이나 일국적 혹은 지역적 투자 등을 통해서는 해결할 수 없는 중대한 어려움들도 가지고 있다. 또한 전 지구적 수준에서 다루어야 할 일도 있는데 다음의 네 가지가 아주 중요하다.

- 채무 위기
- 전 지구적 무역정책
- 발전을 위한 과학
- 환경관리

| **채무 위기** | 이 문제는 오래 전에 해결되었어야 했다. 적어도 20년 동안 우리는 과중채무빈국(HIPC)이 부채상환이 불가능하거나 적어도 채무상환과 밀레니엄발전목표 달성을 동시에 할 수 없다는 것을 알고 있었다. 채무들은 분명히 탕감되어야 했는데 채권자들은 최빈국들이 채무이행을 계속 해야 한다고 끈질기게 주장했다. 그런데 채무이행에 지출되는 비용은 종종 그 나라의 공중보건과 교육에 필요한 비용보다 훨씬 더

많다. 사실 부국들은 빈국들이 애초에 채무를 지지 않도록 대부가 아니라 무상원조를 제공했어야 한다.

　최근 몇십 년간 채권국들이 보인 행태는 마샬플랜을 수립할 당시 미국이 발표했던 공약과 실천에 비하면 인색하기 짝이 없다. 당시 미국은 대부금이 아니라 무상원조로 유럽 재건을 돕기로 결정했다. 제2차 세계대전 이후 전략가들은 제1차 세계대전 이후의 비참했던 상황을 잘 알고 있었다. 그 당시 케인스의 예언대로 연합국 부채와 제1차 세계대전 전후 배상금 요구는 채무국은 물론 채권국들까지 오랫동안 정치적·금융적 위기에 휘말리게 했다. 그리고 이 위기는 대공황의 원인이 되었을 뿐만 아니라 파시즘의 출현까지 직접 이어졌다. 제2차 세계대전 이후 미국의 전략가들은 다른 경로를 선택했다. 즉 전후 채무가 유럽의 취약한 민주주의에 부담이 되지 않도록 한 것이었다. 바로 이 점이 오늘날 우리가 따라야 할 지혜다. 그러므로 과중채무빈국들의 채무는 밀레니엄발전목표에 기반을 둔 빈곤경감 전략을 위한 종합적인 금융 패키지의 일환으로 당장 탕감되어야 한다.

　| 세계 무역정책 |　　지속적인 경제성장을 위해서 빈국들은 부국들로 수출을 늘림으로써 부국들에게서 자본재를 수입하기 위한 외환을 획득할 필요가 있다. 그러나 부국들의 무역 장벽이 빈국들의 수출 성장을 가로막고 있다. 2001년 11월 시작되어 지금도 진행되고 있는 도하무역협상은 빈국들을 위한 시장접근 기회를 확대할 것을 공약하고 있다. 적어도 서류상으로는 그렇다. 이런 공약은 특히 의류 제조업 같은 비교적 낮은 기술과 노동 집약을 필요로 하는 부문의 경우에는 결정적으로 중요하다. 그러나 두 가지 주의할 점이 있다.

　첫째, 무역이 중요하긴 하지만 흔히 말하는 '원조 아닌 무역'이라는 슬

로건은 틀린 얘기다. 빈국들은 '원조 + 무역'을 더욱 필요로 할 것이다. 무역개혁 하나만으로는 빈국들이 극단적 빈곤에서 헤어나도록 할 수 있을 만큼 충분히 강력하지 않기 때문이다. '원조 아닌 무역' 슬로건 아래서 이루어지는 로비는 열린 무역의 명백한 중요성을 활용하여 원조에 대한 옹호론을 허물어뜨리려고 한다. 무역개혁으로 빈국들의 소득이 해마다 수십억 달러씩 늘어난다고 하더라도 늘어난 소득의 일부만이 빈곤 함정 탈출에 결정적으로 중요한 공공투자의 재원으로 쓰일 것이다. 무역개혁으로 아주 큰 이익이 생겨나겠지만(수천억 달러), 그 수치 밑에 씌어 있는 깨알 같은 글씨를 눈여겨 볼 필요가 있다. 즉 이익 중 거의 대부분이 절대적으로 빈곤한 나라, 특히 아프리카 대륙의 빈국들이 아니라 부국들을 포함해 중진국들로 귀속될 것이라는 점이다. 이처럼 아프리카의 고립된 농촌 마을들이 무역개혁만으로 어떻게 기본적 욕구를 충족시킬 수 있겠는가?

둘째, 농업무역 자유화에 대한 과장된 표현에 주의해야 한다. 물론 세계 농업무역 자유화가 좋은 정책이라는 것은 의심할 여지가 없다. 예를 들어 유럽은 고비용 농부들에게 보조금을 주느라고 천문학적인 돈을 낭비하면서 다른 목표(환경 보존)들은 훨씬 더 저렴하게 달성할 수 있었다. 그러나 농업 보조금 철폐가 아프리카를 비롯한 세계 여러 곳의 최저 발전도상국들에게 큰 혜택이 될 것이라고 결론을 내리는 것은 분명히 잘못된 일이다.

만약 유럽이 주식 작물(밀·옥수수)에 대한 보조금을 줄인다면 이것은 아프리카에 부정적인 영향을 끼칠 것이다. 아프리카는 식량 순수입 지역이기 때문이다. 식량을 소비하는 사람들은 식량 구입에 더 높은 가격을 지불해야 하는 반면, 농부들은 혜택을 입을 것이다. 가난에 대한 순효과도 긍정적일 수도 부정적일 수도 있겠지만, 큰 혜택이 될 가능성은 매우 낮다. 아프리카는 열대지역 생산품(예를 들어 면화·설탕·바나나) 무역 자유화에서는 확실히 이익을 볼 것이다. 그러나 열대 생산품들에 대한 보조금은 부국들에서 농부들을 위한 인위적 지원에 들어간다고 널리 알려진 3,000억 달러에 비하면 새 발의 피에 지나지 않는다.

다시 말해 농업무역을 자유화하라. 그러나 그것이 만병통치약이라고 믿지는 마라. 그 자유화의 편익 중 대부분은 거대 식량 수출국인 미국 · 캐나다 · 아르헨티나 · 브라질 · 오스트레일리아로 돌아갈 것이다.

| **발전을 위한 과학** |　　많은 경우에 장기적인 경제발전에서 핵심적 돌파구는 새로운 기술들이었다. 식량 생산을 위한 녹색혁명, 백신과 예방 접종, 말라리아 방지 모기장, 경구 수액요법, 토양의 영양을 보충하기 위한 혼농림기법, 항레트로바이러스 약제 등이 그런 것들이었다. 이에 필요한 기술들은 부국의 시장들을 위해 먼저 개발되었고, 빈국들을 위한 기술 개발은 기부자들의 후원 아래 특별한 과정을 통해 이루어졌다. 그러나 빈국들의 특수한 문제(예를 들어 열대 식품이나 질병)에 대응하기 위해 민간부문 주도로 기술이 개발되는 경우는 무척 드물다. 빈국들은 민간부문이 주도하는 연구개발에 충분한 이익을 제공하지 못하기 때문이다.

그러므로 특별한 노력이 행해지지 않는 한 빈국들은 국제 과학계에서 무시당할 가능성이 있다. 이런 점을 인정하면 빈곤 문제의 극복과 관련하여 과학적인 연구개발이 우선적으로 필요한 분야를 확인한 다음, 연구개발을 자극하는 데 필요한 기부원조를 동원하는 것이 중요하다. 이 문제를 탐구해 온 다양한 과학 단체들의 최근 연구를 통해 밝혀진 특별히 중요한 몇 가지 영역은 다음과 같다.

● 빈국들의 질병: 저소득국에 고유한 질병들, 특히 열대성 질병들을

위한 새로운 예방 · 진단 · 치료 수단들을 말한다.
- 열대 농업: 새로운 품종 · 물 관리 기술 · 토양 관리 기법을 말한다.
- 고립된 농촌 지역들의 에너지 시스템: 재생 가능한 에너지원(예를 들어 광전지) · 발전기 · 개선된 배터리 · 낮은 전력 전등을 포함하여 독립적인 전력을 획득하기 위한 특수한 기술을 말한다.
- 기후 예측과 적응: 기후변화를 예측하고 조정하는 것을 목적으로 하여, 계절적 · 다년간 · 장기적 기후변화에 대한 측정방법을 개선한다.
- 물 관리: 집수 · 담수화 · 소규모 관개 등을 위한 기술을 개선한다. 또한 지나친 사용으로 고갈되고 있는 대수층 관리방법을 개선한다. 인구밀도와 기후변화의 상호작용 때문에 극심한 물 부족에 시달리는 지역들이 더 많아지고 있는 상황에서 물은 더욱 중요해질 것이다.
- 생태계의 지속적인 관리: 전 세계의 취약한 생태계들(몇 가지만 예로 들어 보자면 산호초 · 망그로브 습지 · 어장 · 열대림)이 인위적 힘들에 의해 파괴되면서 종종 끔찍한 결과가 나타나고 있다. 대부분의 가난한 공동체들은 이런 변화를 관찰하거나 지속적인 방식에 바탕을 두고 효과적으로 대응할 기술적 역량을 갖추고 있지 않다.

유엔밀레니엄프로젝트는 최빈국들의 보건 · 농업 · 에너지 · 기후 · 물 · 생물 다양성 보존 등의 우선적 필요항목들에 대처하기 위해 전 세계적으로 해마다 약 70억 달러를 기부해야 한다고 권고하고 있다. 과거에는 특정한 과제를 정해 놓고 하는 과학적인 연구가 큰 성과를 거두었다. 록펠러 재단은 1928년에 황열병 백신을 발견한 연구와, 녹색혁명으로 이어진 수많은 식물 육종 연구에 자금을 지원했다.

최근 빌 & 멜린다 게이츠 재단은 AIDS·결핵·말라리아를 비롯해 가난한 사람들이 잘 걸리는 기타 질병들에 대한 광범위한 연구에 자금을 지원했다. 빌 & 멜린다 게이츠 재단과 공동으로 일하는 글락소스미스클라인은 말라리아 퇴치를 위한 백신 개발에 놀라운 진전이 있다고 발표했다. 물론 아프리카에서 실제로 사용할 수 있도록 검증되기까지 아직은 여러 단계의 검증을 거쳐야 하므로 많은 시간이 필요하다는 점도 덧붙였다.

나는 하버드 대학교의 경제학자 마이클 크레머와 함께 새로운 백신 후보군들에 대한 필수적인 연구와 임상실험을 촉진하기 위해서 새로운 제안을 내놓았다. 즉 우리는 기부단체들이 AIDS·결핵·말라리아를 퇴치하는 데 성공한 백신들을 대량으로 구매하여 아프리카에 보급하겠다는 공약을 미리 제시함으로써 백신 연구개발을 위한 재정적 재원을 창출하라고 권고했다.

| 환경관리 | 전 지구적 차원의 기후변화가 국지적으로 끼치는 영향을 예측하기란 매우 어렵다. 하지만 세계의 많은 극단적 빈곤지역이 국경 너머에서 닥쳐오는 기상이변에 심각한 영향을 받을 위험에 처해 있다는 점은 확신할 수 있다. 장기적인 지구온난화와 관련된 해수면의 상승은 방글라데시를 비롯해 작은 섬나라 같은 가난한 지역들의 경제에 심각한 타격을 줄 범람을 일으킬 가능성이 높다.

아프리카 사헬에서는 강우량이 현저히 줄어들었고, 인도양의 장기적 온

난화 때문에 강우 주기가 변화를 일으키고 있다. 이와 같은 강우 주기 변화는 다른 곳들에서도 나타날 수 있다. 엘리뇨 기후 주기가 점점 더 빈번하고 강력한 양상으로 나타나고 있는데, 이것은 아시아·라틴 아메리카·아프리카의 수억 명의 사람들에게 심각한 불안을 느끼게 하는 요소가 될 수 있다. 대기 중 이산화탄소 농도 상승과 관련된 대양화학의 변화는 산호초를 해치고 이에 수반하여 해안 생태계와 해안 경제에 치명적 영향을 끼칠 수 있다.

자연환경 변화가 불러오는 드라마에서는 극단적 빈민들이 무고한 희생자가 된다. 장기적 기후변화의 주된 요인인 화석연료 연소는 거의 전적으로 부국들에서 이루어지고 있는 행위다. 빈곤경감을 위한 전 지구적 차원의 어떤 대책이든지 책임성을 가지려면 다음의 세 가지에 더욱 큰 주의를 기울여야 한다.

첫째, 부국들이 먼저, 특히 미국은 유엔 기후변화 기본협약 아래 발표했던 오래된 약속을 즉각 이행해야 한다. 즉 '기후 시스템의 위험한 인위적 혼란을 방지할 수 있는 수준으로 대기 중 온실가스 농도를 안정화시키겠다'[5]는 약속을 이행해야 한다. 둘째, 부국들은 빈국들이 앞으로의 변화에 효과적으로 대응할 수 있도록, 아니 최소한 대처라도 할 수 있도록 추가 재정지원을 마련해야 한다. 셋째, 앞에서 지적했듯이 부국들은 기후과학에 더 많은 투자를 해야 한다. 그 이유는 이미 진행되고 있는 기후변화가 전 세계 모든 사람(특히 극빈자)들에게 어떤 영향을 끼칠 것인지를 좀더 명확하게 인식해야 하기 때문이다.

국제 시스템의 운영 주체

　빈국들은 유엔 기구들, 쌍무적 기부자들, 브레튼우즈 기구들을 긍정적으로 표현하여 '개발 파트너'라고 부른다. 상황이 좋을 때는 이 기관들과 상대국 정부들은 실제로 파트너가 되어 발전적으로 행동한다. 하지만 종종 그 기구들은 유익한 만큼 성가신 존재이기도 하다. 원조 흐름은 종종 소규모이고 예측 불가능한 반면, 수백 개의 소규모 원조 프로젝트가 너무 많은 곳에서 일을 벌여 놓아 여기에 대응해야 하는 가난한 정부들의 시간과 주의력을 소진시킨다. 그러므로 단일한 밀레니엄발전목표에 기반을 둔 빈곤경감전략을 지원하는 원조의 조화가 결정적으로 중요하다.

　원조를 조화시키려면 이른바 개발 파트너 자신들 내부에서 협상이 더 잘 진행되어야 한다. 내 생각에는 유엔 시스템을 잘 활용하는 것이 성공을 부르는 열쇠다. 유엔 사무총장은 밀레니엄발전목표 달성에 기여하는 다양한 이해 관계자들을 조정하는 데 세계에서 가장 좋은 위치에 있다. 유엔 기구들은 개발의 모든 측면에서 결정적으로 중요한 전문성을 제공한다. 이런 기구들과 이들이 역량을 발휘할 수 있는 핵심 분야 몇 가지를 열거한 것이 〈표 1〉이다.

　사무총장이 지도하고, UNDP가 촉매제 역할을 담당하는 가운데 유엔의 나라별 팀은 각각의 발전도상국에서 통합적이고 실효성 있는 활동을 펼쳐야 한다. 즉 나라별 팀은 유엔의 전문 기구들과 IMF 그리고 세계은행의 작업을 한곳에서 조정해야 한다. 또한 나라별 팀은 한 사람의 유엔 현지인 조정자의 지도를 받아야 하고, 이 조정자는 다시 유엔개발프로그램의 행정관에게, 이 행정관은 유엔 사무총장에게 보고해야 한다. 모든 빈국들에서 유엔의 나라별 팀이 맡은 가장 중요한 역할은 무엇인가? 그것은 바로

〈표 1〉 개발 관련 유엔 기구(일부)

기구		약어	발전도상국에서 핵심적인 관심 분야
브레튼우즈 기구	국제통화기금	IMF	발전도상국에 재정과 예산 문제를 지원하고, 거시경제를 쉽게 조정 할 수 있도록 일시적인 재정지원을 한다.
	세계은행	IBRD	중하위 소득국들이 빈곤과 싸우는 데 도움을 주기 위해 대부와 무상원조 · 정책 자문 · 기술지원을 한다.
식량농업기구		FAO	정책자문과 기술지원을 제공하면서 기아에 대한 싸움을 이끌어 간다.
국제농업개발기금		IFAD	식량생산 증대와 영양 개선을 위한 농업개발 프로젝트에 자금을 지원한다.
유엔개발프로그램		UNDP	유엔의 전 지구적 개발 네트워크로서 기능하면서, 발전도상국들의 민주적 통치구조를 강화하고 가난과 싸우며, 공중보건과 교육을 개선하고 환경을 보호하며, 위기에 대처하는 프로그램도 운영한다.
유엔환경프로그램		UNEP	프로젝트와 기술과학적 지원을 통해 각 나라의 환경보호의 노력을 지원한다.
유엔인간정주프로그램		UN-HABITAT	모든 사람에게 적절한 주거지를 제공한다는 목표 하에 사회적으로 지속할 수 있는 마을과 도시를 촉진한다.
유엔인구기금		UNFPA	각 나라의 인구 및 출산보건 프로그램을 세울 수 있도록 돕는다.
유엔아동기금		UNICEF	아동의 수명연장을 목적으로 한다. 특히 교육 · 보건 · 아동보호 등을 촉진하는 프로그램을 통해 활동한다.
세계식량프로그램		WFP	전 지구적 기아와의 싸움에서 선도적 기관으로 활동하며 2003년 81개국에서 1억 명 이상의 사람들에게 먹을 것을 제공한다. 세계의 대다수 난민과 국내 유민도 그 대상이다.
세계보건기구		WHO	각국의 보건 투자와 관련하여 중요한 기술을 지원한다.

빈곤에서 벗어나 지속 가능한 발전을 달성하는 과정에서 최상의 국제적 증거와 과학을 제공하는 일이다.

아주 확실한 사실을 이처럼 길게 이야기하는 이유는 무엇인가? 현재의 시스템이 놀라울 정도로 작동불능 상태에 빠져 있기 때문이다. IMF와 세계은행은 유엔 기구들과 대화도 거의 나누지 않는다. 사실 그 기구들이 서로 도움을 주고받아야 하는 위치에 있는데도 말이다. 과거 20년 동안 부국들은 다른 유엔 기구들에 비해 IMF와 세계은행에 특권적인 지위를 부여했다. 이 두 기구를 제외한 다른 기구들은 종종 나에게 전화를 걸어 특정한 나라에서 IMF가 실제로 무엇을 하고 있는지 알려 달라고 부탁하기도 했다. 이 기구들은 IMF와 직접 끈이 닿지 않았기 때문이다.

IMF와 세계은행이 왜 이런 특권적 지위를 부여받았는지는 쉽게 설명된다. 옛말에도 있듯이 (누구든지) 돈을 좇기 때문이다. 부국들은 유엔 기관들보다는 IMF와 세계은행에서 훨씬 더 큰 영향력을 발휘한다. '1국 1표제'로 운영되는 유엔 총회 및 대부분의 전문기구 이사회들과는 달리 IMF와 세계은행에서는 '1달러 1표제'가 적용된다. IMF와 세계은행의 각 회원국은 배정받은 분담금액으로 참여하는데, 이 분담금액이 각 나라의 출자금과 투표권을 결정한다. 이런 식으로 부국들은 다수표(voting majority)를 유지해 왔다. 이런 다수표 때문에 미국은 자신의 영향력이 훨씬 덜 미치는 유엔 기구들보다는 더 쉽게 통제할 수 있는 IMF와 세계은행에 특히 더 많이 의존하게 되었다.

그런데 문제는 IMF와 세계은행이 유엔 기구들과 훨씬 더 긴밀하게 협력하지 않고서는 자신들의 일을 할 수 없다는 점이다. IMF와 세계은행은 각각 거시경제(예산·재정·환율) 문제와 개발 문제에 관여하는 일반 기구들이다. 유엔 기구들은 전문 기구들이다. 예를 들어 유엔아동기금(UNICEF)은 아동 보건과 교육에 대해 가장 많이 알고 있다. 유엔인구기금(UNFPA)은 가족계획에 대해 비할 데 없는 전문성을 가지고 있고, 식량농업기구(FAO)는 농업에 대해 최상이다. 세계보건기구(WHO)는 공중보건 분야에서 독특한 역량을 가지고 있다. 또 유엔 개발프로그램(UNDP)은 역량 형성과 통치구조 등의 분야에서 독보적이다. 그러나 이런 기구들이 거시경제를 통찰할 만큼 능력을 가지고 있는 경우는 극히 드물다. 이런 능력은 IMF와 세계은행의 고유한 인식 능력이다. 전문적인 유엔 기구들과 IMF와 세계은행 사이의 좀더 긴밀한 협조 없이는 어느 기구도 맡은 일을 제대로 할 수 없다.

다음 단계

극단적 빈곤은 함정이지만 이 함정은 표적 투자를 통해 극복할 수 있다. 물론 이를 위한 전제조건이 있다. 즉 필요한 투자는 시험평가를 통해 검증받아야 하고, 투자 프로그램은 밀레니엄발전목표에 기반을 둔 빈곤경감전략을 중심으로 부국들과 빈국들 사이의 전 지구적 협약으로 실행될 수 있어야 한다는 것이다. 모두 좋은 이야기들이다. 하지만 우리가 이 모든 것을 해낼 수 있을까? 또한 부국들이 빈국들을 돕는다고 재정적으로 큰 어려움에 처하겠는가? 제15장에서 이런 근본적인 질문 내용에 대해 좀더 자세히 알아보자.

제15장

세상을 가치 있게 만드는 계산법

극단적 빈민들이 빈곤 함정에서 벗어나도록 도와주어야 한다고 부국에 요구하는 것은 몹시 무모한 일처럼 여겨질 수도 있다. 이것은 작은 보람은커녕 끝을 알 수 없는 일일 뿐만 아니라 비용도 엄청나게 들어갈 것이다. 아니, 적어도 그렇게 생각될 수 있다. 아무튼 부유한 세계의 복지 프로그램이 이미 너무나 거추장스러운 존재가 되지 않았는가? 부국들이 그동안 떠안아 왔던 문제들 때문에 재정적 혼란에 휩싸여 있지 않은가? 자기 나라 국민도 아니고 더욱이 인구가 급증하는 나라에 살고 있는 수십억 명에 대한 책임을 부국들이 과연 어떻게 떠맡을 수 있겠는가? 이런 질문들이 당연히 제기될 수 있지만 다행스럽게도 이 질문들에 대한 합리적인 해답도 있다. 그러나 들여다보면 볼수록 더욱더 명확해지는 것은 부자들이 가난한 사람들을 도울 수 있을까 하는 것이 문제가 아니다. 오히려 과연 돕지 않아도 괜찮을까 하는 것이 진짜 문제다.

진실은 이렇다. 즉 현재 소득이나 세금, 추가적인 지연 때문에 발생할 비용, 행동에 따른 이익 등 어떤 면에 비추어 보더라도 비용은 생각보다 적게 들어갈 것이라는 점이다. 가장 중요한 것은 부국이 이미 공약한 한도 안에서 그 과제를 달성할 수 있다는 점이다. 즉 선진국 국민 총생산의 0.7퍼센트, 즉 소득 10달러당 고작 7센트만 할애하면 충분하다. 개발원조에 대한 논쟁이나, 부자들이 가난한 사람들을 돕기 위해 충분한 일을 하고 있는가에 대해 끊임없이 벌이는 모든 논쟁은, 실제로 부국이 벌어들이는 소득의 1퍼센트도 안되는 것을 가지고 문제 삼고 있을 뿐이다. 부자들이 요구받는 기부는 사실은 너무 미미한 정도다. 따라서 이처럼 미미한 것마저 못하겠다고 버티는 것은 전 세계의 수많은 사람들을 향해 "당신들은 전혀 쓸모없는 사람들이야"라고 뻔뻔스럽게 선언하는 것이나 마찬가지다. 그렇다면 나중에 부자들이 그처럼 무심하게 대응한 것의 대가를 받더라도 결코 놀라운 일은 아니다.

부자들에게 요구되는 기부가 왜 지나치지 않은지를 알 수 있는 다섯 가지 중요한 이유가 있다.

첫째, 극단적으로 가난한 사람들의 수가 감소하여 세계 인구 중에서 차지하는 비율이 상대적으로 낮아졌다. 세계은행은 오늘날 약 11억 명이 극단적 빈곤 상태에서 살아가는 것으로 추산하고 있다.[1] 이것은 세계 인구의 5분의 1에도 약간 못 미치는 수치다. 한 세대 전만 하더라도 이와 같은 인구 비중은 약 3분의 1이었다. 두 세대 전에는 거의 절반에 가까웠다. 극단적 빈곤의 수렁에 여전히 빠져 있는 세계인구의 비중은 상대적 차원에서 살펴보면 해결 가능한 범위 안에 있다.

둘째, 우리가 목표로 하는 것은 극단적 빈곤을 끝내자는 것이지 모든 빈곤을 끝내자는 것은 아니다. 더욱이 세계의 소득을 공평하게 나누자거나 부유한 사람과 가난한 사람 사이의 소득 격차를 줄이자고 하는 것도 아니다. 후자와 같은 일이 언젠가는 일어날 수도 있다. 하지만 이런 경우에는 가난한 사람들이 스스로 노력함으로써 좀더 부유해져야 할 것이다. 따라서 오늘날 부자들이 최대한 할 수 있는 일은 극단적으로 가난한 사람들을 집어삼키고 있는 빈곤 함정에서 그들 스스로 벗어나도록 일정한 지원을 계속 제공하는 일이다.

셋째, 빈곤 함정을 끝내는 것은 생각보다 훨씬 더 쉬울 수 있다. 너무나 오랫동안 너무나 많은 경제적 사고가 잘못된 질문을 던지고 있었다. 그것은 바로 빈국들에게 훌륭한 통치구조와 효율적 시장경제라는 교과서적 모델을 어떻게 도입할 것인가라는 질문이었다. 생활수준을 변화시키고 경제성장을 가능하게 할 구체적이고 검증된 저비용 수단을 발견하려는 노력을 너무 적게 했다. 만약 우리가 실천적 태도를 가지고 특정한 영역-도로·전력·수송·토양·상하수도·질병통제-의 투자들에 대해 말한다면, 그 과제는 갑자기 훨씬 더 쉬워 보일 것이다.

넷째, 오늘날 부국들은 그야말로 엄청나게 부유하다. 극단적 빈곤을 끝내는 일은 한두 세대 전만 하더라도 불가능한 영역의 일로 여겨졌다. 그러나 이제는 충분히 가능한 영역 안으로 들어왔다. 이제 그 비용은 부국의 엄청나게 늘어난 소득 가운데 극히 일부분에 지나지 않기 때문이다. 특히 미국의 경우에 전 세계의 극단적 빈민들에게 약속한 기부를 이행하기 위한 일부 해결책으로는 부자 중의 부자에게 더 많은 책임을 지우는 것이다. 즉 평범한 고액 납세자들이 아니라 소득 랭킹의 맨 꼭대기를 차지한 납세자들이 책임을 지게 하는 것이다. 이런 부자들은 필요한 일을 하기 위한 비용의 상당 부분을 감당할 능력이 있다. 적당한 수준에서 세금을 조금 더 내거나, 자신들이 누리는 거대한 부에 걸맞는 큰 금액을 자선하면 된다.

다섯째, 지금 우리는 그 어느 때보다 강력한 수단들을 가지고 있다. 이동전화와 인터넷 덕택에 아시아와 아프리카 농촌지역들도 정보 기근에서 벗어나고 있다. 물류 시스템이 향상된 덕분에 전 지구적 차원의 산업체들이 아주 넓은 지역에서 수익성 높은 활동을 펼칠 수 있게 되었다. 육종 개량, 농생물기술(agrobiotechnology), 과학적 토양의 영양관리 등을 포함한 현대적 농경방식 덕분에 오랫동안 손상되어 온 토지를 복원시킬 수 있게 되었다. 그리고 예전에 척박하다고 방치했던 토지를 새롭게 이용할 수 있게 되었다. 질병 예방과 통제에 대한 새로운 접근 방법을 통해 의료 분야에서도 비약적인 진전이 이루어질 전망이다. 그러나 이런 투자들의 혜택이 아직은 극단적 빈민들 가운데 아주 적은 일부에게만 영향을 끼치고 있는 것도 무시할 수 없는 현실이다. 따라서 빈곤경감을 위한 핵심 전략은 인프라·보건·교육 분야 등에서 필수적인 투자를 확대하는 일이다. 그런데 이 투자들은 급속한 기술진보를 통해 그 효과가 엄청나게 확대되었다.

다음은 목표 달성에 과연 얼마의 비용이 들고, 이 비용을 누가 부담할 것인가에 대한 몇 가지 계산이다.

간단한 계산

가장 단순하지만 확실한 계산은 세계의 모든 극단적 빈민들이 기본적 욕구를 충분히 해결할 만큼 소득을 올리려면 부국들의 소득 가운데 얼마가 빈국들로 이전되어야 하는가에 대한 질문이다. 세계은행 빈곤팀 소속의 마틴 라발리온과 그의 동료들이 이 질문에 대한 해답-최소한 근사치라도-을 찾기 위해 데이터를 수집했다. 세계은행은 기본적 욕구를 충족시키는 데, 1993년 구매력 조정 가격으로 측정하여 1인당 하루 1.08달러가 필요하다고 추산하고 있다. 라발리온 팀은 가구조사 자료를 사용하여 임계 수준 이하에서 사는, 전 세계 빈곤층 인구의 수와 이들의 평균 소득을 계산했다.[2]

세계은행의 추산에 따르면 2001년 당시 11억 명이 하루 1.08달러 수준 이하에서 살았다. 그리고 이들의 평균 소득은 하루 0.77달러, 즉 연간 281달러였다. 더욱 중요한 것은 기본적 욕구의 충족 수준에 대해 빈민들이 부족함을 느끼는 금액은 하루 0.31달러(1.08달러-0.77달러), 즉 연간 113달러였다는 점이다. 그러므로 2001년도 전 세계 빈민의 총소득 부족액은 1인당 연간 113달러×11억 명, 즉 1,240억 달러였다.

동일한 계산단위(1993년 구매력 가격으로 측정된 미국 달러)를 사용하여 계산한 결과 2001년도 개발원조위원회(DAC) 소속의 22개 기부국들의 소득은 20조2,000억 달러였다. 따라서 이론적으로는 기부국 소득의 0.6퍼센트에 해당하는 1,240억 달러를 이전시키면 이론적으로는 전 세계의 극단적 빈곤 인구에 속하는 11억 명 전체를 기본적 욕구를 충족시킬 수 있는 수준으로 상승시킬 수 있다. 이때 주목할 만한 점은 소득 이전을 기부국 GNP의 0.7퍼센트라는 목표치 안에서 달성할 수 있다는 점이다. 그런데 소득 이전이 1980년에는 가능하지 않았을 것이다. 그 당시는 극단적 빈곤 인구가 15억 명으로 지금보다 훨씬 더 많았고, 부국들의 소득이 지금보다 훨씬 더 적었기 때문이다. 1981년으로 돌아가서 보면 총소득의 갭은 약 2,080억 달러(다시 1993년 구매력 가격으로 측정된)였고, 기부국 GNP 합계치는 13조2,000억 달러였다. 그렇다면 극단적 빈곤 인구를 기본적 욕구를 충족시킬 수 있는 수준으로 높이는 데는 기부국 소득의 1.6퍼센트를 이전시켜야 했을 것이다.

필요금액의 산정 방법

인도적 비상 사태의 경우를 제외하고 현금을 직접 이전하는 것은 공적 개발원조(ODA)를 전달하는 방법으로 결코 좋은 선택이 아니다. 현금 이전은 빈민들의 절망적인 소득 수준을 높일 수는 있지만, 단지 소비 갭만 메운다면 빈곤 함정을 깨뜨리지는 못할 것이다. 빈곤 함정을 끝내려면 앞에서 설명했듯이 외국의 직접적인 원조가 인프라와 인적 자본(보건·영양·교육 분야의 공공서비스를 통한) 투자에 사용되어야 한다. 그리고 빈민들이 스스로 생산성을 높이도록 자립 능력을 키워 주고, 빈국들이 스스로 노력함으로써 성장궤도에 올라설 수 있도록 해야 한다.

WHO 거시경제와 보건위원회와 유엔밀레니엄프로젝트는 극단적 빈곤을 제거하는 데 소요될 투자 비용을 추산하기 위해 6단계의 구체적인 직선적 접근법을 채택했는데, 이 접근법은 매우 유용했다. 여기서 열쇠는 기본적 욕구를 충족시키고 빈곤 함정을 끝낼 종합 대책으로서 공공 인프라와 사회적 투자의 핵심 영역을 확인하는 일이다. 도로·전력·상하수도·보건·교육 등이 투자의 핵심을 이루며, 이러한 투자에 소요되는 비용을 산정하는 것은 다음과 같은 여섯 단계를 따른다.

- 기본적 욕구 패키지를 확인해야 한다.
- 나라별로 현재 충족되지 않는 주민들의 욕구를 확인해야 한다.
- 충족되지 않는 욕구를 충족시키기 위한 투자 비용을 계산하는데, 이 과정에서 장래의 인구 증가를 고려해야 한다.
- 각 나라별로 자금을 조달할 수 있는 투자 부분을 계산해야 한다.
- 밀레니엄발전목표를 이루기 위해 기부자들이 메워야 할 재정 갭

을 계산해야 한다.
- 기부자들의 소득과 비교해서 기부금 규모를 산정해야 한다.

이런 계산은 극단적 빈곤을 끝내는 데 필요한 전 세계 차원의 비용을 알려 줄 것이다. 그러나 이런 계산을 했다고 해서 그 금액이 부자들에게 그대로 부과되어 빈민들에게 이전되지는 않을 것이다. 앞에서 반복하여 강조했듯이 실제적인 기금 이전은 면밀한 나라별 계획에 기반을 두고 이루어져야 한다. 나라별 계획은 공개적인 의견 청취 과정을 통해 수립되어야 하고, 주의 깊은 관찰과 평가뿐만 아니라 수혜국의 훌륭한 통치구조에 의해 뒷받침되어야 한다. 이런 이유 때문에 실제로 이전되는 재원은 아쉽게도 필요금액을 산정한 결과보다 훨씬 적을 수 있다. 그렇지만 극단적 빈곤 영역이 남는다면 이는 기부자들의 의지가 결여되었기 때문이 아니라, 수혜국이 기부원조를 효과적으로 사용할 능력이 없기 때문이다.

기본적인 욕구 패키지

WHO 거시경제와 보건위원회는 보건 개입조치의 기본 패키지를 구성하는 49개의 필수 보건 서비스를 제시했다. 유엔밀레니엄프로젝트는 다른 핵심 분야, 즉 식량 생산·영양·교육·인프라의 개입조치들로 보완함으로써 보건 개입조치 목록을 약 150개의 보건 서비스로 확대했다. 그런데 보건 서비스의 수혜 대상은 보편적이어야 하며, 개입조치의 수혜 대상이 될 표준적 욕구들은 최소의 기준으로 정해진다. 그런데 최소 기준의 설정은 이 같은 개입조치의 무혜택이 극단적 빈곤으로 이어진다는 해석과 일치한다. 예를 들어 앞에서 설명한 개입조치들에는 다음과 같은 것들이 포함된다.

- 학생 대 교사 비율의 목표를 정한 상태에서 모든 아동에게 초등교육을 실시한다.
- 모든 취약 인구를 위한 영양 프로그램을 실시한다.
- 말라리아 전염 지역의 모든 가계에 말라리아 방지 모기장을 공급한다.
- 안전한 식수와 위생 시설을 공급한다.
- 인구 1,000명당 0.5킬로미터의 포장도로를 공급한다.
- 실내 대기오염을 감소시키기 위한 현대적 조리용 연료와 개선된 조리용 화로(火爐)를 공급한다.

고소득국에서 이런저런 욕구들은 비교적 가난한 사람들까지 이미 100퍼센트 충족되고 있다. 이런 점에서 극단적 빈곤(기본적 욕구 충족 수단의 결여)이 부국들 내부의 상대적 빈곤(소득 분포에서 바닥에 위치하는 것)과는 완전히 다르다는 점을 명확히 알 수 있다. 중소득국에서도 이런 개입조치들은 거의 대부분의 주민들이 이용할 수 있다. 그리고 모든 사람들의 욕구를 충족시키는 데는 10년 이상의 인적·물적 자본의 투자가 필요하다.

분석의 다음 단계는 각 나라들에서 관련 서비스의 혜택을 받지 못하는 인구 비율을 추산하고, 특정한 시간 안에 그 갭을 줄일 수 있는 투자 수준을 계획하는 일이다. 유엔밀레니엄프로젝트는 2015년까지 밀레니엄발전목표를 충분히 달성할 수 있는 범위의 투자 수준을 계산했다. 물론 이런 계산을 위해서는 각 나라가 처한 고유 상황에 대한 심도 있고 정밀한 연구가 필요하며, 이 같은 연구는 각 나라 안에서만 이루어질 수 있다. 그러나 유엔밀레니엄프로젝트와 현재 우리가 이루고자 하는 목적을 위해서는 대략적인 근사치도 가능할 것이다.

유엔밀레니엄프로젝트는 5개의 발전도상국-방글라데시 · 캄보디아 · 가나 · 탄자니아 · 우간다-에서 2015년까지 인프라와 사회적 서비스를 확대하기 위한 비용을 계산했다. 그 결과 비용은 2005~2015년 동안 1인당 연간 약 100달러에 달했다(유엔의 연구에서 사용한 모든 가격은 2000년 미국 불변 달러로 표현되었다). 몇몇 결정적 개입조치(아직 수량화되지 않은 개입조치들에는 더 높은 수준의 교육, 물과 연료의 저장과 분배 시설, 관개 시스템, 항구와 철도, 정보와 통신기술, 지속 가능한 환경을 위한 특별한 투자 등이 있다-원주)에 대한 비용 데이터를 구할 수 없었다. 이 때문에 진짜 필요한 비용은 최소 110달러이거나 그보다 더 높을 가능성이 있다.[3]

1인당 연간 소득이 약 2만7,000달러이고 정부 수입이 1인당 연간 7,000달러에 달하는 부국에서 110달러는 매우 작은 금액이다. 그러나 빈국들에서 1인당 110달러는 아주 큰 금액이다. 이것은 2001년도 에티오피아의 1인당 소득과 똑같고, 5개 발전도상국들의 1인당 평균 소득의 3분의 1에 해당한다. 더욱이 대부분의 서비스는 정부가 공급하는 것으로 되어 있다. 그러나 저소득국의 정부가 거두어들이는 세수는 일반적으로 국민소득의 약 10퍼센트에 지나지 않는다. 그러므로 1인당 연간 소득이 300달러인 나라에서 국가예산을 위한 국내세수는 1인당 약 30달러에 불과하다. 이것은 인프라와 사회적 서비스의 기본 패키지를 공급하는 비용의 3분의 1에도 못 미치는 금액이다.

기본 패키지의 비용을 확인한 다음 단계는 누가 무엇을 얼마나 부담할 수 있는가를 파악하는 일이다. 각 가계들마다 몇 가지 기본적 욕구 충족을 위해 필요한 비용은 가계 자체의 소득으로 최소한의 범위 안에서 부담할 수 있다. 예를 들어 민간부문 공급자들에게서 구매하는 방법으로 말이다. 가계 분담금보다 조금 더 큰 비용이 필요한 일부 서비스는 정부가 국내 공공세수를 재원으로 공급할 수 있다. 그러고도 부족한 부분은 전 세계 기부자들이 메워야 할 '재정 갭'이다.

발전도상국에서 연간 1인당 필요한 110달러 가운데 각 주체별 분담 비율을 할당하기 위해 유엔밀레니엄프로젝트는 다음과 같은 세 가지 가정을 했다.

첫째, 빈곤경감에 할당될 정부세수가 GDP 대비 비율로 상당히 상승할 수 있을 것이라는 가정이다. 특히 2015년에는 4퍼센트 포인트까지는 가능할 것이다. 둘째, 보건과 교육 같은 특정 부문의 경우에는 기본 패키지가 전적으로 공공부문의 부담으로(국내세수나 기부 원조를 통해) 공급될 것이라는 가정이다. 셋째, 가계들이 에너지 소비, 상하수도 서비스, 농업생산성 향상을 위한 투자 중 일부를 부담할 수 있을 것이라는 가정이다. 그러나 가계별 소득 수준에 따라 부담금은 차등화될 것이다. 즉 극단적 빈민들은 전적으로 보조금으로만 서비스를 받을 것이고, 중소득 가구들은 비용의 일부를 부담할 것이며, 고소득 가구들은 모든 비용을 스스로 부담할 것이다.

| **투자 비용 분담** | 유엔밀레니엄프로젝트는 이 접근법을 사용하여 목표 달성을 위한 총비용과 각 나라의 정부·가계·기부자들 사이에서 필요한 비용의 분담금을 확인했다. 그 비용은 두 가지 이유에서 지역별로 다르다. 첫째, 욕구가 다르다. 둘째, 이 욕구들의 충족 비용이 다르다. 일반적으로 특정한 투자 패키지의 실행 비용이 빈국들에서는 좀 저렴한데, 이는 노동 비용이 상대적으로 낮기 때문이다.

이런 가정 아래서 5개의 발전도상국에 대해 다음과 같은 점이 확인되었

다. 1인당 연간 110달러 중에서 가계들은 1인당 연간 약 10달러를 지불할 수 있고, 정부는 세수에서 1인당 연간 약 35달러를 부담할 수 있을 것이다. 나머지 1인당 연간 약 65달러가 바로 재정 갭인데, 이것은 기부자들이 조달해 주어야 할 것이다.

한편, 중소득국들에 대해 똑같은 계산을 한 결과, 상황이 완전히 달라졌다. 브라질·칠레·멕시코 같은 나라들은 국내 재원으로 서비스 패키지 전체를 공급할 수 있다. 이 나라들은 과제 달성에 충분한 국내 재원을 가지고 있으므로 극단적 빈곤을 끝내기 위해 외국의 원조를 받을 필요가 없다. 물론 이 나라들에도 극단적 빈민이 많이 남아 있겠지만, 그 원인은 주로 내부의 노력이 부족하기 때문이다. 중국 역시 대체로 자신의 욕구를 스스로 충족시킬 수 있다. 인도는 엉거주춤한 상황으로 1인당 연간 4~5달러 정도의 상당한 원조를 필요로 하지만, 이 금액은 인도 경제의 급속한 성장에 따라 시간이 지나면서 점차 낮아질 것이다.

일반적으로 중소득국은 그들 자신의 욕구를 스스로 충족시킬 수 있다. 그러나 저소득국들이 2015년에 기본적 욕구를 충족시킬 수 있기 위해서는 해외에서 최소한 조금이라도 원조를 받아야 할 것이다. 전 지구적 차원의 정확한 비용을 계산하려면 실제로 모든 나라별로 비용을 산정해야 한다. 그러나 소수 몇 나라의 상세한 추정액에 근거해 외삽법(外揷法)으로 추정하면, 전 지구적으로 필요한 기부금의 근사치를 얻을 수 있다. 대략적인 추산을 통해 말하자면 2015년에 사하라 이남 아프리카를 위해서는 약 400억 달러 수준의 기부금이 필요하다. 또한 발전도상국 전체를 위해서는 2배 정도인 약 800억 달러가 필요하다.

이 추산은 더욱 간단한 방법에 의한 수치 계산과도 일치한다. 극단적 빈곤 인구가 약 11억 명이고, 1인당 해마다 필요한 원조금액이 약 65달러라면 2015년까지 기부자들이 부담해야 할 금액은 연간 약 720억 달러일 것이다. 게다가 백신 개발과 같은 전 지구적 노력과 대규모 원조의 증가를 관리하는 일을 위해서도 추가 비용을 부담해야 할 것이다. 다시 설명하면 실제 기부금의 지출은 더 낮을 가능성이 있다. 원조를 정당화하기에 충분할 만큼 훌륭한 계획과 통치구조를 가지고 있는 나라들에게만 원조를 할 것이기 때문이다.

〈표 1〉은 밀레니엄발전목표(MDG) 달성에 필요한 투자 재원이 될 기부원조의 지역별 명세를 보여 준다. 이 표는 아프리카와 아시아가 극단적 빈곤의 진앙지이고, 대규모 기부원조가 가장 급박하게 필요한 두 지역이라는 점을 명확하게 드러내고 있다. 물론 다른 지역의 나라들도 기부원조가 필요한 것으로 보이며, 따라서 이런 종류의 필요에 대한 계산은 나라별로 행해져야 한다.

〈표 1〉 MDG를 달성하기 위해 기부자들에게 받아야 하는 연간 예산지원의 지역별 명세

	2006년	2015년
동아시아와 태평양	11.1	8.9
유럽과 중앙아시아	2.0	2.9
라틴 아메리카와 카리브해	0.7	1.3
중동과 북아프리카	0.9	1.4
남아시아	22.4	36.8
사하라 이남 아프리카	36.4	83.4
합계	73.5	134.7

단위: 2003년도 10억 미국 달러.
출처: UN Millenium Project(2005).

〈표 2〉 가나, 탄자니아, 우간다에서 MDG를 달성하기 위한 부문별 공적개발원조(ODA) 명세

가나

지원 총액	2006~2015년 전 기간에 걸친 필요 예산			
	연 평균 (백만 달러)	1인당 평균 (달러)	평균 GDP %	필요 예산 지원 총액 중의 %
기아	74	3.0	0.9%	5.6%
교육	266	11.0	3.2%	20.2%
성 평등	40	1.6	0.5%	3.0%
보건	375	15.4	4.5%	28.5%
상하수도	33.1	1.4	0.4%	2.5%
빈민촌 주민 생활 향상	16.0	0.7	0.2%	1.2%
에너지	115	4.7	1.4%	8.7%
도로	154	6.3	1.9%	11.7%
기타	243	10.0	2.9%	18.5%
합계*	1,317	54.1	15.9%	100.0%

탄자니아

지원 총액	2006~2015년 전 기간에 걸친 필요 예산			
	연 평균 (백만 달러)	1인당 평균 (달러)	평균 GDP %	필요 예산 지원 총액 중의 %
기아	163	3.8	1.1%	5.8%
교육	327	7.7	2.1%	11.7%
성 평등	70	1.6	0.5%	2.5%
보건	920	21.7	5.9%	33.0%
상하수도	52.5	1.2	0.3%	1.9%
빈민촌 주민 생활 향상	44.3	1.0	0.3%	1.6%
에너지	201	4.7	1.3%	7.2%
도로	586	13.8	3.8%	21.0%
기타	424	10.0	2.7%	15.2%
합계*	2,788	65.4	18.0%	100.0%

세상을 가치 있게 만드는 계산법

우간다

지원 총액	2006~2015년 전 기간에 걸친 필요 예산			
	연 평균 (백만 달러)	1인당 평균 (달러)	평균 GDP %	필요 예산 지원 총액 중의 %
기아	78	2.3	0.7%	4.2%
교육	222	6.6	2.0%	12.0%
성 평등	50	1.5	0.4%	2.7%
보건	634	18.8	5.6%	34.2%
상하수도	25.9	0.8	0.2%	1.4%
빈민촌 주민 생활 향상	19.8	0.6	0.2%	1.1%
에너지	90	2.7	0.8%	4.8%
도로	394	11.7	3.5%	21.3%
기타	337	10.0	3.0%	18.2%
합계*	1,825	54.9	16.4%	100.0%

* 대규모 인프라를 확보하는 프로젝트, 더 높은 교육, 지속적으로 보존할 수 있는 환경 등을 위한 1인당 10달러 기금을 포함한다.

단위: 2003년도 미국 달러.
출처: UN Millenium Project(2004).

투자 프로그램에 필요한 외부 재정의 부문별 명세 내역은 〈표 2〉에 나타나 있다. 이 표는 사하라 이남 아프리카 3개국을 사례로 삼아 세부적으로 계산한 결과를 한눈에 보여 준다. 또한, 이 표는 외국의 원조가 어디로 흘러가야 할 것인가를 명확히 제시하는 데 도움이 된다. 총기부원조 금액의 약 35퍼센트가 보건부문으로 가야 하고, 35퍼센트는 에너지와 도로 인프라로, 15퍼센트는 교육으로, 2퍼센트는 상하수도 서비스로, 나머지는 핵심 패키지의 기타 구성부문으로 들어가야 한다.

필요한 공적개발원조의 총액

2006년에 빈국들에서 연간 약 700~800억 달러를 필요로 할 것이라는 계산이 나왔다. 그러나 부국들이 빈국들에게 제공해야 할 개발원조의 총액을 결정하기란 여전히 쉽지 않다. 여기에는 세 가지 이유가 있다. 첫째, 높은 비율의 공적개발원조가 말 그대로 개발을 위해 모두 쓰이는 것은 아니다. 긴급 구호, 난민보호와 정착지원, 특정한 정부들에 대한 지정학적 지원, 이미 극단적 빈곤에서 어느 정도 벗어난 중소득국들에 대한 지원 등에도 할애될 것이기 때문이다. 둘째, 개발에 할당되는 외국의 기부원조 중에서 일부만이 개입조치 패키지의 재원을 조달하는 형태로 들어온다. 예를 들어 많은 원조가 기술지원인데, 이것은 유엔밀레니엄프로젝트의 비용 추산에는 계산되지 않는다. 또 일부 원조는 그동안 상환되지 않고 있던 부채를 탕감해 주는 데 할당된다. 물론 부채탕감은 해당 국가에게 신용시장에 접근할 수 있는 수단을 주고, 따라서 희망을 준다는 점에서 매우 중요하다. 그러나 어차피 과거에 부채의 이자상환이 불가능했다면 부채탕감은 실제적인 재원 흐름에 추가되지 않는다. 셋째, 특정한 빈국의 재정적 필요를 넘어서는 전 지구적 수준의 투자를 지원할 직접적인 원조의 필요성이 존재한다.

이제 첫 번째 이유를 좀더 명확히 하기 위해 현재 이루어지고 있는 공적개발원조에 대한 명세 내역을 살펴보자. 2002년에 모든 기부자가 모든 발전도상국에 제공한 대외원조 총액은 760억 달러였다(모든 수치는 2003년도 달러 기준). 그중에서 60억 달러는 부채탕감 공여금이었는데, 이것은 실제적인 재원 흐름으로 이루어지지 않았다. 더욱이 발전도상국들은 부국들에 채무상환용으로 110억 달러에 가까운 돈을 지급했다. 그러면 순대외원조 흐름은 590억 달러가 된다. 이 금액 중 160억 달러는 중소득국들로 흘러들어갔다. 그리고 저소득국들로 흘러들어간 430억 달러 중에서 고작 120억 달러만 정부에 대한 직접 지원에 할당되었다. 나머지는 대부분 긴급 원조와 기술협력 기금으로 구성되었고, 이 금액들은 대부분 현지 전문가가 아니라 높은 비용을 지불해야 하는 다수의 외국 컨설턴트들에게 지급된다.

대략적으로 말해 430억 달러 중에서 120억 달러만이 예산지원으로 간주될 만한 형태로 저소득국들에게 주어졌다. 따라서 기본적 욕구를 충족시키기 위한 개입조치 패키지를 지원하는 데 도움이 되었다. 모든 발전도상국에 대해 말하자면 2002년도 480억 달러의 순ODA 흐름 중 약 150억 달러만이 기본적 욕구를 충족시키기 위한 투자 재원의 형태로 간주될 수 있을 것이다. 나머지 330억 달러는 그동안 논의해 온 투자에는 쓰이지 않았지만, 좀더 다른 내용의 고려되어야 할 사항과 비용들을 반영하고 있다. 일부는 긴급 구호와 기술협력으로 흘러가는데, 부분적으로는 자체적인 능력을 배양하기 위한 재원이 된다. 또 다른 중요한 내역들은 지역적 인프라와 전 지구적 차원의 연구인데, 현재 여기에는 약 40억 달러만이 쓰이고 있다. 마지막으로 쌍무적 및 다자간 기관들의 운영과 기타 비용으로 90억 달러가 사용된다.

나라별 수준에서 기본적 욕구 수준을 확대시키기 위한 730억 달러(2015년에 연간 1,350억 달러 수준으로 증가하는) 이외에 다른 부분들을 위한 재원으로 해마다 480~540억 달러가 필요할 것이다. 여기에는 기부기관들의 자체 운영 비용이 포함되어 있는데, 이것은 본질적으로 국제적 기부원조 시스템을 운영하는 비용이다. 유엔밀레니엄프로젝트는 국제 기구와 기부 조직들의 기술지원 역량을 증대시키기 위한 비용으로 해마다 추가적으로 20~50억 달러를 추산했다. 그리고 쌍무적 기부자들에 대한 비용 증대의 몫으로 10~30억 달러를 추가적으로 추산했다. 이런 추가 비용들이 발생하는 것은 유엔 전문 기구들·IMF·세계은행·지역개발은행·쌍무적 기부자들의 운영 부담이 증대하기 때문이다. 빈민들의 욕구 충족을 목표로 하는, 전 지구적 차원의 과학 연구에 대한 투자를 늘려야 하며 이를 위한 비용도 고려해야 한다. 이 비용은 2015년에 연간 약 70억 달러에 이를 것으로 추산된다.

이 같은 모든 비용을 합산한 다음에, 그릇된 통치구조 때문에 원조 수혜 자격이 없는 나라들을 제외하고 기존 원조 중 일부를 재배정하여 추가 조정한 상태를 살펴보자. 세계 총대외원조는 〈표 3〉에 나타난 금액에 해당할 것이다. 2006년도 순ODA 흐름은 연간 1,350억 달러에 이르고(650억 달러에서 증가), 점차 증가하여 2015년에는 1,950억 달러가 될 것이다. 이 추산이 아주 정확하지는 않다. 각 나라가 유엔밀레니엄프로젝트 방법론을 따라 자체적인 세부 항목의 비용을 계산하기 전까지는 MDG 달성을 위한 정확한 비용을 결정할 수 없다.

그러나 이 추산은 한 가지 부정할 수 없는 사실을 보여 준다. 즉 2005~2015년 기간에 약 1,350~1,950억 달러의 총액은 예측 년대 동안 부국의 매년 GNP의 약 0.44~0.54퍼센트에 해당한다. 이것은 ODA에서 약속한 GNP 대비 0.7퍼센트-연평균 2,350억 달러에 근접한 금액(2003년 불변 달러)-보다는 상당히 낮은 비율이다. 따라서 요점은 기부국들이 이미 약속했던 ODA의 범위 안에서 밀레니엄발전목표를 위한 재원을 마련할 수 있다는 점이다.

고소득국들은 이미 원조를 늘리겠다고 공약했었다. 그들이 이 특정한 공약을 이행할 것이라고 가정하면 ODA 총액은 MDG를 달성하기 위한 기존의 공약 수준을 넘어 2006년에 대략 480억 달러만큼 상승할 필요가 있을 것

〈표 3〉 각 나라에서 MDG를 달성하기 위한 추정 비용

	2002	2006	2010	2015
1. 저소득국의 MDG 투자 필요금액				
• MDG 재정 갭	12	73	89	135
• MDG 달성을 위한 능력 배양	5	7	7	7
• 과중한 채무부담 지원을 위한 공여금	–	7	6	7
• 가난한 나라들을 위한 채무감면	4	6	6	6
마이너스: 상업대출 상환	–5	0	0	0
소계	15	94	108	149
2. 중소득국의 MDG 투자 필요금액				
• 정부에 직접 제공되는 ODA	4	10	10	10
• MDG 달성을 위한 능력 배양	5	5	5	5
마이너스: 상업대출 상환	–6	–3	–4	–6
소계	3	12	11	9
3. 국제 수준의 MDG 투자 필요금액				
• 지역 협력과 인프라	2	3	7	11
• 전 지구적 연구를 위한 기금	1	5	7	7
• 리우협정 이행	1	2	3	5
• 국제기구들에 의한 기술협력	5	5	7	8
소계	10	15	23	31
각 나라별 MDG 달성을 위한 추정 비용	28	121	143	189

MDG 달성을 위한 ODA 추정 필요금액	2002	2006	2010	2015
MDG를 위한 ODA 기준 금액(2002년도)	27	27	27	27
+ MDG 투자 필요금액 증가분		94	115	161
– 부적절한 통치구조를 가진 비자격 국가를 고려한 조정		–21	–23	–25
– 기존 ODA의 재편성		–6	–7	–9

+ 긴급·위난 구호	4	4	5	6
+ 기타 ODA*	34	36	34	35
MDG를 위한 순ODA 필요금액의 잠정 총계†	65	135	152	195
OECD-DAC국들의 GNI 대비 %	0.23%	0.44%	0.46%	0.54%
최저개발국들에 대한 ODA (OECD-DAC국들의 GNI 대비 %)	0.06%	0.12%	0.15%	0.22%
순ODA 필요금액의 절대 증가액(2002년 대비)		70	87	130
순ODA 필요금액 총계와 기존공약 간 차이		48	50	74

* MDG에 직접 기여하지 않는 ODA와 기부단체들의 운영비용을 포함했다.
† 이 금액에는 여러 중요한 ODA의 대상이 포함되어 있지 않다. 즉, 아프가니스탄이나 이라크처럼 지정학적으로 중요한 나라들의 위기에 대한 대응, 기후변화로 인한 영향의 완화, 생물 다양성의 보호, 세계적인 어장의 보존 등이 그것이다.

단위: 2003년도 10억 미국 달러.
출처: UN Millenium Project(2005).

이다. 여기서 먼저 한 가지만 더 덧붙이자면 기부국들이 자신들의 0.7퍼센트 공약에 훨씬 못 미치는 수준에서 약속을 멈추려고 하지는 말아야 한다는 것이다.

〈표 3〉에서 예상하고 있는 2015년도 순ODA 필요금액인 1,950억 달러에는 한 가지 비용이 빠져 있는데, 이 비용은 아주 커질 가능성이 있다. 많은 부분이 부국들 때문에 발생하고 진행되는 장기적 기후변화에 빈국들이 적응할 수 있도록 도와주는 비용이 바로 그것이다. 온도와 해수면의 상승, 강우 형태의 변화, 이상기후의 증가 등의 상황에서 발전도상국의 몇몇 인구밀집 지역은 기후변화에 적응하기 위해 상당한 지원을 필요로 할 것이다. 아직 예측되지 않은 여러 종류의 ODA가 필요할 가능성도 있다.

여러 필요액의 산정방식들 간의 비교

유엔밀레니엄프로젝트만 ODA 필요금액이 2배로 증가할 것이라고 추정하고 있는 것은 아니다. 최근에 많은 추정이 대개 비슷한 수준으로 필요금액을 산정하고 있다. 몬테레이 정상회의 준비 과정에서 전 멕시코 대통령 에르네스토 세디요가 주재한 고위 위원회는 연간 500억 달러, 즉 당시 ODA의 2배 증가를 추산했다.

세계은행도 같은 해에 아주 단순한 방법을 사용하여 연간 약 500억 달러의 기부원조 필요금액의 증가를 예측했다. 2003년 9월에 세계은행은 그 당시 발전도상국들의 흡수 역량을 고려하면 연간 약 300억 달러의 추가 원조를 즉각 흡수할 수 있다는 점을 지적했다. 세계은행의 이 같은 지적은 제14장에서 다루었던 것이다.

2004년 영국과 프랑스 지도자들은 MDG를 달성하기 위해서는 대외원조를 상당히 늘려야 한다고 호소했다. 즉 ODA를 기부국 GNP의 0.25퍼센트 수준에서 약 0.5퍼센트 수준으로 2배 증가시킬 것을 주장했다. 특히 영국 재무부 장관 고든 브라운은 기부국들 사이에서 대외원조 증가를 조정하기 위한 방법을 제안하는 위대한 지도력을 보여 주었다.

어떤 기부자들이 부담해야 하는가

나라별 기준으로 원조 확대의 의미를 검토해 보자. 2005~2015년 동안 모든 목적을 이루기 위한 대외원조가 기부국 소득의 0.5퍼센트 수준으로, 즉 오늘날 GNP 수준에서 연간 약 1,400억 달러만큼 증가해야 한다고 가정해 보자. 이 변화가 각 기부국에 무엇을 의미하는지 알기 위해 〈그림 1〉을 살펴보자. 이 그림은 개발원조위원회 소속의 각 기부국이 올해 GNP의 0.5퍼센트 수준으로 기부한다고 가정한 상태에서 현재 수준에서 변화할 수 있는 순대외원조금액을 보여 준다. G-0.7(GNP 대비 0.7퍼센트 이상의 대외원조를 이미 하고 있는 나라들)에게는 이 변화가 원조 제공의 하락을 의미할 것이다.

한편, 나머지 나라들에게는 아주 높은 증가를 의미할 것이다. 요점은 몇몇 큰 나라가 증가분의 90퍼센트를 차지 하게 될 것이라는 점이다. 약 750억 달러(2003년도 달러)에 이르는 대외원조금액의 총 증가분 중에서 51퍼센트(약 380억 달러)는 미국에서 지원해야 할 것이다. 일본이 18퍼센트(약 130억 달러)를 차지할 것이고, 독일·프랑스·이탈리아·영국이 20퍼센트(약 150억 달러)를 차지할 것이다. 미국은 밀레니엄발전목표를 위한 재원조달에서

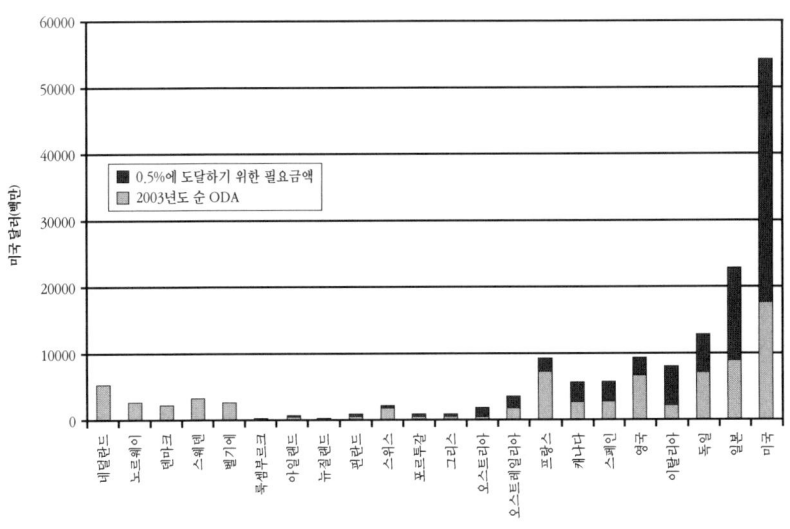

〈그림 1〉 GNP 0.5%에 도달하기 위한 ODA의 추가 필요액

출처: OECD(2004)에 실린 데이터를 이용해 계산했다.

가장 큰 공백이다. 즉 미국이 총대외원조 부족액의 거의 절반을 차지한다.

최근 미국 정부는 미국의 민간인과 비영리 부문(종교 조직·자선단체·재단·NGO)이 ODA의 부족액 중 많은 부문을 메우고 있다고 주장했다. 그러나 현재의 증거에 비추어 볼 때 미국 정부의 이와 같은 주장은 근거가 전혀 없다. OECD의 개발원조위원회는 비정부조직 개발원조에 대한 나라별 데이터를 수집했다. 미국의 추산 금액은 연간 약 30억 달러였다. 이 수치를 고려하면 미국의 총대외원조금액은 GNP 대비 0.15퍼센트에서 0.18퍼센트 수준으로 높아진다.

그러나 미국은 여전히 기부국 명단에서 아래쪽에 위치해 있다. 미국 정부는 미국 내 외국인 노동자들이 본국으로 보내는 송금액도 어떤 면에서는 일종의 원조로 보아야 한다는, 거의 믿을 수 없는 주장을 했다. 한마디로 웃기는 일이다. 그것은 분명히 노동에 대한 대가다. 이것이 원조의 한 형태가 아닌 것은 멕시코에서 사업하는 미국 기업들의 이윤 송금이 멕시코에서 미국에 주어지는 원조가 아닌 것과 똑같은 이치다.

2015년 이후의 비용

앞의 계산들은 밀레니엄발전목표를 달성하기 위한 2015년까지의 비용이다. 2015년 이후에는 필요금액은 많이 줄어들 것이며, 기부국의 GNP에서 차지하는 비중은 확실히 더 낮아질 것이다. 그 이유는 자명하다. 2015년 이후 대외원조 필요금액을 정확하게 계산할 수 없다고 하더라도 2015년에는 대부분의 발전도상국이 빈곤 함정에서 벗어나 자기동력에 의한 성장의 길로 들어설 것이기 때문이다. 그러므로 이 나라들은 기본적 욕구를 충족하는 부문의 투자에 필요한 재원을 조달받기 위한 ODA에서 '졸업'할 것이다. 극단적 빈곤이 중국에서는 제거될 것이며, 인도에서도 인구의 20퍼센트 이하로 줄어들 것이다. 사하라 이남 아프리카에서는 극단적 빈곤이 오늘날 총인구의 약 40퍼센트 수준에서 20퍼센트 이하로 낮아질 것이다.

핵심 인프라 투자 가운데 많은 것이 완료되어 있을 것이고, 도로·전력망·통신·해항·공항 등이 대대적으로 개선되어 있을 것이다. 여전히 남아 있는 빈곤을 제거하기 위해 필요한 신규 투자금액은 밀레니엄발전목표의 기간보다는 훨씬 더 적을 것이다. 많은 공공투자가 여전히 필요하겠지만 인프라 네트워크 운영을 위한 결정적 임계수치는 틀림없이 충족되어 있을 것이다.

부국들은 더욱 부유해지고, 세계 인구 가운데 극단적으로 빈곤한 인구 비율은 계속 하락할 것이다. 빈국들이 소득 증가를 통해 자립적 욕구의 충족 능력을 키움에 따라 외국의 원조를 받을 필요성도 서서히 줄어들 것이다. 유엔밀레니엄프로젝트의 계산에서 MDG 달성에 필요한 2015년 ODA는 기부국 소득의 0.5퍼센트일 것이다. 이 비율은 다음 해에 더욱 떨어질 것이고, 따라서 2005~2025년의 전 기간 동안 0.7퍼센트라는 정치적 핵심 임계수치 이하에 머물 것이다.

미국은 GNP의 0.7퍼센트를 낼 수 있을까

이것은 언뜻 생각하면 바보 같은 질문이다. 다른 5개 기부국이 이미 완수했고, 추가로 6개국이 계획했으며, 미국을 포함한 모든 기부국이 '구체적 노력'을 기울이겠다고 약속했던 원조 목표를 미국이 달성할 수 있을까? 당연히 달성할 수 있다. 특히 가장 설득력 있는 이유는 그 목표가 미국 소득의 1퍼센트도 채 안되는 비용이기 때문이다.

다시 한 번 생각해 보자. 기부원조를 현재 GNP의 0.15퍼센트 수준에서 0.7퍼센트 수준으로 늘린다는 것은 GNP의 0.55퍼센트를 더 부담한다는 것을 뜻한다. 미국의 1인당 GNP가 연간 약 1.9퍼센트 상승한다면 추가금액은 GNP의 1년치 성장의 3분의 1도 채 안된다. 따라서 미국이 가령 2010년 1월 1일에 4만 달러의 가처분 소득에 도달한다고 가정할 경우 0.55퍼센트의 추가 부담은 4만 달러의 도달 시점을 4개월 뒤인 2010년 5월 1일로 늦추는 것뿐이다. 따라서 미국인은 더 높은 소비 수준에 도달하는 데 4개월 정도 기다려야 한다는 것을 뜻한다. 그런데 미국인들이 이렇게 인내한 대가로 전 세계 10억 명의 빈민들은 실망과 질병과 쇠퇴의 하강곡선이 아니라 희망과 건강 그리고 나날이 발전하는 경제적 미래를 얻게 될 것이다.

사람들이 늘어난 소득 가운데 0.55퍼센트를 세금으로 추가해야 한다는 점을 부담스럽게 생각할 것 같지는 않다. 그러나 ODA 증가가 많은 미국인들에게 정말로 미미한 액수가 되게 하려면, 미국의 최고 부자들이 전 세계의 극빈층을 돕는 일에 정당한 몫을 내야만 한다. 대다수 미국인들을 포함한 세계의 많은 사람들은 초거부들이 어떻게 부자가 되었고, 또한 과거 20년 동안 세계 경제변화에서 얼마나 과도한 혜택을 입었는지 잘 알지 못한다. 부시 대통령이 아프리카를 방문하기 몇 달 전이었던 2003년의 어느 날, 나는 초거부들의 어마어마한 소득을 실감했다.

부시의 아프리카 방문이 있기 몇 달 전에 미 국세청은 2000년도 최상위 납세자들에 대한 특별 보고서를 발표했다. 최상위 납세자 400명의 합계 소득이 690억 달러, 즉 1인당 1억 7,400만 달러인 것으로 밝혀졌다. 부시가 아프리카 방문을 준비하고 있을 때 나는 〈표 4〉에 나와 있는 간단한 계산을 해 보았다. 이 계산에서 2000년도 미국 최상위 소득자 400명의 합계 소득이 부시의 열대 순방 대상 4개국의 합계 소득보다 훨씬 더 많다는 것이 확인되었다. 그런데 더 놀라운 것은 차액이었다. 2000년도 보츠와나·나이지리아·세네갈·우간다의 합계 소득 570억 달러는 1억6,100만 명의 소득이었다. 즉 아프리카 4개국의 1인당 평균 소득이 350달러인 셈인 반면, 690억 달러는 400명의 개인 소득을 합한 것이었다.

국세청은 초거부들이 1990년대에 소득 대비 납세액을 상당히 많이 감액받았다고 보고했다. 그러나 그 이후에 받은 추가 감세에 비하면 이것은 아무것도 아니었다. 부시 행정부는 2001년·2002년·2003년 세 차례에 걸쳐 감세조치를 취했다. 그 결과 세법의 누진성을 상당히 많이 훼손시켰다. 법으로 통과된 종합적 세제개혁안에서 부동산세를 단계적으로 철폐하기로 예정되었다. 최상위 과세소득계급(tax bracket: 누진 세율에서는 과세소득의 증가에 따라 세율을 높이게 되는데, 이때 같은 세율을 내는 과세소득의 범위를 과세소

〈표 4〉 미국의 최상위 소득자의 소득과 아프리카의 GDP

	2000년도 소득 (GDP, 10억 경상 미국 달러)	2000년도 인구
보츠와나	5	1,675,000
나이지리아	42	126,910,000
세네갈	4	9,530,000
우간다	6	23,250,000
합계	57	161,365,000
미국 최상위 소득자 400명	69	400

출처: Internal Revenue Service(2003); World Bank(2004).

〈표 5〉 부시 행정부의 감세조치 이후 가구소득별 감세액

	납세 가구 수 (천 가구)	총가구 중 비율	가구당 감세액	소득 범주별 총감세액 (10억 달러)	총감세액 중 비율
하위 80% 7만 5,000달러 이하 소득	114,151	79.5	533	60.87	28
상위 20%	28,799	20	5,610	156.66	72
75~100달러 소득	11,395	7.9	2,224	25.34	11.6
100~200달러 소득	13,281	9.3	3,905	51.86	13.8
200~500달러 소득	3,339	2.3	9,012	30.09	13.8
500~1,000달러 소득	527	0.2	136,398	35.05	16.1
1,000달러 이상 소득	257	0.2	136,398	35.05	16.1
합계	143,509	100	1,520	218.13	100

출처: Gale, William G. Peter Orszag, and Isaac Shapiro, "Distributional Effects of the 2001 and 2003 Tax Cuts and Their Financing," Tax Policy Center (http://www.taxpolicycenter.org/publications/template.cfm?PubID=8888에서 볼 수 있음)에 실린 데이터를 이용해 계산했다.

득계급이라고 한다-옮긴이)이 줄어들었으며, 배당과 자본이득에 대한 세율이 낮아졌다. 이와 같은 모든 조치들 덕분에 연간 소득 20만 달러 이상의 부유한 미국 납세자들은 총 37퍼센트의 감세 혜택을 입어 연간 평균 1만 9,000달러의 세금을 줄일 수 있게 되었다. 총감세액이 연간 약 2,200억 달러이고, 연간 소득 50만 달러 이상 가구의 감세액이 총감세액의 22.7퍼센트에 해당하는 연간 약 500억 달러에 이르렀다. 이것은 MDG 필요금액 가운데 미국의 몫을 지급하는 데 충분하고도 남는 액수였다! 감세의 세부 내역은 〈표 5〉에 나와 있다.

부시 대통령의 감세조치 중에서 정치적으로 기절초풍할 만한 측면은 그것을 시행한 시점이다. 즉 그 이전의 한 세대 동안 소득분포가 초거부들에게 엄청나게 유리하게 변했는데, 바로 이런 상황에서 부시 대통령이 감세

조치를 취한 것이다. 미국 납세자 최상위 1퍼센트의 소득 비중이 1980년 8.2퍼센트에서 1998년 14.6퍼센트로 높아졌다(이것은 최상위 1퍼센트의 소득이 평균 소득의 14.6배라는 것을 뜻한다). 부자들에게 유리한 쪽으로 이루어진 이 극적인 변화의 이유는 아직 확실하게 파악되지는 않았다. 그러나 놀라운 것은 정치 시스템이 세제 누진성의 강화와 빈민들로의 소득이전을 통해 이 변화를 상쇄시키는 대신 부자들에게 유리한 감세를 통해 오히려 그 변화를 더욱 증폭시켰다는 점이다.

미국에서 GNP 대비 0.7퍼센트의 ODA를 달성하는 것이 결코 무리한 일은 아니다. 예산의 지출 측면에서 보면 미국이 이라크에서 2주간 쓴 전쟁 비용(약 25억 달러)은 미국이 아프리카에서 경제개발 지원을 위해 쓰는 1년치 총액과 맞먹었다. 전쟁을 시작한 지 2년 만에 이라크 전쟁 비용이 연간 약 600억 달러에 이르렀다. 이것은 GNP 대비 0.7퍼센트 수준에 도달하는 데 필요한 증가분과 거의 비슷한 금액이다. 부시가 집권한 2001 회계연도와 2005 회계연도를 비교하면 군비 지출의 전반적인 증가액은 연당 약 1,500억 달러였는데, GNP 대비 비율로는 1.5퍼센트 상승한 셈이다.

나는 미국이 이전에 약속했던 0.7퍼센트 목표를 달성하기 위해 구체적인 노력을 기울이라고 요구하여 부시 행정부와 정면으로 마주치는 일은 피했다. 그 대신 부시 대통령의 아프리카 순방 기회를 활용하여 미국의 초거부들에게 개인적 기부를 직접 호소했다. 〈뉴욕타임스〉에 기고한 글에서 나는 초거부들이 최근 몇 년간 감액받은 세금을 세계 AIDS 퇴치 기금으로 기부할 수 있지 않겠느냐고 제안했다. "그러모을 수 있는 지상의 모든 재산을 이미 소유한 개인들에게 어마어마한 부의 의미를 느끼게 할 수 있는 방법으로 그보다 더 좋은 방법이 어디 있겠는가?"[4]

나는 최상위 소득자 400명이 그들의 2000년도 소득 가운데 10퍼센트,

즉 69억 달러를 내놓을 수 있지 않겠느냐고 제안했다. 이 금액이라면 해마다 수백만 명의 목숨을 구하기에 충분할 것이다. 예를 들어 그 돈이 아프리카에서 말라리아를 포괄적으로 통제하는 데 쓰인다면 말이다.

그물을 좀더 넓게 친다면, 약 10만 명쯤 되는 최상위 소득자 0.1퍼센트가 연간 약 300억 달러에 해당하는 감세액을 개인적 기부 형태로 내놓을 수 있을 것이다. 〈뉴욕타임스〉에 기고한 글에서 나는 빌 게이츠가 230억 달러라는 놀라운 금액(이후 늘어났다)을 출연(出捐)하여 빌 & 멜린다 게이츠 재단을 설립함으로써 자기 몫을 이미 했다는 사실을 밝혔다. 이 재단은 연간 지출액의 약 70퍼센트를 빈국에서 질병과 싸우는 일에 투여하며, 그 과정에서 의미 있는 역사를 만들어 가고 있다. 또한, 다른 관대한 자선가들-조지 소로스 · 롭 글레이져 · 고든 무어 · 에드 스콧 등-도 이 재단과 비슷한 일을 했다.

그런데 이런 기부는 출발점으로는 훌륭하지만 전 세계가 필요로 하는 큰 파도를 일으키기에는 충분하지 않다. 진정한 해결책을 위해서는 자선과 과세가 균형을 이루어야 한다는 점에는 의심할 여지가 없다. 실제적 제안은 다음과 같을 것이다.

20만 달러 이상의 소득자들에게 5퍼센트의 소득세를 추가로 부과하면 2004년도 기준으로 약 400억 달러에 이르는 세금이 추가로 걷히게 된다. 이 추가 세액을 전 지구적 빈곤을 종말시키는 데 미국이 기여하는 기부금으로 할당해야 한다. 이 추가 부과액은 세금으로 납부되어 미국 정부의 노력을 지원하는 용도로 사용될 수 있을 것이다. 아니면 납세자들이 그에 상당하는 금액을 MDG 지원 프로그램을 운영하는 자선단체에 직접 기부할 수도 있을 것이다.[5]

부국들의 계몽적 이기심에서는 물론 개인들의 깊숙한 인간적 욕구에 의해서도 이런 조치를 취할 이유가 마땅히 있다. 우리는 제16장에서 그와 같은 강력한 이유를 살펴볼 것이다.

제16장
자유주의 시장경제의 그릇된 처방

　한 가지만 제외하면 이 지점까지는 모든 게 훌륭하다. 즉 인간이라는 요인이 고려되지 않았다. 아프리카의 예를 들어 보자. 아프리카는 빈곤 함정에서 벗어나기 위해 해마다 약 300억 달러의 원조가 필요하다. 그런데 우리가 필요한 원조를 실제로 제공한다면, 그것은 과연 어디로 갈 것인가?
　과거의 예에 비추어 본다면 그 원조는 곧바로 소모되어 버릴 것이다. 안타깝게도 아프리카는 교육 수준이 너무 낮아 다른 모든 곳에서 작동하는 프로그램도 실패할 확률이 높다. 아프리카는 부패가 만연해 있고 권위주의에 물들어 있다. 아프리카는 성공을 이루는 데 필요한 자유시장 경제제도와 근대적 가치가 결여되어 있다. 사실 아프리카의 도덕은 너무나 심각하게 붕괴되어 있으므로 AIDS가 통제불능 상태로 치달아도 결코 놀랄 일이 아니다. 게다가 아프리카에 가장 처참한 진실이 존재한다. 우리의 원조로 아프리카 아이들을 구한다고 가정해 보자. 그러면 어떻게 되겠는가? 인구폭발이 일어나 훨씬 더 많은 성인들이 기아에 직면할 것이다. 결과적으로 우리는 아무것도 해결하지 못한 셈이다.

만약 이 대목에서 고개를 끄덕이는 독자라면 특히 이 장을 주의해서 읽기 바란다. 앞의 문단은 아프리카를 포함해 다른 가난한 지역에 대해 부국들이 일반적으로 알고 있는 상식을 반복해서 말한 것이다. 이런 주장은 상식이기는 하지만 정확하지는 않다. 그러나 이런 주장이 너무나 오랫동안 공공연하게 반복되었고, 사적인 자리에서는 아주 널리 퍼져 있다. 따라서 광범위한 대중은 물론 많은 개발공동체가 그것을 진실로 받아들였고, 특히 아프리카에서 일한 적이 없는 사람들은 더욱더 그렇게 생각했다. 내가 아프리카를 예로 드는 것은 문화적 편견이란 지탱될 수 없는 것이라는 점을 강조하기 위해서다. 현재 아프리카에 대한 편견의 벽이 너무 높지만, 세계의 다른 지역들도 경제발전을 달성하기 전에는 똑같은 편견의 대상이었다. 나폴레옹은 "역사란 종종 꾸며낸 거짓말"이라는 유명한 말을 했다. 이처럼 개발에 대한 많은 생각에 대해서도 똑같은 말을 할 수 있다.

낭비되는 돈

미국의 전 재무장관 폴 오닐은 아프리카에 대한 원조를 언급하면서 일반적인 불만을 표시했다. "우리는 이 문제에 엄청난 돈을 쏟아 부었지만, 그것에 대해 보여 줄 만한 일이 거의 없다." 오닐은 대외원조를 반대하는 사람이 아니었다. 실제로 오닐은 그 시스템을 수리하여 미국의 원조 확대가 정당한 것으로 인정받기를 원했다. 그러나 오닐이 아프리카에 대한 막대한 원조의 흐름이 낭비되어 왔다고 믿는다면, 이것은 확실히 틀린 믿음이다.

아프리카 원조에 대해 보여 줄 내용이 별로 없다는 것도 결코 놀랄 일이 아니다. 사실 아프리카에 대한 원조 자체가 아주 보잘것없었기 때문이다!

대중적인 인식과는 달리 아프리카의 1인당 연간 원조 수혜액은 너무나 적다. 2002년에 전 세계가 사하라 이남 아프리카에 기부한 원조금액은 1인당 30달러에 불과했다. 이 얼마 안되는 금액 중에서 거의 5달러가 실제로는 기부국들에서 온 컨설턴트들을 위한 것이었다. 그리고 3달러 이상이 식량원조와 기타 긴급 원조용이었으며, 4달러는 아프리카의 부채 이자상환을 위해 쓰였고, 5달러는 부채탕감 활동에 쓰였다. 나머지 12달러가 아프리카에 돌아갔다. 그러므로 현지에서 원조의 많은 자취가 보이지 않는다는 것은 그리 놀랄 일도 아니지 않은가. 원조가 끼치는 확실한 영향을 목격하려면, 그 이전에 먼저 결과를 낳기에 충분한 원조를 제공해야 할 것이다.

"돈이 낭비되고 있다"는 주장이 미국에서 가장 자주 거론된다. 그렇다면 미국의 원조는 과연 어떤 상황인지 위에서 한 계산대로 살펴보자. 2002년에 미국은 사하라 이남 아프리카에 1인당 3달러를 제공했다. 미국인 컨설턴트들의 몫과 식량 및 기타 긴급 원조·행정 비용·부채탕감 활동 등에 필요한 비용을 빼면, 현지에 도달한 원조금액은 1인당 총 6센트에 지나지 않았다. 오닐 장관이 "보여 줄 게 아무것도 없다"는 점을 발견한 것은 아주 당연한 일이었다.

아프리카 원조 프로그램에 대한 비관주의

아프리카의 원조금액 활용 능력에 대한 비관주의는 그 뿌리가 매우 깊다. 그 이유는 놀랄 만큼 폭넓게 퍼져 있는 편견 때문이다. 나는 오랫동안 그런 편견들을 들어 왔고, 무척 슬픈 일이지만 언제나 그런 말을 들을 각오를 하게 되었다. 그러나 USAID의 새 청장 앤드류 나치오스가 2001년 취임한 지 1개월 만에 발표한 놀라운 선언에는 그만 아연실색하고 말았다.

나는 부시 행정부 초기에 워싱턴을 방문하여 고위 관리들에게 발전도상국, 특히 아프리카에서 대대적으로 벌어지고 있는 AIDS 퇴치 노력에 대한 관심을 불러일으키려고 노력했다. 나는 항레트로바이러스 치료가 저소득국의 환경에도 효과적으로 도입될 수 있을 것이라는 구상을 제안하고 있었다. 그런데 당시 이런 생각은 여전히 몹시 큰 논란을 불러일으킬 만한 것이었다. 〈보스턴글로브〉의 한 도전적인 기자가 나치오스에게 그 구상에 대해 어떻게 생각하느냐고 물었다. 잠시 후에 나치오스의 대답을 듣게 된 나는 그만 벌어진 입을 다물지 못할 만큼 깜짝 놀랐다.

나치오스는 이렇게 말했다. 아프리카인들은 "서구적 시간이 무엇인지 모릅니다. 당신은 이 AIDS 치료약들을 날마다 특정한 시각에 그들에게 가져가야 할 것입니다. 만약 그렇게 하지 않으면 그 약들은 아무 소용이 없습니다. 아프리카의 많은 사람들은 일생 동안 시계라는 걸 본 적이 없습니다. 그리고 당신이 오후 한 시라고 말한다면, 그들은 당신이 무엇을 이야기하는지 모를 것입니다. 하지만 그들은 아침과 정오 그리고 저녁과 한밤중의 차이는 압니다." 나치오스는 계속해서 이렇게 말했다. "내가 이런 말을 하게 되어 유감스럽지만 제프리 삭스를 비롯해 이런 것(AIDS 약물 치료)을 옹호하는 많은 사람들은 아프리카의 농촌이든 도시이든 보건 분야에서 일해 본 적이 없습니다."[1]

나치오스가 한 말은 정말 놀라운 것이었다. 케냐의 사우리 사람들은 우리를 만나기 위해 월요일 오후 2시 30분에 정확히 도착했다. 그들이 미국 고위 관리의 정말로 심각한 무지에 의해 자신들의 삶이 얼마나 불명예스럽게 표현되었는지 알게 된다면 분명히 원통하게 생각했을 것이다. 이 사람들은 시간을 알 뿐만 아니라 자신들이 처한 곤경의 성격도 잘 파악하고 있다. 즉 그 곤경이 AIDS 치료약이 없는 것인지, 아니면 말라리아 방지 모기장이 없는 것인지, 또는 비료나 이동전화가 없는 것인지 그들은 잘 알고 있다. 나는 동료들과 함께 이런 반아프리카적이고 반빈민적인 태도와 싸워 왔다. 물론 이런 태도가 앤드류 나치오스가 말했던 것처럼 노골적으로 표현되는 경우는 거의 없지만 말이다. 아프리카를 위한 주장은 먼저 산더미 같은 편견과 의심을 벗겨내야만 비로소 받아들여질 것이다.

| **부패가 용의자** | 과거 아프리카에 대한 대부분의 편견은 공공연한 인종주의에 근거한 것이었다. 오늘날 끝없이 반복되는 주장은 부패, 또는 '취약한 통치구조'가 아프리카를 타락시킨 죄이자 현재 발생한 모든 질병의 뿌리 깊은 원천이라는 것이다. 외부인들은 물론 아프리카인 자신들도 이런 비난을 퍼붓고 있다. 남아프리카공화국의 한 인권담당 고위 관리는 정말로 진지하게 다음과 같은 상식적인 견해를 말했다. "빈곤은 일부는 가난하게 만들고 다른 일부는 부유하게 만든 정책을 선택한 결과라는 점에서 인위적인 것이다. 빈곤이 인위적인 것인 한 나는 빈곤을 퇴치할 수 있다고 믿는다."[2] 요즘 아프리카의 빈곤에 대한 설명들은 거의 똑같은 주장으로 시작한다. 취약한 통치구조가 가장 큰 걸림돌이라는 것이다.

거의 모든 기준에 비추어 볼 때 아프리카의 통치구조가 매우 낮은 수준인 것은 분명하다. 재산권은 강제하기 어렵고, 폭력과 범죄가 심각하며, 부패가 사회 곳곳에 만연해 있다. 물론 취약한 통치구조를 설명할 만한 충분한 근거가 있다. 그러나 부패와 통치구조에 초점을 맞추는 것은 그 자체로 과장된 것이다. 뿐만 아니라 아프리카의 성장 지체에 부패와 취약한 통

치구조가 끼친 원인과 결과에 대한 역할을 심각하게 과대평가하는 일이다. 사실 눈여겨봐야 할 요점은 모든 빈국이 고소득국들에 비해 부패와 통치구조 측면에서 (일반적으로) 낮은 수치를 보인다는 점이다. 올바른 통치구조와 더 높은 소득은 함께 나타난다. 그 이유는 훌륭한 통치구조가 소득을 상승시키기 때문이기도 하지만, 어쩌면 훨씬 더 중요한 사실은 높은 소득이 통치구조의 개선을 낳기 때문이기도 하다.

한 나라의 소득이 높아지면 통치구조가 개선되는데, 여기에는 두 가지 중요한 이유가 있다. 첫째, 문해율이 높은 사회일수록 통치 과정에 대한 감시를 통해 정부의 정직성을 유지시킬 역량이 더욱 크다. 신문·텔레비전·책·전화·수송 그리고 최근의 인터넷 등은 부국들에서는 누구든지 접할 수 있다. 때문에 이런 것들이 감시기능을 강화할 뿐만 아니라 시민사회의 역량을 한층 높여 준다. 둘째, 경제적으로 풍요로운 사회일수록 고품질의 통치구조에 투자할 여력이 더욱더 크다. 정부가 풍부한 세수로 뒷받침될 때 정부의 대민 서비스가 훨씬 더 세련될 것이고, 광범위하게 보급된 컴퓨터는 정보 흐름을 개선하며, 공공행정은 전문적으로 운영된다.

아프리카의 통치구조가 취약한 것은 아프리카가 가난하기 때문이다. 그러나 바로 여기서 중요한 점은 다음과 같은 두 가지 측면도 진실이라는 것이다.

첫째, 아프리카 나라들은 특정한 통치구조 수준에서(표준적 지표들로 측정한) 비슷한 양상을 보이는 다른 지역의 나라들보다 훨씬 느리게 성장하는 경향이 있다. 통치구조의 질이라는 요인을 배제하고 여러 상황을 고려하더라도 아프리카의 성장은 분명히 더 낮게 나타난다. 또 다른 무엇이 작용하고 있는 게 틀림없다. 내가 앞에서 주장했다시피 성장이 더 느린 것을 가장 잘 설명해 주는 것은 지리적·생태적 요인이다.

〈표 1〉 열대 사하라 이남 아프리카에서 통치구조 등급과 가구 소비

나 라	세계은행 통치구조 지표에 근거한 등급, 2002*	국제 투명도 지수에 근거한 등급, 2003*	프리덤하우스 등급, 2003	1인당 가구 최종소비 지출, 2000(1980=100)
베냉	좋음	NA†	자유	98.9
부르키나파소	좋음	NA†	부분적 자유	111
가나	좋음	평균	자유	92.8
마다가스카르	좋음	좋음	부분적 자유	64
말라위	좋음	좋음	부분적 자유	111.2
말리	좋음	좋음	자유	95.3
모리타니아	좋음	좋음	부분적 자유	104.8
세네갈	좋음	좋음	자유	99.6
카메룬	평균	평균	부자유	102.5
중앙아프리카공화국	평균	NA	부분적 자유	NA
차드	평균	NA	부자유	NA
콩고공화국	평균	평균	NA	80.5
코트디부아르	평균	평균	부자유	78.2
에리트레아	평균	NA	부자유	NA
에티오피아	평균	평균	부분적 자유	NA
기니	평균	NA	부자유	NA
케냐	평균	평균	부분적 자유	100.7
모잠비크	평균	좋음	부분적 자유	79.4
니제르	평균	NA	부분적 자유	NA
나이지리아	평균	평균	부분적 자유	NA
르완다	평균	NA	부자유	83.9
시에라리온	평균	좋음	부분적 자유	43.9
탄자니아	평균	좋음	부분적 자유	NA
토고	평균	NA	부자유	112.4
우간다	평균	평균	부분적 자유	NA
잠비아	평균	좋음	부분적 자유	47
앙골라	나쁨	나쁨	부자유	NA
부룬디	나쁨	NA	부자유	65
콩고민주공화국	나쁨	NA	부자유	45.1
수단	나쁨	평균	부자유	NA
짐바브웨	나쁨	평균	부자유	88.4
라이베리아	NA	NA	부자유	NA
소말리아	NA	NA	부자유	NA

*각국 통치구조 지표 또는 1인당 소득(구매력 평가에 의한) 값에 대한 회귀분석의 오차에 근거하여 결정됨. 예측된 값보다 표준편차 1 이상의 오차나 표준편차 1 이하의 오차를 가진 나라들은 각각 '좋음'이나 '나쁨'으로 분류됨. 표준편차 1 이내의 오차를 가진 나라들은 '평균'으로 분류됨.
†NA: 자료 없음
출처: Sachs et al.(2004).

둘째, 아프리카는 동일한 소득 수준에 있는 다른 지역의 나라들에 비해 부패의 정도가 더 심각한 것은 아니다. 또한 극빈국들의 표준에 비추어 볼 때 아프리카 통치구조의 질이 확실히 더 나쁘다는 어떤 증거도 확인할 수 없다.

그런데 두 가지 주장 모두를 검증할 수 있는 아주 손쉬운 방법이 있다. 일단 소득 수준을 통계적으로 제어한 상태에서는 아프리카의 통치구조 척도를 검토할 수 있다. 아프리카 대륙에 속한 몇몇 나라는 특정한 소득 수준에서 통치구조 등급이 기대한 것보다 더 좋은 것으로 나타난다. 다른 몇몇 나라는 평균을 보이며, 일부는 아주 나쁘게 나타난다. 그러나 평균적으로 아프리카의 통치구조는 동일한 소득 수준에 있는 나라들에서 볼 수 있는 전형적인 모습을 보인다. 〈표 1〉에 나라별 등급이 나타나 있다. 이 표는 나와 동료들이 최근에 발표한 연구에서 인용한 것이다. 아프리카에서 잘 통치되는 나라(해당국의 소득 수준에 비해 통치구조 값이 상대적으로 높다)에는 베냉·부르키나파소·가나·마다가스카르·말라위·말리·모리타니아·세네갈이 포함된다. 잘못 통치되고 있는 나라들(해당국의 소득 수준에 비해 통치구조 값이 상대적으로 낮다)에는 앙골라·부룬디·콩고민주공화국·수단·짐바브웨가 포함된다.

성장률과 통치구조의 질을 비교하면 다음과 같은 점을 발견하게 된다. 즉 좋은 통치구조를 가진 나라일수록 더 빨리 성장하지만, 그 관계가 그리 강력하지는 않다는 점이다. 통치구조 값이 낮은 나라가 그 값이 높은 나라들보다 더 느리게 성장하는 경향이 있지만, 잘 통치되는 나라들 사이에서나 잘못 통치되는 나라들 사이에서도 성장에 따른 결과에는 큰 차이가 존재한다.

그러나 아프리카의 문제는 아프리카 대륙의 나라들이 소득 수준이 동일하고 통치구조의 질도 비슷하지만, 다른 대륙에 있는 발전도상국들보다 평균적으로 더 느리게 성장하는 경향이 있다는 점이다. 이 명제를 검증하기 위해 나는 발전도상국들에 대한 광범위한 샘플을 사용하여 1980~2000년 동안의 경제성장과 역시 같은 시기의 통치구조 질 사이의 관계를 평가했다. 이 통계적 검증에서는 1980년도 각 나라의 시초 소득도 고려했다. 이렇게 한 것은 통치구조의 질과 시초 소득을 고려했을 경우 아프리카 대륙들의 나라들이 다른 발전도상국들보다 더 빨리 또는 더 느리게 성장하는가를 확인하기 위해서였다. 그 결과 통치구조의 질과 소득 수준이 동일할 경우 아프리카 대륙의 나라들은 다른 발전도상국들보다 평균적으로 약 3퍼센트 포인트 더 늦게 성장했다. 나는 이 같은 늦은 성장이 주로 아프리카의 불리한 지리와 부족한 인프라 때문이라고 생각한다.[3]

| 민주주의의 부재 | 아프리카를 비롯한 가난한 지역에 퍼부어지는 또 다른 비난은 민주주의의 부재다. 부패의 경우와 마찬가지로 우리는 증거를 차례차례 분석할 필요가 있다. 전 세계의 많은 빈국들과 신생독립국이 그랬던 것처럼 대부분의 아프리카 나라가 독립을 달성한 후에 권위주의 체제 속에 빠져든 것은 사실이다. 남아프리카에서는 남아프리카공화국과 로디지아의 백인 소수집단이 많은 아프리카 주민들에게 권위주의적 정권에 고개를 숙일 것을 강요했다. 그러나 1990년대 초에 별다른 전조도 없이 찾아온 민주혁명이 대륙을 휩쓸었다. 오랫동안 통치해 왔지만, 종종 아주 부패하고 무능했던 건국 세대들이 하나씩 다당제 선거로 교체되었다. 2003년 프리덤하우스는 아프리카의 11개국을 '자유롭다', 20개국을 '부분적으로 자유롭다', 16개국을 '자유롭지 않다'고 분류했다. 아프리카에서 자유롭거나 부분적으로 자유로운 나라의 비중은 66퍼센트였다. 이것은

2003년도에 아프리카를 제외한 저소득국의 평균치인 57퍼센트(프리덤하우스가 등급을 매긴 아프리카 대륙의 23개국을 제외한 저소득국 가운데 13개국)보다 훨씬 높은 수치다.

그러나 민주화가 최소한 단기적이라도 경제성장의 가속화로 확실히 이어지지는 않는다. 민주주의가 인권신장에 도움이 되고, 대량 살상과 고문을 비롯하여 국가가 행하는 다양한 권력 남용에 대해 방어막으로 작용하는 것은 사실이다. 그러나 민주주의에서 경제적 성과로 이어지는 연관성은 상대적으로 약하다. 즉 요점은 아프리카가 민주화되고 있다고 해서 반드시 경제적으로 상승한다는 것은 아니다. 그것보다는 아프리카에서 훌륭한 통치구조에 대한 기본적 장애물로 거론되던 권위주의적 통치에 대한 비난이 어느덧 한물 간 이야기가 되었다는 점이다.

| **근대적 가치의 결여** | 많은 사람들은 가난함과 부유함이 사회적 가치들을 직접 반영한다는 점을 당연시한다. 최근에 발표된 어떤 연구는 아프리카의 빈곤을 일하기 싫어하는 습성, 개인주의에 대한 억압, 비합리성 탓으로 분석했다.[4] 또 어떤 연구는 멕시코계 미국인이 상향 이동하지 못하는 주된 장애물로 '가난의 감수', '교육에 대한 낮은 관심', '운명주의', '가족 이외의 사람들에 대한 불신'을 꼽았다.[5] 모든 사회가 그들의 가치 때문에 빈곤할 수밖에 없다는 생각은 오랜 역사를 가지고 있으나 유용성은 거의 찾아볼 수 없다.

한때 모든 사회는 빈곤했다. 따라서 구성원들이 부유해지기 전까지는 게으르고 변변치 못하다는 혹평을 받았다. 그러나 구성원들이 부유해지자 그들의 새로운 부는 모두 근면함 덕분으로 '설명'되었다. 일본이 바로 그런 경우다. 일본은 1870년대에 외국인들이 처음 도착했을 때는 가난할 수

밖에 없는 사회로 보였다. 〈재팬 가제트〉 같은, 일본 내 외국 언론들은 일본 사회의 게으름 때문에 일본이 결코 부유해질 수 없을 것이라고 경고했다. "우리는 그 사회(일본)가 부유해질 것이라고는 결코 생각하지 않는다. 기후를 예외로 하면 자연에 의해 부여받은 장점과, 게으름을 좋아하고 쾌락을 좇는 일본인 자체의 습성이 그것을 허락하지 않는다."[6] 그리고 그 신문은 다시 일본 사회의 뿌리 깊은 부패 때문에 경제개혁이 실패할 수밖에 없다는 의견을 내세웠다. "일본의 국가은행 제도는 서구의 성장을 동양의 환경에 이식하려는 시도가 얼마나 헛된 일인가를 드러내는 또 하나의 사례에 불과하다. 이런 곳에서는 서구에서 인식되고 확립된 원칙이 원래 가지고 있던 모든 미덕과 활력을 잃어버리고, 무수한 악습과 만연한 부패로 변질될 수밖에 없어 보인다."[7]

20세기 초, 막스 베버적 전통에 입각한 사회학 이론들은 북유럽과 비교했을 때 상대적으로 더 낮은 남유럽과 아일랜드의 소득을 프로테스탄티즘의 기업가적 가치에 대비되는 가톨릭의 이른바 '정태적' 가치에 근거하여 설명하려고 했다. 20세기 중반 이후, 특히 말라리아가 통제되고 난 후 가톨릭 국가들이 아주 빠르게 성장하기 시작했다. 그 결과 현재 가톨릭 국가인 이탈리아와 아일랜드가 1인당 소득 면에서 프로테스탄트 국가인 영국을 추월했다.

이와 비슷하게 막스 베버와 그의 추종자들은 동아시아의 유교 사회, 특히 중국이 경제적 진보를 달성할 수 없을 것이라고 예측했다. 그러나 나중에 중국을 비롯한 동아시아 나라들이 급속하게 성장하기 시작했을 때 '아시아적 가치들'은 성공을 설명하는 요인으로 거론되었다. 하지만 1997년 아시아가 일시적인 경제 위기를 맞았을 때 아시아적 가치가 다시 용의선상에 올라 공격을 받았다. 그러나 이런 해석은 2년 후 경제 회복이 다시 시작되자 급속하게 자취를 감추었다. 1990년대 인도가 세계에서 가장 빨리 성장하는 경제들 가운데 하나로 인정받기 전까지 인도의 빈곤은 힌두 사회의 경직성과 신비주의에 입각하여 설명되었다.

9·11 사건의 여파 속에서 서구의 일부 관찰자들은 이슬람 사회들을 근대성에 적합하지 않은 사회들로 분류했다. 문화적 실패를 초래한 죄목은 무수히 많다. 비합리성·근본주의·극단적인 여성 차별·과학에 대한 적대감 등이 바로 그런 것들이다. 그러나 지난 10년간 세계에서 가장 빠르게 성장한 몇몇 경제 가운데 이슬람 경제들이 포함되어 있다. 1999~2001년 사이에 말레이지아의 연평균 1인당 성장률은 3.9퍼센트였다. 그리고 방글라데시는 3.1퍼센트, 인도네시아는 2.3퍼센트였다. 또한 이 나라들은 소녀들을 위한 공평한 교육 기회와 문해율 면에서도 큰 진보를 이루어냈다.

문화의 관점에서 사회변화를 예측하는 것은 설득력이 빈약할 뿐만 아니라 틀린 경우도 많다. 심지어 출산에 대한 선택처럼 인간의 행동 중에서 문화적으로 가장 구속된 영역을 예측하는 경우에도 종종 그렇다. 이란 혁명을 생각해 보자. 이란 혁명은 표준적인 주장에 비추어 보면 소녀와 여성들에 대한 심각한 차별을 불러일으키며, 낮은 출산율로 변하는 인구학적 이행을 가능한 한 지연시켰어야 옳았다. 그러나 혁명 이후 이란은 세계에서 가장 빨리 낮은 출산율로 이행한 나라 중 하나가 되었다. 즉 이란의 총 출산율은 1980~1985년에 6.6퍼센트에서 1995~2000년에는 2.5퍼센트로 하락했다. 이런 업적은 부분적으로는 여자 아이들의 취학과 계몽이 엄청나게 증대한 결과였다. 어떤 해석에 따르면 종교적으로 보수적인 아버지일수록 혁명 이후 딸의 취학에 대한 신념이 더욱 확고했다고 한다. 교육과 인구학적으로 발전된 모습을 이룬 나라는 이란만이 아니다. 이집트·요르단·모로코·튀니지 같은 이슬람 나라들도 여자 아이의 취학률의 높은 증대와 총출산율의 큰 하락을 경험했다.

문화적 해석에 따른 주장들은 두 가지 문제를 안고 있는데, 가장 중요한 것은 문화란 경제적인 시대상황과 함께 변화한다는 것이다. 즉 촌락에서 도심지, 농경에서 공업, 문맹에서 문해로 이행함에 따라 노동시장에서 여성의 역할, 가구의 출산 선택, 아동 취학 그리고 기타 중요한 영역의 경제 행위가 극적으로 변화한다. 불변하는 사회적 가치로 보이는 것들도 경제 상황과 기회들에 영향을 받아 쉽게 변화한다. 비록 모든 문화적 가치가 쉽게 변화되지는 않지만, 경제발전에 해롭다고 여겨지는 가치들은 대부분 변화하기 마련이다.

문화적 해석의 두 번째 문제는 그것들이 보통 측정 가능한 증거가 아니라 편견에 기반을 두고 이루어진다는 점이다. 문화적 논증은 순환적론인 경향이 있다. 즉 사람들은 게으르기 때문에 가난하다는 것이다. 그렇다면 '그들이 게으른지'는 과연 어떻게 아는가? 이유로 그들의 가난함을 지적하는 사람들은 낮은 생산성이 게으름과 노력의 결핍 때문이 아니라 생산에 투여할 자본재의 부족 때문에 발생한다는 점을 거의 이해하지 못한다. 아프리카의 농부들은 게으르지 않으며 단지 토양 영양분·트랙터·도로·관개지·저장시설 같은 것들이 없을 뿐이다. 아프리카인들이 게을러서 일을 별로 하지 않고 따라서 가난하다는 식의 주장은 마을에서 하루만 지내보면 즉시 모습을 감춘다. 마을에서는 남자나 여자나 하루 종일 등이 휠 정도로 힘든 노동을 하기 때문이다.

사회과학자들이 노동·육아·교육에 관련된 문화적 태도를 측정하려고 할 때 일반적인 고정관념이 무너지는 경향이 있다. 세계가치조사(World Value Survey)에서 다양한 문화와 가치들을 서로 엄밀하게 비교하기 위해 전 세계 가계들에 똑같은 질문을 던졌다. 그런데 들려온 대답들이 아주 시사적이다. 예를 들어 2000년 아이들이 '열심히 공부'를 하도록 집에서 권하는 것이 매우 중요한가라는 질문에 61퍼센트의 미국인이 '예'라고 대답했다. 이에 비해 나이지리아인의 80퍼센트, 남아프리카인의 75퍼센트, 탄자니아인의 83퍼센트가 긍정적으로 대답했다.[8]

이런 대답을 비롯한 많은 것들이 아프리카와 기타 여러 빈국들에서 게으름의 사회적 가치를 거의 실제로 증명해 주지 않는다.

경제적 자유라는 만병통치약

'훌륭한 통치구조'라는 것이 개발 문제에 대한 즉각적인 해답을 찾는 사람들을 강력하게 사로잡은 마법의 주문(呪文)이 되었다면, 이 주문에 가장 필적할 만한 것은 '경제적 자유'다. '훌륭한 통치구조' 설과 마찬가지로 '경제적 자유' 설도 기본적으로는 맞는 이야기지만(시장경제들이 중앙집권적 계획경제들보다 뛰어나다), 극단으로 흘러 분석의 대용물로 사용된다. 공산주의가 붕괴하고 자유시장 개혁이 동유럽과 구소련과 중국을 휩쓸었을 때, 자유시장은 시장과 국가계획화 사이의 장기적 전투를 종말시킨 정복자로 환영을 받았다. 여기까지는 좋았다.

그러나 자유시장 이데올로그들은 자신들의 주장을 올바른 증거나 타당한 경제적 추론에 의해서는 결코 유지할 수 없는 극단까지 몰고 갔다. 첫째, 그들은 시장이 경제의 모든 후미진 곳과 틈새들까지 지배해야 한다고 주장했다. 즉 농장과 공장의 기본적 생산부문과 서비스업뿐만 아니라 급수와 에너지 전송·도로·철도 같은 핵심 인프라들과 보건·교육·사회보장까지도 시장이 지배해야 한다는 것이다. 둘째, 그들은 성장이 지체되는 모든 경우를 자유시장의 부재로 설명할 수 있다고 주장했다. 그들은 원조란 불필요하고 심지어 위험하다(시장개혁을 지연시키는 것으로서)고 가정했다. 그러므로 필요한 모든 것은 자유화와 사유화를 지향하는 의지다!
 해리티지 재단과 〈월스트리트저널〉은 공동으로 '경제자유지수' 라는 새로운 개념의 용어를 만들어내면서 그것을 이렇게 표현했다.

 경제적 자유를 달성하는 것은 차를 만드는 일과 같다. 자동차의 가장 중요한 부품은 무엇인가? 강력한 엔진인가, 변속기인가, 시트인가, 핸들인가, 브레이크인가, 아니면 타이어인가? 이것은 한마디로 대답하기 어려운 질문들이다. 이 부품들 가운데 어느 것 하나라도 없으면 자동차는 바라는 목적지에 닿을 수 없기 때문이다. 비슷한 방식으로 경제적 자유의 열 가지 요소 중 어느 하나라도 무시하면, 풍요로운 번영이란 여전히 손에 잡히지 않는 곳에 머물러 있을 것이다. 이런 이유 때문에 우리는 종종 지수의 열 가지 요소를 '의존성에서 벗어나기 위한 10단계 계획' 이라고 부른다. 열 가지 요소가 안내도를 제공하는데, 각 나라는 가장 짙은 색으로 칠해진 경로에서 벗어나지 않기만 하면 경제적 자유와 번영 그리고 자급을 달성할 수 있다.
 실제로 안내도를 따라 경제적 자유를 향해 움직이는 나라일수록 더 높은 성장률을 나타낸다. 안내도를 따라 계속 나아가는 한, 그 나라들의 성장률은 모든 나라의 평균치를 상회하는 경향을 보인다. 그 나라들이 더 빨리 움직일수록(지수 값이 높아질수록) 성장률도 그만큼 더 높아진다. 나라들이 길가에 멈추어 서거나 오던 길을 되돌아가려고 결정하는 순간, 성장은 추락한다. 따라서 전 세계 나라들에게 던지는 중요한 메시지란 각 나라는 경제적 자유를 채택하기 시작함으로써 앞길을 스스로 개척해 나갈 수 있다는 것이다. 즉 경제적 자유를 더 많이 채택할수록 아주 빨리 성장하거나 높은 성장을 더 오래 지속하게 된다. 더 높은 성장은 다시 번영의 평균적 수준이 증대한다는 것을 의미한다.[9]

여기서 다시 마술적 사고가 등장한다. 경제발전이란 도로를 따라 움직이는 것과 같다. 여행할 방향은 하나밖에 없고, 유일한 질문은 속도에 대한 것이다. 10개 지수로 측정된 경제적 자유가 더 많을수록 도로를 따라가는 진행속도도 더 빠르다. 곧바로 뻗은 좁은 길에서 조금이라도 벗어나면 성장은 붕괴한다.

이 처방은 단순하다는 장점이 있다. 또한 철학자 칼 포퍼라면 반증이 가능한 장점이 있다고 말할 것이다. 다시 말해 이 명제는 검증 가능한데 바로 이런 식이다. 해리티지 재단과 〈월스트리트저널〉 지수에 등장하는 나라를 살펴보고, 중심을 이루는 주장이 과연 정당한지 질문해 보자. 그 지수는 각 나라들의 성장률을 설명하는가? 즉 지수 값이 높은(이 지수는 통치구조가 나쁜 것을 의미한다) 나라들은 성장률이 '추락' 했는가? 〈그림 1〉의 수평축에는 1995~2003년 동안 경제자유지수 평균 값을, 수직축에는 1995~2003년 동안 1인당 GDP의 연간 성장률을 보여 준다. '최량 적합 선(line of best fit)'은 경제자유지수 값과 경제성장 사이의 관계를 보여 준다. 좋은 통치구조가 곧바로 더 빠른 성장을 낳는다면, 그래프의 오른쪽으로 이동할수록 해당국이 더 빨리 성장해야 맞는 것이다.

그러나 이것은 사실과 명확하게 다르다. 실제로 '경제자유지수'에서 좋은 값을 얻는 것은 열반에 이르는 10단계 계획도 아니고 경제성장률의 차이를 아주 설득력 있게 설명해 주지도 않는다. 경제자유지수 값은 낮지만 경제성장은 비교적 높은 양상을 보이는 경우도 많다. 바로 중국이 두드러

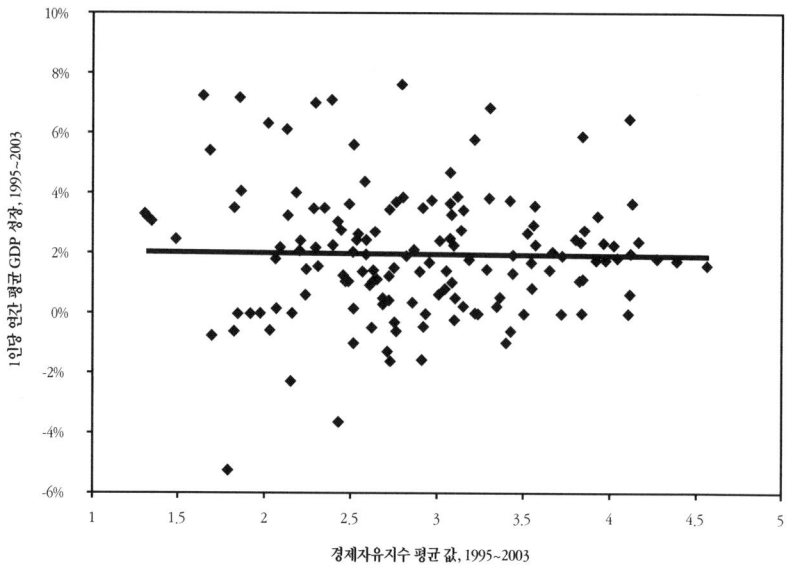

〈그림 1〉 성장과 통치구조

지수 값이 높을수록 통치구조가 더 좋도록 재조정했다.
출처: Heritage/WSJ(2004); World Bank(2004)에 실린 데이터를 이용해 계산했다.

진 예다. 반대로 경제자유지수 값은 훌륭하지만 경제성장이 낮은 경우도 많다. 스위스와 우루과이가 바로 그런 예다.

아프리카에 대해 말하자면 통치구조의 경우와 똑같은 일이 일어난다. 아프리카는 자신의 경제자유지수 값에 걸맞는 성장률보다 훨씬 낮은 성장률을 보이는데, 이 차이는 눈에 띌 정도로 크다. 앞에서 지적했듯이 이 명제에 대한 공식적인 통계 수치를 검증해 보면 경제자유지수가 동일한 다른 나라들보다 아프리카 나라들이 연간 약 3퍼센트 포인트 정도 느리게 성장하는 것으로 나타난다. 무엇보다도 지리·질병·인프라 수준 같은 것들이 중요한 요인으로 작용한다는 점이 다시 한 번 입증되었다. 그러나 번영에 이르는 '10단계 계획'은 이런 요인들 중 어느 것도 포착하지 못하고 있다. 경제적 자유가 경제발전에 플러스 요인인 것은 확실하지만 결코 만병통치약은 아니다.

| **자본의 미스터리?** | 페루의 경제학자 에르난도 데 소토는 '경제적 자유' 설의 한 변종을 제시하여 대중화시켰다. 데 소토는 토지담보 차입 능력을 포함한, 사유재산의 안전이 진정한 '자본의 미스터리'라고 주장했다. 데 소토는 대부분 발전도상국에 사는 가난한 사람들은 집과 땅 같은 재산을 '결함 있는 형태로' 보유한다고 말했다.

> 집은 소유권이 적절하게 기록되지 않은 땅에 지어지고, 사업체들은 법인화되지 않아 책임이 한정되지 않으며, 산업체들은 금융가와 투자가들이 볼 수 없는 곳에 위치한다. 소유물들에 대한 권리가 적절하게 문서화되어 있지 않으므로 이 자산들은 언제든지 자본으로 전환될 수 없다. 또한 서로 잘 알고 믿을 수 있는 현지의 좁은 집단 밖에서는 거래될 수도 없으며, 대부를 위한 담보로 사용될 수도 없고, 투자에 대한 주식으로도 활용될 수 없다.
> (가난한 사람들은) 집은 있지만 소유권은 없고, 수확물은 있지만 증서는 없고, 사업체는 있지만 법인 정관은 없다. 이처럼 필수적인 문서들이 사용되지 않는 것이야말로 종이 클립부터 핵 반응기에 이르기까지 서구의 다른 모든 발명품을 채용하는 사람들이 정작 자신들의 국내 자본주의를 작동시키는 데 충분한 자본을 창출하지 못한 이유를 설명해 준다.[10]

데 소토는 무엇인가 흥미로운 것을 알고 있다. 『자본의 미스터리』라는 제목이 붙은 데 소토의 최근 연구서와 전작 『다른 경로』는 무단 거주자들의 권리, 비공식 경제의 공식화 그리고 계약체결과 관련한 거래 비용의 감소와 공공서비스에 대한 접근수단 확보에 정책적인 관심을 집중시키는 데 도움이 되었다.

그러나 데 소토가 제시하는 분석의 문제점은 발전의 실패를 단독으로 설명하는 하나의 요인-소유권 또는 증서의 부재-에 의존한다는 점이다. 『자본의 미스터리』에 붙은 부제는 그 책이 '자본주의가 왜 서구에서는 승리했고 다른 모든 곳에서는 실패했는가'를 설명할 것이라고 주장한다. 그런데 문제는 자본주의가 다른 모든 곳에서 실패하고 있지는 않다는 점이다. 많은 발전도상국이 빠르게 성장하고 있지만 일부 나라는 여전히 고착화되어 있다. 특히 중국과 베트남처럼 빠르게 성장하는 많은 나라가 소유권과 증서의 문제를 확실하게 해결한 것은 아니다! 일본·한국·타이완처럼 소득 수준이 높은 동양의 여러 나라는 뚜렷한 법률적 발전의 경로를 밟았다.[11]

그러므로 가장 중요한 것은 한 가지 요인에만 의존하는 어떤 설명도 이미 확인된 다양한 경제발전의 형태를 과학적으로 해명하지 못한다는 점이다. 최근 발표된 많은 통계와 연구[12]는 나라별 경제성장률의 차이가 여러 가지 요인에 달려 있다는 것을 보여 주었다. 몇 가지 관련 변수만 들어 보자면 초기 소득·교육 수준·출산율·기후·무역정책·질병·시장과의 근접성·경제제도들의 질 같은 것들이 있다.

그런데 진짜 문제는 이런 많은 변수 중에서 어느 것이 특수한 상황에서 특별한 장애물이 되는가를 이해하는 것이다. 즉 내가 말하는 '감별 진단'이란 정확히 이런 것을 의미한다.

또 다른 편견들

| **도덕의 부족?** | AIDS는 세계의 많은 곳 가운데 유독 아프리카 대륙만 황폐하게 만들었다. 이처럼 비극적인 일 때문에 아프리카의 성적인 방종과 무책임성을 문제의 원인으로 지목하는 오래된 가정이 되살아났다. 많은 사람들이 이 가정에 근거하여 아프리카가 직면한 문제의 핵심을 문화와 도덕의 위기로 간주했다. 남자들이 배우자들에게 성실하지 않고 기본적인 가정생활이 그 정도로 붕괴했다면, 원조가 아무리 많이 주어진들 아프리카에 어떤 미래가 있겠는가? 이것은 공적인 자리에서는 꺼내기 어려운 문제이지만, 사적인 자리에서는 수없이 제기되었다. AIDS를 더 잘 이해하고 따라서 더 나은 처방을 얻을 수만 있다면, 이 질문에 충분히 대답할 가치가 있다. 그 대답은 통상적으로 가정되어 온 것과는 거리가 먼 아주 놀라운 것이다.

제10장에서 지적했듯이 AIDS가 아프리카에서 특히 높은 발병률을 보이는 이유에 대해서는 충분한 이해나 일치된 견해가 없다. 간단한 설명은 통하지 않는다. 통상적인 관점은 아프리카인들은 성생활 파트너가 많고, 따라서 질병을 옮길 위험성이 더욱 크다는 것이다. 그러나 영국의 선도적 의학 잡지 〈랜싯〉에 실린, 무척 주도면밀한 역학 연구조사의 최근 결론은 다음과 같다.

> 비록 섹스 문화가 지역별로 다양하지만 그 차이가 확연하게 두드러져 보이지는 않는다. 인구조사와 기타 연구들이 시사하는 바에 따르면 평균적으로 아프리카 남자들이 다른 곳 남자들보다 더 많은 섹스 파트너를 가지고 있지는 않다. 예를 들어 성 행동에 대한 어떤 비교연구에서 밝혀진 바

에 따르면, 지난해에 5명 이상의 우발적인 섹스 파트너가 있었다는 응답자 비율은 타일랜드와 리우데자이네로의 남자들 쪽이 탄자니아·케냐·레소토, 또는 잠비아의 루사카 남자들 쪽보다 더 높은 경향이 있었다. 그리고 후자에 속하는 나라들에서 한 해 5명 이상의 섹스 파트너가 있었다고 응답하는 여성들의 수는 아주 적었다. 이와 같은 결과에서 확인되는 아프리카 남녀의 평생 파트너 수는 서구의 많은 나라 이성애자들의 경우보다 더 적지는 않지만 거의 비슷하다.[13]

AIDS의 전염률이 아프리카에서 특히 높게 나타나는 원인에 대해 많은 가설이 있지만 아직까지 확실한 결론은 없다. 성관계망을 자세히 들여다보면(복수의 성생활 파트너를 갖는 시점이나, 오랜 시간 동안 가족을 떠나 있는 대규모 아프리카인 남성 이민 노동자들 같은 요인들을 살펴보면) 일정한 차이를 설명할 수 있을지도 모르겠다. 남성들의 포경수술 정도가 그런 차이의 일부를 설명할 수도 있을 것이다(포경수술이 질병의 전파를 방지할 것으로 보이기 때문이다). 아프리카 주민들이 치료받지 않은 채 몸에 달고 다니는 다른 질병들의 정도도 AIDS의 빠른 전파에 영향을 끼칠 수 있을 것이다. 아프리카의 HIV 바이러스 유형이 다른 대륙에 있는 바이러스 유형과는 다를지도 모른다. 그러나 이 모든 가능한 요인들의 상대적 중요성-또는 중요성 자체-에 대해 확실히 알려진 것은 전혀 없다는 게 사실이다. 지금까지 알려진 것은 아프리카인의 도덕에 대한 단순하고 광범위한 공격이 과학적으로는 입증되지 않는다는 점이다.

| 아이들을 구하면 성인의 기아가 늘어나는가 | 그동안 아프리카에 대한 원조가 결국 더 큰 인구폭발로 이어지지 않겠는가라는 질문을 수

없이 받았다. 아이들의 생존율이 높아지는 데 따른 직접적인 결과로 더 많은 성인들이 기아와 고통을 겪게 될 것인가? 이런 질문을 하는 사람들은 보통 무척 미안해 하며 겸연쩍게 말을 꺼낸다. 그런 다음 자신의 질문을 무정한 말로 듣지 말아 달라고 부탁한다. 그러나 이들은 문제의 핵심을 제대로 파악하고 이해할 필요가 있다. 이것은 매우 정당한 질문이다. 궁극적으로 보면 토머스 맬서스도 200년 전에 거의 똑같은 질문을 했다.

이 질문에 대한 올바른 대답은 아프리카의 극단적 빈곤을 끝내기 위해 끊임없이 노력하는 것이야말로 인구폭발을 끝낼 수 있는 가장 확실한 방법이라는 것이다. 이와 같은 자발적 노력을 통해 인구폭발이 신속하게 종결될 것이며, 그 과정에서 가계들은 자립능력을 갖추어 인간적 향상이라는 개인적 목표를 스스로 달성할 수 있게 될 것이다. 빈곤은 급속한 인구증가의 가장 위험한 요인이다. 실제로 중동의 몇몇 나라를 제외하고 세계에서 출산율이 아주 높은 곳-5.0퍼센트 이상인 모든 지역-은 가난하고 농사를 주로 짓는 나라들이 대부분이다. 출산율은 가계의 살림 형편에 따라 나타나는 결과다. 빈곤에 영향을 끼치는 모든 기본적 요인이 높은 출산율에도 영향을 끼치는 경향이 있다. 그리고 높은 출산율은 다시 빈곤 함정을 발생시키는 요인이 된다.

앞에서 지적했듯이 출산율은 여러 가지 원인에 의해 높아진다. 첫째, 아이들이 많이 죽을 때 가계들은 또다시 닥칠지도 모르는 위험에 대비하려고 더 많은 아이를 갖는 경향이 있다. 부모들은 최소한 한 명의 아이(때때로 최소한 한 명의 아들)라도 확실히 생존하기를 바라므로 통계적 의미에서 과잉 보상을 하게 된다. 〈그림 2〉의 산점도에서 볼 수 있듯이 유아 사망률이 높은 곳일수록 총출산율이 높은 경향이 있다. 이 그림에서 수평축은 유아 사망률을, 수직축은 총출산율을 나타낸다. 그리고 각 점들은 1995년도

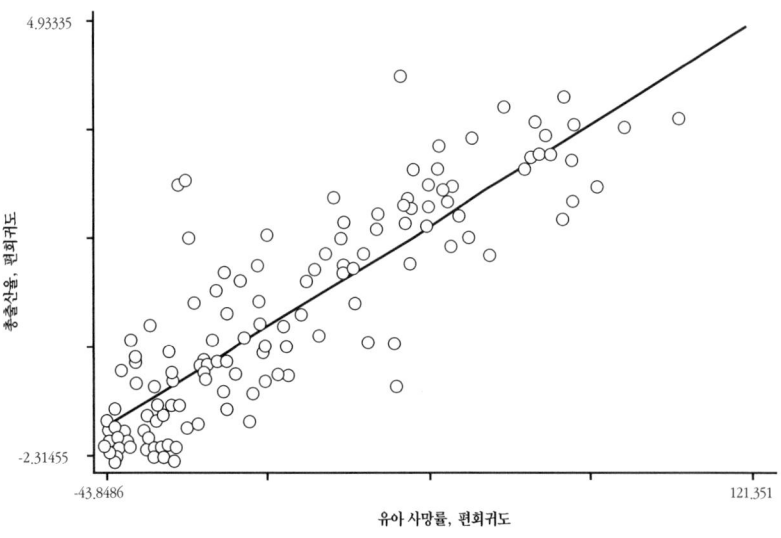

<그림 2> 유아 사망률(X축)과 총출산율(Y축) 사이의 관계
148개국, 1995(편회귀도) coef=0.04065342, se=0.00184397, t=22.05

출처: CMH(2001).

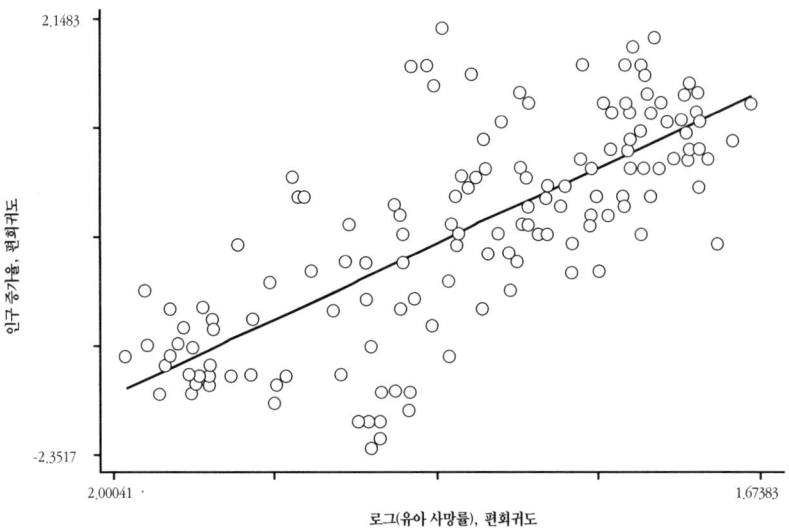

<그림 3> 로그(유아 사망률)와 인구 증가율의 관계, 148개국

출처: CMH(2001).

148개국 각각의 위치를 알려 준다. 오른쪽 위로 강하게 뻗은 선은 유아 사망률이 높은 사회일수록 출산율도 더 높은 경향을 드러낸다.

〈그림 3〉은 총출산율이 보상률보다 훨씬 높은 것을 보여 준다. 이 그림에서 수평축에는 유아 사망률을, 수직축에는 총인구 증가율을 표시하여 두 가지를 비교했다. 실제로 유아 사망률이 높은 곳일수록 전반적인 인구증가율도 높은 것으로 나타나는데, 이는 통상적인 믿음과는 반대로 나타나는 결과다.

경제발전이 진행하는 것에 비례해 출산율은 하락한다. 아이들의 생존률이 높아지면 가계들은 아이들이 생존할 가능성이 더 높다고 확신한다. 그래서 아이들을 더 적게 가지는 '위험'을 감수한다. 또한 가계들은 생계형 농업에서 상업적 농업으로, 특히 도시 생활로 이동하면서 아이들을 더 적게 낳기도 한다. 이것은 부분적으로는 아이들이 농업노동자로서 더 이상 큰 가치가 없기 때문이다. 가계들은 집에서 가까운 샘물이나 상수도 그리고 땔나무가 아니라 저장용 가스통을 사용하는 조리용 화로 같은 현대적 편의시설들을 갖게 된다. 따라서 아이들이 물을 긷거나 땔나무를 주워 올 필요가 없다. 가계들이 아이들을 학교에 보냄에 따라 양육비가 상승한다. 가계들은 아이들을 더 적게 갖고 자녀들에게 더 많이 투자하기로 결정한다. 어머니들이 농장을 떠나 가계 밖의 더 나은 경제적 기회를 발견함에 따라 아이 양육에 필요한 시간 비용(상실한 임금소득 면에서)도 상승한다. 그리고 가계들은 당연히 가족 규모를 줄이려는 희망을 실현시킬 수 있다. 이것은 가족계획과 현대적 피임도구를 포함한 현대적 보건 서비스를 접할 수 있기 때문이다.

이 모든 요인은 대부분의 세계가 총출산율의 현저한 감소와 인구증가의 급격한 둔화를 달성하게 된 이유를 설명해 준다. 이 현상은 아프리카 농촌에는 아직 나타나지 않았다. 이곳에는 그것을 가능하게 만드는 조건-유아의 생존·여자 아이의 교육·여성의 직업 기회·깨끗한 물과 현대적 조리용 연료의 가용성·가족계획과 피임도구의 가용성-이 아직 갖추어지지 않았기 때문이다. 아프리카(와 기타 일부 지역)에서 극단적 빈곤을 끝내기 위한 투자는 짧은 시간 안에 출산율의 급격하고도 결정적인 하락을 불러일으키는 투자와 사실 똑같은 것이다.

| 밀물이 모든 배를 밀어 올린다 | 지구화를 옹호하는 사람들 사이에 만연된 또 하나의 환상은 경제발전이 모든 곳으로 확산될 것이므로 극단적 빈곤의 나머지 문제들이 저절로 해결될 것이라는 믿음이다. 옛말에도 있듯이 밀물이 모든 배를 밀어 올린다는 것이다. 밀물이 당신의 배를 밀어 올리지 못한다면 스스로의 잘못 때문이라고 할 수 있다. 지구화의 힘은 충분히 강력하므로 모든 사람이 스스로 움직일 수만 있다면 골고루 혜택을 입을 수 있다.

지리적인 측면에서 지구화의 밀물은 물가에 있는 많은 나라들의 경제를 밀어 올렸다. 그런 사회들은 말 그대로 물에 보트를 띄워 놓는 지역들이다. 예를 들어 아시아에서 처음 공업화를 위한 자극제 역할을 했던 자유무역지구들은 모두 해안에 위치해 있었다. 그러나 밀물은 안데스의 산꼭대기와 아시아와 아프리카 내륙지역에는 영향을 끼치지 않는다. 시장의 힘은 강력하기는 하지만 명확한 한계가 있다. 예를 들어 지리적 악조건 같은 것들이 시장의 힘에 제약을 가한다. 더욱 나쁜 것은 어떤 나라에 경제적 진보가 다다르지 못할 때 인구 증가와 자본감가(자연 자본의 가치저하를 포함한)가 1인당 자본 비율의 하락을 발생시킨다. 그 결과 경제적 조건이 더욱 악화되는 것이다.

| 이빨과 발톱에 피를 묻힌 자연 | 마지막으로 언급할 만한 것은 사회다원주의의 신화다. 현대 경제학자들에게도 때때로 신화적 통념이 된 사회다원주의는 나약한 자유주의에 이렇게 경고한다. 즉 '현실의 삶'이란 테니슨의 명언처럼 '이빨과 발톱에 피를 묻힌 자연'과 경쟁·투쟁하는 것이다. 사회다원주의는 경제적 진보란 경쟁과 적자생존에 대한 이야기라고 주장한다. 일부는 지배하고 또 다른 일부는 뒤처진다. 결국 삶은 투쟁이고 오늘날 세계는 그 투쟁의 결과를 반영한다.

자유시장 경제이론은 이 관점을 옹호해 왔다. 그럼에도 불구하고 애덤 스미스 이래 경제학자들은 줄곧 경쟁과 투쟁이 경제생활의 한쪽 면에 불과하다는 점과, 공공재를 제공하는 믿음과 협력 그리고 집합적 행위가 다른 한쪽 면이라는 것을 인식했다. 재산의 국가 소유를 통해 경제무대에서 불필요한 경쟁을 제거하려고 했던 공산주의자들의 시도가 비참한 실패로 끝났듯이, 시장의 힘에만 의지하여 현대 경제를 관리하려는 시도 역시 틀림없이 실패할 것이다.

성공한 모든 경제는 경제발전을 위해 공공부문과 민간부문에 모두 의존하는 혼합 경제들이다. 나는 자유시장과 경쟁만으로는 효율적 수준의 시설·교육·환경관리·가치재 등을 공급하지 못하는 근본적이고 이론적인 이유를 설명했다. 그것은 한 나라 수준에서 진실인 것처럼 국제적 수준에서도 똑같이 진실이다. 국제적인 협력을 이루지 못하는 국민 경제들의 집합체는 국경 간 인프라·지식·환경관리 그리고 세계 빈민들에 대한 가치재 공급 등에서 효율적인 수준의 투자를 공급하지 않을 것이다.

공적인 활동과 사적인 활동을 구분하기 위해 정확히 어디에 경계선을 그어야 하는가에 대한 뜨거운 논쟁이 있어 왔다. 그럼에도 불구하고 한 나라마다 공공재의 의의에 대한 광범위한 합의가 존재한다. 미국에서 가장 완고한 보수주의자들도 교육과 의학 연구 그리고 많은 종류의 공중보건에 대한 공적인 자금지원을 지지한다. 미국에서 연방·주·지방 수준의 지출을 합할 경우 공공지출은 GDP의 약 30퍼센트 수준이고, 이 비율이 실질적으로 감소되리라는 심각한 전망은 결코 할 수 없다. 그러나 다른 나라들을 위해 지출해야 할 경우 GDP의 0.7퍼센트 수준도 갑자기 매우 부담스럽게 여겨지며 심각한 논쟁에 휩싸이게 만든다. 혼합 경제라는 대의가 한 나라에서 지배적인 경제 개념으로 정착되었다면 그것은 희망적으로 말하자면 국제관계에서도 곧 똑같이 적용될 것이라고 희망적으로 표현할 수 있다.

전 지구적 차원의 빈곤 제거는 전 세계인이 함께 나누어야 하는 책임일 뿐만 아니라 전 지구적인 편익을 가져다 주는 일이다. 어느 나라든지 혼자서는 그 일을 할 수 없다. 비록 전 지구적인 시각을 갖는 일이 어렵기는 하지만 21세기 지구화를 이루려면 정말로 필요한 일이다. 이와 같은 국제적 노력의 기초 역할을 할 수 있는 것이 바로 전 지구적으로 전개되고 비준된 밀레니엄발전목표를 달성하기 위한 철학이다.

행동을 위한 제안

나는 빈곤 종말이 불가능하다고 외치는 운명론자들의 구슬픈 외침을 거부한다. 지금까지 필요한 투자들을 구체적으로 확인했고, 그 투자를 계획하고 실행하기 위한 길을 발견했다. 그리고 투자 비용이 감당할 만한 수준이라는 것을 보여 주었다. 빈곤한 사람들이 그들의 문화와 가치 그리고 개인적인 품행 때문에 빈곤에서 벗어날 수 없다고 주장하는 자포자기적 태도들의 잘못된 점도 다루었다.

이와 같은 현실을 속속들이 알게 된 세계는 과연 빈곤 종말을 위해 행동할 것인가? 그렇게 하는 것이 부국들에게 무슨 이익을 가져다 주는가? 부국들이 왜 빈국들에게 신경을 써야 하는가? 옳은 일이므로 반드시 해야 한다는 한 가지 이유 때문에 세계가 일치된 행동을 한 적이 있었던가?

바로 이런 것들이 내 연구의 마지막 질문들이다.

제17장

초일류국가 미국의 편견

부자들은 가난한 사람들을 구하러 나설 것인가? 냉소주의자들은 "우리가 왜 그래야 하는가?"라고 반문한다. 빈곤은 우리의 문제가 아니라 그들의 문제일 뿐이라고 말한다. 또한 다음과 같은 질문들을 한다. 가난한 사람들은 우리를 위해 무엇을 할 수 있는가? 어떤 나라든지 이타적인 자세로 다른 나라를 위해 무엇인가를 한 적이 있는가? 안전을 위협하는 테러주의와 싸워야 하는 시점에 우리가 어떻게 빈곤과 싸울 수 있는가? 대중이 이미 경제적으로 압박을 느끼는 상황에서 어떻게 아프리카를 위해 더 많은 것을 내놓으라고 요구할 수 있겠는가? 바로 이런 것들이 요즘 내가 흔히 듣게 되는 질문들이다.

특히 오늘날 미국인들이 주로 이런 말을 한다. 미국인들은 다른 나라에 대한 경제적 지원이 자국의 안보와 중요한 관련이 있다고 생각하지 않는다. 미국인들은 자국의 안보를 위해 군대를 더 믿는다. 미국은 대외원조보

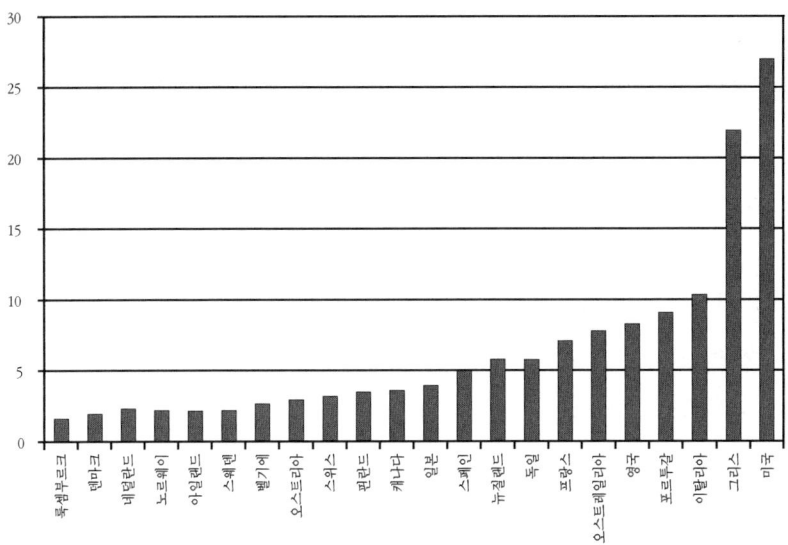

〈그림 1〉 공적개발원조 대 군비지출 비율(2002)

출처: World Bank(2004)에 실린 데이터를 이용해 계산했다.

다 군대에 30배나 더 많은 비용을 지출하고 있다. 2004년 대외원조금액이 150억 달러였던 반면에 군비 지출은 4,500억 달러였다. 대외원조와 군비 지출의 불균형이 미국과 비슷한 나라는 그리스밖에 없다. 〈그림 1〉이 이런 현실을 잘 보여 주는데, 이 그림은 2002년도(미국의 군비 증강이 지금처럼 상당히 진행되기 이전)의 가장 최근의 데이터를 사용하여 작성된 것이다.

국제 관계에 대한 다른 접근방식을 배제하고 오직 군대를 강화하기로 한 미국의 투자결정은 잘못된 여러 가지 생각을 반영하고 있다.

첫째, 가난한 사람들을 돕기 위해 할 수 있는 모든 일을 했다는 생각이다. 지난 10년간 행한 여론조사에서 여러 차례 드러났듯이 미국의 대중은 연방정부의 대외원조금액을 과대평가해 왔다. 매릴랜드 대학교 국제정책태도 프로그램(PIPA)이 2001년 실시한 조사에서 연방정부 예산 중 대외원조 비중에 대해 미국인들이 생각하는 수치가 평균 20퍼센트인 것으로 드러났다.[1] 이것은 실제 수치보다 약 24배나 더 높은 수치다. PIPA가 1990년대 중반에 실시한 조사에서도 기본적으로 똑같은 결과가 나타났다.

부시 대통령도 이와 똑같은 잘못을 저지르고 있는 것 같다. 2004년 4월 기자회견에서 부시는 "세계 최대 강국으로서 우리는 자유의 확산을 촉진할 임무를 가지고 있다. 우리는 배고픈 사람들에게 먹을 것을 제공할 의무가 있다"고 말했다. 그러나 현재 미국은 어떻게 의무를 이행하고 있는가? 가난한 나라 농부들의 식량 생산 증대를 돕기 위한 미국의 원조금액은 연간 10억 달러도 채 안된다. 이것은 전 세계의 생계형 농부들 1인당 기준으로는 아마 1달러도 채 안될 것이다. 그런데 10억 달러의 원조금액은 미국 국민소득의 100달러당 1페니도 안되는 돈이다. 미국은 식량 원조에만 8억 달러를 지출한다. 이것은 위기에 빠진 개인들을 부양하는 데는 도움이 되지만, 불안정하고 불충분한 식량 생산의 좀더 근본적인 문제를 해결하는 데는 아무런 도움이 안 된다.

둘째, 미국 군대가 불안정한 세계에서 미국인들의 안전을 보장해 줄 수 있다는 널리 퍼진 관점이다. 이것은 미국이 바그다드에서 해방자로서 환영받을 것이며, 사담 후세인을 체포하면 이라크에서 폭력을 종말시킬 수 있다거나, 알 카에다를 한 번만 더 공격하면 테러가 끝날 것이라고 믿게 만드는 것과 똑같은 잘못이다. 테러리스트들이 부유층 출신이든 빈곤층 출신이든 중산층 출신이든 상관없이 그들의 활동무대는 빈곤과 실업, 급속한 인구 증가, 기아, 희망의 결여 등으로 포위된 불안정한 사회들이다.

셋째, 세계가 서로 다른 문명들 간의 전쟁에 돌입하고 있다고 믿는 '문명 충돌론'이다. 미국의 많은 이들에게 이것은 틀림없는 전쟁, 즉 아마겟돈의 전쟁이다. 아주 많은 일들이 불확실함에도 불구하고 수백만 명의 미국인들은 성서에서 예언한 '종말의 날'이 다가오고 있다고 믿는다. 이 '천 년 왕국' 믿음은 미국 역사에서 여러 차례 파상적으로 나타났지만, 오늘날 이 믿음이 나타난 미국의 역사적 상황은 과거와 확연히 다르다. 즉 미국은 인류의 종말을 부를 수 있는 핵무기를 지닌 전 세계적 최대 강국이 되어 있는 상황이다. 이것은 미국의 대외정책을 결정하는 데 성서적 예언보다는 합리성에 의지하려고 하는 (우리 같은) 사람들에게는 정말 끔찍한 일이다.

해외의 극단적 빈곤과 국가안보의 위협 사이에 강한 상호연관성이 있다는 것이 확실한 증거에 의해 확인되었다. 해외의 빈곤은 미국 국민들에게 나쁜 영향을 끼칠 수 있고, 또 실제로 그런 일이 여러 차례 벌어졌다. 다른 나라들은 때때로 해외의 극단적 빈곤과 자국의 국가안보 사이의 관련성을 인식하고 이타적으로 행동했다. 실제 그 나라들은 미국의 멋진 마샬플랜 경우처럼 몇 세대 동안 그렇게 해 왔다. 대외정책 전략가들은 오랫동안 이타적 행위가 계몽된 이기적 행동과 다름없다고 인식했다. 노예무역을 끝내고, 제국에 종속되었던 나라들의 독립을 지원하며, 재건과 개발을 위한 지원의 손길을 뻗치고, 자연 재해를 극복하기 위한 인도주의적 구호를 제공하는 일 등이 그런 것이었다. 즉 이기심이 이런 관대한 행위를 방해하지는 않는다. 그러므로 도덕적 계율이란 협력과 호혜성이라는, 문명의 기반을 확립하는 행동 규칙이다.

정치인들이 이타적 행위를 지지한다는 이유 때문에 대중에게서 외면당할지도 모른다고 생각하는 것도 잘못이다. 많은 대중이 그런 조치를 기꺼이 수용할 것이라는 점을 보여 주는 경험적 사례는 아주 풍부하다. 특히 사회 내부의 부자들 스스로 정당하게 부담해야 할 몫을 요구받는다는 점을 대중이 알게 될 때는 더욱 그러하다. 미국에서는 대중이 대외원조 증대를 반대한다는 점이 문제가 되지 않았다. 오히려 대중에게 원조의 중요성을 알려주면서 더 많은 노력을 요청할 만한 정치적 지도력이 없다는 점이 더욱 큰 문제였다. 그동안 미국인들은 "현재 누리고 있는 부 가운데 작은 일부분을 세계에서 아주 궁핍한 상태에 놓여 있는 사람들과 나누겠다"는 강력한 의지를 보여 주었다. 이 점은 대외원조 제공에 대한 대중의 원칙적인 지지를 재확인하는 것이었다. 또 PIPA 조사에서는 대외원조가 '아주 사적인 문제로서 개인들이 민간조직을 통해 기부를 제공해야 한다'는 생각을 미국인의 54퍼센트가 거부하는 것으로 밝혀졌다.[2] 오늘날 미국인들은 전 세계를 위해 무엇을 해야 하고, 그것이 왜 공적인 의무인지 아주 잘 이해한다. 미국인들이 미처 인식하지 못하는 것은 미국이 기울이고 있는 노력이 사실 얼마나 미미한가 하는 점이다.

미국의 안보와 지구적 빈곤

경제적 실패-빈곤 함정 · 은행 위기 · 채무 불이행 · 초인플레이션-는 종종 국가 실패로까지 이어진다. 이것은 일반적 명제다. 1994년 미국 중앙정보국이 설립한 국가 실패 태스크포스는 국가 실패에 대한 폭넓은 연구를 수행했다. 그리고 이 연구에 의해 국가 실패를 불러온 경제적 원인의 중요성을 확인했다. 그 태스크포스는 국가 실패를 혁명전쟁 · 민족집단 간 전쟁 · 집단학살 · 정치적 집단학살, 그리고 적대적이거나 파괴적인 정권 변화로 정의한다. 실패한 국가는 자국뿐만 아니라 나머지 세계에도 문제를 발생시킬 가능성이 높다. 역사를 통틀어 실패한 국가들은 폭력 · 테러리즘 · 국제 범죄 · 대량 이주 · 난민 이동 · 마약 거래 · 질병 등의 온상이 되어 왔다. 미국 · 유럽 · 일본과 기타 선진국들이 실패한 국가들의 문제로 고민하지 않으려면, 실패한 국가(경제들)의 수를 결정적으로 줄여야 할 것이다.

미국인들은 전 세계적인 빈곤과 경제적 실패의 바다에서 미국만은 안정과 번영을 누리는 섬이라고 진정으로 믿고 싶어 할 것이다. 그러나 세계 역사를 살펴보면 반드시 그렇지만은 않다는 것을 입증할 수 있는 사례가 무수히 많다. 1917년 볼셰비키의 권력 장악은 (차르가 지배하던) 러시아의 경제적 붕괴 여파 속에서 일어났다. 1933년 히틀러의 출현은 대공황의 한복판에서 일어났다. 그런데 대공황이 독일 사회에 훨씬 더 큰 영향을 끼치게 된 것은 막대한 규모의 대외 채무 때문이었다.

좀더 최근에 있었던 일로 유고슬라비아가 지역적 분쟁으로 해체된 것은 민족집단 간 충돌뿐만 아니라 1980년대 말 구소련 연방국가가 초인플레이션과 경제적 붕괴에 빠졌기 때문이다. 슬로보단 밀로세비치는 경제적 붕괴를 이용하여 권력을 장악했다. 1990년에 사담 후세인이 쿠웨이트를 침공한 것도 부분적으로는 이라크의 경제적 쇠퇴와 1980년대 이란과 이라크 전쟁에 이은 채무 부담 증가 때문이었다.

모든 정치적 실패를 경제 위기의 탓으로 돌리는 것은 단순화의 오류를 범하는 것이다. 이란의 샤는 석유 붐이 한창이던 1979년에 권력에서 타도되었다. 레닌과 히틀러가 권력을 장악하게 된 원인을 경제적 관점에서만 추적하는 것도 어리석은 일이다. 그리고 9·11 사건과 알 카에다의 존재는 물론 아프가니스탄의 국가 붕괴와 남아시아와 중동 전역의 경제 위기에서 일정하게 기인한 것은 틀림없지만, 빈곤 그 자체에만 원인이 있었던 것은 아니다. 실제로 해외의 경제 위기가 큰 문제가 되는 것은 분명하고, 많은 영역에서 미국도 무척 큰 비용을 초래할 수 있다.

CIA 태스크포스가 발견한 내용은 반박하기 어렵다. 태스크포스는

1957~1994년간 인구 50만 명 이상의 나라에서 일어난 모든 국가 문제를 조사한 뒤 113건의 국가 실패 사례를 확인했다. 그런데 조사한 여러 문제들 가운데 다음의 세 가지가 아주 중요한 내용들이다.

- 유아 사망률: 전반적으로 낮은 수준의 물질적 복지가 국가 실패의 중요한 요인이다.
- 경제의 개방성: 외부 세계와 경제적 관련이 많을수록 국가 실패의 확률이 줄어든다.
- 민주주의: 민주주의 나라일수록 권위주의 정권들에 비해 국가 실패로 이어지는 경향을 덜 보인다.

그러나 민주주의는 경제적 성공과 강한 연계성을 가지고 있다. 이것은 어떤 나라가 민주주의가 될 확률이 1인당 소득 수준과 상당히 비례한다는 점이 많은 연구를 통해 반복하여 확인되었기 때문이다. 태스크포스는 기초 연구를 더욱 구체적으로 정리하며 다음과 같은 점을 발견했다. 즉 사하라 이남 아프리카의 많은 사회가 생존의 한계 영역에서 살고 있다. 그런데 바로 이런 곳에서는 일시적으로 나타나는 경제적 후퇴(1인당 국내 총생산 하락으로 측정된)가 국가 실패를 부르는 징후라는 것이었다. 또한 태스크포스는 보통 권위주의에서 완전한 민주주의 제도로 이행하는 단계에 있는 나라들이 특히 붕괴에 취약하다는 점을 발견했다. 태스크포스는 아프리카 분쟁과 관련해서도 비슷한 결론에 도달했다. 그것은 빈곤과 느린 경제성장이 분쟁 확률을 더욱더 높인다는 점이었다.

해외의 국가 실패는 미국의 안보에 중요한 영향을 끼친다. 즉 국가 실패들이 미국의 해외 군사개입을 종종 불러일으키기 때문이다. 국가 실패 때

〈표 1〉 국가 실패와 그에 따른 미국의 군사개입

앞의 연도는 미국의 군사개입 시점을, 뒤의 연도는 국가 실패를 가리킨다. 군사개입 연도에 따라 연대기 순으로 배열했다.

쿠바(1962, 1956~1961)

타일랜드(1962, 1957)

라오스(1962~1975, 1960~1979)

콩고(1964, 1960~1965)

베트남(1964~1973, 1958~1975)

도미니카공화국(1965, 1961~1966)

콩고(1967, 1960~1965)

캄보디아(1970, 1970~1979)

키프러스(1974, 1963~1968, 1974)

베트남(1975, 1958~1975)

레바논(1976, 1965~1992)

한국(1976, 적용 불가)

자이레(1978, 1977~1979)

이란(1980, 1977)

엘살바도르(1981, 1977~1992)

리비아(1981, 적용 불가)

레바논(1982, 1965~1992)

온두라스(1983~1989, 1978~1990, 니카라과에서 국가 실패)

차드(1983, 1965~1996)

라이베리아(1990, 1989~1997)

자이레(1991, 1991)

시에라리온(1992, 1991 이후 계속)

소말리아(1992, 1988 이후 계속)

보스니아-헤르체고비나(1993, 1992~1996)

소말리아(1993, 1988 이후 계속)

출처: 국가 실패 시점은 '국가 실패' 태스크포스 데이터에서 확인했다. 미국의 군사개입 시점은 http://www.history.navy.mil/wars/foabroad.htm에 있는 Ellen C. Collier, "Instances of Use of United States Forces Abroad, 1798~1993" (U.S. Congressional Research Service, October 7, 1993)에서 확인했다.

문에 미국은 여러 차례 다른 나라의 내전에 말려들었다. 태스크포스 연구 결과를 토대로 미국의 군사개입 시점들을 국가 실패가 발생한 시점들과 비교해 보면 많은 부분에서 일치하는 것을 발견할 수 있다. 즉 〈표 1〉에서 나타나듯이 1960년 이래 미국의 모든 해외 군사개입 시점은 바로 얼마 전에 국가 실패를 경험한 발전도상국들에서 일어났다(이 표의 '군사개입'이란 해외에서 미군이 투입된 모든 경우를 가리킨다. 즉 직접적 전투·평화 유지·민간인 소개·미국의 재산권 보호 등이 모두 포함된다). 이처럼 많은 경우 또는 대부분의 경우에 경제적 붕괴에서 국가 실패 그리고 더 나아가 미국의 군사개입으로 이어지는 관련성은 아주 명확하다.

9·11 사건 이전과 이후의 원조정책

실패한 국가가 미국과 유럽의 국가안보를 위협한다는 생각과, 경제개발에 대한 지원이 국가안보에 대한 지원과 똑같다는 생각은 과격한 좌익적 명제가 아니다. 이런 생각들은 전략적 분석의 표준적 메뉴가 되었다. 그런데 문제는 빈곤과 국가안보를 연결시키는 개념이 아니라 실행에 있다. 최근 몇십 년간 미국의 개발정책-민주당과 공화당 행정부에서 모두-이 정치적 연설에서는 장밋빛으로 제시되었다. 그러나 실제로 문제의 규모에 걸맞는 만큼 원조가 이루어지지는 않았다.

대외정책 면에서 언급되는 미사여구와 실행 사이의 불일치를 보여 주는 한 예가 있다. 멕시코 몬테레이에서 개발재원을 마련하기 위해 열린 국제회의 전야에 부시 대통령은 미주개발은행(IDB)에서 행한 연설에서 이렇게 말했다.

빈곤은 테러리즘을 발생시키지 않는다. 가난하다고 해서 누구나 살인자가 되지는 않는다. 9·11 테러의 음모자들은 대부분 유복하게 자랐다. 그러나 빈곤과 억압은 희망을 앗아 갈 수 있다. 그리고 정부가 국민이 바라는 가장 기본적 욕구를 충족시킬 수 없을 때 실패한 국가들은 테러의 온상이 될 수 있다.

아프가니스탄에서 계속된 빈곤과 전쟁 그리고 혼란이 테러 정권의 권력 장악을 가능하게 한 조건을 창출했다. 그리고 전 세계의 많은 국가에서 빈곤은 정부들이 국경을 통제하고 국토를 순찰하며 법률을 집행할 수 없도록 만든다. 개발은 희망과 번영과 안전을 건설하기 위한 재원을 제공한다…….

개발에 성공하려면 역시 글자를 깨친 사람들, 건강한 사람들, 노동할 의사와 능력이 있는 사람들이 필요하다. 개발원조는 가난한 나라들이 바라는 교육과 보건 욕구를 충족시키도록 도울 수 있다.[3]

여기까지는 좋았다. 그런데 부시 대통령은 미국의 원조를 해마다 50억 달러씩 증가시킬 밀레니엄도전예산이라는 새로운 원조 프로그램을 도입했다.

미국은 유엔밀레니엄선언으로 표현된 국제적 개발 목표를 지지하고, 이 목표가 많은 선진국과 발전도상국들의 공동 책임이라고 믿는다. 우리는 진전하기 위해서 국가와 지도자들이 정치적 개혁의 힘든 길을 걷도록 격려함으로써 그 나라 국민이 골고루 혜택을 입도록 해야 한다.

이제 나는 전 지구적 개발을 위한 새로운 협약을 요청한다. 이 협약은 부국과 빈국에 똑같이 적용되는 새로운 책임성으로 정의될 것이다. 그리고 선진국들이 더 많이 기부해야 한다면 이 기부금에 대한 발전도상국들의 의무 역시 강화되어야 할 것이다. 미국은 이 협약 실천에 모범을 보일 것이다. 우리는 개발원조를 다음 3회계 연도에 걸쳐 50억 달러만큼 늘려 나가려고 한다. 이와 같은 새로운 자금은 기존의 원조 요청액을 훨씬 뛰어넘는다. 즉 내가 의회에 제출한 현재 예산에서 기존의 원조 요청액보다 훨씬 많다.[4]

그런데 문제는 부시 대통령이 제공하겠다고 약속한 원조의 규모-세 번째 해에 연간 50억 달러 이상-가 빈국들의 필요(밀레니엄발전목표를 달성하기 위해서는 2006~2015년에 걸쳐 연간 약 1,000억 달러 이상이 필요하다)는 물론 GNP의 0.7퍼센트 목표를 위해 '구체적 노력'을 하겠다는 미국의 공약과도 거리가 한참 멀다는 것이다. 50억 달러의 개발원조는 미국 GNP의 0.05퍼센트에도 못 미치는 금액이다. 더욱 놀라운 것은 2004년 말에 밀레니엄도전예산 중에서 단 한 푼도 지출되지 않았다는 것이다. 몇 달 후 해외의 빈곤과 미국의 국내 안보 사이의 관련성이 미국의 새로운 국가안보전략 속에서 명확히 확인되었다.

전 세계 인류의 일부는 풍요롭고 안락하게 사는 반면, 인류의 절반이 하루 2달러도 채 안되는 돈으로 살아가는 세계는 결코 정의롭지도 안정적이지도 않다. 발전의 반경을 확대하며 이 속에 세계의 가난한 사람들을 포함시키는 것은 도덕적 명령일 뿐만 아니라 미국이 국제정책을 세울 때 최우선으로 고려해야 할 사항 가운데 하나다.[5]

이런 전략은 미국이 개발을 촉진하기 위해 다음과 같은 행동을 해야 한다고 규정했다.[6]

- 국가 개혁 과제를 달성한 나라들을 돕기 위한 재원을 제공해야 한다.
- 생활수준 향상을 위해 세계은행을 비롯한 기타 개발은행들이 더욱 효과적으로 노력할 수 있도록 해야 한다.
- 개발원조가 세계 빈민들의 생활을 실질적으로 개선시킬 수 있도록 측정 가능한 결과를 요구해야 한다.
- 대부가 아니라 증여 형태로 제공하는 개발원조의 양을 늘려야 한다.
- 무역과 투자는 경제성장의 진정한 엔진이므로 상업과 투자에 사회들의 문호를 개방시켜야 한다.
- 공중보건을 확보해야 한다.
- 교육을 강조해야 한다.
- 농업 개발을 지속적으로 지원해야 한다.

그런데 절대적으로 타당한 이 같은 인식에도 불구하고 미국 정부가 그에 걸맞는 재정지원을 하지 않는 것은 이해하기 어렵다. 인식과 실천 사이의 이러한 괴리는 부분적으로는 단순한 오해에서 비롯된 것이다. 즉 미국이 실제보다 더 많이 원조하고 있다는 식의, 종종 나타나는 잘못된 생각 때문이다. 예를 들어 국가안보전략은 '수십 년 동안 이루어진 대량 개발원조가 전 세계 최빈국들에서 경제성장을 자극하는 데 실패했다'[7]고 역설했다.

그런데 이것은 원조 흐름이 대규모였던 적도 없고 '경제성장을 자극하기'에 필요한 수준의 규모를 갖추었던 적이 결코 없다는 것을 전혀 인식하지 못한 결과였다. 미국이 제공하는 제한된 원조 가운데 많은 부분은 미국 전문가(기술지원)나 긴급 구호와 곡물지원에 할당되었지, 인프라나 교육 또는 공중보건에 대한 장기적 투자에는 별로 할당되지 않았다. 다시 말해 기부원조는 미국의 GNP와 발전도상국이 필요로 하는 원조 규모에 비해 매우 작았을 뿐만 아니라 장기적인 도움을 주는 형태로 제공되지도 않았다. 이런 행태를 보인 것은 부시 행정부만이 아니었다. 그것은 수십 년간 이어져 온 미국 원조정책의 특징이었다.

| 약속을 이행하기 위한 행동 | 미국의 정치 지도자들과 미국 정부가 현재 하고 있는 것보다 훨씬 더 많은 것을 국제적으로 공약했다는 점을 거의 인식하지 못했다. 뿐만 아니라 이와 같은 약속의 불이행이 대외정책상 큰 비용을 초래한다는 점은 더욱더 인식하지 못하고 있다. 2002년에 부시 대통령은 유엔에서 연설하면서 다음과 같이 말했다.

> 미국은 유엔 창설에 기여했다. 우리는 유엔이 실질적인 힘을 갖고 존중을 받으며 좋은 결과를 얻기 바란다. 우리는 세계에서 가장 중요한 다자간 기구의 결정이 지켜지길 바란다.[8]

그러나 유엔밀레니엄선언 같은 유엔총회 결의뿐만 아니라, 또 과거 20년간 유엔 회의들에서 이루어진 일련의 협정들에 대해 미국은 종종 마치 아무것도 모르는 국외자처럼 행동한다. 이것은 책임 있는 정부의 태도가 아닐 뿐더러 이미 협약서에 서명한 나라가 취할 만한 태도는 더욱더 아니다. 0.7퍼센트 공약이 바로 그와 같은 예다. 이 공약은 35년 전에 유엔총회에서 가결되었지만, 미국 관리들은 이 공약이 미국에는 적용되지 않는다고 오랫동안 주장해 왔다. 그럼에도 불구하고 미국은 1992년 지속 가능한 환경 개발을 위한 리우정상회의에서 채택한 문서인 '의제 21'의 서명국이었다. 이 문서에는 다음과 같은 말이 씌어 있다.

선진국들은 유엔에서 합의했던 GNP 0.7퍼센트의 ODA 할당 목표에 도달하겠다는 약속을 재확인한다. 또 그 목표를 아직 달성하지 못한 선진국들은 그 목표에 가능한 한 빨리 도달할 수 있도록 원조 프로그램을 확대한다는 데 동의한다. 그리고 '의제 21'의 신속하고 효과적인 이행을 보장한다는 데 동의한다.

10년 후 몬테레이에서 미국을 비롯한 기타 참여 국가들이 채택한 몬테레이 선언은 이렇게 진술했다.

우리는 GNP의 0.7퍼센트를 발전도상국에 대한 ODA에 할당한다는 목표를 아직 달성하지 못한 선진국들에게 목표 달성을 위한 구체적 노력을 전개할 것을 촉구한다.[9]

몬테레이 선언이 발표된 몇 달 후에 남아프리카공화국의 요하네스버그에서 열린, 지속 가능한 개발을 위한 세계정상회의(WSSD) 참여자들은 WSSD 이행 계획에 합의했다.

개발에 필요한 재정지원에 대한 국제회의에서 여러 선진국이 선언했던 공적개발원조 증액을 위한 약속을 이행할 것이다. GNP의 0.7퍼센트를 발전도상국에 대한 ODA에 할당한다는 목표를 아직 달성하지 못한 선진국들에게 그 목표 달성을 위한 구체적 노력을 전개할 것을 촉구한다.[10]

나는 어느 날 원탁회의에서 미국 국무부 고위 관리들과 재미있는 이야기를 나누었다. 내가 공적개발원조를 공공연히 옹호하자 그 관리들 가운데 한 명이 큰 불쾌감을 나타냈다. 이야기를 나누던 중에 이 관리는 미국이 원조에는 반대하지만 몬테레이 선언에는 찬성한다고 주장했다. 몹시 당혹스러진 나는 몬테레이 선언은 0.7퍼센트 목표를 달성하지 않은 모든 선진국들에게 그 목표 달성을 위한 '구체적 노력'을 촉구하고 있다고 대답했다. 그러자 관리는 "그러니까 우리는 민간 무역이나 투자 쪽은 동의한다!"고 더듬거리며 대답했다. 물론 이것은 굉장히 엉뚱한 입장이다. 왜냐하면 그 문서는 미국의 협상팀이 집중적으로 참여하여 완성되었기 때문이다. 몬테레이 선언의 많은 부분은 민간부문 주도 성장의 역할을 옹호한다. 더욱이 합의 문서는 민간 자본이 정부 자금의 흐름을 압도하는 세계에서도 여전히 ODA가 필요한 이유를 잘 설명하고 있다.

공적개발원조는 개발을 위한 기타 자금원을 보충하는 결정적인 역할을 한다. 이것은 특히 민간 사업체의 직접 투자를 끌어들일 역량이 별로 없는 나라들에 특히 해당되는 이야기다. ODA는 어떤 나라가 특별한 시간대에 걸쳐 인적 자본을 비롯한 생산능력과 수출능력을 향상시키는 동안 적절한 수준의 국내 자원을 동원할 수 있도록 도울 수 있다. ODA는 민간부문의 활동을 위한 환경을 개선하는 데 결정적일 수 있으며 왕성한 성장을 위한 길을 닦을 수 있다. 또한 ODA는 교육·보건·공공 인프라 개발을 포함해 농업 및 농촌 개발을 지원하고, 식량 안보를 향상시키기 위한 결정적인 도구이기도 하다. 수세기 동안 아프리카·최저개발국·군소 도서의 발전도상국·내륙 발전도상국들에게 ODA는 최대의 외부 자금원이다. 그리고 개발 목표들과 밀레니엄발전목표의 과제들을 비롯한 기타 국제적으로 합의된 개발 목표를 달성하는 데 결정적으로 중요하다.[11]

요점은 몬테레이 선언의 중요한 가치를 설명하는 것이 아니라 서명국들의 정책 공약이 정부의 구체적인 행동으로 이어져야 한다고 강조하는 것이다. 미국이 몬테레이 선언을 이행하지 않는다고 하더라도 미국에 직접적인 정치적 영향을 끼치지는 않는다. 왜냐하면 미국 시민 100만 명 가운데 단 한 명도 그 내용을 알지 못할 것이기 때문이다. 그러나 미국이 해외에서는 모난 돌처럼 보인다는 점을 과소평가하지 말아야 한다. 해외에서 몬테레이 선언에 기재된 조항들은 정부뿐만 아니라 주민들에게도 사활이 걸린 문제다. 미국 안에서 우리 자신의 관대함에 대해 아무리 떠든다고 하더라도 빈국들은 우리가 하고 있지 않은 일을 충분히 잘 알고 있다.

| **대외정책의 균형 회복** | 대외원조에 대한 투표가 의원들에게는 가장 어려운 투표로 종종 묘사되곤 했다. 다른 나라에 돈을 주어야 한다는 주장을 유권자들이 어떻게 이해할 수 있는가? 그런데 사실 정치적 모험이라고 하는 이 같은 일은 한마디로 과대평가되어 있다. 대부분의 부국들에서 정치인들은 빈국들에 대한 원조를 결정하기 위해 보통 투표를 한다. 그런데 투표 때문에 정치적으로 상처를 입는 일은 거의 없다. 실제로 서구의 다른 모든 나라는 1인당 소득이 미국보다 훨씬 낮은 수준이지만 GNP 비율 면에서 미국보다 훨씬 더 많은 원조를 투표로 결정해 왔다. 더욱이 미국의 경험도 다음과 같은 점을 명확하게 보여 준다. 즉 대통령이 이런 문제가 미국의 대외정책적 이해 관계에 무척 중요하다고 설명하면 대중이 지지할 것이라는 점이다.

나는 미국인들이 현재 제공하고 있는 원조의 양을 엄청나게 과대 추산하고 있다고 지적했다. 이런 상황이 전개된 부분적인 이유는 미국이 하는 것과 하지 않는 것에 대해 과거의 어떤 대통령도 대중에게 이야기해 주지

않았기 때문이다. 앞에서 말한 PIPA 여론조사에서 밝혀졌듯이 원조가 그 실질적 목표를 달성할 수 있다는 점을 확실히 설득할 수 있다고 가정하면, 대중은 더 많은 원조에 기꺼이 동의할 것이다.

반면, 대외원조가 낭비되고 독재자를 지원하는 데 사용되거나 비밀 스위스 은행 계좌들로 사라져 버리는 일이 발생하면 대중은 즉시 실망감을 표시한다. 그리고 PIPA 2001년도 조사에 따르면 미국인들은 다른 나라의 기아를 완화하는 데 도움을 줄 의사가 있다고 한다. 또 이런 일이 미국 정부가 당연히 해야 할 의무라고 생각한다는 점을 보여 주었다. 원조가 '필요한 나라의 사람들에게 식량과 의약품 지원을 제공하는 것'으로 표현될 경우 87퍼센트에 이르는 압도적인 응답자들이 미국의 대외원조에 찬성했다. 이때 한 가지 흥미로운 것은 압도적 다수의 응답자가 역시 쌍무적이 아니라 다자간 기구들을 통해 원조를 제공하는 쪽이 훨씬 더 낫다고 응답했다는 점이다.

사실 원조 프로그램이 의회를 통과할 수는 있다. 그러나 프로그램이 좀 더 원활하게 이루어지려면 대통령이 지도력을 발휘해 국민적 연대를 형성할 필요가 있다. 그리고 이 연대는 다양한 유권자의 관심을 반영하는 경향이 있다. 일부 대중은 국가안보적인 이유에서 그 프로그램을 지지한다. 또 다른 일부는 장기적인 경제적 편익(다른 나라들이 더 부유해지면 더 좋은 무역 상대자가 될 것이다) 때문에 지지한다. 그리고 또 다른 일부는 그렇게 하는 것이 옳기 때문에 지지한다. 심지어 종교적 계율에 따라 그것을 지지하는 사람들도 있다. 다시 한 번 역사 속에서 원조의 정치학에 대한 몇 가지 옹호론을 발견할 수 있다. 이를 통해 우리는 과거에 왜 그리고 어떻게 대규모 원조 프로그램들이 채택되었는가를 이해할 수 있다.

| 마샬플랜 | 마샬플랜은 인도주의적 사명을 넘어 전후 시대 유럽의 경제적·전략적 안정을 보장하기 위한 포괄적인 경제개발 계획이었다. 마샬플랜의 입안자들에게 동기가 되었던 것은 제1차 세계대전이 남긴 교훈이었다. 제1차 세계대전 이후 카르타고적 평화(Carthaginian peace: 패배자에게 완전한 예속을 강요하는 평화조약-옮긴이)가 독일 사회의 여러 부분에 적개심을 키움으로써 간접적이기는 하지만 히틀러의 정치적 상승에 기여했다. 제2차 세계대전 이후 트루먼 대통령을 비롯해 유럽 재건에 착수한 정치 지도자들은 다시는 그와 같은 경제적 고통이 재발하지 않도록 하겠다는 결의를 확고히 했다. 이 지도자들은 적절하게 기능하는 국제무역과 시장이 없거나 대륙의 동쪽에서 소련의 군사적 위협이 모습을 드러낼 경우 미국의 경제적 발전과 국가안보 문제가 침해당할 것이라고 믿었다.

마샬플랜의 지지자들은 이 계획의 건전성에 대해 미국인들을 설득하기 위한 체계적인 캠페인을 벌였다.[12] 이 지도자들이 마샬플랜을 설득하는 데 성공한 요인은 무엇보다도 네 가지 단계적 조치를 단행했기 때문이다.

첫째, 의회 내 초당파적 위원회를 구성하고 하원의원 크리스천 허터(공화당, 매사추세츠)가 위원회를 이끌었다. 이 위원회는 아주 중요한 유럽 방문을 통해 현지에서 문제를 연구한 뒤 의회에 보고서를 제출했다. 둘째, 애버렐 해리먼의 주도 아래 금융계 지도자들이 최고위원회를 구성했다. 그리고 이 위원회는 마샬플랜 같은 대규모 프로그램을 지원하기 위한 미국의 금융적 수단을 마련해 주었다. 셋째, 민주당의 이니셔티브에 공화당이 전폭적 지지를 보냄으로써 그 계획이 당파적 정치에 매몰되지 않도록 했다. 넷째, 특히 1948년 초에 소련의 체코슬로바키아 침공이 미국인들에게 경각심을 불러일으켰다. 즉 이 사건을 바라보는 미국의 시민들은 만약 미국이 유럽을 돕지 않으면 공산주의적 전복에 의해 미국의 국가안보와 경제적 이익이 훼손당할 것이라는 점을 확신했다.

이 네 가지 요소와 더불어 트루먼 대통령의 타협적 지도력과 미국인들에게 정확한 사실을 알려 준 홍보 캠페인 등이 효과적으로 작용했다. 그 결과 미국 의회는 1948년 마샬플랜을 구현할 경제 협력법을 통과시킬 수 있었다. 1948~1952년간 마샬플랜이 실행되던 동안 미국은 서유럽 재건을 위해 연평균 GNP의 1퍼센트 이상을 제공했다. GNP 대비 비중으로 살펴보면 현재 미국의 대외원조 노력의 약 10배에 해당하는 것이었다.

| 주빌리 2000(부채경감 캠페인) | 부채경감 캠페인은 세계의 최빈국들이 국제적 대부자들에 대한 과중한 채무이행 부담으로 고통받고 있다는 인식에서 출발한 좀더 최근의 제안이다. 이 캠페인은 IMF와 세계은행이 1996년에 시작한 과중채무빈국(HIPC)을 위한 제안에 뜻을 함께 하면서도 그것을 더욱 확대 실행해야 한다는 강력한 호소였다. HIPC를 위한 제안 자체는 구조조정 시대가 전 세계 최빈국들에게 했던 경제발전과 성장의 약속을 실현하지 못했다는 것을 인정한 일이었다. 따라서 주빌리 2000 캠페인은 세계의 10여 개 최빈국들의 부채를 탕감시키려는 것이었다.

주빌리 2000 캠페인은 부채탕감의 긴급성을 느끼지 못한 기부국들과 브레튼우즈 기구들의 강력한 저항에 부딪쳤다. 그 운동은 처음에는 유럽 특히 영국에서 종교집단과 NGO들과 폭넓은 연대를 형성했다. 1990년대 말에 캠페인은 대중적 사회운동이 되었다. 1998년에 버밍햄에서 열린 정상회의 동안 그 운동의 지도자들은 부국의 지도자들에게 빈국들의 부채를 탕감하라고 요구하는, 60개국 2,200만 명이 서명한 전 세계적 청원서를 제출했다. 무하마드 알리, 특히 보노를 포함한 세계적으로 유명한 연예인들이 그 운동에 적극적으로 참여했다. 교황 요한 바오로 2세는 그 운

동을 2000년 희년 기념과 연계시키고, 희년(禧年, 구약시대의 유대 풍습에서 50년마다 돌아왔던 해방의 해. 이 해에는 종을 풀어주고 빚도 탕감했는데 이후 가톨릭의 성년聖年의 기원이 되었다고 함)마다 채무자가 새출발을 할 수 있도록 정한 레위기의 성서적 요구를 거론하면서, 그 운동이 광범위하게 확산되도록 했다.

주빌리 2000 경제고문으로서 나는 가수 보노와 밀접한 관계를 맺고 일했는데, 이 과정에서 정치적 연대가 형성되어 결국 승리하는 모습을 지켜볼 수 있었다. 보노와 나는 부채탕감 안이 미국 의회를 통과하지 못하리라는 이야기를 들었다. 그것은 클린턴의 백악관과 재무부부터 공화당이 지배하는 하원에 이르기까지 정치적 스펙트럼상의 좌우를 막론하고 모든 사람이 가졌던 첫 관점이었다.

그런데 일반적인 생각으로 이해할 수 없는 점은 아주 많은 미국인들 사이에서 부채탕감에 대한 폭넓은 지지가 나타난 것이다. 보수주의자들은 빈국들의 너무나 뻔한 신용도에 비추어 볼 때 부채탕감이 불가피하다고 판단했다. 자유주의자들은 그것이 반드시 해야 할 옳은 일이라고 판단했다. 시민들 가운데 많은 사람들은 부채탕감이 세계의 빈곤한 사람들을 돕기 위한 적절한 방법이라고 생각했다. 그리고 보수주의자들 중에서 단지 종교적 동기에서 참여한 사람도 많았다. 아마 이들은 종교적 동기가 아니었다면 부채탕감에 결코 동의하지 않았을 것이다.

이 운동이 미국에서 최종적으로 힘을 얻었을 때 우익 종교 지도자들, 특히 스펜서 바커스(공화당, 앨러배마)가 그 이슈를 채택했다. 바커스는 채무경감 법안의 핵심 조항들을 직접 작성하고, 전통적으로 대외원조를 지지해온 자유주의자들부터 채무 문제를 종교적 측면에서 바라본 우익 종교 대표들을 총망라하는 초당파적 연대 형성에 기여했다. 미국 의회는 필요한 모든 것을 담지는 않았지만 관대한 채무경감 패키지를 승인했다. 대개 많은 일들이 그렇듯이 부채탕감 운동도 정말로 필요로 하는 수준의 약 3분의 2를 달성했다. 그런데 이 성과는 운동을 시작하기 이전에 가능하리라 예상되었던 수준보다는 훨씬 더 큰 3분의 2였다.

| AIDS 퇴치를 위한 긴급 계획 | 광범위한 연대 형성의 세 번째 사례는 AIDS 퇴치를 위한 대통령 긴급 계획(PEPFAR)이라는, 150억 달러 규모의 5개년 계획이다. 나는 거시경제와 보건위원회에 참여했던 일을 포함하여 세계의 가난한 사람들에게 AIDS 치료약품을 제공하자는 운동의 몇몇 측면을 서술한 적이 있다. 이 경우 나는 다시 한 번 운 좋게도 처음에는 터무니없는 것으로 간주되었던 원조 패키지를 탄생시킨 정치적 연대의 형성을 직접 목격할 수 있었다.

나는 부시 행정부에게 연간 30억 달러 규모의 프로그램에 대한 구상을 권했다. 그리고 부시 행정부 초기에 국가안보 보좌관이었던 콘돌리사 라이스에게 두 차례나 이 구상을 알릴 기회가 있었다. 나는 AIDS 치료를 대규모로 확대시킬 필요성과 가능성을 논의하면서 그것이 경제적으로 실행 가능해졌다고 주장했다. 그 근거는 강력한 효능을 지닌 약품의 생산 비용이 급속히 낮아진 덕분에 저렴한 비용으로 공급될 수 있다는 것이었다. 백악관을 처음 방문했을 때 나는 대통령의 새 경제고문으로 임명된 래리 린제이를 방문했다. 린제이는 이전에 내 제자였으며 함께 공동연구를 진행한 적도 있었다. 린제이는 아주 따뜻하게 맞이해 주었을 뿐만 아니라 사무실을 떠날 때쯤 미소 띤 표정으로 이렇게 말했다. "제프, 당신의 제안은 무척 흥미롭고도 중요한 일입니다. 그러나 연간 30억 달러라는 액수에 너무 연연해하지는 마세요."

AIDS 퇴치를 위한 연대는 채무 문제에 대한 연대와 아주 비슷한 양상으로 승리를 거두었다. 자유주의자·종교적 보수주의자·NGO 그리고 광범위한 시민들이 연대를 형성했다. 시민들은 정치 지도자들이 생각하는 것보다 훨씬 더 폭넓게 이와 같은 행동을 반드시 해야 한다는 것에 공감했다. 보노는 다시 한 번 연대가 형성되는 데 특별한 역할을 담당했다. 이 과정에서 보노는 단지 유명인이자 엔터테이너로서의 모습뿐만 아니라 놀라울 정도로 다양한 개성을 지닌 개인들의 지성에 큰 영향을 끼칠 수 있는 보기 드문 역량을 지닌 지도자로서의 모습을 보여 주었다. 어느 날, 차를 운전하며 집으로 가던 중에 전화기가 울렸다.

"지금 뭐하고 계세요?"

보노가 물었다. 차를 타고 집으로 가고 있다고 하자 보노가 차를 한쪽으로 주차시키는 게 좋겠다고 말했다.

"무슨 일인가?"

"무슨 일이 있었는지 믿지 못하실 거예요. 방금 전에 제시 헬름스 상원의원이 나와 AIDS 퇴치에 대한 노력에 축원을 해 주셨어요."

보노와 헬름스 상원의원은 성서를 같이 읽었고, 헬름스는 백악관과 의회에 AIDS와 관련된 입법을 추진하겠다고 약속했다. 보노는 탁월한 정치력을 발휘했다. 종교적 보수주의자 가운데 몇몇 핵심 지도자들을 설득하여 AIDS가 불러온 전 세계적인 비극에 관심을 기울이게 만들었다. 뿐만 아니라 이번에는 백악관에 AIDS 입법이 정치적 함정이 아니라 틀림없이 정치적 이익을 가져다 줄 것이라는 점을 보여 주었다.

결과적으로 AIDS 퇴치를 위한 연대는 유례를 찾아볼 수 없을 만큼 포괄적으로 형성되었다. 공중보건과 의생물학계 전문가들도 참여했다. 국립보건연구소의 앤서니 포치 박사가 결정적인 역할을 했다. 유명 인사·종교계 지도자·자유주의자·보수주의자 등이 총망라하여 참여했다. 그리고 마침내 부시 대통령도 참여했다. 2003년 대통령 연두교서 발표일 저녁에 나는 코피 아난 유엔 사무총장에게서 전화를 받았다. 그는 "대통령 연두교서에 AIDS와 관련해 특별히 흥미로운 내용이 있을 것"이라는 연락을 받았다고 말했다. 깜짝 놀란 나는 TV 앞으로 달려가 부시 대통령이 발표하는 내용에 귀를 기울였다.

> 우리나라는 우리 국민의 안전을 보장하기 위해 군대를 움직이고 동맹을 형성합니다. 하지만 그에 못지않게 우리는 축복받은 국가로서 또 다른 사명도 기억해야 합니다. 즉 이 세계를 지금보다 더 좋게 만들어야 한다는 사명입니다.
> 오늘 아프리카 대륙에서는 거의 3,000만 명이 AIDS 바이러스를 가지고 있으며, 이 가운데 15세 이하 어린이들이 300만 명 포함되어 있습니다. 아프리카의 수많은 나라에서 성인 인구의 3분의 1 이상이 바이러스를 지니고 있습니다. 400만 명 이상이 즉각적인 약물치료를 필요로 합니다. 그러나 아프리카 대륙 전역에서 고작 5만 명의 AIDS 환자만이 치료에 필요한 약을 받고 있습니다. 고작 5만 명입니다!
> AIDS 진단은 사망선고로 간주되기 때문에 많은 사람들이 치료받으려는 노력 자체를 포기합니다. 치료를 받으려는 사람은 거의 대부분 퇴짜를 맞습니다. 남아프리카 농촌에서 진료를 하는 어느 의사는 자신의 좌절감을 이렇게 표현했습니다. "우리는 약품이 없고, 많은 병원은 환자들에게 '당신들은 AIDS에 걸렸지만 우린 당신들을 도울 수 없소. 그러니 집에 가서 죽으시오'라고 말한다." 지금은 의술이 기적 같은 수준으로 발전한 시대입니다. 이런 시대에 어느 누구도 그런 말을 들어서는 안 됩니다.

AIDS는 예방할 수 있습니다. 항레트로바이러스제는 생명을 상당 기간 연장시킬 수 있습니다. 이런 약품의 비용은 연간 1만2,000달러에서 연간 300달러 이하로 떨어졌습니다. 따라서 우리는 엄청난 가능성을 손에 쥘 수 있게 되었습니다.

신사 숙녀 여러분, 인류 역사상 이렇게 많은 사람들을 위해 이처럼 많은 일을 할 수 있는 큰 기회를 갖게 된 적은 거의 없습니다. 우리는 우리나라에서 AIDS에 맞서 싸웠고, 앞으로도 그럴 것입니다. 그리고 해외에서 심각하고 급박한 위기에 대처하기 위해 오늘 밤 나는 'AIDS 퇴치를 위한 긴급 계획'을 제안합니다. 이것은 아프리카 사람들을 돕기 위해 현재 벌이고 있는 국제적 노력을 모두 뛰어넘는 자비로운 사업입니다.

이 포괄적 계획은 AIDS 감염 위기에 놓인 700만 명을 구하고, 최소한 200만 명을 치료하여 수명을 늘릴 것입니다. 또한 AIDS로 고통받는 수백만 명의 사람들과 AIDS로 부모를 잃은 어린이들에게 인간적 보살핌을 제공할 것입니다. 나는 AIDS로 가장 심각하게 고통받는 아프리카와 카리브해의 나라들에게서 AIDS의 물결을 돌려놓기 위해, 거의 100억 달러에 이르는 새로운 자금을 포함하여 다음 5년에 걸쳐 150억 달러 원조를 의회가 약속해 줄 것을 요청합니다.

우리나라는 자연의 재앙에서 무고한 사람들을 구하기 위해 세계를 이끌 수 있습니다.[13]

대통령이 이 말을 끝내자 의회 의원들이 모두 일어나 뜨거운 박수를 보냈다.

우리 세대의 역할을 요청할 시점

모든 부유한 민주주의 나라의 정치 지도자들은 오늘날 불가능해 보이는 일을 달성하기 위해 조만간 다시 한 번 납세자와 유권자들에게 호소해야 할 것이다. 이 지도자들은 GNP 0.7퍼센트의 개발원조 할당 공약에 대한 대중의 지지를 확보하고, 다음 20년 동안 이 공약이 계속 필요하다는 점을 설명해야 한다. 정치 지도자들은 지금 호소하고 있는 바로 그 원조 공약이 다음 세대의 모든 것을 좌우한다는 점과 그 이유를 설명해야 할 것이다. 즉 전 세계의 안전과 각 나라가 엄숙히 지키려는 가치들, 가난한 수백만 명의 어린이들의 목숨, 현재 인류 문명의 의미와 도덕적 가치 등 이 모든 것을 지키는 것이 대외원조 실천에 달려 있다는 점을 말이다.

영리한 지도자들은 다음과 같은 두 가지의 방법을 통해 재원을 마련한다면 0.7퍼센트가 큰 부담이 되지 않을 것이라고 설명할 것이다. 특히 미국에 해당하는 두 가지 가운데 첫째는 지나치게 커진 군비예산의 일부를, 경제개발을 통한 세계적 안보 확립이라는 의제로 이전시키는 것이다. 둘째는 최고의 부국-연간 소득이 최빈국의 소득에 비해 수만 배나 더 많은-에 특별한 역할을 수행하라고 요구하는 것이다.

나는 최고의 부국이 그리 어렵지 않게 이와 같은 기여를 할 수 있으며, 기여의 심오한 의미를 이해할 수 있다고 믿는다. 다시 말해 그 기여는 전 세계의 안녕을 확보할 수 있는 우리 세대의 독특한 역할을 의미 있게 보여 주는 실례가 될 것이다.

제18장
우리 시대의 도전

우리 세대는 2세기 반 동안 이루어진 경제적 번영의 상속자다. 우리는 2025년에 극단적 빈곤이 없는 세계가 실현되리라는 현실적인 전망을 할 수 있다. 그 이유는 기술진보를 통해 우리가 전 지구 차원에서 인간의 기본적 욕구를 충족시킬 수 있고, 더 나아가 역사상 유례를 찾아볼 수 없을 만큼 경제적인 여유를 달성할 수 있기 때문이다. 기술진보는 지속적인 기초과학혁명을 동력으로 하여 일어났고, 지구적 시장의 힘과 보건·교육·인프라에 대한 공공투자에 의해 확산되었다. 주목할 만한 점은 토머스 맬서스의 어두운 전망과는 반대로 세계 인구가 1750년과 비교했을 때, 현재 8배나 많아졌지만 우리가 이 모든 것을 달성할 수 있다는 것이다.

우리 세대의 경제적 힘이 지난 250년간 달성한 경제성장의 산물이라면, 경제적·사회적 진보에 관한 우리의 개념은 산업혁명과 거의 같은 시점에 출현한 사회철학의 산물이다. 유럽에서 18세기는 계몽주의 시대였고, 바로 이 시기에 사회진보에 관한 새 개념이 도입되었다. 산업혁명이 시작되기 전까지 인류는 기근, 범세계적 전염병, 극단적 빈곤과의 끝없는 싸움을 운명으로 받아들였다. 이런 것들은 주기적으로 끊임없이 일어나는 전쟁과 정치적 문제 때문에 더욱 가중되었다. 그러나 새로운 과학과 기술의 시대가 희미하게 동터 오기 시작하면서 유럽 전역은 물론 신생 독립국인 미국에서 과감하고 탁월한 계몽사상가들이 과학과 기술의 활용에 기반하여 사회적 · 정치적 · 경제적 생활의 시스템을 지속적으로 개선해 나갔다. 그 결과 끊임없는 사회진보를 달성할 수 있는 가능성이 엿보이기 시작했다. 경외심을 불러일으키는 이 계몽주의의 천재들은 전 지구적 차원에서 인간의 복지를 개선하기 위해 필요한 행동이 무엇인지 희미하게나마 감지했다. 이런 점에서 더 밝은 미래를 열어가려는 우리는 계몽주의 사상가들에게서 지적인 혜택을 입었다고 할 수 있다.

계몽주의의 다음과 같은 네 가지 포괄적인 사상이 오늘날 우리에게 큰 영감을 불러일으킨다.

첫째, 토머스 제퍼슨을 비롯한 미국 공화국의 건설자들은 존 로크와 데이비드 흄 같은 영국 철학자들의 정치철학을 이어받아, 정치제도들이란 인간이 사회 생활을 유지하기 위해 의식적으로 만들어 갈 인위적 구축물이라는 점을 명확히 했다. 제퍼슨은 "정부란 행복 추구와 생명과 자유"의 권리를 확보하기 위하여 "사람들 사이에서 구성된다"[1]고 했는데, 이 말은 그 후 끊임없이 울려 퍼졌다. 미국혁명과 프랑스혁명 이후에는 더 이상 정치 시스템이 군주의 신성한 권리나 종교적 예언의 주장에 의해 정당화될 수 없었다. 이제 정부는 점점 더 인간의 생활환경을 개선시킬 수 있는지의 여부를 가늠하는 성능 시험을 통과해야 존립할 수 있게 되었다. 제퍼슨이 그의 저서에 밝혔듯이 "어떤 형태의 정부든 이런 목적에 유해한 경우에는 언제든지 변경하거나 제거하고 새로운 정부를 구성하는 것이 시민의 권리다. 새롭게 수립될 정부는 시민의 안전과 행복을 가장 확실하게 보장할 수 있는 원리에 기초를 둘 것이며, 또 그와 같은 형태로 권력 기구들이 조직될 것이다."[2]

둘째, 애덤 스미스는 경제 시스템이 인간의 필요를 충족시키도록 만들어질 수 있다고 믿었다. 스미스의 경제적 설계안은 제퍼슨의 정치적 설계안과 무척 비슷했다. 사실 『국부론』과 인권선언은 모두 1776년에 나왔다. 오늘날 많은 사람들은 스미스를 시장이 자기 조직적 분업–보이지 않는 손–을 어떻게 유지할 수 있는지에 대한 탁월한 통찰력을 보여 준 사람으로 주로 기억한다. 그러나 실제로 스미스는 결코 자유방임형 이데올로기를 주장하지 않았다. 스미스는 『국부론』의 제5권 중 많은 부분을 할애하여 방위·사법·시설·교육, 즉 집단적 행동이 민간 시장의 힘을 보완하거나 대체할 필요가 있는 분야들에 대하여 국가가 강력한 책임을 맡아야 하는 이유를 자세히 설명했다.

셋째, 독일의 위대한 계몽주의 철학자인 이마누엘 칸트는 인간 진보에 관한 현대적 개념의 기초에 세 번째 항목을 추가했다. 그러면서 칸트는 전쟁이라는 오래된 사회악을 끝내기 위한 적절한 전 지구적 통치 시스템을 요구했다. 1795년에 칸트는 국제무역을 통해 연계된 공화국들이 군주들을 다른 지도체제 아래의 위정자들로 바꾼다면, 국가들 간의 영구 평화가 달성될 수 있다고 주장했다. 칸트는 전쟁이 일어난다 하더라도 군주들은 "식탁의 즐거움과 사냥터·전원의 저택·궁정의 행사 같은 것들을 조금도 희생시킬" 필요가 없으므로 전쟁을 일으킬 수 있다고 설명했다. "그러므로 군주들은 정말로 사소한 이유에서 마치 유희를 위한 파티를 열듯이 전쟁을 결정할 수 있다. 군주들은 외교관들이라면 기본적으로 지켜야 할 양식의 문제로서 응당 필요하고 또 기꺼이 제시했을 명분마저 완전히 무시한다."[3]

이와는 대조적으로 공화제에서는 "전쟁을 선포하려면 시민들의 합의가 필요하다." "시민들이 스스로 전쟁의 모든 비참한 상황을 짊어져야 하는 그런 졸렬한 일을 시작하는 데는 아주 신중할 수밖에 없을 것이다." "전쟁이 일어나면 시민들은 싸워야 하고 전쟁의 모든 비용을 자신의 재원으로 조달해야 하며, 전쟁이 남긴 참화를 고통스럽게 수선해야 하고, 온갖 악행을 저질러야 하고, 무거운 국가 부채를 짊어져야 한다……."[4]

칸트는 국제무역이 국제적인 문제를 해결해 나가는 촉매제 역할을 할 것으로 보았다. "전쟁과 양립할 수 없는 상업 정신이 조만간 모든 국가에서 우위를 차지할 것이다. 국가 권력 안에 들어 있는 모든 힘 또는 수단 중에서 돈의 힘이 가장 믿음직할 것이므로 국가들은 어떤 도덕적 명령이 없더라도 고결한 평화를 촉진하게 될 것이다. 또한 전쟁이 일어날 낌새가 보일 때마다 중재를 펼쳐 전쟁을 방지하게 될 것이다."[5] 개방적인 경제들이 폐쇄적인 경제들보다 국가 실패에 빠질 가능성이 훨씬 적다는, 국가 실패에 대한 CIA 태스크포스의 발견도 칸트가 한 말들과 아주 비슷하게 들린다.

영구 평화라는 결과를 달성하기 위하여 칸트는 '자유 국가들의 연맹'을 상상했다. 즉 국제연합이 창설되기 150년 전에 그 원형을 정확하게 상상한 것이다. 칸트의 연맹 또는 '동맹'은 "국가의 힘보다 우월한 어떤 지배권도 행사하지 않고, 단지 국가 자체나 그와 동맹을 맺은 다른 국가들의 자유의 확립과 유지만을 지향"할 것이었다. 칸트는 시간이 지나면 이 같은 연맹이 "점차 모든 국가로 퍼져 나갈 것"이라고 주장했다.

넷째, 계몽주의의 포괄적인 비전 중 마지막은 인위적 정치 시스템에 대한 제퍼슨의 전망, 스미스의 합리적으로 설계된 경제 시스템, 칸트의 전 세계적인 영원한 평화 체제를 결합시킨다. 다시 말해 인간의 이성에 의해 촉진되는 과학과 기술이 사회제도 개선과 인간복지 향상을 위한 지속적인 힘이 될 수 있다는 비전이다. 최초의 근대적 과학 철학자였던 프랜시스 베이컨 경은 1620년에 과학이 "자연 속에서 빛을 밝힐 수 있다"고 주장했다. 이런 정신을 따라 프랑스의 위대한 계몽주의 철학자 마리 장 앙투안 콩도르세는 지속적인 사회 개선을 위해 과학이 할 수 있는 역할을 탁월하게 예견했다. 그런데 놀랍고도 애통한 것은 콩도르세가 1794년에 프랑스혁명의 자코뱅 급진주의자들에게서 몸을 숨긴 동안 『인간정신의 진보에 대한 역사적 개관』이라는 걸작을 썼지만, 자코뱅이 곧 그를 체포하여 투옥시켰다는 점이다. 이 때문에 콩도르세는 1795년에 젊은 나이로 죽음을 맞아야 했다.

역사상 뛰어난 몇몇 사람들이 그랬듯이 콩도르세는 미래를 꿰뚫어보는 능력을 가지고 있었다. 콩도르세는 과학적 발견들이 연쇄반응을 일으켜 새로운 발견들로 이어질 것이며, 그 결과 "경험적·실험적·수학적 과학들의 시스템을 형성하는 진리들이 끊임없이 축적될 수 있을 것"이라고 정확히 예측했다. 또 같은 맥락에서 콩도르세는 "과학의 진보에 따라 유용한 기술들 역시 진보할 수밖에 없고, 이론적으로 과학에 의존한다는 점 외에는 그 기술진보에 대한 어떤 제한도 없을 것"이라고 주장했다. 예를 들면 콩도르세는 이렇게 예상했다. "아주 작은 땅뙈기가 훨씬 더 유용하고 가치 있는 많은 상품들을 산출할 것이다. 각종 토양에 대하여 가장 큰 필요를 충족시키는 작물을 선택하고, 비슷한 필요를 충족시키는 작물들 사이에서 더 적은 노동과 더 적은 실질 소비로도 더 많은 사람들을 만족시키는 작물들을 선택할 수 있을 것이다."[6]

콩도르세는 또다시 이렇게 선언했다. "의료의 진보, 영양과 주거의 개선, 체육을 통해 힘을 기르는 생활양식이 …… 불가피하게 평균 수명을 연장시키고 인간들에게 더욱 변함없는 건강을 보장할 것이다……. 이성과 사회질서의 진보에 의해 예방 의료의 효능이 더욱 커질 테고, 이와 같은 예방 의료의 진보는 장기적으로 기후·먹거리·노동 조건에 의해 발생하는 통상적 질병뿐만 아니라 전염성 질병들도 제거할 수 있을 것이다."[7]

동료 계몽주의 사상가들처럼 콩도르세도 이 모든 목표를 달성하기 위한 방법으로 공공교육을 크게 강조했다. 교육을 통해 개인들은 스스로 설 수 있게 되고 돌팔이들을 피하며 무용하거나 유해한 미신들을 버리고 자신들의 윤리와 인간적 교감, 즉 '도덕적 선'을 높일 수 있다고 주장했다. 교육이 확대되고 이것이 사회와 정치 원리에 더욱더 많이 반영될수록 사회 전체는 더욱 평화롭고 건전하며 진보적인 모습을 갖추게 될 것이다. "따라서 이런 [정치]과학에 대한 기초 교육의 항구적인 확장은 …… 인간 종의 운명을 개선시킬 것이며, 이런 개선은 무한할 것이다." 칸트처럼 콩도르세도 이성이 전쟁을 줄일 수 있다고 믿었다. "가장 계몽된 사람들은 전쟁이 자신들의 부와 피를 낭비할 권리를 이용하는 과정에서 전쟁이 가장 치명적인 사회악이자 제일 큰 범죄임을 서서히 알게 될 것이다."[8]

계몽주의의 가장 뿌리 깊고 영속적인 약속의 하나는 사회진보가 서유럽이라는, 세계의 좁은 구석에 국한되는 것이 아니라 보편적일 것이라는 생각이다. 계몽주의의 모든 주도적 인물들은 인류의 본질적 평등을 믿었고, 세계 모든 곳의 사회가 경제적 진보를 나눌 역량이 있다고 내다보았다. 이 인물들은 모두 애덤 스미스를 따라 우리가 오늘날 지구화라고 부르는 전 지구적 무역이 진보를 가속화시킬 것이라고 믿었다. 그러나 스미스는 비록 개방 무역을 옹호했고 실제로 지구화의 사도가 되었지만 그에 따른 불안과 위험도 이해했다. 스미스는 지구화가 기술과 분업의 편익을 자동적으로 확산시킬 것이라는 환상을 가지고 있지는 않았다.

스미스는 유럽과 동인도(남아시아와 동남아시아)와 서인도(카리브해) 사이의 해양무역 개방이 유럽 대륙 밖에 속한 주민들에게 확실한 혜택을 주지는 않는다고 탁월하게 기술했다. 그가 지적했듯이 "새로운 무역 루트의 결과로 동인도와 서인도 원주민들이 얻을 수 있는 모든 무역의 혜택은 그들에게 일어난 끔찍한 불행 속으로 잠겨 없어졌다."[9] 스미스는 더욱 근본적인 문제는 국제무역 자체가 아니라 유럽이 아메리카와 아시아의 모든 원주민들에 대해 갖는 방대한 군사적 우위에 있다고 주장했다. "이 항해로가 발견된 특정한 시점에 유럽인들 쪽의 힘이 대단히 컸으므로 유럽인들은 그 먼 나라들에서 모든 종류의 부당한 행위를 아무 거리낌 없이 저지를 수 있었다."[10] 스미스는 동인도와 서인도 주민들이 이런 약탈에 저항하기에 충분한 힘을 갖게 될 날을 기대했고, 지구화가 그날을 앞당길 것이라고 생각했다. "그러나 지식의 교환과 모든 나라들 간의 광범위한 무역에 자연스럽게, 아니 불가피하게 수반되는 모든 종류의 개선된 교환이야말로 힘의 대등성을 확립할 가장 확실한 길처럼 보인다."[11]

우리 세대의 방향 전환

제퍼슨·스미스·칸트·콩도르세의 계몽주의 전망을 진전시킬 수 있다는 것은 우리 세대에 부여된 대단한 기회라고 할 수 있다. 우리 세대가 할 일은 계몽주의 관점에서 다음과 같이 정의될 수 있다.

- 피통치자들의 합의에 기반을 두고 인간복지를 향상시킬 정치 시스템을 조성해 나간다.

- 과학·기술·분업의 편익을 세계 모든 곳으로 확산시킬 경제 시스템을 조성해 나간다.
- 영구 평화를 확보하기 위해 국제협력을 조성해 나간다.
- 인간적 합리성에 기반을 두고 인간 조건의 지속적인 개선 전망을 가열시킬 과학과 기술을 향상시켜 나간다.

지난 2세기 동안 그래왔듯이 의제가 무척 광범위하고 도전적인 것으로 보인다. 그러나 그 의제의 많은 달콤한 과실이 우리의 손이 닿을 수 있는 아주 가까운 곳에 있다. 계몽기에 만개했던 민주혁명의 결과는 지금 세계 인구의 절반 이상에게 큰 영향을 끼치고 있다. 독립 국가들의 연맹에 대한 칸트의 전망은 191개 회원국으로 구성된 국제연합 속에 체현되어 있다. 자체 동력으로 추진되는 과학혁명에 대한 콩도르세의 이미지는 정확한 것으로 입증되었다. 그러므로 과학은 이제 인류의 가장 크고 지속적인 몇 가지 위험을 다루는 데 이용될 수 있다. 그리고 경제적 부의 확산이라는 스미스의 구상도 빠른 시간 안에 실현될 수 있을 것이다. 만약 이런 일이 이루어진다면 그것은 인류 역사상 가장 최근에 이룩한 승리로 기록될 것이다. 즉 그것은 바로 향후 20년 안에 극단적 빈곤 자체를 제거하는 일이다.

20세기를 거치면서 그리고 우리 세대로 접어들면서까지 지식인 집단 사이에서 계몽주의를 실패로, 심지어 인류 자체에 대한 위협으로 선언하는 것이 유행이 되었다. 계몽주의의 반대자들은 인간이란 합리적인 종이 아니라 비합리적 열정에 사로잡힌 종이라고 선언한다. 이들은 계몽주의가 진보를 약속해 주었지만 진보는커녕 파멸적인 전쟁·홀로코스트·핵무기·환경 악화를 초래했다고 말한다. 오늘날 일부 지식인들은 "진보란 환상이다. 즉 이성이 아니라 가슴의 요구에 응답하는 인생관이자 역사관"[12]

일 뿐이라고 주장한다.

그런데 나는 이런 관점이 틀렸을 뿐만 아니라 아주 위험하다고 생각한다. 이런 주장들이 경험적으로 맞지 않는 것은 많은 중요한 형태의 진보-인간의 필요를 충족시키는 과학적·기술적 진보-가 지난 2세기에 걸쳐 실제로 일어났고 여전히 지속되고 있기 때문이다. 물론 그 과정에서 명백한 재난이 일어났고, 아직 해결되지 않은 문제도 존재하지만 말이다. 전 지구적 차원에서 전쟁과 극단적 빈곤이 계속되고 있는 것은 사실이다. 그렇다고 장기적으로 끊임없이 계속되는 전 지구적 생활수준의 향상과 극단적 빈곤인구 비율의 하락 자체가 무효화되는 것은 아니다. 진보가 완성을 의미하는 것으로 해석되지 않는 한 진보에 대한 주장은 타당하다.

일부 사상가들은 계몽주의의 낙관주의를 극단화시키는 과정에서 길을 잃어 두 종류의 오류에 빠졌다.

첫째는 불가피성의 오류다. 즉 인간의 이성이 열정을 반드시 지배할 것이라는 가정이다. 오귀스트 콩트 같은 19세기 실증주의자들은 진보의 불가피성을 옹호했다. 그럼에도 인류는 전쟁과 야만 행위들을 함으로써 크게 퇴행하는 모습을 보여 주었다. 이 때문에 19세기 실증주의자들은 계몽주의의 유산을 의심하게 되었다.

둘째는 폭력의 오류다. 집단적 강제가 이성에 기반을 둔 사회와 진보로 가는 길을 재촉할 수 있다는 생각이다. 레닌·스탈린·마오쩌둥·폴포트는 사회진보라는 이름으로 폭력을 조장한 잔인한 선동가들이었다. 이들은 아무 죄 없는 수천만 명의 시민들을 죽음에 이르게 했으며, 그들 자신의 사회를 파괴하고 빈곤하게 만들었다.

그러므로 진보에 대한 비판적인 시각은 부분적으로 인정받을 만하다. 진보는 가능하지만 불가피한 것은 아니다. 사회적 복지를 증진시키기 위해 이성이 동원될 수 있으나 그와 동시에 이성은 파괴적 열정에 의해 압도될 수도 있다. 실제로 인간이 만드는 제도들은 인간 행동의 비이성적 측면을 통제하고 길들이기 위해 이성의 빛에 비추어 정확히 설계되어야 한다. 이런 의미에서 이성에 대한 계몽주의적 약속은 인간 본성의 비합리적 측면에 대한 부정은 아니라고 할 수 있다. 오히려 인간의 비합리성과 열정에도 불구하고 여전히 사회 조직에 나타나는 여러 문제들을 해결하고 인간 복지를 증진시키기 위하여 인간의 이성이 과학·비폭력적 행동·역사적 반성을 통해 사용될 수 있다는 믿음이다.

반지구화 운동과 그 한계

21세기가 시작되는 시점에 유엔밀레니엄선언과 밀레니엄발전목표에 체현된, 진보에 대한 계몽주의적 희망은 전쟁과 AIDS 그리고 아프리카·라틴 아메리카·아시아의 많은 곳들에서 여전히 해결되지 않고 있는 극단적 빈곤의 문제들과 정면으로 상반된 모습을 보였다. 화려한 수사에 비해 매우 빈약한 결과를 낳았고, 이에 대한 반발로 반지구화 운동이 일어났다. 이 운동은 1999년 11월 미국의 시애틀에서 대중이 바라보는 가운데 극적으로 탄생했다.

나는 반지구화 운동이 시작되는 시점부터 그 운동과 여러 차례 마주치게 되었다. 1999년에 최초로 벌어진 가두시위도 직접 경험했는데, 그날 나는 '빈민을 위한 정보기술'에 관한 빌 & 멜린다 게이츠 재단 회의에 참석하려고 시애틀에 머물고 있었다. 이 회의는 세계무역기구(WTO) 장관급 회담과 함께 열리고 있었다. 시위자들이 시애틀에 모인 것은 바로 WTO

행사 때문이었다. 시위자들로 가득 찬 시애틀 도심 거리를 가로질러 가면서 나는 함께 일하는 빌 게이츠 시니어에게 귓속말로 속삭였다. 빌 게이츠 시니어는 마이크로소프트 창업자 빌 게이츠 주니어의 아버지이자 빌 & 멜린다 게이츠 재단의 총재였다. 시위자들이 게이츠 시니어를 알아보지 못한 게 정말 다행이었다! 이처럼 정말로 아이러니한 점은 빌 & 멜린다 게이츠 재단이 가난한 나라들에서 공중보건을 증진시키기 위해 주도적으로 노력하는 세계적인 재단이지만, 반지구화 운동의 측면에서 보면 마이크로소프트 같은 다국적 기업들이 문제의 일부였다는 것이다.

시애틀에서 가두시위가 발생한 이후로 계속해서 거의 모든 주요 국제회의 때마다 가두시위가 일어났다. 가두시위자들 때문에 G8 지도자들-겉보기에는 세계에서 가장 힘 있는 자들인-은 외딴 섬이나 산 정상, 깊은 숲처럼 시위자들에게서 가능한 한 멀리 떨어진 곳에서 연례회의를 열게 되었다. 브라질의 포르토알레그레에서 열린 세계사회포럼은 이제 다보스 세계경제포럼과 같은 무대를 사용한다. 지도자적 위치에 있는 전 세계 기업가들은 사회 활동가들과 경쟁을 벌이고 있다. IMF와 세계은행은 연례회의를 1주일에서 단 이틀로 줄였다.

반지구화 운동은 유명해졌는데, 나의 관점에서 살펴보자면 대부분 좋은 쪽으로 유명해졌다(시위자들이 선동하는 순간적인 폭력들을 제외하면 말이다). 나는 대체로 그 운동에 찬성해 왔다. 특히 지구적 통치구조의 위선과 명백한 단점들을 폭로함으로써 부유하고 힘 있는 나라들이 오랫동안 계속해 온 자화자찬을 끝냈다는 점에서 그 운동을 환영했다. 시애틀 이전에 G8·IMF·세계은행 회의들은 지구화에 대한 무조건적인 찬사를 늘어놓는 행사였고, 번영의 확산에 기여하고 있다는 은행가와 국제 금융가들이 자화자찬을 하기 위한 자리일 뿐이었다. 무의미한 연설들과 끊임없는 칵테일

파티들 사이에 세계의 빈민, AIDS, 인간 존엄성이 박탈된 소수 민족들, 권리를 상실한 여성들, 인위적인 환경 악화 등에 대한 언급은 별로 없었다. 시애틀의 가두시위 이후 극단적 빈곤을 끝내고 인권을 신장시키며 환경 악화를 다루자는 의제가 국제 의제로 복귀했으며, 아주 가끔씩 전 세계 언론의 주목도 받았다.

물론 나는 부자들의 자아도취보다는 반지구화 운동 지도자들의 도덕적 열정을 더 좋아한다. 그렇지만 이 지도자들이 내세우는 특별한 입장들 가운데 많은 부분은 내가 주장하는 것과는 다르다. 반지구화 운동을 촉진한 것은 정당한 도덕적 분노였다. 그러나 내가 보기에 이 운동이 목표로 삼은 것은 종종 피상적인 내용들이었다. 즉 반기업적 적개심이 운동의 핵심을 이루고 있다. 즉 마이크로소프트·코카콜라·맥도널드·화이자 같은 다국적 기업들이 극단적 빈곤과 환경 악화를 일으키는 주범이라는 믿음이다. 반지구화 운동의 정책적 권고는 종종 고전적인 보호주의를 처방하는데, 그 표면적인 이유는 부유한 기업들의 착취 영역에서 가난한 나라들을 보호한다는 것이었다. 특히 이 운동은 세계무역기구를 과녁으로 삼았다. 그 이유는 세계무역기구가 세계의 주도적 기업의 전 지구적 사업활동을 위해 환경을 조성한다는 점 때문이었다.

반지구화 운동의 핵심 관점은 전혀 새로운 것이 아니다. 이런 관점은 1994년에 내가 인도 뉴델리에서 마주쳤던 것을 많이 생각나게 한다. 당시 인도의 학자들은 1991년 인도에서 시작된 무역과 투자 자유화에 대해 무척 주저하는 태도를 보였다. 이런 태도는 그 당시 이미 시대에 뒤진 것이었으며 오늘날에는 더욱더 그러하다. 현재 반지구화 운동 지도자들은 1990년 이래로 다른 무엇보다도 지구화 덕분에 극단적 빈민들이 인도에서는 2억 명, 중국에서는 3억 명이나 줄었다는 것을 알아야 한다. 이 나라들은 물론 이와 비슷한 다른 나라들도 다국적 기업들에게 착취당하기는커녕 외국인 직접투자(FDI)와 그에 따른 수출주도형 성장 덕분에 유례없는 경제 발전을 이루었다.

반지구화 운동 지도자들은 올바른 도덕적 열정과 윤리적 관점을 지니고 있지만, 문제를 발생시킨 더 깊은 뿌리에 대해 잘못 진단하고 있다. 〈그림 1〉은 1992~2002년간 라틴 아메리카·아프리카·아시아에서 1인당 외국인 직접투자 누적액을 보여 준다. 반지구화 운동 지도자들이 이 그림의 데이터를 잘 분석해 본다면 1인당 FDI 수준이 높은 나라일수록 1인당 GDP도 더 높다는 것을 알게 될 것이다. 다른 연구들도 외국인 직접투자 유입 속도가 빠를수록 경제성장도 빨랐다는 연관성을 확실히 드러내 준다.[13]

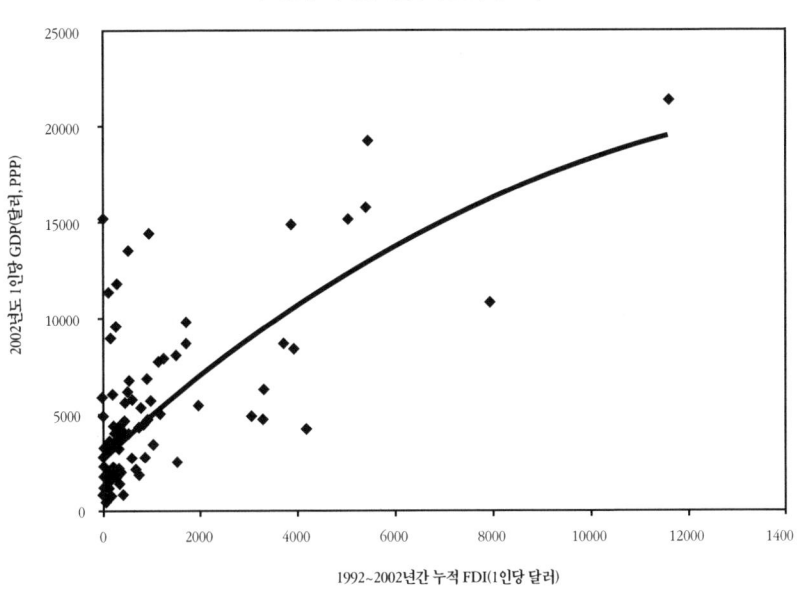

〈그림 1〉 외국인 직접투자(FDI)와 소득

1992~2002년간 누적 FDI(1인당 달러)

출처: World Bank(2004).

여러 차례 반복하여 지적했듯이 아프리카 문제는 전 지구적 투자자들에 의한 착취가 아니라 경제적 고립 때문에 발생했다. 즉 문제의 원인은 아프리카 대륙에 지구화의 힘이 전혀 미치지 않았다는 것이다. 〈그림 2〉에서 볼 수 있는 무역에 대해서도 사정은 마찬가지다. 무역을 개방한 나라들은 무역에 폐쇄적인 나라들보다 점점 더 빨리 성장했다. 그리고 대부분의 나라에서 1인당 소득의 상승은 일반적으로 GDP 중 무역 비중(수출+수입)의 증가와 관련이 있었다. 제2차 세계대전 이후 식민지 통치에서 벗어난 몇몇 나라는 개방적 무역정책을 채택했지만, 대다수 발전도상국은 보호주의를 선택했다. 그런데 개방 경제가 폐쇄 경제를 확실히 앞질렀다. 1990년대 초에 거의 모든 발전도상국이 수십 년 동안의 높은 관세와 쿼터 장벽을 철폐하고 개방 무역을 선택했다. 결과적으로 보호 무역주의나 다국적 기업의

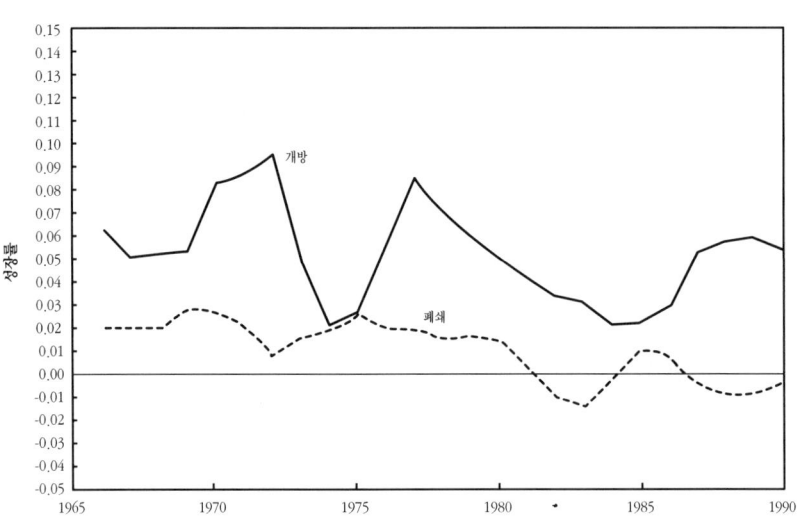

〈그림 2〉 1966~1990년간 항구적 개방 경제 8개와 항구적 폐쇄 경제 40개의 연평균 성장

출처: Sachs and Warner(1995).

부재가 극단적 빈곤을 끝내는 데 조금이라도 기여했다는 어떤 증거도 찾아볼 수 없다.

그렇다면 왜 반지구화 운동은 무역과 기업들을 가장 큰 공격 대상으로 삼아 왔는가? 실제로 많은 기업이 나쁜 행위를 일삼아 왔기 때문이다. 시위자들은 나쁜 또는 심지어 부패한 기업 관행을 폭로하고 없애는 데 성공했다. 낮은 임금을 지급하는 공장들에서 의류를 구매하는 미국과 유럽의 기업들은 오늘날 시위자들 때문에 확실히 더욱 공손한 태도로 노동자들을 존중하는 모습을 보여 주고 있다. 과거에 아프리카 지도자들을 아무 거리낌 없이 매수했던 석유 기업들은 이제 그런 일을 재고하거나 아예 생각조차 할 수 없게 되었다. 시위자들의 눈이 그 기업들에 쏠려 있을 뿐만 아니라 시위자들의 지속적인 감시와 투자가들의 반감, 기업 이미지의 훼손이 직결되어 있다는 것을 잘 알고 있기 때문이다. 제약회사 경영진들은 과거에 자사 특허약품 가격을 스스로 적정하다고 생각하는 수준에서 마음대로 정할 수 있어야 한다는 불평을 늘어놓았다. 그러나 이제는 그 약품들을 무상으로 제공하거나 이윤을 거의 남기지 않는 가격으로 판매한다. 이것도 반지구화 운동이 거둔 성공의 결과다.

반기업적·반무역적 태도는 자본주의에 대한 무조건적인 적대감에도 뿌리를 두고 있다. 이런 적대감은 아주 심각한 오해에서 빚어진 것이다. 많은 시위자들이 다음과 같은 점을 미처 모르고 있다. 첫째, 애덤 스미스조차 시위자들과 비슷한 도덕적 감정을 가지고 있었고, 사회 시스템 개선에 대한 실천을 요구했다는 점이다. 둘째, 무역과 투자를 옹호하는 사람들도 빈민들의 충족되지 않은 욕구와 환경문제를 다루기 위한 국가 주도적 행위의 정당성을 인정할 수 있다는 점이다. 즉 많은 시위자들이 무역과 시장의 힘에 대한 믿음과 그것들의 한계에 대한 인식이 공존할 수 있다는 점을 알지 못한다. 반지구화 운동은 인간의 얼굴을 한 자본주의의 가능성에 대해 너무 비관적이다. 자본주의에서는 무역과 투자의 놀라운 힘이 이용될 수 있으며, 동시에 보정적 집단 행동을 통해 힘의 한계들이 인식되고 다루어진다.

근본적인 수준에서 전 지구적 환경 위기는 BP나 셸, 엑슨모빌의 잘못이 아니다. 또한 AIDS는 화이자나 머크의 잘못이 아니다. 주도적인 에너지 또는 제약 회사들에게 피를 흘리게 한다고 해서 이 위기에 대한 해결책을 얻을 수 있는 것도 아니다. 올바른 해결책은 한 나라나 국제적 수준의 공공정책에서 발견될 것이다. 즉 기후변화를 일으키는 가스들의 배출을 적절히 관리하고, 돈 없는 빈민들도 생명을 구할 수 있는 의약품들을 적정한 수준에서 구할 수 있도록 하는 정책들을 뜻한다.

그런데 반지구화 운동 지도자들은 사기업들이 게임의 룰을 정하는 주체라고 잘못 생각하고 있다. 만약 정부들이 올바른 규칙을 정하는 일을 제대로 수행한다면, 주요 국제 기업들은 문제를 해결하는 데 결정적인 역할을 할 것이다. 결국 이 기업들은 세계 최상의 기술들을 채택하고 있고, 내부 연구 조직들을 이끌고 있으며, 세계의 거의 모든 공공조직보다 훨씬 더 뛰어난 조직과 물류 활동을 펼치고 있다. 다시 말해 이 기업들은 옳은 일을 실제로 수행할 방법을 알고 있다. 단지 필요한 것은 그렇게 할 수 있도록 자극하는 인센티브다.

반지구화 운동이 강력하게 주장해야 하는 분야가 있다. 다국적 기업들은 시장의 게임 규칙을 지키면서 주주의 부를 극대화해야 한다. 그러나 종종 시장의 요구를 넘어 스스로 게임의 규칙을 정하려고 비밀리에 상당한 노력을 기울이기도 한다. 이런 경우에는 반지구화 운동이 강력한 목소리를 내야 한다. 만약 게임의 규칙이 건전하다면 경제적 논리는 기업들의 시장기반 행위를 정당화한다. 그러나 기업들이 로비 · 선거자금 제공 · 정부 정책 조종 등을 통해 스스로 게임의 규칙을 정하도록 내버려 두는 것은 어떤 경제 논리로도 정당화할 수 없다.

| 계몽된 지구화를 향하여 | 반지구화 운동은 지구화를 통해 극빈자들의 기본적인 욕구 충족과 지구환경 그리고 민주주의 확산 등의 문제가 올바로 다루어지도록 해야 한다. 따라서 이를 이루려면 결국 친지구화 운동에 거대한 헌신과 도덕적 힘을 모아야 한다. 바로 이것이 계몽주의가 옹호하는 지구화다. 즉 민주주의와 다자주의의 지구화이고, 과학과 기술의 지구화이며, 더 나아가 인간적 욕구를 충족하도록 설계된 전 지구적 경제 시스템이라는 점을 깨달아야 한다. 이와 같은 합의점에 도달했을 때 우리는 이것을 계몽된 지구화라고 부를 수 있다.

그렇다면 계몽된 지구화를 지향하는 대중 운동의 초점은 어디인가? 무엇보다도 먼저 초점을 맞추어야 할 대상은 부유한 정부들, 그중에서도 가장 강력하며 제멋대로인 미국 정부의 행태일 것이다. 대중 운동은 미국을 비롯한 부국들에게 빈국들의 빈곤 탈출을 돕겠다는 약속, 또 인위적 기후변화와 생물 다양성의 소실을 포함한 환경 악화를 개선하겠다는 약속을 지키라고 요구할 것이다. 대중 운동은 기업 책임성(corporate responsibility)에도 계속해서 시선을 집중하겠지만, 최빈국들에서 주요 다국적 기업들의 투자 축소가 아니라 확대를 요구할 것이다. 또한 대중 운동은 무역과 투자를 가로막는 데 초점을 맞추기보다는 세계무역기구가 여러 곳에서 했던 정치적 공약-최빈국들에게 최부국들의 시장에 대한 접근을 보장하겠다는 약속-을 이행하라고 요구할 것이다.

가까운 장래에 가장 중요한 것은 대중 운동이 미국에게 제국과 일방주의의 환상을 버리고 다자적 접근법을 통해 세계 공동체에 다시 합류하라고 압력을 가하게 된다는 점이다. 제국 건설을 지향하는 미국의 신보수주의적 주장은 환상치고는 아주 위험한 환상이다. 신보수주의자들은 현재 우리가 살아가는 세계에 대해 두 가지 기본적인 점을 오해한다.

첫째, 미국의 세계 인구 비중은 4.5퍼센트에 지나지 않지만 구매력 평가로 측정된 소득 비중은 약 20퍼센트다. 2050년에 인구 비중은 약간 떨어지겠지만 GNP 비중은 좀더 급격히 낮아져 아마 10퍼센트 수준에 머무를 것이다. 미국은 전 세계적 제국을 건설하기 위한 구체적이며 실질적인 행동을 시도하기에 충분한 정도의 경제적 우위를 갖고 있지 않다. 그것이 긍정적이든 부정적이든 상관없이 말이다. 참으로 모순적인 일이지만 이라크에서 벌인 소규모 전쟁 때문에 미국의 군인 수와 국가 재정이 심각하게 늘어났다. 사실 대중은 세금을 통해 군비를 조달하는 데는 관심이 전혀 없으므로 부시 행정부는 예산 적자를 감수하며 전쟁 비용을 조달해야 했다.

둘째, 미국은 막대한 군사력을 보유하고 있다. 그러나 이 힘의 정치적 유용성은 별로 크지 않다. 이라크 전쟁이 실제로 증명해 주었듯이 미국은 정복자일 수는 있지만 통치자일 수는 없다. 신보수주의자들이 결코 이해하지 못한 것은 시대가 변했다는 사실이다. 불과 반세기 전이라면 외국의 주민들이 어쩌면 미국의 통치를 용인했을지도 모른다. 그러나 이제 그런 시대는 끝났다. 미국은 이라크에서 해방자로 환영받지 못했고 오히려 정복자로 인식되었다. 이것은 현실과 유리된 가치를 지니고 있는 신보수주의자들만 제외한다면 명백하게 예측할 수 있는 사태의 전환이었다. 우리 세대의 주도적 정치 이데올로기는 민족주의와 자결이다. 이와 같은 이데올로기는 20세기를 통해 발전도상국에서 더욱 강력한 힘을 얻었다. 그 이유는 발전도상국에 '정치적' 교양이 확산되었을 뿐만 아니라, 식민통치의 자의적이고 비뚤어진 본성이 명확하게 드러났기 때문이다.

부시 행정부의 일방주의와 군사주의를 배후에서 부추긴 또 하나의 강력한 힘이 있다. 나는 앞에서 수백만 명의 미국인들이 미국의 국가적 이해에 대한 평가보다는 성서의 예언에 대한 해석에 근거하여 대외정책을 세우는 것 같다고 말한 적이 있다. 미국이 이라크와 아프가니스탄을 침공했을 때, 미국의 수백만 기독교 신자들은 테러리즘의 발흥과 중동 분쟁이 예언에 나타난 종말의 날을 가리키느냐의 여부를 놓고 서로 논쟁을 벌였다. 또한 근본주의적 예언을 바탕으로 미래의 아마겟돈을 극화한 연작 소설 『생존자』는 수천만 부가 팔렸다. 이런 교리를 믿는 사람들이 부시 대통령의 정치적 연합 안에서 강력한 지지층을 형성했다. 미국의 대외정책이 일방주의나 잘못된 신제국주의뿐만 아니라 비합리적인 성서적 예언에 좌우된다면, 세계 평화에 대한 위험이 심각하게 증폭될 것이다.

세 차례의 도전과 승리

지난 2세기 동안 세계적 차원에서 번영이 가속화되어 왔다. 그러나 이 과정에서 각 세대는 인간복지의 실현 가능성을 확장하기 위해 늘 새로운 도전들에 직면했다. 그 가운데 일부는 공산주의와 파시즘을 비롯한 20세기의 다양한 전체주의가 드러낸 만행에 맞서 이성 자체를 방어해야 하는 고통스러운 시간을 겪었다. 반면, 다른 일부는 인간의 자유와 이성의 영역을 확장할 기회를 부여받았다. 즉 참혹한 전쟁을 피했으며, 더욱 강력한 도구들을 활용함으로써 인간에게 필요한 여러 상황을 개선시키는 행운을 누렸다.

오늘날 우리 세대는 불안정한 평화 속에 살고 있다. 즉 평화는 테러리즘과 이에 대한 미국의 지나친 군사적 대응 등으로 위협을 받고 있다. 그러나 우리가 평화를 유지할 수만 있다면 그 평화에 우리 세대의 삶을 의지할 수 있게 된다. 빈곤의 종말은 우리 세대에 주어진 위대한 기회다. 또 빈곤의 종말이란 인간이 직면한 엄청난 고통을 완화시키고 경제적 복지를 확산시키려는 약속일 뿐만 아니라, 더 나아가 민주주의·세계적 안전·과학의 진보라는 계몽주의적 목표를 증진시킬 수 있는 약속이기도 하다.

나는 이런 질문을 종종 받는다. 즉 미국·유럽·일본 같은 사회들은 내부지향적이고 물질주의적 성향이 강한데 이 사회들이 사회적 개선을 위한 과감한 프로그램, 특히 세계에서 제일 가난한 사람들을 위한 프로그램을 수용할 것이라고 어떻게 믿을 수 있겠는가? 사회들이란 근시안적이고 이기적이며, 다른 사람들의 욕구에는 전혀 무관심하기 마련 아닌가?

그러나 나의 대답은 그렇지 않다는 것이다. 다른 세대들은 투쟁과 설득 그리고 인내를 통해 인간의 복지와 자유의 영역을 확대하는 데 성공했다. 그리하여 역사의 올바른 편에 서는 것이 이루 다 말할 수 없을 정도로 유익한 일임을 보여 주었다. 세 차례의 큰 세대적 도전이 생각나는데, 이 도전들 속에서 각 세대는 가난한 자와 약자의 권리를 옹호하기 위해 싸웠다. 이런 예들을 살펴봄으로써 우리는 우리 자신의 세대를 위한 영감과 지침을 얻을 수 있다.

| 노예제도의 종말 | 1789년에 프랑스 국회는 인간과 시민의 권리를 채택하면서 '인간은 자유롭고 평등한 권리를 가지고 태어나 살아간다'는 계몽주의적 이상을 선언했다. 하지만 이 시점에도 노예제도가 전 세계적으로 여전히 확산되어 프랑스·영국·오스만 등의 제국에서 행해지고

있었다. 해협 건너의 런던에서는 실현되기 어려워 보이는 운동이 이제 막 시작되고 있었다. 노예무역 폐지위원회가 구성된 것이다. 이 위원회를 창설한 27세의 토머스 클랙슨과 그의 동료들은 퀘이커교도로서 도덕적 근거에서 노예무역에 반대했다. 이들은 지방 철폐위원회를 설립했는데 역사가 휴 토머스의 말에 따르면 "이것은 모든 나라 중에서 최초로 자선을 목적으로 한 대규모 공공캠페인이었다"[14]고 한다. 클랙슨은 곧 윌리엄 윌버포스를 만났다. 윌버포스는 그 이후 25년 동안 의회 안에서 노예무역 폐지라는 대의를 주장한 위대한 의원이 되었다.

영국에서 노예제도 폐지 운동은 놀랍게도 영국의 상업적 이해와 정면으로 충돌했다. 노예제도 폐지 운동이 성장했지만 이것이 쇠퇴해 가는 산업의 종말을 재촉하지는 못했다. 그 운동의 성장과 더불어 노예무역과 노예 기반 산업이 오히려 더욱더 번성했다. 노예제도에 대한 반대는 협소한 이기심보다는 사회에 대한 이상, 즉 도덕적 기반 위에 서 있었다. 늘 그랬듯이 노예무역 철폐를 반대하는 사람들은 이 정책이 애초 의도와는 정반대의 결과를 초래할 것이라고 주장했다. 오늘날 대외원조를 반대하는 사람들이 대외원조가 이로움보다는 해로운 결과를 초래할 것이라고 잘못된 주장을 의도적으로 펼치는 것과 똑같다. 의회 안에서 윌버포스의 주장에 반대한 사람 가운데 한 명은 그것을 다음과 같이 지적했다. "만약 그들(아프리카인들)이 노예로 팔리지 못하면 고향에서 도살되거나 처형될 것이다."[15] 또 다른 사람들은 노예무역 폐지가 이론적으로는 가치가 있다고 하더라도 그 폐지론이 실현될 전망은 전혀 없다고 주장했다. 윌버포스에 반대하는 어떤 사람은 "만약 철폐가 입법화되면 상식 있는 상인들은 모두 프랑스로 갈 것이고, 프랑스에서는 큰 환영을 받을 것이다"[16]라고 뼈 있는 말을 했다.

휴 토머스는 "끈질긴 인내심은 정치의 가장 중요한 속성이다. 윌버포스야말로 상상할 수 없을 정도로 끈질긴 사람이다"[17]라고 말하며 비아냥거렸다. 다음 몇십 년 동안 사태가 확실한 결말 없이 지루하게 반전에 반전을 거듭하다가 마침내 유럽 식민지들에서 노예무역과 노예제도가 철폐되었다. 나폴레옹 전쟁이 한창이던 1807년에 영국 제국이 노예무역을 철폐했다. 1915년 오스트리아 빈 의회에서 나폴레옹 전쟁이 종결되었을 때 영국・프랑스・스페인・오스트리아・러시아・포르투갈 정부들이 비록 확실한 날짜는 못 박지 않았지만, 노예무역을 없애겠다고 약속했다.

1820년대 동안 영국 제국에서 노예제도를 철폐하는 문제를 둘러싸고 영국 의회에서 격렬한 논쟁이 일어났다. 철폐론자들은 영리하게도 도덕적 근거와 실리적 근거를 함께 제시했다. 게다가 철폐론자들은 영국이 철폐로 인해 재정적 어려움을 겪을 수 있다는 점을 인정했지만, 경쟁국인 프랑스는 더 심한 타격을 입을 것이라고 주장했다. 마침내 영국의 국내 정치개혁이 시작된 이후 1833년에 영국 제국 전역에서 노예제도를 폐지하는 입법이 채택되었다.

| **식민주의의 종말** | 노예제도 폐지 운동이 시작된 지 100년쯤 후에 모한다스 카람찬드 간디가 또 하나의 돈키호테적 모험으로 보이는 운동을 이끌었다. 즉 영국 제국의 손아귀에서 인도를 독립시키려고 노력한 것이다. 그러나 인도는 영국 제국의 보석이었다. 윈스턴 처칠을 비롯한 그의 동료들은 정곡을 찌르는 처칠의 판단처럼 인도를 "선동적인 힌두 행자(行者)들"에게 넘겨 줄 의사가 전혀 없었다. 간디는 비폭력 투쟁과 함께 인도가 스스로 설 능력이 있다는 것을 입증할 수 있는 자급자족 운동, 인도 사회의 가난하고 혜택을 받지 못한 하층민들—간디는 이들을 하리잔(harijan: 신의 아이들)이라 불렀다—까지 확장되는 사회적・정치적 평등을 요구했다.

이런 간디의 운동은 식민지 세계 전역에서 수많은 독립운동을 자극했으며 만인을 위한 보편적인 가르침이 되었다. 간디의 전략은 독립운동이 정치적·사회적·경제적·도덕적 측면에서 가능한 한 폭넓게 뿌리를 내리도록 했다.

극단적 빈곤을 끝내기 위해 부유한 세계의 GNP 가운데 고작 0.7퍼센트를 동원하는 일이 제국주의 지배의 족쇄를 타파하고 50여 개 이상의 신생 독립국을 창설하는 일보다 더 어려운 일이라고 누가 말할 수 있겠는가? 노예제도를 끝내는 일과 마찬가지로 식민지 지배를 끝내는 일도 처음에는 아무런 희망 없는 모험처럼 보였다. 그러나 불가피한 일이었던 것으로 드러났다. 식민지 지배의 갑작스러운 종말은 부분적으로는 1914~1945년간 유럽의 식민지를 지배하던 국가들 사이에서 벌어진 파멸적인 내전의 결과였다. 이 내전에서 식민 지배 국가들은 말 그대로 피를 흘렸고, 경제적으로 고갈되었으며, 도덕적으로 실추되었다. 그러나 그 승리는 대중적 정치 행동의 승리였고, 전 세계의 광범위한 대중이 자치의 이상에 눈뜬 각성의 승리였다. 제국주의에서 벗어나는 동안 독재·정치적 실패·냉소주의·비극적 폭력 등이 종종 나타난 것은 사실이다. 그러나 '동의에 의한 통치'라는 계몽주의적 이상이 확실하게 퍼져 나간 것은 경탄할 만한 일이다.

| 민권 운동과 반아파르트헤이트 운동 | 간디의 비폭력 투쟁은 이후에 일어난 많은 독립 투쟁을 위한 기폭제가 되었다. 간디는 약자들의 보편적 가치를 대대적이고도 끊임없이 호소함으로써 강자들의 억압을 깨뜨릴 수 있다는 것을 실제로 보여 주었다. 인도 독립을 위한 간디의 투쟁은 더욱 근본적인 차원에서는 인도의 자존과 인권을 위한 투쟁이었다. 따라서 한 세대 후 미국에서 일어난 민권 운동과 그 이후의 반아파르트헤이트

운동을 위한 시금석이 되었다.

마르틴 루터 킹 주니어는 미국의 간디였다. 킹은 비폭력 대중 동원의 선구자로서 눈앞에서 자행되는 억압을 향해 "이제 그만!" 하고 선언했다. 1958년 킹은 이렇게 썼다. "나는 사회개혁을 추구해 왔지만 이를 위해 내가 발견한 방법은 간디처럼 사랑과 비폭력에 호소하는 것이었다."[18] 이듬해 킹은 인도 순례 여행을 떠나 비폭력 저항의 길을 연구했다. 30년 후 남아프리카공화국에서 넬슨 만델라는 도덕적 용기와 정치적 능숙함으로 인종주의적 통치를 끝내고 입헌적 민주주의로 평화적 이행을 이루어냈다. 그의 이 같은 행동은 전 세계에 용기를 심어 주었다.

킹은 '나에게는 꿈이 있다' 라는 유명한 연설에서 계몽주의와 특히 미국 건국 이념에 담긴 내용들을 상기시켰다.

> 우리 공화국의 설계자들은 헌법과 독립선언에 멋진 말들을 써넣으면서 모든 미국인이 상속하게 될 약속어음에 서명을 했습니다. 그 약속어음이란 모든 인간에게 삶과 자유, 행복 추구라는 양도할 수 없는 권리를 보장한다는 것이었습니다.
>
> 그러나 오늘날 미국은 시민들의 피부색에 관한 한 이 약속어음에서 정한 의무를 이행하지 않고 있는 게 명백합니다. 미국은 신성한 의무를 존중하지 않고, 흑인들에게 부도수표를 주었습니다. 이 부도수표는 '잔고 부족' 이라는 표시가 찍힌 채 돌아왔습니다. 그러나 우리는 정의의 은행이 파산했다고는 믿지 않습니다. 우리는 이 나라가 가진 거대한 기회의 금고에 잔고가 부족하다는 것을 믿지 않습니다. 그래서 우리는 이 수표를 현금으로 바꾸러 왔습니다. 청구하는 즉시 우리에게 풍성한 자유와 확고한 정의를 건네 줄 그 수표를 말입니다.[19]

오늘날 우리가 역설하는 것도 40년 전에 킹이 주장한 내용과 같을 수밖에 없다. 국제적 정의의 은행은 파산하지 않았다. 세계의 가난한 사람들은 잔고 부족이라고 찍힌 부도수표를 받을 수 없다. 더구나 자금이 풍부하다는 게 너무나 명백한 상황에서는 더욱더 그렇다. 순자산 100만 달러 이상을 지닌 약 400만 명의 미국인 가계나 800만 명의 전 세계 가계들, 또는 연간 소득 합계가 30조 달러에 이르는 고소득국에 사는 총 10억 명의 인구들은 말할 것도 없고, 수백 명의 미국 최고 부자들의 구좌에 있는 것만으로도 잔고가 충분한 상황에서 말이다.

노예제도·식민지주의·인종주의에 반대하는 운동들은 몇 가지 공통적인 특징을 가지고 있다. 이 운동들은 세계의 가장 부유하고 힘 있는 자들에게 가장 가난하고 힘없는 자들을 위해 정의를 확대하라고 요구했다. 이것은 처음에는 비현실적이고 심지어 불가능한 일로 보였다. 이 운동들은 정치적인 행동과 현실 정치 그리고 대중 교육을 결합시킴으로써 비로소 성공할 수 있었다. 이 운동들은 기본적인 종교적·윤리적 계율뿐만 아니라 계몽된 이기심에도 호소했으며, 마침내 결실을 거두기까지 몇십 년이 걸렸다. 불굴의 의지가 핵심이었던 이 운동들은 인권과 인간의 잠재력이라는 근본적인 계몽주의적 가치들에 호소했다.

결국 대중의 태도가 급변하면서 그 운동들은 불가능한 일을 꼭 이루어져야 할 일로 변화시켰다. 이와 같은 식으로 빈곤의 종말도 신속히 다가올 것이고, 급격하게 실행될 것이다. 지난 35년 동안 부국들은 GNP 0.7퍼센트의 ODA 할당이라는, 정말로 아주 기본적인 액수를 약속하고서도 이것을 이행하지 않았다. 그러나 결코 이 사실에 크게 실망할 필요는 없다. 그것은 오히려 더 큰 사회적 동원을 위한 기반이 될 것이기 때문이다.

우리 세대의 다음 조치

비록 힘든 일이 눈앞에 놓여 있지만 이제 빈곤을 끝낼 때가 다가왔다. 나는 거대한 부의 한복판에서 극단적 빈곤이 지속되는 이유들을 진단했는데, 이 빈곤을 다루고 극복할 수 있는 구체적인 조치들을 제시했다. 뿐만 아니라 이 조치들을 실행에 옮길 수 있는 비용까지 보여 주었다. 그 비용은 아주 적을 뿐만 아니라 아무런 일도 하지 않을 경우에 초래될 비용에 비하면 실로 미미할 정도다. 나는 2025년까지의 일정표를 확인했는데, 2015년에 완수될 예정인 밀레니엄발전목표는 그 일정표의 중간 정거장이라 할 수 있다. 나는 핵심적인 국제 기구들이 이 일정표에 어떻게 기여할 수 있는가를 보여 주었다. 그러나 우리는 변화에 강하게 저항하는 상황 속에서 이 과제들을 수행해야 한다. 또 과거와 지금은 다를 수 있다는 전 세계적 회의론-물론 이것은 이해할 만한 회의론이다-이나 여러 가지 편견과 전쟁 성향도 극복해야 한다.

그렇다. 이번에는 분명히 다를 수 있다. 여기에 목표를 향한 아홉 가지 조치가 있다.

- 빈곤 종말에 대한 약속: 첫 번째 조치는 과제에 대한 약속이다. 옥스팸(Oxfam: 옥스포드 기근퇴치위원회)을 비롯한 시민사회의 많은 지도자들이 빈곤을 역사의 유물로 만든다는 과제를 기꺼이 받아들였다. 하나의 세계라는 관점에서 이 목표를 받아들일 필요가 있다. 우리는 2015년에 빈곤을 절반으로 줄인다고 약속했다. 2025년에는 극단적 빈곤을 끝내기로 약속하자.
- 행동계획의 채택: 밀레니엄발전목표는 빈곤의 종말을 위해 일정한 계

약금을 거는 것과 같다. 이 목표는 부자와 빈자 사이의 세계적 협약 속에서 이미 약속된 구체적이고 계량화된 목표다. 세계 공동체는 이 목표를 다시 한 번 약속해야 할 뿐만 아니라, 지도자들은 밀레니엄발전목표를 완수하기 위한 구체적인 전 지구적 계획을 채택해야 한다. 그 목표의 내용은 이 책의 제15장에서 개략적으로나마 설명한 바 있고, 유엔밀레니엄프로젝트에도 자세하게 제시되어 있다.

- 가난한 사람들의 목소리 높이기: 마하트마 간디와 마르틴 루터 킹 주니어는 부자와 힘 있는 사람들이 가난한 사람들을 구하러 오기를 기다리지 않았다. 두 사람은 정의에 대한 요구를 역설했고, 관리들의 오만과 무시에 맞서 싸웠다. 가난한 사람들은 부유한 사람들이 정의의 호소에 응답할 때까지 기다릴 수 없다. 가난한 사람들이 아무것도 요구하지 않는 한 G8은 빈곤의 종말을 결코 옹호하지 않을 것이다. 이제는 가난한 세계의 민주주의 나라들―브라질 · 인도 · 나이지리아 · 세네갈 · 남아프리카를 포함한 10여 개국―이 일치단결하여 행동에 나서야 할 때다. 가난한 자들은 G3(브라질 · 인도 · 남아프리카)과 G20(WTO 안에서 협상하는 무역그룹)을 비롯한 여러 나라에서 자신들의 목소리를 찾기 시작하고 있다. 이들의 목소리가 세계에 더 많이 전달될 필요가 있다.

- 세계에서 미국 역할의 회복: 오랫동안 민주적 이상의 전파자이자 지도자였으며, 세계에서 가장 부유하고 힘 있는 나라인 미국은 최근에 가장 공포스럽고 분열주의적인 나라가 되어 버렸다. 미국 스스로 독보적 우위와 행동의 자유를 추구하는 것은 재앙이 되었고, 세계 평화와 안정에 큰 위험을 제기하고 있다. 다자간 행동에 불참한 미국은 사회정의와 환경보호를 향한 진전뿐만 아니라 세계의 안전을 훼손시켰

다. 미국은 이와 같은 일방주의로 전환하면서 자신의 이익까지 해쳤다. 계몽주의의 도가니 속에서 단련된 미국은 계몽된 지구화의 옹호자가 될 수 있다. 전 세계적 평화와 정의를 향한 길에서 미국의 역할을 회복시키려면 미국 내부의 정치활동뿐만 아니라 외부의 정치적 압력도 필요할 것이다.

- IMF와 세계은행의 구출: 전 세계적 빈곤을 끝내기 위해 우리의 지도적인 국제 금융기관들이 결정적 역할을 할 필요가 있다. 이 기관들은 중요한 역할을 할 만한 경험과 기술적 전문성을 가지고 있다. 이 기관들은 매우 전문적인 실무요원으로 구성되어 문제를 효과적으로 해결하기 위한 의욕을 지니고 있다. 그러나 이 기관들은 졸렬하게 사용되었고, 182개 모든 회원국을 대표하는 국제 기구의 역할보다는 채권자들이 운영하는 기구로 악용되었다. 이 기구들의 국제적 역할을 회복시킴으로써 이들이 더 이상 채권국 정부들의 시녀가 아니라 경제적 정의와 계몽된 지구화의 옹호자가 되도록 만들어야 할 때다.

- 국제연합의 강화: 최근에 저지른 유엔의 실수를 비난하더라도 아무 소용이 없다. 그동안 유엔은 세계의 강대국들, 특히 미국의 의지에 따라 휘둘려 왔다. 유엔 기구들이 기대만큼 잘 활동하지 못하는 이유는 무엇인가? 물론 유엔이 관료주의에 젖어 있기는 하지만, 이것이 주된 이유는 아니다. 더욱 주요한 이유는 강대국들이 국제 기구들에게 많은 권한을 주지 않으려고 하기 때문이다. 즉 강대국들 마음대로 쓸 수 있는 책략의 여지가 줄어들지 않을까 우려하는 것이다. 유엔의 전문 기구들은 빈곤의 종말에 핵심적 역할을 해야 한다. 이제 유엔아동기금·세계보건기구·식량농업기구 등을 비롯한 많은 기구들에게 권한을 부여하여, 이 기구들이 각 나라별 현장에서 적극적으로 일할 수 있

도록 해야 한다. 최빈국들이 현대의 과학과 기술을 사용하여 빈곤 함정에서 벗어날 수 있도록 돕는 일을 이끌 수 있는 것은 현실적으로 유엔 기구들밖에 없다.

- 세계적 과학의 활용: 과학은 산업혁명이 시작된 바로 그 시점부터 발전의 핵심이었고, 이성을 사회진보의 기술들로 전환시키는 지렛대였다. 콩도르세가 예측했듯이 과학은 식량 생산·보건·환경관리 그리고 생산과 인간적 욕구의 무수한 기본적 영역에서 기술진보를 가능하게 만들었다. 그런데 과학은 시장을 선도하기도 하지만 그만큼 시장의 힘에 이끌리는 경향이 있다. 여러 차례 지적했듯이 부유한 사람들은 성장이 또 다른 성장을 낳는 순환으로 더욱 부유해지는 반면, 가난한 사람들은 종종 이런 순환에서 배재된다는 것은 그리 놀라운 일이 아니다. 가난한 사람들의 욕구가 특수한—특이한 질병이나 작물 또는 생태적 조건들 때문에—경우에 전 세계적 과학은 그들의 문제를 지나쳐 버린다. 그러므로 부국의 정부에 소속된 전 세계적 과학연구센터들은 가난한 사람들의 특수한 문제들을 해결해 주는 일에 특별한 노력을 특별히 결집시켜야 한다. 공공기금·민간 사업체의 자선·비영리재단이 이런 노력을 후원해야 하는데, 확실히 시장의 힘만으로는 충분하지 않기 때문이다.

- 지속 가능한 개발의 촉진: 공중보건을 겨냥한 선별적 투자가 극단적 빈곤의 함정을 깨뜨릴 수는 있다. 그러나 국지적 차원에서 계속되는 환경 악화가 우리가 쌓아 온 모든 사회적 성과의 장기적 지속 가능성을 위협하고 있다. 극단적 빈곤의 종말이 환경에 가해지는 많은 압력을 줄여 나갈 수 있다. 가난한 가계들이 각 농장들을 더욱 생산적으로 운영하게 되면, 이들이 새로운 농지를 찾아 인근 숲을 베어 없애는 일

도 줄어들 것이다. 또 아이들의 생존율이 높아지면 무척 높은 출산율을 유지해야 하는 이유가 적어지고, 이에 따라 급속한 인구 증가도 점점 둔화될 것이다. 그러나 극단적 빈곤이 끝나더라도 산업 오염으로 인한 환경 악화와, 화석연료의 대량 사용으로 인한 장기적 기후변화도 다루어져야 한다. 번영을 희생시키기 않고 이런 환경적 도전에 맞설 방법들이 있다(예를 들어 배출 탄소를 모을 수 있는 좀더 효과적인 발전소를 건설하거나 재생 가능한 에너지원의 사용을 늘림으로써 말이다). 우리는 극단적 빈곤을 끝내는 일에 노력을 기울이는 한편, 전 세계의 생태계가 지속될 수 있도록 돌보는 일을 항구적인 문제로 인식해 끊임없이 대처해야 한다.

- **개인적 수준의 약속**: 그러나 결국 문제는 개인으로서 우리 자신에게 돌아온다. 개인들은 함께 일하며 사회를 형성하고 사회의 모습을 만들어 나간다. 사회적 약속이란 곧 개인들의 약속이다. 로버트 케네디가 강력하게 상기시켰듯이 거대한 사회적 힘도 결국 개인적 행위들이 쌓여 만들어진 것이다. 로버트 케네디의 다음과 같은 말은 그 어느 때보다 더욱 지혜로운 힘을 발휘한다.

비참과 무지, 부정의와 폭력 등 세계의 질병들이 우리 앞에 위압적으로 늘어서 있습니다. 우리 모두 이 질병들에 맞서 아무것도 할 수 없다는 믿음으로 낙담하지 않도록 합시다. 역사 자체를 변화시킬 수 있는 위대한 힘을 가진 자는 극소수이지만, 그 가운데 작은 일부를 변화시키는 일은 우리 각자의 노력으로도 충분히 이룰 수 있습니다. 이런 모든 노력이 합쳐질 때 바로 이것이 우리 세대의 역사를 새롭게 펼칠 것입니다.

인류 역사를 만들어 나가는 것은 용기와 신념에 찬 무수히 다양한 행동들입니다. 한 사람이 이상(理想)을 옹호하거나, 다른 사람들의 운명을 개선하기 위해 행동하거나 부정과 맞서 싸울 때마다 희망이라는 작은 파문을 일으킬 것이고, 이 파문은 백만 개의 서로 다른 에너지와 용기의 중심에서 일어난 파문들과 교차될 것입니다. 그리고 이런 파문들이 모여 조류를 형성하면 마침내 어떤 억압과 저항의 높은 장벽도 휩쓸어 버릴 수 있습니다.[20]

미래가 우리 세대에게 이렇게 말하게 하자. 우리가 희망이라는 강력한 물결을 일으켜 세계를 치유하기 위해 뜻을 모아 함께 일했다고 말이다.

감사의 글

이 책을 쓰는 동안 나는 많은 사람들에게 도움과 지도를 받았다. 나는 우리가 살아가는 세계의 심각한 문제들을 다루는 과정에서 주위의 많은 사람들에게서 큰 도움을 받았다. 따라서 평생 동안 나와 뜻을 함께 하며 목적을 이룰 수 있도록 아낌없는 성원을 보내준 분들께 이 글을 빌어 감사하고자 한다.

먼저 사랑하는 아내 소니아, 딸 리사와 한나 그리고 아들 아담에게 고마운 마음을 전한다. 이 책은 우리 가족의 노력이 담겨 있는 성과물이기 때문이다. 아내와 아이들은 수십 년 동안 동아프리카에 있는 마을의 무더운 방에서 강의를 하는 내 말에 귀 기울이는 일을 휴가로 삼아 왔다. 소니아는 나에게 감별 진단을 가르쳐 준 스승이자 경제개발 연구의 파트너이고 공저자였다. 그리고 감히 자랑하건대 나의 아이들은 전 세계 발전도상국의 구석구석을 살펴봄으로써 세계가 고루 발전해야 한다는 것을 진심으로 받아들였다. 더욱이 세계를 돌아다니며 경험한 것에 큰 호기심을 나타냈고, 이것은 나에게 그들의 미래를 위해 싸울 수 있는 용기와 희망을 심어주었다.

특히 장인 월터 얼리히의 지혜와 어머니 조안 삭스의 훌륭한 감각, 누이동생 앤드리어 삭스의 열정적인 관심이 나로 하여금 올바른 길에서 벗어나지 않도록 지켜 주었다. 지금은 돌아가신 아버지 테오도르 삭스가 내게 보여 준 도덕적 태도 역시 중요하게 작용했다. 아버지는 사회정의를 실현하기 위한 투쟁에, 위대한 법률가적 재능과 열정을 오롯이 바쳤다.

또한 지난 20년 동안 세계의 모든 곳에서 환영받았고 현지 상황과 문제들을 이해했을 뿐만 아니라, 폭넓은 전 세계를 배경으로 활동한 동료들이 있었다는 점이 내게는 큰 축복이었다. 내가 볼리비아에서 가장 먼저 만난 동료는 다니엘 코엔과 펠리페 라레인이었다. 이들은 나의 지적인 모험에서 평생 동안 동반자가 되어 주었다. 데이비드 립튼은 IMF를 떠나 나와 함께 라틴 아메리카와 동유럽에서 일했고, 이후 클린턴 정부의 국제 정치 그리고 경제 분야에서 계속 빛나는 역할을 수행했다. 윙우는 25년 동안 내게 아시아에 대해 가르쳐 주었고, 귀중한 여러 작업 과정에서 나의 안내자이자 공저자로 활동하면서 틈틈이 자문역을 맡기도 했다. 니루팜 바지파이는 과거 10년 동안 주목할 만한 인도 개혁의 모든 측면을 정확하고 예리하게 관찰하는 한편, 학자·공저자·자문가로서 한결같이 노력하는 모습을 보여 주었다.

경제 자문관으로 성공하는 가장 바람직한 방법은 성장을 향해 나아가는 정부에게 자문을 해 주는 것이다. 이런 점에서 나는 운이 굉장히 좋았다. 경제 자문관으로서 나의 첫 모험은 볼리비아에서 시작되었다. 이 과정에서 지금은 고인이 된 빅토르 파스 에스텐소로 대통령과 그의 경제수석 보좌관이자 나중에 대통령이 된 곤잘로(고니) 산체스 데 로사다가 탁월한 지도력을 발휘했다. 두 사람 모두 나에게 큰 가르침을 주었다. 두 사람은 폭넓은 정치적 성공을 거두는 과정에서 애국심과 정직성의 가치를 보여 주었을 뿐만 아니라 경제개혁을 성공시키기 위한 현실 정치를 가르쳐 주었다. 폴란드에서는 래리 린덴버그의 결정적 역할 덕분에 아담 미치니크·야첵 쿠론·브로니스와브 게레멕을 비롯해 나중에 대통령이 된 레흐 바웬사까지 연대노조의 유명한 지도자들을 만날 수 있었다. 폴란드의 개혁을 용감하고 탁월하게 이끈 레세크 발체로비치는 우리 모두를 돋보이게 해 주었다. 나는 오랫동안 폴란드 대통령을 역임한 알렉산더 크바스니예프스키를 존경한다. 그리고 폴란드 정부가 민간인에게 수여하는 최고 훈장인 최고공로십자훈장을 나와 립튼에게 준 영광을 지금도 잊지 않고 있다.

슬로베니아의 야네즈 드노브세크 대통령은 과거 20년 동안 나에게 발칸 반도의 뒤얽힌 정치에 대해 가르쳐 주었다. 뿐만 아니라 탁월한 지도력을 발휘해 나에게 용기를 심어 주었고, 슬로베니아가 독립국으로서 새롭게 탄생하는 데 기여할 수 있도록 기회를 주었다.

또한, 러시아에서 나의 자문역 파트너였던 앤더스 애슬런드에게 감사한다. 역경에 맞서 용감하게 싸운 세 명의 개혁가 예고르 가이다르·보리스 페도로프·그리고리 야블린스키에게도 특별한 찬사를 보낸다.

나는 아프리카에서 일하면서 수많은 동료와 아프리카 지도자들의 도움과 지도를 받았다. 캘리스터스 쥬마·디나 아르힌 텐코랑·웬 킬라마·찰스 만·앤 콘로이 등에게 특별히 감사한다. 내가 아프리카에 대해 크나큰 희망을 갖게 된 것은 아프리카 대륙 전역에서 수없이 확인한 강력하고 비전 넘치는 지도력 때문이다. 이것은 아프리카의 통치구조에 대한 상황을 모르는 미국 시민들의 관점과는 판이하게 다른 현실이었다. 이런 점에서 나는 아프리카가 나아갈 길을 제시하고 있는 신세대 민주 지도자들에게 감사하고 싶다. 모잠비크의 알베르토 시사노 전 대통령, 케냐의 무아이 키바치 대통령, 가나의 존 아게쿠 쿠푸오르 대통령, 나이지리아의 올루세군 오바산죠 대통령, 말라위의 저스틴 물라웨시 전 부통령, 보츠와나의 페스투스 모가에 대통령, 세네갈의 압둘라예 와데 대통령, 에티오피아의 멜레스 제나위 총리 등이 바로 패기 넘치는 젊은 지도자들이다.

이 세계는 어떤 면에서는 불안정하지만, 정의와 평등과 법률의 지배를 실현시키려는 지도자들의 비전과 지도력 그리고 투쟁에 의해 통합되고 있다. 그중에 가장 위대한 지도자로는 코피 아난 유엔 사무총장을 꼽을 수 있다. 그는 최근 몇 년 동안 묵묵히 불굴의 의지를 발휘하여 낭떠러지로 떨어지려는 세계를 구했다. 또 한 명의 위대한 지도자는 그로 할렘 브룬트란트다. 브룬트란트는 WHO 사무총장으로 재직할 무렵 나에게 세계보건기구를 위해 일할 수 있는 영광을 주었다.

WHO 거시경제와 보건위원회는 빈민들을 위한 기초적인 투자를 확대할 방법을 제시하는 데 기여했다. 여기서 함께 일했던 동료 위원들은 각 분야에서 가장 뛰어난 지도자들이다. 현직 인도 총리인 만모한 싱, AIDS·결핵·말라리아 퇴치기금 사무총장인 리처드 피첨, WTO 사무총장인 수파차이 파닛차팍, 메모리얼슬로언-케터링암센터 원장인 해럴드 버무스 등이 그들이다.

유엔 기구들에는 뛰어난 재능을 지닌 헌신적인 지도자들이 무수히 많은데, 나는 최근에 이들 가까이에서 일하는 기쁨을 누렸다. 처음부터 유엔밀레니엄프로젝트를 옹호한 UNDP 행정관 마크 맬러치 브라운, 유엔 인구국장 조셉 카미에, UNDP 부행정관이자 나에게 아프리카 사헬 지역 경제들을 소개해 준 제프린 디아브르, 전 IMF 전무이사이자 현 독일 대통령 호르스트 쾰러(쾰러는 IMF 재직시 자원 할당이 전 세계적으로 좀더 평등해야 한다는 대의를 역설했다), 탄자니아 태생으로 유엔 인간정주 센터를 이끈 비범한 지도자 안나 티바이쥬카, 유엔환경프로그램 사무총장으로서 무한한 재능을 발휘한 클라우스 토퍼, 세계은행의 용감하고 정력적인 지도자 제임스 울펀슨 등이 기억난다. 또한 나는 멋진 동지적 협력을 보여 준, 세계은행의 수석 이코노미스트 닉 스턴과 프랑스와 부르기뇽, IMF 수석 이코노미스트 라그후람 라잔에게도 감사한다.

유엔밀레니엄프로젝트 작업 과정에서 전 세계적 빈곤을 끝낼 구체적인 방법이 많이 떠올랐다. 무척 영광스럽게도 내가 그 프로젝트를 이끌었으며, 프로젝트에서 얻은 많은 것들을 이 책에 쏟아 부었다. 나와 프로젝트를 날마다 함께 진행했던 존 맥아더가 정확하고 세세하게 지도해 주지 않았더라면 그 프로젝트는 처음부터 궤도에서 벗어났을지 모른다. 존과 나를 도와준 비서진도 한 사람 한 사람 뛰어난 능력을 갖추고 있었다. 찬드리카 바하두르·스탄 번스타인·야신 폴·에릭 카샴부지·마가렛 브루크·귀도 슈미트 트로브·에린 트로브리지를 비롯해 24시간 조수인 알베르토 조·마이클 파예·마이클 크루스·루이스 하비에르 몬테로·로힛 완츄·앨리스 위머스 등도 잊을 수 없다.

유엔밀레니엄프로젝트 태스크포스의 지도자들은 물론이고 이 일 때문에 모인 과학자와 정책 전문가들도 수많은 분야에서 나에게 큰 가르침을 주었다. 농경학·물 관리·기후·에너지 시스템·질병 통제 등 상호 연관된 분야들뿐만 아니라, 빈곤경감과 장기적 발전을 위해 필요한 수많은 관심영역 전반에서 그들의 친절한 안내를 받았다. 그런데 내가 더욱 행복하게 생각하는 것은 이와 같은 세계 초일류급 과학자들이 컬럼비아 대학교 지구연구소에 소속된 내 동료들이라는 점이다. 나는 몹시 즐거운 마음으로 컬럼비아 대학교의 내 동료들에게 특별한 감사를 전한다. 이들은 내가 지속 가능한 개발의 문제를 더욱더 폭넓게 이해하는 데 결정적인 도움을 주었다. 특히 컬럼비아 대학교를 정열적으로 이끄는 리 볼린저 총장은 이런저런 과업에서 지구연구소를 강력하게 후원해 주었다. 이 점에 대해 다시 한 번 깊이 감사한다. 또한 나는 유엔밀레니엄프로젝트에 참여한 모든 태스크포스 팀원과 지휘자들에게 인사를 전하고 싶다. 유엔밀레니엄프로젝트가 특별한 노력의 결정체가 된 것은 모두 이들의 헌신 덕분이다.

한편, 대중의 관심을 불러일으키는 면에서 비할 데 없이 탁월한 능력을 갖고 있는 U2의 보컬 보노가 아니었다면, 그 누구도 전 세계적 평등과 정의를 위한 공동 투쟁에서 수백만 명의 지지자와 시민들의 눈을 뜨게 할 수는 없었다. 보노는 탁월한 지도력을 발휘하여 서로 고립되어 있던 세계들을 하나로 연결시켰으며 새롭게 형성된 참여 의식과 에너지가 결실을 맺도록 애썼다. 나는 보노의 이런 열정적인 노력에 깊이 감사한다.

더욱이 보노는 이 책의 소개말까지 써 주었다. 보노의 절친한 동료들인 제이미 드루드몬드와 루시 매튜는 지구촌에서 주목할 만한 스타들이다. 이들은 무관심하고 무지하기까지 한 세계 지도자들의 눈앞에 전 세계의 발전이라는 의제를 제시하면서 날마다 놀라운 기적을 행하고 있다. 또한 세계 정의를 증진시키는 데 기적적인 역할을 한 다른 일꾼들도 있다. 바로 전 세계적 차원에서 활동하는 자선가이자 금융가인 조지 소로스, 공중보건 분야의 선구자인 폴 파머·짐 킴·브루스 워커 등이 그들이다. 나는 그들에게서도 무조건적인 지원을 아낌없이 받았다.

이런저런 도움들이 없었더라면 이 책이 완성될 수 없었다고 말하는 것은 진부한 표현이다. 그러나 때로는 이런 상투적인 말이 무슨 말로도 대신할 수 없는 진실을 표현하는 데 효과적이다. 훌륭한 작가인 마거릿 로렌지는 이 책을 만드는 과정의 처음부터 편집을 도와주었다. 이 과정에서 로렌지는 이루 말할 수 없이 탁월한 지원과 전문가적 제안, 편집 방향을 제시함으로서 이 책의 성격을 올바르게 세울 수 있도록 도와주었다. 고든 맥코드는 지구연구소와 유엔밀레니엄프로젝트에서 내가 맡은 모든 일뿐만 아니라 이 책의 집필과 관련된 일을 세세하게 도와주었다. 고든은 머지않아

자기 세대의 전 세계적 지도자가 되어 지속 가능한 발전의 문제를 다루게 될 것이 틀림없다. 윈스롭 럼은 2004년 하버드 대학교에서 지구연구소 팀에 합류했고, 그 뒤부터는 프로젝트 진행의 핵심 멤버였다. 마르타 시노트는 2003년까지, 이 책에서 기술된 일들이 일어난 지난 20년 동안 한결같이 내 사무실을 관리해 주었다. 그 이듬해부터 지미 최가 시노트의 일을 이어받아 내게 귀중한 도움을 주었고, 지금은 하이디 클리드케가 마치 응급실처럼 급박하고 어수선한 내 사무실을 관리해 주고 있다. 이런 많은 도움들 덕분에 나는 유엔과 지구연구소에서 맡은 책임과 전 세계에 널리 퍼져 있는 프로젝트와 프로그램을 착오 없이 결합시킬 수 있었다.

여러 명의 동료와 친구들은 이 책의 초고를 꼼꼼하게 읽고 혹시라도 불필요한 실수와 오해를 낳거나 논쟁을 불러일으킬 만한 여지가 있는 빈틈들을 지적해 주었다. 특히 다이앤 애서도리언·니루팜 바지파이·데이비드 립튼·윌 매스터스·스테이시 워든·윙 우·지니 우 등이 귀중한 시간을 내어 사려 깊은 제안들을 해 준 것에 감사를 드린다. 또한 전 미국 기독교 교회협의회의 밥 에드거와 그의 동료들은 전 세계 빈곤경감에 대한 기독교의 기여를 설명해 주었다. 이 점에 대해서도 감사를 드린다.

훌륭한 저작권 대행자인 앤드류 와일리는 내가 이 책을 구상하도록 도와주었다. 즉 우리 세대가 극단적 빈곤을 끝낼 수 있는 기회를 전 세계적으로 확산시킬 방법으로서 이 책의 구조와 논리를 구상하도록 도와주었다.

펭귄 출판사의 편집자 스콧 모이어스는 이 책의 출판이 최종적으로 결실을 맺기까지 명확한 관점에서 전문가적인 지도와 지원을 아끼지 않았다. 제작 과정에서도 펭귄 출판사의 숙련된 기술에 의한 공동 작업이 행해졌음을 밝히며, 다시 한 번 책의 발간을 위해 힘써 준 편집진들에게 감사한다.

인용문헌

"Americans on Foreign Aid and World Hunger: A Study of US Public Attitudes," February 2, 2001, Findings. Program on International Policy Attitudes, University of Maryland.

Angell, Norman. *The Great Illusion: A Study of the Relation of Military Power to National Advantage*. London: W. Heinemann, 1910.

Aslund, Anders. *How Russia Became a Market Economy*. Washington, D.C.: Brookings Institution, 1995.

Attaran, Amir and Jeffrey D. Sachs, "Defining and Refining International Donor Support for Combating the AIDS Pandemic," *The Lancet,* Vol.357, January 6, 2001.

Bapat, Meera and Indu Agarwal, "Our Needs, Our Priorities; Women and Men from the Slums in Mumbai and Pune Talk About Their Needs for Water and Sanitation," *Environment & Urbanization,* Vol.15, No.2, October 2003.

Bredenkamp, Hugh. Letter to the Editor, *Financial Times*, June 29, 1999.

Bremen, Joel G., Martin S. Alilio, and Anne Mills, "Conquering the Intolerable Burden of Malaria: What's New, What's Needed: A Summary," *The American Journal of Tropical Medicine and Hygiene*, Vol.71, August 2003, No.2 Supplement.

Caritat, Marie-Jean-Antoine-Nicolas-de, Marquis de Condorcet, *Sketch for a Historical Picture of the Progress of the Human Mind*. Keith Michael Baker, tr., Daedalus, Summer 2004, 65-82.

Central Intelligence Agency, "National Intelligence Estimate 60/70-65, Washington, April 22, 1965." 출처: Central Intelligence Agency: Job 79-R01012A, ODDI Registry of NIE and SNIE Files. Secret; Controlled Dissem. 표지의 주에 따르면 이 평가서는 Central Intelligence의 디렉터 John A. McCone이 제출한 것으로, 4월 22일에 미국 Intelligence Board는 이에 동의했다.

Chen, Shaohua and Martin Ravallion, "How Have the World's Poorest Fared

Since the Early 1980s?" World Bank Policy Research Working Paper 3341, June 2004.
Cheney, Richard. Remarks by Vice President Dick Cheney to the Veterans of Foreign Wars 103rd National Convention, August 26, 2002, Nashville, Tennessee.
Chidambaram, Palaniappan. Budget Speech, July 8, 2004.
〈http://www.deccanherald.com/deccanherald/july092004/nl.asp〉
Commission on Macroeconomics and Health(CMH), *Macroeconomics and Health: Investing in Health for Economic Development*. Geneva: World Health Organization, 2001.
Davis, Mike. *Late Victorian Holocausts: El Niño Famines and the Making of the Third World*. London and New York: Verso, 2001.
Declaration of Independence, Action of the Second Continental Congress, July 4, 1776.
Donnelly, John, "Prevention Urged in AIDS Fight-Natsios Says Fund Should Spend Less on HIV Treatment," *Boston Globe*, June 7, 2001.
Eder, George. *Inflation and Development in Latin America-A Case of Inflation and Stabilization in Bolivia*. Ann Arbor: Program in International Business, Graduate School of Business Administration, University of Michigan, 1968.
Gray, John, "An Illusion with a Future," *Daedalus*, Summer 2004, p.11.
Halperin, Daniel T., and Helen Epstein, "Concurrent Sexual Partnership Help to Explain Africa's High HIV Prevalence: Implications for Prevention," *The Lancet*, Vol.364, July 3, 2004, p.4.
Haynes, Ulric, "Memorandum from Ulric Haynes of the National Security Council Staff to the President's Special Assistant for National Security Affairs (Bundy), Washington, June 5, 1965." 출처: Johnson Library, National Security File, Country File, Africa, General, Vol. II, Memos & Miscellaneous, 7/64-6/65.
Hu Jintao, Speech to Federal Parliament of Australia, October 23, 2003.
Inglehart, Ronald, et al. *Human Beliefs and Values*. Mexico: Siglo Veintiuno Editores, 2004. AO30.
Instituto Nacional de Estadística. 〈http://www.udape.gov.bo/〉
International Monetary Fund, *A Study of the Soviet Economy*. Washington, D.C.: International Monetary Fund, 1991.
Kant, Immanuel. *Perpetual Peace*. Paris: 1795.
Keynes, John Maynard. *The Economic Consequences of the Peace*. London: Macmillan, 1919. 〈http://socserv2.socsci.mcmaster.ca/~econ/ugcm/3113/keynes/peace.htm〉

Keynes, John Maynard. "The Economic Possibilities for Our Grandchildren" in *Essays in Persuasion*. London: Macmillan, 1931.

Kiszewski, Anthony, et al., "A Global Index Representing the Stability of Malaria Transmission," *American Journal of Tropical Medicine and Hygiene*, 70, 5: pp.486-498, 2004.

Maddison, Angus, *Monitoring the World Economy: 1820-1992*. Paris: OECD, 1995.

------. *The World Economy: A Millennial Perspective*. Paris: OECD, 2001.

Miles, Marc A., et al., *2004 Index of Economic Freedom*. Washington, D.C.: The Heritage Foundation and Wall Street Journal, 2004.
〈http://www.heritage.org/research/features/index/index.html〉

Morales, Juan Antonio and Jeffrey D. Sachs, "Bolivia's Economic Crisis" in *Developing Country Debt and Economic Performance: Country Studies-Argentina, Brazil, Mexico*, Vol.2. Chicago: National Bureau of Economic Research, 1990.

OECD. Development Assistance Committee, Creditor Reporting System.

OECD. Development Assistance Committee, "Final ODA Data for 2003," 8-9 December 2004.

O'Reilly Factor, The, September 1, 2004.

Patel, Sheela, Celine d'Cruz, and Sundar Burra, "Beyond Evictions in a Global City: People-Managed Resettlement in Mumbai," *Environment & Urbanization*, Vol.14, No.1, April 2002.

Pityana, Barney. Comments on December 8, 1998.
〈http://www.wfn.org/1998/12/msg00181.html〉

Roosevelt, Franklin Delano. Address to the 77th Congress, January 6, 1941.

Sachs, Adam and Jeffrey D. Sachs. "Selling the Marshall Plan." n.p.

Sachs, Jeffrey D. and Wing Thye Woo, "Structural Factors in the Economic Reforms of China, Eastern Europe, and the Former Soviet Union," *Economic Policy*, Vol.18, April 1994.

Sachs, Jeffrey D. and Andrew Warner, "Economic Reform and the Process of Global Integration," *Brookings Papers on Economic Activity*, 1995: 1.

Sachs, Jeffrey D. and John Luke Gallup, "The Economic Burden of Malaria," *American Journal of Tropical Medicine and Hygiene*, 61 (1, 2) S., 2001, pp.85-96.

Sachs, Jeffrey D., Hirupan Bajpai, and Ananthi Ramiah, "Understanding Regional Economic Growth in India," *Asian Economic Papers*, Vol.1:3, Summer 2002.

Sachs, Jeffrey D., et al., "Ending Africa's Poverty Trap," *Brookings Papers on Economic Activity*, No.1, 2004.

Shameen, Assif, "Instant Industry," *Asiaweek*. Asiaweek.com, Asian of the century, Ideas with Impact, December 10, 1999.

Smith, Adam. *The Wealth of Nations* (1776), Edwin Cannan, ed., 1904, London: Methuen and Co., Ltd.

Soto, Hernando de. *The Mystery of Capital: Why Capitalism Triumphs in the West and Fails Everywhere Else.* New York: Basic Books, 2000.

Thomas, Hugh. *The Slave Trade: The Story of the Atlantic Slave Trade, 1440-1870.* New York: Simon & Schuster, 1997.

Tomlinson, B.R. *The Economy of Modern India 1860-1970.* Cambridge: Cambridge University Press, 1993.

Transparency International, *Global Corruption Report 2004.* London: Pluto Press, 2004.

UNCTAD, *World Investment Report 2001.* New York and Geneva: United Nations, 2001.

UN Millennium Project, *Investing in Development: A Practical Plan to Achieve the Millennium Development Goals.* Report to the UN Secretary General. London: Earthscan, 2005.

-----, "Millennium Project Goals Needs Assessments: Background Paper to Ending Africa's Poverty Trap," working paper, 2004.
〈http://www.unmillenniumproject.org/html/backgroundpaper, shtm〉

Universal Declaration of Human Rights, United Nations General Assembly resolution 217A(III), December 10, 1948, Article 25.

Wilson, Edward Osborne. *Biophilia.* Cambridge, Mass.: Harvard University Press, 1984.

Wolfensohn, James D. and the Utstein Group Proceedings. Prague, Czech Republic, September 24, 2000.

World Bank. *World Development Indicators.* Washington, D.C., 2004.

추가 참고문헌

다음 목록에는 이 책의 주제와 관련한 나의 학술 연구서가 몇 개 포함되어 있다. 이 글들은 http://www.sachs.earth.columbia.edu에서 다운받을 수 있다. 또한 다른 저자들이 최근에 저술한 걸출한 저작들도 언급하고 있다.

나는 세계의 상이한 부분들에서 나타나는 다양한 발전 패턴들과 자연지리, 국제무역, 역사, 정책이 이 패턴에 끼치는 규정력에 초점을 맞추어 많은 학술 연구를 해 왔다. 이에 관해서는 다음의 글들을 추가로 읽어 보길 바란다. 목록은 출판년도별로 되어 있다.

Sachs, Jeffrey D. and Andrew Warner, "Economic Reform and the Process of Global Integration," *Brookings Papers on Economic Activity*, 1995:1.

Sachs, Jeffrey D., John Luke Gallup, and Andrew Mellinger, "Geography and Economic Development," in Boris Pleskovic and Joseph E. Stiglitz, eds., *Annual World Bank Conference on Development Economics 1998* (April), Washington, D.C.: The World Bank.

Sachs, Jeffrey D., "Twentieth-Century Political Economy: A Brief History of Global Capitalism," *Oxford Review of Economic Policy*, Vol.115, No.4, Winter 1999.

-----, "Globalization and Patterns of Economic Development," *Review of World Economics*, Vol.136(4), Kiel Institute of World Economics, 2000.

-----, Andrew Mellinger and John Gallup, "Climate, Coastal Proximity, and Development," in *Oxford Handbook of Economic Geography*, Gordon L. Clark, Maryann P. Feldman, and Meric S. Gertler, Eds., Oxford University Press, 2000.

-----, "The Geography of Poverty and Wealth," *Scientific American*, March 2001.

또한, 나는 특정한 지역이나 나라에서 고유한 지리적·역사적·제도적 조건들에 초점을 맞추어 많은 연구를 해 왔다. 이에 관해서는 다음의 글들을 읽어 보길 바란다.

볼리비아

Sachs, Jeffrey D., "The Bolivia Hyperinflation and Stabilization," *American Economic Review*, Vol.77, No.2, May 1987.

----- and Juan Antonio Morales, "Bolivia's Economic Crisis," Jeffrey D. Sachs, ed., *Foreign Debt and Economic Performance*, National Bureau of Economic Research and University of Chicago Press, 1989.

동유럽

Sachs, Jeffrey D. and David Lipton, "Creating a Market Economy in Eastern Europe: The Case of Poland," *Brookings Papers on Economic Activity*, 1990:1.

Sachs, Jeffrey D. *Poland's Jump to the Market Economy*. Cambridge: MIT Press, 1993.

러시아

Sachs, Jeffrey D., "Russia's Struggle with Stabilization," *Annual Bank Conference on Development Economics*, World Bank, 1994.

----- and Wing Thye Woo, "Structural Factors in the Economic Reforms of China, Eastern Europe, and the Former Soviet Union," *Economic Policy*, Vol.18, April 1994.

중국

Sachs, Jeffrey D., et al., "Geography, Economic Policy, and Regional Development in China," *Asian Economic Papers*, Vol. I, No.1, Winter 2002, pp.146-197.

Sachs, Jeffrey D. and Wing Thye Woo, "Understanding China's Economic Performance," *Journal of Policy Reform*, Vol.4, Issue I, 2000.

인도

Sachs, Jeffrey D. and Nirupam Bajpai, "India's Economic Reform-The Steps Ahead," *Journal of International Trade and Economic Development*, Vol.6, No.2, 1997.

----, "The Decade of Development: Goal Setting and Policy Changes in India," CID Working Paper, No.62, February 2001.

----, and Ananthi Ramiah, "Understanding Regional Economic Growth in India," *Asian Economic Papers*, Vol. I, Issue 3, Summer 2002.

아프리카

Sachs, Jeffrey D. and David Bloom, "Geography, Demography and Economic Growth in Africa," *Brookings Papers on Economic Activity*, 1998:2.

Sachs, Jeffrey D. et al., "Ending Africa's Poverty Trap," *Brookings Papers on Economic Activity*, 2004:1.

미국(경제 지리)

Sachs, Jeffrey D. and Jordan Rappaport, "The United States as a Coastal Nation," *Journal of Economic Growth*, Vol.8, No.1, March 2003.

나는 지난 10년 동안 질병과 빈곤 사이의 연관에 관해 광범위한 연구를 했다. 특히 말라리아, HIV/AIDS에 관해 연구했다. 이 분야를 연구한 내 논문들은 다음과 같다.

Sachs, Jeffrey D. and John Luke Gallup, "The Economic Burden of Malaria," the Supplement to *The American Journal of Tropical Medicine and Hygiene*, Vol.64, No.1, 2, pp.85-96, January/February 2001.

Sachs, Jeffrey D. and Amir Attaran, "Defining and Refining International Donor Support for Combating the AIDS Pandemic," *The Lancet*, Vol.357, pp.57-61, January 6, 2001.

Sachs, Jeffrey D., "A New Global Commitment to Disease Control in Africa," *Nature Medicine*, Vol.7, No.5, May 2001.

World Health Organization. *Macroeconomics and Health: Investing in Health for Economic Development*. Report of the Commission on Macroeconomics and Health. Geneva: World Health Organization, 2001.

Sachs, Jeffrey D. and Pia Malaney, "The Economic and Social Burden of Malaria," *Nature*, Vol.415, No.6872, February 7, 2002.

Sachs, Jeffrey D., "A New Global Effort to Control Malaria," *Science*, Vol.298, October 4, 2002.

개발원조, 채무경감, 미국의 대외정책, 국제협력의 역할을 연구한 내 논문들은 다음과 같다.

Sachs, Jeffrey D., "The Strategic Significance of Global Inequality," *The Washington Quarterly*, Vol.24, No.3, Summer 2001.

-----, "Resolving the Debt Crisis of Low-Income Countries," *Brookings Papers on Economic Activity*, 2002:1.

Sachs, Jeffrey D., "Weapons of Mass Salvation," *The Economist*, October 26, 2002.

-----, "Smart Money: What Military Power Can't Do," *The New Republic*, March 3, 2003.

주목할 수밖에 없는 드라마인 전 지구적 발전에 관심을 갖게 된 독자들은 다음과 같은 책들을 읽어 보길 바란다. 이것들은 음미하면서 읽고 곰곰이 생각해 볼 만한 보물 같은 책들이다. 최근의 전 지구적 발전을 매력적으로 분석한 이 책들 중 일부는 나의 인식에도 영향을 미쳤다.

McNeill, William H. *Plagues and Peoples*. New York: Doubleday, 1977. 질병과 인간의 역사 사이의 연관을 획기적으로 연구한 책.

Braudel, Fernand. *Civilization and Capitalism*(3volumes). New York: HarperCollins, 1985. 과거 500년 동안 인류사회의 물적 조건의 변화와 세계경제사를 연구한 권위 있는 책.

Diamind, Jared. *Guns, Germs, and Steel: The Fates of Human Societies*. New York: W.W. Norton, 1997. 생태, 인류사, 경제발전 사이의 관계를 연구한 것으로, 재치가 넘치고 매우 독창적이며 흥미진진한 책.

Landes, David S. *The Wealth and Poverty of Nations: Why Some Are So Rich and Some So Poor*. New York: W.W. Norton, 1998. 위대한 경제사가가 세계 경제사의 흐름을 도발적인 관점에서 바라본 책.

Smil, Vaclav. *Feeding the World: A Challenge for the 21st Century*. Cambridge, Mass.: MIT Press, 2000. 식량, 기술, 인구, 발전 사이의 상호관계를 대가답게 학제적으로 해명한 책.

McNeill, J.R. et al. *Something New Under the Sun*. New York: W.W. Norton, 2001. 20세기 동안 발전과 환경 사이의 연관을 독창적이고 통찰력 있게 연구한 책.

Maddison, Angus. *The World Economy: A Millennial Perspective*. Paris: OECD, 2001. 과거 200년 동안의 경제성장을 기념비적이고 정량적으로 분석한 책.

Kidder, Tracy. *Mountains Beyond Mountains: Healing the World: The Quest of Dr. Paul Farmer*. New York: Random House, 2003. 빈민들에게 필수적 보건서비스를 제공하는 일에 선구적 역할을 한 폴 파머 박사의 전기.

Jones, Gareth Stedman. *An End to Poverty? A Historical Debate*. London: Profile Books, 2004. 특히 1790년대 계몽주의 시대에 진행된, 빈곤 종식의 논쟁에 관한 탁월한 지성사.

주

제1장

1 World Bank, *World Development Indicators*, Washington, D.C.: World Bank, 2004.
2 Shaohua Chen and Martin Ravallion, "How Have the World's Poorest Fared Since the Early 1980s?" World Bank Policy Research Working Paper 3341, June 2004.

제2장

1 Angus Maddison, *The World Economy: A Millennium Perspective* (Paris: OECD, 2001). 별도의 언급이 없을 경우, 이 장에 나오는 수치는 모두 Maddison, 2001에 근거하여 계산한 것이다.
2 John Maynard Keynes, *The Economic Possibilities for Our Grandchildren* (London: Macmillan, 1930).
3 Adam Smith, *The Wealth of Nations*. 1776, Book Ⅲ, Chapter 4, in paragraph Ⅲ. 4.20. London: Methuen and Co., Ltd., Edwin Cannan, ed., 1904. 〈http://www.econlib.org/library/Smith/smWN.html〉
4 John Maynard Keynes, *The Economic Consequences of the Peace* (1919), Chapter 2. 〈http://socserve2.socsci.mcmaster.ca/~econ/ugcm/3113/keynes/peace〉
5 Ibid.
6 중앙은행들은 대공황에 대응하는 과정에서 통화량을 확대해야 했지만, 금본위제의 통화관리 규칙에서는 통화량 확대란 두려운 일이었다. 통화량을 확대하면 통화를 뒷받침하는 데 필요한 금준비(gold reserves)를 잃을 우려가 있었기 때문이다. 금본위제가 철폐된 다음에야 비로소 중앙은행들은 확장적 통화정책을 펼 재량권을 갖게 되었다.

제3장

1 다음 식에 따르면, 어떤 경제가 인구 증가와 자본감가를 따라잡기 위해서는 GDP의 약 15퍼센트를 저축할 필요가 있다.

〈저축률〉(자본-산출 비율) × (감가율 + 인구증가율)

보통 자본-산출 비율은 3, 감가율은 약 5퍼센트, 인구증가율은 약 2퍼센트로 가정되기 때문에 감가율과 인구증가율을 따라잡기 위해서는 저축률이 약 15퍼센트가 되어야 한다. 〈표 1〉에서 최저개발국들은 GDP의 10퍼센트를 저축하고 있는 것으로 나타나는데, 이것은 이 경제들이 감가와 인구 증가를 따라잡기에 충분할 만큼 저축하고 있지 않다는 것을 뜻한다.

2 Adam Smith, *The Wealth of Nations*. Book I, Chapter 3, in paragraph 1.3.3, 1776.
3 미국 특허청에 실린 데이터를 이용해 계산했다.
4 1980년에는 아직 세계은행이 나라들을 공식적으로 이렇게 분류하지 않았기 때문에, 내 나름대로 1980년도 1인당 연 소득을 기준으로 나라들을 분류했다. 저소득국은 3,000달러(구매력 평가로 조정된) 이하, 중소득국은 3,000~8,000달러, 고소득국은 8,000달러 이상인 나라들로 정의했다.

제5장

1 John Maynard Keynes, "The Economic Consequences of the Peace" (1919). Chapter 6. 〈http://socserve2.socsci.mcmaster.ca/~econ/ugcm/3113/keynes/peace〉.
2 George Eder, *Inflation and Development in Latin America: A Case of Inflation and Stabilization in Bolivia*. Ann Arbor: Program in International Business, Graduate School of Business Administration, University of Michigan, 1968.
3 John Maynard Keynes, "The Economic Consequences of the Peace" (1919). Chapter 7. 〈http://socserve2.socsci.mcmaster.ca/~econ/ugcm/3113/keynes/peace〉.
4 Ibid.

제6장

1 슬픈 일이지만, 야책 쿠론은 2004년에 죽었다.
2 〈그림 2〉에서 아제르바이잔, 카자흐스탄, 투르크메니스탄처럼 석유가 풍부한 구소비에트 공화국들은 빠져 있다. 이 나라들은 서유럽에서 거리가 멀었음에도 불구하고 석유 탐사와 개발을 위해 상당한 양의 FDI를 받았다.
3 1998년 러시아가 가입하여 G8이 되기 전까지, G7은 프랑스, 미국, 영국, 독일, 일본, 이탈리아, 캐나다로 이루어져 있었다.

제7장

1 Anders Aslund, *How Russia Became a Market Economy* (Washington D.C.: Brookings Institution, 1995), Table 2.7, p.49.
2 International Monetary Fund, et al., *A Study of the Soviet Economy* (Paris: OECD, 1991), p.227.
3 Anders Aslund, *How Russia Became a Market Economy*, p.45.

4 Adam Smith, *The Wealth of Nations*, Book I, Chapter 3, in paragraph 1.3.8.

제8장

1 Adam Smith, *The Wealth of Nations*, Book I, Chapter 9, in paragraph I.9.15.
2 Jeffrey D. Sachs and Wing Thye Woo, "Structural Factors in the Economic Reforms of China, Eastern Europe, and the Former Soviet Union," *Economic Policy*, Vol.18, April 1994.
3 Ibid.
4 Hu Jintao, speech to the Federal Parliament of Australia, October 23, 2003.

제9장

1 B.R. Tomlinson, *The Economy of Modern India 1860-1970* (Cambridge: Cambridge University Press, 1993), p.7.
2 Ibid.
3 Angus Maddison, *The World Economy: A Millennial Perspective* (Paris: OECD, 2001), p.116.
4 Mike Davis, *Late Victorian Holocausts: El Nino Famines and the Making of the Third World* (London and New York: Verso, 2001), p.162.
5 Angus Maddison, *The World Economy*, p.116.
6 P. Chidambaram, Budget speech, July 8, 2004.
7 Adam Smith, *The Wealth of Nations*, Book IV, Chapter 7, in paragraph IV.7.166.
8 Ibid.

제10장

1 *The O'Reilly Factor*, September 1, 2004.
2 National Intelligence Estimate 60/70-65, Washington, April 22, 1965. 출처: Central Intelligence Agency: Job 79-R01012A, ODDI Registry of NIE and SNIE Files. Secret; Controlled Dissem. 겉장에 적힌 메모에 따르면, 4월 22일 중앙정보국 국장인 존 A. 맥콘이 그 보고서를 제출했고, 미국 정보위원회의 동의를 받았다고 한다.
3 국가안보회의 보좌관 얼릭 헤인스가 대통령 국가안보 특별고문(번디)에게 제출한 메모. Washington, June 5, 1965. 출처: Johnson Library, National Security File, Country File, Africa, General, Vol. II, Memos & Miscellaneous, 7/64-6/65. Confidential. 사본이 국가안보회의의 보좌관 코머와 해럴드 H. 샌더스에게 전달되었다.
4 Jeffrey D. Sachs, et al., "Ending Africa's Poverty Trap," *Brookings Papers on Economic Activity*, No.1, 2004.
5 Edward Osborne Wilson, *Biophilia* (Cambridge, Mass.: Harvard University Press, 1984).

6 북아프리카는 사하라 이남 아프리카와 상당히 다르다. 북아프리카의 온대성 및 사막 기후 대는 열대성 질병의 전파력을 약화시킨다. 입지도 유럽 시장과 쉽게 접할 수 있는 조건이고, 대다수 인구가 지중해 해안을 따라 집중되어 있다. 그렇기 때문에 아프리카 대륙의 나머지 지역들과는 상당히 다른 경제구조를 가지고 있다. 그러나 사하라 이남 아프리카는 사하라 사막 때문에 유럽에 접근할 수 없다. 한편 남아프리카는 주로 온대적인 생태를 가지고 있기 때문에 역시 열대성 질병에 대한 부담이 적다. 더욱이 남아프리카는 금과 다이아몬드 가 다량 매장되어 있기 때문에 아시아 및 유럽과 해양무역을 할 수 있다.

7 Angus Maddison, *The World Economy*, p.226.

8 말라리아의 역학에 관한 최근의 권위 있는 설명은, Joel G. Bremen, Martin S. Alilio, and Anne Mills, "Conquering the Intolerable Burden of Malaria: What's New, What's Needed: A Summary," *The American Journal of Tropical Medicine and Hygiene*, Vol.71 (August 2003, No.2 Supplement), p.10를 보라.

9 아프리카에서 특수한 말라리아 부담을 보여 주는 또 하나의 증거는 겸상적혈구빈혈(sickle cell anemia)의 높은 발병률이다. 이 끔찍한 질병은 주민들 사이에 만연해 있는 유전적 돌연변이에서 발생한다. 돌연변이가 정확히 한쪽 부모에게서 아이에게로 유전되었을 때에는 말라리아가 부분적으로 예방된다. 그러나 양 부모에게서 유전될 때에는 고급 처방이 존재하지 않으면 치명적인 상태에 빠진다. 이러한 위험한 유전적 돌연변이가 아프리카에 잔존해 왔다는 사실은, 말라리아가 세계의 다른 곳들과 비교하여 아프리카 주민들에게 오랫동안 독특한 부담이 되어 왔다는 계량적 증거를 제공한다.

10 World Health Organization, *Macroeconomics and Health: Investing in Health for Economic Development*, Report of the Commission on Macroeconomics and Health (Geneva: World Health Organization, 2001).

11 Hugh Bredenkamp, Letter to the Editor, *Financial Times*, June 29, 1999.

12 1997년에 동아시아의 많은 중소득국은 공황에 사로잡힌 국제자본의 철수로 타격을 받았다. 나는 몇 개월 동안 이 위기를 극복하는 방법을 둘러싸고 IMF와 공개적인 논쟁을 벌여 왔다. 스티브 라들렛과 나는 IMF가 정부 지출의 급격한 감축과 은행 폐쇄 등 혼란스러운 반응을 보여 위기를 완화시키기보다는 악화시켰다고 주장했다. 이러한 비판 중 많은 것이 이후에 입증되었는데, IMF 자체의 독립평가국도 그런 비판의 정당성을 인정했다.

13 출판되지 않은 기초보고서는 말라리아가 아프리카 나라들의 경제성장을 연 1.3퍼센트씩 지체시켜 왔다는 점을 보여 주었다. 이것에 대한 추가설명은 Jeffrey D. Sachs and John Luke Gallup, "The Economic Burden of Malaria," *American Journal of Tropical Medicine and Hygiene*, Vol.64: 1, 2, pp.85-96를 보라. 35년 동안 그 효과가 누적된 결과, 아프리카 나라들의 현재 GDP 수준은 말라리아의 영향이 없었을 경우에 비해 32퍼센트 더 낮았다.

제11장

1 2004년 8월 31일 NBC 뉴스의 매트 로어와 한 인터뷰.

2 Franklin Delano Roosevelt, address to the 77th Congress, January 6, 1941.
3 Jeffrey D. Sachs, "Weapons of Mass Salvation," *The Economist*, October 26, 2002.
4 Monterrey Consensus of International Conference on Financing for Development, 2002, United Nations, paragraph 42.
5 Remarks by Vice President Dick Cheney to the Veterans of Foreign Wars 103rd National Convention, August 26, 2002, Nashville, Tennessee.
6 그러나 대통령의 새로운 이니셔티브로 인해 항레트로바이러스제 치료를 받은 아프리카인은 불행하게도 2004년 9월 현재 2만5,000명에 지나지 않았다.
7 Jeffrey D. Sachs, "Smart Money: What Military Power Can't Do," *The New Republic*, March 3, 2003.
8 지구연구소의 이러한 활동과 관련하여 몇몇 사람의 기여는 특별히 언급할 만하다. 아와시 테클레하이모노트는 아프리카 전역의 말라리아와 에티오피아의 경제발전에 관한 연구로 기여했고, 조너선 도너와 조시 럭신은 이동전화를 공공보건에 활용하는 일에, 페드로 산체스와 체릴 팜은 혼농림법의 연구와 실제 응용에, 마크 케인과 스티브 제비악은 엘니뇨 모델링에, 렉스 반 기엔과 조 그라지아노는 방글라데시의 비소 문제 해결에 공헌했다.

제12장

1 지구연구소의 체릴 팜 박사와 페드로 산체스 박사가 이 프로젝트를 이끌었다. 두 사람 모두 세계적인 토양학자로서 동아프리카에서 풍부한 경험을 쌓았다. 산체스는 10년간 세계 혼농림센터를 이끌었고, 아프리카 토양에서 질소를 보충하기 위한 방법으로 질소고정 나무를 사용하는 방식을 개척했다. 산체스는 이것을 비롯한 여러 연구로 2003년에는 세계 식량상을, 2004년에는 맥아더상을 받았다. 지구연구소의 비제이 모디 박사는 컬럼비아 대학교의 공학 교수이면서 사우리에서 핵심 인프라—전력 · 수송 · 도로 · 물 · 위생—에 관한 문제를 다루고 있다. 소니아 얼리히 박사는 사우리에 새로운 진료소와 공공보건 시스템을 구축하는 일을 진행하고 있다. 매사추세츠 대학교 명예교수인 다니엘 힐렐 박사는 물 관리에 관한 자문을 해 주었다.
2 Jeffrey D. Sachs, et al., "Ending Africa's Poverty Trap," *Brookings Papers on Economic Activity*, No.1, 2004.
3 Meera Bapat and Indu Agarwal, "Our Needs, Our Priorities Women and Men from the Slums in Mumbai and Pune Talk About Their Needs for Water and Sanitation," *Environment & Urbanization*, 15, No.2, October 2003.
4 Sheela Patel, Celine d' Cruz, and Sundar Burra, "Beyond Evictions in a Global City: People-Managed Resettlement in Mumbai," *Environment & Urbanization*, 14, No.1, April 2003.

제13장

1 Adam Smith, *The Wealth of Nations*, Book V, Chapter 1, in paragraph V.1.189.
2 Universal declaration of human rights, United Nations General Assembly resolution 217 A(Ⅲ), December 10, 1948, Article 25.
3 Ibid., Article 26.
4 Ibid., Article 28.
5 Assif Shameen, "Asian of the Century, Ideas with Impact," *Asiaweek*, December 10, 1999, p.1. 〈http://www.asiaweek.com〉.

제14장

1 U.S.AID의 서아프리카물프로젝트와 관련하여 2002년 8월 20일 앤드류 나치오스가 한 말이다. "$41 Million Public-Private Partnership to Provide Clean Water in West Africa." 〈http://www.usaid.gov/press/releases/2002/pr020820.html〉.
2 James D. Wolfensohn and the Utstein Group Proceedings, Prague, Czech Republic, September 24, 2000.
3 World Bank, press conference with James D. Wolfensohn Washington, D.C., April 19, 2002.
4 Thirty-Eighth Ordinary Session of the Assembly of Heads of State and Government of the OAU: African Peer Review Mechanism, July 8, 2002, Durban, South Africa, AHG/235 (XXXVIII), AnnexⅡ.
5 United Nations Framework Convention on Climate Change, 1992, Article 2: Objective, p.9.

제15장

1 Shaohua Chen and Martin Ravallion, "How Have the World's Poorest Fared Since the Early 1980s?," World Bank Policy Research Working Paper 3341, June 2004.
2 Ibid.
3 MDG 필요액 산정에 관한 내용을 더 상세히 알고 싶으면 http://www.unmillennium project.org/html/secretariatdocs.shtm에 실린 기초보고서를 보라.
4 Jeffrey D. Sachs, *New York Times*, July 9, 2003, Op-Ed page.
5 2004년에 현금소득 20만 달러 이상인 납세자가 410만 명인 것으로 추정되었다. 이것은 총 납세자(1억4,350만 명)의 2.9퍼센트이고, 총 현금소득의 25.3퍼센트에 이른다. 조정소득 합계액은 약 6조3,000억 달러. 소득 20만 달러 이상 납세자의 소득 합계액은 25.3 퍼센트×6조3,000억 달러=1조6,000억 달러다. 그러므로 20만 달러 이상의 조정소득 합계액은 1조6,000억 달러-(410만 명×20만 달러)=약 8,000억 달러다. 8,000억 달러에

대한 5퍼센트 추가 과세액은 약 400억 달러다. 요컨대 20만 달러 이상 소득에 대한 5퍼센트 추가 과세로 연간 약 400억 달러의 재원이 조성될 것이다. 소득 20만 달러 이상의 납세자 수와 그들의 소득 비중의 출처는 조세정책센터의 "T04-0120-Distribution of AMT and Regular Income Tax by Cash Income, Current Law 2004 Calendar Year" 표 (2004년 11월 4일 http://taxpolicycenter.org에 실려 있다)에서 얻었다. 과세 총소득의 추정은 2002년도 국세청 자료를 이용했다. 이 자료에서 과세 총소득은 2002년도에 약 6조 달러, 2004년도에 약 6조 3,000억 달러였다.

제16장

1 John Donnelly, "Prevention Urged in AIDS Fight-Natsios Says Fund Should Spend Less on HIV Treatment," *Boston Globe*, June 7, 2001에서 재인용.
2 바니 피티야나의 논평, December 8,1998.
3 이 분석에 관한 좀더 자세한 정보는, Jeffrey D. Sachs, et al., "Ending Africa's Poverty Trap," *Brookings Papers on Economic Activity*, No.1, 2004를 보라.
4 Daniel Etounga-Manguelle, "Does Africa Need a Cultural Adjustment Program?" in Lawrence E. Harrison and Samuel P. Huntington, eds., *Culture Matters: How Values Shape Human Progress*, Basic Books, 2000, pp.65-77.
5 Lionel Sosa, *Americano Dream* (New York: Plume, 1998), cited in Samuel P. Huntington, *Who Are We?* (New York: Simon & Schuster, 2004), p. 254.
6 *Japan Gazette*. Junko Nakai, "Blessing or Curse: Characteristics of the Japanese Economy," *HKCER Letters*, Vol. 54, January 1999, 〈http://www.hku.hk/hkcer/articles/v54/nakai.htm〉에서 재인용.
7 Ibid.
8 Ronald Inglehart et al., *Human Beliefs and Values* (Mexico: Siglo Veintiuno Editores, 2004), AO30.
9 Marc A. Miles, et al., *2004 Index of Economic Freedom* (Washington, D.C.: The Heritage Foundation and *Wall Street Journal*, 2004), 〈http://www.heritage.org/research/features/index/index.html〉.
10 Hernando de Soto, *The Mystery of Capital: Why Capitalism Triumphs in the West and Fails Everywhere Else* (New York: Basic Books, 2000), pp.5-7.
11 예를 들어 Katharina Pistor, Jeffrey D. Sachs, and Philip Wellons, *The Role of Law and Legal Institutions in Asian Economic Development, 1960-1995* (NewYork: Oxford University Press, 1999)를 보라.
12 최근의 몇 가지 예로는 이런 것들이 있다. Robert J. Barro, "Economic Growth in a Cross-Section of Countries," *Quarterly Journal of Economics*, 106, No.2, May, pp.407-443;-------- and Xavier Sala-I-Martin, *Economic Growth*, 2nd ed. (Cambridge: MIT Press, 2003); --------, "Technological Diffusion, Convergence,

and Growth," *Journal of Economic Growth* (2, No.1, March 1997), pp.1-26; Robert E. Hall and Charles I.Jones, "Why Do Some Countries Produce So Much More Output per Worker Than Others?," *Quarterly Journal of Economics,* 114, No.1, February 1999, pp.83-116; Andrew D. Mellinger, Jeffrey D. Sachs, and John L. Gallup, "Climate, Coastal Proximity, and Development," in *Oxford Handbook of Economic Geography,* Gordon L. Clark, Maryann P. Feldman, and Meric S. Gertler, eds. (Oxford: Oxford University Press, 2000); Jeffrey D. Sachs, "Globalization and Patterns of Economic Growth," forthcoming. In *Globalization: What's New?,* Michael M. Weinstein, ed., Columbia University Press/Council on Foreign Relations; Xavier X. Sala-i-Martin, "I Just Ran Two Million Regressions," *The American Economic Review* (87, No.2, May 1997), Papers and Proceedings of the Hundred and Fourth Annual Meeting of the American Economic Association; ---------, Gernot Doppelhofer and Ronal I. Miller, "Determinants of Long-Term Growth: A Bayesian Averaging of Classical Estimates (BACE) Approach," *The American Economic Review* (94, No.4, September 2004).

13 Daniel T. Halperin and Helen Epstein, "Concurrent Sexual Partnership Help to Explain Africa's High HIV Prevalence: Implications for Prevention," *The Lancet,* Vol.364, July 3, 2004, p.4.

제17장

1 "Americans on Foreign Aid and World Hunger: A Study of U.S. Public Attitudes." Program on International Policy Attitudes, University of Maryland, February 2, 2001.
2 Ibid.
3 George W. Bush, speech to the Inter-American Development Bank, March 14, 2002, Washington, D.C.
4 Ibid.
5 U.S. National Security Strategy, September 2002.
6 Ibid.
7 Ibid.
8 George W. Bush, speech to the United Nations, September 12, 2002.
9 Monterrey Consensus, paragraph 42.
10 World Summit on Sustainable Development, WSSD Plan of Implementation, August 2002, paragraph 85 (a).
11 Monterrey Consensus, paragraph 39.
12 Adam Sachs and Jeffrey D. Sachs, "Selling the Marshall Plan" (n.p.).

13 George W. Bush, State of the Union Address (January 28, 2003).

제18장

1 Declaration of Independence, Action of the Second Continental Congress, July 4, 1776.
2 Ibid.
3 Immanuel Kant, *Perpetual Peace*, 1795, Section II, First Definitive Article for Perpetual Peace: "The Civil Constitution of Every State Should Be Republican," paragraph 2.
4 Ibid.
5 Ibid., First Supplement to Perpetual Peace: "Of the Guarantee for Perpetual Peace," number 3.
6 Marie-Jean-Antoine-Nicolas Caritat, Marquis de Condorcet, *Sketch for a Historical Picture of the Progress of the Human Mind*, Keith Michael Baker, tr., *Daedalus*, Summer 2004, pp.65-82, 80.
7 Ibid., p.79.
8 Ibid., p.77.
9 Adam Smith, *The Wealth of Nations*, Book IV, Chapter 7, in paragraph IV.7. 166.
10 Ibid.
11 Ibid.
12 John Gray, "An Illusion with a Future," *Daedalus*, Summer 2004, p.11.
13 Eduardo Borensztein, Jose De Gregorio, and Jong-Wha Lee, "How Does Foreign Direct Investment Affect Economic Growth?," NBER Working Paper No. w5057, March 1995.
14 Hugh Thomas, *The Slave Trade: The Story of the Atlantic Slave Trade, 1440-1870* (New York: Simon & Schuster, 1997), p.497.
15 Ibid., p.513.
16 Ibid., p.514.
17 Ibid., p.537.
18 Martin Luther King, Jr., "My Pilgrimage to Nonviolence," 1958. First appeared in September 1958 issue of *Fellowship*. Excerpted from *Stride Toward Freedom*, 1959.
19 Ibid., "I Have a Dream," delivered at the Lincoln Memorial, Washington, D.C., August 28, 1963.
20 Robert F. Kennedy, address on the Day of Affirmation, University of Capetown, South Africa, June 6, 1966.

출 처

다음의 저작물을 수록할 수 있도록 허가해 준 이들에게 감사한다.

The Mystery of Capital: Why Capitalism Triumphs in the West and Fails Everywhere Else by Hernando de Soto. Copyright ⓒ 2001 by Hernando de Soto. Basic Books, Perseus Books 직원, LLC와 The Random House Group Ltd. 의 허가로 수록했다. Great Britain by Bantam에서 출판했다.

"On Condorcet" by Keith Michael Baker, *Daedalus*, 133:3(Summer 2004). Copyright ⓒ 2004 by the Massachusetts Institute of Technology and the American Academy of Arts and Sciences. MIT Press Journals, Inc.의 허가로 수록했다.

"I Have a Dream" by Dr. Martin Luther King Jr. Copyright 1963 Martin Luther King Jr., copyright renewed 1991 Coretta Scott King. Estate of Martin Luther King Jr., 독점소유권 관리사인 c/o Writers House, New York, New York과 협의하여 수록했다.

"Concurrent Sexual Partnership Help to Explain Africa's High HIV Prevalence: Implications for Prevention" by David T. Halperin and Helen Epstein. Elsevier(*The Lancet*, 2004, volume 364, issue 9428, 4)의 허가로 수록했다.

"Our Needs, Our Priorities: Women and Men from the Slums in Mumbai and Pune Talk About Their Needs for Water and Sanitation" by Meera Bapat and Indu Agarwal, *Environment & Urbanization*, October 2003, volume 15, no.2. International Institute for Environment and Development(IIED)의 허가로 수록했다.

"The Economic Possibilities for Our Grandchildren" from *Essays in Persuasion* by John Maynard Keynes. Palgrave Macmillan의 허가로 수록했다.

사진 1, 2: Sonia Ehrlich Sachs, M.D., MPH
사진 3, 4, 5: Vijay Modi, Ph.D.

사진 6: Society for Promotion of Area Resource Centres(SPARC)
사진 7, 8: Homeless International
지도 1, 2, 5, 6, 8, 9: Jeffrey D. Sachs
지도 3, 4, 7: United Nations Conference on Trade and Development. World Investment Report 2001; Promoting Linkages. New York and Geneva: United Nations, 2001.
지도 10: "The Economic Burden of Malaria" by Jeffrey D. Sachs and John Luke Gallup, *American Journal of Tropical Medicine and Hygiene*, January 2001, volume 64, 1 Supplement, pp.85-96.
지도 11: "A Global Index Representing the Stability of Malaria Transmission" by Anthony Kiszewski, Andrew Mellinger, Andrew Spielman, Pia Malaney, Sonia Ehrlich Sachs, and Jeffrey D. Sachs, *American Journal of Tropical Medicine and Hygiene*, May 2004, volume 70, issue 5, pp.486-498.

Nous 사회와 경제를 꿰뚫는 통찰

'nous'는 '통찰'을 뜻하는 그리스어이자 '지성'을 의미하는 영어 단어로, 사회와 경제를 꿰뚫어 볼 수 있는 지성과 통찰을 전하는 시리즈입니다.

Nous Series

01 **빈곤의 종말** 지상의 모든 가난을 끝낼 밀레니엄 프로젝트
제프리 삭스 지음, 김현구 옮김 | 575쪽 | 33,000원

02 **자본 질서** 긴축이 만든 불평등의 역사
클라라 E. 마테이 지음, 임경은 옮김, 홍기훈 감수 | 492쪽 | 28,000원

03 **7번의 대전환** 세계 경제 질서를 뒤바꾼
해롤드 제임스 지음, 정윤미 옮김, 류덕현 감수 | 568쪽 | 29,800원

04 **테크노퓨달리즘** 클라우드와 알고리즘을 앞세운 새로운 지배 계급의 탄생
야니스 바루파키스 지음, 노정태 옮김, 이주희 감수 | 396쪽 | 24,000원

05~11 **토머스 프리드먼 컬렉션**
『코드 그린』 토머스 프리드먼 지음, 최정임·이영민 옮김 | 592쪽 | 38,000원
『렉서스와 올리브나무』 토머스 프리드먼 지음, 장경덕 옮김 | 640쪽 | 40,000원
『늦어서 고마워』 토머스 프리드먼 지음, 장경덕 옮김 | 688쪽 | 40,000원
『세계는 평평하다』 토머스 프리드먼 지음, 이건식 옮김 | 792쪽 | 46,000원
『베이루트에서 예루살렘까지』 토머스 프리드먼 지음, 이건식 옮김 | 728쪽 | 44,000원
『미국 쇠망론』 토머스 프리드먼·마이클 만델바움 지음, 강정임·이은경 옮김 | 556쪽 | 38,000원
『경도와 태도』 토머스 프리드먼 지음, 김성한 옮김 | 504쪽 | 30,000원

12 **불통, 독단, 야망** 위험한 리더는 어떻게 만들어지는가
스티브 테일러 지음, 신예용 옮김 | 368쪽 | 22,000원